중급

한국사
능력검정시험

기출문제 400제 시대사별

중급

한국사
능력검정시험

기출문제 400제 시대사별

프로방스

머리말

　기출문제는 해당 시험 출제의 거울입니다. 그 시험의 성격과 유형을 보여 줄 뿐만 아니라 출제의 방향성까지 제시하고 있기 때문입니다. 정부가 추진하고 있는 '한국사 대중화 정책'에 따라 국사편찬위원회 주관으로 실시되는 한국사능력검정시험의 경우도 마찬가지로 시험의 성격상 기출문제를 분석하는 것이 가장 확실한 수험대비책이 된다고 할 수 있습니다.

　한국사능력검정시험이 국가고시 자격시험으로 확대 강화되면서 전 국민적 관심과 호응이 높아져 가고 있으며, 회를 거듭할수록 응시 인원이 폭발적으로 증가하고 있습니다. 이에 맞추어 몇 종류의 수험서와 기출문제집이 출간되고 있으나 대부분 형식적인 문제 해설에 그치고 있습니다. 본 '한국사능력검정시험 기출문제(중급) 400제'는 이를 보완하여 다음과 같은 특징을 가지고 수험생들에게 직접적인 도움을 드리고자 노력하였습니다

　첫째, 기출문제를 단원별로 정리하여 기출문제집으로서의 장점에 충실하였을 뿐 아니라 개설서의 성격을 가미하였습니다. 한국사를 총 24강의 단원으로 구분하고, 각 강의 첫머리에 내용을 정리하여 개설함으로 수험생들이 먼저 방향을 파악하고 길을 나설 수 있도록 구성하였습니다.

　둘째, 기출문제 가운데 중복적인 문항은 과감하게 정리하여 총 400제로 압축함으로써 수험생들의 시간을 절약하도록 하였습니다. 각 문항 마다 충실한 문제해설과 오답풀이를 제시함으로써 수험생들이 문항을 따라 정리를 하다보면 자연스럽게 시대를 개관할 수 있도록 구성한 것이 특징입니다.

　셋째, 한국사능력검정시험 출제 및 선제, EBS 교육방송 교재 집필 경험자를 중심으로 집필진과 감수진이 구성되었으며, 기출문제의 출제의도를 잘 파악하여 해설함으로써 자연스럽게 문제의 함정을 파악하고, 본질에 접근하는 눈을 키울 수 있는 능력이 배가될 수 있도록 하였습니다.

　앞으로 본 기출문제집은 한국사능력검정시험 시행이 거듭되면서 배출된 새로운 기출문제를 지속적으로 보완해 나가고자 합니다. 친절하고 성실한 교재가 될 수 있도록 끊임없는 노력을 기울일 것을 약속드립니다.

2011년 9월 집필자 일동

목차

1단원
선사 시대, 국가의 형성

1강 선사 문화의 전개

① **우리 민족의 기원** : 신석기 시대에서 청동기 시대를 거치면서 민족의 기틀 형성

② **구석기 시대와 신석기 시대**

구분	구석기 시대	신석기 시대
시기	약 70만 년 전부터	기원전 8000년경부터 시작
유물	뗀석기(주먹도끼, 찍개), 뼈 도구	간석기, 뼈바늘, 가락바퀴, 토기 (빗살무늬 토기가 대표적)
주거	동굴, 바위 그늘, 강가의 막집	해안이나 강가의 움집(바닥은 원형이나 모서리가 둥근 사각형)
경제	사냥, 채집, 어로 (자연 경제)	원시적 농경, 목축과 사냥, 어로 병행 원시적 수공업의 시작
사회	이동 생활, 무리 생활, 평등사회	정착 생활, 부족 사회(씨족 단위), 족외혼, 평등 사회
신앙	주술적 의미의 예술(조각품)	원시 신앙 발생(애니미즘, 샤머니즘, 토테미즘, 조상 숭배)

 **이것만은 알고 가자!**

● **구석기 시대의 유물**

주먹도끼

슴베찌르개

▶ 주먹도끼는 사냥, 채집 등 여러 용도로 사용되었고, 슴베찌르개는 구석기 시대 후기에 사용된 것으로 슴베(자루 속에 박히는 부분)가 달린 찌르개로서 창의 기능을 하였다.

● **신석기 시대의 유물**

빗살무늬 토기

움집

가락바퀴

▶ 토기는 신석기 시대에 처음 제작되었는데 음식을 저장하거나 조리하는 용구로 사용되었다. 가락바퀴는 실을 뽑는 도구로 원시적 수공업이 이루어졌음을 보여준다. 움집은 신석기 시대의 주거지로 4~5명 정도가 거주하였으며 중앙에 화덕이 놓여 있었다.

001

기출풀이 [8회 3급 33번]

33. 다음 계획서의 (가)에 들어갈 장면으로 옳지 <u>않은</u> 것은?

[1점]

연천 전곡리 ○○○ 축제 준비 계획서
− 전시관 만들기 −

전곡리 선사 유적지에서 발견된 대표적인 유물과 전곡리 유적지의 특징을 활용하여 선사 시대의 생활 모습을 재현한다.

- 기간 : ○○월 ○○일 ~ ○○일
- 장소 : △△
- 전시 장면 : [　　　　(가)　　　　]

---

① 동물 뼈로 연장을 만들고 있는 모습
② 쐐기를 대고 돌날격지를 만드는 모습
③ 빗살무늬 토기를 제작하고 있는 모습
④ 주먹 도끼로 동물을 사냥하고 있는 모습
⑤ 긁개와 밀개를 이용하여 음식을 조리하는 모습

● 출제의도

구석기 시대의 생활 모습 파악

● 해설 : 정답 ③

연천 전곡리는 우리나라 대표적인 구석기 유적지이다. 구석기 시대에는 동물의 뼈나 뿔로 만든 뼈 도구를 사용하고 뗀석기로 사냥 도구(주먹도끼, 찍개, 팔매돌)와 조리 도구(긁개, 밀개) 등을 만들어 사용하였다. 후기 구석기 시대에는 쐐기 같은 것을 대고 형태가 같은 여러 개의 돌날격지를 제작하였다. ④ 토기는 신석기 시대에 들어와 제작되었다.

기출풀이 [7회 3급 1번]

1. 다음과 같은 방법으로 도구를 만들어 사용하던 시기에 대한 설명으로 옳은 것을 〈보기〉에서 고른 것은? [1점]

 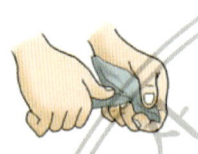 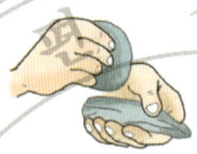

― 〈 보 기 〉 ―

ㄱ. 사람들은 주로 움집에서 살았다.
ㄴ. 사냥과 채집을 하며 이동 생활을 하였다.
ㄷ. 서울 암사동, 김해 수가리 등이 대표적인 유적지이다.
ㄹ. 석기를 다듬는 수법에 따라 전기, 중기, 후기로 구분한다.

① ㄱ, ㄴ ② ㄱ, ㄷ ③ ㄴ, ㄷ ④ ㄴ, ㄹ ⑤ ㄷ, ㄹ

● **출제의도**

구석기 시대의 생활 모습 파악

● **해설 :** 정답 ④

돌을 깨트려 뗀석기를 제작하고 있는 모습을 통해 구석기 시대임을 알 수 있다. 구석기 시대의 사람들은 주먹도끼, 찍개, 밀개, 긁개, 찌르개, 슴베찌르개 등 뗀석기를 사용하였다. 이들은 사냥과 채집을 하며 이동 생활을 하였는데, 주거지는 동굴이나 바위 그늘, 막집 등이었다. 구석기 시대는 석기를 다듬는 수법에 따라 전기, 중기, 후기로 구분한다.

● **오답풀이**

ㄱ. 움집은 신석기 시대 사람들의 주거지이다. 신석기 시대에는 농경과 목축으로 정착 생활이 가능해지면서 움집을 지었다.
ㄷ. 서울 암사동, 김해 수가리 등은 신석기 시대의 대표적인 유적지이다. 구석기 시대의 유적지는 상원 검은모루 동굴, 연천 전곡리, 공주 석장리 등이 대표적이다.

기출풀이 [6회 4급 3번]

3. 다음 보고서를 통해 '홍수아이'가 살았을 당시의 생활 모습을
추론한 내용으로 적절하지 <u>않은</u> 것은? [2점]

발굴 보고서

1. 발굴 연도 : 1983년
2. 발굴 장소 : 충북 청원 두루봉 동굴
3. 발굴 당시 모습

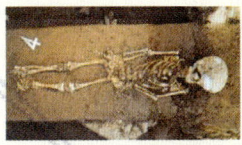

홍수아이

- 주변의 토양과는 다른 고운 흙이 유골을 덮고 있었다.
- 유골은 약 4만 년 전에 죽은 5세 정도 아이의 것으로 추정
  된다.
- 동굴에서 빙하기 동물인 쌍코뿔소, 큰꽃사슴의 뼈가 많이
  발견되었다.
- 동굴 안에서 발견된 화덕 자리 옆에서는 조리용 뗀석기가
  다수 출토되었다.

① 불을 사용할 줄 알았다.
② 동굴을 주거 공간으로 이용하였다.
③ 사람이 죽으면 장례를 치러 주었다.
④ 토기를 이용해서 음식을 조리하였다.
⑤ 주먹도끼를 이용해서 동물을 사냥하였다.

🔵 출제의도

구석기 시대의 생활 모습 파악

🔴 해설 : 정답 ④

약 4만년전, 빙하기, 뗀석기 등의 표현으로 홍수 아이는 구석기 시대의 사람임을 알 수 있다. 동굴 안에 화덕 자리가 있다
는 것을 통해 불을 사용하였으며, 동굴을 주거지로 사용하였음을 알 수 있다. 구석기 인들은 동굴 외에 바위그늘이나 막집
에서 생활하였다. 주변의 토양과 다른 흙이 유물을 덮고 있다는 것을 통해 사람이 죽으면 장례를 치러주었다는 것을 추론
할 수 있다. 한편 구석기 시대에는 뗀석기를 이용하여 동물을 사냥하였다. ④ 토기를 이용한 음식 조리는 신석기 시대에 해
당된다.

기출풀이 [11회 중급 1번]

1. 그림은 어느 시대의 생활 모습을 나타낸 것이다. (가)에 들어갈 말로 적절한 것을 〈보기〉에서 고른 것은? [2점]

〈 보 기 〉
ㄱ. 고인돌을 만들다가 다친 돌쇠에게 문병이나 가야겠다.
ㄴ. 청동으로 무기를 만들어야 하는데, 원료를 어디서 구하지.
ㄷ. 내일은 가락바퀴로 실을 뽑는 방법을 배우러 가야겠다.
ㄹ. 조와 피를 심었는데, 조상님께 농사가 잘 되기를 빌어야지.

① ㄱ, ㄴ   ② ㄱ, ㄷ   ③ ㄴ, ㄷ
④ ㄴ, ㄹ   ⑤ ㄷ, ㄹ

● 출제의도

신석기 시대의 생활 모습 파악

● 해설 : 정답 ⑤

제시된 그림에서 강가의 움집과 토기 제작 모습을 통해 신석기 시대임을 추론할 수 있다.
신석기 시대에는 농경과 목축이 가능해졌으며 이로 인해 정착 생활을 하였고, 음식을 저장하거나 조리하기 위한 도구로 토기를 만들어 사용하였다. 한편 신석기 시대의 유적지에서 실을 만드는데 사용된 도구인 가락바퀴와 뼈바늘이 출토되어 신석기 시대에는 원시적인 수공업이 이루어지고 있었음을 알 수 있다.

● 오답풀이

ㄱ. 고인돌은 청동기 시대 족장의 무덤이다.
ㄴ. 청동 무기는 청동기 시대에 제작되었다.

(대단원) 선사시대의 문화와 국가의 형성
(중단원) 선사 시대의 전개
(소단원) 우리 나라의 선사 시대

기출풀이 [10회 4급 1번]

1. 다음에서 설명하는 시대의 유물로 옳은 것은? [1점]

- 유적은 주로 큰 강이나 해안 지역에서 발견된다.
- 농경 생활을 시작하였고, 조·피 등을 재배하였다.
- 정착 생활을 하기 시작하여 마을을 형성하였다.

① 가락바퀴
② 거친무늬 거울
③ 농경무늬 청동기
④ 청동 방울
⑤ 세형 동검

● **출제의도**

신석기 시대의 생활과 유물 파악

● **해설 :** 정답 ①

강가나 해안 지역에 유적지가 분포해 있고, 농경과 목축으로 정착 생활을 한 것은 신석기 시대에 해당된다. 신석기 시대의 도구는 간석기와 토기, 뼈바늘, 가락바퀴 등을 들 수 있다. ① 가락바퀴의 모습으로 실을 만드는 도구로 이용되었다.

● **오답풀이**

② 거친무늬 거울은 청동기 시대의 유물이다. ③ 농경무늬 청동기는 청동기 시대의 의기(儀器)로 추정된다. ④ 청동 방울 역시 청동기 시대의 의기에 해당된다. ⑤ 세형 동검은 청동기 시대 후기에서 철기 시대에 걸쳐 사용된 것으로 한반도에서 대량 발굴되었다.

006

기출풀이 [9회 4급 1번]

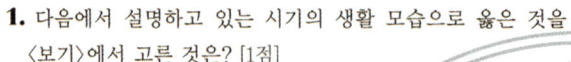

1. 다음에서 설명하고 있는 시기의 생활 모습으로 옳은 것을
〈보기〉에서 고른 것은? [1점]

- 대체로 4~5인의 가족을 이루어 움집에 거주하였다.
- 이동 생활을 벗어나 한 곳에 머물러 살기 시작하였다.
- 돌괭이로 땅을 일구고 조, 피 등을 재배하기 시작하였다.

〈보 기〉

① ㄱ, ㄴ ② ㄱ, ㄷ ③ ㄴ, ㄷ
④ ㄴ, ㄹ ⑤ ㄷ, ㄹ

● **출제의도**

신석기 시대의 생활 모습 파악

● **해설 :** 정답 ⑤

제시된 자료에서 움집 거주, 정착 생활, 돌괭이를 사용하여 조, 피 등의 농작물을 재배한 것으로 보아 신석기 시대임을 알 수 있다. 신석기 시대에는 원형이나 모서리가 둥근 네모 바닥의 움집을 짓고 가족 단위의 생활을 하였다. 농경은 돌괭이나 돌삽, 돌보습, 돌낫 등의 농기구를 이용하여 조, 피 등을 재배하였다. ㄱ. 가락바퀴, ㄴ. 빗살무늬 토기는 신석기 시대의 유물이다.

● **오답풀이**

ㄷ. 고인돌은 청동기 시대 족장의 무덤이다.
ㄹ. 반달 돌칼은 청동기 시대에 사용한 수확용 농기구이다.

기출풀이 [7회 4급 1번]

1. 다음은 선사 시대를 주제로 한 축제의 한 장면이다. 이 축제의 (가)에 넣을 수 있는 장면으로 가장 적절한 것은? [1점]

① 돌괭이로 밭을 가는 사람들
② 반달돌칼로 벼 이삭을 자르는 청년
③ 거푸집으로 세형동검을 만드는 사람
④ 고인돌을 만들기 위해 돌을 나르는 남자들
⑤ 사냥이 잘되기를 바라며 제사를 지내는 군장

● **출제의도**

신석기 시대의 생활 모습 파악

● **해설 :** 정답 ①

제시된 그림에서 강가에 지어진 움집과 사람들이 모여 빗살무늬 토기를 제작하고 강에서는 물고기 잡이를 하고 있는 모습을 볼 수 있다. 이러한 생활은 신석기 시대에 해당된다. 신석기 시대에는 정착 생활이 가능해졌는데 이는 농경 생활과 밀접한 관련이 있다. ① 신석기 시대의 농기구는 돌괭이, 돌삽 등이다.

● **오답풀이**

② 반달돌칼과 벼농사는 청동기 시대에 해당된다. ③ 거푸집은 청동기를 만드는 틀이다. ④ 고인돌은 청동기 시대 족장의 무덤에 해당된다. ⑤ 군장(족장)은 청동기 · 철기 시대의 정치적 지배자를 의미한다.

2강 국가의 형성

❶ 청동기 시대와 철기 시대

구분		청동기 시대	철기 시대
시기		기원전 2000년경~기원전 1500년경	기원전 5세기경
유물	농기구	간석기(반달 돌칼, 바퀴날 도끼, 홈자귀 등 → 청동제 농기구 사용 안함)	철제 농기구 → 농업 발달
	청동기	비파형 동검, 거친무늬 거울	세형 동검, 잔무늬 거울, 청동 제품 거푸집 → 독자적인 한반도 청동기 문화
	토기	민무늬 토기, 미송리식 토기, 붉은 간토기	민무늬 토기, 덧띠 토기, 검은 간토기
	무덤	고인돌, 돌무지 무덤, 돌널무덤	널무덤, 독무덤
분포 지역		만주, 한반도 북부 → 고조선의 세력 범위와 일치	한반도 전역
주거		배산 임수 취락(구릉), 농경 발달, 인구 증가로 정착 생활 규모 확대 → 주거용, 창고, 공동 작업장, 집회소, 공공 의식 장소	
경제		밭농사 중심, 일부 저습지에서 벼농사 시작	중국과 활발한 교류(명도전, 반량전, 오수전, 붓 출토)
사회		계급과 빈부의 차이 발생, 군장사회	연맹 왕국
예술		• 청동제 의식용 도구의 사실적 조각(호랑이, 사슴, 사람 손 모양) • 토우(풍요로운 생산 기원), 바위그림(풍요 기원)	

❷ 단군과 고조선

(1) **단군 조선** : 청동기 문화 배경, 단군이야기(선민사상, 농경 사회, 제정일치, 계급분화)

(2) **위만 조선** : 철기 사용 본격화, 중계 무역 독점(한과 진·예 사이) → 한과 대립

(3) **멸망** : 한의 침입과 지배층의 내분으로 멸망 → 한 군현 설치

(4) **고조선 활동 영역 증거** : 미송리식 토기, 탁자식 고인돌, 비파형 동검

(5) **8조의 법** : 권력과 경제력의 차이 발생, 형벌과 노비 발생, 노동력과 사유 재산 중시

❸ 여러 나라의 성장

구분	정치	경제	제천 행사	사회
부여	5부족 연맹(왕 아래 마가, 우가, 구가, 저가의 제가가 사출도 다스림)	반농 반목, 말, 주옥, 모피 등의 특산물	영고(12월)	순장, 1책 12법, 우제 점복
고구려	5부족 연맹(왕 아래 상가, 고추가 등 존재), 제가 회의	산악 지대, 약탈 경제	동맹(10월)	형사취수제, 서옥제
옥저	군장 국가(읍군, 삼로)	해산물, 소금(고구려에 공납)		가족 공동 무덤, 민며느리제
동예	군장 국가(읍군, 삼로)	농경, 어로, 방직 기술 발달, 단궁, 과하마, 반어피	무천(10월)	책화, 족외혼
삼한 (한)	연맹 왕국(신지·견지, 부례·읍차), 마한의 목지국 주도	벼농사 발달(두레), 철 생산(변한)	수릿날(5월) 계절제(10월)	제정 분리 사회 (천군의 소도 지배)

기출풀이 [10회 3급 1번]

1. 다음 (가)~(마)에 들어갈 내용으로 적절하지 **않은** 것은?

[2점]

■ △△박물관 특별전 안내 ■

○ 전시명 : 청동기 시대 마을 풍경
○ 전시 기간 : ○월 ○일~○일
○ 전시 내용

• 경제 생활 : _____(가)_____
• 토구 사용 : _____(나)_____
• 매장 풍습 : _____(다)_____
• 취락의 발달 : _____(라)_____
• 사회의 변화 : _____(마)_____

① (가) - 저습지에서 벼농사를 짓는 모습
② (나) - 반달 돌칼, 홈자귀, 거친무늬 거울 등의 유물
③ (다) - 시신을 널무덤에 묻는 모습
④ (라) - 움집, 창고, 공동 작업장을 갖춘 마을 모형
⑤ (마) - 부족을 이끌고 있는 족장 모습

◉ 출제의도

청동기 시대의 생활 모습 파악

◉ 해설 : 정답 ③

① 청동기 시대에는 여전히 돌이나 나무로 농기구를 만들어 사용하였으나 벼농사를 짓기 시작하였다. ② 청동기 시대에는 반달 돌칼이나 홈자귀 등의 농기구와 청동 거울을 제작하였다. ④ 청동기 시대의 주거지는 규모가 커진 움집 뿐 아니라 창고, 공동 작업장, 집회소 등을 갖추고 마을을 형성하였다. ⑤ 청동기 시대에는 사유재산이 발생하여 계급 분화가 이루어지고 정치적 지배자인 군장이 등장하였다. ③ 널무덤은 독무덤과 함께 철기 시대의 무덤에 해당된다.

기출풀이 [8회 3급 1번]

1. 다음 가상의 보고서에 나타난 시기의 생활 모습으로 옳은 것은? [2점]

○○ 유적 발굴 조사 보고서

• 장 소 : ○○도 ○○군

• 발굴 상황

　이곳에서 발굴된 집터의 형태는 대체로 직사각형이다. 중앙에 있던 화덕은 한쪽 벽으로 옮겨지고, 저장 구덩도 따로 설치하거나 한쪽 벽면을 밖으로 돌출시켜 만들었다.

① 족장의 무덤으로 고인돌을 만들었다.
② 동굴이나 강가에 막집을 짓고 살았다.
③ 사냥감을 찾아다니며 이동 생활을 하였다.
④ 모든 사람이 평등한 공동체 생활을 하였다.
⑤ 토기를 만들어 음식물을 저장하기 시작하였다.

● 출제의도

청동기 시대의 생활 모습 파악

● 해설 : 정답 ①

직사각형의 집터, 한쪽 벽으로 옮겨진 화덕, 저장 구덩의 별도 설치 등의 표현으로 보아 청동기 시대의 집터임을 알 수 있다. 청동기 시대에는 그 외에도 창고와 같은 독립된 저장 시설을 집밖에 만들기도 하였고, 움집을 세우는데 주춧돌을 이용하기도 하였다. ① 청동기 시대에는 계급이 발생하고 지배자인 족장의 무덤으로 고인돌을 축조하였다.

● 오답풀이

② 막집, ③ 이동 생활은 구석기 시대의 특징에 해당된다. ④ 평등한 공동체 생활은 구석기와 신석기 시대의 특징에 해당된다. ⑤ 토기 제작은 신석기 시대의 특징에 해당된다.

010

기출풀이 [7회 3급 47번]

47. 다음 대화 내용과 관련된 시기의 유물·유적으로 옳은 것을 〈보기〉에서 고른 것은? [1점]

> 사유 재산이 등장하고 계급이 나타났어.

> 일부 지역에서 벼농사가 실시되었어.

> 하늘의 자손이라는 선민 의식을 가지게 되었어.

〈 보 기 〉

ㄱ. ㄴ. ㄷ. ㄹ.

① ㄱ, ㄴ ② ㄱ, ㄷ ③ ㄴ, ㄷ ④ ㄴ, ㄹ ⑤ ㄷ, ㄹ

◉ 출제의도

청동기 시대의 변화 모습 이해

◉ 해설 : 정답 ①

사유 재산의 등장과 벼농사의 시작, 선민 의식 등은 청동기 시대의 사회적 특징이다. 청동기 시대에는 생산력의 증가로 잉여 생산물이 발생하면서 사유 재산이 등장하였다. 이를 바탕으로 계급이 분화되고 정치적 지배자인 군장이 등장하였다. 고인돌(ㄱ)은 이러한 족장의 무덤이다. 한편 청동기 시대에는 비파형 동검(ㄴ)과 같은 청동기 무기가 등장하여 정복 활동이 이루어졌다.

◉ 오답풀이

ㄷ. 구석기 시대의 뗀석기 모습니다.
ㄹ. 신석기 시대의 토기인 덧무늬토기의 모습이다.

011

기출풀이 [8회 4급 1번]

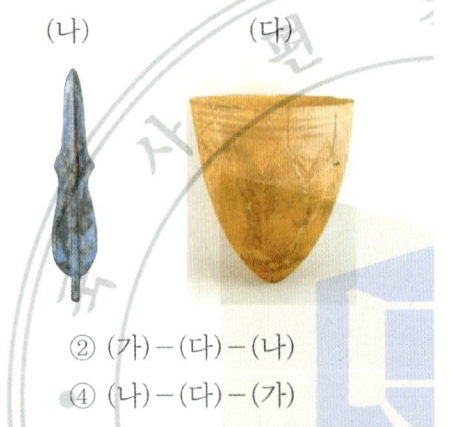

1. (가)~(다) 유물을 처음 사용하기 시작한 순서대로 나열한 것은? [1점]

(가)   (나)   (다)

① (가) – (나) – (다)   ② (가) – (다) – (나)
③ (나) – (가) – (다)   ④ (나) – (다) – (가)
⑤ (다) – (나) – (가)

● 출제의도

선사 시대와 청동기 시대의 도구 파악

● 해설 : 정답 ②

(가)는 구석기 시대의 도구인 뗀석기, (나)는 청동기 시대의 무기인 비파형 동검, (다)는 신석기 시대의 토기인 빗살무늬 토기이다.
구석기 시대는 석기를 다듬는 수법에 따라 전기, 중기, 후기로 구분하는데 전기에는 한 개의 큰 석기를 여러 가지 용도로 사용하였으며 주먹도끼, 주먹찌르개 등이 있다. 중기에는 한 개의 석기가 하나의 쓰임새로 사용되고 큰 몸돌에서 떼어 낸 돌 조각인 격지들을 가지고 잔손질을 하여 석기를 제작하였으며 밀개, 긁개, 찌르개 등이 있다. 후기에는 쐐기 같은 것을 대고 형태가 같은 여러 개의 돌날격지를 제작하였으며 슴베찌르개 등이 있다.
신석기 시대에는 돌을 갈아서 여러 가지 형태와 용도를 가진 간석기를 사용하였다. 토기도 제작되었는데 이른 민무늬 토기, 덧무늬 토기, 눌러찍기무늬 토기, 빗살무늬 토기 등이 있다.

기출풀이 [10회 3급 3번]

3. 다음 유물을 통해 알 수 있는 당시 우리 민족의 생활 모습으로 옳은 것을 〈보기〉에서 고른 것은? [2점]

─〈보 기〉─

ㄱ. 중국과 교류하였다.
ㄴ. 한자를 사용하였다.
ㄷ. 비파형 동검을 만들기 시작하였다.
ㄹ. 화폐가 주조되어 널리 유통되었다.

① ㄱ, ㄴ   ② ㄱ, ㄷ   ③ ㄴ, ㄷ
④ ㄴ, ㄹ   ⑤ ㄷ, ㄹ

● **출제의도**

철기 시대 중국과의 교류 파악

● **해설 :** 정답 ①

제시된 자료의 왼쪽은 중국 춘추전국 시대 연나라의 화폐인 명도전, 오른쪽은 경남 창원 다호리 철기 시대 유적지에서 출토된 붓이다. 명도전와 오수전, 반량전 등 중국 화폐가 다량으로 한반도에서 발견되고 있는 것은 철기 시대에 들어 중국과 활발한 교류를 하였다는 것을 보여준다. 또한 붓은 당시 사회가 이미 한자를 사용하고 있었음을 보여주는 것이다.

● **오답풀이**

ㄷ. 비파형 동검은 청동기 시대에 해당된다.
ㄹ. 우리나라에서 화폐가 주조되어 널리 유통된 것은 조선 후기에 해당된다.

기출풀이 [9회 3급 2번]

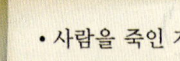

2. 다음 법률을 시행하였던 국가의 세력 범위를 짐작할 수 있는 유물로 적절한 것은? [1점]

> • 사람을 죽인 자는 즉시 죽인다.
> • 남에게 상처를 입힌 자는 곡식으로 갚는다.
> • 도둑질을 한 자는 노비로 삼는다. 용서받고자 하는 자는 한 사람마다 50만 전을 내야 한다.

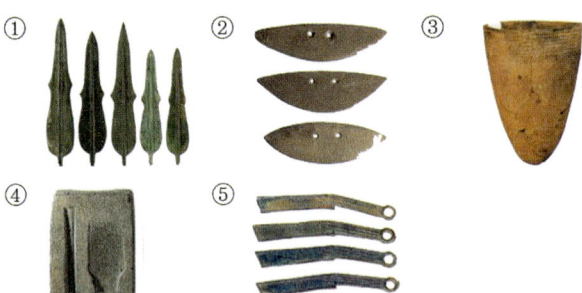

① ② ③ ④ ⑤

● **출제의도**

고조선의 사회 모습과 유물 파악

● **해설 :** 정답 ①

제시된 자료는 고조선의 8조법 가운데 일부이다. 고조선은 청동기 문화를 바탕으로 성립된 우리나라 최초의 국가이다. 요령 지방을 중심으로 성장하여 한반도 대동강 유역까지 발전하였다. 고조선의 세력 범위를 보여주는 유물로는 북방식 고인돌, 비파형 동검 등이 대표적이다. ① 비파형 동검이 모습이다. 일명 요녕식 동검이라고도 한다.

● **오답풀이**

② 반달 돌칼로 청동기 시대의 수확용 농기구이다. ③ 빗살무늬 토기이다. 신석기 시대를 대표하는 토기이다. ④ 거푸집이다. 거푸집은 후기 청동기(초기 철기) 시대의 유물로 한반도에서 독자적으로 청동기를 제작하였다는 것을 보여주는 것이다. ⑤ 청동 화폐인 명도전으로 철기 시대에 이르러 중국과 활발하게 교류하였다는 것을 증명한다.

014

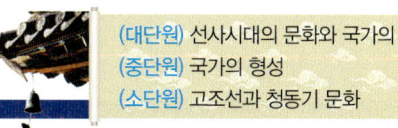

 **기출풀이** [9회 4급 2번]

2. 다음 자료와 관련된 설명으로 옳지 <u>않은</u> 것은? [2점]

> 위서(魏書)에서 말하기를 지금으로부터 2천 년 전에 단군왕검이 있어 아사달에 도읍을 정하고 새로운 나라를 세워 조선이라 불렀는데 요임금 때였다고 한다.
>
> 고기(古記)에 이르기를 …… 왕검이 요임금의 즉위 후 50년인 경인년에 평양성에 도읍하고 비로소 조선이라 일컬었다.

① 제왕운기에도 유사한 내용이 기록되어 있다.
② 광복 후 사용된 단기 연호의 유래를 알 수 있다.
③ 우리나라 최초의 국가 이름은 '조선'임을 알 수 있다.
④ 단군왕검은 제정 분리 사회에서의 지배자의 칭호를 뜻한다.
⑤ 단군이 조선을 세운 시기를 서기로 환산하면 기원전 2333년 이다.

● **출제의도**

고조선의 건국 이야기와 사회적 특징 파악

● **해설 :** 정답 ④

제시된 자료는 고조선의 건국과 관련된 것이다. 단군이 세운 나라는 원래 조선이었는데 위만이 세운 조선과 구분하여 고조선이라고도 하고 이성계가 세운 조선과 구분하는 의미에서 고조선이라도 한다. 고조선은 기원전 2333년에 건국하였는데 고조선이 건국과 관련된 자료는 삼국유사, 제왕운기, 세종실록 지리지 등에 기록되어 있다. 우리나라에서 사용된 단기 연호도 단군의 건국 연대를 추정하여 사용한 것이다.

● **오답풀이**

④ 단군왕검은 제정 일치 사회를 나타낸 것이다. 단군은 제사장, 왕검은 군장의 의미를 갖는다.

기출풀이 [7회 4급 3번]

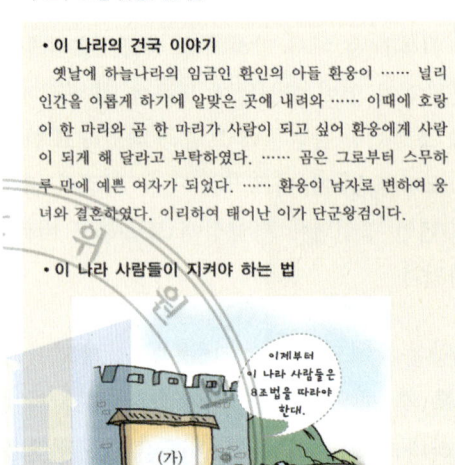

3. 다음 보고서의 (가)에 들어갈 내용으로 적절한 것을 <보기>에서 모두 고른 것은? [2점]

• 이 나라의 건국 이야기

옛날에 하늘나라의 임금인 환인의 아들 환웅이 …… 널리 인간을 이롭게 하기에 알맞은 곳에 내려와 …… 이때에 호랑이 한 마리와 곰 한 마리가 사람이 되고 싶어 환웅에게 사람이 되게 해 달라고 부탁하였다. …… 곰은 그로부터 스무하루 만에 예쁜 여자가 되었다. …… 환웅이 남자로 변하여 웅녀와 결혼하였다. 이리하여 태어난 이가 단군왕검이다.

• 이 나라 사람들이 지켜야 하는 법

> 이제부터 이 나라 사람들은 8조법을 따라야 한대.

(가)

─── <보기> ───
ㄱ. 사람을 죽인 자는 사형에 처한다.
ㄴ. 남에게 상처를 입힌 자는 곡식으로 갚는다.
ㄷ. 다른 부족의 영역을 침범하면 노비, 소 등으로 갚게 한다.
ㄹ. 도둑질한 자는 노비로 삼는데, 용서받고자 하는 사람은 50만 전을 내야 한다.

① ㄱ, ㄴ　　② ㄱ, ㄷ　　③ ㄴ, ㄷ
④ ㄱ, ㄴ, ㄹ　　⑤ ㄴ, ㄷ, ㄹ

출제의도

고조선 사회와 8조법 파악

해설 : 정답 ④

제시된 건국 이야기는 단군신화에 해당된다. 따라서 (가)에는 8조법의 내용이 들어갈 수 있다. 8조법은 사람을 죽인자는 즉시 죽인다. 남에게 상처를 입힌 자는 곡식으로 갚는다. 도둑질한 자는 노비로 삼는다 등이다. ㄷ. 동예의 책화를 설명한 것이다.

016

기출풀이 [8회 4급 21번]

21. 다음 법을 통해 추론할 수 있는 내용으로 옳지 않은 것은?

[1점]

> "사람을 죽인 자는 사형에 처한다."
> "남을 다치게 한 자는 곡물로 갚는다."
> "도둑질한 자는 잡아다 종으로 삼는다. 용서를 받으려면 많은 돈을 내야 한다."

① 노동력을 중시하였다.
② 인간의 생명을 존중하였다.
③ 사유 재산의 개념이 있었다.
④ 강력한 중앙 집권적 국가였다.
⑤ 지배 계급과 피지배 계급이 존재하였다.

● **출제의도**

8조법을 통한 고조선 사회 파악

● **해설 :** 정답 ④

'사람을 죽인자는 사형에 처한다' 조항을 통해 생명 존중과 노동력 중시를 엿볼 수 있다. '남을 다치게 한 자는 곡물로 갚는다' 조항을 통해 농경 사회임과 노동력을 중시하고 있음을 알 수 있다. '도둑질한 자는 종으로 삼는다'에서 사유 재산 인정과 더불어 노비 제도가 있음을 추론할 수 있다.

● **오답풀이**

④ 강력한 중앙 집권적 국가는 삼국 시대에 해당된다.

기출풀이 [6회 4급 5번]

5. 다음 법률을 통해 세 나라의 공통점을 추론한 것으로 가장 적절한 것은? [3점]

- **고조선의 법**
  - 사람을 죽인 자는 사형에 처한다.
  - 남을 다치게 한 자는 곡물로 갚는다.
  - 도둑질을 한 자는 잡아다 종으로 삼는다.

- **바빌로니아의 함무라비 법전**
  - 귀족이 평민의 눈을 다치게 하거나 뼈를 부러뜨리면 은화 1마나를 지불한다.
  - 귀족이 노예의 눈을 다치게 하거나 뼈를 부러뜨리면 노예 값의 반을 지불한다.
  - 만약 부인이 재산을 낭비하고 남편을 멸시하였으면 그녀를 물속에 던진다.

- **로마의 12표법**
  - 주먹으로 자유인을 쳐서 뼈를 부러뜨린 경우에는 금 300 아스를 지불해야 한다. 노예인 경우에는 150아스를 지불해야 한다.

---

① 신분제 사회였을 것이다.
② 제정일치 사회였을 것이다.
③ 상업 중심의 사회였을 것이다.
④ 남녀 차별이 거의 없었을 것이다.
⑤ 청동기를 사용해 전쟁을 하였을 것이다.

출제의도

고조선의 8조법과 고대 법의 비교 분석

해설 : 정답 ①

고조선의 8조법에서 도둑질한 자는 종으로 삼는다는 내용에서 노비 제도가 존재함을 파악할 수 있다. 고대 바빌로니아 왕국의 함무라비법에서 노예 제도가 존재함을 알 수 있고 귀족과 노예에 대한 차별 대우가 있음을 파악할 수 있다. 고대 로마법에서는 역시 노예가 존재하며 신분적 차별이 있음을 파악할 수 있다. 따라서 세 나라의 공통점은 신분제 사회이다.

기출풀이 [9회 3급 1번]

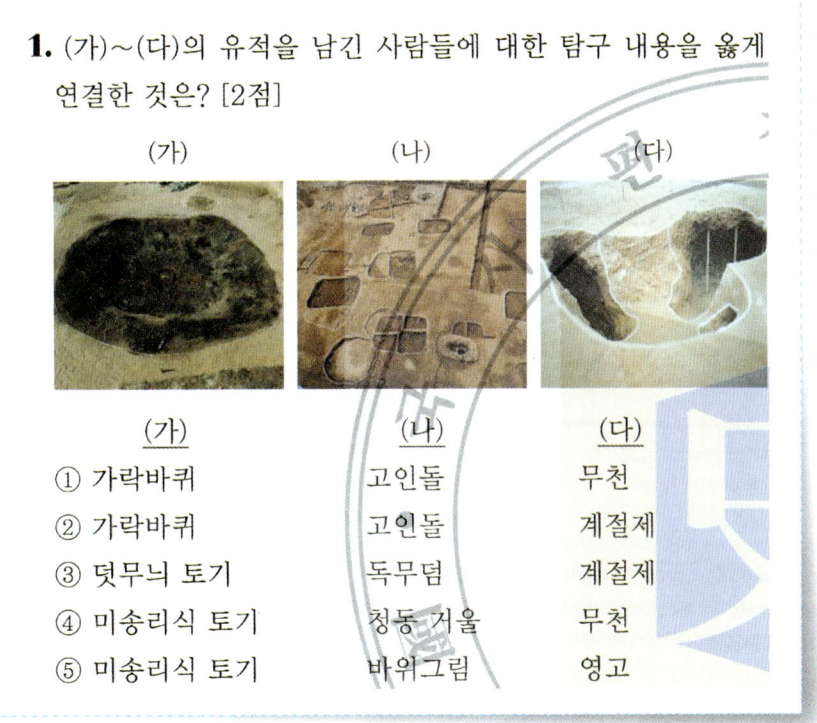

1. (가)~(다)의 유적을 남긴 사람들에 대한 탐구 내용을 옳게 연결한 것은? [2점]

(가)	(나)	(다)
① 가락바퀴	고인돌	무천
② 가락바퀴	고인돌	계절제
③ 덧무늬 토기	독무덤	계절제
④ 미송리식 토기	청동 거울	무천
⑤ 미송리식 토기	바위그림	영고

● 출제의도

신석기, 청동기, 철기 시대의 모습 파악

● 해설 : 정답 ②

(가)는 신석기 시대의 집터, (나)는 청동기 시대의 집터, (다)는 철기 시대의 집터인 마한 토실의 모습니다. 신석기 시대에는 뼈바늘 가락바퀴, 돌보습, 돌낫 등의 도구와 이른 민무늬 토기, 빗살무늬 토기, 덧무늬 토기 등을 사용하였으며, 청동기 시기에는 고인돌과 돌무지무덤, 돌널무덤 등을 남겼다. 철기 시대의 여러 나라에서는 제천 행사를 거행하였다. 특히 삼한에서는 5월 수릿날과 10월 계절제를 거행하였다.

● 오답풀이

① 무천은 동예의 제천행사, ③ 독무덤은 철기 시대의 무덤, ④ 미송리식 토기는 청동기 시대의 고조선의 토기, ⑤ 영고는 부여의 제천행사에 해당된다.

기출풀이 [10회 4급 9번]

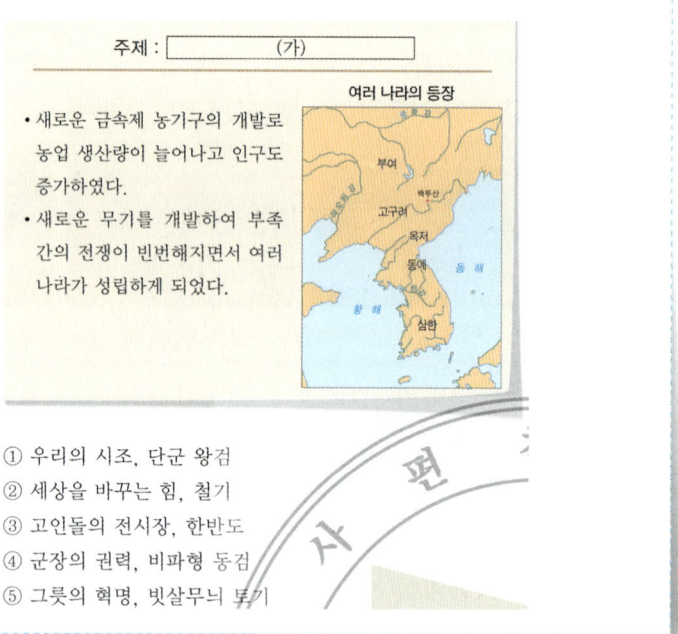

9. 다음은 어느 모둠의 발표 자료이다. (가)에 들어갈 말로 적절한 것은? [2점]

주제 : _____(가)_____

여러 나라의 등장

- 새로운 금속제 농기구의 개발로 농업 생산량이 늘어나고 인구도 증가하였다.
- 새로운 무기를 개발하여 부족 간의 전쟁이 빈번해지면서 여러 나라가 성립하게 되었다.

① 우리의 시조, 단군 왕검
② 세상을 바꾸는 힘, 철기
③ 고인돌의 전시장, 한반도
④ 군장의 권력, 비파형 동검
⑤ 그릇의 혁명, 빗살무늬 토기

● 출제의도

철기의 보급과 여러 나라의 성장 파악

● 해설 : 정답 ②

제시된 자료에서 금속제 농기구의 사용과 여러 나라의 성립으로 보아 철기 시대에 해당됨을 알 수 있다. 기원전 5세기경부터 철기의 보급으로 철제 농기구가 사용되면서 농업 생산력이 급속하게 증가되었다. 한편 철제 무기의 개발로 부족간의 전쟁이 치열해지면서 부족 연맹 형태의 여러 나라들이 성립하게 되었다. 부여, 고구려, 옥저, 동예, 삼한 등 초기 여러 나라들은 모두 철기를 기반으로 성립되었다.

● 오답풀이

① 고조선은 청동기 문화를 기반으로 성립되었다. ③, ④ 고인돌과 군장, 비파형 동검 등은 청동기 시대에 해당되는 것이다. ⑤ 빗살무늬 토기는 신석기 시대에 해당된다.

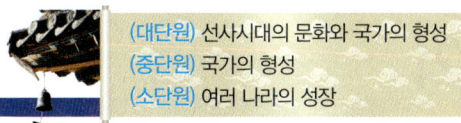

기출풀이 [10회 3급 2번]

2. 다음 풍습을 가진 국가에 대한 설명으로 옳은 것은? [1점]

> 12월에 지내는 제천 행사는 국중 대회로 날마다 마시고 먹
> 고 노래하고 춤추는데 그 이름을 '영고'라 하였다. 이때에는
> 형옥을 중단하고 죄수를 풀어주었다. …… 전쟁을 하게 되면
> 하늘에 제사를 지내고, 소를 잡아 발굽을 보고 길흉을 점쳤다.
> – 「삼국지 위서 동이전」 –

① 결혼 풍속으로 민며느리제가 있었다.
② 소도라 불리는 신성한 지역이 있었다.
③ 상가, 고추가 등 대가들이 각기 관리를 거느렸다.
④ 수해나 한해로 흉년이 들면 왕에게 책임을 물었다.
⑤ 다른 부족의 생활 영역을 침범하면 가축으로 변상하였다.

● **출제의도**

여러 나라의 성장과 부여의 특징 파악

● **해설 :** 정답 ④

제시된 자료 가운데 영고와 우제점 등으로 보아 부여에 관한 것임을 알 수 있다. 부여는 5부족 연맹체로, 1세기 초에는 왕
호를 사용하고 중국과 외교 관계를 맺는 등 발전된 국가의 모습을 갖추었다. 왕 아래 가축의 이름을 딴 마가, 우가, 저가,
구가와 대사자, 사자 등의 관리가 있었다. 그러나 왕권이 미약하여 수해나 한해가 있으면 그 책임을 왕에게 물어 왕을 죽이
거나 바꾸기도 하였다.

● **오답풀이**

① 민며느리제는 옥저의 풍습이다. ② 소도는 삼한에서 천군이 다스리는 지역으로 제정 분리적 특징을 보여주는 것이다.
③ 상가, 고추가 등은 고구려의 대가들을 말한다. ⑤ 동예의 책화를 설명한 것이다.

기출풀이 [6회 4급 4번]

4. (나) 민속놀이의 유래는 (가)에서 비롯되었다고 한다. (가) 정치 조직을 갖추었던 나라에 대한 설명으로 옳은 것은? [2점]

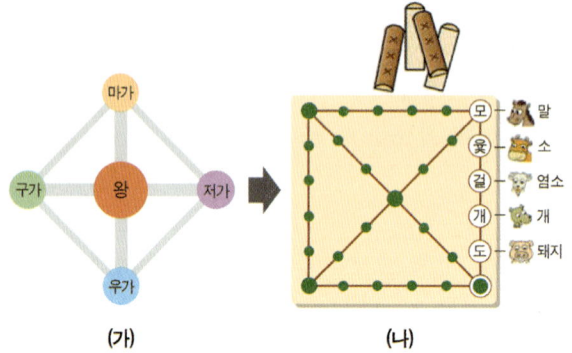

(가)   (나)

① 중국과 왜에 철을 수출하였다.
② 서옥제라는 혼인 제도가 있었다.
③ 어린 며느리를 맞이하는 풍속이 있었다.
④ 순장 풍습이 있었고, 흰옷을 즐겨 입었다.
⑤ 다른 읍락을 침범하면 소, 말 등으로 갚게 하였다.

● **출제의도**

부여의 정치 제도와 사회 풍습 파악

● **해설 :** 정답 ④

(가)는 부여의 4출도, (나)는 윷놀이를 나타낸 것이다. 윷놀이에 등장하는 동물의 이름이 부여의 대가들의 이름인 마가(말), 우가(소), 저가(돼지), 구가(개)에서도 나타나고 있다. 부여는 왕이 죽으면 많은 사람들을 껴묻거리와 함께 묻는 순장의 풍습이 있었으며, 흰옷을 즐겨 입었다. 또한 농수의 풍요를 기원하고 추수를 감사하는 영고라는 제천행사를 지내기도 하였다.

● **오답풀이**

① 삼한 가운데 변한에 해당되는 설명이다. ② 서옥제는 고구려의 지배층의 결혼 풍습이었다. ③ 옥저의 민며느리제를 설명한 것이다. ⑤ 동예의 책화를 설명한 것이다.

022

기출풀이 [11회 중급 6번]

6. 그림에 나타난 혼인 풍습이 있었던 나라의 사회 모습으로 옳은 것은?   [1점]

> 따님과 결혼하고 싶습니다. 이미 해가 저물었으니, 함께 서옥으로 가는 것을 허락해 주십시오.

> 자네가 여러 번 부탁을 하니 정성이 갸륵하여 이제는 허락하겠네.

① 천군이 다스리는 소도가 있었다.
② 10월에 동맹이라는 제천 행사를 거행하였다.
③ 마가, 우가, 저가, 구가 등이 사출도를 다스렸다.
④ 가족 공동 무덤인 큰 목곽에 뼈를 추려 안치하였다.
⑤ 다른 부족의 영역을 침범하면 소, 말 등으로 변상하였다.

● 출제의도

고구려 사회의 특징과 혼인 풍습 파악

● 해설 : 정답 ②

제시된 그림에서 서옥에 들어가도록 허락해 달라고 하는 모습을 통해 고구려의 서옥제임을 알 수 있다. 서옥이란 사위의 집이라는 뜻이다. 고구려의 서옥제는 혼인을 정한 뒤 신부집 뒤꼍에 조그만 집을 짓고 거기서 자식을 낳아 성장하면 아내를 데리고 신랑집으로 돌아가는 제도이다. ② 고구려에서는 10월에 동맹이라는 제천 행사를 지냈다.

● 오답풀이

① 삼한의 특징으로 제정 분리를 보여주는 것이다. ③ 사출도는 부여와 관련이 있다. 부족장들이 각기 자기 부족을 다스리는 것으로 왕권이 미약함을 보여주는 것이다. ④ 옥저의 가족공동묘제를 설명한 것이다. ⑤ 동예의 책화 제도를 설명한 것이다.

기출풀이 [6회 3급 3번]

3. (가)에 들어갈 나라에 대한 설명으로 옳은 것은? [2점]

> 여기는 단오제가 열리고 있는 강릉입니다. 중국 문헌인 '삼국지 위서 동이전'의 기록에 따르면, 이곳 강릉은 [가]의 옛 땅으로, 천신에게 제사를 드리고 남녀가 모여 술 마시고 함께 춤추는 무천이라는 축제가 있었다고 합니다. 이번 단오제는……

① 부여족의 한 갈래로 서옥제의 풍속이 있었다.
② 왕 아래에 마가, 우가, 저가, 구가 등의 관리가 있었다.
③ 다른 부족의 영역을 침범하면 소나 말로 배상하게 하였다.
④ 소도에 농경과 종교에 대한 의례를 주관하는 천군이 있었다.
⑤ 중대한 범죄자가 있으면 제가 회의를 통하여 사형에 처하였다.

● **출제의도**

동예의 사회 모습 파악

● **해설 :** 정답 ③

제시된 자료에서 강릉이라고 하는 지역과 무천이라고 하는 제천행사를 통해 (가)는 동예에 해당됨을 알 수 있다. 동예는 토지가 비옥하고 해산물이 풍부하여 농경, 어로 등의 경제 생활이 윤택하였다. 특히 명주와 삼베 등 방직 기술이 발달하였으며, 단궁, 과하마, 반어피 등이 유명하였다. 10월에 무천이라는 제천행사를 지냈으며, 족외혼을 엄격하게 지켰다. ③ 다른 부족이 생활권을 침범하면 책화라 하여 노비와 소, 말로 변상하게 하였다.

● **오답풀이**

① 고구려, ② 부여, ④ 삼한, ⑤ 고구려에 해당된다.

 **기출풀이** [9회 4급 3번]

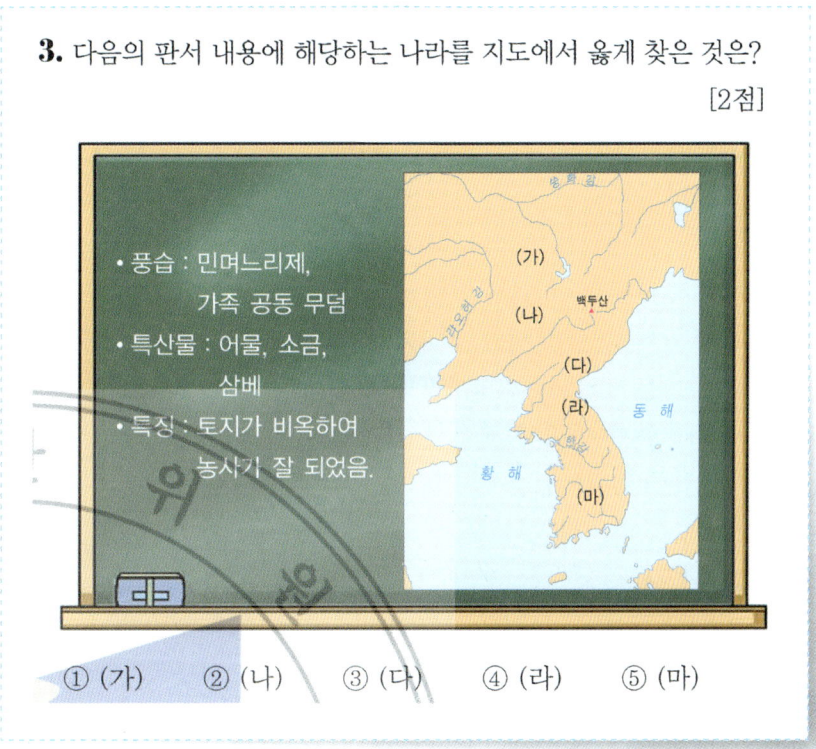

3. 다음의 판서 내용에 해당하는 나라를 지도에서 옳게 찾은 것은?

[2점]

- 풍습 : 민며느리제,
  가족 공동 무덤
- 특산물 : 어물, 소금,
  삼베
- 특징 : 토지가 비옥하여
  농사가 잘 되었음.

① (가)   ② (나)   ③ (다)   ④ (라)   ⑤ (마)

● **출제의도**

옥저의 생활 모습과 특징 파악

● **해설 :** 정답 ③

제시된 자료에서 민며느리제, 가족 공동 무덤 등의 내용을 통해 옥저에 해당됨을 알 수 있다. 옥저는 함경도 함흥 평야의 동해안에 위치하여 선진 문화의 수용이 늦고 고구려의 압박을 받았다. 왕이 존재하지 않는 군장 국가였으며 부여족의 한 갈래였다. 해산물이 풍부하고 토지가 비옥하여 생산물을 고구려에 공납으로 바쳤다. 옥저는 사람이 죽으면 가매장한 후 뼈를 추려 큰 목곽에 안치하고, 입구에 쌀 항아리를 매달아 놓았다.

● **오답풀이**

① 부여, ② 고구려, ④ 동예, ⑤ 삼한의 위치에 해당된다.

기출풀이 [8회 4급 39번]

39. 다음 자료에서 설명하는 나라를 지도에서 옳게 찾은 것은?

[1점]

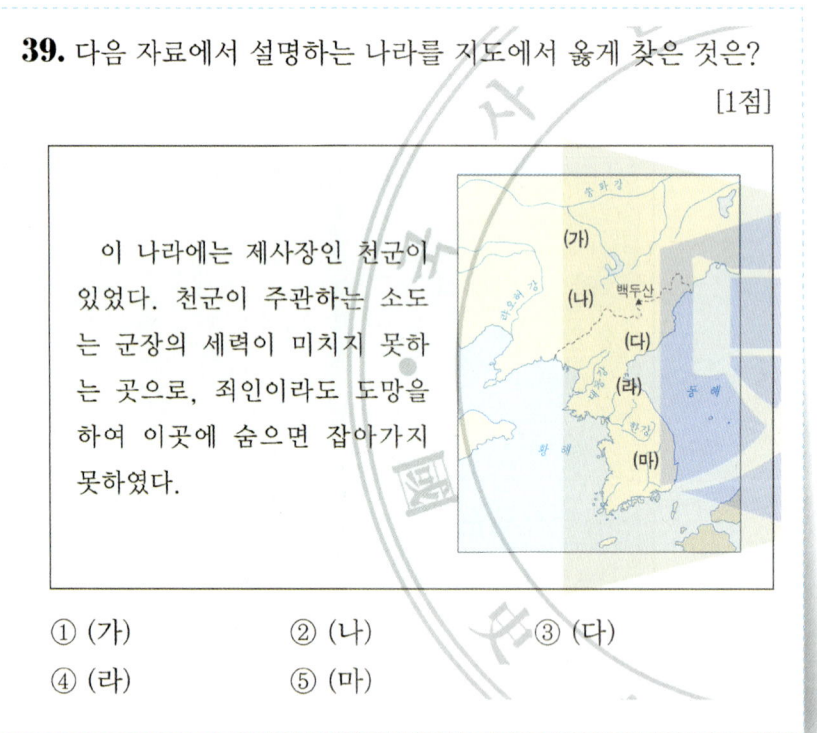

이 나라에는 제사장인 천군이 있었다. 천군이 주관하는 소도는 군장의 세력이 미치지 못하는 곳으로, 죄인이라도 도망을 하여 이곳에 숨으면 잡아가지 못하였다.

① (가)　　　② (나)　　　③ (다)

④ (라)　　　⑤ (마)

● **출제의도**

삼한의 특징과 사회 모습 파악

● **해설 : 정답 ⑤**

제시된 자료에서 천군, 소도 등의 내용으로 보아 삼한 사회를 묻는 것임을 알 수 있다. 한강 이남 지역에서 진의 발전으로 마한, 변한, 진한의 연맹체가 등장하였다. 삼한의 소국 가운데 목지국의 세력이 가장 커서 삼한 전체를 주도하였다. 삼한은 제사장인 천군이 농경과 종교에 대한 의례를 주관하는 신정 지역으로 소도가 있어 군장의 세력이 미치지 못하였다. 이러한 제사장의 존재를 통해 고대 신앙의 변화와 제정 분리를 엿볼 수 있다.

● **오답풀이**

① (가) -부여, ② (나) - 고구려, ③ (다) - 옥저, ④ (라) - 동예에 해당되는 곳이다.

거석 문화와 고인돌

▶ 고인돌과 선돌(입석)은 거석을 이용한 구조물로 거석 문화의 상징이다. 크게 보았을 때 이집트나 마야의 피라
미드, 중동 지방의 각종 석조물, 프랑스 서북부 대서양 연안 지역의 거석렬과 영국의 스톤헨지 등이 모두 이
거석 문화의 산물이다. 우리나라에는 세계에서 가장 많은 고인돌이 분포되어 있는데, 형태에 따라 탁자식, 바
둑판식, 개석식으로 구분한다. 유네스코 세계 위원회는 2000년 12월에 고창, 화순, 강화의 고인돌 유적지를
세계 문화 유산으로 지정하였다.

탁자식(북방식) 고인돌

바둑판식(남방식) 고인돌

여러 나라의 성장

• 고구려에는 큰 산과 깊은 골짜기가 많고 평원과 연못이 없어서 계곡을 따라 살며, 골짜기 물을 식수로 마셨다.
좋은 밭이 없어서 힘들여 일구어도 배를 채우기는 부족하였다. 사람들의 성품은 흉악하고 급해서 노략질하기를
좋아하였다.

• 부여에는 구릉과 넓은 연못이 많아서 동이 지역 중에서 가장 넓고 평탄한 곳이다. 토질은 오곡을 가꾸기에는 알
맞지만, 과일은 생산되지 않았다. 사람들 체격이 매우 크고, 성품이 강직하고 용맹하며, 근엄하고 후덕하여 다
른 나라를 노략질하지 않았다.

• 옥저는 나라가 작아서 큰 나라 사이에서 시달리고 괴롭힘을 당하다가 마침내 고구려에게 복속되었다. 고구려는
그 나라 사람 가운데 대인을 뽑아 사자로 삼아 토착 지배층과 함께 통치하게 했다. 또한 대가로 하여금 맥포,
물고기, 소금, 해초류 등 조세를 한꺼번에 모아 천 리나 되는 거리를 져나르게 하였다. 또 옥저의 미녀를 보내
게 하여 종이나 첩으로 삼았음, 옥저의 사람들을 노복과 같이 취급하였다.

• 동예는 대군장이 없고, 한 대 이후로 후·읍군·삼로 등의 관직이 있어서 하호를 통치하였다. …… 예의 풍속은
산천을 중요시하여 산과 내마다 구분이 있어 함부로 들어가지 않는다. 동성끼리는 결혼하지 않는다. 꺼리는 것
이 많아서 병을 앓거나 사람이 죽으면 옛 집을 버리고 곧 다시 새집을 지어 산다.

– 「삼국지 위서 동이전」

2단원

고대 시대(삼국 · 남북국 시대)

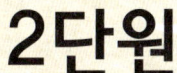

3강 국가의 형성

❶ 고대 국가의 성립

고구려	• 태조왕(1세기 후반) : 고씨의 왕위 세습, 5부 체제로 발전, 옥저 정복 • 고국천왕(2세기 후반) : 왕위 부자 상속 확립, 행정적 성격의 5부로 개편
백제	• 고이왕(3세기 중엽) : 한강 유역 장악, 율령 반포, 관등제 정비, 공복 제정
신라	• 내물왕(4세기 후반) : 김씨 왕위 세습, 마립간 칭호 사용, 왜구 격퇴(고구려의 도움)
가야	• 풍부한 철 생산, 벼농사와 중계 무역 발달(낙랑과 왜의 규슈 지방 연결) • 3세기경 : 금관가야 중심의 연맹 왕국 형성 • 4세기 말~5세기 초 : 신라를 후원하는 고구려군의 공격 → 가야의 중심 세력 해체, 낙동강 서쪽 연안으로 축소

❷ 삼국의 정치적 발전

고구려	• 미천왕(4세기 초) : 낙랑 점령 → 중국 세력 축출 • 소수림왕(4세기 후반) : 불교 공인(372), 율령 반포, 태학 설립 → 중앙 집권 체제 강화
백제	• 근초고왕(4세기 중반) : 마한 정복, 고구려 공격, 요서·산둥·규슈 지방 진출, 왕위의 부자 상속 • 침류왕(4세기 후반) : 불교 공인(384, 동진)
신라	• 지증왕(6세기 초) : 국호 '신라', 왕호 '왕', 수도와 지방의 행정 구역 개편, 우산국(울릉도) 복속 • 법흥왕(6세기 전반) : 병부 설치, 율령 반포, 골품제 정비, 불교 공인, 금관가야 정복, 연호 사용(건원) → 중앙 집권 체제 정비

❸ 삼국 간의 항쟁

고구려	• 광개토 대왕(4~5세기) : 만주 정복, 신라에 침입한 왜구 격퇴 → 광개토 대왕릉비에 기록 • 장수왕(5세기) : 중국 남북조와 각각 교류하여 견제, 평양 천도(427), 남하 정책 추진 → 한강 유역 확보(중원 고구려비) • 동북 아시아의 패자 : 만주와 한반도에 걸친 광대한 영토 차지 → 중국과 대등한 지위
백제	• 고구려 남하 정책으로 웅진 천도(475) → 대외 팽창 위축, 무역 침체, 왕권 약화, 귀족 세력 국정 주도 • 동성왕(5세기 후반) : 신라와 동맹 강화, 고구려에 대항 • 무령왕(6세기) : 지방에 22담로 설치(왕족 파견 → 지방 통제 강화), 백제 중흥의 발판 마련, 무령왕릉(중국 남조 양나라의 영향) • 성왕(6세기) : 사비 천도(538), 국호를 '남부여'로 개칭, 중국 남조와 교류, 일본에 불교 전파, 한강 유역 일시적 회복(→신라에 상실)
신라	• 진흥왕(6세기) : 화랑도의 국가 조직화, 불교 교단 정비, 한강 유역 점령, 영토 확장(함경도 진출, 대가야 점령) → 단양 적성비, 순수비 건립 • 한강 유역 장악 : 경제 기반 강화, 전략 거점 확보, 중국과 직접 교역할 수 있는 발판 마련 → 삼국 경쟁의 주도권 장악
가야	• 5세기 초 전기 가야 연맹 해체 : 동남부 지역 세력 약화 • 5세기 후반 후기 가야 연맹 성립 : 대가야 중심 • 6세기 초 신라와 결혼 동맹을 맺어 국제적 고립 탈피 노력 • 금관가야는 신라 법흥왕에게, 대가야는 진흥왕에게 멸망

❹ 삼국의 통치 체제

구분	고구려	백제	신라
귀족 회의체	제가 회의	정사암 회의	화백 회의
수상	대대로(막리지)	상좌평	상대등
관등 조직	10여 관등	16관등	17관등
지방 조직	부(고구려), 방(백제), 주(신라)에 지방관 파견, 말단 촌은 촌주가 지배		
군사 조직	지방 행정 조직과 군사 조직의 일치(지방관이 행정·군사 동시 관장)		

❺ 대외 항쟁과 신라의 삼국 통일

⑴ 고구려의 대외 항쟁 : 살수 대첩(612), 안시성 싸움(645)

⑵ 신라의 삼국 통일 : 나·당 연합군 결성 → 백제 멸망(660) → 고구려 멸망(668) → 나·당 전쟁(매소성 전투, 기벌포 해전) → 삼국 통일(676)

❻ 남북국의 발전

통일 신라	• 통일 후 왕권의 전제화, 6두품과 집사부 시중의 역할 증대, 상대등 세력 약화 • 무열왕 : 무열왕(진골) 직계 자손이 왕위 계승, 시중의 기능 강화 • 신문왕 : 관료전 지급(녹읍 폐지), 국학 설치, 9주 5소경 체제 완비 • 경덕왕 이후 : 녹읍 부활, 국가 재정 악화, 농민 부담 증가 • 신라 하대의 변화 : 진골 귀족의 왕위 쟁탈전, 왕권 및 지방 통제 약화, 6두품 배제, 호족 성장
발해	• 건국 : 고구려 장군 출신 대조영이 동모산에서 건국(698) → 고구려 유민(지배층)과 말갈족(피지배층)의 이원적 민족 구성 • 무왕(8세기 초) : 장문휴의 산둥 공격, 요서에서 당과 격돌 • 문왕(8세기 후반) : 당과 수교, 신라도 개설, 상경 천도, 연호 사용 • 선왕(9세기) : 전성기, 해동성국 칭호

❼ 남북국 시대의 통치 체제

구분	중앙 정치	지방 통치	군사
통일 신라	집사부 시중의 지위 강화, 사정부(감찰 기구), 국학(국립대학)	5소경, 9주(행정적 성격, 총관 → 도독), 군·현(지방관), 촌(촌주 지배), 향·부곡(특수 행정 구역)	9서당(중앙군), 10정(지방군)
발해	3성 6부제(대내상이 국정 총괄), 중정대(관리 비위 감찰), 문적원(서적관리), 주자감(중앙 교육 기관)	5경, 15부(도독), 62주(자사), 현(현승), 말단 촌락은 말갈족 촌장을 매개로 지배	10위(중앙군)

 **기출풀이** [10회 4급 3번]

3. (가)~(다)의 건국 이야기를 통해 알 수 있는 사실로 옳지 <u>않은</u> 것은? [2점]

> (가) 옛날에 시조 추모왕이 나라를 세웠는데, 그는 북부여에서 태어났으며 …… 길을 떠나 남쪽으로 내려가다가 부여의 엄리대수를 거쳐 …… 비류곡 홀본(졸본) 서쪽 산 위에 성을 쌓고 도읍을 세웠다.
>
> (나) 유리가 주몽을 찾아오자, 비류와 온조 형제는 그를 피해 남쪽으로 무리를 이끌고 내려와 각각 미추홀(인천)과 위례성(서울)에 자리를 잡았다.
>
> (다) 한반도 동남쪽 경주 평야에 살던 6촌의 촌장들이 하늘에서 내려온 알에서 태어난 박혁거세를 추대하여 왕으로 받들었다.

① (가) - 건국 세력이 부여 계통이었다.
② (가) - 넓은 평야 지역에 건국되었다.
③ (나) - 건국 세력이 고구려 계통이었다.
④ (다) - 경주 평야의 사로국에서 성장하였다.
⑤ (다) - 여러 세력이 연합하여 세운 나라였다.

● **출제의도**

삼국의 건국 과정 파악

● **해설 :** 정답 ②

(가)는 고구려의 건국 이야기, (나)는 백제의 건국 이야기, (다)는 신라의 건국 이야기이다. ① 고구려의 주몽은 부여 계통이었다. ③ 유리는 주몽의 아들이었으며, 온조와 비류 역시 주몽의 아들로 유리가 왕이 되자 한강 유역으로 남하하여 백제를 세웠다. ④ 신라는 사로국에서 출발하였다. ⑤ 신라는 6부족 연맹체였다. ② 고구려는 산악 지대에서 건국되어 약탈 경제에 의존하였다.

 기출풀이 [8회 4급 35번]

35. 자료를 읽고 공통점을 적절하게 추론한 것을 〈보기〉에서 고른 것은? [2점]

- 환웅은 무리 3천 명을 이끌고 태백산 꼭대기 신단수 아래로 내려와, 그곳을 신시(神市)라 부르고 스스로를 환웅 천왕이라고 하였다.
- 옛날에 시조 추모왕[주몽]이 나라를 세웠다. 그는 알을 깨고 세상에 나왔는데 태어나면서부터 성스러웠다.
- 사로국에 살던 6촌의 촌장들이 하늘에서 내려온 알에서 태어난 박혁거세를 추대하여 왕으로 받들었다.

〈 보 기 〉
ㄱ. 선민사상을 내세우고 있다.
ㄴ. 알과 관련된 건국 설화를 갖고 있다.
ㄷ. 고대 신앙의 변화와 제정 분리를 엿볼 수 있다.
ㄹ. 건국 당시의 역사적 사실을 이해하는 데 도움을 준다.

① ㄱ, ㄴ   ② ㄱ, ㄷ   ③ ㄱ, ㄹ
④ ㄴ, ㄷ   ⑤ ㄷ, ㄹ

◉ 출제의도

건국 신화를 통한 당시 사회 모습 파악

◉ 해설 : 정답 ③

ㄱ. 선민사상은 당시 지배층이 자신의 지배와 건국을 정당화 시키기 위한 것으로 단군의 건국 이야기, 주몽의 신화, 박혁거세의 신화 등에서 공통적으로 나타나고 있다. ㄹ. 이와 같은 건국 이야기들은 신화로 그치는 것이 아니라 당시 사회를 반영한 역사적 사실을 투영시키고 있다는 점에서 중요한 것이다.

◉ 오답풀이

ㄴ. 난생 설화는 주몽과 박혁거세 설화와 관련이 있다.
ㄷ. 고조선은 제정 일치 사회였다.

기출풀이 [8회 4급 27번]

27. 다음 (가)에 들어갈 〈보기〉의 내용을 시대 순으로 옳게 나열한 것은? [3점]

가야의 흥망

- **성장 배경** : 낙동강 하류 지역의 해상 활동에 유리한 입지 조건 및 철의 생산과 교역 활동
- **변천 과정** : [(가)   ]
- **멸망** : 신라와 백제의 압력으로 멸망

〈 보 기 〉

ㄱ. 대가야가 연맹의 중심이 되었다.

ㄴ. 가야, 백제, 왜의 연합 세력이 신라를 공격하였다.

ㄷ. 광개토 대왕의 공격으로 금관가야의 국력이 약화되었다.

① ㄱ - ㄴ - ㄷ   ② ㄱ - ㄷ - ㄴ   ③ ㄴ - ㄱ - ㄷ

④ ㄴ - ㄷ - ㄱ   ⑤ ㄷ - ㄱ - ㄴ

● **출제의도**

가야의 성립과 변천 과정 파악

● **해설 :** 정답 ④

가야는 2세기 경 변한 지역에서 철기 문화를 토대로 여러 정치 집단이 나타나기 시작하였다. 3세기 경에는 금관 가야가 중심이 되어 연맹왕국으로 발전하였다. 4세기 초에는 백제와 신라의 팽창에 밀려 전기 가야 연맹은 약화되기 시작하였다. 4세기 말 5세기 초 가야와 백제, 왜의 연합 세력이 신라를 공격하자 신라 내물왕이 고구려 광개토 대왕에게 파병을 요청하였다. 이 때 신라를 후원하는 고구려군의 공격을 받고 거의 몰락하여 가야의 중심 세력이 약화되고 가야 지역은 낙동강 서쪽 연안으로 축소되었다. 5세기 후반 고령의 대가야를 중심으로 후기 가야 연맹이 결성되었다.

기출풀이 [10회 4급 48번]

48. 다음 (가) 나라에 대한 설명으로 옳은 것은? [3점]

유네스코에 등재된 (가) 의 문화유산

장군총　　태왕릉

환도산성　　오녀산성

① 왕 밑에 마가, 우가, 구가, 저가 등이 있었다.
② 대대로를 비롯한 10여 등급의 관리들이 있었다.
③ 사회 질서를 유지하기 위한 법률 8개 조항이 있었다.
④ 국가의 중대사는 귀족들이 정당성에 모여서 결정하였다.
⑤ 지방 세력의 성장을 감시하기 위해 5개의 소경을 두었다.

● 출제의도

고구려의 관등 체제와 정치 제도 파악

● 해설 : 정답 ②

제시된 문화 유산은 고구려의 유적지이다. 고구려는 소수림왕 때 율령의 반포, 불교의 공인, 태학의 설립 등을 통해 지방에 산재한 부족 세력을 효율적으로 통제하면서 중앙 집권 국가로 체제를 강화하였다. 고구려는 10 관등이 있었으며 수상은 대대로(막리지)가 담당하였다.

● 오답풀이

① 부여, ③ 고조선, ④ 발해, ⑤ 통일 신라에 해당되는 것이다.

030

기출풀이  [10회 3급 4번]

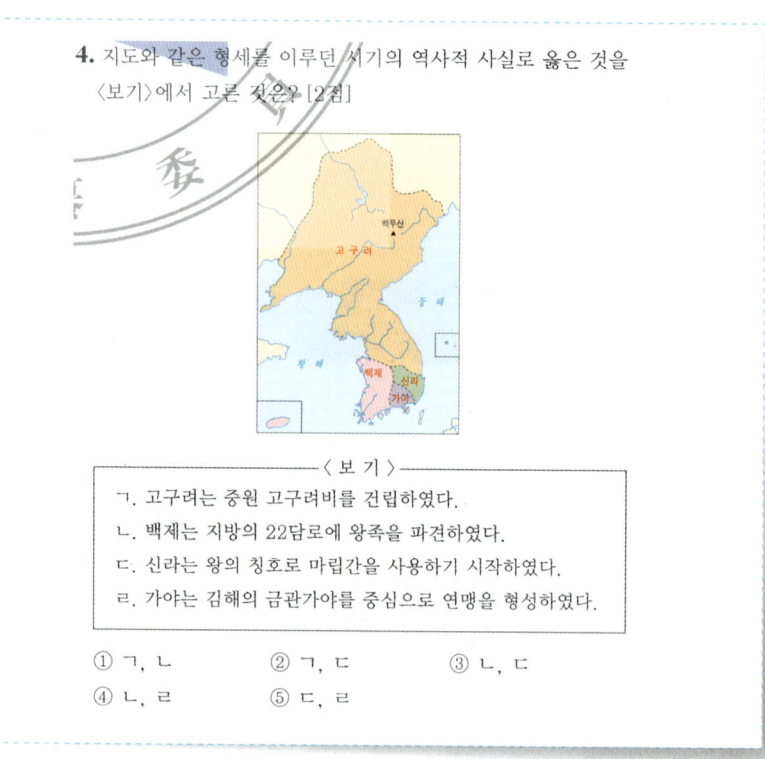

4. 지도와 같은 형세를 이루던 시기의 역사적 사실로 옳은 것을 〈보기〉에서 고른 것은? [2점]

〈 보 기 〉
ㄱ. 고구려는 중원 고구려비를 건립하였다.
ㄴ. 백제는 지방의 22담로에 왕족을 파견하였다.
ㄷ. 신라는 왕의 칭호로 마립간을 사용하기 시작하였다.
ㄹ. 가야는 김해의 금관가야를 중심으로 연맹을 형성하였다.

① ㄱ, ㄴ　　　② ㄱ, ㄷ　　　③ ㄴ, ㄷ
④ ㄴ, ㄹ　　　⑤ ㄷ, ㄹ

● 출제의도

5세기 고구려의 전성 파악

● 해설 : 정답 ①

제시된 지도에서 한강 유역이 고구려에 포함되고 있는 것으로 보아 5세기 후반에서 6세기 중엽까지 고구려 전성시기임을 알 수 있다. 고구려는 장수왕 시기에 한강 유역을 장악(476)하였으며, 양원왕 때 한강 유역을 상실(554)하였다. ㄱ. 중원 고구려비는 장수왕이 남한강 유역까지 진출하였음을 증명하는 것이다. ㄴ. 백제는 고구려에게 한강 유역을 빼앗기고 웅진으로 천도하였으며 무령왕(501~523)은 22담로를 설치하여 왕족을 파견하여 다스리게 하였다.

● 오답풀이

ㄷ. 내물왕(356~402) 시기에 해당된다.
ㄹ. 전기 가야 연맹(2~3C 발전) 시기에 대한 설명이다.

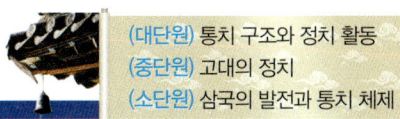
 **기출풀이** [9회 3급 4번]

4. 다음 그림과 같은 동맹 관계가 유지되었을 때의 역사적 사실로 옳은 것을 〈보기〉에서 고른 것은? [3점]

고구려   백제   신라

〈 보 기 〉

ㄱ. 지증왕은 이사부로 하여금 우산국을 복속시켰다.
ㄴ. 고국천왕은 왕위 계승을 부자 상속으로 바꾸었다.
ㄷ. 성왕은 사비로 천도하고 국호를 남부여로 바꾸었다.
ㄹ. 보장왕은 천리장성을 완성하여 당의 침략에 대비하였다.

① ㄱ, ㄴ   ② ㄱ, ㄷ   ③ ㄴ, ㄷ
④ ㄴ, ㄹ   ⑤ ㄷ, ㄹ

● **출제의도**

5세기 고구려 전성기의 삼국 판도 파악

● **해설 :** 정답 ②

제시된 그림에서 백제와 신라가 연합하여 고구려에 대항하고 있는 것으로 보아 5C 나·제 동맹(433~554) 시기의 상황임을 알 수 있다. ㄱ. 지증왕이 우산국을 복속시킨 것은 6세기 초반인 512년이다. ㄷ. 성왕은 사비로 천도(538)하고 국호를 남부여로 고쳤다. 신라의 진흥왕과 연합하여 한강 유역을 되찾았으나 진흥왕에게 다시 빼앗기고 말았다.

● **오답풀이**

ㄴ. 2세기 경에 해당된다.
ㄹ. 천리장성 축조는 당 침략에 대비하기 위한 것으로 7세기에 해당된다.

기출풀이 [9회 3급 5번]

5. 다음 자료의 (가), (나) 국가에 대한 설명으로 옳은 것을 〈보기〉에서 고른 것은? [2점]

> 9년(399) 기해에 백제가 서약을 어기고 왜와 화통하므로, 왕은 평양으로 순수해 내려갔다. (가) 이(가) 사신을 보내 왕에게 말하기를, "왜인이 그 국경에 가득 차 성을 부수었으니, 노객은 백성 된 자로서 왕에게 귀의하여 분부를 청한다."고 하였다. …… 10년(400) 경자에 보병과 기병 5만을 보내 (가) 을(를) 구원하게 하였다. …… 관군이 이르자 왜적이 물러가므로, 뒤를 급히 추격하여 (나) 의 종발성에 이르렀다. 성이 곧 귀순하여 복종하므로, 순라병을 두어 지키게 하였다.
>
> — 광개토 대왕릉 비문 —

〈 보기 〉

ㄱ. (가) - 혼인 풍속으로 형사취수제와 서옥제가 있었다.
ㄴ. (가) - 내물왕 때 김씨에 의한 왕위 계승권이 확립되었다.
ㄷ. (나) - 낙랑과 왜를 연결하는 중계 무역이 발달하였다.
ㄹ. (나) - 수군을 정비하여 요서, 산둥, 규슈 지방으로 진출하였다.

① ㄱ, ㄴ   ② ㄱ, ㄷ   ③ ㄴ, ㄷ
④ ㄴ, ㄹ   ⑤ ㄷ, ㄹ

● **출제의도**

삼국 간의 항쟁 파악

● **해설 :** 정답 ③

제시된 자료에서 고구려에 원병을 요청한 것은 신라이므로 (가)는 신라임을 알 수 있다. 파병된 고구려 군사는 남쪽으로 진출하여 가야 지역까지 점령하여 금관 가야 중심의 전기 가야 연맹이 해체되고 가야의 중심지가 대가야로 옮겨 가게 되었다. 따라서 (나)는 가야(임나가라)에 해당된다. ㄴ. 신라의 내물왕 때 김씨 왕위 세습이 이루어졌다. ㄷ. 금관 가야는 낙랑과 왜를 연결하는 중계 무역으로 발전하였다.

● **오답풀이**

ㄱ. 형사 취수제와 서옥제는 고구려의 풍습니다.
ㄹ. 백제 근초고왕 시기에 해당되는 설명이다.

033

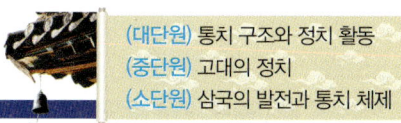

기출풀이 [8회 4급 34번]

34. 다음 탐구 학습 주제에 대한 각 모둠의 발표 내용으로 적절하지 <u>않은</u> 것은? [3점]

- 1모둠 : 광개토 대왕의 대규모 정복 사업의 배경은 무엇일까?
- 2모둠 : 호우명 그릇에 새겨진 글자로 무엇을 알 수 있을까?
- 3모둠 : 장수왕은 영토 확장의 방향을 왜 남쪽으로 돌렸을까?
- 4모둠 : 장수왕이 국내성에서 평양으로 천도한 이유는 무엇일까?
- 5모둠 : 중원 고구려비의 내용으로 알 수 있는 것은 무엇일까?

---

① 1모둠 : 소수림왕의 내정 개혁이 바탕을 이루었다.

② 2모둠 : 신라가 고구려의 영향을 받고 있었음을 알 수 있다.

③ 3모둠 : 중국의 통일 제국인 수나라와 충돌을 피하기 위해서였다.

④ 4모둠 : 귀족 세력을 약화시키고 왕권을 더욱 강화하기 위해서였다.

⑤ 5모둠 : 고구려의 영토가 죽령 일대까지 확장되었음을 알 수 있다.

● **출제의도**

삼국의 항쟁과 5세기 고구려 팽창 파악

● **해설 :** 정답 ③

① 고구려는 소수림 왕 시기에 중앙 집권 체제의 틀이 갖추어졌으며 이를 토대로 광개토 대왕의 활발한 정복 활동이 가능하였다. ② 호우명 그릇은 광개토 대왕의 군사 파견과 밀접한 관련이 있다. ④ 장수왕의 남진 정책은 국내성을 기반으로 한 귀족 세력을 약화시키고 왕권을 강화하기 위한 측면도 있다. ⑤ 중원 고구려비를 통해 고구려의 영토가 죽령 일대에서 남양만에 이르는 선까지 확보하였음을 알 수 있다. ③ 수나라의 침공은 5세기 장수왕 시기가 아니라 7세기에 해당된다.

기출풀이 [6회 3급 45번]

45. 어느 여행사 홈페이지에 실린 광고이다. '상세 일정'을 클릭했을 때에 나타날 수 있는 내용으로 옳지 <u>않은</u> 것은? [3점]

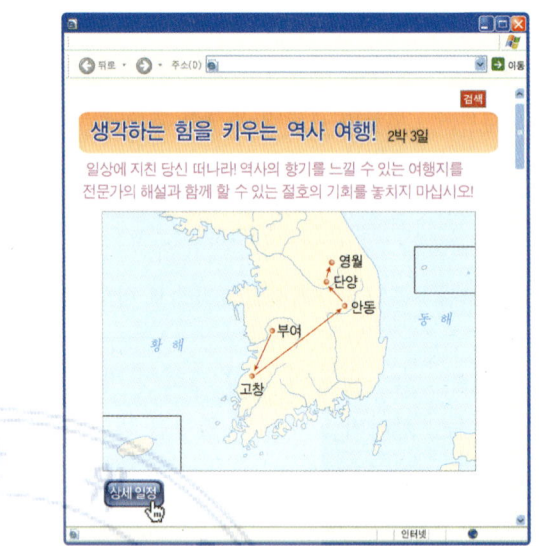

① 부여 : 능산리(모양성) 고분군 → 정림사지 → 부소산성
② 고창 : 읍성(모양성) → 고인돌 → 선운사
③ 안동 : 하회 마을 → 병산 서원 → 봉정사
④ 영월 : 장릉 → 청령포 → 고씨 동굴
⑤ 단양 : 고구려비 → 의림지 → 온달 산성

● **출제의도**

삼국의 발전과 항쟁 파악

● **해설 :** 정답 ⑤

부여는 백제의 마지막 도읍지로 능산리 고분군, 정림사지 5층 석탑, 부소산성 등의 유적지가 남아 있다. 고창은 청동기 시대의 고인돌, 조선 시대의 읍성(모양성), 그리고 선운사 등이 유명하다. 안동은 병산 서원과 봉정사 등의 유적지가 있다. 단양은 진흥왕의 한강 유역 진출과 관련된 단양 적성비와 구석기 유적지 등이 남아 있다. 영월은 단종의 능인 장릉과 유배지인 청룡포, 석회 동굴인 고씨 동굴 등이 있다. ⑤ 의림지는 충북 제천, 온달 산성은 충북 단양군에 있다. 중원 고구려비는 충북 충주(옛 중원군)에 있다.

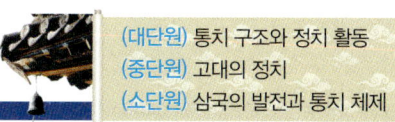

기출풀이 [11회 중급 8번]

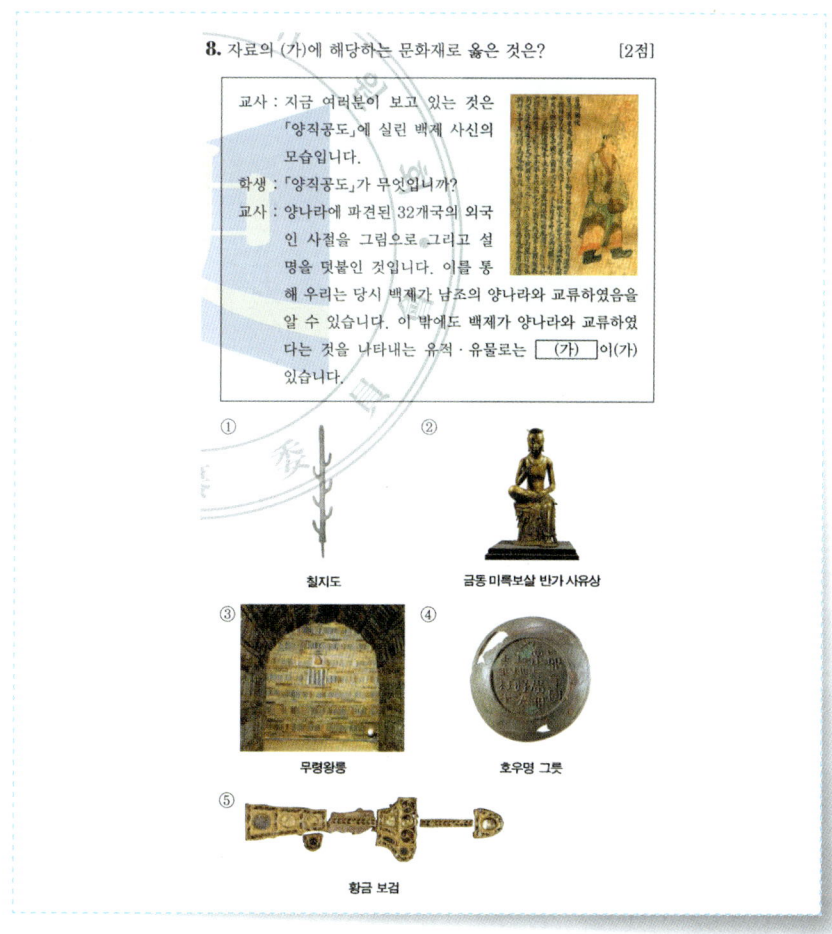

● 출제의도

백제의 대외 교류 관계 파악

● 해설 : 정답 ③

백제는 6세기 초반 무령왕 시기에 지배질서가 확립되고 왕권이 안정화되자 중국 남조의 양(梁) 나라에 사신을 파견하고 다시 강국이 되었음을 선언하기도 하였다. ③ 무령왕의 내부 모습으로 벽돌 무덤 양식은 양 나라의 영향을 받은 것이다. ① 칠지도이다. 이는 백제와 왜의 교류 관계를 보여주는 것이다. ② 금동 미륵보살 반가상으로 미륵신앙을 반영한 것이다. ④ 호우명 그릇으로 신라와 고구려와의 관계를 보여주는 것이다. ⑤ 경주 계림로 14호묘에서 출토된 황금 보검으로 서역의 영향을 받은 것이다.

기출풀이 [7회 4급 5번]

5. 지도와 같은 형세를 이루었던 시기에 있었던 역사적 사실을 〈보기〉에서 모두 고른 것은? [2점]

〈 보 기 〉

ㄱ. 백제는 왕위의 부자 상속이 이루어졌다.
ㄴ. 신라는 화랑도를 국가적 조직으로 개편하였다.
ㄷ. 고구려는 부족적 전통의 5부가 행정적 5부로 개편되었다.
ㄹ. 백제는 중국의 동진, 가야, 왜와 외교 관계를 맺고 고구려를 견제하였다.

① ㄱ, ㄴ   ② ㄱ, ㄹ   ③ ㄴ, ㄹ
④ ㄴ, ㄷ, ㄹ   ⑤ ㄱ, ㄴ, ㄷ, ㄹ

● 출제의도

삼국의 항쟁과 4세기 백제의 전성 파악

● 해설 : 정답 ②

제시된 지도는 4세기 백제의 전성기인 근초고왕 때의 상황이다. 이 시기에는 왕위의 부자 상속이 이루어졌고 백제는 여러 나라와 외교 관계를 맺고 고구려를 견제하였다. 특히 근초고왕은 중국 요서 지방과 산동, 왜의 규슈 지방까지 진출하였다.

● 오답풀이

ㄴ. 6세기 신라의 전성기인 진흥왕 시기에 해당된다.
ㄷ. 2세기 말 고국천왕 시기에 해당되는 것이다.

기출풀이 [7회 3급 4번]

4. 밑줄 그은 '이 사람'이 행한 역사적 사실로 옳은 것은?

[3 점]

이 사람은 정복
군주로서 남쪽으로
마한을 정벌하고 「서기」라는
역사책을 편찬케
하였습니다.

① 고구려의 남하 정책에 밀려 도읍을 옮겼다.
② 22담로를 설치하여 지방 세력을 장악하였다.
③ 해외의 요서, 산둥, 규슈 지역으로 진출하였다.
④ 남진 정책을 추진하여 중원 고구려비를 세웠다.
⑤ 불교를 수용하고 율령을 반포하여 왕권을 강화하였다.

● **출제의도**

백제 근초고왕의 활동과 업적 파악

● **해설 :** 정답 ③

마한을 정복하고 '서기'를 편찬한 정복 군주는 근초고왕이다. 근초고왕은 영산강 유역에 있는 마한의 잔여 세력을 통합하고, 동진 · 왜와도 통교하였다. 특히 중국의 요서, 산둥, 왜의 규슈 지방까지 진출하여 고대 상업 세력을 형성하였다.

● **오답풀이**

① 문주왕의 웅진 천도(475)에 대한 설명이다. ② 무령왕 시기의 사실이다. 무령왕은 지방의 22담로에 왕족을 파견하여 지방에 대한 통제를 강화하였다. ④ 고구려 장수왕에 대한 설명이다. ⑤ 고구려 소수림에 대한 설명이다.

 **기출풀이** [11회 중급 9번]

9. 다음 드라마에 등장할 수 있는 장면으로 적절하지 <u>않은</u> 것은?

[2점]

① 요서 지방에서 활동하는 백제인
② 신라와 결혼 동맹을 기뻐하는 신하
③ 아들의 태자 책봉을 공표하는 국왕
④ 「서기」라는 역사책을 편찬하는 고흥
⑤ 고국원왕의 전사 소식을 전하는 장군

● **출제의도**

4세기 백제 근초고왕의 활동 파악

● **해설 : 정답 ②**

근초고왕은 부자 상속 제도를 확립하여 왕권을 강화하였다. 황해도 지역을 놓고 고구려와 대결하여 평양성에서 고국원왕을 전사시켰다. 또한 군사력과 경제력을 바탕으로 수군을 정비하여 중국의 요서 지방과 산둥 반도, 왜의 규슈 지방까지 진출하였다. 한편 고흥으로 하여금 '서기'라는 역사책을 편찬하게 하였다.

● **오답풀이**

② 5세기 동성왕이 신라 소지 마립간과 결혼 동맹을 맺어 고구려에 대항하였다.

기출풀이 [7회 3급 3번]

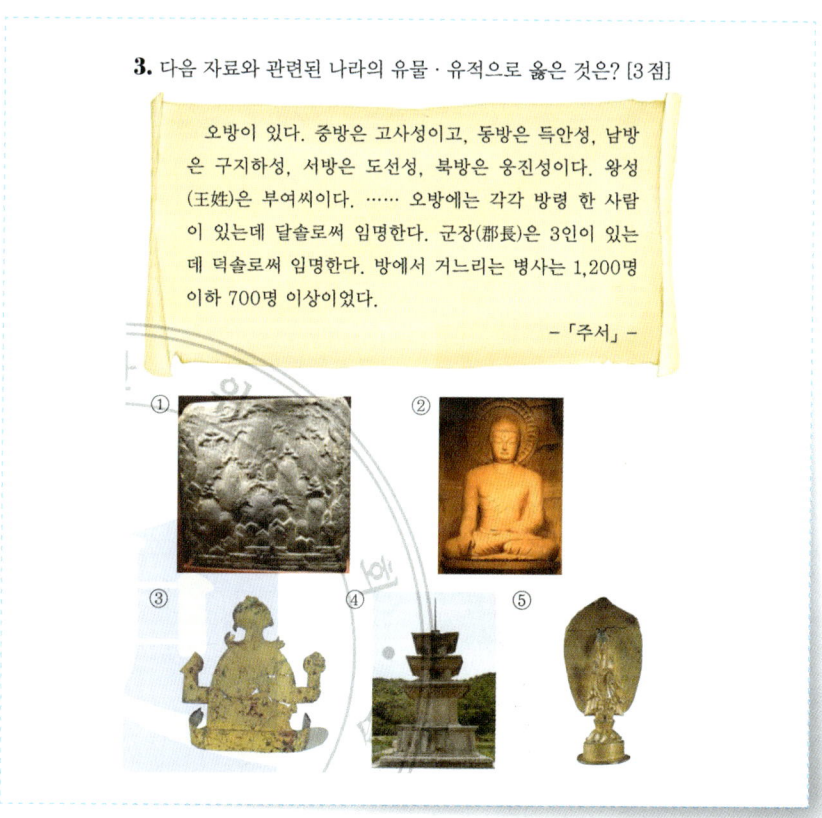

3. 다음 자료와 관련된 나라의 유물·유적으로 옳은 것은? [3점]

> 오방이 있다. 중방은 고사성이고, 동방은 득안성, 남방은 구지하성, 서방은 도선성, 북방은 웅진성이다. 왕성(王姓)은 부여씨이다. …… 오방에는 각각 방령 한 사람이 있는데 달솔로써 임명한다. 군장(郡長)은 3인이 있는데 덕솔로써 임명한다. 방에서 거느리는 병사는 1,200명 이하 700명 이상이었다.
>
> – 「주서」 –

● 출제의도

백제의 통치 체제와 문화 이해

● 해설 : 정답 ①

제시된 자료에서 오방 가운데 보이는 웅진성, 달솔, 덕솔 등의 관등, 왕성(王姓)이 부여씨라는 점 등으로 보아 백제에 대한 설명임을 알 수 있다. ① 산수무늬 벽돌은 도교의 영향이 깃들어 있는 것으로 백제의 유물이다.

● 오답풀이

② 신라의 석굴암 본존불, ③ 가야의 금관, ④ 통일 신라의 감은사지 3층 석탑, ⑤ 고구려의 연가 7년명 금동여래 입상의 모습이다.

기출풀이 [10회 4급 5번]

5. (가)~(다) 지역에서 출토된 유물을 〈보기〉에서 골라 옳게 나열한 것은? [3점]

〈답사 일정〉

(가) 첫째 날은 송파구에 위치한 풍납 토성을 둘러보았다. 이 유적지는 한성 백제 시대의 도성으로 추정된다.

(나) 둘째 날은 공주의 무령왕릉을 둘러보았다. 여기에서 출토된 많은 유물은 국립 공주 박물관에 소장되어 있다.

(다) 마지막 날은 부여로 가서 부소산성에 올라가 보고, 국립 부여 박물관에 가서 백제의 찬란했던 유물들을 둘러보았다.

〈보기〉

ㄱ. 금제 관장식   ㄴ. 금동 대향로   ㄷ. 청동 자루솥

	(가)	(나)	(다)		(가)	(나)	(다)
①	ㄱ	ㄴ	ㄷ	②	ㄱ	ㄷ	ㄴ
③	ㄴ	ㄱ	ㄷ				
④					ㄷ	ㄱ	ㄴ
⑤	ㄷ	ㄴ	ㄱ				

● **출제의도**

백제의 변천과 각 시기의 문화재 파악

● **해설 :** 정답 ④

(가)는 백제 초기의 도읍지인 한성이다. 풍탑 토성 발굴 과정에서 청동 자루솥이 발견되었다. (나)는 고구려의 남진 정책에 밀려 웅진으로 이동하여 도읍한 곳이다. 오늘날 공주인 이곳의 무령왕릉에서 금제 관장식을 비롯한 많은 유물이 발견되었다. (다)는 성왕 때 천도하여 도읍한 사비로 이곳 능산리 고분 근처에서 금동 대향로가 출토되었다.

기출풀이 [7회 3급 5번]

5. 삼국의 형세가 (가)에서 (나)로 변화하는 시기에 있었던 사실로 옳은 것을 〈보기〉에서 고른 것은? [2점]

(가)   (나)

〈 보 기 〉

ㄱ. 신라는 백제와 연합하여 한강 유역에 진출하였다.
ㄴ. 금관가야를 중심으로 전기 가야 연맹이 형성되었다.
ㄷ. 백제가 국호를 남부여로 고쳐 국가 중흥을 꾀하였다.
ㄹ. 고구려 광개토 대왕이 신라를 도와 왜(倭)의 세력을 격퇴하였다.

① ㄱ, ㄴ   ② ㄱ, ㄷ   ③ ㄴ, ㄷ   ④ ㄴ, ㄹ   ⑤ ㄷ, ㄹ

● **출제의도**

삼국의 항쟁과 5세기~6세기 정세 파악

● **해설 :** 정답 ②

(가)는 5세기 광개토 대왕과 장수왕 시기의 고구려 전성기 지도이다. (나)는 6세기 신라 진흥왕 때의 전성기 지도이다. 고구려 장수왕에게 한강 유역을 빼앗긴 백제는 성왕 때 중흥을 꾀하여 국호를 남부여로 바꾸고 나·제 동맹을 체결하였다. 진흥왕과 연합하여 한강 유역을 회복하였으나 진흥왕에게 다시 빼앗기고 말았다.

● **오답풀이**

ㄴ. 금관가야를 중심으로 전기 가야 연맹이 형성된 것은 3세기 경이었다.
ㄹ. 광개토 대왕이 신라에 침입한 왜를 격퇴한 것은 고구려가 남한강 유역으로 진출하기 이전에 해당된다.

기출풀이 [7회 4급 8번]

8. 다음은 어느 학생의 역사 학습 노트이다. (가)~(마)의 내용 중 옳지 <u>않은</u> 것은? [2점]

> • **신라의 발전**
>
> (가) 내물왕 : 김씨에 의한 왕위 세습
> (나) 지증왕 : 국호를 '신라'로, 왕의 칭호를 '왕'으로 고침.
> (다) 법흥왕 : 율령 반포, 불교 공인
> (라) 진흥왕 : 한강 유역 정복
> (마) 무열왕 : 금관가야 정벌

① (가)   ② (나)   ③ (다)   ④ (라)   ⑤ (마)

● **출제의도**

신라의 정치적 발전 파악

● **해설** : 정답 ⑤

(가) 내물왕은 김씨의 왕위 세습과 마립간 칭호를 시작하였다. (나) 지증왕은 국호를 신라로, 왕호를 마립간에서 왕(王)으로 바꾸었다. 우산국을 복속하고 소경을 설치하였다. (다) 법흥왕은 율령을 반포하고, 병부를 설치하였으며, 또한 불교를 공인하여 왕권을 강화하였다. 또한 그는 금관 가야을 정복하고 건원이라는 연호를 사용하였다. (라) 진흥왕은 화랑도를 공인하고 불교를 장려하였으며 한강 유역을 차지하였다.
(마) 무열왕은 당과의 동맹을 체결(648)하고 삼국 통일의 기반을 마련하였다. 금관가야를 정벌한 왕은 법흥왕이다.

기출풀이 [11회 중급 3번]

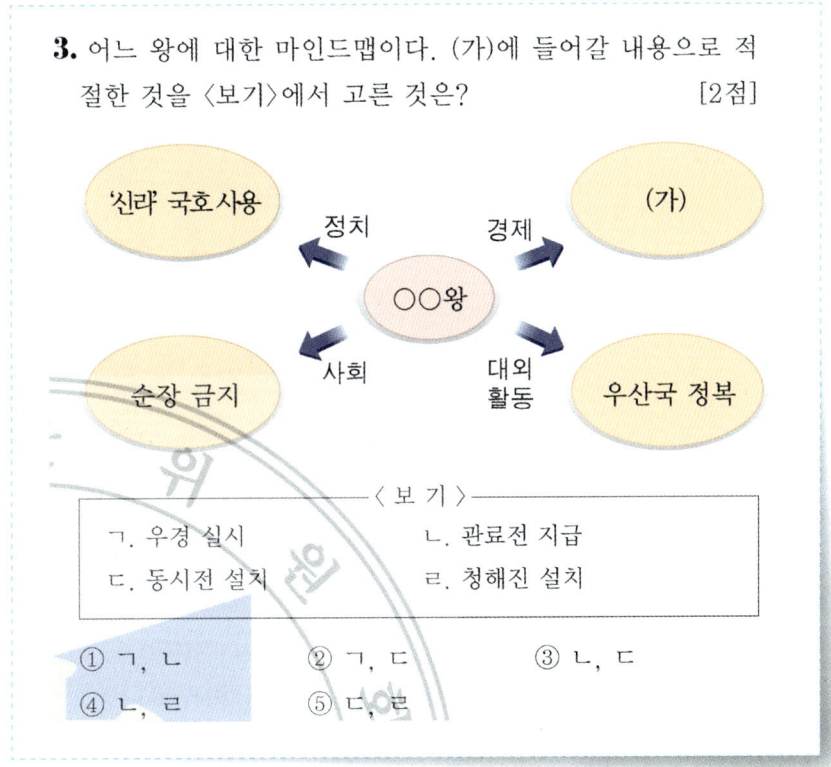

3. 어느 왕에 대한 마인드맵이다. (가)에 들어갈 내용으로 적절한 것을 〈보기〉에서 고른 것은? [2점]

- '신라' 국호 사용
- 정치
- 경제
- (가)
- ○○왕
- 사회
- 대외 활동
- 순장 금지
- 우산국 정복

〈 보 기 〉
ㄱ. 우경 실시   ㄴ. 관료전 지급
ㄷ. 동시전 설치   ㄹ. 청해진 설치

① ㄱ, ㄴ   ② ㄱ, ㄷ   ③ ㄴ, ㄷ
④ ㄴ, ㄹ   ⑤ ㄷ, ㄹ

● **출제의도**

신라의 발전과 지증왕의 업적 파악

● **해설 :** 정답 ②

'신라' 국호 사용, 순장 금지, 우산국 정벌은 지증왕과 관련이 있다. 지증왕은 중국의 제도를 채택하면서 정치 제도를 정비하고 지방 행정 구역도 중국의 제도인 주(州), 군(郡)으로 정비하였다. 경제 정책으로는 권농정책을 실시하여 우경을 시작하고 경주에 동시라는 시장을 설치하고 감독기구로 동시전을 설치하였다.

● **오답풀이**

ㄴ. 관료전은 통일 이후 신문왕 시기에 지급되었다.
ㄹ. 청해진은 통일 신라 시기 흥덕왕 때 설치되었다.

기출풀이 [8회 4급 16번]

16. 다음 포스터에 나오는 왕의 업적으로 옳은 것은? [2점]

① 우산국(울릉도)을 정복하였다.
② 첨성대를 세워 천체를 관측하였다.
③ 율령을 반포하고, 공복을 제정하였다.
④ 한강 유역을 차지하고, 순수비를 세웠다.
⑤ 왕의 칭호를 마립간에서 왕으로 바꾸었다.

● 출제의도

선덕 여왕의 업적 파악

● 해설 : 정답 ②

선덕 여왕은 신라 최초의 여왕으로 승려 자장의 건의에 따라 황룡사 9층 목탑을 건립(645)하고 분황사와 첨성대도 건립하여 왕실의 위엄을 높이려 하였다. 647년에는 비담의 난이 일어나 위기를 맞기도 하였으나 김춘추와 김유신의 연합 세력에 의해 진압되었다.

● 오답풀이

① 우산국 정벌과 ⑤ 마립간에서 왕으로 왕호를 바꾼 것은 지증왕의 업적에 해당된다. ③ 율령 반포와 공복 제정은 법흥왕, ④ 한강 유역 확보와 순수비 건립은 진흥왕의 업적에 해당된다.

기출풀이 [10회 4급 4번]

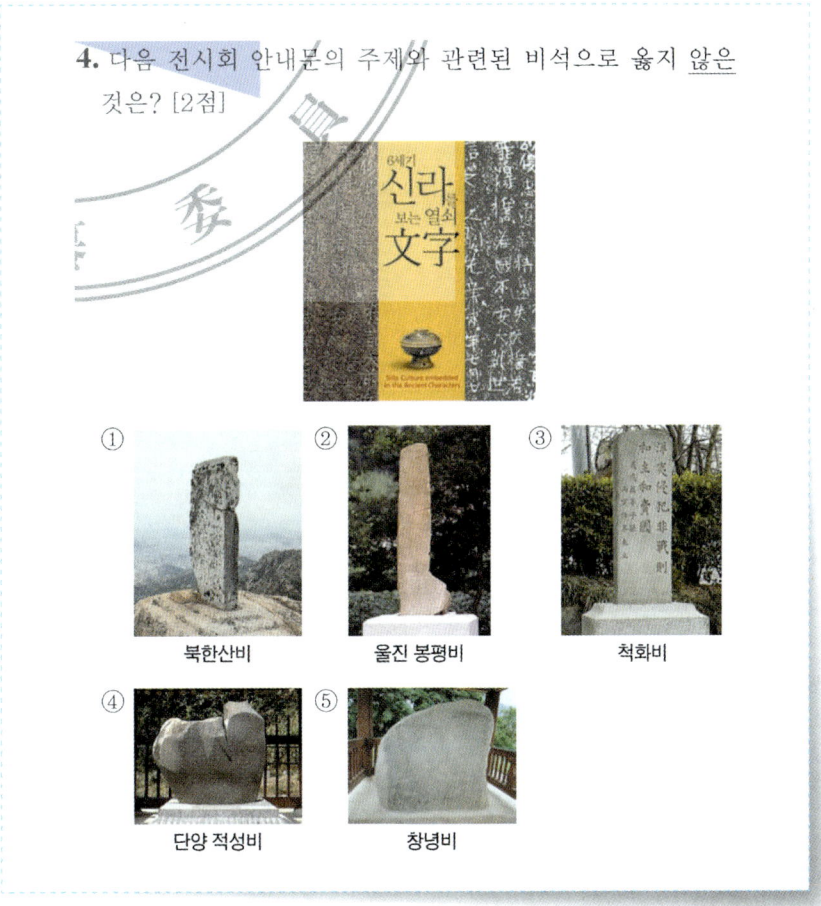

4. 다음 전시회 안내문의 주제와 관련된 비석으로 옳지 않은 것은? [2점]

① 북한산비
② 울진 봉평비
③ 척화비
④ 단양 적성비
⑤ 창녕비

● **출제의도**

신라의 발전과 팽창 파악

● **해설 :** 정답 ③

제시된 자료가 신라이므로 신라와 관련된 비문을 파악해야 한다. ① 북한산비(555)는 진흥왕이 한강 하류 지역을 차지하고 세운 것이다. ② 울진 봉평비는 1988년에 발견된 것으로 신라 법흥왕 11년(524)에 울진 지방의 주민 항쟁을 해결하고 세운 것이다. ④ 단양 적성비(551)는 진흥왕 시기에 단양 지역을 점령하고 세운 것이다. ⑤ 창녕비(561)는 진흥왕 시기에 대가야를 정복하고 세운 것이다. ③ 척화비는 조선 후기 흥선 대원군이 병인양요와 신미양요를 겪으면서 외세 침략을 경계하기 위해 세운 것이다.

기출풀이 [9회 4급 5번]

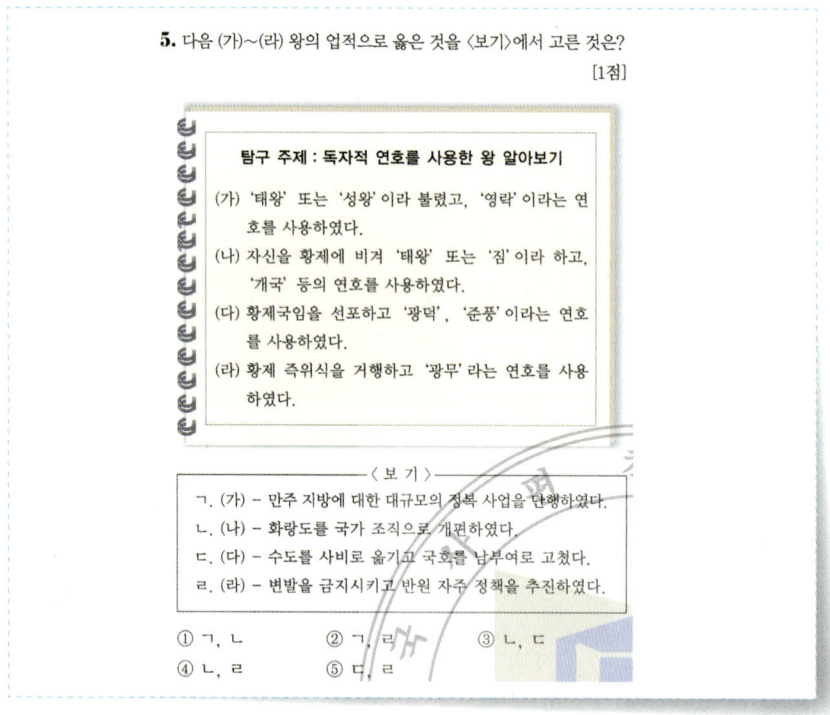

5. 다음 (가)~(라) 왕의 업적으로 옳은 것을 〈보기〉에서 고른 것은?

[1점]

> **탐구 주제 : 독자적 연호를 사용한 왕 알아보기**
>
> (가) '태왕' 또는 '성왕' 이라 불렸고, '영락' 이라는 연호를 사용하였다.
> (나) 자신을 황제에 비겨 '태왕' 또는 '짐' 이라 하고, '개국' 등의 연호를 사용하였다.
> (다) 황제국임을 선포하고 '광덕', '준풍' 이라는 연호를 사용하였다.
> (라) 황제 즉위식을 거행하고 '광무' 라는 연호를 사용하였다.

〈 보 기 〉
ㄱ. (가) – 만주 지방에 대한 대규모의 정복 사업을 단행하였다.
ㄴ. (나) – 화랑도를 국가 조직으로 개편하였다.
ㄷ. (다) – 수도를 사비로 옮기고 국호를 남부여로 고쳤다.
ㄹ. (라) – 변발을 금지시키고 반원 자주 정책을 추진하였다.

① ㄱ, ㄴ ② ㄱ, ㄹ ③ ㄴ, ㄷ
④ ㄴ, ㄹ ⑤ ㄷ, ㄹ

● **출제의도**

역대 왕조의 왕의 업적, 광개토 대왕과 진흥왕의 활동 파악

● **해설 :** 정답 ①

(가) 영락이라는 연호를 사용한 것은 고구려 광개토 대왕에 해당된다. 광개토 대왕은 만주 지역에 대한 활발한 정복 활동으로 영토를 크게 확장시켰다. (나) 진흥왕은 순수비에 제왕, 짐 등의 용어를 사용하였으며 개국, 대창, 홍제 등의 연호를 사용하였다. 한편 진흥왕은 화랑도를 국가적 조직으로 개편하여 인재를 양성하였다. (다) 광덕, 준풍의 연호를 사용한 것은 고려 광종 때이다. 광종은 과거제를 도입하였다. (라) 광무 연호를 대한 제국 시기 고종에 해당된다. 고종 시기에는 광무 개혁을 단행하였다.

● **오답풀이**

ㄷ. 사비 천도와 남부여 국호 사용은 백제 성왕에 해당된다.
ㄹ. 반원 자주 정책 실시는 고려 공민왕에 해당된다.

기출풀이 [8회 4급 19번]

19. 다음 글의 밑줄 그은 '이 강 유역'에서 찾아볼 수 있는 문화
유산으로 옳은 것은? [2점]

농경에 적합한 <u>이 강 유역</u>은 한반도의 중심에 위치하여 여
러 지역의 문화가 합쳐지고, 또 그 주변에 많은 인구와 물자
가 모이는 곳이다. 그리고 바다를 통해 중국과 교류하기에
적합한 지리적 이점도 있다. 따라서 이 강을 차지한 나라가
삼국 간의 세력 다툼에서 주도권을 차지하였다.

① 익산 미륵사지 석탑

② 북한산 진흥왕 순수비

③ 서산 마애 삼존불상

④ 석굴암 본존불상

⑤ 고령 양전동 바위그림

● 출제의도

진흥왕의 한강 유역 확보와 북산한 순수비 파악

● 해설 : 정답 ②

제시된 자료의 이 강 유역은 한강 유역을 나타낸 것이다. 한강 유역은 교통이 편리하고 인구와 물자가 모이는 곳이다. 한편
중국으로 진출이 용이하여 한반도 전체의 영향력을 발휘할 수 있는 곳이었다. 진흥왕은 백제 성왕과 연합하여 한강 유역
을 빼앗은 뒤 다시 백제를 공격하여 한강 유역을 차지하였다. 그리고 북한산비를 건립(555)하고 이곳에 신주(新州)를 설치
하였다. ① 미륵사지 석탑은 전북 익산, ③ 마애 삼존불상은 충남 서산, ④ 석굴암은 경북 경주, ⑤ 양전동 바위그림은 경북
고령에 위치한다.

기출풀이 [7회 4급 7번]

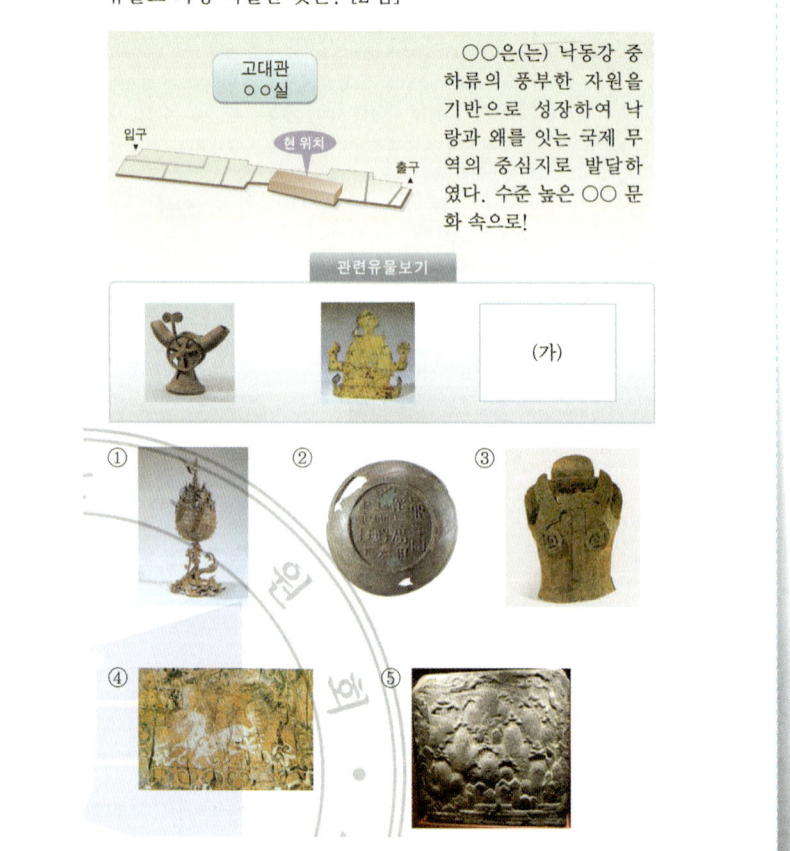

7. 다음은 박물관 홈페이지 내용의 일부이다. (가)에 들어갈 유물로 가장 적절한 것은? [2 점]

> 고대관
> ○○실
>
> 입구
> 현 위치
> 출구
>
> ○○은(는) 낙동강 중 하류의 풍부한 자원을 기반으로 성장하여 낙랑과 왜를 잇는 국제 무역의 중심지로 발달하였다. 수준 높은 ○○ 문화 속으로!

관련유물보기

(가)

① ② ③

④ ⑤

● **출제의도**

가야의 정치적 발전과 문화 파악

● **해설 :** 정답 ③

제시된 자료에서 낙동강 중·하류에 위치, 낙랑과 왜를 잇는 국제 무역, 그리고 제시된 사진의 수레 토기와 금관을 통해 가야임을 알 수 있다. ③ 가야의 판갑옷과 투구의 모습이다. ① 백제의 금동 대향로, ② 고구려의 호우명 그릇, ④ 신라의 천마도, ⑤ 백제의 산수무늬 벽돌 모습이다.

기출풀이 [9회 4급 4번]

4. 다음 문화유산을 남긴 나라에 대한 설명으로 옳은 것을 〈보기〉
에서 고른 것은? [3점]

수로왕릉

판갑옷과 투구

〈 보 기 〉

ㄱ. 수상을 대대로 또는 막리지라 하였다.
ㄴ. 통일 왕국을 이루지 못한 채 멸망하였다.
ㄷ. 철의 생산과 교역 활동을 기반으로 성장하였다.
ㄹ. 지방에 22개의 담로를 두고 왕족을 보내 다스렸다.

① ㄱ, ㄴ   ② ㄱ, ㄹ   ③ ㄴ, ㄷ
④ ㄴ, ㄹ   ⑤ ㄷ, ㄹ

● 출제의도

가야의 성립과 발전 과정 및 특징 파악

● 해설 : 정답 ③

수로왕은 가야를 건국한 사람이고, 오른쪽 유물은 가야의 판갑옷과 투구이다. 가야는 일찍이 질좋은 철이 생산되어 낙랑
이나 왜로 수출하기도 하고 화폐 처럼 사용하기도 하였다. 가야는 부족 연맹체로 시작하였으나 삼국 처럼 중앙 집권적 고
대 국가로 성장하지 못하고 연맹 단계에서 멸망하였다. ㄱ. 고구려에 대한 설명이다. ㄹ. 백제 무령왕 시기에 해당되는 내
용이다.

 **기출풀이** [10회 4급 6번]

6. 다음 시가 쓰여진 직후의 고구려에 대한 설명으로 옳은 것은? [1점]

> 신묘한 계책은 천문을 꿰뚫어 볼 만하고
> 오묘한 전술은 땅의 이치를 모조리 알도다.
> 전쟁에 이겨서 공이 이미 높아졌으니
> 만족을 알거든 그만 돌아가시구려.
>
> - 「삼국사기」 -

① 수의 침략군을 살수에서 격퇴하였다.
② 평양으로 천도하여 남진 정책을 추진하였다.
③ 옥저와 동예를 정복하고 요동으로 진출하였다.
④ 랴오허 강 주위의 국경선에 천리장성을 쌓았다.
⑤ 신라에 침입한 왜구를 낙동강 유역에서 물리쳤다.

● **출제의도**

고구려의 대외 관계와 살수 대첩 파악

● **해설 :** 정답 ①

612년 수 양제가 113만 대군을 이끌고 고구려를 침략하였으나 요동성에서 저항을 받고 실패하였다. 양제는 우중문에게 30만 별동대로 평양성을 공격하였으나 자료에 제시된 을지문덕의 오언시를 받고 항복으로 간주하고 후퇴하다가 살수(청천강)에서 대패하였다. 이를 살수대첩이라고 한다.

● **오답풀이**

② 평양 천도와 남진 정책은 장수왕과 관련이 있다. ③ 동예와 옥저를 정복한 것은 태조왕이다. ④ 천리장성 축조는 연개소문과 관련이 있다. ⑤ 신라에 대한 군사 파견은 광개토 대왕 시기에 해당된다.

기출풀이 [6회 3급 11번]

11. 다음은 중국의 동북공정에 관한 평가 문항이다. (가)에 들어갈 내용으로 적절하지 <u>않은</u> 것은? [2점]

> **서술형 평가 문항**
>
> ※ 다음 주장을 반박해 보시오.
>
> > 중국은 '동북공정을 통해 고구려를 중국의 지방 정권으로 단정'하고 있다. 이에 대한 근거로 ▲ 고구려는 중국 영역 내의 민족이 건립한 지방 정권이며, ▲ 몇 번의 천도가 있었으나 한사군의 범위를 벗어나지 못했고, ▲ 고구려가 중국 역대 중앙 왕조와 군신 관계를 유지했으며, ▲ '중국' 밖으로 벗어나기 위해 그 관계를 스스로 끊지 않았고, ▲ 고구려 멸망 후에 그 주체 집단이 한족(漢族)에 융합되었다는 점 등을 내세우고 있다.
>
> [답란] : _____(가)_____

① 고구려와 수·당의 전쟁은 중앙 정권과 지방 정권의 내전이다.
② 조공·책봉 관계는 동아시아의 국제 질서상 외교적 형식에 불과하다.
③ 고구려 유민은 옛 고구려 지역에서 발해를 건국하는 주체 세력이 되었다.
④ 고구려는 중국 사서에서도 예맥족이라 기록되어 있으며, 부여, 백제와 같은 종족이다.
⑤ 광개토 대왕릉비의 '천제지자(天帝之子)'라는 표현은 고구려인의 독자적인 천하관을 나타내고 있다.

● 출제의도

중국의 동북 공정 비판

● 해설 : 정답 ①

② 조공·책봉 관계는 예속 관계가 아닌 외교적 형식으로 보고 있다. ③ 고구려 유민들은 발해 건국의 주체로 참여하였으며, 발해는 고구려를 계승한 나라로 보고 있다. ④ 중국 사서에 고구려, 부여, 백제가 같은 갈래로 기록되어 있다. ⑤ 고구려의 천손 의식은 중국과 대등한 관계였다는 것을 증명하는 것이다.
① 고구려를 중국의 지방 정권으로 보고자 하는 것이 동북공정의 논리이다.

기출풀이 [9회 4급 8번]

8. 다음과 같이 대외 관계가 전개된 시기의 역사적 사실로 옳지 <u>않은</u> 것은? [3점]

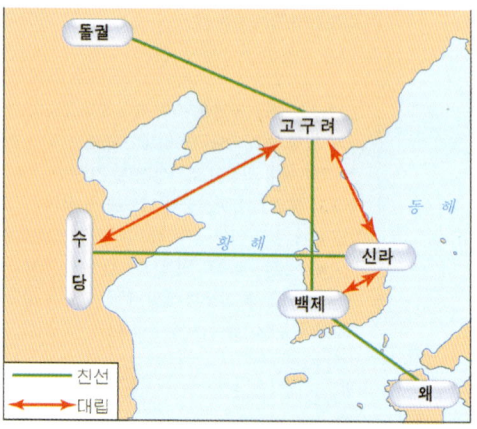

① 살수 대첩
② 매소성 전투
③ 안시성 싸움
④ 황산벌 전투
⑤ 나·당 연합군 결성

● **출제의도**

삼국의 항쟁과 7세기 동북아시아 정세 파악

● **해설 :** 정답 ②

제시된 지도에서 돌궐과 고구려, 백제, 왜로 연결된 남북 진영과 중국과 신라로 연결된 동서 진영이 대립되는 시기는 7세기의 정세이다. 이 시기에는 중국 수·당과 고구려 사이에 전쟁이 일어났다. 살수 대첩(수)과 안시성 싸움(당)은 그 과정에서 벌어진 것이다. 이후 나·당 연합군이 결성되어 신라의 김유신이 황산벌 싸움에서 계백이 이끈 백제군을 물리치고 백제를 멸망시켰다. ② 매소성 전투는 당과 신라 사이에 벌어진 통일 전쟁(676)이었다.

053

기출풀이 [7회 4급 9번]

9. 다음 퀴즈 프로그램에서 학생에게 추가로 제공할 수 있는 도움말로 가장 적절한 것은? [3점]

이 사람은 검모잠에 의해 왕으로 추대되어 고구려 부흥 운동을 주도하였습니다. 그러나 신라의 회유 정책에 포섭되었던 인물입니다. 이 사람은 누구일까요?

① 백강에서 왜와 함께 당군을 공격하였다.
② 익산 지역인 금마저에 보덕국을 세웠다.
③ 황산벌에서 계백의 백제군을 공격하였다.
④ 임존성에서 군사를 일으키니 200여 성이 호응하였다.
⑤ 주류성에서 백제군과 연합하여 나·당 연합군을 공격하였다.

● 출제의도

고구려 부흥 운동과 안승과 보덕국 수립 파악

● 해설 : 정답 ④

검모잠과 안승 사이에 내분이 생겨 안승이 검모잠을 죽이고 신라에 투항하였다. 신라는 금마저(전북 익산)에 보덕국을 세우고 안승을 고구려 왕(보덕국왕)으로 임명하였다(647). 이는 고구려 유민을 이용해 당군을 축출하고자 하는 목적이 있었기 때문이다.

● 오답풀이

① 약 3만의 왜군이 백제 부흥군을 돕기 위해 백강까지 왔으나 패배하였다. ③ 신라 김유신에 대한 설명이다. ④ 흑치상지와 지수신에 해당되는 설명이다. ⑤ 주류성에서 백제 부흥 운동을 일으킨 사람은 복신, 도침이다.

 기출풀이 [8회 4급 41번]

41. 다음 자료에서 설명하는 나라가 우리 역사임을 입증할 수 있는 근거로 옳지 <u>않은</u> 것은? [2점]

'○○을(를) 꿈꾸며' 1,236km 뗏목 대탐사

　대조영의 ○○ 건국(698년) 1,300주년을 맞아 대학생, 교수 등으로 구성된 학술 탐사대가 뗏목을 타고 블라디보스토크에서 제주도까지 목숨을 건 항해에 나섰다.

　중국이 ○○을(를) 당나라 때 동북 지방에 세워진 지방 정권으로 간주하여 자국의 역사로 편입하려 하자 러시아도 소수 민족의 지방 정권으로 규정하고 있다.

　이에 대해 학술 탐사대는 ○○은(는) 고구려 유민이 중심이 되어 건국하였음을 분명히 하였다.

　　　　　　　　　　　　　　　－ 1998년 ○○월 ○○일 －

---

① 주거지에서 온돌 구조의 난방 장치가 발굴되었다.
② 정혜 공주 묘에서 모줄임 천장 구조가 발견되었다.
③ 3성 6부 제도를 바탕으로 문물 제도를 정비하였다.
④ 지배층은 왕족인 대씨와 귀족인 고씨가 대부분이었다.
⑤ 일본에 보낸 국서에 고려국왕이라는 명칭을 사용하였다.

● **출제의도**

발해의 성립과 고구려 계승 의식 파악

● **해설 :** 정답 ③

자료에 제시된 국가는 발해이다. 발해는 고구려 장군 출신 대조영이 세운 나라로 지배층은 대부분 대씨와 고씨 등 고구려계 인물들이 많았다. 뿐만 아니라 일본에 보낸 국서에는 고려국왕으로 지칭하였고 스스로를 천손이라 칭하여 고구려 계승 의식을 분명히 하였다. 문화적인 측면에서도 온돌 장치, 와당, 불상, 굴식돌방무덤의 모줄임 천장 구조 등에서 고구려 양식을 계승하고 있다. ③ 3성 6부는 당의 관제로 이는 고구려 계승 의식과는 거리가 멀다.

기출풀이 [7회 4급 11번]

---

11. 밑줄 그은 ㉠~㉤에 대한 설명으로 옳은 것은? [2점]

> 통일 후, 신라에서는 신문왕이 ㉠ 귀족 세력을 숙청하고, ㉡ 중앙 정치 기구를 정비하였으며, ㉢ 지방 행정 조직을 정비하였다. 그리고 ㉣ 유교 정치 이념의 확립을 위하여 유학 사상을 강조하고, ㉤ 관료들의 경제 기반을 약화시키는 정책을 시행하였다.

① ㉠ – 김헌창의 난을 계기로 대대적인 숙청을 하였다.
② ㉡ – 정당성을 중심으로 관료 기구의 기능을 강화하였다.
③ ㉢ – 5경 15부 62주로 개편하였다.
④ ㉣ – 국학을 설치하였다.
⑤ ㉤ – 관료전을 폐지하고 녹읍을 지급하였다.

● 출제의도

신문왕의 업적과 활동 파악

● 해설 : 정답 ④

신문왕은 김흠돌 모역 사건을 계기로 귀족 세력을 숙청하였고 녹읍을 폐지하고 관료전을 지급하였으며 국학을 설치하였다. 중앙 관부를 14부로 완성하고 지방 행정은 9주 5소경 제도를 완비하였다. 군사 제도로 9서당(중앙군)과 10정(지방군)을 조직하였다.

● 오답풀이

① 김헌창의 난(822)은 신라 하대 헌덕왕 시기에 발생하였다. ② 정당성은 발해의 중앙 관제에 해당된다. ③ 5경 15부 62주는 발해의 통치 제도이다. ⑤ 녹읍을 폐지하고 관료전을 지급하여 귀족 세력을 억제하고 왕권을 강화하였다.

056

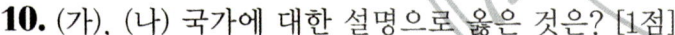

(대단원) 통치 구조와 정치 활동
(중단원) 고대의 정치
(소단원) 남북국 시대의 정치 변화

기출풀이 [9회 4급 10번]

10. (가), (나) 국가에 대한 설명으로 옳은 것은? [1점]

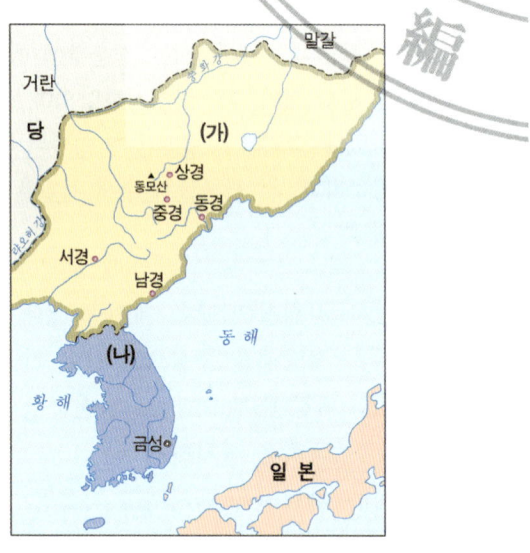

① (가) - 군사 제도로 9서당과 10정을 두었다.
② (가) - 전국을 9주로 나누고 5소경을 두었다.
③ (나) - 전국을 5도 양계로 나누어 다스렸다.
④ (나) - 중앙 정치 기구로 3성 6부를 두었다.
⑤ (가)와 (나)는 신라도를 이용하여 교류하기도 하였다.

● **출제의도**

통일 신라와 발해의 통치 구조와 교류 파악

● **해설 :** 정답 ⑤

(가)는 발해, (나)는 통일 신라에 해당된다. 발해는 중앙 정치 조직으로 중국의 제도를 모방하여 3성 6부를 두고, 지방 조직은 5경 15부 62주로 정비되었다. 통일 신라는 중앙에 집사부 이하 13부가 있었으며, 지방은 9주 5소경 제도를 마련하고 군사 제도로 9서당과 10정을 두었다. ① 통일 신라, ② 통일 신라, ③ 고려, ④ 발해에 해당되는 내용이다.

70 한국사능력검정시험 중급 기출문제 400제(시대사별)

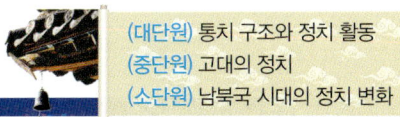
 [6회 3급 6번]

6. 그림은 하늘에서 내려다본 왕성의 유적이다. 이 왕조에 대한 설명으로 옳은 것은? [2점]

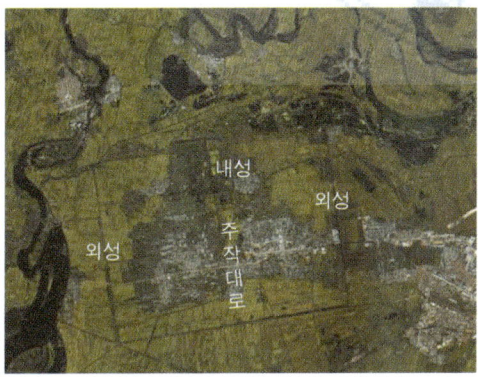

① 고구려의 침입으로 수도를 옮겼다.
② 평양을 중시하고 북진 정책을 추진하였다.
③ 만주 지안(집안) 일대를 수도로 삼아 성장하였다.
④ 초기에 당과 대립하였으나 점차 활발한 교류를 하였다.
⑤ 랴오닝(요령) 지방에서 건국되어 한반도까지 영역이 확대되었다.

출제의도

발해의 정치적 발전 파악

해설 : 정답 ④

제시된 사진은 발해의 상경 용천부이다. 상경은 당의 수도인 장안성을 모방하여 건설하였다. 외성과 내성을 쌓고, 그 안에 궁궐과 사원을 세우고 주작대로를 건설하였다. ④ 발해는 초기에 당과 대립하였으나 문왕 이후 점차 활발한 교류를 하였다.

오답풀이

① 백제에 대한 설명이다. ② 고려에 대한 설명이다. ③ 고구려에 대한 설명이다. ⑤ 고조선에 대한 설명이다.

기출풀이 [9회 3급 9번]

9. 선생님의 질문에 대한 대답으로 옳은 것을 〈보기〉에서 고른 것은? [2점]

> 이 나라의 정치 조직은 당의 제도를 기본으로 하였지만 독자성은 유지하였습니다. 독자성의 근거는 무엇일까요?

〈 보 기 〉

ㄱ. 관리를 감찰하는 기구를 두었습니다.
ㄴ. 중앙 관제의 명칭을 당과 달리하였습니다.
ㄷ. 중앙 관제를 3성 중심으로 편성하였습니다.
ㄹ. 좌사정과 우사정이 3부씩 각각 나누어 관할하였습니다.

① ㄱ, ㄴ   ② ㄱ, ㄷ   ③ ㄴ, ㄷ
④ ㄴ, ㄹ   ⑤ ㄷ, ㄹ

● 출제의도

발해의 중앙 정치 기구의 특징 파악

● 해설 : 정답 ④

제시된 도표는 발해의 중앙 관제인 3성 6부로 이는 당의 3성 6부제도를 모방하였다. 그러나 발해의 조직은 당과 달리 6부를 3부씩 나누어 각기 좌사정와 우사정이 관할하는 이원적 통치 체제를 구성하였으며, 정당성의 장관인 대내상이 국정을 총괄하였다. 6부의 명칭도 당과 달리 유교적 의미를 부여한 것이었다.

● 오답풀이

ㄱ. 관리 감찰 기구는 당 제도에도 있었다.
ㄹ. 당의 제도를 설명한 것이다.

기출풀이 [8회 3급 7번]

7. 다음은 학생들이 수행 평가를 위해 설정한 주제이다. 주제가 적절하지 <u>않은</u> 것은? [1점]

> ### 해동성국 발해를 찾아서
>
> (가) 주제 1 : 고구려의 부흥 운동
> (나) 주제 2 : 무왕과 문왕의 대당 정책
> (다) 주제 3 : 신라도의 의의
> (라) 주제 4 : 중서문하성과 상서성의 역할
> (마) 주제 5 : 정혜 공주 무덤의 비밀

① (가)   ② (나)   ③ (다)   ④ (라)   ⑤ (마)

● 출제의도

발해의 특징에 대한 이해

● 해설 : 정답 ④

(가) 발해는 7세기 말 당의 지방에 대한 통제력이 약화되자 고구려 장군 출신 대조영이 고구려 유민과 말갈 집단을 바탕으로 건국한 나라이다.

(나) 무왕 때는 영토 확장에 힘을 기울여 동북방의 여러 세력을 복속하고 북만주 일대를 장악하였다. 장문휴로 하여금 당의 산둥 지방을 공격하는 한편 요서 지역에서 당군과 격돌하였다. 문왕 때에는 당과 친선 관계를 맺으면서 당의 문물을 받아들여 체제를 정비하였다.

(다) 신라와는 상설 교통로인 신라도를 개설하여 대립 관계를 해소하려 하였다.

(마) 문왕의 딸인 정혜공주의 묘는 모줄임 천장 구조 형식을 갖추어 고구려 고분 양식을 계승하고 있다.

(라) 중서문하성과 상서성은 고려의 중앙 관제이다. 발해는 당의 3성 6부를 근간으로 중앙 관제를 편성하였다.

기출풀이 [11회 중급 2번]

2. 밑줄 그은 '왕'에 대한 설명으로 옳은 것은?　　　　　[3점]

> • 왕의 이름은 '무예'로 고왕 대조영의 아들이다. 인안이라
> 는 연호를 쓰고 영토를 개척하였다.　　　　　　－「발해고」－
>
> • 왕이 이르기를, "흑수가 당과 더불어 앞뒤로 우리(발해)를
> 치려는 것이다." 하고 흑수를 치게 하였다.　　　－「신당서」－

① 나라 이름을 '진'이라 하고 왕위에 올랐다.
② 수도를 중경 현덕부에서 상경 용천부로 옮겼다.
③ 장문휴로 하여금 산둥 지방을 공격하게 하였다.
④ 5경 15부 62주로 지방 행정 제도를 정비하였다.
⑤ 신라와 상설 교통로를 개설하여 대립을 해소하려 하였다.

● **출제의도**

발해의 발전과 무왕의 업적 파악

● **해설 :** 정답 ③

제시된 자료와 관련된 발해의 왕은 무왕(대무예)이다. 무왕은 인안이라는 연호를 사용하여 당과 대등함을 과시하였고 동북
방의 여러 세력을 복속하고 북만주 일대를 장악하였다. 무왕은 장문휴로 하여금 당의 산둥 지방을 공격하게 하는 한편 요
서 지역에서 당과 격돌하였다.

● **오답풀이**

① 대조영은 698년 나라를 세우고 국호를 진국이라 하였다. ② 상경 용천부로 수도를 옮긴 것은 문왕 시기이다. ④ 9세기
전반 선왕 시기에 해당된다. ⑤ 신라도 개설은 문왕 시기에 해당된다.

기출풀이 [10회 4급 2번]

2. 다음 문화유산을 남긴 나라에 대한 설명으로 옳은 것은? [2점]

영광탑

치미

정효 공주 묘실

① 요서·산둥·규슈 지방으로 진출하였다.
② 전성기 때 중국에서 해동성국이라 불렸다.
③ 흰옷을 주로 입고 영고라는 제천 행사를 실시하였다.
④ 남북조 견제 외교를 통해 동북아시아 패권을 장악하였다.
⑤ 덩이쇠를 만들어 화폐와 같은 교환 수단으로 이용하였다.

● 출제의도

발해의 발전과 문화적 특징 파악

● 해설 : 정답 ②

제시된 자료는 발해의 유물들이다. 발해는 9세기 전반의 선왕 때 대부분의 말갈족을 복속시키고 요동 지역으로 진출하였으며 남으로 신라와 국경을 접하여 넓은 영토를 차지하고 지방 제도도 정비하였다. 이와 같은 전성 시기의 발해를 중국에서는 해동성국이라 일컬었다.

● 오답풀이

① 4세기 근초고왕 시기 백제에 해당된다. ③ 부여의 특징을 설명한 것이다. ④ 고구려에 대한 설명이다. ⑤ 변한에 대한 설명이다.

기출풀이 [10회 4급 10번]

10. 다음에서 설명하는 세력이 활동했던 시기의 문화유산으로 옳은 것은? [3점]

> • 자신의 군대를 거느리면서 스스로 성주나 장군으로 일컫기도 하였다.
> • 촌주 출신이 많았으나 중앙에서 지방으로 내려온 세력이나 해상 세력, 군진 세력도 있었다.

①
금동 신발
(충남 공주)

②
금동제 당간
용머리 장식
(경북 영주)

③
천마총 금관
(경북 경주)

④
금동 관음보살 입상
(충남 부여)

⑤
수레 토기
(경남 함안)

● **출제의도**

신라 하대의 문화적 특징 파악

● **해설 :** 정답 ②

제시된 자료의 내용은 신라 말 호족 세력에 대한 설명이다. 신라 말에는 중앙의 지방 통제가 불능상태에 빠지자 호족들이 독립적인 지배자로 성장하여 스스로를 성주 · 장군 등을 칭하면서 지방 사회를 다스렸다. ② 금동제 당간 용머리 장식은 호족의 정치적 성장을 보여주는 유물이다. ① 백제 무령왕릉에서 출토된 금동 신발, ③ 통일 이전 삼국 시대 신라의 금관, ④ 백제의 불교 유물, ⑤ 가야의 토기에 해당된다.

기출풀이 [8회 3급 4번]

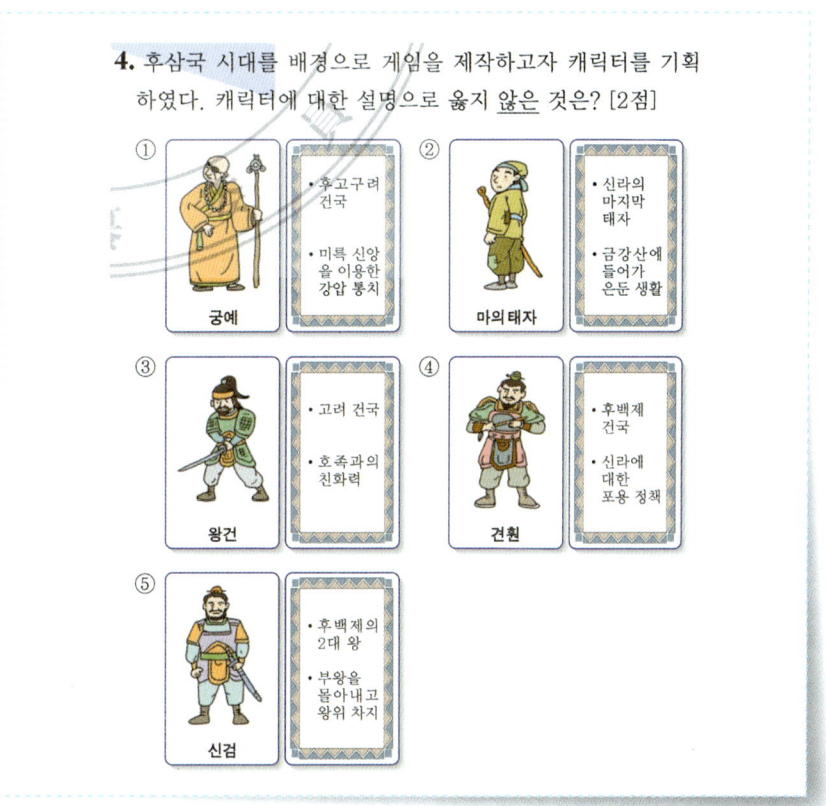

4. 후삼국 시대를 배경으로 게임을 제작하고자 캐릭터를 기획하였다. 캐릭터에 대한 설명으로 옳지 **않은** 것은? [2점]

① 궁예
- 후고구려 건국
- 미륵 신앙을 이용한 강압 통치

② 마의 태자
- 신라의 마지막 태자
- 금강산에 들어가 은둔 생활

③ 왕건
- 고려 건국
- 호족과의 친화력

④ 견훤
- 후백제 건국
- 신라에 대한 포용 정책

⑤ 신검
- 후백제의 2대 왕
- 부왕을 몰아내고 왕위 차지

● **출제의도**

후삼국 시대의 상황에 대한 이해

● **해설 :** 정답 ④

① 궁예는 신라 왕족의 후예로 송악(개성)을 도읍으로 후고구려를 세웠다(901). 후일 국호를 마진, 태봉으로 바꾸었다. 그는 새로운 관제를 마련하고 골품 제도를 대신할 새로운 신분 제도를 모색하였다. 그러나 지나친 조세 징수와 미륵 신앙을 이용한 전제 정치를 도모하다 신하들에게 축출되었다. ② 신라의 마지막 왕자인 마의태자는 신라가 망하자 금강산에 들어가 은둔하였다. ③ 왕건은 지방 세력을 흡수하고 밖으로 중국의 여러 나라와 외교 관계를 맺었다. 궁예와 달리 신라에 대해 우호 정책을 실시하여 경순왕이 항복해 왔다. ⑤ 신검은 견훤의 아들로 아버지 견훤을 몰아내고 왕위를 차지하였다. 그러나 결국 아버지 견훤이 왕건의 군대와 함께 신검을 정벌하였다.

④ 견훤은 완산주에 도읍을 정하고 후백제를 세웠다(900). 신라에 대해서 적대적이었으며 농민에 대한 수취가 지나치고 호족 포섭에 실패하는 등 한계를 가지고 있었다.

4강 고대의 경제와 사회

① 삼국의 경제 생활

(1) 삼국의 경제 정책

수취 제도	• 재산 정도를 기준으로 호(戶)를 나눔 • 곡물, 포, 특산물, 노동력(15세 이상 남자 대상) 징수
농민 안정책	• 철제 농기구 보급, 우경 및 개간 장려, 저수지 축조 • 구휼책(고구려-진대법)
경제 활동	• 상업 : 도시에 시장 설치, 공무역 발달 • 수공업 : 관청에 수공업자 배정

(2) 귀족과 농민의 경제 생활

귀족	• 본인 소유의 토지, 노비, 녹읍, 식읍 소유, 고리대로 농민 수탈
농민	• 철제 농기구 사용(6세기), 지나친 수취와 고리대로 인한 유망 증가

② 남북국 시대의 경제적 변화

(1) 통일 신라의 경제 정책과 경제 활동

수취 제도	• 조세(생산량의 1/10), 공물(토산물), 역(군역, 요역), 16세~60세 정남 대상 • 민정 문서 : 조세, 공물, 역의 징수 목적, 3년마다 작성
토지 제도	• 관리 : 관료전 지급(녹읍 폐지, 식읍 제한) • 백성 : 정전 지급(왕토 사상에 입각)
국제 무역	• 공·사무역 발달, 대당 무역 번성(신라방 설치), 대일 무역(8세기 이후 활발) • 울산항(이슬람 상인과 교역), 청해진(장보고가 해상 무역권 장악)

(2) 통일 신라의 귀족과 농민의 경제 생활

귀족	• 식읍과 녹읍을 통해 농민 지배(조세, 공물, 노동력 수취) • 당, 아라비아에서 수입한 사치품 사용
농민	• 세력가에 의한 수탈, 고리대 성행으로 농민 유망 증가 • 향, 부곡민 : 농민보다 더 많은 공물 부담

(3) 발해의 경제 발날

수취 제도	• 조세, 공물, 부역
경제 생활	• 밭농사 중심, 목축·수렵 발달(말 수출), 금속 가공업·직물업·도자기업 발달
국제 무역	• 당(발해관 설치), 일본(외교 관계 중시), 신라·거란과도 무역

③ 신분제 사회의 성립

(1) 사회 계층과 신분 제도

  ① 형성 : 정복 전쟁 활발 → 부족 통합 과정에서 위계 서열 마련 → 신분 제도로 발전

  ② 초기 국가 : 지배층은 족장(권력자), 호민(부유층), 피지배층은 하호, 노비

(2) **삼국** : 귀족, 평민, 천민의 신분 구조로 변화

귀족	• 왕족 및 옛 부족장 세력, 지배층만의 별도의 신분제 운영(골품제)
평민	• 대부분 농민으로 자유민, 조세 납부·노동력 징발
천민	• 노비 및 집단 예속민으로 구성, 전쟁·빚·형벌 등으로 노비화

④ 삼국 사회의 모습

(1) **고구려의 사회 기풍** : 산간 지대에서 평야로 진출하여 씩씩하고 상무적인 기풍

  ① 법률 : 반역·반란·투항·패전의 경우 사형, 도둑질한 자는 12배로 배상

  ② 신분 : 지배층(왕족 고씨, 5부 출신 귀족) – 백성(자영 농민) – 천민과 노비

  ③ 제도 및 풍습 : 진대법(농민 구휼책), 형사취수제·서옥제

(2) **백제의 사회 모습**

  ① 특징 : 고구려와 유사, 중국과의 교류로 선진 문화 수용, 엄격한 법률 운영

  ② 지배층 : 왕족인 부여씨와 8성의 귀족, 한문에 능숙, 관청 실무에 밝음

(3) **신라의 골품 제도와 화랑도**

  ① 화백 회의 : 초기 부족 회의의 전통 유지, 귀족 회의체(국왕과 귀족 간의 권력 조절)

  ② 골품 제도 : 왕족(성골, 진골), 귀족(6~4두품), 평민(3~1두품)

  ③ 화랑도 : 씨족 사회의 청소년 집단 → 진흥왕 때 국가적 조직화, 원광의 세속 5계

⑤ 남북국 시대의 사회

(1) **통일 후 신라 사회의 변화**

  ① 민족 통합 노력 : 옛 지배층에 신라 관등 수여, 9서당에 백제·고구려 유민 편성

  ② 왕권의 전제화

진골	• 신문왕 때 왕권 강화에 장애가 되는 진골 귀족의 일부 숙청 • 여전히 정치·사회적으로 차지하는 비중이 큼
6두품	• 학문적 식견과 실무 능력 바탕 → 국왕의 정치적 조언자

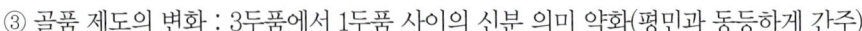

③ 골품 제도의 변화 : 3두품에서 1두품 사이의 신분 의미 약화(평민과 동등하게 간주)

(2) 발해의 사회 구조 : 이원적 사회 체제

   ① 지배층 : 고구려계 유민, 당 제도와 문화 수용(빈공과 응시)

   ② 피지배층 : 대부분 말갈인, 고구려 · 말갈의 전통적 생활 모습 유지

(3) 통일 신라 말의 사회 모순

   ① 귀족들의 생활 : 많은 토지와 노비, 사병 보유, 금입택 거주, 고리대업, 국제 무역을 통해 수입된 사치품 사용

   ② 농민들의 생활 : 자신의 토지나 귀족 소유의 토지 경작, 궁핍한 생활

   ③ 호족의 등장 : 중앙 정부의 통제력 약화 → 지방에서 반독립적 세력 형성

   ④ 농민의 항쟁 : 귀족의 대토지 소유로 농민 수탈 심화, 빈번한 자연 재해, 강압적인 조세 징수, 9세기 말 진성 여왕 때 본격화, 원종 · 애노의 난 이후 전국적으로 확산

이것 만은 알고 가자!

● 통일 신라의 민정 문서

▶ 이 고을의 사해점촌은 조사해 보았는데, 지형은 산과 평지로 이루어져 있으며 …… 민호는 11호가 된다. 이 가운데 중하연이 4호, 하상연이 2호, 하하연이 5호이다. 마을 사람들을 모두 합하면 145명이 된다. 정(丁) 29명, 조자(助子)가 7명, …… 여자의 경우 정녀 42명, 소여자 8명, 3년간에 태어난 소여자 8명(비1명 포함) 등이다. 3년간에 다른 마을에서 이사 온 사람은 둘인데, 추자가 1명, 소자가 1명이다.

민정(촌락) 문서

● 삼국의 율령 반포

· 소수림왕 3년, 처음으로 법령을 반포하였다.
· 법흥왕 7년 봄 정월, 법령을 반포하고 처음으로 관리들의 관복을 제정하였다.　　　　〈삼국사기〉

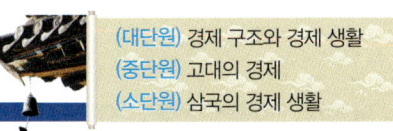

기출풀이 [10회 4급 7번]

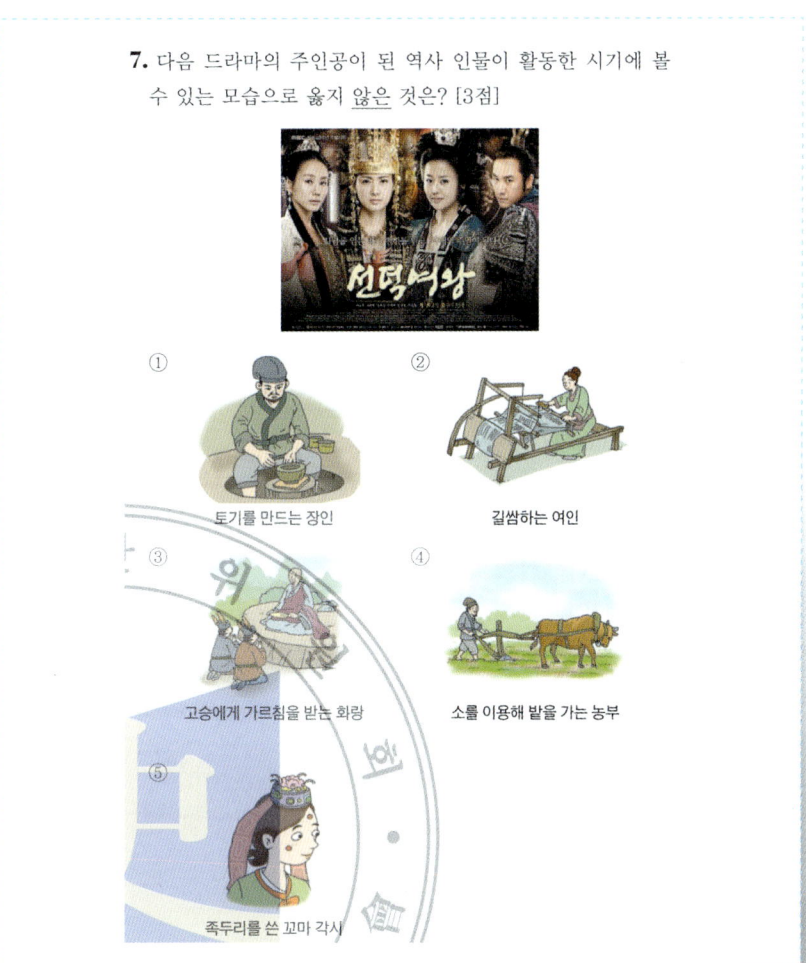

7. 다음 드라마의 주인공이 된 역사 인물이 활동한 시기에 볼 수 있는 모습으로 옳지 <u>않은</u> 것은? [3점]

① 토기를 만드는 장인
② 길쌈하는 여인
③ 고승에게 가르침을 받는 화랑
④ 소를 이용해 밭을 가는 농부
⑤ 족두리를 쓴 꼬마 각시

● **출제의도**

신라 시대의 사회, 경제 생활 파악

● **해설 :** 정답 ⑤

제시된 자료가 선덕 여왕 시기이므로 7세기경 신라 사회의 모습에 해당된다. 신라에서는 토기를 사용하고, 길쌈을 하였으며, 우경과 화랑도 역시 신라 사회의 모습에 해당된다.
⑤ 족두리는 몽골풍에 해당된다. 이는 고려 후기에 몽골의 간섭과 지배를 받으면서 전래된 것이다.

기출풀이 [10회 4급 8번]

8. (가), (나)와 관련된 설명으로 옳은 것은? [2점]

> (가) 통일 후 신라는 토지 제도를 바꾸어 문무 관료들에게 관료전을 지급하고, 녹읍을 폐지하였다.
> (나) 경덕왕 때는 녹읍이 부활되었으며, 귀족들은 이를 토대로 호사스러운 생활을 누렸다.

① (가) - 백성에 대한 국가의 지배력이 강화되었다.
② (가) - 집사부 시중의 권한은 약화되고, 상대등의 세력이 강화되었다.
③ (나) - 녹읍의 부활로 국가의 수입이 증대되었다.
④ (나) - 왕권이 강화되어 중앙 집권적 통치 체제가 완성되었다.
⑤ (가)에서 (나)로 바뀌면서 귀족의 경제적 기반이 약화되었다.

● **출제의도**

통일 신라의 토지 제도 변천과 왕권의 변화 파악

● **해설 :** 정답 ①

(가) 신라 중대 신문왕 때 문무 관리에게 관료전을 지급(687)하고 귀족의 경제 기반이었던 녹읍을 폐지하고 식읍을 제한하였다(689). 이는 귀족 세력을 억제하고 왕권을 강화하기 위한 조치였다.
(나) 경덕왕 때 귀족층의 반발로 관료전을 폐지하고 녹읍을 부활하였는데 이로 인해 국가의 재정이 압박을 받았다.

● **오답풀이**

② 왕권이 강화되면 집사부 시중의 권한이 강해지고 상대등 세력은 약화되었다.
③ 녹읍의 부활은 국가 재정을 약화시킨다.
④ 녹읍 부활은 귀족 세력의 강화를 의미하므로 왕권이 약화되었다.
⑤ (가)에서 (나)로의 변화는 귀족 세력이 강화되었음을 의미한다.

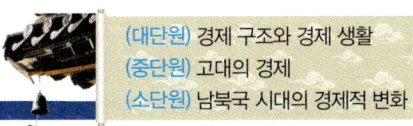
 [7회 4급 12번]

12. 그림은 어느 인물에 관한 대화를 가상으로 꾸민 것이다. 이 인물에 대한 설명으로 옳지 <u>않은</u> 것은? [2점]

> 산둥 성의 법화원이라는 절은 신라인이 세운 거라네.

> 그 사람이 해상 무역으로 막대한 부와 명성을 얻었다지.

① 중국 당나라 시대에 활약하였다.
② 당시의 대표적인 해상 세력이었다.
③ 왕위 쟁탈전에 관여하기도 하였다.
④ 해적을 소탕하기 위하여 청해진을 설치하였다.
⑤ 유교 정치 이념을 바탕으로 개혁을 시도하였다.

○ **출제의도**

청해진 설치와 장보고의 활동 파악

○ **해설 :** 정답 ⑤

제시된 자료에 해상 무역 장악과 법화원 건립으로 보아 장보고에 대한 것임을 알 수 있다. 장보고는 흥덕왕 3년(828) 청해진을 설치하여 서·남해의 교통을 장악하고 당·일본과의 무역을 독점하였다. 또한 산둥성 문등현 적산촌에 사원인 법화원을 건립하였다. 한편 장보고는 김우징(후일 신무왕)과 함께 반란을 일으켜 민애왕을 죽이고 김우징을 왕위에 올리는 등 왕위 쟁탈전에 뛰어들었다. 후일 자신의 딸을 왕비로 세우려다 실패하고 난을 일으켰으나 염장에게 살해되고 청해진을 혁파되었다(851).
⑤ 신라말 6두품 세력의 동향과 관련이 있다.

기출풀이 [11회 중급 5번]

5. 다음은 가상의 인터뷰이다. 밑줄 그은 제도를 건의한 목적으로 옳은 것을 〈보기〉에서 고른 것은? [3점]

> 기자 : 시골에서 농사를 짓고 있는 분을 나라의 재상으로 삼으셨으니 아주 파격적인 인사였네요. 고구려 재상으로 부임하시면서 여러가지 개혁을 하셨는데, 그중에서 가장 기억에 남는 제도에 대해 말씀해 주시겠습니까?
>
> 재상 : 대왕께서 굶주림에 시달리는 백성들을 보고, 이들을 도와줄 방법을 찾으라고 명하셨습니다. 그래서 <u>나라에서 백성들에게 식량 사정이 어려운 봄에 곡식을 빌려 주고 가을에 추수를 하여 갚는 제도</u>를 마련하자고 건의하여, 이에 시행하게 되었습니다.

─────〈 보 기 〉─────
ㄱ. 유교 정치 이념을 보급하기 위하여
ㄴ. 백성이 노비가 되는 것을 막기 위하여
ㄷ. 귀족 세력이 커지는 것을 막기 위하여
ㄹ. 지배층의 정치·경제적 특권을 유지하기 위하여

① ㄱ, ㄴ   ② ㄱ, ㄷ   ③ ㄴ, ㄷ
④ ㄴ, ㄹ   ⑤ ㄷ, ㄹ

● **출제의도**

고구려의 사회 모습과 진대법 파악

● **해설 :** 정답 ③

밑줄 친 내용은 고구려에서 실시한 진대법에 관한 것이다. 진대법은 농민들의 몰락을 방지하고 보호하기 위해 춘궁기에 곡식을 빌려주고 가을에 갚도록 한 제도이다. 이는 농민들이 몰락하여 귀족들의 노비가 되는 것을 막고 국가 재정의 근간을 확보하기 위한 것이다.

● **오답풀이**

ㄱ. 유교 정치 이념 보급은 고려 성종 시기와 관련이 있다.
ㄹ. 진대법은 농민 구휼 정책이지 지배층의 특권을 보호하기 위한 것이 아니다.

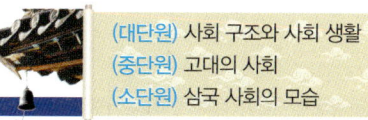
기출풀이  [7회 3급 43번]

43. 다음 그림과 관련된 나라의 사회 모습으로 옳은 것을 〈보기〉에서 고른 것은? [2점]

〈 보 기 〉

ㄱ. 골품에 따라 관등 승진의 상한선이 있었다.

ㄴ. 도둑질한 자에게는 12배를 배상하게 하였다.

ㄷ. 관리가 뇌물을 받으면 죽을 때까지 금고형에 처하였다.

ㄹ. 지배층의 혼인 풍습으로 형사취수제(兄死娶嫂制)와 서옥 제가 있었다.

① ㄱ, ㄴ ② ㄱ, ㄷ ③ ㄴ, ㄷ ④ ㄴ, ㄹ ⑤ ㄷ, ㄹ

● 출제의도

고구려의 사회 모습 파악

● 해설 : 정답 ④

제시된 자료는 고구려의 고분 벽화로 길림성 집안의 오회분의 '달의 신'과 평남 강서대묘의 '현무도'이다. 고구려 사회는 상무적 기풍이 강하고 형법을 엄격하게 적용하여 반역을 꾀하거나 반란을 일으킨 자는 화형에 처한 뒤 다시 목을 베었고, 그 가족은 노비로 삼았다. 한편 도둑질한 자는 12배로 물게 하였다. 지배층 사이에서는 형수취수제와 서옥제의 결혼 풍습이 있었다.

● 오답풀이

ㄱ. 신라의 골품제에 대한 설명이다.

ㄷ. 백제의 사회 풍습에 해당된다. 백제는 도둑질한 자는 유형과 동시에 2배를 물게 하였고, 관리가 뇌물을 받거나 횡령을 했을 때는 3배를 배상하고 종신토록 금고형에 처하였다.

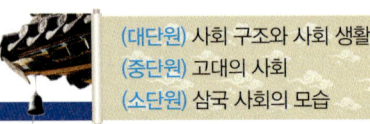

069

(대단원) 사회 구조와 사회 생활
(중단원) 고대의 사회
(소단원) 삼국 사회의 모습

기출풀이 [8회 3급 26번]

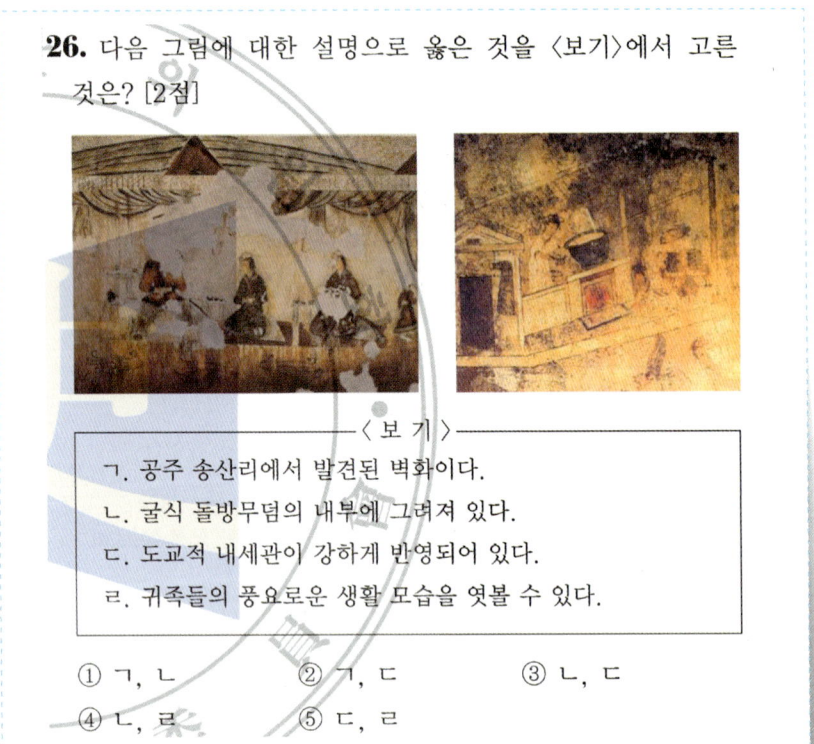

26. 다음 그림에 대한 설명으로 옳은 것을 〈보기〉에서 고른 것은? [2점]

〈 보 기 〉

ㄱ. 공주 송산리에서 발견된 벽화이다.
ㄴ. 굴식 돌방무덤의 내부에 그려져 있다.
ㄷ. 도교적 내세관이 강하게 반영되어 있다.
ㄹ. 귀족들의 풍요로운 생활 모습을 엿볼 수 있다.

① ㄱ, ㄴ   ② ㄱ, ㄷ   ③ ㄴ, ㄷ
④ ㄴ, ㄹ   ⑤ ㄷ, ㄹ

● 출제의도

고구려 귀족 사회의 모습 파악

● 해설 : 정답 ④

왼쪽 그림은 중국 길림 집안에서 발견된 고구려 각저총의 그림으로 귀족 생활을 표현한 것이다. 오른쪽 그림은 황해도 안악 3호분의 벽화로 귀족 저택의 주방을 그린 것이다. 두 그림은 모두 굴식 돌방무덤에 그려진 것으로 고구려 귀족들의 화려한 생활을 표현하고 있다.

● 오답풀이

ㄱ. 공주 송산리 유적은 백제에 해당된다. 송산리 6호분 벽돌무덤에서 사신도가 발견되었다.
ㄷ. 도교적 내세관이 반영된 벽화는 사신도가 대표적이다.

86 한국사능력검정시험 중급 기출문제 400제(시대사별)

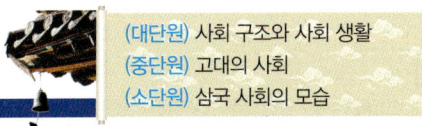

(대단원) 사회 구조와 사회 생활
(중단원) 고대의 사회
(소단원) 삼국 사회의 모습

기출풀이 [9회 4급 6번]

6. 다음의 인물과 같은 신분에 속하는 사람들에 대한 설명으로 옳은 것은? [2점]

> 설계두는 신라의 귀족 자손이다. 일찍이 친구 네 사람과 술을 마시며 각기 그 뜻을 말할 때 "신라는 사람을 쓰는 데 골품을 따져서 그 족속이 아니면 비록 뛰어난 재주와 큰 공이 있어도 한도를 넘지 못한다. 나는 멀리 중국에 가서 출중한 지략을 발휘하여 비상한 공을 세워 영화를 누리며, 높은 관직에 어울리는 칼을 차고 천자 곁에 출입하기를 원한다." 라고 하였다. 그는 621년 몰래 배를 타고 당으로 갔다.
> – 「삼국사기」 –

① 학문과 종교 분야에서 활발하게 활동하였다.
② 대아찬에서 이벌찬까지의 관등에 오를 수 있었다.
③ 화백 회의에 참가하여 국가의 중대사를 결정하였다.
④ 신라 말 사병을 거느리고 왕위 쟁탈전을 주도하였다.
⑤ 통일 직후에는 집사부의 시중이 되어 행정을 총괄하였다.

● **출제의도**

삼국의 사회 모습과 신라 6두품의 생활 파악

● **해설 :** 정답 ①

제시된 자료에서 설계두는 능력과 학문이 뛰어났으나 골품의 한계로 인해 사회적 진출의 제한을 받는 억울함을 호소하고 있음을 알 수 있다. 따라서 6두품 신분에 해당된다. ① 6두품들은 신분적 제한으로 인해 주로 학문과 종교 분야에서 활발하게 활동하였으며, 당나라에 유학을 가는 경우도 많았다.

● **오답풀이**

② 대아찬(5등급)에서 이벌찬(1등급)은 진골이 독점하였다. 6두품은 6등급인 아찬까지 진출할 수 있었다. ③ 화백 회의는 진골 귀족들이 참여하였다. ④ 신라 말 왕위 쟁탈전은 진골 귀족들 사이의 다툼이었다. ⑤ 시중은 집사부의 장관직으로 진골이 독점하였다.

 **기출풀이** [8회 3급 3번]

3. 다음 글의 밑줄 그은 '이 단체'에 대한 설명으로 옳지 않은 것은? [1점]

> 김유신, 사다함 등은 이 단체에서 활동한 인물이다. 김대문은 이 단체를 "현명한 재상과 충성스런 신하가 여기서 솟아나오고, 훌륭한 장수와 용감한 병사가 이로 말미암아 생겨났다."고 한 바 있다. 또 국가적 위기 때는 전사단으로서 군부대에 배속되어 작전에 동원되었으며, 수련 기간이 끝난 뒤에는 정규 부대에 편입되어 정식 군인으로 활동하였다.

① 원광의 세속 5계를 행동 규범으로 삼았다.
② 원시 사회의 청소년 집단에서 기원하였다.
③ 국선도, 원화도, 풍류도, 풍월도라고도 불렸다.
④ 국왕을 추대하거나 왕권을 견제하기도 하였다.
⑤ 계층 간의 대립과 갈등을 조절하는 구실도 하였다.

● **출제의도**

신라의 사회와 화랑도 파악

● **해설 :** 정답 ④

제시된 자료에서 현명한 재상과 충성스런 신하를 배출하고 국가 위기 때는 전사단으로 활동한다고 하는 것으로 보아 화랑도임을 알 수 있다. 신라의 화랑도는 원시 사회의 청소년 집단에서 유래하였으며 계층 간의 대립과 갈등을 조절, 완화하는 구실을 하였다. 원광은 세속 5계를 통해 화랑도의 행동 규범을 제시하였다. 화랑도를 국선도, 원화도, 풍류도 등으로 부른 것은 화랑도가 유 · 불 · 선(도교)이 결합되었기 때문이다.
④ 화백 회의와 관련된 내용이다.

 기출풀이 [9회 4급 11번]

11. 다음 사건 이후를 다루는 역사 만화의 장면으로 적절한 것은?
[2점]

> 진성여왕 3년(889), 나라 안의 여러 주와 군에서 공물과 부세를 바치지 않아 나라의 창고가 텅 비고 나라의 씀씀이가 궁핍하게 되자 왕이 사자를 보내어 독촉하니, 이로 인하여 곳곳에서 도적들이 벌 떼처럼 일어났다. 이 때 원종과 애노 등이 사벌주(상주)를 근거로 반란을 일으키자 왕이 나마(奈麻) 영기에게 명하여 붙잡게 하였다.
> ―「삼국사기」―

① 백성을 교화하는 원효
② 풍수지리설에 따라 절을 짓는 도선
③ 청해진을 설치하는 장보고
④ 연개소문과 담판하는 김춘추
⑤ 신라군에 맞서는 계백

○ **출제의도**

신라 하대의 정치 변동과 사회 혼란 파악

○ **해설 :** 정답 ②

제시된 자료는 9세기 말 신라 하대의 사회적 혼란을 나타낸 것이다. 상주에서 일어난 원종과 애노의 난(889)을 시작으로 농민 항쟁이 전국적으로 확산되어 나갔다. ② 풍수지리설은 신라 말 도선에 의해 도입되어 경주 중심의 지리 개념에서 벗어나 국토를 지방 중심으로 재편성하려는 주장으로까지 발전하여 신라 정부의 권위를 약화시켰다. ① 원효는 통일기에 활약한 승려이다. ③ 장보고는 9세기 초반 흥덕왕 시기에 청해진을 중심으로 활동하였다. ④ 삼국 통일 이전의 상황이다. 김춘추는 선덕 여왕의 명으로 고구려에 파견되어 도움을 요청하였으나 연개소문에 의해 거절당하였다. ⑤ 계백은 7세기 중반 삼국 통일기에 해당된다.

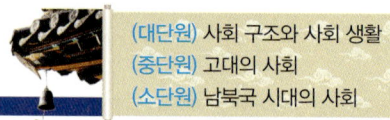

기출풀이 [11회 중급 7번]

---

7. 다음 시기의 신라 사회 모습에 대한 설명으로 옳은 것만을 〈보기〉에서 모두 고른 것은?   [2점]

> 혜공왕(15) – 선덕왕(5) – 원성왕(13) …… 진성여왕(10) – 효공왕(15) – 신덕왕(5) – 경명왕(7) – 경애왕(3) – 경순왕(8)
>
> ( )안의 숫자는 재위 기간

─────〈 보 기 〉─────

ㄱ. 지방에 대한 중앙 정부의 통제력이 약화되었다.
ㄴ. 국왕은 6두품과 결탁하여 전제 왕권을 강화하였다.
ㄷ. 진골 귀족들은 사병을 거느리고 권력 다툼을 벌였다.
ㄹ. 지방에서는 호족이라 불리는 새로운 세력이 성장하였다.

① ㄱ, ㄴ   ② ㄱ, ㄹ   ③ ㄴ, ㄷ
④ ㄱ, ㄷ, ㄹ   ⑤ ㄴ, ㄷ, ㄹ

● **출제의도**

신라 하대 사회의 혼란 파악

● **해설 :** 정답 ④

제시된 도표는 신라 하대에 해당된다. 이 시기는 중앙 귀족들 사이의 치열한 왕위 쟁탈전으로 인해 왕권이 약화되고 귀족 연합적인 정치가 운영되어 왕의 평균 재위 기간이 짧은 것이 특징이다. 또한 지방 세력들도 왕위 쟁탈전에 가담하는 등 중앙 정부의 지방에 대한 통제력도 약화되었다. 이로 인해 지방에서는 호족들이 대두하여 지방의 행정권과 군사권을 장악하는 독자적 세력이 되었다.

● **오답풀이**

ㄴ. 신라 하대의 6두품은 반신라적 경향을 나타냈다. 6두품 출신의 일부 유학생과 선종이 결합하여 신라 골품제 사회를 비판하고 새로운 정치 이념을 제시하였다.

 **기출풀이** [9회 3급 8번]

8. 다음과 같은 사실들이 나타났던 시기의 상황으로 옳지 <u>않은</u> 것은? [1점]

> • 헌덕왕 : 상대등이 되었다가 애장왕을 죽이고 즉위하였다.
> • 희강왕 : 삼촌인 균정과 싸워 그를 죽이고 왕위에 올랐다.
> • 민애왕 : 상대등이 되자 시중 이홍과 함께 난을 일으켜 스스로 왕이 되었다.

① 선종 불교가 지방을 근거로 성장하였다.
② 몰락한 농민들이 유랑하거나 초적이 되었다.
③ 6두품 세력이 국왕을 도와 전제 왕권을 강화하였다.
④ 진골 귀족들이 사병을 거느리고 권력 싸움을 벌였다.
⑤ 지방에서 스스로 장군, 성주라고 칭하는 세력이 나타났다.

● **출제의도**

신라 하대 왕위 쟁탈전으로 인한 사회 혼란 파악

● **해설 :** 정답 ③

제시된 자료는 신라 하대 왕위 쟁탈전을 나타낸 것이다. 신라 하대에는 중앙 진골 귀족의 치열한 왕위 쟁탈전으로 왕권이 약화되고 귀족 연합적인 정치 운영으로 상대등의 권력이 더 커졌다. 귀족들은 막대한 농장을 소유하고 몰락한 농민들을 끌어들였으며, 몰락한 농민들은 노비가 되거나 초적이 되기도 하였다. 지방에서는 호족들이 중앙 정부의 통제에서 벗어나 독자적 세력으로 성장하였다. 한편 신라 말에는 선종 불교가 유행하여 지방 호족과 연합하여 세력이 확장되었다. ③ 신라 중대의 6두품을 설명한 것이다. 신라 하대에는 6두품이 선종과 지방 호족 세력과 연계하여 신라 골품제 사회를 비판하며 사회 개혁을 추구하였다.

기출풀이 [6회 4급 7번]

7. 다음 학생들이 토론하고 있는 주제로 적절한 것은? [2점]

> 중앙 귀족이면서도 관직 승진에 제한을 받았으니 불만이 많았을 거야.

> 최치원은 개혁안을 건의했지만, 뜻대로 되지 않았어.

> 그러니까 골품제의 모순을 비판하면서 새로운 활로를 찾았겠지.

① 6두품은 왜 호족과 손을 잡았나?
② 문벌 귀족은 어떻게 권력을 세습하였나?
③ 정중부 등 무신이 봉기한 이유는 무엇인가?
④ 신진 사대부들은 왜 새로운 왕조를 개창하였을까?
⑤ 권문세족이 권력을 장악할 수 있었던 배경은 무엇일까?

● **출제의도**

신라 말 사회 변동과 6두품 세력의 농향

● **해설 :** 정답 ①

신라 말 6두품 출신 최치원은 당에서 귀국하여 신라 사회의 모순을 비판하고 사회 개혁을 위한 건의안을 제출하였으나 실패하고 말았다. 최치원과 같은 6두품 세력들은 능력은 있으나 골품제의 한계로 인해 사회적 진출이 제한되자 결국 신라 말 호족 세력과 연계하여 새로운 사회 건설의 이념을 제시하였다. ②, ③, ④, ⑤는 모두 고려 시대에 해당되는 것이다.

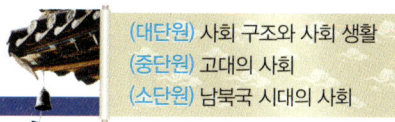

기출풀이 [7회 4급 6번]

6. 다음 글은 신라 시대 어느 인물의 전기이다. 이 인물의 신분 계층과 관련된 설명으로 옳지 <u>않은</u> 것은? [2점]

> 그는 당나라로 유학한 후 얼마 되지 않아 유학생을 위한 과거인 빈공과에 합격하였다. 젊은 나이에 관리가 된 그가 황소의 난이 일어났을 때에 쓴 격문은 너무나 뛰어나 오히려 황소가 놀랄 정도였다고 한다. 신라로 돌아온 그가 진성 여왕에게 시무 10여 조 등 개혁안을 제시하였으나, 받아들여지지 않았다.

① 골품 제도에 대해 비판적인 입장이었다.
② 혜공왕 이후부터 이들의 왕권 다툼이 치열하였다.
③ 지배층에 속하였지만, 관직 승진에 한계가 있었다.
④ 호족과 결탁하여 고려 건국의 주도 세력이 되었다.
⑤ 진골 귀족 위주의 사회 체제에 불만을 가지고 있었다.

● **출제의도**

신라 말 6두품의 동향 파악

● **해설 :** 정답 ②

도당 유학생으로 빈공과에 합격하고 '토황소격문'을 쓴 사람은 최치원이다. 6두품 출신인 최치원은 귀국후 시무 10조를 건의하였으나 실패하였다. 신라 말 6두품은 진골 중심의 신라 골품제 모순에 비판적이었으며, 능력은 있으나 관직 진출이 제한되어 불만을 가지고 있었다. 6두품은 신라 말 호족 세력과 연계하여 고려 건국에 영향을 끼쳤다.
② 왕위 쟁탈전은 진골 귀족 세력과 관련이 있다.

5강 고대의 문화

① 학문과 사상, 종교

(1) 한자의 보급과 교육

한자의 도입	• 철기 시대부터 도입해 사용, 이두 · 향찰을 만들어 한문 토착화 노력
교육	• 삼국 시대 : 태학 · 경당(고구려), 5경 박사 · 의박사 · 역박사(백제), 임신서기석(신라)
	• 남북국 시대 : 국학 · 독서삼품과(통일 신라), 주자감(발해)

(2) 역사 편찬과 유학의 보급

역사 편찬	• 신집5권 · 서기 · 국사(삼국 시대), 화랑세기 · 고승전 · 한산기(통일신라)
유학 발달	• 강수(외교 문서), 설총(화왕계), 최치원(계원필경, 개혁안 건의)

(3) 불교의 수용과 사상의 발달

불교의 수용	• 역할 : 국가 정신 확립에 기여, 왕권을 이념적으로 뒷받침, 선진 문화 수용의 매개
	• 교리 : 업설(국왕 · 귀족 지위 강화), 미륵불 사상(화랑제와 관련)
불교 사상의 발달	• 통일 신라 : 원효(불교 대중화 · 일심 사상), 의상(화엄 사상), 혜초(왕오천축국전)
	• 발해 : 고구려 불교 계승, 왕실과 귀족 중심으로 널리 성행

(4) 선종과 풍수지리설

선종	• 신라 말기에 기반 확립(9산 선문), 실천 수행을 통한 깨달음 추구, 호족 세력의 이념적 지주
풍수지리설	• 지방의 중요성 부각, 도참 사상과 결부(송악 길지설), 신라 정부의 권위 약화

② 과학 기술의 발달

천문학	• 고구려의 천문도, 신라의 첨성대 등 천체 관측 중심 → 농경과 관련, 왕의 권위와 관련
수학	• 고구려 고분 석실 · 천장 구조, 백제 정림사지 5층 석탑, 신라 황룡사 9층탑, 통일 신라 석굴암 · 불국사 3층 석탑 · 다보탑 등의 건축에 수학적 지식 이용
목판 인쇄술과 제지술	• 발달 배경 : 불교 문화의 발달 → 불경 인쇄의 필요성 증대
	• 무구정광대다라니경 : 가장 오래된 목판 인쇄물 → 통일 신라 기록 문화 발전에 기여
금속 기술	• 고구려의 철제 무기, 백제의 칠지도 · 금동 대향로, 신라의 금관 · 성덕 대왕 신종

❸ 고대인의 자취와 멋

(1) 고분과 고분 벽화

고구려	• 돌무지무덤(장군총) → 굴식 돌방무덤(무용총 · 강서대묘)
백제	• 돌무지무덤(서울 석촌동 고분) → 벽돌무덤(무령왕릉) · 굴식 돌방무덤
신라	• 돌무지덧널무덤(통일 이전) → 굴식 돌방무덤 · 화장 유행(통일 이후)
발해	• 고구려 양식 계승(굴식 돌방무덤 · 모줄임 천장 구조), 정혜 공주 묘가 대표적

(2) 건축과 탑, 불상

구분	고구려	백제	신라	통일 신라	발해
건축	안학궁	미륵사(무왕)	황룡사(진흥왕)	불국사, 석굴암, 안압지	상경의 궁성(주작 대로), 온돌 장치
탑		미륵사지 석탑, 정림사지5층 석탑	황룡사 9층 목탑, 분황사탑	불국사3층 석탑, 다보탑, 승탑과 탑비	석등
불상	연가 7년명 금동 여래 입상	서산 마애삼존불	경주 배리석불 입상	석굴암 본존불	이불 병좌상

❹ 일본으로 건너간 우리 문화

백제	• 아직기(한자), 왕인(천자문 · 논어), 노리사치계(불경 · 불상), 백제가람 양식 성립
고구려	• 담징(종이 · 먹 · 호류사 금당 벽화), 혜자, 혜관(불교), 다카마쓰 고분 벽화
신라	• 배 만드는 기술 및 제방 쌓는 기술 전달(한인의 연못)
통일 신라	• 불교 및 유교 문화(원효, 강수, 설총), 심상의 화엄 사상(→일본 화엄종)

이것 만은 알고 가자!

● **삼국 시대의 석탑**

미륵사지 석탑

정림사지 5층석탑

분황사 탑

077

기출풀이 [7회 4급 2번]

2. 다음 두 문화재와 관계 깊은 나라에 대한 설명 중에서 옳은 것을 〈보기〉에서 고른 것은? [3점]

〈 보 기 〉
ㄱ. 태학을 설립하여 귀족 자제들에게 유교 경전을 가르쳤다.
ㄴ. 중대한 범죄자가 있을 경우, 화백 회의를 통해 사형에 처하였다.
ㄷ. 지리적으로 산악 지대에 위치해 일찍부터 정복 전쟁이 활발하였다.
ㄹ. 지배자의 칭호가 거서간, 차차웅, 이사금, 마립간으로 변하였다.

① ㄱ, ㄴ ② ㄱ, ㄷ ③ ㄴ, ㄷ ④ ㄴ, ㄹ ⑤ ㄷ, ㄹ

● **출제의도**

고구려 사회의 모습 파악

● **해설 :** 정답 ②

제시된 자료는 고구려 돌무지무덤인 장군총과 고구려 고분 벽화 '달의 신'이다. ㄱ. 고구려는 중앙에 태학을 설치하여 귀족 자제들에게 유교 경전을 가르치고, 지방에는 경당을 설치하여 청소년에게 한학과 무술을 가르쳤다. ㄷ. 고구려는 산악 지대에 건국하여 일찍부터 정복 전쟁을 활발하게 전개하였으며 약탈 경제에 의존하였다.

● **오답풀이**

ㄴ. 화백 회의는 신라의 귀족 회의를 말한다. 고구려에는 제가 회의가 있었다.
ㄹ. 거서간, 차차웅, 이사금, 마립간의 왕 칭호는 신라에 해당된다.

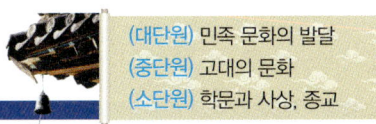

기출풀이 [8회 3급 2번]

2. 다음 문화유산에 공통으로 반영된 사상과 관련된 설명으로
옳은 것은? [2점]

① 고구려에서는 경당을 설치하여 보급하였다.
② 신라에서는 왕권을 강화하는 데 이용하였다.
③ 고려에서는 서경 천도 운동의 기반이 되었다.
④ 백제에서는 5경 박사를 지방에 파견하여 교육하였다.
⑤ 조선에서는 일월성신에 제사 지내는 초제가 시행되었다.

● **출제의도**

삼국 시대 사상의 발전과 도교 사상의 영향 파악

● **해설 :** 정답 ⑤

제시된 자료의 산수무늬 벽돌, 사신도 가운데 하나인 현무도, 금동 대향로에 공통으로 반영된 사상은 도교이다. 도교는 산
천 숭배나 신선 사상과 결합되어 귀족 사회를 중심으로 발전하였다. ⑤ 조선 초에는 소격서를 설치하고 참성단에서 일월성
신에 대하여 제사를 지내는 초제가 시행되었다.

● **오답풀이**

① 경당은 교육 기관이었다. 고구려에서는 수도에 태학을 세워 유교 경전과 역사서를 가르치고, 지방에는 경당을 세워 청소
년들에게 한학과 무술을 가르쳤다. ② 신라 시대 왕권강화와 관련이 깊은 사상은 불교였다. ③ 서경 천도 운동의 이론적 바
탕이 된 것은 풍수지리설이었다. ④ 5경 박사는 유교 교육과 관련이 있다.

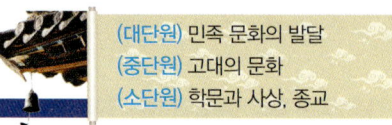

(대단원) 민족 문화의 발달
(중단원) 고대의 문화
(소단원) 학문과 사상, 종교

 기출풀이 [9회 4급 9번]

9. 다음 수행평가 과제에 대한 댓글로 적절하지 <u>않은</u> 것은?

[3점]

국사

| 제목 | **2010년 국사 수행평가 보고서 제출** |

☆ 삼국 시대 사람들은 어떻게 살았을까?

☞ 삼국 시대의 생활과 문화에 대한 보고서 작성이 수행평가 과제입니다. 먼저 모둠별로 조사할 주제를 선정해서 댓글로 남겨 주세요.

댓글

㉠ 모둠 1	서옥에 사는 고구려 남자
㉡ 모둠 2	경당에서 독서하는 백제 소년
㉢ 모둠 3	소를 이용해 밭을 가는 신라 농민
㉣ 모둠 4	원광 법사의 가르침을 받는 신라 청소년
㉤ 모둠 5	능산리 고분에 사신도를 그리는 백제 화공

● 인터넷

---

① ㉠   ② ㉡   ③ ㉢   ④ ㉣   ⑤ ㉤

● **출제의도**

삼국의 사회와 문화 모습 파악

● **해설 :** 정답 ②

㉠ 서옥제는 고구려의 결혼 풍습에 해당된다. ㉢ 소를 이용해 밭을 가는 것이 우경인데 신라 지증왕 시기에 처음 도입되었다. ㉣ 원광 법사는 신라 화랑도에게 세속 5계를 내려 국가 정신을 강조하였다. ㉤ 능산리 고분 가운데 사신도 등의 벽화가 남아 있는 무덤들이 있다.

② 경당은 고구려의 지방 교육 제도로 평양 천도 이후 설립한 사립 교육 기관이다. 여기에서는 청소년들에게 한학과 무술을 가르쳤다.

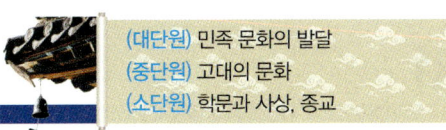
기출풀이 [7회 4급 10번]

10. 다음 지도는 어느 인물의 여행 경로를 나타낸 것이다. 이 인물에 대한 탐구 활동으로 가장 적절한 것은? [1점]

① 불국사의 창건 과정을 살펴본다.
② 「왕오천축국전」의 내용을 조사한다.
③ 교종과 선종의 통합 노력을 파악한다.
④ 해동 천태종을 창시한 배경을 알아본다.
⑤ 화엄종을 확산시키기 위한 노력을 찾아본다.

● **출제의도**

　통일 신라 시대의 불교의 발달과 혜초의 활동 파악

● **해설 :** 정답 ②

　제시된 지도에 인도 지역의 여러 나라를 탐방한 것으로 보아 혜초의 활동을 나타낸 것이다. 8세기 통일 신라 시대에 활동한 혜초는 당에서 바닷길로 인도에 들어가 각지를 순례하고 돌아와서 인도와 중앙 아시아 여러 나라를 생생하게 소개한 '왕초천축국전'을 남겼다.

● **오답풀이**

　③ 고려 시대의 대각국사 의천, 보조국사 지눌 등, ④ 대각국사 의천, ⑤ 대각국사 의천과 관련이 있다.

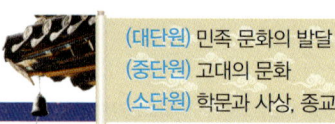

기출풀이 [6회 3급 9번]

9. 밑줄 그은 '그'의 불교 사상에 대한 설명으로 가장 적절한 것은? [2점]

> 10여 년 후, 깨달음을 얻은 그는 귀국길에 오르기 전 선묘를 찾아갔지만, 만나지 못해 결국 떠날 수밖에 없었습니다. 뒤늦게 달려온 선묘는 통곡하며 바닷물에 몸을 던져 용이 되었습니다. 그녀는 용이 되어 그의 귀국길을 보호했습니다. 귀국 이후 그는 왕의 명을 받들어 사찰을 세우게 되었는데, 다른 종파의 방해가 심했습니다. 그러자 선묘는 큰 바윗돌로 변하여 그들의 머리 위에 떠서 방해를 막았습니다. 그렇게 뜬 바위가 된 선묘를 기리기 위해 '뜬 바위'라는 의미로 부석사라고 이름을 정하게 되었습니다.

① 누구나 정성으로 염불하면 극락정토에 갈 수 있다고 하였다.
② 이론의 연마와 실천을 아울러 강조하는 교관겸수를 주장하였다.
③ 비보사찰(裨補寺刹)의 건립을 통해 국가와 왕실이 번영한다고 하였다.
④ 꾸준한 수행으로 깨달음의 확인을 아울러 강조하는 돈오점수를 주장하였다.
⑤ 모든 존재가 상호 의존적인 관계에 있으면서 서로 조화를 이루고 있다고 보았다.

◉ 출제의도

의상의 불교 사상 파악

◉ 해설 : 정답 ⑤

제시된 자료는 부석사 창건 설화로 의상과 관련된 내용이다. 의상은 모든 존재는 대립적인 존재가 아니라 상호 의존적이며, 서로 조화하고 포용하는 관계에 있다는 화엄 사상을 정립하고 왕권 강화에 영향을 끼쳤다. 의상은 화엄 사상을 바탕으로 교단을 형성하여 많은 제자를 양성하였으며, 영주 부석사 등 전국에 화엄 10찰을 건립하는 등 불교문화의 폭을 확대하였다.

◉ 오답풀이

① 원효의 대중 불교 발달과 관련이 있다. ② 고려 시대의 대각국사 의천과 관련이 있다. ③ 신라 말 도선의 풍수지리설과 관련이 있다. ④ 고려 시대 보조국사 지눌과 관련이 있다.

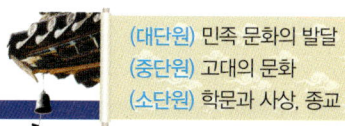

기출풀이 [7회 3급 10번]

10. 자료의 내용을 바탕으로 역사 다큐멘터리를 만들려고 한다.
다음에서 사전에 조사할 내용으로 가장 적절한 것은? [3 점]

> 보리사가 멀다고 근심할 것 없었는데
> 녹야원이 먼들 어찌하리오.
> 다만 멀고 험한 길이 근심이 되나
> 불어닥치는 악업(惡業)의 바람은 두렵지 않네.
> 여러 차례의 탑을 보기 어려움은 여러 차례의 큰 불에 타버
> 렸음이라.
> 어찌해서 사람들의 소원을 들어줄거나
> 오늘 아침부터 이 눈으로 똑똑히 보오리.
>
> 　　　　　　　　　　　　 － 「왕오천축국전」 －

① 둔황 석굴의 신라 사신
② 승려 혜초의 인도 여행
③ 흑치상지의 무덤에서 발견된 비문
④ 압살라 고분 벽화에서 만난 삼국 시대 사신
⑤ 쇼토쿠 태자에게 학문을 전수하는 고구려인

● **출제의도**

　혜초의 왕오천축국전 파악

● **해설 :** 정답 ②

　'왕오천축국전'은 통일 신라의 승려 혜초가 고대 인도와 중앙 아시아 여러 지역을 여행하고 남긴 기행문이다. 이 책은 1908
년 프랑스의 학자 펠리오가 중국 간쑤성 둔황 천불동 석굴에서 발견하였다.

● **오답풀이**

　① 혜초는 신라의 사신이 아니다. ③ 흑치상지는 백제 부흥 운동을 이끌었던 사람으로 7세기 후반에 활동하였다. ⑤ 쇼토쿠
태자의 스승은 고구려의 혜자이다.

기출풀이 [10회 3급 6번]

6. 밑줄 그은 '이 시기'에 대한 설명으로 옳은 것은? [2점]

> 이 시기에는 실천 수행을 통하여 깨달음을 얻는다는 선종이 널리 확산되었다. 이와 함께 승려의 사리를 봉안하는 승탑이 세워지기 시작하였다. 기본형이 팔각 원당형인 승탑은 그 모양이 세련되고 균형감이 뛰어나 당시의 조형 미술을 대표하고 있다.

쌍봉사 철감선사 승탑

① 무신들이 중앙 권력을 독점하였다.
② 노비안검법의 실시로 왕권이 안정되었다.
③ 사림들이 중앙 정계에 진출하여 정국을 주도하였다.
④ 문벌 귀족이 과거와 음서를 통해 관직을 독점하였다.
⑤ 지방에서 호족이라 불리는 새로운 세력이 성장하였다.

● **출제의도**

신라 말기 선종의 유행과 승탑 이해

● **해설** : 정답 ⑤

신라 말기에는 선종 불교가 확산되면서 승려들의 사리를 봉안하는 승탑(부도)과 승려의 일대기를 비에 새긴 탑비 제작이 유행하였다. 이러한 승탑과 탑비는 이 시기 조형 미술을 대표하였다. 선종의 유행은 호족의 성장과 밀접한 관련이 있다. 호족들이 선종과 결합하여 지방 사회에서 독자적인 세력을 형성할 수 있었다.

● **오답풀이**

① 무신 정권(1170~1270)은 고려 시대에 해당된다. ② 고려 초기 광종에 대한 설명이다. ③ 사림들이 중앙 정계에 진출한 것은 15세기 후반 성종 때이며 이후 16세기 후반 선조 이후 정국을 주도하였다. ④ 고려 전기에 해당된다.

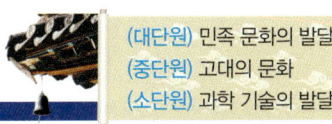

(대단원) 민족 문화의 발달
(중단원) 고대의 문화
(소단원) 과학 기술의 발달

기출풀이 [6회 3급 7번]

7. 다음 내용과 관련 있는 문화유산으로 적절한 것은? [1점]

> 삼국사기 본기 내용 중에서 정치 기사 다음으로 많은 비중을 차지하고 있는 것은 천재지변 기사이다. 천재지변은 단순한 자연 현상이 아니라, 정치에 영향을 주는 하늘의 경고인 동시에 역사 서술에서 큰 비중을 가지는 사건의 전 단계이다. 따라서, 고대 사회에서는 천체와 천문 현상에 대한 관측을 중시하였다. 이는 왕의 권위를 하늘과 연결시키려 하였기 때문이었다.

① ② ③ ④ ⑤

● 출제의도

신라의 과학 기술의 발달과 천문학 이해

● 해설 : 정답 ①

제시된 자료의 내용이 천체 관측에 관한 것이다. 고대의 천문학은 왕실의 위엄과도 밀접한 관련이 있다고 생각하여 천체 관측을 중심으로 발달하였다. 고구려에서는 별자리를 그린 천문도가 만들어졌고, 고분 벽화도 별자리 그림들이 많이 남아 있다. 신라에서는 7세기 선덕 여왕 때 첨성대를 세워 천체를 관측하였다.

● 오답풀이

② 칠지도로 천체 관측과 거리가 멀다. ③ 신라의 금관으로 신라 금속 예술의 발달과 관련이 있다. ④ 성덕대왕 신종, ⑤ 장군총의 모습이다.

(대단원) 민족 문화의 발달
(중단원) 고대의 문화
(소단원) 고대인의 자취와 멋

기출풀이 [8회 4급 3번]

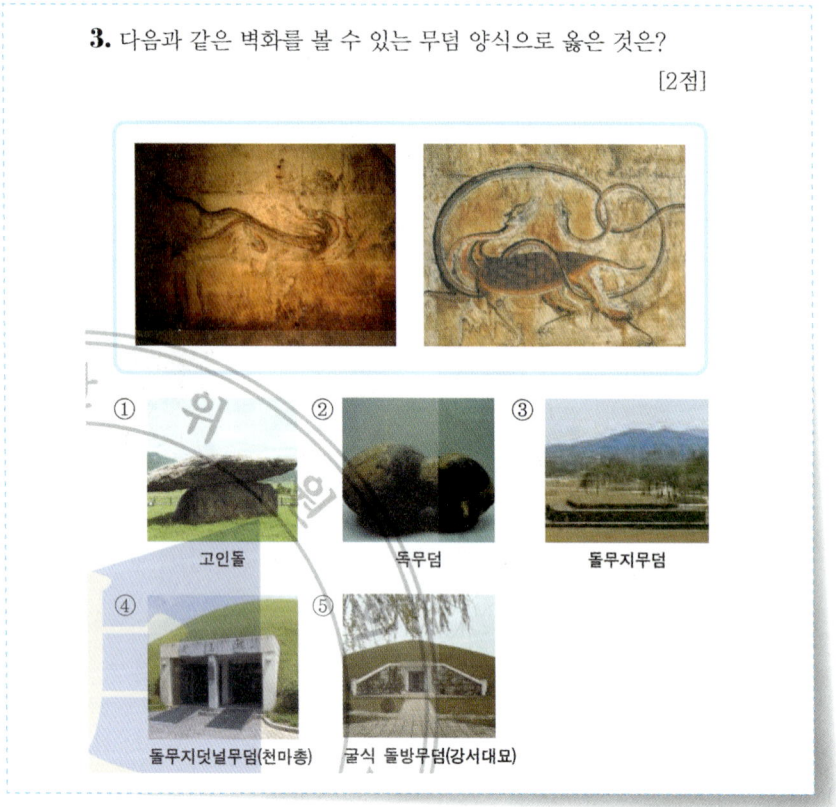

3. 다음과 같은 벽화를 볼 수 있는 무덤 양식으로 옳은 것은?

[2점]

① 고인돌　② 독무덤　③ 돌무지무덤
④ 돌무지덧널무덤(천마총)　⑤ 굴식 돌방무덤(강서대묘)

● 출제의도

삼국 시대 고분의 형태와 고분 벽화 파악

● 해설 : 정답 ⑤

제시된 자료는 청룡도와 현무도로 고구려 고분 벽화이다. 이와 같은 고분 벽화는 그 특성상 고분의 내부에 벽면이 있어야 그릴 수 있기 때문에 굴식 돌방무덤에서 볼 수 있다.

● 오답풀이

① 고인돌은 청동기 시대 족장의 무덤으로 벽화를 그릴 만한 내부 구성을 갖추지 못하였다. ② 독무덤은 철기 시대의 무덤으로 항아리 두 개를 연결하여 관으로 사용하였다. ③ 돌무지 무덤은 돌을 쌓아 올라간 것으로 내부 공간을 갖추지 못하였다.

104　한국사능력검정시험 중급 기출문제 400제(시대사별)

086

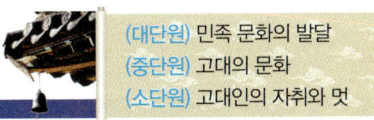

기출풀이 [8회 3급 34번]

34. (가), (나)에 대한 설명으로 옳은 것은? [1점]

(가)  (나)

① (가) – 무덤 내부에는 여러 개의 방이 있다.
② (가) – 무덤의 벽에는 사신도가 그려져 있다.
③ (나) – 발굴 당시 껴묻거리가 출토되지 않았다.
④ (나) – 중국 남조와의 교류를 보여 주는 무덤이다.
⑤ (가) 무덤 양식은 (나) 무덤 양식에 영향을 주었다.

● **출제의도**

삼국 시대 고분의 특성 파악

● **해설 :** 정답 ④

(가)는 고구려 장군총으로 돌무지 무덤, (나)는 백제 무령왕릉으로 벽돌 무덤 형식이다. 돌무지 무덤은 고구려와 백제의 초기 고분 형태로 돌을 피라미드형으로 쌓아 올라갔다. 벽돌 무덤은 널방을 벽돌로 쌓은 것으로 중국 남조의 영향을 받은 것이다.

● **오답풀이**

① 무덤 내부에 여러 개의 방이 있는 구조는 굴식 돌방무덤이다. ② 사신도와 같은 벽화는 굴식 돌방무덤에 그려져 있다. ③ 무령왕릉은 도굴이 되지 않은 상태에서 발굴이 되어 수 많은 껴묻거리가 출토되었다. ⑤ 장군총은 백제 초기 무덤인 석촌동 고분과 관련이 있다.

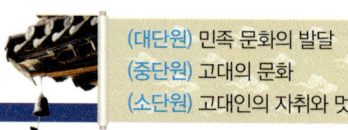

기출풀이 [6회 3급 5번]

● 출제의도

중국 소재 고구려 고분 파악

● 해설 : 정답 ③

제시된 자료의 내용에서 중국에 소재하고 있는 고구려 관련 고분이 유네스코 세계 문화 유산에 등재되었다고 하는 것이므로 선택지에서 중국에 소재하고 있는 고구려 고분을 찾아야 한다. ③ 중국 길림 집안에 소재한 오회분의 벽화인 '달의 신'이다.

● 오답풀이

① 백제 무령왕릉의 모식도로 충남 공주에 소재하고 있다. ② 강서대묘의 사신도 중 현무도이다. 강서대묘는 평남 강서에 소재하고 있다. ④ 황해도 안악 3호분의 벽화로 귀족의 모습을 담고 있다. ⑤ 서울 석촌동에 있는 백제 초기 고분인 계단식 돌무지무덤이다.

기출풀이 [10회 3급 5번]

---

5. 다음 기사의 밑줄 그은 '석탑'에 대한 설명으로 옳은 것은?

[3점]

○○ 신문

2009년 ○월 ○일

문화재청 국립 문화재 연구소는 7세기 무왕 때에 세워졌다고 알려진 이 사찰의 석탑 보수 정비를 위한 해체 조사 과정에서 사리 장엄구 일체를 발견하고, 현장에서 중요 유물을 공개했다. 이날 공개된 유물들은 금제 사리호와 금제 사리봉안기, 은제 사리합 등 유물 500여 점이다.

사리호와 사리 봉안기   사리 봉안기

① 벽돌 모양의 돌로 탑을 쌓았다.
② 목탑의 모습을 많이 지니고 있다.
③ 이중 기단 위에 쌓은 전형적인 3층탑이다.
④ 기단과 탑신에 부조로 불상이 새겨져 있다.
⑤ 안정감은 부족하나 자연스러운 다각 다층탑이다.

● **출제의도**

백제 미륵사지 석탑에 대한 파악

● **해설 :** 정답 ②

무왕 때 세워진 석탑으로 자료와 같은 사리호와 사리봉안기가 발견된 것은 미륵사지 석탑에 해당된다. 미륵사지 석탑은 목탑에서 석탑으로 옮겨가는 시기의 탑으로 형식적인 면에서 목탑의 모습을 많이 지니고 있다. 현재 한국에 남아있는 석탑 가운데 가장 오래된 석탑이다.

● **오답풀이**

① 분황사 석탑에 해당된다. ③ 통일 신라 시기의 석탑으로 대표적인 것은 석가탑 등이 있다. ④ 통일 신라 말기에 나타난 형식으로 양양 진전사지 3층 석탑이 대표적이다. ⑤ 고려 시대의 석탑의 특징이다. 월정사 8각 9층탑이 대표적이다.

[9회 4급 28번]

28. 우리나라의 시대별 문화유산 엽서가 옳게 만들어진 것은?

[2점]

① 백제의 문화유산
② 신라의 문화유산
③ 발해의 문화유산
④ 고려의 문화유산
⑤ 조선의 문화유산

● 출제의도

삼국의 문화적 발전과 내용 파악

● 해설 : 정답 ①

① 제시된 사진은 금동 대향로와 정림사지 5층 석탑으로 모두 백제 문화 유산에 해당된다.

● 오답풀이

② 왼쪽은 석굴암 본존 불상으로 통일 신라 시기의 유물이다. 오른쪽은 청자 투각 향료로 고려 시대의 유물이다. ③ 왼쪽은 발해 정효 공주 묘실의 모습이며, 오른쪽은 가야의 수레 토기의 모습이다. ④ 왼쪽은 조선 후기 풍속 화가 김홍도가 그린 서당도이고, 오른쪽은 고려 시대의 불화인 수월관음도이다. ⑤ 왼쪽은 조선 전기 측우기의 모습이며, 오른쪽은 미륵사지 석탑으로 백제의 문화 유산이다.

기출풀이 [6회 3급 4번]

4. 밑줄 그은 ㉠ ~ ㉤ 중에서 옳지 <u>않은</u> 것은? [1 점]

수행 평가 보고서

신라의 무덤을 찾아서

이것은 ㉠ <u>삼국 통일 이전에 유행한 무덤 양식입니다.</u> ㉡ <u>나무로 덧널을 만들고, 그 안에 시신을 담은 널과 껴묻거리 상자를 넣었습니다.</u> 그리고 ㉢ <u>덧널 위에 돌을 쌓고, 그 위에는 흙을 산처럼 쌓아 무덤의 형태를 만들었습니다.</u>

천마총

이러한 무덤은 시간이 지나면 나무 상자가 썩게 되고, 돌무지가 흙과 함께 무너져 내리기 때문에 ㉣ <u>구조상 도굴이 어려워 부장품이 많이 남아 있습니다.</u> 그래서 신라 무덤에서는 고구려, 백제의 무덤과 달리 유물들이 많이 발굴되었습니다. 특히 ㉤ <u>이러한 무덤에서 나온 벽화를 통해 신라 사람의 생활, 문화, 종교를 파악할 수 있게 되었습니다.</u>

① ㉠   ② ㉡   ③ ㉢   ④ ㉣   ⑤ ㉤

● **출제의도**

신라의 돌무지덧널무덤 양식 이해

● **해설 :** 정답 ⑤

제시된 자료는 신라의 대표적인 돌무지덧널무덤인 천마총에 대한 설명이다. 돌무지덧널무덤은 시신과 껴묻거리를 넣은 나무덧널을 설치하고 그 위에 냇돌을 쌓은 다음 다시 흙으로 덮었기 때문에 도굴이 어려워 많은 껴묻거리가 남아 있다. 천마총의 천마도는 벽화가 아니라 말 안장에 그린 것이다.
⑤ 돌무지덧널무덤은 굴식 돌방무덤과 같이 돌방이 만들어진 것이 아니기 때문에 벽화를 그릴 공간이 없다. 또한 나무로 덧널을 만들었기 때문에 시간이 지나면 나무 상자가 썩어 무너지므로 벽화를 그릴 수가 없다.

기출풀이 [9회 4급 7번]

7. 다음 컴퓨터의 '고구려' 폴더를 열었을 때 확인할 수 있는 자료로 옳은 것은? [1점]

- ① 장군총
- ② 칠지도
- ③ 금관
- ④ 지산동 고분군
- ⑤ 무령왕릉

● **출제의도**

고구려의 문화 유산 파악

● **해설** : 정답 ①

① 고구려 장군총의 모습이다. 장군총은 고구려의 고분으로 초기 고분 형식인 돌무지무덤 형식이다. 돌을 정밀하게 쌓아 올린 것으로 청동기 시대부터 삼국 시대까지 만들어졌다. 냇돌이 많은 강가나 땅을 파기 힘든 지방에서 흔히 볼 수 있는 무덤으로 벽화는 존재하지 않는다.

● **오답풀이**

② 칠지도는 백제의 금속 공예의 수준을 보여주는 것으로 백제가 왜에 하사한 것이다. ③ 신라의 금관으로 경주 황남 대총에서 출토되었다. ④ 지산동 고분군은 가야의 유적지이다. ⑤ 무령왕릉은 벽돌 무덤으로 백제의 유적지이다.

기출풀이 [8회 4급 9번]

9. 자료에서 밑줄 그은 '이 나라'의 문화유산으로 옳은 것은?

[2점]

> 이 나라의 건국 과정은 시조 온조의 설화 속에 잘 나타나 있다. 고구려 시조인 주몽의 아들 유리가 부여에서 졸본으로 주몽을 찾아오자, 비류와 온조 형제는 그를 피해 남쪽으로 무리를 이끌고 내려와 각각 미추홀[인천]과 위례성[서울]에 자리를 잡았는데, 뒤에 비류의 세력이 온조의 세력에 흡수되었다고 한다.

① 금동관

② 천마도

③ 금제 관 장식

④ 연가 7년명 금동 여래 입상

⑤ 성덕 대왕 신종

● **출제의도**

백제의 문화 유산 파악

● **해설 :** 정답 ③

제시된 자료에서 온조가 세운 나라로 표현되어 있으므로 이 나라는 백제에 해당된다. ③ 공주 무령왕릉에서 출토된 금제 관장식이다. 무령왕릉에서는 그 외에도 왕과 왕비의 장신구와 지석(誌石), 석수(石獸), 귀고리, 팔찌, 양나라 화폐인 오수전, 청동 제품 등 수 천점의 유물이 출토되어 찬란한 백제 문화의 아름다움을 보여주었다. ① 가야의 금동관, ② 신라의 천마총에서 발견된 천마도, ④ 고구려 불상인 연가 7년명 금동 여래 입상, ⑤ 신라의 성덕 대왕 신종의 모습이다.

기출풀이 [8회 3급 35번]

35. 다음은 어느 박물관 전시회의 포스터이다. (가)~(다)에
전시될 문화유산을 〈보기〉에서 골라 옳게 배열한 것은? [2점]

△△박물관

삼국의 국제 교류

○기간 : 2010년 ○○월 ○○일~○○일
○장소 : △△박물관 특별전시실
• (가) 고구려 전시실 : 이방인의 흔적
• (나) 백제 전시실 : 오래된 친구, 왜(倭)
• (다) 신라 전시실 : 서역과의 교류

〈 보 기 〉

A.   B.   C.

	(가)	(나)	(다)
①	A	B	C
②	A	C	B
③	B	A	C
④	B	C	A
⑤	C	A	B

● **출제의도**

삼국의 대외 교류와 문화 발전 파악

● **해설 :** 정답 ③

(가)–B. 각저총의 씨름도이다. 씨름하고 있는 사람의 모습이 서역 계통의 메부리코를 특징으로 하고 있다. 이로 보아 고구려가 중앙 아시아 지역과도 교류하였음을 알 수 있다.
(나)–A. 백제의 칠지도는 근초고왕이 일본 국왕에게 선사한 것으로 백제의 공예술과 더불어 백제와 왜와의 교류를 알 수 있다.
(다)–C. 황남대총에서 발굴된 유리병과 유리잔으로 이는 로마 계통의 유물인데 서역을 통해 신라로 전해진 것으로 파악된다.

기출풀이 [8회 4급 31번]

31. 다음은 가상 뉴스의 대본 중 일부이다. 밑줄 그은 '탑'의 사진으로 옳은 것은? [2점]

#1. 앵커 : 부처님의 세계로 다가가기 위한 신라인의 염원을 담은 ○○○가 완공되었다는 소식을 현장에 나가 있는 김역사 기자가 전해 왔습니다.

#2. 김역사 기자 : 이곳은 토함산 서쪽에 자리 잡고 있는 ○○○입니다. 이름 그대로 '부처의 나라'를 표현한 곳입니다. 청운교와 백운교를 올라가면 속세를 떠나 부처의 세계로 들어가는 자하문이 있습니다. 안으로 들어가면 매우 아름다운 탑을 볼 수 있습니다.

① 불국사 다보탑　　② 감은사지 3층 석탑　　③ 분황사 모전 석탑

④ 월정사 8각 9층 석탑　　⑤ 경천사지 10층 석탑

● 출제의도

통일 신라의 불교 문화 파악

● 해설 : 정답 ①

제시된 자료에서 토함산에 위치하며 청운교와 백운교가 있는 것으로 보아 불국사임을 알 수 있다. 불국사에는 다보탑과 석가탑이 있다. 석가탑은 2층 기단위에 3층으로 쌓은 통일 신라의 전형적인 석탑이다. ① 다보탑의 모습이다. 다보탑은 1층 석탑으로 일반적인 형식에서 벗어난 이형 석탑이다. ② 경주 감은사지에 남아 있는 3층 석탑, ③ 경주 분황사에 있는 모전 석탑, ④ 강원도 평창 월정사 8각 9층 석탑으로 고려 시대의 석탑 ⑤ 경천사지 10층 석탑으로 현재는 서울 국립 중앙 박물관에 소장되어 있다.

기출풀이 [11회 중급 4번]

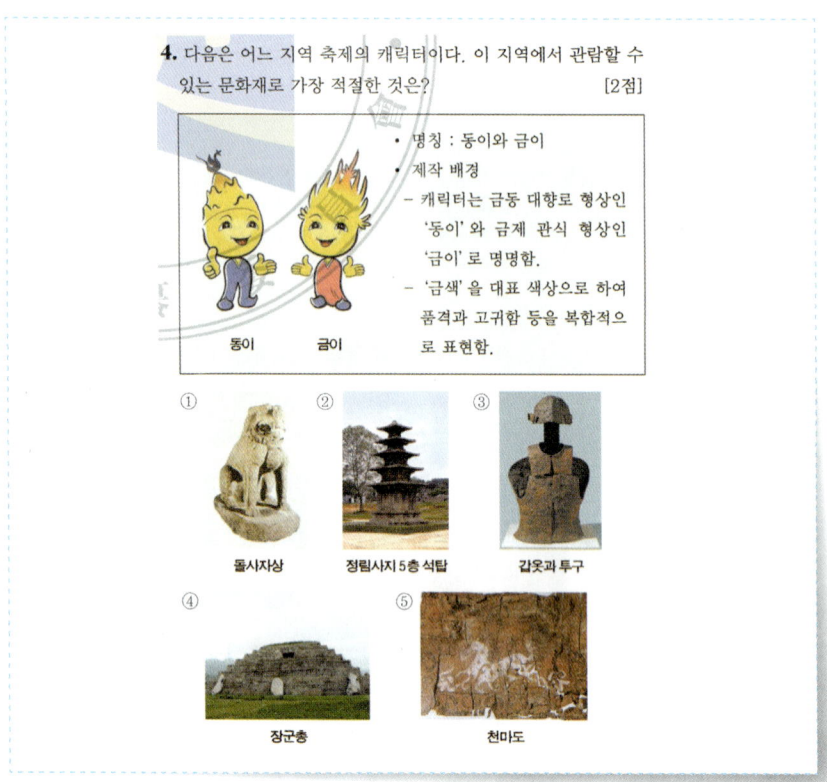

● 출제의도

백제의 문화재 파악

● 해설 : 정답 ②

제시된 자료의 동이는 백제 금동 대향로를 형상화 한 것으로 부여 송산리 고분군에서 발견되어 현재 국립 부여 박물관에 소장되어 있다. 금이는 공주 능산리 고분군에서 발견된 무령왕(비)의 금제 관식을 형상화 한 것으로 국립 공주 박물관에 소장되어 있다. ② 백제 정림사지 5층 석탑이다.

● 오답풀이

① 발해 정혜공주 묘 앞의 돌사자상(만주 길림성 돈화), ③ 가야 판갑옷과 투구(경북 고령), ④ 고구려 돌무지 무덤인 장군총(길림성 집안), ⑤ 천마총에서 발견된 천마도(경주 황남동)이다.

(대단원) 민족 문화의 발달
(중단원) 고대의 문화
(소단원) 고대인의 자취와 멋

기출풀이 [8회 3급 5번]

5. (가)~(다)에 대한 설명으로 옳지 <u>않은</u> 것은? [2점]

(가)	(나)	(다)

① (가) – 목탑의 모습을 많이 지니고 있다.
② (나) – 기단과 탑신에 불상을 조각하였다.
③ (다) – 선종이 널리 퍼지면서 유행하였다.
④ (가), (나) – 이중 기단 위에 3층으로 쌓은 석탑이다.
⑤ (나), (다) – 신라 말기에 제작되었다.

● **출제의도**

삼국 시대 석탑과 승탑의 이해

● **해설 :** 정답 ①

(가)는 불국사 3층 석탑(석가탑)으로 2중 기단 위에 3층으로 쌓는 전형적인 통일 신라 시대의 석탑 양식을 완성하였다. (나)는 진전사지 3층 석탑으로 2중 기단위에 3층을 쌓는 형식을 갖추었으나 기단과 탑신부에 불상들을 새긴 것으로 신라 말기의 형식이다. (다)는 쌍봉사 철감선사 승탑이다. 신라 말기에 선종이 널리 퍼지면서 승려들의 사리를 봉안하는 승탑과 탑비가 유행하였다.

● **오답풀이**

① 목탑의 모습을 많이 지니고 있는 것은 미륵사지 석탑과 정림사지 5층 석탑에 해당된다.

5강 고대의 문화 **115**

 기출풀이 [9회 3급 3번]

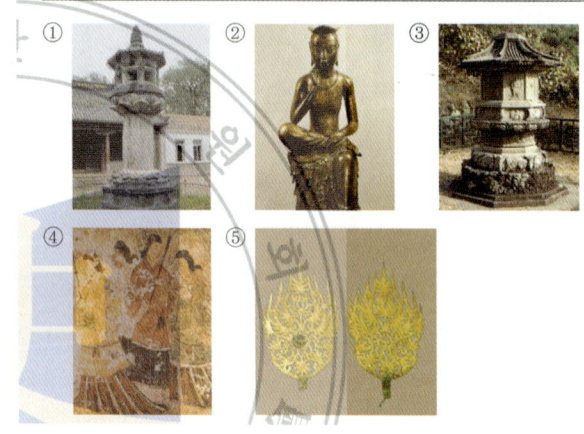

3. 다음 글에서 설명하는 나라의 문화유산으로 옳은 것은?

[2점]

○ 도읍지를 중심으로 많은 무덤이 남아 있는데, 이 중에서 정혜 공주 묘는 굴식 돌방무덤으로 고구려 고분과 닮았다.
○ 상경은 당시 당의 수도인 장안을 본떠 건설하였는데, 외성을 쌓고 남북으로 넓은 주작대로를 내고, 그 안에 궁궐과 사원을 세웠다.

● 출제의도

발해의 문화 유산 파악

● 해설 : 정답 ①

정혜 공주 묘, 장안을 모방한 상경 등으로 보아 발해에 해당됨을 알 수 있다. 정혜 공주묘는 굴식 돌방무덤으로 모줄임 천장 구조로 건축되었다. 상경은 당의 수도인 장안을 본떠 외성을 쌓고 남북으로 주작 대로를 건설하였다. 발해의 문화는 고구려 양식을 계승하여 힘차고 씩씩한 특징이 있다. ① 발해의 석등으로 흑룡강성 영안에 소재하고 있다.

● 오답풀이

② 국보 83호인 금동미륵보살 반가사유상이다. ③ 쌍봉사 철감선사 승탑으로 전남 화순에 소재하여 선종과 관련이 있다. ④ 다까마스 고분 벽화로 고구려 수산리 고분 벽화와 유사하며, 일본 나라에 소재하고 있다. ⑤ 무령왕릉 출토 금제관식이다.

098

기출풀이 [7회 3급 2번]

2. 선생님의 질문에 대한 학생의 대답으로 적절하지 않은 것은? [2점]

'동북공정'이란?
1. 동북공정의 목적은?
2. 고구려 역사 왜곡 내용
3. 발해 역사 왜곡 내용

발해가 고구려를 계승한 국가임을 알 수 있는 역사적 증거로는 무엇이 있을까요?

① 발해 절터에 남아 있는 석등 모습
② 발해 궁궐터에서 나온 온돌 장치
③ 정혜 공주 무덤의 천장 구조 양식
④ 발해 수도인 상경의 주작대로 건설
⑤ 일본에 보낸 발해의 외교 문서 내용

● **출제의도**

발해의 고구려 계승 유적, 유물 파악

● **해설 :** 정답 ④

발해는 고구려 계승을 표방한 국가이다. 따라서 문화 또한 고구려적 특징을 계승하였다. 석등, 온돌 장치, 정혜 공주 무덤의 모줄임 천장 구조 등이 고구려 양식을 계승한 것이며, 벽돌과 기와 무늬 역시 고구려의 영향을 받아 소박하고 힘찬 모습을 띠고 있다. 또한, 발해가 일본에 보낸 외교 문서에서 고려 또는 고려국왕이라는 명칭을 사용하고 있어 고구려를 계승하였음을 분명히 하고 있다.
④ 상경의 주작대로는 당의 장안성을 모방한 것이다.

기출풀이 [10회 3급 7번]

7. 다음 사진전에서 관람할 수 있는 자료로 적절한 것을 〈보기〉에서 고른 것은? [2점]

> 역사 탐구반 특별 사진전
> ### 일본에 숨쉬는 우리의 고대 문화
> 역사 탐구반 정기 행사로 일본에 남아 있는 삼국 문화의 흔적에 관한 사진전을 개최하고자 합니다. 관심 있으신 분의 많은 관람 바랍니다.
>
> 1. 일시 : 2010년 ○월 ○일 ~ ○월 ○일
> 2. 장소 : 학교 강당

〈 보 기 〉

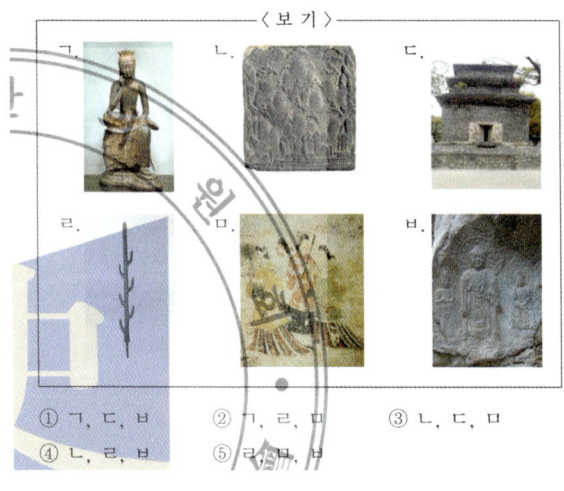

① ㄱ, ㄷ, ㅂ ② ㄱ, ㄹ, ㅁ ③ ㄴ, ㄷ, ㅁ
④ ㄴ, ㄹ, ㅂ ⑤ ㄹ, ㅁ, ㅂ

● 출제의도

삼국 문화의 일본 전파 파악

● 해설 : 정답 ②

삼국의 문화는 일본 고대 문화 발전에 결정적인 영향을 끼쳤다. ㄱ. 일본 고류사 미륵보살 반가 사유상은 백제 문화의 영향을 받아 제작된 것이다. ㄹ. 칠지도는 4세기 후반 근초고왕 시기에 백제에서 만들어 일본에 전해진 것으로 금으로 상감한 글씨가 새겨져 백제 금속 공예의 수준을 잘 보여준다. ㅁ. 일본 다까마스 고분 벽화로 고구려 수산리 고분 벽화와 흡사하다. ㄴ. 백제 산수무늬 벽돌, ㄷ. 경주 분황사 모전 석탑, ㅂ. 서산의 마애삼존불상의 모습으로 일본의 문화 전파와는 거리가 멀다.

기출풀이 [6회 4급 8번]

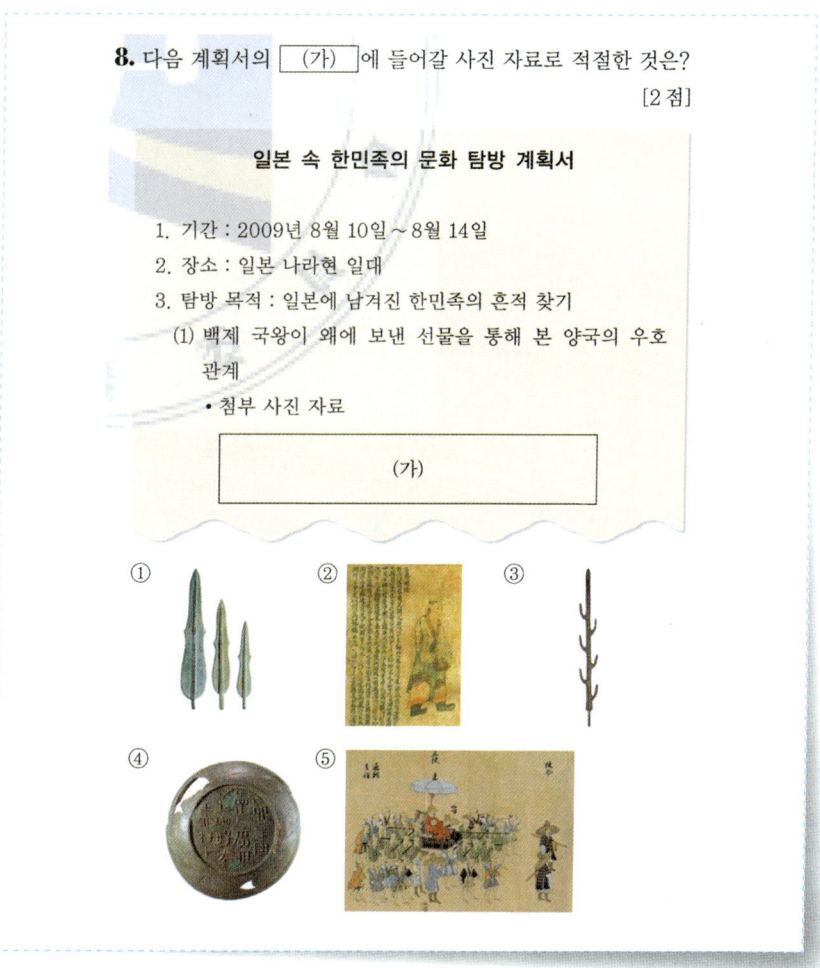

8. 다음 계획서의 (가) 에 들어갈 사진 자료로 적절한 것은?

[2 점]

일본 속 한민족의 문화 탐방 계획서

1. 기간 : 2009년 8월 10일 ~ 8월 14일
2. 장소 : 일본 나라현 일대
3. 탐방 목적 : 일본에 남겨진 한민족의 흔적 찾기
(1) 백제 국왕이 왜에 보낸 선물을 통해 본 양국의 우호
관계

• 첨부 사진 자료

(가)

① ② ③ ④ ⑤

● **출제의도**

백제가 일본 고대 문화에 끼친 영향 파악

● **해설 :** 정답 ③

백제 국왕이 왜에 보낸 선물로 고대 백제와 왜와의 관계를 보여주는 유물은 칠지도 이다. 칠지도는 4세기 근초고왕 시기에 일본에 하사한 것으로, 강철로 된 칼이며 칼 앞면과 뒷면에는 금으로 새겨진 61자의 명문이 있어 당시 양국의 친교 관계를 잘 설명해 준다. ① 청동기 시대의 비파형 동검이다. ② 양직공도로 중국 양나라에 파견된 백제의 사신 모습이다. ④ 호우 명 그릇으로 광개토 대왕이 신라에 군사를 파견한 것과 관련이 있다. ⑤ 조선 후기 일본에 파견된 통신사 행렬도이다.

3단원

고려 시대

6강 고려의 정치

❶ 중세 사회의 성립과 전개

(1) 고려의 성립과 민족의 재통일

① 고려의 성립 : 왕건의 한강, 나주 점령 → 궁예 축출 → 고려 건국(918)

② 후삼국 통일 : 신라 경순왕 귀순(935), 후백제 정벌(936), 발해 유민 포용

(2) 정치 구조의 정비

태조	• 민생안정 : 취민유도(과도한 수취금지, 조세율 1/10), 빈민구제기관(흑창)설치 • 호족세력의 통합과 견제 : 정략 결혼, 사성제도, 사심관 제도, 기인 제도 • 북진 정책 추진 : 서경 중시, 고구려 계승 의식, 거란에 대한 강경책 • 왕권의 불안정 : 예)왕규의 난(혜종)
광종	• 왕권과 호족의 대립 • 왕권강화책 : 주현공부법, 과거제, 노비안검법, 공복 제정, 황제 칭호와 독자적 연호(광덕, 준풍)사용 • 힘에 의한 정치
성종	• 최승로의 시무 28조 수용 : 유교적 정치 질서 강화(국자감 설치, 경학박사 파견), 외관 파견(12목에 지방관 파견, 향리제 실시) • 중앙 통치 기구 정비 : 2성6부제(당), 중추원 · 삼사(송), 도병마사 · 식목도감(독자적) • 힘에 의한 광종의 정치 비판, 타협에 의한 정치 추구

❷ 통치 체제의 정비

(1) 중앙 정치 조직

① 2성 6부 체제 : 중서문하성(최고 관서), 상서성(정책을 집행하는 6부 총괄)

② 고려 독자적 기구 : 도병마사(문하시중이 국정 총괄), 식목도감(법제, 격식 결정)

(2) 지방 행정 조직 : 5도(일반 행정 구역), 양계(군사 행정 구역) → 주현(지방관 파견)보다 속현(지방관 미파견)이 많음, 속현 · 향 · 부곡 · 소 등의 실제 행정 사무는 향리가 담당

(3) 군역 제도와 군사 조직

중앙군	• 구성 : 2군(왕의 친위 부대), 6위(수도 경비, 국경방어) • 성격 : 직업 군인으로 편성(군인전 지급, 역은 세습, 중류층)
지방군	• 구성 : 주현군(5도), 주진군(양계)

(4) 관리 등용 제도

① 과거 : 문과—제술업(문학적 재능과 정책 시험) · 명경업(유교 경전 시험), 잡업(기술관 등용), 법적으로 양인 이상이면 응시 가능

② 음서 : 공신 · 종실의 자손, 5품 이상 고위 관료의 자손은 과거를 거치지 않고 등용

❸ 문벌 귀족 사회의 성립과 동요

(1) 문벌 귀족 사회의 성립

① 문벌 귀족 : 지방 호족 출신, 신라 6두품 계통의 유학자 중 여러 세대에 걸쳐 중앙에 고위 관직자를 배출한 가문

② 기반 : 과거 · 음서제 · 폐쇄적 결혼(정치 기반), 전시과 · 공음전(경제 기반)

(2) 문벌 귀족 사회의 동요

이자겸의 난(1126)	• 문벌 귀족 사회의 붕괴를 촉진하는 계기가 됨
묘청의 서경 천도 운동(1135)	• 서경 천도 추진(풍수지리설), 칭제건원과 금국 정벌 주장 • 개경파(김부식)의 반대 → 묘청의 반란(대위국, '천개'연호) → 김부식이 이끄는 관군의 공격으로 실패
무신정권 성립 (1170)	• 배경 : 무신 차별, 지배층의 사치와 향락 • 전개 : 이의방 → 정중부(중방) → 경대승(도방) → 이의민(중방) → 최충헌(교정도감) → 최우(정방) • 사회층의 동요 : 무신정권 반대운동(김보당의 난, 조위총의 난), 신분해방운동(망이 · 망소이의 난, 전주 관노의 난, 만적의 난 등), 최충헌(도방, 교정도감 설치, 시무10조의 개혁안), 최우(정방, 서방, 삼별초 등)

❹ 대외 관계의 변화

거란족(요)	10~11세기	• 서희의 강동 6주 획득, 강감찬의 귀주 대첩 • 나성(개경)축조, 천리장성 축조(압록강~도련포)
여진족(금)	12세기	• 윤관의 9성 축조(별무반) • 이자겸의 사대 외교 → 묘청의 서경 천도 운동
몽골족(원)	13세기	• 최씨 정권의 강화 천도, 삼별초의 항쟁, 팔만대장경 조판
홍건적, 왜구	14세기	• 신흥 무인 세력의 성장 계기

❺ 고려 후기의 정치 변동

(1) 원의 내정 간섭 : 영토 상실(쌍성총관부, 동녕부, 탐라총관부), 내정 간섭(정동행성)

(2) 공민왕의 개혁 정치 : 원 · 명 교체기를 이용하여 개혁 추진

반원 자주 정책	정동행성 이문소 폐지, 쌍성총관부 무력 탈환, 관제 복구, 몽골 풍속 일소
왕권 강화 정책	권문세족 억압, 정방 폐지, 전민변정도감 설치

(3) 고려의 멸망 : 신진 사대부 성장, 위화도 회군 → 과전법 공포 → 조선 건국(1392)

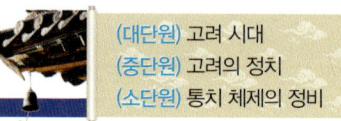

기출풀이 [11회 중급 11번]

11. ㉠, ㉡에 들어갈 고려의 통치 기구를 바르게 나열한 것은?

[2점]

> - (㉠)에서 아뢰기를, "안변 도호부의 경내에서는 상음현이 국경 지대의 요충이오니 성과 보루를 쌓아서 외적을 방비하기를 청합니다." 하니 좇았다.
> - (㉡)에서 아뢰기를, "간신 이자의 등이 사사로이 수만 석의 미곡을 축적하였습니다. 이는 모두 백성을 착취하여 모은 것이니 관에서 몰수하기를 청합니다." 하니 그 말을 따랐다.
>
> ─ 「고려사절요」 ─

	㉠	㉡
①	삼사	어사대
②	삼사	중추원
③	삼사	식목도감
④	도병마사	식목도감
⑤	도병마사	어사대

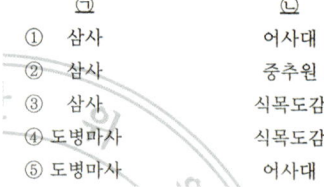

● **출제의도**

고려의 중앙정치 조직 이해

● **해설 :** 정답 ⑤

㉠도병마사는 국방의 문제를 담당하는 임시기구였으나 고려 후기에 도평의사사로 개편되어 최고정무기구화 되었다. ㉡어사대는 관리의 비리를 감찰하고 정치의 잘잘못을 논하는 임무를 맡았다. 어사대의 관원은 중서문하성의 낭사와 함께 대간으로 불렸으며 간쟁(왕의 잘못을 논함)과 봉박(잘못된 왕명을 되돌려보냄), 서경(관리의 임명과 법령의 개정이나 폐지에 동의)의 권리를 가지고 정치 운영에 견제와 균형의 역할을 하였다.

● **오답풀이**

삼사는 송의 제도를 모방했지만 송과 달리 화폐와 곡식의 출납만을 담당하였다. 중추원은 군사 기밀과 왕명의 출납을 담당하였는데 중추원의 추밀은 군사기밀을 담당하면서 조선시대 삼군부로 계승되었고, 승선은 왕명의 출납을 담당하면서 조선시대에는 승정원으로 계승되었다. 식목도감은 도병마사와 함께 고려의 독자성을 보여주는 관청으로 재신과 추밀이 함께 모여 회의로 국가의 중요한 일을 결정하는 곳이었는데 국내 정치에 관한 법의 제정이나 각종 시행 규정을 다루던 회의 기구였다.

기출풀이  [11회 중급 13번]

13. 다음 자료의 (가)에 들어갈 제목으로 가장 적절한 것은?

[1점]

역사 신문

△△△△년 △△월 △△일

(가)

이것은 문벌 귀족 사회 내부의 분열과 지역 세력 간의 대립, 풍수지리설이 결부된 자주적 전통 사상과 사대적 유교 정치 사상의 충돌, 고구려 계승 이념에 대한 이견과 갈등 등이 얽혀 일어난 것으로, 귀족 사회 내부의 모순을 드러낸 것이다.

---

① 묘청, 서경에서 반란을 일으키다
② 김사미와 효심의 봉기, 경상도를 휩쓸다
③ 무신 정변, 문벌 귀족 사회를 무너뜨리다
④ 이자겸, 왕실 외척이 되어 권력을 독점하다
⑤ 망이·망소이의 봉기, 중부 지역을 장악하다

● **출제의도**

묘청의 서경천도운동(1135) 이해

● **해설 :** 정답 ①

묘청 세력은 풍수지리설을 내세워 서경(평양)으로 천도하여, 보수적인 개경의 문벌 귀족 세력을 누르고 왕권을 강화하면서 자주적인 혁신정치를 시행하려 하였다. 이들은 서경에 대화궁이라는 궁궐을 짓고, 황제를 칭할 것과 금국 정벌을 주장하였으나 개경 세력의 반대로 어려워지자 묘청과 정지상 등을 중심으로 대위를 국호로 서경에서 난을 일으켰다. 결국 김부식이 이끄는 관군에 의하여 진압되고 말았다.

개 경 파	서 경 파
보수적 문벌 귀족(김부식)	신진 관료 세력(묘청, 정지상)
서경천도와 금국 정벌 반대	칭제건원, 금국 정벌 주장
보수적, 사대적 유교 정치 사상	풍수지리설이 결부된 자주적 전통 사상
신라 계승 이념	고구려 계승 이념

● **오답풀이**

② 고려 무인집권기의 농민봉기로서 경상도의 운문과 초전에서 1193년(명종 23) 김사미와 효심이 주동하여 일으킨 농민항쟁이다. ③ 무신정변은 위의 설명과 상관이 없다. ④ 이자겸은 11세기 이래 문벌귀족인 경원 이씨 가문으로 예종과 인종의 외척이 되어 1126년 이자겸의 난을 일으켰다. ⑤무신집권기 일어난 봉기로 공주명학소에서 일어났다.

기출풀이 [11회 중급 17번]

17. 다음과 관련 있는 국왕이 실시한 정책으로 옳은 것은? [2점]

> **포고문**
> 요사이 기강이 크게 무너져 종실·학교·창고·사찰·녹
> 전·군수의 토지와 나라 사람들이 대대로 가져온 전민을
> 부유하고 세력 있는 집들이 거의 모두 독점하여 농장을 만
> 들었다. 이로 인해 백성들은 병들게 되었고 나라는 궁핍하
> 게 되었다. …… 이제 전민변정도감을 두어 이를 정비하고,
> 서울은 15일, 지방은 40일을 기한하여 잘못을 알고 고치는
> 자는 죄를 묻지 않을 것이다.

① 정방 설치　　　　② 과전법 실시
③ 교정도감 설치　　④ 노비안검법 실시
⑤ 쌍성총관부 수복

● **출제의도**

공민왕의 개혁정치 파악

● **해설 :** 정답 ⑤

공민왕은 원·명 교체기에 쌍성총관부를 공격하여 철령 이북의 땅을 수복하고 요동지방을 공략하는 등 반원 자주 정책을 추진하였다. 그러나 친원파 권세가의 반발로 중단될 위기에 놓이자, 대외적인 개혁의 완수를 위해 대내적으로 왕권강화 정책을 펼쳤다. 공민왕의 왕권강화책으로서는 먼저 권문세족을 억압하고, 정방을 폐지하였으며, 전민변정도감을 설치하고 신돈을 등용하여 권문세족이 부당하게 빼앗은 토지와 노비를 본래의 소유주에게 돌려주거나 양민으로 해방시켰다. 이로써 권문세족들의 경제적 기반을 약화시키고 국가재정수입의 기반을 확대하고자 하였으나 권문세족들의 강력한 반발로 신돈이 제거되고 개혁 추진의 중심인 공민왕까지 시해되며 중단되고 말았다.

● **오답풀이**

① 무신 집권기 최우가 설치한 것으로 모든 관직에 대한 인사권을 장악하였다. ② 고려 공양왕 3년(1391)에 실시된 토지제도로 신진사대부의 경제적 기반을 마련코자 하였다. ③ 무신 집권기 최충헌이 설치한 것으로 국정을 총괄하는 최고정치기구였다. ④ 고려 초 광종이 호족을 약화시키고자 실시하였다.

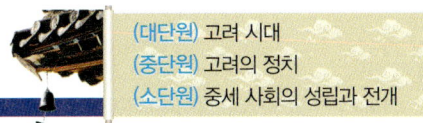

기출풀이 [10회 3급 10번]

10. 다음 건의를 받아들여 시행된 정책으로 옳은 것은? [2점]

> 유·불·도의 삼도는 각각 다른 목적이 있어 이를 혼동하여 하나로 할 수 없습니다. 불교를 행하는 것은 수신(修身)의 근본이요, 유교를 행하는 것은 치국(治國)의 근원입니다. 수신은 내생의 복을 구하는 것이며, 치국은 금일의 임무입니다. 금일은 지극히 가깝고 내생은 머니, 가까움을 버리고 먼 것을 구함은 또한 그릇된 것이 아니겠습니까.

① 삼강행실도를 편찬하고 소학을 보급하였다.
② 관리를 선발하기 위해 과거 제도를 도입하였다.
③ 국자감을 정비하고 지방에 경학 박사를 파견하였다.
④ 승려의 수를 제한하기 위하여 도첩제를 실시하였다.
⑤ 교단을 정리하여 선교 양종의 36개 사찰만 인정하였다.

● **출제의도**

최승로의 시무 28조와 성종의 유교정치 이해

● **해설 :** 정답 ③

최승로는 시무28조를 올려 유교의 진흥, 불교 행사의 억제, 태조부터 경종에 이르는 5대 왕의 잘잘못을 평가하여 교훈으로 삼도록 하였다. 성종은 최승로의 건의를 받아들여 통치체제를 정비하였는데 먼저 지방관을 파견하고 향리제도를 마련하여 지방 세력을 견제하였다. 또한 국자감을 정비하고 지방에 경학박사와 의학박사를 파견하여 유학교육을 진흥시키고자 하였다. 아울러 과거제도를 정비하고 과거출신자들을 우대하여 유학의 인재들을 정치에 참여토록 유도하였다.

● **오답풀이**

①삼강행실도는 조선 세종 때 편찬되었다. ② 고려 초기 광종 때의 일이다. ④ 도첩제는 태조 이성계에 의해 실시된 억불정책의 하나로 승려에게 신분증명서, 즉 도첩을 지니게 한 제도로 승려가 되고자 하는 출가를 제한하였다.⑤세종때의 일로 7종이던 종단을 선교양종(禪敎兩宗)으로 통폐합한 뒤 전국에 36개의 사찰만을 남겨 조선 초 억불정책을 이어갔다.

기출풀이 [10회 3급 11번]

11. 다음 인물이 활동할 당시 고려의 대외 관계에 대한 설명으로 옳은 것은? [1점]

낙성대에 세워진 동상

서북면 행영도통사(行營都統使)였던 그는 외적이 침입하자 상원수가 되어 부원수 강민첨 등과 함께 곳곳에서 활약하였다. 흥화진 전투에서는 1만 2,000여 명의 기병을 산골짜기에 매복시키고, 굵은 밧줄로 쇠가죽을 꿰어 성 동쪽의 냇물을 막았다가, 적병이 이르자 막았던 물을 일시에 내려 보내 적병을 크게 무찔렀다. 이어 고려군의 협공을 받아 도망가는 적병을 추격하여 귀주에서 섬멸하였다.

① 금이 고려에 군신 관계를 요구하였다.
② 저고여의 피살로 몽골과의 관계가 악화되었다.
③ 명의 요구에 반발하여 요동 정벌을 단행하였다.
④ 친송·북진 정책의 추진으로 거란과 대립하였다.
⑤ 남쪽에서 왜구가, 북쪽에서는 홍건적이 침입하였다.

● 출제의도

거란의 침입과 고려의 대응 파악

● 해설 : 정답 ①

고려가 친송·북진정책을 추구하자 거란은 1차(서희의 담판)와 2차(양규의 선전)에 이어 3차 침입을 시도하였다. 10만 대군으로 개경 근처까지 침입하여 왔으나 도처에서 고려군의 저항을 받고 퇴각하던 중 귀주에서 강감찬이 이끄는 고려군에게 섬멸되었다. 이때 살아 돌아간 거란의 군사가 수천에 불과할 정도로 대승을 거두어 이를 귀주대첩(1019)라 한다.

● 오답풀이

①12세기 이자겸의 집권시절의 일이다. ② 고려를 방문했던 몽고사신으로 귀국길에 피살되었고 이 사건을 구실로 몽고는 대군을 이끌고 고려를 침략하였다.(1231) ③ 우왕 때의 일로, 명이 철령 이북의 땅을 차지하려 하자 최영은 이성계를 시켜 요동정벌을 단행하였으나 이성계는 위화도에서 회군하여 최영을 제거하고 군사적 실권을 장악하였다. ⑤ 고려 말 공민왕 시기이다.

기출풀이 [9회 3급 12번]

12. 다음 자료의 밑줄 그은 '왕'에 대한 설명으로 옳은 것은?

[2점]

> (이연종이) 말하기를 "변발과 호복은 선왕의 제도가 아니오니 원컨대 전하께서는 본받지 마소서."라고 하니, <u>왕</u>이 기뻐하면서 즉시 변발을 풀어 버리고 그에게 옷과 요를 하사하였다.
>
> ─「고려사」─

① 원의 수도에 만권당을 설립하였다.
② 동녕부와 탐라총관부를 폐지하였다.
③ 기철로 대표되던 친원 세력을 숙청하였다.
④ 전제 개혁을 단행하여 과전법을 실시하였다.
⑤ 노비안검법을 실시하여 국가의 수익 기반을 확대하였다.

● **출제의도**

고려 말기 공민왕의 반원자주정책 이해

● **해설 :** 정답 ①

공민왕은 원·명 교체기를 이용하여 개혁을 추진하였다. 그는 우선 기철로 대표되는 친원 세력을 숙청하였으며, 고려의 내정을 간섭하던 정동행성 이문소(사법기구)를 폐지하고, 원의 간섭으로 바뀌었던 관제를 회복하여 2성 6부로 복구하였으며, 변발과 호복을 폐지하여 몽고풍을 없애는 등 반원 자주 정책을 강력하게 추진하였다. 또한 무력으로 쌍성총관부를 공격하여 철령 이북의 땅을 수복하였으며, 더 나아가 고구려의 옛 땅을 수복코자 요동지방을 공략하였다.

● **오답풀이**

① 충선왕 때(1314)의 일이다. ② 동녕부는 충렬왕 때 반환(1290)되었고 탐라총관부는 공민왕 때 폐지(1356)되었다. ④ 공양왕 때(1391)의 일이다. ⑤ 광종 때(956)의 일이다.

기출풀이 [10회 4급 12번]

12. 다음 말을 남긴 왕의 업적으로 옳은 것은? [1점]

> 불교의 힘으로 나라를 세웠으므로, 사찰을 세우고 주지를 파견하여 불도를 닦도록 할 것, …… 서경을 중시할 것, 연등회와 팔관회를 성실하게 열 것, …….

① 이민족의 침입에 대비하여 천리장성을 쌓았다.
② 새로운 관리 등용법인 과거 제도를 실시하였다.
③ 청천강에서 영흥만에 이르는 선까지 영토를 확장하였다.
④ 관료에게 토지를 나누어 주는 전시과 제도를 시행하였다.
⑤ 최승로의 건의를 받아들여 유교를 통치 이념으로 삼았다.

● **출제의도**

태조 왕건의 업적 이해

● **해설 :** 정답 ①

제시된 자료는 왕건이 후대 왕들에게 남겼던 훈요 10조이다. 태조 당시의 고려는 고구려 계승의식을 가지고 있었고 고구려의 옛 영토를 회복한다는 정신 아래 고구려의 수도인 평양을 서경으로 이름으로 바꾸고 북진 정책의 전진기지로 삼았다. 이러한 노력 아래 태조 때는 국경선이 청천강에서 영흥만에 이르는 선까지 확장되었다.

● **오답풀이**

① 거란의 3차 침입(1018)을 물리친 귀주대첩(1019)이후 고려는 개경에 나성을 두르고 압록강에서 도련포에 이르는 천리장성을 쌓았다.(1033~1044) ② 광종 때 후주사람 쌍기의 건의를 받아 실시되었다. ④ 태조 때 역분전이 실시되었고 전시과는 경종 때 시작되었다. ⑤ 성종과 관련이 깊다.

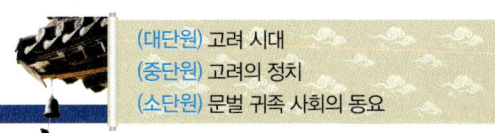

기출풀이 [8회 3급 38번]

38. 다음 가상 인터뷰의 (가)에 들어갈 내용으로 적절한 것은?

[3점]

긴급 체포된 '송인(送人)'의 시인 정지상

문 : 반란에 연루된 혐의로 체포되었
　　는데, 혐의를 인정하십니까?

답 : 이건 개경파의 모략이오. 그들
　　과 다른 외교 정책을 주장한 것
　　에 대한 정치적 탄압이오.

문 : 당신의 외교 정책은 어떤 것이
　　었습니까?

답 : _____(가)_____

① 특수 부대를 편성하여 요를 정벌하자는 것이오.
② 몽골의 무리한 조공 요구를 시정하자는 것이오.
③ 우리를 얕보는 금나라를 무력으로 정벌하자는 것이오.
④ 천리장성을 축조하여 거란의 침입에 대비하자는 것이오.
⑤ 명과 같이 큰 나라와는 화친하여 싸움을 피하자는 것이오.

● **출제의도**

　묘청의 난을 주도한 서경파 파악

● **해설 :** 정답 ③

> 만주일대를 장악한 여진족은 국호를 금이라 하고 고려에 군신 관계를 요청하자 당시 이자겸을 집권자로 두었던 고려는 현실적으로 금과의 충돌이 손해가 크다고 보고 금의 요구를 받아들였다. 이자겸의 난이 진압된 후 인종은 실추된 왕권을 강화하고 민생안정과 국방력 강화를 위해 정치적 개혁을 추구하였는데 이 과정에서 성장하게 된 묘청과 정지상 등의 개혁적 관리들은 풍수지리설을 내세워 서경으로 도읍을 옮기고 왕권 강화와 자주적 혁신 정치를 시행하려 하였다. 이들은 서경에 대화궁이라는 궁궐을 짓고, 칭제건원과 금을 정벌하자고 주장하였다. 그러나 김부식을 중심으로 하는 개경파의 반대에 의해 서경 천도를 통한 정권 장악이 어려워지자 묘청 등은 서경에서 난을 일으키고(1135), 개경에 있던 정지상은 반란에 가담했다는 죄목으로 체포되어 처형되었다. 이후 묘청의 난은 1년여 동안 지속되다 김부식이 이끄는 관군에 의해 진압되었다.

기출풀이 [8회 3급 39번]

39. 다음 그림을 통해 알 수 있는 시기의 대화 내용으로 적절한 것을 〈보기〉에서 고른 것은? [2점]

그러게 말일세.

몽골과 전쟁이 끝나자마자 이젠 일본 원정에 쓸 배를 만들라고 하니 힘들군.

─── 〈 보 기 〉 ───
ㄱ. 처녀들을 공녀로 끌고 간다고 하네.
ㄴ. 이의민의 횡포가 갈수록 심해지니 큰일이네.
ㄷ. 자기들 사냥할 때 쓸 매까지 잡아 바치라고 하네.
ㄹ. 동북 9성을 쌓는 데 필요한 농민을 동원한다고 하네.

① ㄱ, ㄴ   ② ㄱ, ㄷ   ③ ㄴ, ㄷ
④ ㄴ, ㄹ   ⑤ ㄷ, ㄹ

● **출제의도**

원의 내정간섭기의 역사적 사실 파악

● **해설 :** 정답 ②

ㄱ, ㄷ 몽고와 강화한 이후 고려는 두 차례 실시된 몽고의 일본 원정에 동원되었다. 또한 공녀라 하여 고려의 처녀들을 뽑아 갔으며, 금, 은, 베를 비롯하여 인삼, 약재 등 특산물을 징발하여 갔는데 특히 몽고인들이 좋아하는 매사냥을 위해 매 징발을 위한 응방이라는 특수기관이 설치되기도 하였다.

● **오답풀이**

ㄴ. 이의민은 무신집권기(1183~1196)에 집권하였다. ㄹ. 12세기 초 여진족을 대비하기 위해 별무반이라는 특수부대를 편성한 후, 여진족을 북방으로 몰아내고 동북 지방 일대에 9성은 쌓았다.(1107)

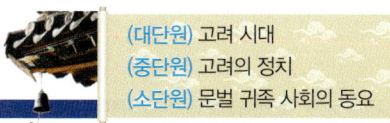
 **기출풀이** [7회 3급 7번]

7. (갑)~(병)에 대한 설명으로 적절하지 <u>않은</u> 것은? [3점]

인물명	생몰 연대	주요 활동
(갑)	?~1126	– 둘째 딸을 예종 비로, 셋째, 넷째 딸을 인종 비로 보냄. – 왕이 되고자 난을 일으킴.
(을)	1075~ 1151	– 서경으로 천도하는 것에 반대 – 경주 출신으로 고려 중기의 대표적인 문벌 귀족
(병)	?~1135	– 서경에 새 궁궐 조성 작업을 시작 – 국호를 '대위', 연호를 '천개'라고 하였음.

① (갑)은 도평의사사를 통해 권력을 장악하였다.
② (갑)은 금에 대한 사대 관계를 주장하였다.
③ (을)은 유교적 합리주의 사관을 주장하였다.
④ (을)은 (병)이 서경에서 일으킨 난을 진압하였다.
⑤ (병)은 풍수지리설과 결부된 자주적 사상을 내세웠다.

● **출제의도**

문벌귀족사회의 동요와 관련된 인물 파악

● **해설 :** 정답 ①

(갑)은 이자겸이다. 고려의 대표적인 문벌귀족인 경원 이씨가문으로서 난을 일으켰으나 함께 난을 일으킨 척준경의 배신으로 제거되었다. (을)은 김부식이다. 경주 김씨로서 문벌귀족의 대표이자 개경파의 중심인물이었다. 묘청의 난을 진압하고 삼국사기를 저술하였다. (병)은 승려 출신으로서 북진정책을 추구하는 서경파의 묘청이다. 그는 서경에서 난을 일으키고 국호를 '대위', 연호를 '천개'라하고 스스로를 '천견충의군'이라 칭하였으나 김부식에 의해 1년만에 진압되었다. ①도평의사사는 고려 후기 권문세족의 귀족 연합 정치의 본산으로서 도병마사를 개편하여 국가 최고 정무 기관이 되었다.

111

기출풀이 [7회 3급 15번]

15. (가)에 들어갈 내용으로 가장 적절한 것은? [1점]

고려 시대 역사 연구반 ○○의 추계 학술 발표회

주제 : [(가)]

사회 : ○○○(동아리 대표)

- 제1발표 : 12목 설치의 배경과 그 효과
- 제2발표 : 지방 교육 제도의 정비
- 제3발표 : 불교 행사의 억제와 유교주의 채택

① 광종의 개혁 정치와 과거제 채택
② 경종의 전시과 제도 마련
③ 성종의 유교적 정치 질서 강화
④ 충렬왕의 양위와 원나라의 간섭
⑤ 공민왕의 반원 자주 개혁 정치

● **출제의도**

고려 성종의 문물 제도 정비 이해

● **해설 : 정답** ③

성종 때는 신라 6두품 출신의 유학자들이 국정을 주도하면서 유교 정치를 실현하고자 하였다. 성종은 즉위 후 국정을 쇄신하기 위해 중앙의 5품 이상의 관리들에게 건의하는 글을 올리게 하였는데 최승로가 시무 28조를 올리자 이를 수용하여 통치체제를 정비하였다. 성종은 먼저 지방관을 파견하여 12목을 설치하였고 향리 제도를 마련하여 지방 세력을 견제하였다. 국자감을 정비하고 지방에 경학 박사와 의학 박사를 파견하여 유학 교육을 진흥하려 하였고 과거제도를 정비하고 과거 출신자들을 우대하였다. 이어서 성종은 중앙의 통치기구를 개편하였는데 당의 제도를 받아들인 2성 6부제를 기반으로 하고 태봉과 신라의 제도를 참작하여 중앙 관제를 정비하였다. 뒤에 송의 관제를 받아들여 중추원과 삼사를 설치하고, 고려의 실정에 맞게 도병마사와 식목도감을 설치함으로써 세 계통의 기구들이 적절히 통합된 고려만의 독특한 정치구조가 마련되었다.

기출풀이 [7회 3급 16번]

16. 다음 시에 나타난 시기의 통치 체제에 대한 설명으로 옳은 것은? [2점]

> 고을살이 즐겁다 마오.
> 고을살이 걱정만 점차 새로워.
> 성낸 얼굴로 고을 아전을 꾸짖고
> 무릎 꿇고 왕인(王人)에게 인사드리네.
> 속군(屬郡)을 봄마다 순찰하고
> 신령한 사당에 기우제도 자주 지냈네.
> 잠시도 한가할 때가 없으니
> 어떻게 몸 빼낼 생각을 하리오.

① 모든 군현에 수령을 파견하였다.
② 수시로 각지에 암행어사를 파견하였다.
③ 전국을 9주로 나누고 5소경을 설치하였다.
④ 국경 지역에 양계를 설치하고 병마사를 파견하였다.
⑤ 백성의 생활을 살피기 위해 각 도에 관찰사를 파견하였다.

● 출제의도

고려의 지방제도 파악

● 해설 : 정답 ①

지방 행정 조직은 성종 초 정비되기 시작하여 전국을 5도와 양계, 경기로 크게 나누고 그 안에 3경 4도호부, 8목을 비롯하여 군, 현, 진 등을 설치하였다. 5도는 상설 행정 기관이 없는 일반 행정 단위로서 안찰사가 파견되어 도내의 지방을 순찰하였다. 도에는 주, 군, 현이 설치되고 중앙에서 지방관이 군·현과 진에 파견되었는데 고려시대에는 지방관이 파견된 주현보다 파견되지 않은 속현이 더 많았다. '속군을 순찰하고 왕인에 인사한다'는 말에서 이 시를 지은 이가 고려시대의 안찰사임을 알 수 있다.

● 오답풀이

① 조선시기에는 모든 군현에 수령을 파견하였다. ② 조선의 지방 감찰제도이다. ③ 9주5소경은 통일신라의 지방제도이다. ⑤ 조선의 지방제도로서 관찰사는 고려의 안찰사와 달리 지방에 상주하였다.

기출풀이 [6회 3급 12번]

12. 고려 시대를 배경으로 컴퓨터 게임을 만들기 위해 토의하는 내용이다. 두 사람의 대화에서 잘못된 부분을 찾아 옳게 고친 것은? [1점]

> 갑 : 아무래도 왕이 머무르는 궁궐을 화면의 가장 중앙에 배치하는 것이 좋겠지?
> 을 : 그래, 최고 관서인 <u>중서문하성</u> 건물은 궁궐 바로 오른쪽에 두고, 그 옆에 실제 정무를 담당하는 <u>상서성</u>과 <u>6부</u>를 배치하면 어떨까?
> 갑 : 좋아, 그 대신 궁궐 바로 왼쪽엔 <u>중추원</u>을 설치하여 관리들의 잘못을 쉽게 감찰할 수 있도록 하자고.
> 을 : 참, 재신과 추밀이 모여 중요한 일을 결정하는 <u>도병마사</u>도 빠뜨리면 안 되겠지.

① 중서문하성 → 중서성　　② 상서성 → 도평의사사
③ 6부 → 6조　　　　　　　④ 중추원 → 어사대
⑤ 도병마사 → 비변사

● **출제의도**

고려의 중앙관제 파악

● **해설 :** 정답 ④

④ 중추원은 군사기밀과 왕명의 출납을 담당하였고, 어사대는 관리의 비리를 감찰하는 기능을 하였다. 또한 어사대의 관원은 중서문하성의 낭사와 함께 대간을 이루어 간쟁, 봉박, 서경권을 통하여 왕권을 견제하였다.

● **오답풀이**

고려의 통치 체제는 성종 때 마련한 2성6부제를 토대로 하였다. ① 고려는 당의 제도를 받아들이면서도 고려의 실정에 맞게 조정하여 최고관서로서 당의 중서성과 문하성을 합쳐 중서문하성을 두었고 그 장관인 문하시중이 국정을 총괄하였다. ②, ③ 상서성은 실제 정무를 나누어 담당하는 6부를 두고 정책의 집행을 담당하였다. ⑤ 고려의 독자성을 보여주는 도병마사와 식목도감은 재신과 추밀이 모여 국가의 중요한 일을 결정하였는데 도병마사는 국방문제를 담당하는 임시기구였으나 원 간섭기에 도평의사사(도당)로 개편되면서 구성원이 확대되고 국정 전반에 걸친 중요 사항을 담당하는 최고 정무 기구로 변모하였다. 식목도감은 임시기구로서 국내 정치에 관한 법의 제정이나 각종 시행 규정을 다루던 회의기구였다.

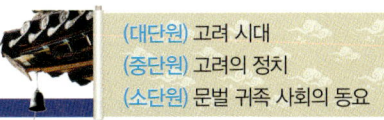

기출풀이 [6회 3급 13번]

13. 역사 만화의 한 장면이다. 그림 속에서 말을 타고 있는 인물이 나오는 또 다른 장면으로 적절하지 <u>않은</u> 것은? [2 점]

① 교정도감에서 관리들과 국정을 논함.
② 사회 개혁책으로 봉사 10조를 제시함.
③ 신변 안전을 위해 도방을 다시 설치함.
④ 강화도로 도읍을 옮기고 몽골에 대한 항쟁을 선포함.
⑤ 봉기를 계획한 노비 출신 만적 등을 사형에 처함.

● **출제의도**

고려의 무신정권 이해

● **해설 :** 정답 ④

④강화도로 천도하여 몽고와의 항쟁을 선포한 것은 최충헌의 아들 최우 때의 일이다 무신정권 시기, 이의민을 제거하고 최고 우두머리가 된 사람은 최충헌(1149~1219)으로 최충헌은 정권을 잡자 봉사 10조와 같은 사회 개혁책을 제시하는 한편, 농민 항쟁의 진압에 힘썼다. 그러나 많은 토지와 노비를 차지하고 사병을 양성하여 권력 유지에 치중하면서 그의 사회개혁책은 흐지부지 되었다. 최충헌은 최고 정무 기구로서 교정도감을 설치하여 권력을 행사하였고 사병기관인 도방을 설치하여 신변을 경호하였다. 도방은 삼별초와 함께 최씨 정권을 유지하는 군사적 기반이 되었다.

기출풀이 [5회 3급 9번]

9. 다음은 어느 학생이 인터넷의 지식 검색란에서 찾은 내용이다. 밑줄 그은 부분을 설명하기 위한 탐구 주제로 가장 적절한 것은? [2점]

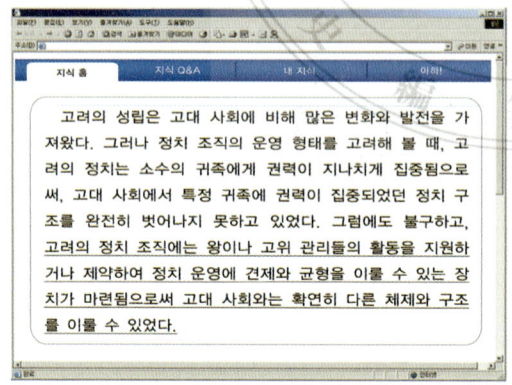

> 고려의 성립은 고대 사회에 비해 많은 변화와 발전을 가져왔다. 그러나 정치 조직의 운영 형태를 고려해 볼 때, 고려의 정치는 소수의 귀족에게 권력이 지나치게 집중됨으로써, 고대 사회에서 특정 귀족에 권력이 집중되었던 정치 구조를 완전히 벗어나지 못하고 있었다. 그럼에도 불구하고, 고려의 정치 조직에는 왕이나 고위 관리들의 활동을 지원하거나 제약하여 정치 운영에 견제와 균형을 이룰 수 있는 장치가 마련됨으로써 고대 사회와는 확연히 다른 체제와 구조를 이룰 수 있었다.

① 삼사의 역할은 무엇일까?
② 중방의 역할은 무엇일까?
③ 대간의 구성과 역할은 무엇일까?
④ 고려의 중추원과 조선의 승정원은 무엇이 다를까?
⑤ 2성 6부의 통치 체제는 어느 나라의 영향을 받은 것일까?

● 출제의도

고려시대 대간의 이해

● 해설 : 정답 ③

어사대는 관리들의 비리를 감찰하는 임무를 맡았다. 또한 중서문하성의 낭사(3품 이하)와 함께 대간으로 불리면서 왕의 잘못을 논하는 간쟁과 잘못된 왕명을 시행하지 않고 다시 돌려보내는 봉박, 관리의 임명과 법령의 개정이나 폐지 등에 동의하는 서경권을 가지고 왕권과 고위 관료층의 활동을 제한하였다. 이들은 비록 지위는 낮았지만 왕과 고위 관료층의 활동을 지원하거나 제한하여 정치 운영에 견제와 균형을 이루었다.

● 오답풀이

① 고려의 삼사는 곡식과 회계의 재정을 담당하였다. ② 중방은 고려 중앙군인 2군 6위의 정·부 지휘관인 상장군(정 3품)과 대장군(종3품) 등 총 16명의 합좌기구로서 무신정권 (이의방, 정중부, 이의민) 당시의 최고 권력기구였다. ④ 고려 중추원의 승선(3품 이하)와 조선의 승정원을 왕명출납기구로서 왕권과 관련되어 있다. ⑤ 고려의 2성6부제는 당의 3성6부제를 고려의 실정에 맞게 고친 제도이다.

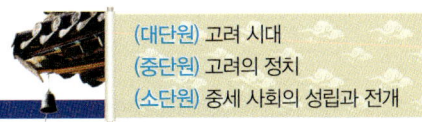
기출풀이 [5회 3급 10번]

10. 고려 시대에 다음과 같은 정책이 시행된 결과를 옳게 추론한 것은? [1점]

> • 태조는 사심관 제도를 실시하였다.
> • 광종은 노비안검법과 과거제를 시행하였다.
> • 성종은 12목에 지방관을 파견하였다.
> • 현종은 3경 4도호부 8목을 설치하였다.

① 향리의 세력이 점차 강화되었다.
② 모든 군현에 지방관을 파견하였다.
③ 왕권의 약화로 무신 세력이 득세하였다.
④ 귀족 중심의 성리학적 지배 질서가 정착되었다.
⑤ 호족 세력의 약화로 점차 중앙의 지배력이 강화되었다.

◉ **출제의도**

고려의 중앙집권 강화책 이해

◉ **해설 :** 정답 ⑤

제시된 정책은 고려시대 중앙집권의 강화와 관련되어 있다. 사심관 제도는 고려 태조 왕건이 지방 호족세력을 견제하기 위해 실시한 것으로 중앙의 고관을 출신지의 사심관으로 임명하여 그 지방의 부호장 이하 관리의 임명권을 지니도록 하고, 그 지방의 치안에 대해 연대책임을 물었던 것이다. 광종 때의 노비안검법은 후삼국의 혼란기에 불법적으로 노비가 된 자를 양인으로 해방시켜주기 위한 것으로 이로써 공신과 호족의 경제적, 군사적 기반이 약화되었으며, 후주사람 쌍기의 건의로 시작된 과거제를 통해서는 신구 세력의 교체를 꾀하여 왕권이 크게 강화될 수 있었다. 성종 때 12목에 지방관 파견을 시작으로 현종 때 3경 4도호부 8목으로 지방 체제를 완성함으로써 중앙의 정치 지배력이 크게 강화되었다.

기출풀이 [5회 3급 13번]

13. 지도는 10~13세기 고려의 대외 관계를 나타낸 것이다. (가)~(다) 국가에 대한 설명으로 옳은 것은? [2점]

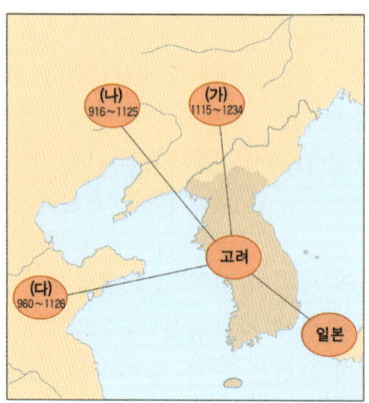

① 삼별초는 (가)의 지배에 반기를 들고 장기 항전을 벌였다.
② 공민왕은 (가)를 공격하여 쌍성총관부를 수복하였다.
③ 서희는 (나)와 외교 담판으로 강동 6주를 확보하였다.
④ 윤관은 별무반을 편성하여 (나)를 공격하였다.
⑤ 이자겸은 정권 유지를 위해 (다)의 사대 요구를 수용하였다.

● **출제의도**

고려의 대외관계

● **해설 :** 정답 ③

(가)는 여진(금)이다. (나)는 거란(요)로서 10세기 말~11세기 초까지 3차에 걸쳐 고려를 침입하였다.(1차: 서희의 외교 담판, 강동6주 획득/ 2차: 강조의 정변과 관련, 양규의 선전/ 3차: 강감찬의 귀주대첩 승리) (다)는 송으로서 고려와 군사적, 문화적으로 전통적 우호관계를 유지하였다. 993년에 요나라 소손녕의 1차 침입 당시 서희는 거란(요)의 요구인 송과의 외교 단절을 대가로 거란(요)와 외교관계를 위한 교통로로서 강동 6주를 요구하여 이를 획득하였다.

● **오답풀이**

①삼별초의 항쟁은 몽고와 관련이 깊다. ② 쌍성총관부의 수복은 공민왕 때의 일로 몽고로부터이다. ④윤관의 별무반은 여진족 공략을 목적으로 하고 있다. ⑤이자겸의 사대수용은 여진(금)에 대한 것이었다.

태조의 호족 견제책

- 태조 18년 (935) 신라왕 김부(경순왕)가 항복해 오니 신라국을 없애고 경주라 하였다. (김)부로 하여금 경주의 사심이 되어 부호장 이하의 (임명을) 맡게 하였다. 이에 여러 공신이 이를 본받아 각기 자기 출신 지역의 사심이 되었다. 사심관은 여기에서 비롯되었다. — 고려사
- 건국 초에 향리의 자제를 뽑아 서울에 볼모로 삼고, 또한 출신지의 일에 대하여 자문에 대비하게 하였는데, 이를 기인이라 한다. — 고려사

▶ 태조는 사심관 제도와 기인제도를 통해 지방 호족을 견제하고 지방의 통치를 보완하고자 하였다. 사심관 제도는 중앙의 고위 관리들을 출신 지방의 사심관으로 임명하고, 부호장 이하의 향리 임명권을 주어 사심관을 통해 지방 호족 세력을 회유하는 동시에 향리를 규찰하고 치안 유지의 책임을 맡긴 제도로 사심관으로 임명된 고위 관리들에게 지방의 치안에 대한 연대 책임을 물어 정치적으로 이들을 견제하는 기능을 가지고 있었다. 기인제도는 신라의 상수리 제도를 이어받은 것으로 지방의 호족 자제를 개경에 인질로 잡아 두는 것이었는데 사심관 제도와 함께 호족을 견제하는 기능을 가지고 있었다.

지방관의 파견

임금이 백성을 다스림은 집집마다 찾아가 날마다 돌보는 것이 아닙니다. 그러므로 수령을 나누어 보내 백성들을 보살피게 합니다. 태조께서 삼한을 통합하신 뒤에 지방관을 두려 하였으나 초창기에 일이 번거로워 겨를이 없었습니다. 지금 지방 토호들이 공무를 빙자하여 백성들을 침탈하고 억압하여 견디기 힘듭니다. 지방에 외관을 두십시오. 한꺼번에 다 보내지 못하더라도 먼저 10여 주현에 한명의 외관을 두고, 그 아래 2~3명의 관원을 설치하여 백성을 보살피게 하소서. — 고려사

▶ 최승로는 지방관을 파견하여 지방 토호들이 백성들을 괴롭히는 것을 막자고 주장하였다. 최승로의 건의를 받은 성종은 12목에 지방관을 파견하고, 향직 제도를 개편하여 지방 세력들을 향리화 하였다. 하지만 지방관이 파견되었던 주현이 지방관이 파견되지 않았던 속현에 비해 훨씬 적었기 때문에 향리들은 지방에서 강한 영향력을 행사할 수 있었다.

7강 고려의 경제와 사회

① 고려의 경제 정책

(1) 국가 재정과 수취 제도

① 중농 정책 : 개간 장려, 농번기 잡역 동원 금지, 농민 안정책(재해시 세금 감면, 의창)→상업(개경에 시전 설치, 금속 화폐 유통), 수공업(관청·소)의 발달 부진

② 국가 재정의 운영

재정 기반	• 토지와 호구 조사 → 양안과 호적 작성 → 조세, 공물, 부역 등 부과
수조권 지급	• 국가와 관청에 종사하는 사람에게 과전 지급(수조권 지급)
운영	• 호부(양안, 호적 작성)와 삼사(재정 수입 관련 사무)에서 운영
재정 지출	• 관리의 녹봉, 일반 비용, 국방비, 왕실 경비 등

③ 국가 재정의 운영

조세	• 수취 : 논과 밭 구분, 비옥도에 따라 3등급으로 나누어 부과, 생산량의 1/10수취 • 운반 : 각 군현(농민 동원) → 조창(조운 이용) → 개경(좌·우창)으로 운반
공물	• 수취 : 중앙 관청에서 필요한 공물의 종류와 액수를 나누어 주현에 부과 → 주현에서 속현과 향·부곡·소에 할당 → 각 고을의 향리들이 집집마다 부과, 공물 징수 • 종류 : 매년 내야하는 상공, 필요에 따라 수시로 거두는 별공 → 조세보다 큰 부담
역	• 정남(16세~60세의 남자)에게 부과, 군역과 요역

(2) 전시과 제도와 토지 소유

① 전시과의 운영 원칙
  • 관직이나 직역을 담당한 사람들을 18등급으로 나누어 전지(농토)와 시지(임야) 지급
  • 토지에 대한 소유권이 아니라 수조권만 지급, 사망 혹은 퇴직시 반환
  • 예외 : 공음전(5품 이상), 군인전, 한인전(6품 이하 하급관료의 자제) → 세습 가능

② 지급 대상에 따른 토지의 종류

구분	지급 대상	구분	지급 대상
과전	• 문무 관리의 보수	구분전	• 하급 관료·군인의 유가족
공음전	• 5품 이상의 관료, 세습 허용 • 음서제와 함께 귀족의 지위 유지 기반	내장전	• 왕실 경비 충당
한인전	• 6급 이하 하급 관료의 자제로 관직에 오르지 못한 자, 관인 신분 세습 목적	공해전	• 관아의 경비 충당
군인전	• 중앙군, 군역과 함께 세습	사원전	• 사원(절)에 지급

③ 전시과 제도 붕괴 : 무신정변 이후 붕괴 → 녹과전 지급 → 권문세족의 토지 독점(국가재정파탄)

④ 민전 : 백성들의 사유지로 매매 가능, 전시과와 함께 고려 토지 제도의 근간

② 고려의 경제 활동

(1) 고려의 귀족과 농민의 경제생활

귀족	• 경제 기반 : 상속받은 토지와 노비, 과전과 녹봉 등이 기반 • 생활 : 권력 · 고리대를 이용한 토지 강탈, 개간 → 농장 형성
농민	• 생활 기반 : 민전 경작이나 소작지 경작, 품팔이, 방직업 • 경작지 확대 : 새로운 농업 기술 습득, 진전이나 황무지 개간, 12세기 이후 연해안의 저습지와 간척지 개간 • 농업 기술 발달 : 수리 시설 발달, 농기구와 종자 개량, 소를 이용한 깊이갈이, 시비법 발달, 2년3작의 윤작법, 고려 말 모내기법 보급(남부 일부 지방)

(2) 고려의 산업

농업	• 권농정책 : 개간한 땅의 소작료 면제, 농번기 잡역 동원 금지, 재해시 감면, 고리대의 이자 제한, 의창 • 농업기술 : 소를 이용한 깊이 갈이 · 시비법 발달(휴경지 감소), 2년 3작 윤작법, 고려 말 남부 일부 지역에 이앙법 보급
수공업	• 전기 : 관청 수공업(공장안 작성)과 소 수공업이 중심 • 후기 : 유통 경제 발달, 민간 수요 증가 → 사원 수공업과 민간 수공업 발달
상업	• 전기 : 시전 설치, 경시서 설치(상행위 감독), 관영 상점, 지방 행상 활동 • 후기 : 시전 규모 확대, 벽란도 번성, 소금의 전매제 실시

(3) 경제 활동(화폐 유통, 무역)

화폐와 고리대 유행	• 성종(건원중보), 숙종(삼한통보, 해동통보, 해동중보, 활구) → 화폐 유통 부진(여전히 곡식, 삼베 이용, 자급자족적 경제구조) • 고리대 성행 : 왕실, 귀족, 사원 → 농민 몰락(토지상실, 노비 전락) • 보의 출현 : 기금—충당, 학보 · 경보 · 팔관보 · 제위보 등 → 고리대 전락
무역	• 사무역에 대한 국가통제 강화, 공무역 중심(원 간섭기 사무역 성행), 벽란도(국제 무역항으로 번성) • 대송 무역 : 서해안 해로 이용, 왕실과 귀족 수요품 수입, 종이 · 인삼 · 토산품 수출 • 거란 · 여진과는 은 수입, 농기구 · 식량 수출, 대일본 무역은 부진 • 아라비아(대식국) 상인의 왕래 : 은 · 향료 · 산호 수입 → '고려(korea)'라는 이름이 서방에 전래

③ 고려의 신분 제도

(1) **귀족** : 왕족과 5품 이상의 고위 관료, 음서와 공음전의 혜택을 받는 특권층

(2) **고려 지배층의 변화**

　① 문벌 귀족(고려 전기) : 중앙 관직 진출, 토지 소유 확대, 중첩된 혼인 관계, 왕실의 외척이 되어 권력 장악 시도

　② 무신(고려 중기) : 무신정변을 계기로 정권 장악

　③ 권문세족(고려 후기) : 정계 요직 장악, 음서로 신분 세습, 대규모 농장 소유

　④ 신진 사대부(고려 말기) : 과거로 관직 진출, 권문세족과 대립, 사회개혁과 문화 혁신 주장

(3) **중류층** : 잡류, 남반, 향리, 군반, 역리 등, 통치 체제의 하부 구조를 맡아 중간 역할 담당, 직역 세습
→ 그 대가로 토지를 받음

(4) **양민** : 일반 농민(백정), 사공업자, 향·소·부곡·역·진의 주민, 조세·공납·역 부담

(5) **천민** : 대다수가 노비(재산으로 간주, 매매·증여·상속의 대상)–일천즉천
① 공노비:입역노비(관청에서 봉사, 급료), 외거노비(지방 거주, 규정액수를 관청에 납부)
② 사노비:솔거노비, 외거노비(신공납부–재산증식으로 지위 상승 가능)

❹ 고려 시대 백성의 생활 모습

(1) 농민 조직과 사회 시설
① 향도 : 불교 신앙 조직에서 출발, 노역·상장례·제사 등을 주도하는 조직으로 발전
② 사회 시설

기타	• 고구려의 진대법 발전 → 평시에 곡물 비치, 흉년에 빈민구제, 춘대추납
상평창	• 개경, 서경,12목에 설치, 물가 조절
기타	• 동·서 대비원(환자진료,빈민구휼), 혜민국(의약), 구제도감, 구급도감(재해대비), 제위보(빈민구제 기금)

(2) **법률** : 중국의 당률 참작, 관습법 중시, 반역죄, 불효죄는 중죄, 지방관의 재량권이 컸음

(3) **풍속** : 정부는 유교 규범 권장, 민간에서는 토착 신앙과 융합된 불교 의식·도교 신앙 풍속

(4) **혼인** : 왕실에서는 친족 간의 혼인이 성행, 일부일처제

(5) **여성의 지위** : 남녀차별이 거의 없음, 유산의 자녀균분상속, 태어난 차례대로 호적에 기재, 양자들이
지 않고 딸이 제사지냄, 처가살이, 사위와 외손자에게도 음서 혜택, 비교적 자유로운 여성의 재가, 재
가녀 자식의 사회적 진출에 차별 없음

❺ 고려 후기의 사회 변화

(1) 무신 집권기 하층민의 봉기
① 배경 : 신분제의 동요, 정변으로 인한 국가 통제력 약화, 무신들의 농장 확대로 수탈 강화
② 농민 : 공주 명학소의 망이·망소이의 봉기, 운문·초천의 김사미·효심의 봉기 → 지방관의 탐학
을 국가에 호소, 왕조 질서 부정
③ 천민: 전주 관노의 봉기, 만적의 봉기 등 → 신분 해방 운동

(2) 몽골의 침입과 백성의 생활
① 민중의 저항 : 충주 다인철소·처인 부곡 등에서 민중들의 끈질긴 저항
② 원 간섭기 : 원의 무리한 요구, 친원 세력의 횡포, 일본 원정 → 백성들의 막대한 피해

(3) 원 간섭기의 사회 변화
  ① 신분의 변화 : 무신 집권기 이후 신분 변동 시작 → 친원 세력이 권문세족으로 성장
  ② 문물 교류 : 원과의 문물 교류 활발 → 고려에 몽골 풍속 유행, 몽골에 고려양 유행
  ③ 왜구의 격퇴(14세기 중방) : 쓰시마 섬의 왜구가 부족한 식량을 해결하기 위해 침입, 경상도·전라
     도 해안에서 노략질 → 왜구 격퇴 과정에서 신흥 무인 세력 성장

이것 만은 알고 가자!

● 수취 제도의 기본 자료

- 통일신라: 민정 문서
- 고려·조선: 양안, 호적
  - 양안(量案) : 수확량과 토지 면적을 조사하여 작성한 토지 대장. 소유주, 전답의 소재, 등급, 면
    적 등이 자세하게 기록됨.
  - 호적 : 역(군역과 요역)을 부과하기 위한 자료. 부부를 중심으로 이루어진 가족을 등재하되 여
    러 세대의 가족이 한 호적에 기록되기도 하였음.

● 수조권의 이해(민전과 전시과의 관계)

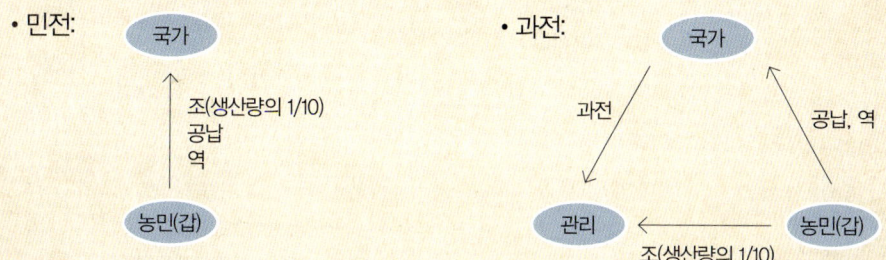

▶ 민전을 소유한 농민은 자신이 내는 조를 누가 받든지 내는 양은 같다. 즉, 국가로부터 수조권을
  받은 관리에게 세금을 내거나, 수조권을 가지고 있는 국가에게 세금을 내거나 그 양은 같다.

● 고려 시대 토지 제도의 변천

구분	주기론	지급 기준	지급 대상	특징	경향
역분전	태조	인품(충성도)	개국 공신	농공행상적 성격	
시정전시과	경종	인품, 관품	전직, 현직 관리		
개정전시과	목종	관품	전직, 현직 관리		지급 대상이 현직 중심
경정전시과 (공음전시과)	문종	관품	현직 관리	• 공음전 신설 • 무관 대우 향상 • 지급액 감소	

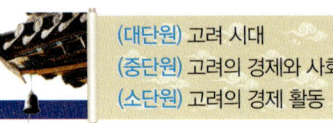

기출풀이 [7회 3급 47번]

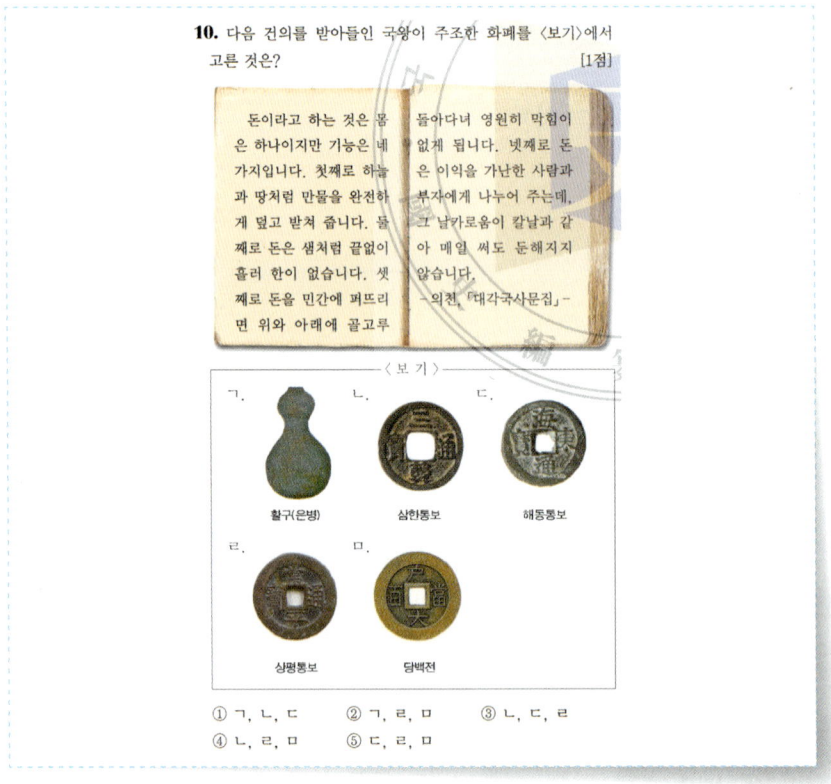

10. 다음 건의를 받아들인 국왕이 주조한 화폐를 〈보기〉에서 고른 것은? [1점]

돈이라고 하는 것은 몸은 하나이지만 기능은 네 가지입니다. 첫째로 하늘과 땅처럼 만물을 완전하게 덮고 받쳐 줍니다. 둘째로 돈은 샘처럼 끝없이 흘러 한이 없습니다. 셋째로 돈을 민간에 퍼뜨리면 위와 아래에 골고루 돌아다녀 영원히 막힘이 없게 됩니다. 넷째로 돈은 이익을 가난한 사람과 부자에게 나누어 주는데, 그 날카로움이 칼날과 같아 매일 써도 둔해지지 않습니다.

– 의천, 「대각국사문집」 –

〈보기〉

ㄱ. 활구(은병)
ㄴ. 삼한통보
ㄷ. 해동통보
ㄹ. 상평통보
ㅁ. 당백전

① ㄱ, ㄴ, ㄷ
② ㄱ, ㄹ, ㅁ
③ ㄴ, ㄷ, ㄹ
④ ㄴ, ㄹ, ㅁ
⑤ ㄷ, ㄹ, ㅁ

● 출제의도

고려시대의 화폐 주조 파악

● 해설 : 정답 ①

의천은 고려 숙종 당시 활약하였고 그가 죽었을 때 대각국사라는 칭호를 준 것도 숙종이었다. 숙종때에는 삼한통보, 해동통보, 해동중보 등 동전과 활구(은병)라는 은전을 만들었으나 널리 유통되지는 못하고 일반적인 거래에는 여전히 곡식이나 삼베가 사용되었다. 활구는 우리 나라의 지형을 본떠서 은 1근으로 만든 고가의 화폐로, 은병 하나의 값은 포 100필이나 되었다.

● 오답풀이

ㄹ. 상평통보는 인조 때(1633) 만든 대표적인 화폐로 숙종 이후 대중화되었다. ㅁ. 당백전은 흥선대원군이 1866년(고종 3년)에 발행한 화폐로 경복궁 중건의 재정마련을 위해 발행되었는데 액면가치보다 실질가치가 너무 떨어져 당시 경제적 혼란을 가중시켰다.

기출풀이 [8회 3급 10번]

10. 다음은 어느 농민이 쓴 가상의 일기이다. 밑줄 그은 ㉠~㉤에 대한 설명으로 옳지 <u>않은</u> 것은? [2점]

> △△△△년 ○○월 ○○일
> 모처럼 찾아온 풍년이다. 나라는 어지럽다지만, 나 같은 농부에게는 그저 농사가 잘 되기만 하면 그보다 나은 일이 없다. ㉠<u>밭의 효율성이 높아져</u> 밭농사의 소득도 늘었고, ㉡<u>직파법</u> 대신에 ㉢<u>이앙법</u>을 쓰니 알곡이 한층 튼실하고 수확량도 많다.
>
> 이웃 농부의 말에 따르면, 원나라에서 ㉣<u>새로 들여온 농서</u>가 관심을 끌고 있다고 한다. 그 농부가 말하기를 ㉤<u>목화</u>를 재배해서 무명을 얻을 수 있다는데 그걸로 옷을 만들어 입으면 참 따뜻하다고 한다.

① ㉠ – 2년 3작의 윤작법이 확대되고 있었다.
② ㉡ – 논에 직접 씨앗을 뿌려 재배하였다.
③ ㉢ – 일부 남부 지방에서 실시되었다.
④ ㉣ – '금양잡록'이라는 책이다.
⑤ ㉤ – 문익점이 원으로부터 들여왔다.

● **출제의도**

고려시대 농업 이해

● **해설 :** 정답 ④

④ 금양잡록은 조선 성종 때(15세기) 강희맹이 금양(시흥)에 은퇴하여 있을 때 자신의 경험과 견문을 토대로 저술한 조선 초기의 대표적 농서이다. 고려 후기에는 이암이 중국(원)의 농서인 농상집요를 소개하였다. 고려시대에는 농업기술이 발달함에 따라 생산량이 증가하게 되었다. 수리시설이 발달하고 농기구와 종자가 개량되었으며 소를 이용한 깊이갈이가 일반화되었다. 시비법이 발달하면서 휴경지가 줄어 계속해서 경작할 수 있는 토지가 늘었다.

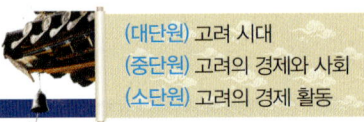

기출풀이 [7회 3급 9번]

9. 밑줄 그은 '이 시기'의 사회 모습으로 옳은 것은? [1점]

> 이 시기에는 도선비기에 의거하여 국가의 비보사찰을 정하여 국가와 왕실의 안녕을 기원하도록 하고, 그 절에는 사원전과 노비를 지급하였다. 그리고 귀족도 자기 가문의 사찰을 짓고 토지와 노비를 기증하는 것이 일반화되었다. 국가적으로는 연등회와 팔관회를 개최하였다.

① 경주에 동시전을 설치하였다.
② 솔빈부의 말이 주요 수출품이었다.
③ 보부상이 전국을 무대로 활동하였다.
④ 사상이 서울을 비롯한 각지에서 활발한 활동을 펼쳤다.
⑤ 대식국인이라 불리는 아라비아 상인들과도 교역하였다.

● **출제의도**

고려시대의 사회경제상 파악

● **해설 :** 정답 ⑤

> 국가적 차원에서 불교를 숭상하고 보호 육성하며 연등회, 팔관회를 개최하였던 것으로 보아 이 시기는 고려시대이다. 고려시대에는 국제무역이 활발하여 대식국인이라 불리는 아라비아 상인들과도 교역하였다. 이들의 왕래로 세계에 코리아라는 이름이 퍼지게 되었다.

● **오답풀이**

> ① 신라 지증왕 때의 일이다. ② 발해의 수출품이다. ③ 조선시대에 해당한다. ④ 조선후기의 상황이다.

기출풀이 [5회 3급 14번]

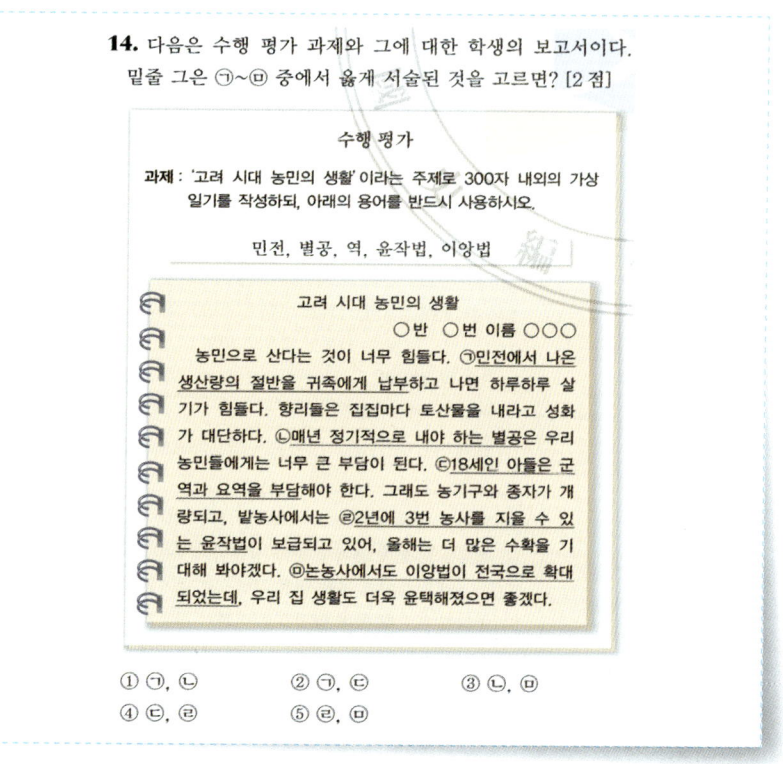

14. 다음은 수행 평가 과제와 그에 대한 학생의 보고서이다. 밑줄 그은 ㉠~㉤ 중에서 옳게 서술된 것을 고르면? [2 점]

수행 평가

과제 : '고려 시대 농민의 생활' 이라는 주제로 300자 내외의 가상 일기를 작성하되, 아래의 용어를 반드시 사용하시오.

민전, 별공, 역, 윤작법, 이앙법

고려 시대 농민의 생활

○ 반　○ 번 이름 ○○○

농민으로 산다는 것이 너무 힘들다. ㉠민전에서 나온 생산량의 절반을 귀족에게 납부하고 나면 하루하루 살기가 힘들다. 향리들은 집집마다 토산물을 내라고 성화가 대단하다. ㉡매년 정기적으로 내야 하는 별공은 우리 농민들에게는 너무 큰 부담이 된다. ㉢18세인 아들은 군역과 요역을 부담해야 한다. 그래도 농기구와 종자가 개량되고, 밭농사에서는 ㉣2년에 3번 농사를 지을 수 있는 윤작법이 보급되고 있어, 올해는 더 많은 수확을 기대해 봐야겠다. ㉤논농사에서도 이앙법이 전국으로 확대되었는데, 우리 집 생활도 더욱 윤택해졌으면 좋겠다.

① ㉠, ㉡　　　② ㉠, ㉢　　　③ ㉡, ㉤
④ ㉢, ㉣　　　⑤ ㉣, ㉤

● 출제의도

고려 농민의 생활상과 농업기술 파악

● 해설 : 정답 ④

고려시대 농민은 백정이라 하여 자유민이지만 각종 수취와 국역의 대상이었다. ㉢ 역은 국가에서 백성의 노동력을 무상으로 동원하는 제도로서 16세에서 60세까지의 남자를 정남이라 하여 의무를 지게 하였다. ㉣ 밭농사에서는 2년 동안에 보리, 콩, 조 등을 돌려짓기 하는 2년 3작의 윤작법이 보급되었다.

● 오답풀이

㉠ 개인이 소유한 토지를 민전이라고 부르며 국가에 세금(1/10세)을 내면 철저하게 개인의 소유권을 인정해주었다. ㉡ 매년 규칙적으로 내는 공납을 상공이라 하였고 별도로 정해놓지 않고 필요시마다 거두었던 공납을 별공이라 하였다. ㉤ 논농사에서는 직파법이 주로 행해졌으나 고려말에는 남부 일부에서 이앙법이 보급되기 시작했다. 이앙법의 전국적 확대는 조선후기에 나타났다.

기출풀이 [11회 중급 12번]

12. (가)에 들어갈 내용으로 적절한 것을 〈보기〉에서 고른 것은?

[3점]

- 주제 설정 : 고려의 신분 제도
- 가설 설정 : 통일 신라와 비교하여 신분 변동이 있었을
  것이다.
- 자료 수집 : _____ (가)
- 자료 분석 : 고려 사회는 신분이 세습되었지만, 신분 변
  동이 가능한 경우도 있었다.
- 검증 및 일반화 : 고려 사회는 통일 신라에 비해 개방적
  이었다.

─────〈 보 기 〉─────
ㄱ. 외거 노비가 재산을 모아 지위를 높인 경우
ㄴ. 공명첩을 통해 품계를 받아 신분이 상승한 경우
ㄷ. 군인이 전쟁에서 공을 세워 무반으로 출세한 경우
ㄹ. 공노비 해방을 통해 양인으로 신분이 상승한 경우
─────────────────

① ㄱ, ㄴ　　② ㄱ, ㄷ　　③ ㄴ, ㄷ
④ ㄴ, ㄹ　　⑤ ㄷ, ㄹ

● **출제의도**

고려의 신분 변동 이해

● **해설 :** 정답 ①

ㄱ. 고려 사노비는 솔거 노비와 외거 노비로 구분되었는데 외거 노비는 일정량의 신공을 바치면서 주인과 따로 사는 노비
였다. 이들은 신분적으로는 주인에게 예속되었지만 경제적으로는 양민 백성과 비슷하여 독립된 경제 생활을 영위할 수 있
었다. 그 예로 주인의 토지뿐 아니라 다른 사람의 토지도 경작할 수 있었으며 자신의 토지도 소유할 수 있었다. ㄷ. 고려 시
대는 통일신라 시기보다 더 능력이 존중되고 개방적인 신분사회였다. 신분간 이동이 다소 활발하여 군인이 전쟁에서 공을
세워 무반으로 출세한 경우도 더러 있었다.

● **오답풀이**

ㄴ. 공명첩이란 받는 사람의 이름을 공백으로 둔 백지임명장으로 임진왜란때 군공을 세웠거나 납속한 대가로 준 데에서 기
원한다. ㄹ. 공노비 해방은 순조 1년(1801)에 시행되었다.

기출풀이 [10회 3급 12번]

12. (가), (나)에 들어갈 내용으로 적절한 것을 〈보기〉에서 고른 것은? [2점]

○○ 정책

1. 실시 목적 : 빈민 구제와 백성 생활 안정
2. 시대별 실시 내용
   • 삼국 시대 : 진대법을 통해 백성에게 곡식을 대여하였다.
   • 고려 시대 : _____ (가)
   • 조선 시대 : _____ (나)

〈 보 기 〉
ㄱ. (가) - 동·서 활인서에서 유랑자를 구휼하였다.
ㄴ. (가) - 흉년에 대비하여 평시에 곡물을 비치하는 의창을 두었다.
ㄷ. (나) - 동·서 대비원에서 환자를 진료하였다.
ㄹ. (나) - 기금을 마련한 뒤 이자로 빈민을 돕는 제위보를 설치하였다.

① ㄱ, ㄴ   ② ㄱ, ㄷ   ③ ㄴ, ㄷ
④ ㄴ, ㄹ   ⑤ ㄷ, ㄹ

● 출제의도

농민구휼책으로서의 사회시책 파악

● 해설 : 정답 ③

농민생활을 안정시키는 것은 국가안정에 필수적이었으므로 국가에서는 농민의 경제생활을 안정시키기 위해 여러 가지 시책을 펼쳤다. ㄴ. 고려시대에는 흉년에 대비하여 평시에 곡물을 비치하였다가 흉년에 빈민을 구제하는 의창이 있었다. ㄷ. 가난한 백성이 의료혜택을 받게 하는 동·서대비원은 고려와 조선에 공통으로 있었다.

● 오답풀이

ㄱ. 동·서활인서는 유랑자의 수용과 구휼을 담당하는 조선의 사회시책 기관이었다. ㄹ. 기금을 마련한 뒤 이자로 빈민을 구제하는 제위보는 고려 시대에만 존재했던 사회 시책 기관이었다.

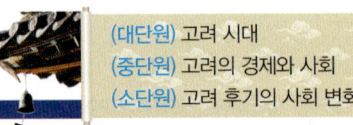

기출풀이 [10회 3급 19번]

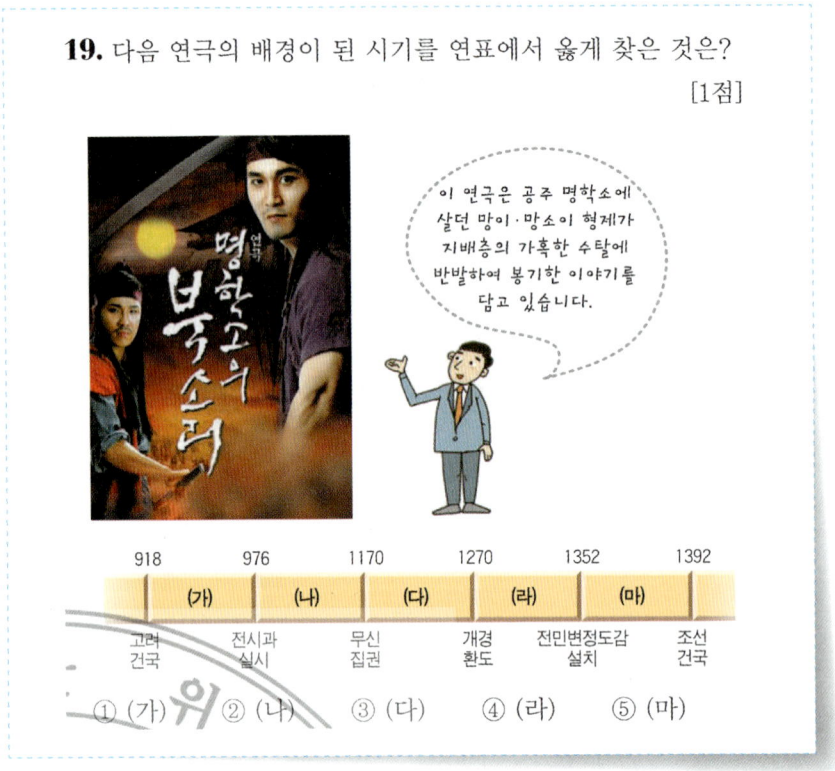

19. 다음 연극의 배경이 된 시기를 연표에서 옳게 찾은 것은?

[1점]

이 연극은 공주 명학소에 살던 망이·망소이 형제가 지배층의 가혹한 수탈에 반발하여 봉기한 이야기를 담고 있습니다.

918	976	1170	1270	1352	1392
(가)	(나)	(다)	(라)	(마)	
고려 건국	전시과 실시	무신 집권	개경 환도	전민변정도감 설치	조선 건국

① (가)　② (나)　③ (다)　④ (라)　⑤ (마)

● **출제의도**

공주 명학소의 난 파악

● **해설 : 정답 ③**

무신정변(1170) 시기에는 고려 전기의 신분 제도가 동요되어 하층민출신에서 권력계층으로 올라선 자가 많았다. 이 시기는 무신들간의 대립과 지배 체제의 붕괴로 백성들에 대한 통제력이 약화되었고 무신들의 농장 확대로 인해 농민들에 대한 수탈이 강화되었다. 이러한 가혹한 수탈을 견디지 못한 백성들은 종래의 소극적 저항에서 벗어나 대규모의 봉기를 일으켰는데 조위총이 서경에서 반란을 일으켰을 때에도 많은 농민이 가세하였으며, 난이 진압된 뒤에도 농민 항쟁이 여러 해 동안 나타나게 되었고 남부지방에서도 농민들이 항쟁을 하였다. 특히 명종 때 공주 명학소에서는 망이·망소이가, 운문과 초전에서는 김사미, 효심이 봉기하였다.

기출풀이 [9회 3급 11번]

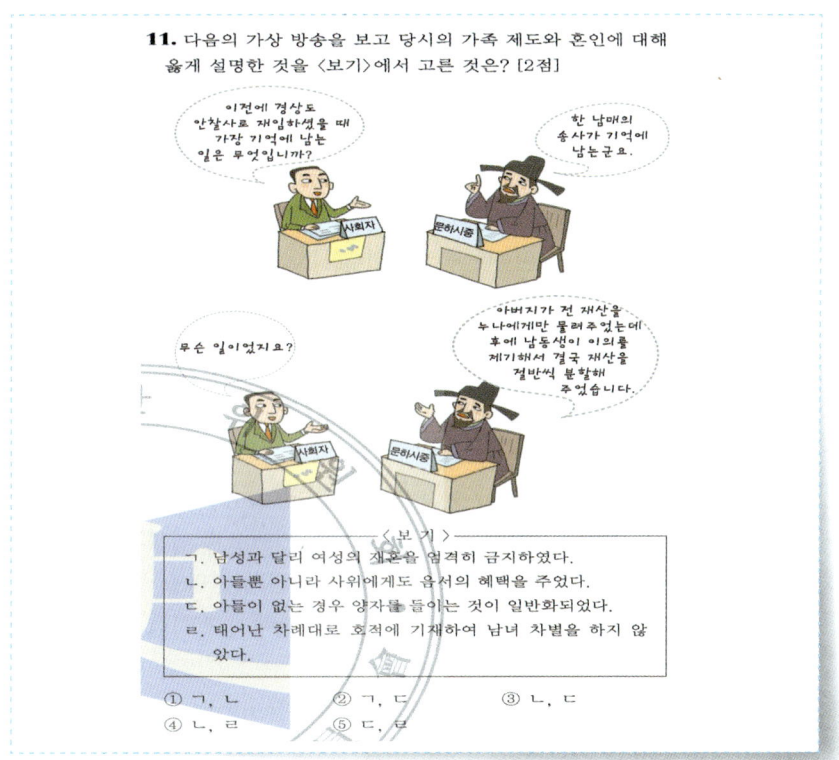

● **출제의도**

고려시대의 가족제도, 혼인, 여성의 지위 이해

● **해설 :** 정답 ④

제시된 자료에서 문하시중이라는 명패와 안찰사로 재임한 적이 있었다는 내용으로 보아 당시가 고려시대임을 알 수 있다. 고려시대에는 부모의 유산은 자녀에게 골고루 분배되었다. 또한 태어난 차례대로 호적을 기재하여 남녀차별을 하지 않았다. 아들이 없을 경우 양자를 들이지 않고 딸이 제사를 받들었으며, 사위가 처가의 호적에 입적하여 처가살이하는 경우도 적지 않았다. 사위와 외손자에게까지 음서의 혜택이 있었고 공을 세운 사람의 부모는 물론 장인과 장모도 함께 상을 받았다. 여성의 재가는 비교적 자유롭게 이루어졌고, 그 소생의 사회적 진출에도 차별이 없었다.

● **오답풀이**

ㄱ. 조선시대에 해당하는 설명이다. ㄷ. 조선 후기에는 부계 중심의 가족제도가 더욱 강화되어 아들이 없는 집안에서는 양자를 들이는 것이 일반화되었다.

기출풀이 [9회 3급 14번]

14. 다음 자료의 (가)에 대한 설명으로 옳은 것은? [2점]

> 덕은 정치를 잘하는 데에 있고, 정치는 백성을 기르는 데 달려 있다고 한다. 나라는 사람을 근본으로 삼고, 사람은 먹는 것을 하늘로 여긴다고 한다. 이에 우리 태조께서 흑창을 설치하여 굶주린 백성을 진대하는 것을 불변의 법식으로 삼았다. 지금 인구가 점점 늘고 있는데, 저축된 것은 많지 않다. 쌀 1만 석을 더하고 이름도 _____(가)_____ (으)로 고치도록 하라. 또 여러 주부(州府)에도 각각 _____(가)_____ 을(를) 두고자 한다.
>
> ─「고려사절요」─

① 기금을 마련하여 그 이자로 빈민을 구제하였다.
② 각종 재해가 발생할 때에 임시 기관으로 설치되었다.
③ 평시에 곡물을 비치하였다가 흉년에 빈민을 구제하였다.
④ 가난한 백성의 구휼을 위해 민간에서 자치적으로 운영하였다.
⑤ 백성들이 안심하고 생업에 종사할 수 있도록 물가의 안정을 꾀하였다.

● **출제의도**

고려시대 의창 제도 이해

● **해설 :** 정답 ③

고려시대의 사회시설로는 평시에 곡물을 비치하였다가 흉년에 빈민을 구제하는 기관인 의창이 있었는데, 이는 고구려의 진대법을 발전시킨 제도(춘대추납)로서 고려 초기 태조때에 흑창이라는 이름으로 시행되다 성종 때 의창으로 바뀌었다. 의창은 국가에서 봄에 곡식이 떨어지면 무상으로 혹은 저이자로 농민에게 빌려주고 가을에 갚도록 하는 것이었다.

● **오답풀이**

① 제위보는 기금을 마련한 뒤 이자로 빈민을 구제하였다. ② 구제도감ㆍ구급도감에 대한 설명이다. ④ 조선의 사창에 대한 설명이다. ⑤ 상평창에 대한 설명이다.

기출풀이 [7회 3급 12번]

12. 그림과 같은 시기의 가족 제도에 대한 설명으로 옳지 <u>않은</u> 것은? [2 점]

신, 박유가 아룁니다. 청컨대, 여러 신하, 관료로 하여금 품위에 따라 첩을 두며, 그 아들들 또한 벼슬을 할 수 있게 하기를 원합니다.

첩을 두고자 요청한 자가 저놈의 늙은이다.

① 아들이 없을 때에는 딸이 제사를 지냈다.
② 사위와 외손자에게도 음서의 혜택이 있었다.
③ 자녀들은 태어난 차례대로 호적에 등재되었다.
④ 부모의 유산은 자녀들에게 골고루 배분되었다.
⑤ 양자를 들이고 동족 마을의 형성이 일반화되었다.

● **출제의도**

고려의 혼인과 상속 제도 이해

● **해설 :** 정답 ⑤

제시된 자료는 원 간섭기인 충렬왕 때의 일로 재상 박유는 관리들에게 첩을 두는 것을 허하고 관직에 따라 그 수를 줄여갈 것을 건의하여 원에 공출되는 공녀의 수를 줄이고자 하였다. 그러나 이러한 주장은 첩제의 수용으로 여겨져 부녀자의 원망을 사게 되었고 재상 가운데 아내를 두려워 하는 사람이 있어 논의가 더 이상 지속되지 못하였다. 이는 고려시대 여권이 조선과 달리 남성과 비교적 동등하였음을 보여주는 대표적인 사례이다. ⑤조선 후기에는 부계 중심의 가족 제도가 더욱 강화되었다. 아들이 없는 집안에서는 양자를 들이는 것이 일반화되었으며, 부계 위주의 족보를 적극적으로 편찬하였고, 같은 성을 가진 사람들끼리 동족 마을을 이루고 살았다.

기출풀이 [7회 3급 14번]

14. 다음은 고려 시대 어느 사람들의 대화이다. 이들에 대한 설명으로 가장 적절한 것은? [2 점]

① 자신의 토지를 소유할 수 있었다.
② 조세, 공납, 역의 의무를 지고 있었다.
③ 지방 관청에서 대가를 받고 생활하였다.
④ 주로 농업에 종사하며 백정이라 불렸다.
⑤ 과거에 응시하여 관직에 진출할 수 있었다.

● 출제의도

고려시대 노비제도 파악

● 해설 : 정답 ①

그림의 자료는 사노비 중 외거노비에 속한다. 고려시대 천민의 대다수는 노비였다. 노비는 공공기관에 속하는 공노비와 개인이나 사원에 예속된 사노비가 있었다. 이 중 사노비는 다시 솔거노비와 외거노비로 구분되었는데 솔거노비는 귀족이나 사원에서 직접 부리는 노비로 상전의 집에서 살면서 잡일을 돌보았고, 외거 노비는 주인과 따로 살면서 농업에 종사하고 일정량의 신공을 바쳤다. 외거노비는 주인의 토지뿐만 아니라 다른 사람의 토지도 소작할 수 있어서 노력에 따라서는 경제적으로 여유를 얻을 수 있었으며 자신의 토지도 소유할 수 있어 양민 백정과 비슷하게 독립된 경제생활을 영위할 수 있었다.

● 오답풀이

② 양인 계층을 말한다. ③ 양인은 조세, 공납, 역의 의무를 가지고 있었다. ④ 고려의 백정 농민은 양인이다. ⑤ 천인은 과거 응시가 금지되었다.

기출풀이 [6회 3급 14번]

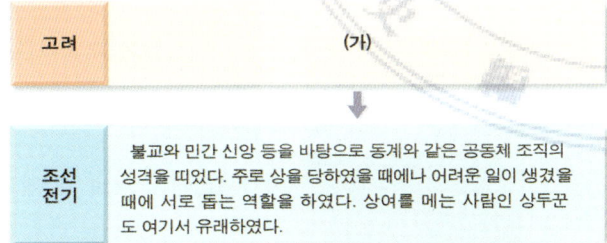

14. 어느 조직의 기능 변화를 정리한 것이다. (가)에 들어갈 수 있는 내용으로 가장 적절한 것은? [3점]

고려	(가)

↓

조선 전기	불교와 민간 신앙 등을 바탕으로 동계와 같은 공동체 조직의 성격을 띠었다. 주로 상을 당하였을 때에나 어려운 일이 생겼을 때에 서로 돕는 역할을 하였다. 상여를 메는 사람인 상두꾼도 여기서 유래하였다.

① 사회 교화 및 질서 유지를 통해 사족들의 지위를 강화시켰다.
② 노비 관련 소송이나 산송을 담당하는 사법 기관 역할을 하였다.
③ 수령을 보좌하고 향리를 감찰하며 향촌 사회의 풍속을 바로잡았다.
④ 운영 규칙인 향규를 만들어 자신들의 결속을 다지고 지방민을 통제하였다.
⑤ 위기가 닥쳤을 때에 미륵을 만나 구원을 받고자 하는 염원에서 향나무를 땅에 묻었다.

● **출제의도**

고려, 조선의 농민조직 향도의 이해

● **해설 :** 정답 ⑤

위기기 닥쳤을 때 미륵을 만나 구원받고자 하는 염원에서 향나무를 땅에 묻는 활동을 매향이라고 하였는데 이 매향 활동을 하는 무리들을 향도라고 불렀다. 향도는 단순히 매향만 하는 것이 아니라 대규모 인력이 동원되는 불상, 석탑을 만들거나 절을 지을 때에도 주도적인 역할을 하였는데 초기에는 이렇게 불교의 신앙조직으로 시작되었으나 후기에 이르러는 신앙적인 향도에서 점차 자신들의 이익을 위한 조직으로 변모하면서 마을 노역, 혼례와 상장례, 민속 신앙과 관련된 마을 제사 등 공동체 생활을 주도하는 농민 조직으로 발전되어 갔다.

● **오답풀이**

① 향약에 대한 설명이다. ② 장례원에 대한 설명이다. ③ 유향소에 대한 설명이다. ④ 향회에 대한 설명이다.

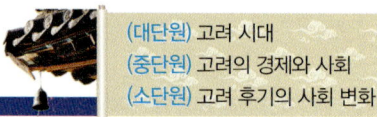

기출풀이 [6회 3급 18번]

18. 다음 작품들이 만들어진 시대의 사회 모습으로 적절한 것은? [2점]

천산대렵도

쌍화점(雙花店)

샹화점(雙花店)에 샹화(雙花) 사라 가고신댄

회회(回回) 아비 내 손모글 주여이다.

이 말싸미 이 점(店) 밧긔 나명들명

다로러거디러 죠고맛감 삿기 광대 네 마리라 호리라.

① 유생 갑은 서원에서 공부하며 과거를 준비하였다.
② 군인 을은 장용영에 소속되어 훈련에 참가하였다.
③ 공인 병은 공가를 받아 관청에 물품을 납부하였다.
④ 노비 정은 호패를 차지 않았다고 관아에 끌려갔다.
⑤ 관리 무는 응방에서의 경력을 인정받아 출세하였다.

● **출제의도**

고려 후기의 사회상 파악

● **해설 :** 정답 ⑤

자료는 공민왕의 천산대렵도와 고려 속요인 쌍화점이다. 고려 후기 원 간섭기에는 공녀라 하여 고려의 처녀들을 뽑아 갔으며, 금, 은, 베를 비롯하여 인삼, 약재 등 특산물을 징발하여 농민의 고통을 가중시켰다. 또 매를 징발하기 위해 응방이라는 특수기관을 설치하기도 하였다.

● **오답풀이**

① 서원은 조선 중기(16세기)이후 등장하였다. ② 장용영은 조선 후기(18세기말) 정조 때 설치되었다. ③ 공인은 대동법과 관련이 있으므로 조선후기에 해당된다. ④ 호패는 14세기 초 조선 태종 이후 조선의 성인남자들이 가지고 다니던 신분증이다.

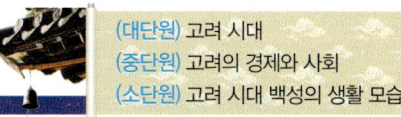

기출풀이 [9회 4급 19번]

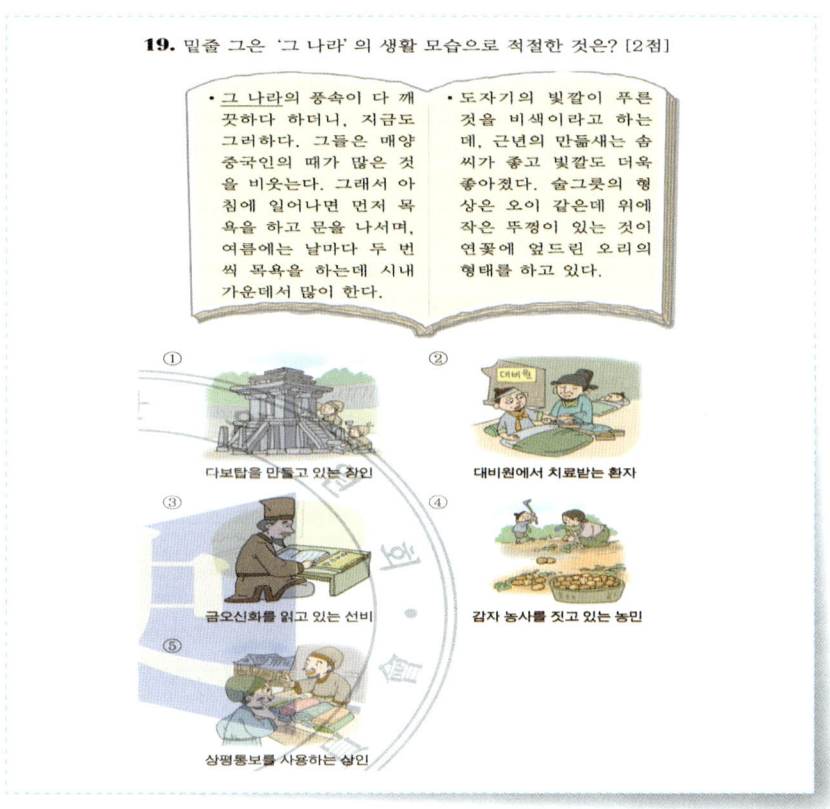

19. 밑줄 그은 '그 나라'의 생활 모습으로 적절한 것은? [2점]

• 그 나라의 풍속이 다 깨끗하다 하더니, 지금도 그러하다. 그들은 매양 중국인의 때가 많은 것을 비웃는다. 그래서 아침에 일어나면 먼저 목욕을 하고 문을 나서며, 여름에는 날마다 두 번씩 목욕을 하는데 시내 가운데서 많이 한다.

• 도자기의 빛깔이 푸른 것을 비색이라고 하는데, 근년의 만듦새는 솜씨가 좋고 빛깔도 더욱 좋아졌다. 술그릇의 형상은 오이 같은데 위에 작은 뚜껑이 있는 것이 연꽃에 엎드린 오리의 형태를 하고 있다.

① 다보탑을 만들고 있는 장인
② 대비원에서 치료받는 환자
③ 금오신화를 읽고 있는 선비
④ 감자 농사를 짓고 있는 농민
⑤ 상평통보를 사용하는 상인

● 출제의도

고려 시대의 사회상 파악

● 해설 : 정답 ②

자료의 도자기에 대한 묘사는 고려 인종 때의 것으로 비색에 무늬가 없는 고려의 순청자 류에 대한 묘사이다. 고려시대에는 개경에 동·서대비원을 설치되어 병자의 치료와 가난하고 의지할 곳 없는 홀아비, 과부, 고아 등을 돌보는 구휼기구의 역할을 하였다.

● 오답풀이

① 다보탑은 불국사 경내에 위치한 석가탑과 함께 통일신라기에 세워졌다. ③ 금오신화는 조선전기 김시습이 쓴 한문소설집이다. ④ 감자는 조선후기 들어온 외래 작물이다. ⑤ 상평통보는 인조 때 만들어져 숙종 이후 보편화된 조선후기 대표적인 화폐이다.

기출풀이 [8회 4급 14번]

14. 고려 시대 관리들의 대화를 통해 알 수 있는 당시의 사회 모습으로 옳은 것을 〈보기〉에서 고른 것은? [3점]

> 지난번에 돌아가신 문하시중의 제사를 외손자가 지낸다면서요?

> 그래요. 대장군 ○○○은 장모님을 모시고 산다는군요.

> 얼마 전 이부상서가 누이와 유산을 가지고 다투었는데 법에 따라 똑같이 나누어 주라는 판결이 났다는군요.

〈 보 기 〉

ㄱ. 사위와 외손자까지 음서의 혜택을 받았다.
ㄴ. 상복 제도에서 친가와 외가의 차이가 크지 않았다.
ㄷ. 혼인 후 곧바로 남자 집에서 생활하는 경우가 많았다.
ㄹ. 아들이 없는 집안에서 양자를 들이는 것이 일반화되었다.

① ㄱ, ㄴ　　② ㄱ, ㄷ　　③ ㄴ, ㄷ
④ ㄴ, ㄹ　　⑤ ㄷ, ㄹ

● **출제의도**

고려 시대의 사회상 파악

● **해설 :** 정답 ①

ㄱ. ㄴ 고려시대에 여성을 재혼을 허용한다든가 사위 · 외손자에게도 혜택을 주던 음서제나 공을 세운 사람의 장인 · 장모에게도 상을 주던 모습 등을 통해서 고려 사회의 여자는 사회 진출에 제한이 있었지만 가정 내에서는 남성과 동등한 지위를 가지고 있었다는 것을 알 수 있다.

● **오답풀이**

ㄷ. ㄹ. 17세기 조선후기 성리학의 의식과 예절이 발달하고 부계 중심의 가족제도가 확립되면서 혼인 후 곧바로 남자 집에서 생활하는 친영제도가 정착되었고 아들이 없는 집안에서는 양자를 들이는 것이 일반화되었다.

 **기출풀이** [8회 4급 44번]

44. 고려의 무역 활동에 관한 역사 신문이다. 이와 관련된 사실로 옳은 것을 〈보기〉에서 고른 것은? [2점]

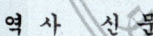

역 사 신 문

푸른 눈의 대식국인, 고려에 오다!

　그동안 송나라에만 오는 줄 알았던 푸른 눈의 아라비아 상인들이 고려에 왔다. 이들이 가져온 주요 물품은 수은, 향료, 산호이며, 정기적으로 고려와 무역을 원하고 있는 것으로 알려졌다. 아라비아 상인들의 물품은 많은 사람들에게 호기심을 유발하고 있어 앞으로 고려의 무역 발달에 기여할 것으로 보인다.

〈 보 기 〉
ㄱ. 벽란도 번성　　　　ㄴ. 청해진 설치
ㄷ. 송상의 인삼 무역　　ㄹ. '코리아' 이름 전파

① ㄱ, ㄴ　　　② ㄱ, ㄷ　　　③ ㄱ, ㄹ
④ ㄴ, ㄷ　　　⑤ ㄷ, ㄹ

● **출제의도**

고려시대의 경제활동 이해

● **해설 :** 정답 ③

ㄱ, ㄹ 고려시대의 무역은 활발하게 이루어졌다. 예성강 입구의 벽란도에 대식국 사람이라 불리었던 아라비아 사람들이 와서 수은, 향료, 산호 등을 팔았고 이들의 활동으로 우리나라를 지칭하는 '코리아'라는 말이 세계에 퍼지게 되었다.

● **오답풀이**

ㄴ. 청해진은 통일신라시대인 828년(흥덕왕 3) 장보고에 의해 지금의 완도에 설치된 군진(軍鎭)으로 중국·일본과 신라를 잇는 해상교통로의 요지에 위치하여 851년(문성왕 13)에 철폐될 때까지 해군기지·무역거점이었다. ㄷ. 개성을 중심으로 전국에 송방이라는 지점을 두고 고려 인삼 등을 주 거래하였던 사상은 송상이다. 송상은 조선후기 국제무역에서 사적인 무역이 허용되면서 무역활동에서 두드러진 활동을 보였는데 의주의 만상과 동래의 내상을 중계하면서 큰 이득을 남겼다.

8강 고려의 문화

❶ 유학의 발달과 역사서 편찬

(1) 유학의 발달

① 고려 초기 : 유교주의적 정치와 교육의 기틀 마련 → 광종 때 과거 제도 실시, 성종 때 유교 정치 사상 확립, 유학 교육 기관 정비, 최승로의 시무 28조 개혁안

② 고려 중기 : 문벌 귀족 사회 발달로 보수화 → 최충(9재 학당), 김부식(보수적 · 현실적 유학을 대표)

③ 고려 후기 : 성리학 전래(안향) → 신진 사대부가 수용(실천적 기능 강조)

(2) 교육 기관

초기	• 중앙에 국자감(국학), 지방에 향교 설치
중기	• 사학 12도 융성, 관학 진흥책 추진(서적포 · 7재 · 양현고 · 경사 6학
말기	• 섬학전 설치 · 국학을 성균관으로 개칭 · 문묘 건립(충렬왕), 성균관 부흥(공민왕)

(3) 역사서 편찬

시기	대표적 사서	특징
초기	왕조 실록, 7대 실록	오늘날 전하지 않음
중기	삼국사기	유교적 합리주의 사관, 신라 계승 의식
후기	해동고승전, 동명왕편, 삼국유사, 제왕운기	민족적 자주 의식 강조
말기	사략	성리학적 유교 사관 대두

❷ 불교 사상과 신앙

(1) 의천의 불교 통합 노력 : 교종과 선종의 통합 → 천태종 창시, 교관겸수 제창

(2) 고려 불교의 발전

지눌	수선사 결사 제창, 선교 일치 사상 완성(정혜쌍수 · 돈오점수)
혜심	지눌의 제자로서 유불 일치설 주장(성리학 수용의 사상적 토대 마련)
요세	백련 결사 제창, 수선사와 함께 고려 후기 불교계 주도

(3) 대장경 간행 : 초조대장경(거란의 침입 격퇴 염원), 교장(의천이 교장도감 설치), 팔만대장경(원의 침입 격퇴 염원)

(4) 도교와 풍수지리설

① 도교 : 불로장생 · 현세 구복 추구, 궁중에서 초제 성행, 사원 건립(예종), 팔관회와 관련

② 풍수지리설 : 도참 사상이 더해져 크게 유행(서경 길지설 → 한양 명당설 유포)

❸ 과학 기술의 발달

(1) 천문학과 의학

　① 천문학 : 사천대(서운관)설치, 첨성대, 역법사용(당의 선명력 → 원의 수시력 채용)

　② 의학 : 태의감 설치(의학 교육 실시), 향약방, 향약 구급방

(2) 인쇄술의 발달

목판 인쇄	고려 대장경의 판목을 통해 수준 입증, 소량 인쇄에는 부적절
활판 인쇄	금속 활자 개발, 상정고금예문 · 직지심체요절(현존 세계 최고)

(3) 화약 무기 제조와 조선 기술

　① 화약 무기 제조 : 화약과 화포 제작(최무선, 화통도감) → 진포 싸움에서 왜구 격퇴

　② 조선 기술 : 대형 범선과 조운선 제조, 배에 화포 설치(왜구 격퇴에 활용)

❹ 귀족 문화의 발달

건축	궁궐(개성 만월대)과 사원 중심, 주심포식(부석사 무량수전 · 수덕사 대웅전), 다포식(성불사 응진전)
석탑	신라 양식 일부 계승 + 독자성 가미, 다각 다층탑 유행, 안정감 부족(월정사 8각 9층 석탑 · 경천사 10층 석탑)
불상	조형미 부족, 부석사 소조 아미타여래 좌상(신라 전통 양식), 광주 춘궁리 철불(지방 세력의 성장 반영), 관촉사 석조 미륵보살 입상(지역 특색 반영)
고려 청자	순수 청자(11C) → 상감청자(12~13) → 분청사기(14C)
서예	전기—구양순체(탄연), 후기—송설체(이암)
공계	은입사 기술(청동 표면을 파내고 은으로 채워 무늬 장식)발달, 나전 칠기 공예 발달
그림	예성강도(이령), 관음보살도(혜허), 천산대렵도(공민왕)
음악	궁중 음악(아악), 동동 · 한림별곡 · 대동강(향악)

이것만은 알고 가자!

● 불교통합운동

시기	시기	창시자	교리	성격	후원세력	계승
천태종	고려중기	의천	교관겸수, 내외겸전	교종중심의 선종 통합	문벌귀족	의천 사후 분열됨
조계종	무신집권기	지눌	돈오점수, 정혜쌍수	선종주심의 교종 통합	무신정권	혜심: 유불일치설, 심성도야 강조

기출풀이 [11회 중급 15번]

15. 다음 공모 내용에 해당하는 소재로 가장 적합한 것은? [2점]

> **공 모**
> • 주 제 : ○○ 지역을 상징할 수 있는 역사 캐릭터
> • 시 대 : 고려
> • 소 재 : 현존하는 활판 인쇄물
> • 마감일 : 2011년 5월 14일
> • 접수처 : ○○ 시청 민원실

① 「속장경」　　　　　② 「초조대장경」
③ 「직지심체요절」　　④ 「상정고금예문」
⑤ 「무구정광대다라니경」

● **출제의도**

> 고려시대의 인쇄술의 발달 이해

● **해설 :** 정답 ③

> 제시된 자료의 조건이 현존하는 활판 인쇄물로서 고려시대의 것은 청주 흥덕사에서 간행한 직지심체요절이 있다. 현존하는 세계 최고의 금속 활자본(1377)으로 공인되어 있다.

● **오답풀이**

> ① 속장경은 고려 중기 의천(1055~1101)이 편집·간행한 대장경으로 고려와 송, 요의 대장경에 대한 주석서를 모았으나 현재는 전하지 않는다. ② 현종 때 거란의 침입을 부처의 힘으로 막고자 70여년에 걸쳐 목판에 새겨 간행한 것으로 몽고 침입 때 불타버리고 현재는 인쇄본 일부가 남았다. ④ 12세기 인종 때 최윤의 등이 지은 의례서로 강화도로 천도할 때 가지고 오지 못한 것을 강화도 피난 시 금속활자로 인쇄하였으나 현재 전하지 않는다. ⑤ 불국사 3층 석탑에서 발견하였으며, 현존하는 세계최고의 목판인쇄물이다.

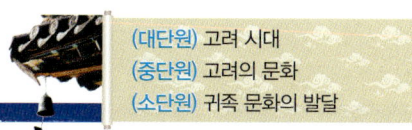

기출풀이 [11회 중급 16번]

16. 연표의 (가)~(마) 시기에 있었던 사실로 옳지 **않은** 것은? [3점]

918	1019	1170	1232	1270	1392
(가)	(나)	(다)	(라)	(마)	

고려 건국 　 귀주 대첩 　 무신 정변 　 강화 천도 　 개경 환도 　 고려 멸망

① (가) – 상감 청자 유행
② (나) – 「삼국사기」 편찬
③ (다) – 수선사 결사 운동 전개
④ (라) – 팔만대장경 조판
⑤ (마) – 「삼국유사」 편찬

● 출제의도

고려시대의 문화 파악

● 해설 : 정답 ①

고려 자기는 신라와 발해의 전통과 기술을 토대로 송의 자기 기술을 받아들여 귀족 사회의 전성기인 11세기에 독자적인 경지를 개척하였다. 자기 중 가장 유명했던 것은 비취색이 나는 청자로 중국인들도 천하의 명품으로 손꼽을 정도였다. 12세기 중엽에는 고려의 독창적인 기법인 상감법이 개발되어 자기에 활용되었는데 상감청자는 강화도에 도읍한 13세기 중엽까지 주류를 이루었다가 원 간섭기 이후 퇴조해 갔다.

기출풀이 [11회 중급 43번]

43. (가)~(라) 문화재에 대한 설명으로 옳지 <u>않은</u> 것은? [2점]

(가)

미륵사지 석탑

(나)

월정사 8각 9층 석탑

(다)

쌍봉사 철감선사 승탑

(라)

법주사 팔상전

① (가) – 목탑 양식을 가지고 있는 석탑이다.
② (나) – 원의 영향을 받아 세워진 석탑이다.
③ (다) – 선종의 성행과 관련 있는 승탑이다.
④ (라) – 우리나라에 남아 있는 유일한 목조 5층탑이다.
⑤ (가) – (다) – (나) – (라) 순으로 만들어졌다.

● **출제의도**

고려 시대 불교 건축물 파악

● **해설 :** 정답 ②

(나) 월정사 8각 9층 석탑은 개성 불일사 5층 석탑과 함께 고려시대의 대표적인 석탑이다. 고려시대의 석탑은 신라 양식을 일부 계승하면서도 독자적인 조형감각을 가미하여 다양한 형태로 제작되었다. 다각 다층탑이 많았고, 안정감을 부족하나 자연스러운 모습을 띠었으며, 석탑의 몸체를 받치는 받침이 보편화되었다. 원의 영향을 받아 만들어진 석탑은 고려 후기의 경천사 10층 석탑으로 그 형식이 조선시대에까지 이어졌다.

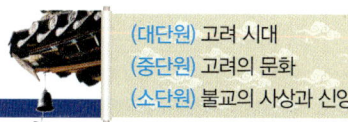
기출풀이 [11회 중급 45번]

45. (가)~(다) 인물과 관련된 설명으로 옳은 것은?　　　　[3점]

> (가) 「대승기신론소」를 저술하고 일심 사상을 제창하였다.
> (나) 화엄 사상을 정립하고 많은 제자를 양성하였다.
> (다) 이론과 실천을 강조하는 교관겸수를 제창하였다.

① (가)는 부석사를 창건하고 관음 신앙을 이끌었다.
② (나)는 「왕오천축국전」이라는 기행문을 남겼다.
③ (다)는 송광사에 중심을 둔 수선사 결사를 제창하였다.
④ (가), (다)는 불교의 종파적 대립을 극복하려고 노력하였다.
⑤ (나), (다)의 사상은 일본의 하쿠호 문화에 영향을 주었다.

● **출제의도**

역대 불교 인물의 활동 파악

● **해설 :** 정답 ④

> (가)는 원효, (나)는 의상, (다)는 의천에 대한 설명이다. 원효는 통일신라기에 불교서적을 폭넓게 이해하고, 모든 것이 한마음에서 나온다는 일심 사상을 바탕으로, 다른 종파들과 사상적 대립을 조화시키고 분파의식을 극복하려고 노력하였다. 또한 극락에 가고자 하는 아미타 신앙을 자신이 직접 전도하며 불교대중화의 길을 열었다. 의상은 모든 존재가 상호 의존적인 관계에 있으면서 서로 조화를 이루고 있다는 화엄 사상을 정립하였다. 의상은 화엄사상을 바탕으로 교간을 형성하였고 부석사를 비롯한 여러 사원을 건립하여 불교 문화의 폭을 확대하였으며 현세에서 고난을 구제받고자 하는 관음 신앙을 이끌었다. 의천은 11세기에 이미 종파적 분열상을 보인 고려 불교계에 문종의 왕자로서 승려가 되어 교단 통합 운동을 벌였다. 그는 흥왕사를 근거지로 삼아 화엄종을 중심으로 교종을 통합하려 하였으며, 또 선종을 통합하기 위해 국청사를 창건하여 천태종을 창시하였다. 이를 위한 사상적 바탕으로는 이론의 연마와 실천을 함께 강조하는 교관겸수를 제창하였다.

● **오답풀이**

> ② 통일신라기 혜초와 관련이 있다. ③ 고려후기 지눌에 관한 설명이다. ⑤ 통일신라기의 문화와 관련이 깊다.

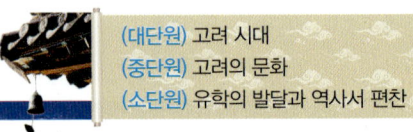

기출풀이 [11회 중급 48번]

---

48. 다음과 같은 서술 방식으로 쓰여진 역사책을 〈보기〉에서 고른 것은? [3점]

> 사마천의 「사기」에서 시작된 역사 서술 방식이다. 군주와 관련된 사실들의 기록인 본기(本紀)와 신하들의 전기인 열전(列傳), 통치 제도·관직·문물·경제·지리·자연 현상 등을 내용별로 서술한 지(志)와 연표(年表)가 더해진다.

〈보 기〉
ㄱ. 「고려사」   ㄴ. 「삼국사기」
ㄷ. 「고려사절요」   ㄹ. 「조선왕조실록」

① ㄱ, ㄴ   ② ㄱ, ㄷ   ③ ㄴ, ㄷ
④ ㄴ, ㄹ   ⑤ ㄷ, ㄹ

● 출제의도

기전체 서술 방식의 역사서 파악

● 해설 : 정답 ①

우리나라 역사서 중 진정한 의미의 기전체 사서는 삼국사기와 고려사뿐이다. 인종 때 김부식 등이 왕명을 받아 삼국사기를 편찬하였다. 삼국사기는 현존하는 우리 나라 최고의 역사서로서, 고려 초에 쓰여진 구삼국사를 기본으로 유교적 합리주의 사관에 기초하여 기전체로 서술되었다. 고려는 건국 초부터 고구려 계승의식을 표방하였으나, 중기에 이르러 신라계승의식이 강화되었는데, 삼국사기에는 신라 계승 의식이 더 많이 반영된 것으로 여겨지고 있다. 15세기 중엽에는 기전체의 고려사와 편년체의 고려사절요가 완성되었다.

● 오답풀이

ㄹ. 조선왕조실록은 조선시대 편년체로 쓰여진 왕조의 기록으로 국왕이 죽으면 다음 국왕 때 춘추관을 중심으로 실록청을 설치하고 사관이 국왕 앞에서 기록한 사초, 각 관청의 문서를 모아 만든 시정기 등을 종합, 정리하여 실록을 만들었다.

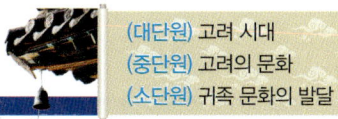

기출풀이 [10회 3급 13번]

13. 다음 내용에 해당되는 도자기로 가장 적절한 것은? [2점]

> 우리의 미술 중에서 무엇이 제일 한국적이냐 할 때 우선 우리는 도자기를 들 수 있다. …… 길고 가늘고 갸냘픈, 그리고 때로는 도도하기도 하고 슬프기도 한, 따스하기도 하고 부드럽기도 한 곡선의 조화 …… 비가 개고 안개가 걷히면 먼 산마루 위에 담담하고 갓 맑은 하늘빛이 산뜻하게 드러난다. 이러한 하늘색의 미묘한 아름다움으로 '우후청천색(雨後晴天色)'이라는 말이 생겨났지만 무심코 이 푸른 빛을 들여다보노라면 정말 비 갠 후의 하늘처럼 마음이 한결 조용해진다.

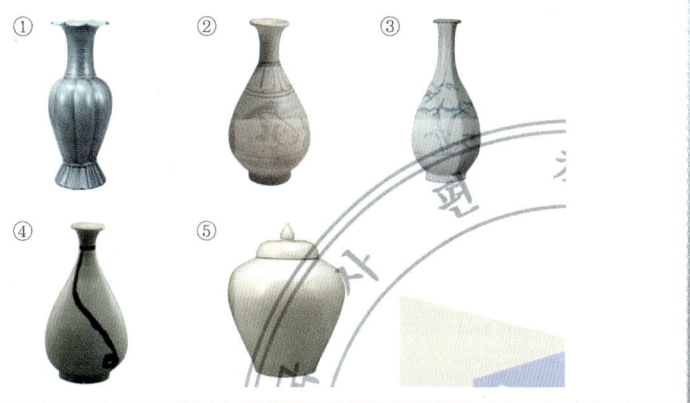

◉ 출제의도

고려 청자 이해

◉ 해설 : 정답 ①

고려 자기는 신라와 발해의 전통과 기술을 토대로 송의 자기 기술을 받아들여 발전하였고 11세기 귀족 사회가 전성기를 맞이하면서 고려의 독자적 경지를 개척하였다. 자기 중에서 가장 이름난 것은 비취색이 나는 청자(비색 청자)인데, 중국인들도 천하의 명품으로 손꼽았다. ① 청자 참외 모양 병(고려 중기)이다.

◉ 오답풀이

② 조선 초기의 분청사기 철화 어문병이다. ③ 조선 후기의 청화 백자 대나무 무늬 각병이다. ④ 조선 중기의 백자 철화 승문병이다. ⑤ 조선 중기의 순수 백자이다.

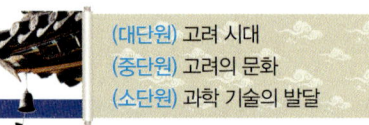

기출풀이 [10회 3급 14번]

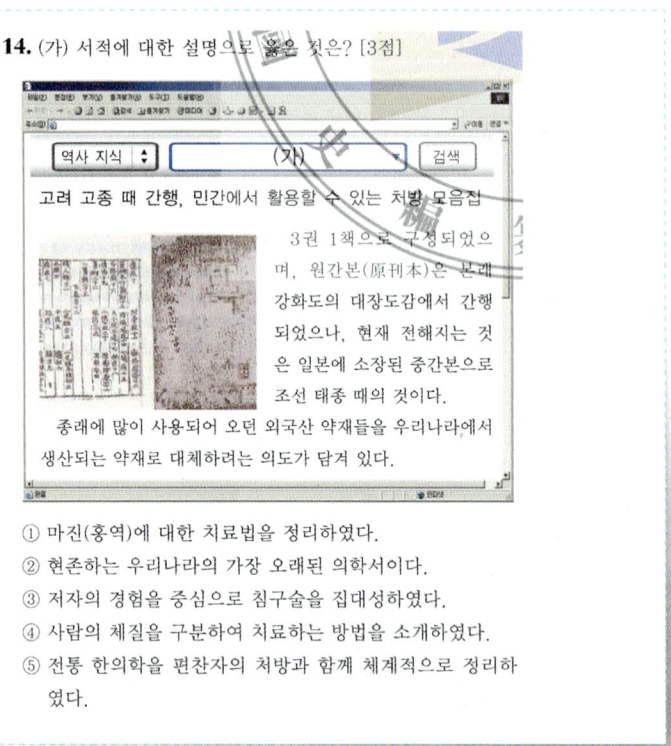

14. (가) 서적에 대한 설명으로 옳은 것은? [3점]

> 역사 지식 ▼   (가)   ▼   검색
>
> 고려 고종 때 간행, 민간에서 활용할 수 있는 처방 모음집
>
> 3권 1책으로 구성되었으며, 원간본(原刊本)은 본래 강화도의 대장도감에서 간행되었으나, 현재 전해지는 것은 일본에 소장된 중간본으로 조선 태종 때의 것이다.
>
> 종래에 많이 사용되어 오던 외국산 약재들을 우리나라에서 생산되는 약재로 대체하려는 의도가 담겨 있다.

① 마진(홍역)에 대한 치료법을 정리하였다.
② 현존하는 우리나라의 가장 오래된 의학서이다.
③ 저자의 경험을 중심으로 침구술을 집대성하였다.
④ 사람의 체질을 구분하여 치료하는 방법을 소개하였다.
⑤ 전통 한의학을 편찬자의 처방과 함께 체계적으로 정리하였다.

● 출제의도

고려시대 의학의 발달

● 해설 : 정답 ②

13세기 고려 고종 때 대장도감에서 편찬된 향약구급방은 현존하는 우리나라 최고의 의학서적으로 각종 질병에 대한 처방과 국산약재에 대한 설명이 기록되어 있다. 우리나라에서 구할 수 있는 약재로 급한 병자를 구하여 낼 수 있는 방문(方文)을 적은 것으로, 상·중·하권으로 나누어져 있으며 초간본은 전하지 않으며, 조선 태종 17년(1417)에 경상도 의흥에서 최자하(崔自河)가 간행한 것이 남아 있다.

● 오답풀이

① 정약용의 마과회통과 관련이 깊다. ③ 허임의 침구경험방에 대한 설명이다. ④ 19세가 이제마의 동의수세보원과 관련이 깊다. ④ 조선 중기의 백자 철화 승문병이다. ⑤ 17세기 초 허준의 동의보감과 관련이 깊다.

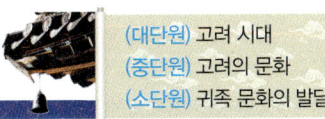

기출풀이 [9회 3급 10번]

10. 다음 자료의 밑줄 그은 ㉠에 해당하는 불상으로 적절한
것은? [1점]

이 시대의 불상은 시기와 지역에 따라 독특한 모습을 보였
다. 초기에는 대형 철불이 많이 조성되었으며, 사람이 많이
다니는 길목에는 ㉠지역 특색이 잘 드러난 거대한 불상도 조
성되었다. 또 신라 시대의 양식을 계승한 불상도 제작되었다.

①  ②  ③

④  ⑤

● **출제의도**

고려 초기 불상의 특징 파악

● **해설 :** 정답 ①

고려 초기에는 광주 춘궁리 철불과 같은 대형 철불이 많이 조성되어 시대적 특징을 이루었다. 논산의 관촉사 석조 미륵보
살 입상이나 안동의 이천동 석불처럼 사람들이 많이 지나가는 길목에 지역 특색이 잘 드러난 거대한 불상들이 건립되기도
하였다. ①은 논산의 관촉사 석조 미륵보살 입상이다.

● **오답풀이**

② 영주 부석사의 소조 아미타여래 좌상이다. ③ 경주 석굴암의 본존불이다. ④ 서산 마애삼존불이다. ④ 연가 7연명 금동
여래 입상이다.

기출풀이 [9회 3급 13번]

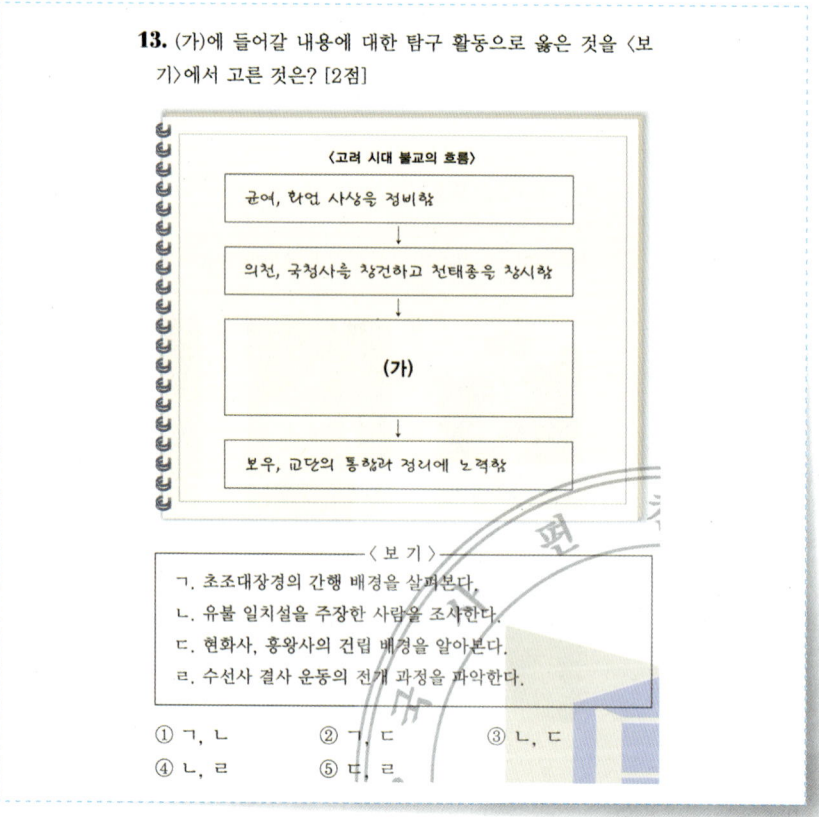

13. (가)에 들어갈 내용에 대한 탐구 활동으로 옳은 것을 〈보기〉에서 고른 것은? [2점]

〈고려 시대 불교의 흐름〉

| 균여, 화엄 사상을 정비함 |

↓

| 의천, 국청사를 창건하고 천태종을 창시함 |

↓

| **(가)** |

↓

| 보우, 교단의 통합과 정리에 노력함 |

〈 보 기 〉

ㄱ. 초조대장경의 간행 배경을 살펴본다.
ㄴ. 유불 일치설을 주장한 사람을 조사한다.
ㄷ. 현화사, 흥왕사의 건립 배경을 알아본다.
ㄹ. 수선사 결사 운동의 전개 과정을 파악한다.

① ㄱ, ㄴ   ② ㄱ, ㄷ   ③ ㄴ, ㄷ
④ ㄴ, ㄹ   ⑤ ㄷ, ㄹ

● 출제의도

고려 후기 지눌의 사상 파악

● 해설 : 정답 ④

지눌은 무신집권기 불교 본래의 수행에 힘쓰자는 개혁운동으로서 송광사에서 수선사 결사를 제창하였다. 지눌은 선과 교학이 근본에 있어 둘이 아니라는 정혜쌍수를 주장하였고, 꾸준한 수행으로 깨달음의 확인을 아울러 강조한 돈오점수를 주장하면서 선종을 중심으로 교종을 포용하려 하였다. 지눌의 제자였던 혜심은 유불일치설을 주장하며 장차 성리학을 수용할 수 있는 사상적 토대를 마련하기도 하였다.

● 오답풀이

ㄱ. 거란의 침입 당시 부처의 힘으로 외적을 막고자 현종(1011)때 간행이 시작되었다. ㄴ. 고려 전기의 불교와 관련이 깊다.

기출풀이 [8회 3급 20번]

20. 다음 글에서 설명하는 불상으로 옳은 것은? [2점]

> 이 불상은 고려 초기에 조성된 것으로 보이며, 통일 신라 전성기의 양식을 잇는 대표적인 것이다. 이 불상은 석굴암 본존불 계통의 철불로 고려 초 왕건의 정치 세력 기반이나 불교 사원의 융성과 관련 있는 것으로 보인다.

① ② ③ ④ ⑤

◉ 출제의도

고려 불상의 특징 이해

◉ 해설 : 정답 ⑤

⑤는 광주 춘궁리 철불이다. 법의를 우견편단으로 입고 항마촉지의 수인을 취한 여래좌상으로 통일 신라 석굴암 본존불의 양식을 비교적 충실히 따르고 있다. 고려초기에 만들어진 대형 철불로 고려 초기에는 이러한 철불이 많이 조성되었다.

◉ 오답풀이

① 삼국시대 금동미륵보살 반가사유상으로 국보83호이다. ② 연가7년명 금동여래 입상으로 고구려의 것이다. ③ 석굴암 본존불로 통일신라기의 걸작이다. ④ 부석사 소조 아미타여래 좌상으로 고려 초기에 만들어진 것으로 추정된다. 우리나라에 남아있는 소조불상 중 가장 크고 오래된 것으로 그 가치가 높다. 고려시대의 불상으로는 정교한 솜씨를 보여주고 있다.

기출풀이 [8회 3급 31번]

31. 다음 글을 쓴 인물의 주장으로 옳은 것은? [2점]

> 지금의 불교계를 보면 아침저녁으로 행하는 일들이 비록 부처의 법에 의지하였다고 하나, 자신을 내세우고 이익을 구하는 데 열중하며, 세속의 일에 골몰하고 있다. ……
> 하루는 같이 공부하는 사람 10여 명과 마땅히 명예와 이익을 버리고 산림에 은둔하여 신앙 결사를 맺자고 약속하였다. 항상 선을 수행하고 지혜를 쌓는 데 힘쓰고, 예불하고 경전을 읽으며 힘들여 일하는 것에 이르기까지 각자 맡은 바 임무에 따라 경영하기로 약속하였다.

① 대장경을 만들어 불경을 정리하자.
② 승병을 결성하여 무신 정권을 타도하자.
③ 불국토의 이상 세계를 불국사에 구현하자.
④ 호족들과 연결하여 새로운 세상을 준비하자.
⑤ 참선, 노동 등 승려 본연의 자세에 충실하자.

● **출제의도**

지눌의 사상적 특징 이해

● **해설 :** 정답 ⑤

고려 무신 집권기의 지눌은 불교계의 타락상을 비판하면서 승려 본연의 자세로 돌아가 독경과 선 수행, 노동에 고루 힘쓰자는 개혁운동으로 수선사 결사를 제창하였다. 송광사에 중심을 둔 수선사 결사 운동은 개혁적인 승려들과 지방민들의 적극적인 호응을 얻어 활발하게 전개되었다.

● **오답풀이**

① 고려 전기의 의천의 주장이다. ② 무신집권기 일부 승려들의 입장이나 지눌과는 상관이 없다. ③ 통일신라기의 김대성의 입장이다. ④ 신라말기 선종 승려들의 입장이다.

기출풀이 [7회 3급 13번]

13. 다음은 어느 시기 교육 풍토를 보여 주는 가상의 광고지이다. 이와 관련된 당시 정부의 시책으로 가장 적절한 것은? [2점]

알 림

최고의 강사!

해동공자 최충, 직강!

나는 승리한다! 필승 과거!

당신의 과거 합격을 도와드립니다!

▶ 위치 : 개경 ○○동

▶ 강좌 : 과거 대비용 특강

---

① 태학과 경당을 세워 교육에 힘썼다.

② 독서삼품과를 마련하여 유학을 보급하였다.

③ 전국 각지에 서원을 세워 후진을 양성하였다.

④ 국자감을 재정비하여 전문 강좌를 설치하였다.

⑤ 오경박사와 의박사, 역박사 등의 제도를 마련하였다.

● **출제의도**

고려 중기 사학의 융성과 관학진흥책 이해

● **해설 :** 정답 ④

고려 중기 최충의 문헌공도를 비롯한 사학12도가 융성하였다. 사학에서 교육을 받은 학생들이 과거에서 좋은 성적을 거두자 국자감의 관학교육은 위축되었고 이에 정부는 관학 진흥을 위한 여러 시책을 추진하였다. 숙종 때에는 국자감에 서적포를 두어 서적 간행을 활성화하였고, 예종 때에는 국자감을 재정비하여 7재라는 전문 강좌를 설치하였으며, 양현고라는 장학 재단을 두어 관학의 경제기반을 강화하였다. 인종때에는 경사 6학을 정비하고 유학교육을 강화하였다.

● **오답풀이**

① 고구려의 교육기관이다. ② 통일신라시대의 유학과 연계된 관리채용제도이다. ③ 조선 중기 이후의 사학교육기관이다. ④ 백제의 교육제도이다.

기출풀이 [6회 3급 8번]

8. (가) ~ (마) 역사 축제를 소개하는 신문 기사의 제목으로 적절한 것은? [2 점]

(가) 전곡리 축제
연천
(나) 단원 미술제 — 안산
(다) 직지 축제 — 청주
(마) 한산 대첩 축제
통영
(라) 장보고 축제 — 완도
동 해
황 해

① (가) – 선사 시대의 문화 코드, 반구대 바위그림!
② (나) – 꿈속의 이상향을 거닐다, 몽유도원도!
③ (다) – 지식의 힘, 인쇄의 메카!
④ (라) – 몰려드는 이슬람 상인, 송과의 무역 1번지!
⑤ (마) – 삼전도의 치욕을 갚아라, 북벌의 현장!

● 출제의도

고려 시대 인쇄술의 발달 파악

● 해설 : 정답 ③

③의 내용은 청주 흥덕사에서 간행되어 현존 최고의 금속활자본으로 공인된 직지심체요절과 관련이 있다.

● 오답풀이

① 반구대 암각화는 경남 울산 대곡리에 소재한다. ② 몽유도원도는 현재 일본의 덴리 대학에 소장되어 있다. ④ 고려의 무역항 벽란도와 관련된 내용으로 벽란도는 경기도 예성강 입구에 있다. ④ 북벌을 위한 5군영은 서울, 경기 일대에 주둔하면서 실제로는 서인들의 군사적 배경이 되었다.

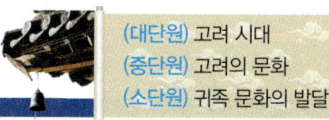

기출풀이 [6회 3급 15번]

---

15. (가), (나)에 대한 설명으로 옳은 것은? [2점]

공포 구조에 따른 건축 양식

(가)    (나)

위 사진에서 기둥과 지붕 사이에 복잡하게 나무를 조립해서 만든 구조물을 공포라고 부른다. 이 공포는 지붕의 무게를 기둥에 전달되도록 한 구조로서 건물을 치장하는 구실도 한다.

① (가)의 대표적인 예로 수덕사 대웅전이 있다.
② (가)는 주로 웅장하고 화려한 건물을 꾸밀 때 사용한다.
③ (나)는 송과의 교류를 통해 도입되었다.
④ (나)는 초조대장경이 조판되었던 시기에 유행하였다.
⑤ (나)는 (가)보다 먼저 도입되었다.

● **출제의도**

고려 건축 양식 파악

● **해설 :** 정답 ①

(가)는 주심포 양식이고 (나)는 다포 양식이다. 공포가 목조 건물 기둥 위에만 있는 주심포 양식은 13세기 이후 지은 건물에 일부 남아 있다. 안동 봉정사 극락전이 가장 오래된 건물로 알려져 있고 영주 부석사 무량수전과 예산 수덕사 대웅전이 유명하다. 공포가 기둥위 뿐 아니라 기둥 사이에도 짜여져 있는 다포 양식은 고려 후기에 등장하여 조선 시대 건축에 큰 영향을 끼쳤다. 황해도 사리원의 성불사 응진전은 고려시대 다포식건물로 유명하다.

● **오답풀이**

② 다포양식이다. ③ 우리의 독자적 양식이다. ④ 초조대장경은 거란의 침입 당시이므로 10~11세기 고려 전기에 해당되며 다포양식은 고려후기이다. ⑤ 주심포 양식 다음에 다포양식이 나왔다.

기출풀이 [6회 3급 16번]

16. 서울의 역사와 문화를 주제로 특별전을 개최하고자 한다. 각 전시실별 자료로 적절하지 <u>않은</u> 것은? [2점]

① ○○○ 선사 유적지

② ○○○ 순수비

③ ○○ 첨성대

④ ○○ 산대놀이

⑤ ○○○ 근정전

● **출제의도**

> 고려시대 과학의 발전 양상 파악

● **해설 :** 정답 ③

> ③은 개성에 있는 첨성대로 고려의 천체 관측 기구였다.

● **오답풀이**

> ① 서울 암사동의 선사유적지로 신석기 시대의 대표적인 유적지이다. ② 북한산 순수비로 진흥왕이 세운 4개의 순수비 중 하나이다. ④ 송파 산대놀이로 양주 산대놀이와 함께 조선 후기 서민문화를 알려주는 대표적 산대놀이이다. ⑤ 서울 경복궁 근정전이다. 조선 태조 때 지어졌으며 경복궁의 정전으로서 역대 국왕의 즉위식이나 대례 등을 거행하였다.

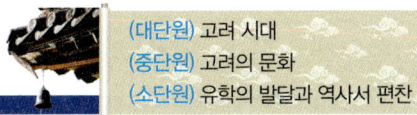

기출풀이 [5회 3급 11번]

> **11.** 다음과 같은 상황을 개선하기 위한 정부의 대응책으로 옳은 것을 〈보기〉에서 고른 것은? [2점]
>
> ---
>
> 고려 중기에는 최충의 문헌공도를 비롯한 사학 12도가 융성하였다. 사학에서 교육을 받은 학생이 과거에서 좋은 성적을 거두자, 국자감의 관학 교육은 위축되었다.
>
> ---
>
> ──〈보기〉──
>
> ㄱ. 국학을 태학으로 개칭하였다.
> ㄴ. 9재 학당을 적극 후원하였다.
> ㄷ. 국자감을 재정비하여 7재를 설치하였다.
> ㄹ. 장학 재단을 두어 관학의 경제 기반을 강화하였다.
>
> ① ㄱ, ㄴ   ② ㄱ, ㄷ   ③ ㄴ, ㄷ
> ④ ㄴ, ㄹ   ⑤ ㄷ, ㄹ

● **출제의도**

고려 중시 사학의 융성과 관학 진흥책 이해

● **해설 :** 정답 ⑤

고려 중기에는 최충의 문헌공도를 비롯한 사학 12도가 융성하여 국자감의 관학교육은 위축되었다. 이에 정부는 여러 가지 관학진흥책을 두었다. 숙종때에는 국자감에 서적포를 두어 서적 간행을 활성화하였으며, 예종 때에는 국자감을 재정비하여 7재라는 전문 강좌를 설치하고, 양현고라는 장학재단을 두어 관학의 경제기반을 삼았으며 궁중에 도서관 겸 학문 연구소를 두어 유학을 진흥시켰다. 이어서 인종 때에는 경사6학을 정비하고 유학교육을 강화하였다.

● **오답풀이**

ㄱ. 국학은 통일신라 때 신문왕이 세운 최고교육기관이며 태학은 고구려 소수림왕 때 세워진 최고교육기관이다. ㄴ. 문종 때 최충이 세운 9재 학당은 사학12도 중에서 가장 번성하여 명성이 높았다.

기출풀이 [5회 3급 12번]

12. 다음은 고려 시대의 사상을 제시한 것이다. (가)~(다)에 대한 설명으로 옳지 않은 것은? [2점]

> (가) 대각 국사 의천이 교단 통합 운동을 펼치면서 창시하였다.
> (나) 보조 국사 지눌이 수선사 결사를 제창하였으며, 승려 본연의 자세로 돌아가 선(禪) 수행과 노동에 힘쓰기를 강조하였다.
> (다) 우주의 근본 원리와 인간의 심성을 밝히는 학문으로 안향이 소개하였다.

① (가)는 이론의 연마와 실천을 아울러 강조하는 교관겸수를 중시하였다.
② (가)는 고려 중기, (나)는 무신 집권기에 융성하였다.
③ (나)는 선과 교학을 나란히 수행하되, 선을 중심으로 교학을 포용하는 정혜쌍수를 강조하였다.
④ (다)는 혜심의 유불일치설과 대립하였다.
⑤ (다)는 신진 사대부가 권문세족을 비판하는 사상적 기반을 제공하였다.

● **출제의도**

고려시대 불교의 발달과 성리학의 도입 이해

● **해설 :** 정답 ④

(가)는 고려 전기 의천의 천태종, (나)는 고려 후기 지눌의 조계종, (다)는 고려말 성리학의 도입에 관한 설명이다. ④무신집권기 말 (12세기말) 지눌은 선과 교학이 근본에 있어 둘이 아니라는 사상 체계인 정혜쌍수를 사상적 바탕으로 철저한 수행을 선도하였다. 지눌은 또한 내가 곧 부처라는 깨달음을 위한 노력과 함께 꾸준한 수행으로 깨달음의 확인을 아울러 강조한 돈오점수를 주장하였다. 선종을 중심으로 교종을 포용하여 교와 선의 대립을 극복하고자 한 지눌의 논리는 고려 불교가 지향하던 선교일치 사상을 완성한 것이었다. 지눌의 이러한 결사운동은 지눌 이후에도 지속적으로 발전하였다. 혜심은 유불 일치설을 주장하며 심성의 도야를 강조하여 장차 성리학을 수용할 수 있는 사상적 토대를 마련하였다.

4단원

조선 전기

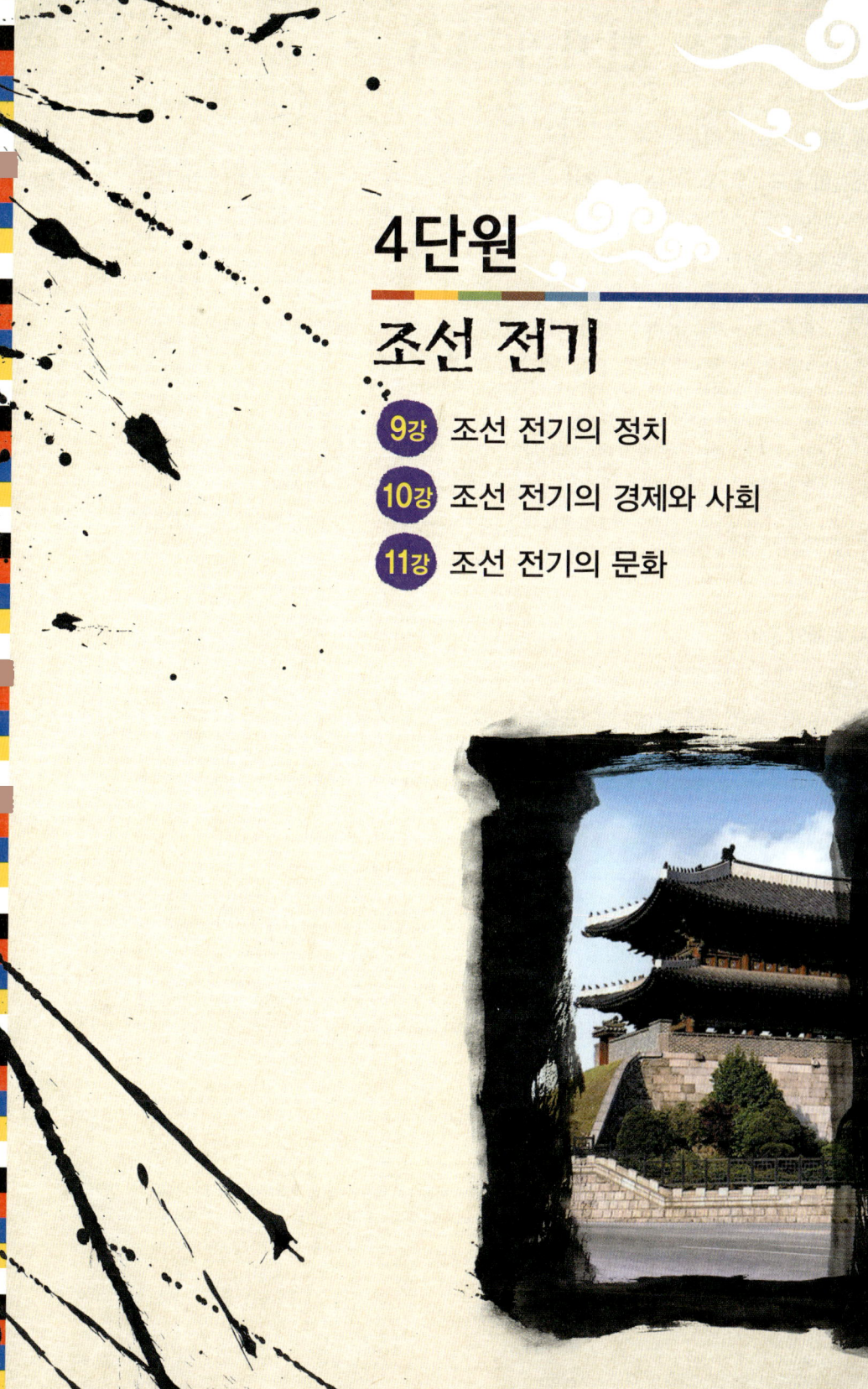

9강 조선 전기의 정치

❶ 근세 사회의 성립과 전개

(1) 조선의 건국 : 위화도 회군(이성계의 정치적 실권 장악 → 신진 사대부 분화(온건개혁파, 급진개혁파)
  → 급진개혁파의 과전법 실시(1391) → 조선 건국(1392)→한양 천도(1394)

(2) 국왕 중심의 통치 체제 정비

태조	• 국호 '조선' 선포, 한양 천도, 농본 정책, 사대 교린 정책 • 정도전 중용: 재상 중심의 정치 주장, 불교 비판('불씨잡변'), 성리학 통치 이념으로 확립
태종	• 국왕 중심의 통치 체제 : 6조 직계제, 사간원 독립(대신들을 견제) • 경제 기반 안정과 군사력 강화 : 양전 사업, 호패법, 사병 혁파
세종	• 왕권과 신권의 조화 : 의정부 서사제 • 유교적 왕도 정치 구현 : 주자가례 시행, 집현전 설치
세조	• 왕권 강화 정책 실시 : 6조 직계제 부활, 집현전 · 경연 폐지, '경국대전'편찬 시작
성종	• '경국대전' 완성 : 조선 왕조의 통치 체제 확립 • 홍문관 설치(집현전 계승), 경연 재개

❷ 통치 체제의 정비

(1) 중앙 및 지방 통치 체제

중앙	의정부(국정 총괄), 6조(왕의 명령 집행, 행정 기관), 3사(언론 기능), 의금부(대역 죄인을 다스림), 승정원(왕명 출납), 한성부(서울의 행정 · 치안), 춘추관(역사서 편찬 · 보관), 성균관(최고 교육 기관)
지방	향 · 부곡 · 소 폐지, 수령 권한 강화, 향리 격하, 8도에 관찰사 파견, 암행어사 수시 파견

(2) 군역 제도와 군사 조직

원칙	양인개병 원칙(16세~60세의 양인 장정), 농병 일치제
중앙군	5위 – 궁궐의 수비와 수도 방비, 정군 · 갑사 · 특수병으로 구성, 문반 관료가 지휘
지방군	영진군(국방상 요충지인 영 · 진에서 복무) – 진관 체제(지역 단위의 방어 체제)
잡색군	정규군 외의 일종의 예비군 성격
교통 · 통신	봉수제(군사적 위급 상황 신속히 전달), 역참(물자 수송, 통신)

(3) 관리 등용 제도

과거 제도	문과 · 무과 · 잡과(기술관)실시, 양인 응시 가능
특별 채용 제도	천거(추천제), 음서(고위 관료 자손 대상)
관리 등용 원칙	상피제(권력 집중, 부정 방지), 서경제(5품 이하 관리 등용시 임명 동의권), 관리의 근무 성적 평가 → 관료적 성격 강화

③ 사림의 대두와 붕당 정치

(1) 사림의 정치적 성장

   ① 중앙 정계 진출 : 성종 때 전랑과 3사의 언관직 담당 → 훈구 세력 비판

   ② 사화의 발생 : 훈구와 사림의 정치적·사상적 대립

   ③ 사림의 성장 : 세력이 위축되었으나 서원과 향약을 통해 향촌에서 영향력 확대

(2) 붕당의 출현

배경	사림 정치가 확립된 16세기 말(선조 때), 기성 사림과 신진 사림의 갈등
형성	• 동인 : 신진 사림, 철저한 과거 청산, 이황·조식·서경덕 문인 가담 • 서인 : 기성 사림, 과거 청산 및 과감한 개혁에 소극적, 이이·성혼 문인 가담
성격	정파적 성격과 학파적 성격 동시에 지님

④ 조선 초기의 대외 관계 : 사대 교린 정책

명	사대 관계 → 왕권 안정, 국제적 지위 확보 목적
여진	회유책(귀순 장려, 무역 허용), 강경책(4군6진 개척, 사민 정책, 토관 제도)
일본	회유책(제한적 조공 무역, 3포 개항), 강경책(쓰시마 섬 정벌)

⑤ 양 난의 극복과 대청 관계

(1) 왜란의 발발과 영향

   ① 한양·평양 함락 : 수군·의병 승리 → 훈련도감 설치, 속오법 실시

   ② 양안·호적 소실 : 신분제 동요(공명첩), 인구 격감, 농촌 황폐화

(2) 호란의 발발과 전개 : 광해군의 중립 외교 → 인조반정(친명 배금 정책) → 정묘호란(1627), 병자호란
(1636) → 군신 관계 조건으로 화의 → 북벌 운동 전개(효종)

이것만은 알고 가자!

● **훈구와 사림**

시기	훈구파	사림파
연원	급진개혁파 (정도전, 권근)	온건개혁파 (정몽주, 길재)
지배시기	15세기(세조집권기)	16세기 이후
성향	관학파 학문 계승 → 조선 초기 문물 정비에 기여, 중앙집권 강조	성리학에 투철 → 향촌자치, 왕도 정치 주장

● **사화의 발생**

사화	시기	원인
무오사화	연산군	김종직의 조의제문
갑자사화	연산군	폐비 윤씨 문제
기묘사화	중종	급격한 개혁 부작용
을사사화	명종	의천 사후 분열됨

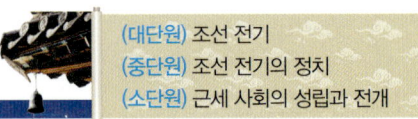

기출풀이 [11회 중급 22번]

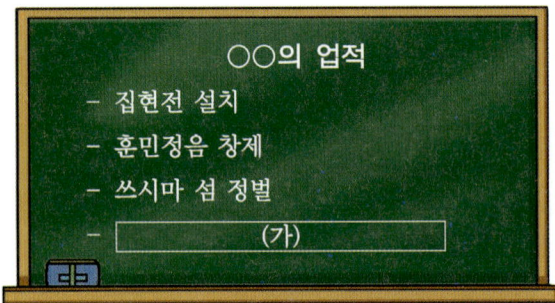

22. 다음 (가)에 들어갈 내용으로 가장 적절한 것은?   [1점]

○○의 업적
- 집현전 설치
- 훈민정음 창제
- 쓰시마 섬 정벌
- _____(가)_____

① 사병 혁파   ② 호패법 실시
③ 홍문관 설치   ④ 「농사직설」 편찬
⑤ 「경국대전」 편찬

● **출제의도**

세종대왕의 통치체제 정비 파악

● **해설 :** 정답 ④

문제는 집현전 설치나 훈민정음 창제가 있는 것으로 보아 세종의 업적을 묻고 있다. 세종 대에 편찬된 농사직설은 우리나라 풍토에 맞는 씨앗의 저장법, 토질의 개량법, 모내기법 등 농민의 실제 경험을 종합하여 편찬하였다.

● **오답풀이**

①,② 태종은 왕권을 강화하고 국왕 중심의 통치 체제를 정비하고자 하였다. 태종은 6조직계제를 채택하였으며, 언론 기관인 사간원을 독립시켜 대신들을 견제하였다. 또 양전사업과 호구 파악에 노력을 기울였으며, 호패법을 실시하였고, 사원의 토지를 몰수하고, 억울한 노비를 조사하여 해방시켰다. 아울러 사병을 없애 왕의 군사적 통치권을 강화하였다. ③,⑤ 성종은 건국 이후의 문물 제도의 정비를 완비하였다. 경국대전의 편찬을 마무리 하였으며, 홍문관을 두어 관원 모두에게 경연관을 겸하게 함으로써 집현전을 계승하였다.

기출풀이 [11회 중급 23번]

23. 다음 편지를 통해 당시 관리 선발 제도에 대해 추론한 것으로 옳지 <u>않은</u> 것은? [3점]

> 보고 싶은 둘째 아들에게
> 어렸을 때부터 공부하기 싫어하더니 4년 전 무과에 응시하겠다고 했을 때는 하늘이 무너지는 줄 알았다. 하지만 작년에 소과에 합격하여 성균관에 들어간 후부터 학업에 정진하고 있다는 소식을 네 형이 알려주었을 때 이제야 철이 든 것 같아 대견했었다.
> 너도 네 형처럼 대과에 합격하여 문관이 되려는 큰 포부를 가져야 한다. 과거에 합격하지 않고 관리가 되면 아무리 할아버지가 정승·판서라 하더라도 나라에서나 세상 사람들이 제대로 대접을 해 주더냐? 그러니, 더욱 열심히 학업에 정진하여라.
> 더운 날 건강 조심하고 잘 지내라.
>
> ○○에서 아비가

① 무과보다는 문과 합격자를 우대하였다.
② 소과 합격생은 성균관에 들어갈 수 있었다.
③ 대과에 합격해야 고위 관리가 될 가능성이 높았다.
④ 과거를 보지 않고도 관리가 될 수 있는 제도가 있었다.
⑤ 음서 출신자와 과거 합격자에 대한 차별이 거의 없었다.

● **출제의도**

조선의 관리등용제도의 특징 파악

● **해설 :** 정답 ⑤

조선 시대의 관리는 주로 과거나 음서, 천거를 통하여 선발되었으며, 문관을 뽑는 문과와 무관을 뽑는 무과, 기술관을 뽑는 잡과가 있었다. 문과는 3년마다 실시되는 정기시로서 식년시와, 부정기시로서 증광시와 알성시 등이 있었다. 문과에 응시하기 위해서는 소과(예비시험)에 합격하여 생원이나 진사가 되어야 했으나, 후에는 큰 제한이 없었다. 소과 합격자는 성균관에 입학하거나 문과(대과)에 응시할 수 있었으며, 하급 관리가 되기도 하였다. 일반적으로 문과 합격자는 무과 합격자보다 더 우대받았다. 또 과거를 거치지 않더라도 고관의 추천을 받아 간단한 시험을 치른 후 관직에 등용되거나 음서를 통하여 벼슬을 할 수 있었다. 그러나 천거는 대개 기존의 관리를 대상으로 하였고, 벼슬하지 않은 사람이 천거되는 경우는 드물었으며 음서를 혜택을 받은 대상도 고려 시대에 비해 크게 줄었고 음서 출신은 문과(대과)에 합격하지 않으면 고관으로 승진하기 어려웠기 때문에 음서의 혜택을 받은 사람이 다시 과거를 보는 경우도 많았다.

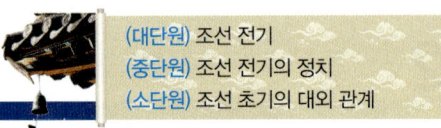

기출풀이 [11회 중급 44번]

---

44. (가)에 해당하는 민족과 관련된 사실로 옳은 것은? [2점]

> 윤관이 왕에게 아뢰기를, "제가 보기에는 ___(가)___ 의 세력이 완강하여 무슨 변을 일으킬지 예측하기 어려우니 마땅히 병졸과 군관을 휴식시켜 후일에 대비해야 합니다. 또한 제가 전일에 패한 원인은 ___(가)___ 은(는) 말을 탔고, 우리는 보행으로 전투한 까닭에 대적할 수가 없었던 것입니다." 이 때부터 비로소 별무반을 만들기로 결정하였다.
>
> – 「고려사」 –

① 강감찬이 귀주에서 크게 물리쳤다.
② 을지문덕이 살수에서 대승을 거두었다.
③ 김윤후가 처인성에서 살리타를 사살하였다.
④ 김종서, 최윤덕 등이 4군과 6진을 설치하였다.
⑤ 최무선이 화포를 이용하여 진포 싸움에서 승리하였다.

● **출제의도**

조선 초기의 대외 정책 특징 이해

● **해설 :** 정답 ④

조선은 영토의 확보와 국경 지방의 안정을 위해 여진에 대하여 적극적인 외교 정책을 펼쳤다. 우선 태조에 의하여 일찍부터 두만강 지역이 개척되었다. 이어 세종대에는 4군(최윤덕)과 6진(김종서)을 설치하여 압록강과 두만강을 경계로 하는, 오늘날의 국경선을 확정하였다.

● **오답풀이**

① 귀주대첩(1019): 거란의 3차 침입 ② 살수대첩(612):수의 2차 침입 ③ 처인성 전투(1232): 몽고의 2차 침입 ⑤ 진포대첩(1380): 왜구의 침입

기출풀이 [10회 3급 21번]

21. 빗금 친 (가) 지역에서 15세기에 볼 수 있는 모습으로 옳은 것은? [1점]

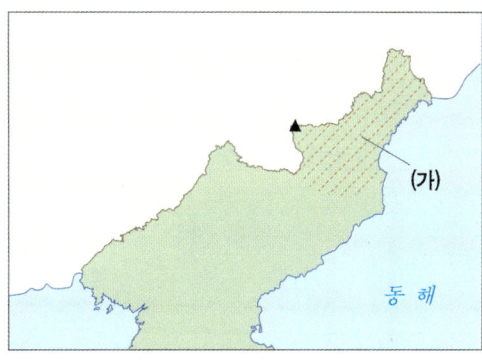

① 속오군 체제에 따라 군사 조직을 정비하는 장수
② 부족한 곡식을 대신하기 위해 감자를 심는 농민
③ 무역소를 통해 북방 민족과 물품을 교역하는 상인
④ 징수한 전세를 한양으로 보내기 위해 수레에 싣는 아전
⑤ 중국과 국경을 명확히 하기 위해 정계비를 세우는 관리

● **출제의도**

조선 초기의 대외 정책 특징 이해

● **해설 :** 정답 ③

조선은 여진족에 대하여 강경책으로 4군(최윤덕)과 6진(김종서)을 개척하는 한편, 양면책으로서 귀순을 장려하고 무역을 장려하는 회유책을 실시하였다. 여진족의 귀순을 장려하기 위해 관직을 주거나 정착을 위한 토지와 주택을 주어 우리 주민으로 동화시켰으며 사절 왕래를 통한 무역을 허용하였고 국경 지방인 경성과 경원에 무역소를 두고 국경 무역을 허락하였다. 그러나 이러한 교린 정책에도 불구하고 여진족은 자주 국경을 침입하여 약탈을 자행하였고, 이 때마다 조선은 군대를 동원하여 이들을 정벌하였다.

● **오답풀이**

① 속오군은 조선 후기의 지방군 체제이다. ② 감자는 조선 후기에 전래된 외래 작물이다. ④ 함경도, 평안도, 제주도 지역은 잉류지로서 조세를 중앙으로 보내지 않았다. ⑤ 청과의 백두산 정계비 건립은 조선 후기 숙종 때이다.(1712)

155

기출풀이 [10회 3급 24번]

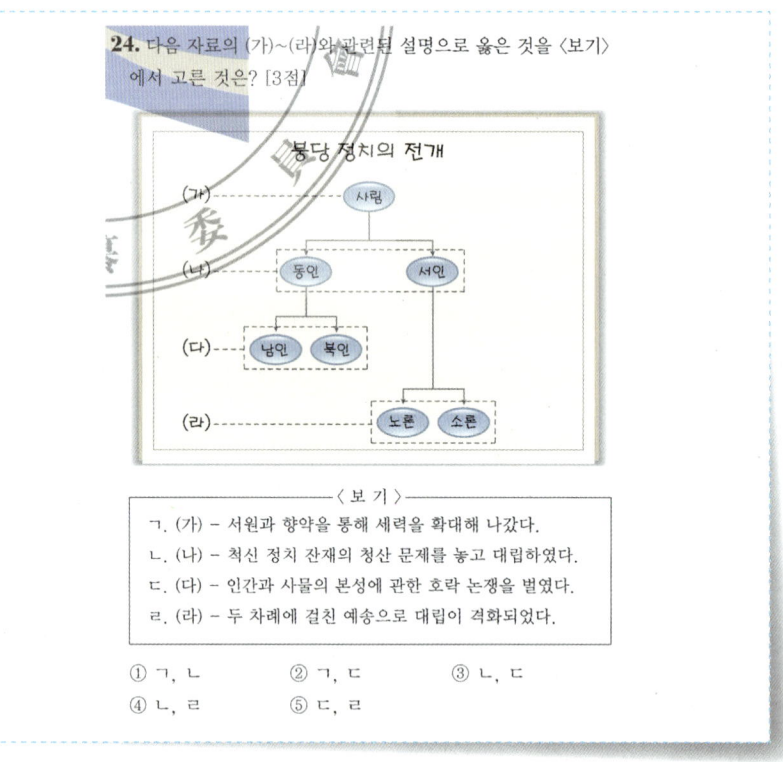

24. 다음 자료의 (가)~(라)와 관련된 설명으로 옳은 것을 〈보기〉에서 고른 것은? [3점]

붕당 정치의 전개

(가) ── 사림

(나) ── 동인 / 서인

(다) ── 남인 / 북인

(라) ── 노론 / 소론

── 〈 보 기 〉 ──
ㄱ. (가) ─ 서원과 향약을 통해 세력을 확대해 나갔다.
ㄴ. (나) ─ 척신 정치 잔재의 청산 문제를 놓고 대립하였다.
ㄷ. (다) ─ 인간과 사물의 본성에 관한 호락 논쟁을 벌였다.
ㄹ. (라) ─ 두 차례에 걸친 예송으로 대립이 격화되었다.

① ㄱ, ㄴ   ② ㄱ, ㄷ   ③ ㄴ, ㄷ
④ ㄴ, ㄹ   ⑤ ㄷ, ㄹ

● 출제의도

붕당의 형성과 특징 파악

● 해설 : 정답 ①

ㄱ. ㄴ 을사사화(1545)이후 훈구세력에 의해 향촌 사회로 밀린 사림은 서원과 향약을 통해 향촌 사회에서 세력을 확대하여 나갔다. 선조 이후 사림세력이 정국을 주도하게 되었는데 이전 명종 시기부터 정권에 참여해 온 기성 사림들(서인)은 척신 정치에 대한 개혁에 소극적이었던 반면, 명종 때 정권에 참여하지 않았다가 새롭게 정계에 등장한 동인은 원칙노선의 신진 사림들로서 척신 정치 개혁에 적극적이었다.

● 오답풀이

ㄷ. 호락논쟁은 인간과 사물의 본성이 다르다고 주장한 호론(충청도 노론)과 인간과 사물의 본성이 같다고 주장한 낙론(기호 노론) 사이의 논쟁이다. ㄹ. 현종 때에 효종의 왕위 계승의 정통성과 관련하여 복상의 전례문제를 둘러싼 논쟁(예송논쟁)으로 서인과 남인 사이의 대립이 격화되었다.

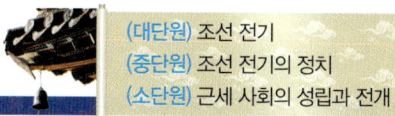

기출풀이 [9회 3급 15번]

---

15. (가), (나)는 각각 어느 시기의 영토 변화를 나타낸 것이다. 두 시기 사이에 일어난 사실로 옳은 것은? [2점]

(가)

(나)

① 김시민은 진주에서 왜군의 침입을 크게 물리쳤다.
② 서희는 소손녕과 담판을 지어 강동 6주를 회복하였다.
③ 이성계는 위화도 회군을 통해 군사적 실권을 장악하였다.
④ 최우는 강화도로 천도하여 몽골과의 장기 항전에 대비하였다.
⑤ 정봉수와 이립 등은 의병을 일으켜 후금의 침략에 맞서 싸웠다.

● 출제의도

> 고려말~ 조선 초의 영토 변화와 당시의 역사적 사실 파악

● 해설 : 정답 ③

> (가)는 공민왕이 원으로부터 무력으로 수복한 철령위 이북의 쌍성총관부 지역(1356)이며 (나)는 세종 때 최윤덕 장군이 개척한 압록강 유역의 북서 4군(1443)과 김종서 장군이 개척한 두만강 유역의 동북6진(1449)이다.

● 오답풀이

> ①임진왜란(1592)시기의 사실이다. ② 고려 성종(994)때의 사실이다. ④ 무신집권기인 고려 고종(1232)때의 사실이다.⑤정묘호란(1627)때의 사실이다.

기출풀이 [9회 3급 19번]

19. 다음 자료의 밑줄 그은 '이들'에 대한 설명으로 옳은 것은?

[2점]

> 우리나라는 부사, 목사, 군수, 현령, 현감 등 5등급으로 나누어 백성을 다스리게 하였습니다. 그러나 다섯 관장으로 많은 백성들을 통솔하여 다스릴 수가 없으므로 관사 밑에 이들을 두어 6방을 배치하기를 조정의 6조처럼 하였습니다.
> ─「연조귀감」─

① 향안을 작성하여 결속을 강화하였다.
② 유향소를 조직하고 수령을 보좌하였다.
③ 중인 계층으로 행정 실무를 담당하였다.
④ 조세, 공납, 부역 등의 의무를 지고 있었다.
⑤ 지방의 행정·사법·군사권을 가지고 있었다.

● **출제의도**

조선 통치 체제의 특징 파악

● **해설 :** 정답 ③

조선은 모든 군현에 수령을 파견하였다. 수령은 왕의 대리인으로 지방의 행정·사법·군사권을 가지고 있었다. 이렇게 수령의 권한을 강화하는 한편, 향리는 수령의 행정 실무를 보좌하는 세습적인 아전으로 격하시키면서 지방 행정조직으로서 군현의 수령을 보좌하여 행정업무를 담당하기 위한 부서로 중앙의 6조와 같이 6방을 두었다.

● **오답풀이**

① 향안(지방에 거주하는 사족의 명단), 향규, 향안(양반 사족이 주도하는 향촌 자치 규약)등은 지방 사족들의 향촌지배력 유지를 위한 주요 수단이었다. ② 유향소(→ 향청)도 사족이 운영하는 향촌자치기구이다. ④ 양인(상민)에게 해당하는 설명이다.⑤수령에게 해당하는 설명이다.

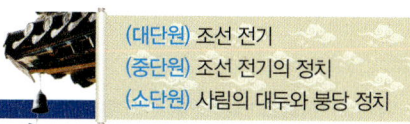

23. 연표의 (가)~(마) 시기에 있었던 사실로 옳은 것은? [3점]

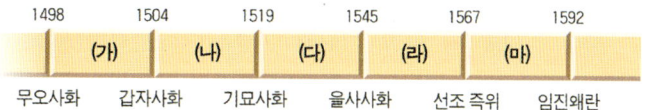

① (가) – 중종반정으로 연산군이 쫓겨났다.
② (나) – 조광조가 급진적인 개혁을 추진하였다.
③ (다) – 동인과 서인이라는 붕당이 형성되었다.
④ (라) – 김종직과 그 문인들이 중앙에 대거 진출하였다.
⑤ (마) – 윤원형 일파의 소윤이 윤임 일파의 대윤을 제거하였다.

● **출제의도**

조선 중기의 사화와 붕당의 발생 이해

● **해설 :** 정답 ②

조광조는 중종에 의해 중용되어 현량과 실시, 불교 · 도교 행사 폐지, 소학 · 향약 교육 실시, 공납의 폐단 시정 등 개혁정치를 실시하였으나 훈구세력에 의해 일어난 기묘사화(1519)에 의해 제거되었다.

● **오답풀이**

① 중종반정은 1506년의 일이다. ③ 동 · 서 붕당의 발생은 선조 즉위 후 나타났다. ④ 김종직 등 사림의 정계 진출은 성종 (1469~1494)때에 활발히 있었다. ⑤ 을사사화(1545)를 말하며 명종 때에 있었다.

 **기출풀이** [8회 3급 27번]

27. 다음 기구에 대한 설명으로 옳은 것은? [2점]

> ○ 세종 때 학자 양성과 문풍 진작을 위하여 만들었고, 점차
>   언론·정치 관련 활동도 활발히 하였다.
> ○ 이 기구의 관리들을 중심으로 단종 복위 운동이 모의되면서
>   폐지되었다.

① 산림과 붕당의 근거지가 되었다.
② 조선 시대의 국립 대학 역할을 하였다.
③ 교육과 외교를 담당하는 주무 기관이었다.
④ 관리의 비리를 감찰하는 역할을 수행하였다.
⑤ 주요 담당 기능이 후에 홍문관으로 이어졌다.

● **출제의도**

집현전의 설치와 특징 이해

● **해설 :** 정답 ⑤

집현전은 세종 때 설치된 학자 양성과 학문 연구를 위한 기관으로 경연과 서연을 담당하였으며 외교문서를 작성하고 과거의 시험관으로 참여하기도 하기도 하였다. 세종 20년부터 집현전은 정치적인 역할을 하게 되면서 유교정치의 이념을 실현하는 주요 도구가 되었으나 1456년 단종 복위를 꾀한 사육신 등이 집현전에서 많이 배출되자 세조는 집현전을 폐지하는 한편, 소장된 서적은 예문관에서 관장하게 하였다. 후에 집현전의 기능은 성종 때에 설치된 홍문관에서 대신하게 되었다.

● **오답풀이**

① 서원에 대한 설명이다. ② 성균관에 대한 설명이다. ③ 6조 중 예조에 대한 설명이다. ④ 사헌부에 대한 설명이다.

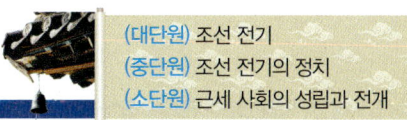
 **기출풀이** [8회 3급 43번]

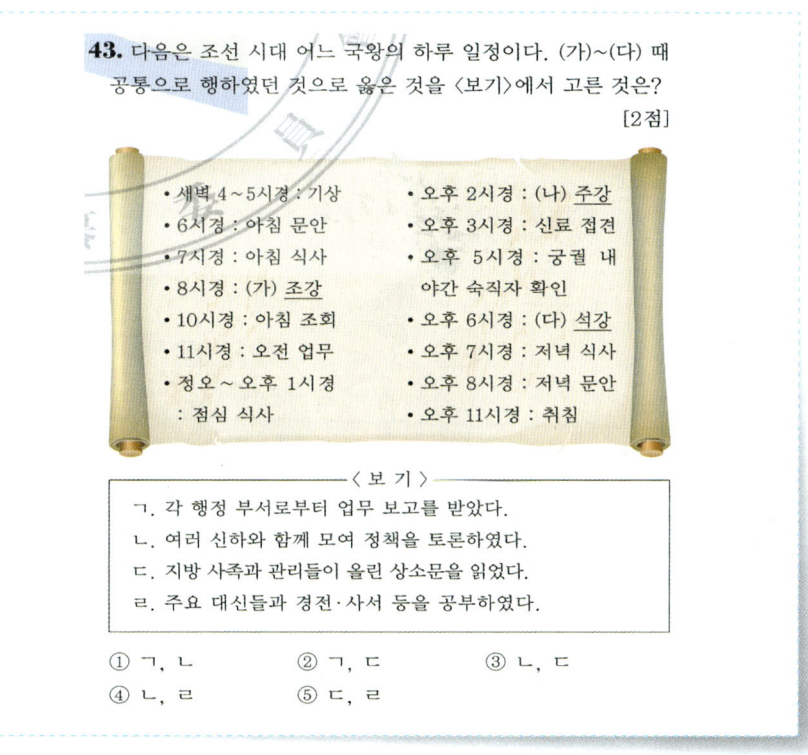

43. 다음은 조선 시대 어느 국왕의 하루 일정이다. (가)~(다) 때 공통으로 행하였던 것으로 옳은 것을 〈보기〉에서 고른 것은? [2점]

- 새벽 4~5시경 : 기상
- 6시경 : 아침 문안
- 7시경 : 아침 식사
- 8시경 : (가) 조강
- 10시경 : 아침 조회
- 11시경 : 오전 업무
- 정오 ~ 오후 1시경 : 점심 식사
- 오후 2시경 : (나) 주강
- 오후 3시경 : 신료 접견
- 오후 5시경 : 궁궐 내 야간 숙직자 확인
- 오후 6시경 : (다) 석강
- 오후 7시경 : 저녁 식사
- 오후 8시경 : 저녁 문안
- 오후 11시경 : 취침

〈 보 기 〉
ㄱ. 각 행정 부서로부터 업무 보고를 받았다.
ㄴ. 여러 신하와 함께 모여 정책을 토론하였다.
ㄷ. 지방 사족과 관리들이 올린 상소문을 읽었다.
ㄹ. 주요 대신들과 경전·사서 등을 공부하였다.

① ㄱ, ㄴ ② ㄱ, ㄷ ③ ㄴ, ㄷ
④ ㄴ, ㄹ ⑤ ㄷ, ㄹ

● 출제의도

조선의 국왕의 일과 파악

● 해설 : 정답 ④

조선의 국왕은 하루 세 차례의 강의 일정이 있는데, 이를 경연(왕과 신하들과의 토론)이라 하며 일정은 매일 아침에 조강을 실시하는 것이 원칙이었으며, 주강과 석강을 포함하여, 세 번 강의하는 경우도 많았다. 교재는 유교 경전과 역사 및 성리학 서적을 일정한 순서에 따라 강의하였다. 처음에는 학술적인 기능이 주목적이었으며 그를 중심으로 제도가 정비되었다. 하지만 세종대 이후의 경연에서는 간간이 정치적인 역할을 수행하는 모습이 나타났으며, 이후 정치적 기능이 훨씬 더 강화되어 경연 정치로 발전하게 되었다.

● 오답풀이

ㄱ, ㄷ 경연 외에는 실무적인 업무 보고를 받거나 결재 또는 신하를 접견하였다.

기출풀이 [8회 3급 44번]

44. 다음 그림을 통해 알 수 있는 제도에 대한 설명으로 옳은
것은? [2점]

① 태종 때 처음 실시되었다.
② 재상권의 강화를 목표로 하였다.
③ 왕권과 신권의 조화를 추구하였다.
④ 정도전의 정치 철학과 일치하였다.
⑤ 사림이 정계에 진출하는 계기가 되었다.

● 출제의도

6조 직계제의 이해

● 해설 : 정답 ①

태종은 왕권을 강화하고 국왕 중심의 통치체제를 정비하고자 하였다. 이에 도평의사사를 없애고 의정부를 두었지만 그 역
할을 약화시키고, 정치 업무를 6조에서 의정부를 거치지 않고 곧바로 국왕에게 올려 국왕의 재가를 받아 시행하게 하는 6
조 직계제를 채택하였다. 세종때 다시 의정부 서사제로 복귀되었다가 세조 때 강력한 왕권의 강화를 행사하기 위해 6조 직
계제가 다시 시행되었다.

● 오답풀이

② 왕권강화가 목표이다. ③ 의정부 서사제에 관련된 설명이다. ④ 정도전은 민본적 통치 규범을 마련하고 재상 중심의 정
치를 주장하였다. ⑤ 6조직계제에는 해당되지 않는다.

162

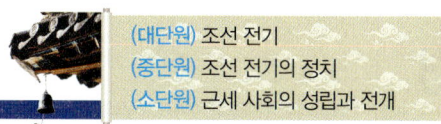

(대단원) 조선 전기
(중단원) 조선 전기의 정치
(소단원) 근세 사회의 성립과 전개

기출풀이 [7회 3급 17번]

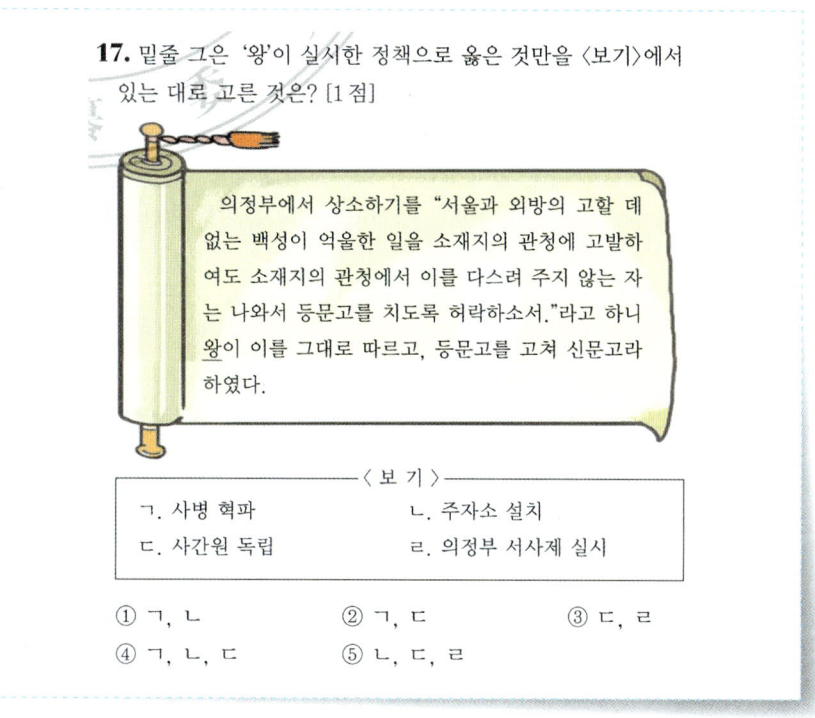

17. 밑줄 그은 '왕'이 실시한 정책으로 옳은 것만을 〈보기〉에서 있는 대료 고른 것은? [1점]

의정부에서 상소하기를 "서울과 외방의 고할 데 없는 백성이 억울한 일을 소재지의 관청에 고발하여도 소재지의 관청에서 이를 다스려 주지 않는 자는 나와서 등문고를 치도록 허락하소서."라고 하니 <u>왕</u>이 이를 그대로 따르고, 등문고를 고쳐 신문고라 하였다.

〈 보 기 〉
ㄱ. 사병 혁파   ㄴ. 주자소 설치
ㄷ. 사간원 독립   ㄹ. 의정부 서사제 실시

① ㄱ, ㄴ   ② ㄱ, ㄷ   ③ ㄷ, ㄹ
④ ㄱ, ㄴ, ㄷ   ⑤ ㄴ, ㄷ, ㄹ

● **출제의도**

조선 태종의 정책 파악

● **해설 :** 정답 ④

ㄱ, ㄴ, ㄷ. 태조 이후 두 차례에 걸친 왕자의 난을 거쳐 왕위에 오른 태종은 정도전 중심의 신권정치에 반하여 왕권을 강화하면서 국왕 중심의 통치 체제를 세우고자 하였다. 정치적으로 도평의사사를 해체하고, 사간원을 독립시켜 대신들을 견제하게 한 후 6조 직계제를 시행하였다. 군사적으로는 공신 세력을 견제하기 위해 사병 제도를 폐지하였다. 또한 경제적으로 사원전과 사원 노비를 제한하고 양전 사업과 호패제도를 실시하였으며 사회적으로는 관제를 개혁하고 신문고 제도를 실시하여 국가기반을 확고히 하고자 하였다. 주자소는 조선시대에 활자의 주조를 담당하던 관청으로서 1403년 태종 때에 설립되어 최초의 금속활자인 계미자가 만들어졌고 1434년 세종 때에는 갑인자가 만들어졌다.

● **오답풀이**

ㄴ, ㄹ. 의정부 서사제는 세종 때에 실시되었고 왕권과 신권의 조화를 추구하였다.

기출풀이  [7회 3급 19번]

19. 다음 내용과 관련된 조선 시대의 관직에 대한 옳은 설명을 〈보기〉에서 고른 것은? [2점]

> • 특별한 일이 없는 한 후에 고위 관직에 오를 수 있었다.
> • 고관은 물론이고 왕이라도 함부로 이들의 업무를 막을 수 없었다.
> • 벼슬 등급은 높지 않았으나, 학문과 덕망이 높은 사람이 주로 임명되었다.

〈 보 기 〉
ㄱ. 사간원과 사헌부의 관리를 말한다.
ㄴ. 자신의 후임자를 천거할 수 있었다.
ㄷ. 관리의 비리를 감찰하고 정사를 비판하였다.
ㄹ. 주업무가 국가의 큰 죄인을 다스리는 일이었다.

① ㄱ, ㄴ ② ㄱ, ㄷ ③ ㄴ, ㄷ ④ ㄴ, ㄹ ⑤ ㄷ, ㄹ

● **출제의도**

조선시대 삼사(언관)의 특징 파악

● **해설 :** 정답 ②

사간원, 사헌부, 홍문관은 조선 시대 언론 기관으로서 3사라고 불렀다. 사간원은 국왕에 대한 비판(간쟁)을 맡았던 관청으로 고려시대 낭사와 같은 기능이었고 사헌부는 관리의 비행을 감찰하여 고려 시대 어사대와 비슷하였다. 홍문관은 정책의 옳고 그름을 가리는 기능을 하였는데 유학의 학문 연구라는 측면에서 홍문관은 세종 대의 집현전을 이어 학술 기관의 역할도 하였다. 3사는 정사를 비판하고 관리들의 비리를 감찰하는 언론 기능을 담당하면서 권력의 독점과 부정을 방지하기 위한 것으로 조선 정치의 특징적인 모습이었다. 이중에서 사간원과 사헌부는 양사 또는 대간이라 칭하고 서경권 등 왕권을 견제하는 기능을 하도록 하였다.

● **오답풀이**

ㄴ. 이조 전랑에 해당하는 설명이다. ㄹ. 의금부의 기능이다.

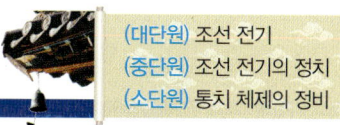

기출풀이 [7회 3급 45번]

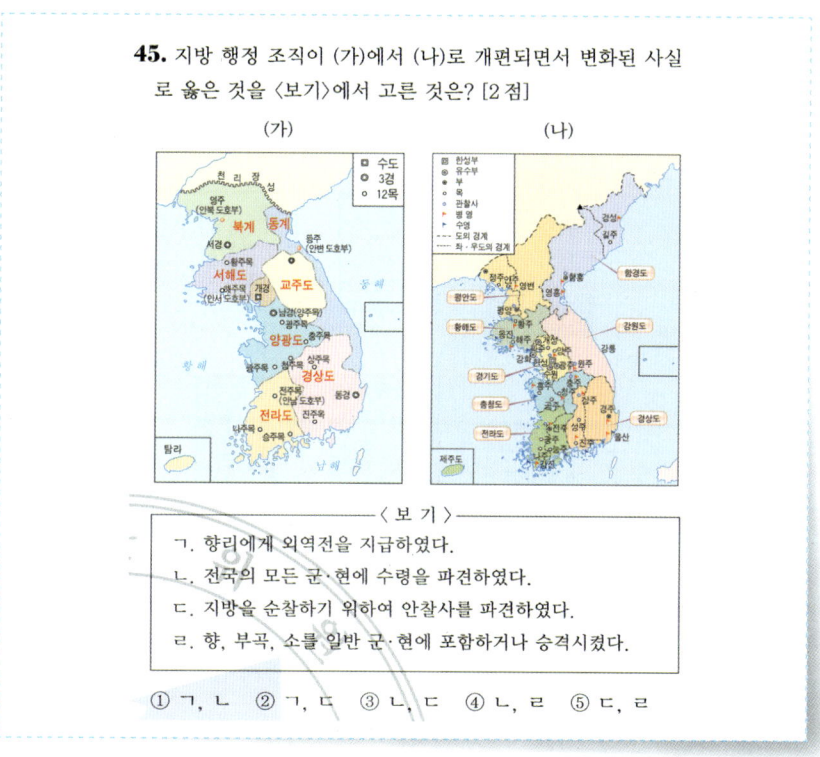

45. 지방 행정 조직이 (가)에서 (나)로 개편되면서 변화된 사실로 옳은 것을 〈보기〉에서 고른 것은? [2점]

〈보기〉
ㄱ. 향리에게 외역전을 지급하였다.
ㄴ. 전국의 모든 군·현에 수령을 파견하였다.
ㄷ. 지방을 순찰하기 위하여 안찰사를 파견하였다.
ㄹ. 향, 부곡, 소를 일반 군·현에 포함하거나 승격시켰다.

① ㄱ, ㄴ ② ㄱ, ㄷ ③ ㄴ, ㄷ ④ ㄴ, ㄹ ⑤ ㄷ, ㄹ

● 출제의도

고려와 조선의 지방 행정 조직 비교

● 해설 : 정답 ④

(가)는 고려의 지방행정조직인 5도 양계이며 (나)는 조선의 지방행정 조직인 8도이다. ㄴ,ㄹ. 조선은 8도 아래 인구와 크기에 따라 부, 목, 군, 현을 두고 속현과 향,소,부곡을 모두 없애고 일반 군현으로 일원화시켜 모든 군현에 지방관을 파견하였다. 기존의 향리세력은 수령 밑에 아전으로 격하되었다.

● 오답풀이

ㄱ, ㄷ. 고려는 일반 행정구역인 5도 밑에 주현과 속현을 두고 주현까지만 지방관을 파견하였다. 속현이나 특수행정구역으로서 향,소,부곡에서는 지방의 토착세력인 향리가 행정을 맡았으며 향리는 직역의 대가로 외역전을 받았다. 또한 5도의 책임자로 고려는 안찰사를 파견하였지만 그 품계가 낮고 단기의 순회직이었던 반면 조선의 관찰사는 8도의 책임자로 부,목, 군현의 수령을 감독케 하고 도의 행정, 군사, 사법권을 행사하여 권한이 막강하였다.

기출풀이 [6회 3급 19번]

19. 조선 시대 선비들이 즐겼다는 승경도놀이이다. (가)~(마) 단계의 대화 중에서 역사적 사실로 옳지 <u>않은</u> 것은? [1점]

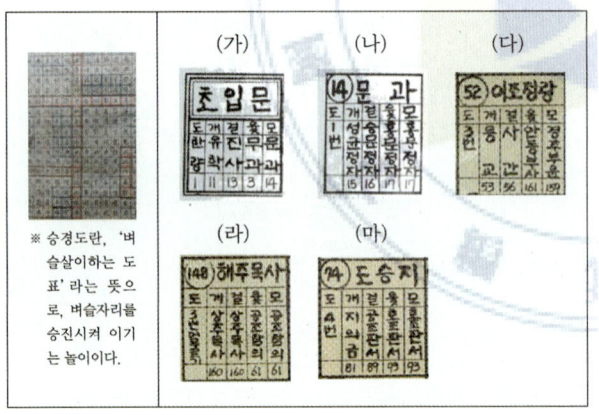

① (가) - 처음부터 모가 나왔군. 문과에 급제하려면 초시, 복시, 전시를 거쳐야 한다던데.

② (나) - 난 이번엔 개가 나왔으면 좋겠는걸. 성균정자가 되면 성균관에서 유생들과 함께 유학을 공부할 수 있으니까.

③ (다) - 이조 정랑이다. 정5품이지만, 문관들의 인사를 담당할 수 있는 실세가 되었네.

④ (라) - 해주 목사가 되었네. 해주목의 수령이니 해주의 행정·사법·군사권을 가지겠다.

⑤ (마) - 도승지네. 도승지가 되면 3사의 언관으로 활동하며 관리의 비리를 감찰할 수 있겠지.

● **출제의도**

　조선의 관리등용제도, 관직 제도의 특징 파악

● **해설 :** 정답 ⑤

> 도승지는 국왕의 비서기관으로 왕명의 출납을 맡았던 승정원의 책임관이었다. 그러므로 왕권 강화와는 관련이 있으나 왕권을 견제하는 기능(3사 언관의 기능)과는 상관이 없다.

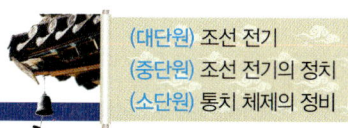

기출풀이 [6회 3급 20번]

---

20. 다음 항목으로 평가를 받았던 관리에 대한 설명으로 옳은 것은? [2점]

> • 농사를 잘 돌봤는가?　　• 호구를 증가시켰는가?
> • 학교를 일으켰는가?　　• 군정을 잘 다스렸는가?
> • 부역을 공평히 부과하였는가?　• 송사를 줄였는가?
> • 간활한 풍속을 줄였는가?

① 관찰사의 지휘와 감독을 받았다.
② 문과에 합격한 사람들만 임용되었다.
③ 같은 지역에서 1년 임기로 근무하였다.
④ 유향소에서 양반들에 의해 선출되었다.
⑤ 주로 정2품 이상의 품계를 가지고 있었다.

● **출제의도**

　조선 시대 수령의 역할 이해

● **해설 :** 정답 ①

　제시된 자료는 수령칠사(守令七事)로 불리는 수령의 임무와 관계된 평가 항목이다. 관찰사는 이를 매년 말에 조사하여 국왕에게 보고하였다.

● **오답풀이**

　② 수령은 문과·무과·음과(과거를 거치지 않고 공신 및 고위관원의 자제로서 관직을 제수)로 진출하였다. ③ 임기는 원칙적으로 3년이었으며 상피제로 인해 출신지에 임용되지 못하였다. ④ 유향소는 향촌자치기구이고 수령은 국가기관의 장이다. ⑤ 주로 관찰사(종2품)이하의 직급(종2품에서 종6품)이었다.

기출풀이 [6회 3급 22번]

22. (가) 사건과 관련된 사실로 옳은 것은? [2점]

> • 이삼평은 ___(가)___ 때 일본으로 끌려가 사가(佐賀) 현 다이묘로부터 '가나가에 산페이'라는 이름을 얻고 도자기를 생산하였다. 이삼평이 생산한 자기를 '아리타(有田) 자기'라고 하는데, 유럽에 팔려 나가 큰 인기를 끌었다.
>
> • 사야가(沙也可)는 ___(가)___ 때 조선에 귀순하여 '김충선'이라는 이름을 얻었고, 조총을 만드는 기술을 전해 주었으며, 의병과 함께 수차례 전투를 벌여 공을 세웠다. 이후 진주 목사의 딸과 결혼하여 대구 우륵동에 뿌리를 내렸다.

① 강홍립이 적군에 투항하였다.
② 인조가 남한산성으로 피난하였다.
③ 신유가 이끄는 조총 부대가 정벌에 참여하였다.
④ 중종이 군사 문제 전담 기구로 비변사를 설치하였다.
⑤ 권율이 이끄는 관군이 행주산성에서 승리를 거두었다.

● **출제의도**

왜란의 발발과 영향 이해

● **해설 :** 정답 ⑤

(가)는 임난 당시 일본으로 끌려간 도공에 관한 자료이며 (나)는 임난 당시 조선에 귀의한 일본 장수와 관련된 자료이다. ⑤ 행주대첩은 권율장군이 이끈 임진왜란의 3대 대첩 중 하나로서 이후 전세가 역전되자 왜군은 경상도 해안 일대로 후퇴하게 되었다. 그 사이 때를 같이 하여 조선도 훈련도감을 설치하여 군대의 편성과 훈련방법을 바꾸고 속오법을 실시하여 지방군의 편성까지 바꾸자 불안을 느낀 일본은 휴전을 제의하게 되었다.

● **오답풀이**

① 명나라가 후금을 공격하기 위해 원군을 조선에 요청하였을 때 명나라 원병으로 파견되었으나 '현지에서의 형세를 보아 향배를 정하라'는 광해군의 밀명에 따라 후금에 투항하였다. ② 병자호란(1636) ③ 2차 나선정벌(1658) ④ 삼포왜란(1510) 이후 비변사가 설치되었다.(1517)

 기출풀이 [8회 4급 25번]

25. 조선 시대에 세워진 비석의 이전 기사이다. 이 비석이 세워지게 된 시대적 배경으로 옳은 것은? [2점]

'굴욕의 삼전도비' 115년 만에 원위치 이전

굴욕의 역사가 고스란히 담긴 삼전도비(사적 101호)가 115년 만에 제자리를 찾았다. 송파구는 …… 석촌 호수 서호 언덕으로 옮기는 공사를 25일 마무리했다. 이 비의 정식 명칭은 '삼전도 청태종 공덕비'로 1639년에 세운 비석이다.
                                        － □□ 신문 2010년 ○○월 ○○일 －

① 강홍립은 후금 정벌을 위해 출병하였다.
② 인조는 남한산성에서 45일간 항전하였다.
③ 효종은 군대를 양성하여 북벌을 준비하였다.
④ 효종은 조총 부대를 출병시켜 큰 전과를 올렸다.
⑤ 광해군은 명과 후금 사이에 중립 외교를 추진하였다.

● **출제의도**

호란의 발발과 전개 파악

● **해설 :** 정답 ②

후금은 태종은 국호를 청으로 고치고 조선에 군신의 예를 강요하였다. 이에 조선은 크게 반발하여 청에 대항하였고 청 태종은 직접 10만의 대군을 이끌고 조선을 침공하여 병자호란을 일으켰다.(인조14년,1636) 청군이 서울에 육박하자 인조는 남한산성을 들어가 항전을 꾀하였으나 결국 인조가 삼전도에 나아가 항복의 예를 취하는 굴욕을 당하였다.

● **오답풀이**

①, ⑤ 후금이 건국되어 명을 압박하자 광해군의 실리적 중립외교를 실시하였다. 명이 원병을 요청하였을 때 형세를 관망하여 향배를 결정하도록 강홍립에게 밀명을 내려 명의 요청을 들어주면서도 후금과의 불필요한 충돌을 피하게 하였다. 인조반정으로 광해군이 퇴위하고 인조가 즉위하였다. ③ 효종은 인조의 둘째아들로 청의 인질로 있다 돌아와 왕이 된 후 북벌을 추구하였다. ④ 효종 때의 나선정벌이다.

10강 조선 전기의 경제와 사회

① 근세의 경제 경책

(1) 농본주의 경제 정책

① 중농 정책 : 토지 개간 장려, 양전 사업 실시, 신농법 · 농기구 개발

② 상공업 통제 : 유교적 검약 정식(소비 억제), 사 · 농 · 공 · 상의 직업적 차별(상공업자 차별)

(2) 토지 제도의 변천

과전법	• 목적 : 고려 말의 토지 제도 모순 해결, 신진 사대부의 경제 기반 마련, 국가 재정 확충 • 경기 지방의 토지를 과전으로 지급, 전 · 현직 관리에게 지급 • 수신전, 휼양전 명목으로 세습 → 토지 부족 문제 발생
직전법	• 목적 : 신진 관료에게 지급할 토지 부족 문제 해결 • 현직 관료에게만 지급(세조 때)
관수 관급제	• 목적 : 관리의 수조권 남용 방지 • 국가가 수조권 대행 → 국가의 토지 지배권 강화
직전법 폐지	• 수조권 지급 제도 소멸, 녹봉만 지급(16세기 중엽) • 양반 관료의 농장 확대, 지주 전호제의 일반화

② 근세의 수취 제도의 운영

(1) 수취 체제의 확립

조세	• 세액 : 수확량의 10분의 1기준 → 세종 때 전분 6등법, 연분 9등법 실시(1결당 최고 20두에서 최하 4두 납부) • 운송 : 조운(조창 → 경창), 함경도 · 평안도는 현지 사용(잉류 지역)
공납	• 가호를 단위로 토산물 징수(각종 수공업 제품, 광물, 수산물, 모피 등) • 전세보다 농민의 부담 가중
역	• 군역 : 16세 이상의 양인 남자(정남), 정군과 보인 • 요역 : 성종 때 토지 8결을 기준으로 1명 차출, 1년에 6일 이내 동원 규정

(2) 수취 제도의 문란

공납	방납의 폐단 → 농민 부담 증가 → 유망 농민 급증 → 수미법 실시 주장
군역	농민의 요역 동원 기피 → 군역의 요역화 → 방군수포와 대립 성행 → 군포 징수제 확산 → 군포 부담의 가중 → 군역 기피 현상 발생
환곡	지방 수령과 향리들이 법정 이자(1/10)보다 많이 거두어 사적으로 사용(고리대화)
결과	농민 부담 증가로 유민화, 일부는 도적화(명종 때 임꺽정)

❸ 근세의 상공업 활동

(1) 수공업 생산 활동

관영 수공업	장인(관장)들을 공장안에 등록, 부역을 동원하여 관청 필요품 생산 → 이후 부역 제의 해이, 상업의 발전으로 점차 쇠퇴
민영 수공업	주로 농기구, 양반 사치품 생산, 농촌의 가내 수공업

(2) 상업 활동

① 시전 상인 : 왕실·관청의 수요품을 공급하는 대신에 독점 판매권(금난전권)보유 → 육의전의 번성, 경시서 설치

② 장시의 성장 : 15세기 후반 등장 → 16세기 중엽 전국적으로 확대, 보부상이 물품 유통

③ 무역 활동 : 명(공무역과 사무역), 여진(국경 지역의 무역소), 일본(동래의 왜관)

❹ 양반 관료 중심의 사회

(1) 양천 제도와 반상 제도

① 양천제와 반상제

양천 제도	법제적 신분제	• 양인 : 자유민, 조세와 국역의 의무, 과거 응시 자격 • 천민 : 비자유민, 천역 담당
반상제도	관습적 신분제	• 직역과 가문에 따라 세분 • 양반, 중인, 상민, 천민으로 구분

② 조선 시대의 사회 : 고려 사회에 비해 개방적, 신분 이동 가능

(2) 양반과 중인

구분	성격	역할	특징
양반	문·무반을 받은자(이후 그 가족·가문까지 포함)	경제적 지주층, 정치적 관료층	토지·노비 소유, 고위 관직 독점, 각종 국역 면제
중인	양반과 상민의 중간 계층	전분 기술 및 행정 실무 담당	문과 응시 불가, 지배층의 하부 형성

(3) 상민과 천민

① 상민(평민, 양인) : 농민(조세·공납·부역 의무), 수공업자(관영·민영 수공업), 상인(농민보다 하층), 신량역천, 법적으로 과거 응시 가능

② 천민의 유형 : 대부분 노비, 백정, 무당, 창기, 광대 등

③ 노비의 처지 : 재산으로 취급, 일천즉천 적용

❺ 사회 정책과 사회 시설

(1) 사회 정책과 사회 제도

  ① 농민 생활 : 조세·역의 부담·양반 지주의 수탈 → 몰락 농민의 증가

  ② 농본 정책 : 농민 생활 안정 도모 → 지배 체제의 유지 목적

  ③ 사회 시설

농민 구제	양반 지주의 토지 겸병 억제, 재해시 조세 감면, 환곡제, 사창제
의료 시설	혜민국, 동·서 대비원, 제생원, 동·서 활인서

(2) 법률 제도

  ① 법전 : 경국대전과 대명률에 의해 형벌과 민사에 관한 사항 규정

  ② 형벌 : 주로 대명률 적용, 반역죄·강상죄는 중죄, 연좌제 적용 → 태·장·도·유·사형의 5종

  ③ 민사 : 지방관이 관습법에 따라 처리, 노비 관련 소송이나 산송이 주류

  ④ 사법 기관 : 중앙(사헌부, 의금부, 형조, 한성부, 장례원), 지방(관찰사, 수령)

❻ 향촌 사회의 조직과 운영

(1) 향촌 사회의 모습 : 8도 − 부·목·군·현 − 면·리 설치

  ① 유향소 : 수령 보좌, 향리 규찰 → 경재소 혁파 후 향소(향청)로 변경(향안, 향규 작성)

  ② 경재소 : 유향소 통제, 정부와 유향소의 연락 기능

  ③ 사족 : 향촌 사회에서 농민 지배 → 향안 작성, 향규 제정

  ④ 성리학적 사회 질서 유지

    • 사림들이 소학 보급, 가묘와 사당 건립, 족보 편찬

    • 족보: 가문의 내력 기록, 종족 내부의 결속 강화, 신분적 우월 의식, 결혼과 붕당 구별에 활용

(2) 향약과 유교 윤리의 보급

  ① 향약 : 전통적 향촌 규약 + 미풍양속 + 삼강오륜의 유교 윤리, 향촌 자치의 기능(사회 풍속 교화, 질서 유지, 치안 담당) → 사림의 농민 통제 강화

  ② 서원 : 성리학 연구, 선현 제사, 지방 사족의 지위 강화, 향촌 사림 결집의 발판

(3) 촌락의 구성과 운영

  ① 촌락 : 농민 생활 및 향촌 구성의 기본 단위, 면리제·오가작통제로 주민 지배

  ② 신흥 사족의 향촌 이주 : 반촌(양반거주), 민촌(평민 거주)출현, 동족 마을 형성

  ③ 농민 조직 : 두레(공동 노동의 작업 공동체), 향도(불교+민간 신앙, 공동체 조직의 성격)

이것 만은 알고 가자!

> - 농사와 양잠은 의식(衣食)의 근본이니, 왕도 정치에서 우선이 되는 것이다.
> - 우리 나라에는 이전에 공상에 관한 제도가 없어, 백성들 중 게으르고 놀기 좋아하는 자들이 수공업과 상업에 종사하였기 때문에 농사를 짓는 백성이 줄어들었으며, 말직(상업)이 발달하고 본실(농업)이 피폐하였다. 이것을 염려하지 않을 수 없다.
>
> — 조선경국전 —

● **성리학적 경제관**

위민, 애민을 중시하였던 왕도 정치 사상에서 민생 안정은 가장 중요한 과제였다. 그리하여 중농 정책을 추진하였으며, 유교적 경제관에 따라 검약 생활이 강조되면서 상공업에 대한 통제가 가해졌다.

● **근세의 양반, 평민의 경제활동**

- 양반 지주의 생활
  - 경제 기반: 과전, 녹봉, 자기 소유의 토지, 노비(외거 노비는 신공을 바침)
  - 토지 경영: 노비의 경작, 소작 경영(병작반수제), 15세기 이후 농장 증가
- 농민 생활의 변화
  - 권농 정책: 개간 장려, 수리 시설 확충, 농서 간행 보급('농사직설', '금양잡록')
  - 농업 기술: 2년 3작의 일반화, 남부 일부 지방에 모내기 보급, 시비법의 발달로 휴경지 소멸, 농기구 개량, 목화 및 약초와 과수 재배 확대
  - 농민 생활 안정 및 통제책: 구황 방법 제시, 호패법(16세 이상의 남자들이 지니고 다녀야 했던 신분 증명패)과 오가작통법(농민의 향촌 이탈을 막기 위해 다섯 집을 하나의 통으로 묶어 상호 감시하게 하는 제도)강화

● **조선의 신분 제도**

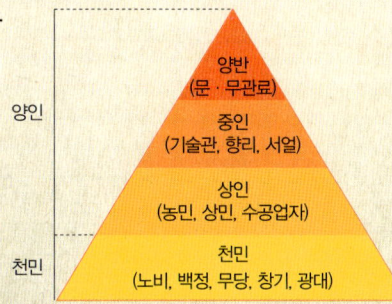

양인 / 천민
- 양반 (문·무관료)
- 중인 (기술관, 향리, 서얼)
- 상인 (농민, 상민, 수공업자)
- 천민 (노비, 백정, 무당, 창기, 광대)

● **성리학적 질서의 강화**

- 예학: 양반들이 성리학적 도덕 윤리를 강조하면서 신분 질서의 안정을 추구하고자 성립한 학문이다.
- 보학: 종족 내부의 결속을 다지고, 다른 종족이나 하급 신분에 대한 우월 의식을 갖기 위해 발달하였다.

 기출풀이 [11회 3급 20번]

20. 다음과 관련된 조선 시대 향촌 조직에 대한 설명으로 옳은 것은? [2점]

> 초상이 나면 동네 사람들 각자가 쌀 1되씩 낸다. 혹시 빈궁하여 이를 내지 못하면 노동으로 대신한다. 장례 때에는 집집마다 장정 1명씩 내어 일을 돕고, 양반 사족으로서 장정을 보내지 않는 사람은 쌀 1되씩 낸다. 가난하여 혼기를 놓친 처녀가 있으면 관청에 보고하여 지원을 받도록 주선하는 한편, 향약민 중에서도 형편에 알맞게 부조를 한다. 병환으로 농사를 폐기한 사람이 있으면 마을에서 각각 지원하여 경작을 도와준다.

① 지방민의 진료 및 약재를 담당하였다.
② 선현에 대한 제사와 후진 교육을 담당하였다.
③ 공동 노동을 위한 농민들의 작업 공동체 역할을 하였다.
④ 서로 이웃하고 있는 다섯 집을 하나의 통으로 묶고 관리하였다.
⑤ 전통적인 공동 조직에 유교 윤리를 결합시켜 향촌 사회의 질서를 유지하였다.

● **출제의도**

향약의 보급과 기능 이해

● **해설 :** 정답 ①

지방 사족은 향촌 사회의 지배권을 확보하기 위해 향약 조직을 만들었는데 향약은 중종 때 조광조가 처음 실시한 이후 전국적으로 확산되었다. 본래 향촌에서는 마을 단위로 공동체 생활을 하면서 어려운 일을 당하면 서로 돕는 풍습이 있었는데 향약은 이러한 전통적 조직과 미풍양속을 계승하면서, 삼강오륜을 중심으로 한 유교윤리를 가미하였다. 풍속 교화, 향촌 질서 유지, 치안 등의 향촌 자치 기능을 담당하는 향약의 보급으로 지방 사림의 지위는 강화되었으나, 지방 유력자가 주민을 위협, 수탈하는 배경을 제공하는 등 부작용도 있었다.

● **오답풀이**

① 제생원은 지방민의 구호 및 진료를 담당하였다. ② 서원의 기능이다. ③ 촌락의 농민 조직으로 두레에 대한 설명이다. ④ 17세기 중엽 이후의 오가작통제에 대한 설명이다.

170

기출풀이 [11회 3급 21번]

21. 17세기 무렵 (가)~(라) 신분에 대한 설명으로 옳지 <u>않은</u> 것은? [3점]

(가) 우리가 문무 고위 관직을 독점하고 있지.

(나) 사신을 수행하여 통역을 담당해야 하니 준비할 것이 많겠군.

(다) 휴! 조세와 공납에 부역까지 ……, 등골이 휘는구나!

(라) 내 자식도 나처럼 평생 신공을 바치고 살아야 하다니 ……

① (가)는 경제적으로 지주층이며 현직 또는 예비 관료로 활동하였다.
② (나)는 중간 계층으로 전문 기술이나 행정 실무를 담당하였다.
③ (다)는 인구 중 다수를 차지하였으며 생산 활동에 종사하였다.
④ (라)는 고려 시대 백정이라고 불린 신분에 해당된다.
⑤ (가)~(라)의 신분은 엄격히 구분되었으나 신분 이동이 가능하였다.

● 출제의도

조선시대의 신분제도 파악

● 해설 : 정답 ④

고려 시대의 양민의 대다수는 농민으로서 이들을 백정이라고도 불렀다. 이들에게는 조세·공납·역이 부과되었다. 조선시대의 천인 중 대부분은 노비였는데 노비는 재산으로 취급되어 매매, 상속, 증여의 대상이 되었다. 조선 시대의 노비는 고려 시대와 마찬가지로 국가에 속한 공노비와 개인에 속한 사노비로 나뉘었는데 공노비는 국가에 신공을 바치거나 관청에 노동력을 제공하였고 사노비 또한 고려시대와 마찬가지로 솔거 노비와 외거 노비로 구분되었다. 이외에 백정, 무당, 창기, 광대 등도 천민으로 취급되었다. 조선시대의 백정은 도살업을 주업으로 삼는 사람들로 천인 취급을 받았다.

기출풀이 [10회 3급 22번]

22. 밑줄 그은 내용과 관련된 사실로 옳은 것은? [2점]

> ○○ 박물관에는 삼국 시대부터 현재까지 각 시대의 세금 관련 자료들이 전시되어 있다. 통일 신라 시대 코너에는 국가가 세무 행정을 위해 촌락의 경제 상황을 어떻게 파악했는지 볼 수 있는 민정 문서가 전시되어 있고, 조선 시대 코너에는 전세(田稅) 징수를 위해 조선 정부가 실시한 제도와 관련한 자료들이 전시되어 있다.

① 체계적인 조세 운영을 위해 연분 9등법이 시행되었다.
② 식읍을 받은 사람이 그 지역의 조세, 역 등을 징발하였다.
③ 촌주위답, 내시령답 등 토지의 종류와 면적을 기록하였다.
④ 3년마다 토지 크기, 인구 수 등을 파악하여 문서로 작성하였다.
⑤ 토지 조사 사업을 통해 지목, 지가, 지형, 등급 등을 조사하였다.

● **출제의도**

조선의 전세 제도 이해

● **해설 :** 정답 ①

세종 시기에는 조세 제도를 더욱 체계적으로 운영하기 위해 토지 비옥도와 풍흉의 정도에 따라 전분 6등법, 연분 9등법으로 바꾸고, 조세 액수를 1결당 최고 20두에서 최하 4두를 내도록 하였다.

● **오답풀이**

② 고대의 귀족들은 식읍과 녹읍을 통해 그 지역의 조세와 공물을 거두었고 노동력을 동원할 수 있었다. ③, ④ 통일신라 시기에 촌주가 3년마다 작성한 민정문서의 내용으로 토지 크기나 인구 수 등을 기록하였다. ⑤ 1912~1918년까지 있었던 일제의 토지조사사업에 관한 설명이다.

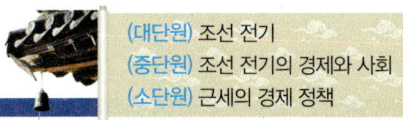
 **기출풀이** [8회 3급 22번]

22. 다음 대화에 나타난 문제점을 해결하기 위해 시행한 정책으로 옳은 것은? [2점]

> 현직 관리에게만 토지를 지급하니 새로운 문제가 발생하는군.

> 관리들이 퇴직 후를 대비해서, 과다하게 수취하여 농민들의 원성이 높으니 큰일일세!

① 수신전과 휼양전의 지급을 폐지하였다.
② 수취 체제를 정비하여 연분 9등법을 실시하였다.
③ 관청에서 조세를 수취하여 관리에게 나누어 주었다.
④ 관리에게 주던 수조권을 폐지하고 녹봉만을 지급하였다.
⑤ 조세 수취와 노동력을 징발할 수 있는 녹읍을 폐지하였다.

● **출제의도**

조선 전기의 토지 제도 이해

● **해설 :** 정답 ③

조선 세조때의 직전법 하에서는 수조권을 받은 자(현직관리만)는 스스로 그 해의 생산량을 조사하여 1/10을 농민에게 세금으로 거두었는데 과전법에 비해 직전법은 과전의 반납시기가 앞당겨져 진 셈이므로 관리들은 관직에 있을 때 지급받은 과전에서 더 많은 세를 거두려고 하는 일이 많아졌다. 이를 시정하기 위해 성종 시기에는 직접 관리가 거두던 조세를 지방 관청에서 거두어 관리에게 나누어 주는 관수관급제가 실시되었다. 이로써 국가의 토지 지배권은 강화되었다.

● **오답풀이**

① 세조때 실시된 직전법의 내용이다. ② 조선 전기의 전세 제도이다. ④ 명종 1556년에 있었던 직전제 폐지에 대한 설명이다. ⑤ 녹읍 폐지는 통일신라의 신문왕 때 있었던 일이다.

기출풀이 [6회 3급 21번]

21. 어느 만화 영화의 포스터이다. 이 영화에서 나올 수 있는 장면으로 가장 적절한 것은? [2 점]

① 균역법의 시행에 불평을 늘어놓는 지주들
② 양반이 되려고 공명첩을 구입하는 농민들
③ "사람이 곧 하늘이다."라고 주장하는 사람들
④ 덕대에게 밀린 임금을 달라고 소리치는 광산 노동자들
⑤ 방납으로 인한 부담을 감당하지 못해 도망치는 사람들

● **출제의도**

조선 중기의 수취체제의 문란 파악

● **해설 :** 정답 ③

16세기 이르러 수취체제의 운영과정에서 폐단이 나타나게 되었다. 공납에서는 중앙관청의 서리들이 공물을 대신 내고 그 대가를 많이 챙기는 방납의 폐단이 나타났는데 그 피해가 가장 심했다. 또한 역은 조선 이래 평화가 지속되면서 군역보다는 요역의 형태를 띠게 되었는데 일정기간만 하던 군역과 달리 장기간 지속되었던 요역은 농민들에게 기피되었다. 또한 군역이 문란해지면서 포를 주고 군역을 면제받는 방군수포제와 다른 사람에게 포를 주고 군역에 대신 지게 하는 대립제가 불법적으로 행해지게 되었다. 여기에 애초에 농민생활을 안정시키기 위해 시행되었던 환곡마저 높은 이자율로 농민의 생활을 어렵게 만드는 부담요인이 되면서 농민들은 땅을 버리고 유랑을 하거나 도적이 되는 사람들이 급격하게 늘게 되었다. 명종 때 유명한 도둑이었던 임꺽정은 그 대표적 예이다.

● **오답풀이**

① 조선 후기 영조 때 실시되었다. ② 임난 이후 납속책과 함께 실시된 합법적 신분 상승 제도이다. ③ 1860년 창시된 동학의 핵심사상이다. ④ 조선 후기 광업의 발달로 나타난 전문경영인이다.

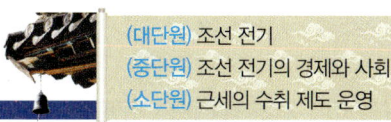

기출풀이 [5회 3급 24번]

24. 다음 자료들을 통해 당시 시대 상황을 파악하고자 할 때, 탐구 활동으로 적절하지 <u>않은</u> 것은? [2 점]

> • 근래 도적이 벌 떼처럼 일어나 공공연하게 노략질을 하며 양민을 죽이고 방자한 행동을 거리낌없이 하여도 주현에서 막지 못하고 병사도 잡지 못하니, 그 형세가 점점 커져서 여러 곳으로 퍼지고 있습니다. 심지어 서울에서도 떼로 일어나 빈집에 진을 치고 밤이면 모였다가 새벽이면 흩어지고 칼로 사람을 다치게 합니다.
> – 〈명종실록〉 –
>
> • 지방에서 토산물을 공물로 바칠 때, (중앙 관청의 서리가) 공납을 일절 막고 본래 값의 백 배가 되지 않으면 받지도 않습니다. 백성이 견디지 못하여 세금을 못 내고 도망하는 자가 줄을 이었습니다.
> – 〈선조실록〉 –

① 방납의 폐단이 초래한 영향을 조사한다.
② 수미법 실시를 주장했던 사람들을 조사한다.
③ 환곡제의 운영 과정에서 나타난 폐단에 대해 알아본다.
④ 토지에 부과되는 결작의 부담이 농민에게 전가된 원인을 알아본다.
⑤ 다른 사람을 사서 군역을 대신하게 하는 현상이 나타난 배경을 알아본다.

● **출제의도**

조선 중기의 수취체제의 문란 파악

● **해설 :** 정답 ④

조선 후기 수취제제의 개편으로서 군역의 폐단을 고치기 위해 시행된 균역법(18세기 영조)은 1년에 1인(정남)당 포2필이던 것을 1필로 줄인 것이다. 정부는 균역법 실시로 줄어든 세금을 보충하기 위해 지주에게 토지1결 당 쌀 2두를 걷는 결작세와 양반이 아닌 상류층에게 선무군관이라는 칭호를 주고 군포 1필을 받는 선무군관포를 거두었다. 하지만 지주에게 부과되던 결작이 그대로 소작농의 부담으로 전가되면서 농민의 부담은 다시 증가하고 군적은 문란하게 되었다.

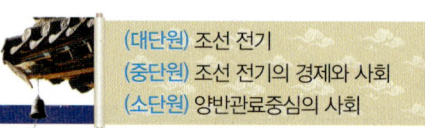

기출풀이 [10회 3급 20번]

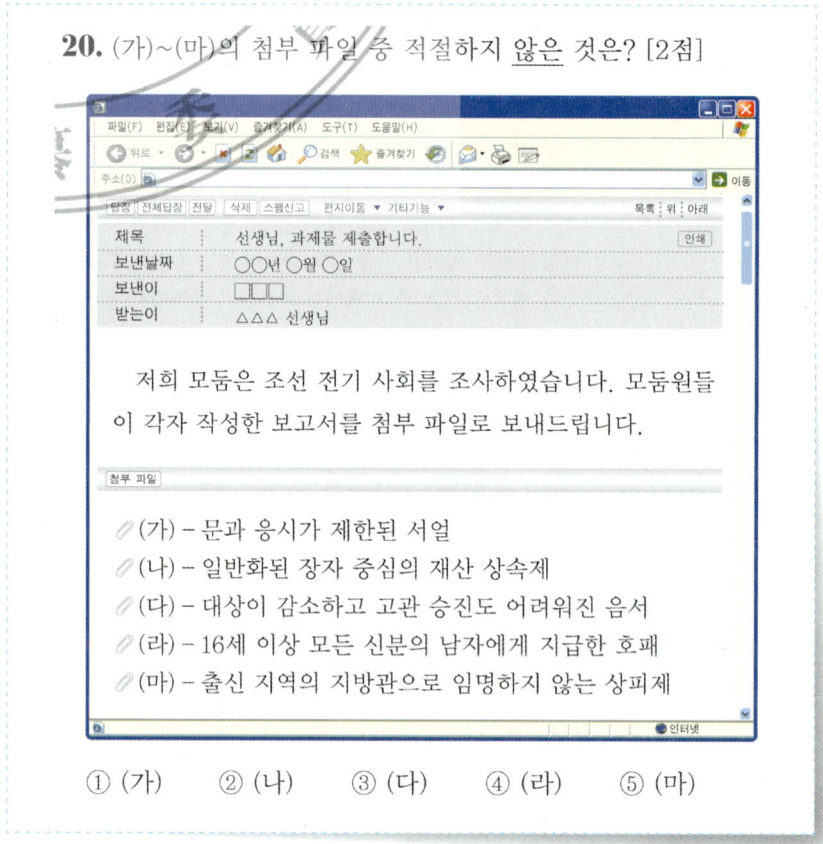

20. (가)~(마)의 첨부 파일 중 적절하지 <u>않은</u> 것은? [2점]

제목 : 선생님, 과제물 제출합니다.
보낸날짜 : ○○년 ○월 ○일
보낸이 : □□□
받는이 : △△△ 선생님

저희 모둠은 조선 전기 사회를 조사하였습니다. 모둠원들이 각자 작성한 보고서를 첨부 파일로 보내드립니다.

첨부 파일

(가) – 문과 응시가 제한된 서얼
(나) – 일반화된 장자 중심의 재산 상속제
(다) – 대상이 감소하고 고관 승진도 어려워진 음서
(라) – 16세 이상 모든 신분의 남자에게 지급한 호패
(마) – 출신 지역의 지방관으로 임명하지 않는 상피제

① (가)　② (나)　③ (다)　④ (라)　⑤ (마)

● **출제의도**

조선 전기의 사회상 파악

● **해설 :** 정답 ②

장자 중심의 상속제가 일반화된 시기는 조선 후기(17세기) 이후이다. 조선 중기까지도 혼인 후에 남자가 여자 집에서 생활하는 경우가 있었으며, 아들과 딸이 부모의 재산을 똑같이 상속받는 경우가 많았다. 집안을 잇는 자식에게 1/5의 상속분을 더 준다는 것 외에는 모든 아들과 딸에게 재산을 똑같이 나누어 주는 것이 당시의 관행이었다.

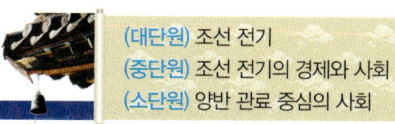

기출풀이 [7회 3급 46번]

46. (가)~(라)의 지배층에 대한 설명으로 옳은 것만을 〈보기〉에서 있는 대로 고른 것은? [2점]

> (가) 골품 제도의 최고 신분으로 정치적 권력과 경제적 부를 독점하였다.
> (나) 주로 음서와 공음전의 혜택을 받았다.
> (다) 원 간섭기에 친원 세력으로 정계의 요직을 장악하였다.
> (라) 붕당을 형성하면서 도덕과 의리를 바탕으로 하는 왕도 정치를 강조하였다.

〈 보 기 〉

> ㄱ. (가) - 화백 회의를 통해 왕권을 견제하기도 하였다.
> ㄴ. (나) - 왕실과 중첩된 혼인 관계를 맺으며 권력을 독점하였다.
> ㄷ. (다) - 중방을 중심으로 주요 관직을 독차지하였다.
> ㄹ. (라) - 서원을 설립하고 향촌 자치를 주장하였다.

① ㄱ, ㄴ   ② ㄱ, ㄷ   ③ ㄷ, ㄹ
④ ㄱ, ㄴ, ㄹ   ⑤ ㄴ, ㄷ, ㄹ

● **출제의도**

시대별 지배 계층 파악

● **해설 :** 정답 ①

(가)는 신라의 진골, (나)는 고려 전기의 문벌귀족, (다)는 고려 후기의 권문세족, (라)는 조선의 사림에 대한 설명이다. ㄱ. 진골귀족은 화백회의의 주 구성원으로서 왕권을 견제하였다. ㄴ. 고려 전기의 문벌귀족은 왕실과 중첩된 혼인 관계로서 대대로 권력을 행사하였다. ㄹ. 사림 세력은 조선 초기에는 중앙의 훈구 세력에 밀려 향촌에 근거를 두면서 서원, 향약 등을 통해 세력을 키우고 향촌 자치와 왕도 정치를 주장하였다.

● **오답풀이**

ㄷ. 중방을 통해 권력을 휘두른 것은 무신 집권기 때 이의방, 정중부, 이의민 등의 무신세력이다.

기출풀이 [5회 3급 20번]

20. 다음 자료의 밑줄 그은 '이 조직'에 대한 설명으로 옳은 것은? [2점]

> 무릇 뒤에 이 조직에 가입하기를 원하는 자에게는 반드시 먼저 규약문을 보여 몇 달 동안 실행할 수 있는가를 스스로 헤아려 본 뒤에 가입하기를 청하게 한다. 가입을 청하는 자는 반드시 단자에 참가하기를 원하는 뜻을 자세히 적어서 모임이 있을 때에 진술하고, 사람을 시켜 약정(約正)에게 바치면, 약정은 여러 사람들에게 물어서 좋다고 한 다음에야 글로 답하고 다음 모임에 참여하게 한다.
>
> – 〈율곡전서〉 –

① 경재소의 통제를 받았다.
② 수령 보좌와 향리 감찰을 목적으로 만들었다.
③ 지방관의 권한을 강화시켜 주는 기능을 하였다.
④ 지방 사림의 지위를 약화시키는 기능을 하였다.
⑤ 전통적 농민 공동 조직에 유교 윤리가 가미되었다.

● **출제의도**

향촌의 자치규약, 향약의 이해

● **해설 :** 정답 ⑤

> 서원과 함께 사림의 세력 기반을 이루고 상민층에까지 유교의 예속을 침투시켜 백성들을 교화시키는 데 기여한 것이 바로 향약이었다. 향약은 향촌을 교화시키는 일종의 규약으로서 향촌 자치기구인 유향소가 규정한 향규와 상부상조의 전통인 계와 같은 예전부터 내려오는 전통적 향촌 규약에 삼강오륜의 성리학적 질서를 합하여 새로이 발전시킨 것이었다. 구체적인 내용은 마을마다 조금씩 달랐지만 덕업상권, 과실상규, 예속상교, 환난상휼 과 같은 4대덕목은 어느 지역에나 대개 포함되어 있었다.

● **오답풀이**

> ①, ② 경재소의 통제를 받은 곳은 양반 사족의 향촌 자치기구인 유향소이다. 유향소는 수령을 보좌하고 향리를 감찰하며 향촌의 풍속교화를 담당하였다. ③, ④ 향약은 지방관의 권한을 강화시켰던 것이 아니라 사족(사림)의 영향력을 강화시켰다.

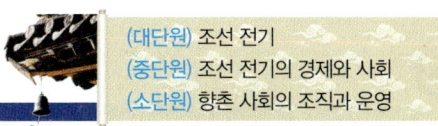
기출풀이 [10회 4급 33번]

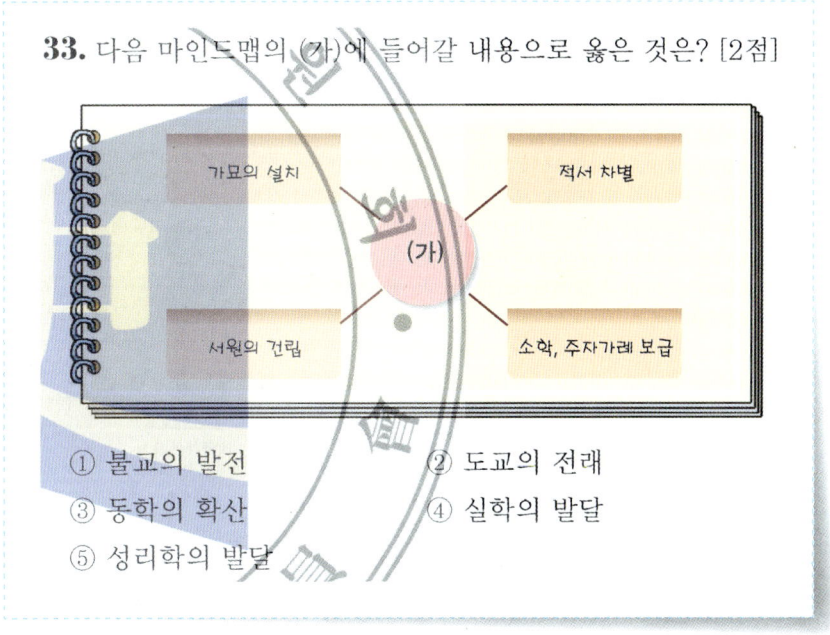

33. 다음 마인드맵의 (가)에 들어갈 내용으로 옳은 것은? [2점]

| 가묘의 설치 | | 적서 차별 |

(가)

| 서원의 건립 | | 소학, 주자가례 보급 |

① 불교의 발전　　　② 도교의 전래
③ 동학의 확산　　　④ 실학의 발달
⑤ 성리학의 발달

● **출제의도**

16세기 성리학적 사회질서의 강화 이해

● **해설 :** 정답 ①

16세기 이후 사림들이 성장하면서 성리학이 향촌에 확산되었고 전통적인 향촌 조직과 규약은 향약으로 통합되어 갔다. 사림들은 자신의 세력 근거지에 향약을 시행하고 도덕과 예학의 기본서인 소학과 주자가례를 보급하여 향촌 사회에서 자신들의 지배력을 강화하였으며, 가묘와 사당을 세워 성리학적 사회 질서를 유지하고자 하였다. 또한 서원을 건립하여 선현에게 제사하고 자제를 교육하게 함으로써 사림의 세력은 더욱 확대되어 갔으며 성리학적 질서는 더욱 강화되었다.

기출풀이  [9회 4급 32번]

출제의도

시대별 농민 구제책의 목적 파악

해설 : 정답 ④

고구려의 고국천왕 때 실시된 진대법, 고구려의 진대법을 따라 고려 초기 흑창이라는 이름으로 시행되다가 고려 성종때부터 실시된 의창, 조선 때부터 향촌 자치적으로 스스로를 구휼케 했던 사창제 등은 모두 농민의 생활을 안정시키기 위한 정책들이었다. 조금씩 차이는 있지만 대개는 국가에서 봄에 곡식이 떨어지면 저이자 혹은 무상으로 농민에게 빌려 주고 가을에 갚도록 했던 춘대추납제였다. 이들의 목적은 가난한 백성을 구제하여 민생을 안정시키는 것이었다고 하나 궁극적으로는 국가 재정을 안정시킴으로써 지배체제를 유지하기 위함이었다.

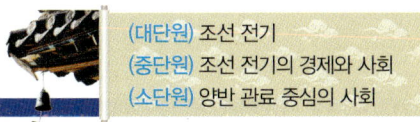
 [8회 4급 23번]

23. 조선의 신분 구조이다. (가)에 해당하는 신분이 <u>아닌</u> 것은?

[1점]

```
                    신분 구조
              ┌───────────┴───────────┐
           양인                     천인
     ┌───────┼───────┐               │
   양반    (가)    상민            천민
```

① 역관   ② 서리   ③ 백정
④ 의관   ⑤ 향리

● **출제의도**

조선시대 중인의 성격과 특징 파악

● **해설 :** 정답 ③

조선시대의 백정은 도살업을 주업으로 삼는 직업군으로 천시되었으며 중인층이 아닌 천민층에 속하였다. 조선시대 중인은 양반과 상민 사이에 끼어있는 중간계층으로서 처음에는 양천제 아래 중인이라는 개념을 고려하지 않았으나 점차 반상제로서 양반 계급이 고정화되면서 행정 실무를 담당하는 하부 지배층을 중인이라 부르게 되었다. 또한 양반은 첩에서 난 소생을 서얼 혹은, 중서라고 하여 중인으로서 차별하였으며 이들의 관직 진출도 제한하여 문과에는 응시가 불가하였다. 중인층의 종류에는 서얼을 포함하여 지방행정을 담당했던 관리인 향리, 중앙관청의 하급관리인 서리, 평안도와 함경도 등의 토착 하급관리인 토관, 하급 장교인 군교, 통역을 담당하였던 역관과 병의 치료를 담당하였던 의관 등이 있었다.

기출풀이 [8회 4급 29번]

29. 자료와 관련 있는 정치 세력의 활동으로 옳은 것을 〈보기〉에서 고른 것은? [2점]

서원

향약의 4대 덕목

- 착한 일은 서로 권한다.
- 서로 예절을 지킨다.
- 잘못된 것을 서로 규제한다.
- 어려운 일을 서로 돕는다.

〈 보 기 〉

ㄱ. 소학을 널리 보급하였다.
ㄴ. 불교나 민간 신앙을 배격하였다.
ㄷ. 건국 초부터 문물 정비를 주도하였다.
ㄹ. 중앙 집권 체제와 부국강병을 추진하였다.

① ㄱ, ㄴ　　② ㄱ, ㄷ　　③ ㄴ, ㄷ
④ ㄴ, ㄹ　　⑤ ㄷ, ㄹ

● **출제의도**

16세기 성리학적 사회질서의 확대 이해

● **해설 :** 정답 ①

ㄱ, ㄴ 제시된 자료는 향약의 대표적인 4대 덕목으로 향약은 중종 대에 조광조에 의해 처음으로 보급되기 시작하였다. 사림파는 이러한 향약을 통하여 성리학적 사회질서를 확대하고 자신들의 향촌 지배력을 강화하여 나갔다. 또한 이들은 소학을 널리 보급하였으며 성리학적 의식과 명분에 맞지 않은 불교나 민간 신앙과 풍습 등을 배격하였다.

● **오답풀이**

ㄷ, ㄹ 건국 초부터 조선의 문물 정비를 주도하면서 중앙집권 체제와 부국강병을 추구한 것은 훈구파에 대한 설명이다.

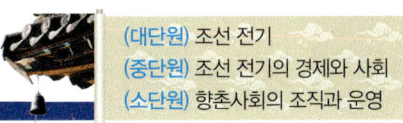

기출풀이 [7회 4급 24번]

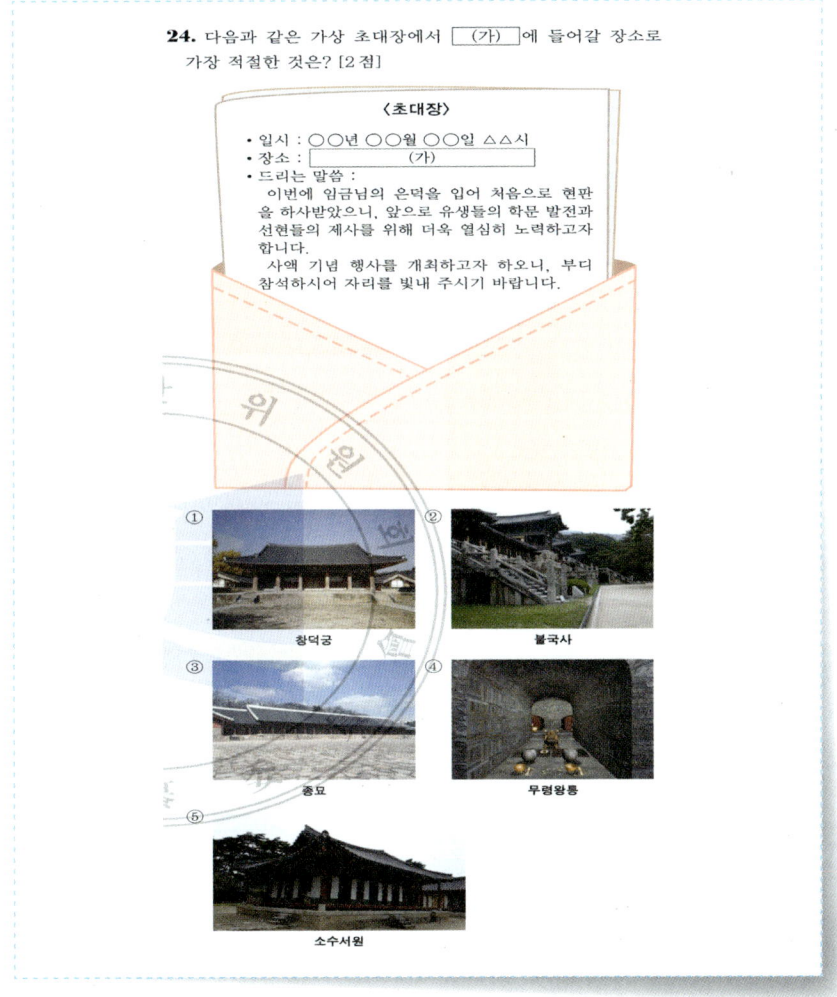

24. 다음과 같은 가상 초대장에서 [(가)]에 들어갈 장소로 가장 적절한 것은? [2점]

〈초대장〉

• 일시 : ○○년 ○○월 ○○일 △△시
• 장소 : [(가)]
• 드리는 말씀 :
  이번에 임금님의 은덕을 입어 처음으로 현판을 하사받았으니, 앞으로 유생들의 학문 발전과 선현들의 제사를 위해 더욱 열심히 노력하고자 합니다.
  사액 기념 행사를 개최하고자 하오니, 부디 참석하시어 자리를 빛내 주시기 바랍니다.

① 창덕궁
② 불국사
③ 종묘
④ 무령왕릉
⑤ 소수서원

● **출제의도**

조선시대 서원의 기능과 특징 파악

● **해설 :** 정답 ⑤

소수서원은 사림파가 정계를 장악한 이후 국가에서 서원을 공식적으로 인정했던 첫 사례이다. 최초의 서원인 백운동 서원은 이황의 건의로 소수서원으로 사액되고(왕이 직접 간판을 써 줌) 서적과 토지, 노비 등을 하사받았다. 서원은 성리학을 연구하고 유가의 선현을 제사하며, 자제를 양성함으로써 향촌 사림을 결집시키고 지방 사족의 지위를 강화시키는 데 일조하였다.

11강 조선 전기의 문화

❶ 민족 문화의 융성

(1) **한글 창제** : 우리의 고유 문자 필요, 피지배층에 대한 도덕적 교화 목적→민족 문화의 기반을 확고히 다짐

(2) **교육기관** : 서당 → 4학(중앙), 향교(지방) → 생원과 · 진사과 → 성균관

(3) **역사서의 편찬** : 왕조의 정통성과 성리학적 통치 규범 정착

15세기	고려사, 고려사절요, 동국통감 등 → 훈구파의 입장 반영(자주적)
16세기	동국사략, 기자실기 등 → 사림파의 입장 반영(존화적)

(4) **지리서의 편찬** : 중앙 집권과 국방 강화 목적

지도	혼일강리역대국도지도, 팔도도, 동국지도, 조선방역지도
지리서	신찬팔도지리지(세종), 동국여지승람(성종), 신증동국여지승람(중종)

(5) **윤리 · 의례서와 법전의 편찬**

윤리 · 의례서	삼강행실도 · 국조오례의(15세기), 이륜행실도 · 동몽수지(16세기)
법전	조선경국전(정도전), 경제육전(조준), 경국대전(유교적 통치 질서 완성)

❷ 성리학의 발달

(1) **성리학의 정착**

관학파	정도전 · 권근 등, 문물 제도 정비 · 부국강병 추구, 사상적 포용성, 주례중시
사림파	고려 말 온건 개혁파 계승, 교화에 의한 통치 강조, 공신 · 외척의 비리 비판

(2) **성리학의 융성**

이기론의 선구자	서경덕(기(氣)중심, 이언적(이(理)중심)
이황	주자서절요 · 성학십도 저술, 근본적 · 이상적, 인간의 심성 중시
이이	동호문답 · 성학집요 저술, 현실적 · 개혁적, 다양한 개혁 방안 제시

(3) **학파의 형성과 예학의 발달**

① 동인 : 서경덕+이황+조식 학파, 정여립 모반 사건을 계기로 남인 · 북인으로 분화

② 서인 : 이이+성혼 학파, 인조반정 주도, 척화론과 의리 명분론

③ 예학의 발달 : 주자가례 연구, 유교적 질서 회복 강조, 전례 논쟁, 예송 발생

❸ 불교와 민간 신앙

불교	불교의 위축, 사원의 토지·노비 회수, 도첩제 실시, 선·교 36개의 절만 인정
도교	소격서 설치 및 초제 시행, 사림 진출 이후 도교 행사가 사라짐
풍수지리설, 도참사상	한양 천도에 반영, 양반 사대부의 묘지 선정에 작용 (산송 문제)

❹ 과학 기술의 발달

천문·역법	혼의·간의(천체 관측 기구), 천문도(천상열차분야지도), 역법(칠정산)
의학	향약집성방(우리 풍토에 맞는 약재와 치료법), 의방유취(의학 백과 사전)
인쇄술과 제지술	주자소 설치, 계미자·갑인자 주조, 세종 때 조지서 설치
농서 편찬	농사직설(최초의 농서, 독자적 농법 정리), 금양잡록(강희맹)
병서 편찬	총통등록, 동국병감, 병장도설(군사 훈련 지침서)
무기 제조	최해산의 활약(화약 무기 제조), 거북선, 비거도선 제조

❺ 건축과 예술

배경	15세기	16세기
건축	궁궐·관아·성문·학교 건축 중심	사림의 성장으로 서원 건축 중심
자기	분청사기(청자에 백토 분칠)	순수 백자(선비들의 취향에 부합)
그림	몽유도원도(안견), 고사관수도(강희안)	초충도(신사임당), 묵죽도(이정)

● 15 · 16세기 문화의 특징

- 15세기: 문화를 주도한 관학파 계열의 관료와 학자들은 민생 안정과 부국강병을 목표로 과학 기술과 실용적 학문을 중시하여 민족적 · 자주적 성격의 민족 문화가 발달하였다.
- 16세기: 사림이 집권하면서 나타난 보수적이고 사대적인 분위기는 기술 천시로 이어졌으며, 보학, 이기론 등이 발달하게 되었다.

〈이기론의 발달〉

구분	주기론	주리론
선구자	서경덕	이언적
완성	이이	이황
학풍	경험적 현실 세계 중시	도덕적 원리에 대한 인식과 실천 중시
영향	현실개혁을 위한 진보적 개혁사상의 원류	신분 질서 강화를 위한 도덕 규범 확립에 기여
학파	기호 학파	영남 학파
후계자	조헌, 김장생	김성일, 유성룡

- 15세기의 회화: 15세기에는 중국 역대 화풍을 선택적으로 수용하고 소화하여 우리의 독자적인 화풍을 개발하였다. 이 시기의 그림은 일본 무로마치 시대의 미술에 영향을 주었다.
- 16세기의 회화: 16세기에는 15세기의 전통을 토대로 다양한 화풍이 발달하였다. 강한 필치의 산수화를 이어가기도 하고 선비들의 정신세계를 사군자로 표현하기도 하였다.

몽유도원도

고사관수도

초충도

묵죽도

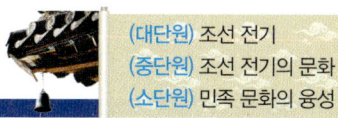

기출풀이 [7회 4급 23번]

23. 다음과 같은 책의 보급을 통하여 조선 사회가 추구하였던 목적으로 가장 적절한 것은? [1점]

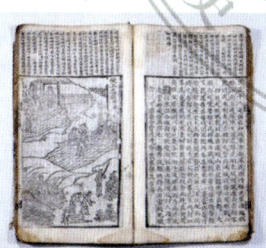

> 우리나라와 중국의 서적에서 군신, 부자, 부부의 모범이 될 만한 충신, 효자, 열녀들을 뽑아 그 행적을 그림과 함께 기록, 간행하였다.
> 이 책은 한글로도 언해되어 간행되었고, 이후 여러 번 중간되었다.

① 상공업의 진흥
② 유교적 질서 확립
③ 과학 기술의 장려
④ 여성의 지위 상승
⑤ 부국강병의 실현

● **출제의도**

삼강행실도의 저술 목적 이해

● **해설 :** 정답 ②

조선 전기에는 유교적 질서를 확립하고 유교적 통치 규범을 성문화하고자 하는 노력이 일어났다. 세종 때에는 모범이 될 만한 충신, 효자, 열녀 등의 행적을 그림으로 그리고 설명을 붙여 윤리서인 삼강행실도를 편찬하였다.

기출풀이 [11회 중급 18번]

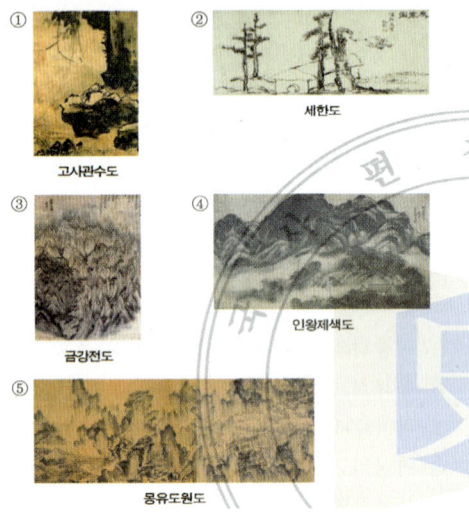

18. 다음 자료와 관련된 그림으로 옳은 것은? [3점]

> 정유년 20일 밤에 바야흐로 자리에 누우니, 정신이 아른하여 잠이 깊이 들어 꿈도 꾸게 되었다. 그래서 박팽년과 더불어 산 아래에 당도하니 층층의 멧부리가 우뚝 솟아나고 깊은 골짜기가 그윽한 채 아름다우며, 복숭아 나무 수십 그루가 있고, 오솔길이 숲 밖에 다다르자 여러 갈래로 갈라졌고, 나와 박팽년은 서성대며 어디로 갈 바를 몰랐다. …… 그리하여 안견에게 명하여 내 꿈을 그림으로 그리게 하였다.

① 고사관수도
② 세한도
③ 금강전도
④ 인왕제색도
⑤ 몽유도원도

출제의도

조선 전기의 미술 이해

해설 : 정답 ②

조선 전기의 화원 출신인 안견의 그림으로 안평대군이 꿈 속에서 본 도원을 그린 것이다. 자연스러운 현실 세계와 환상적인 이상 세계를 능숙하게 처리하고 대각선적인 운동감을 활용하여 구현하였다.

오답풀이

① 문인화가인 강희안의 15세기 그림이다. ② 제주 유배시절 김정희의 세한도이다. ③, ④ 진경 산수화를 개척한 18세기의 정선의 작품이다.

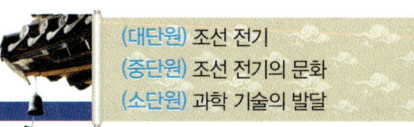
기출풀이 [10회 3급 15번]

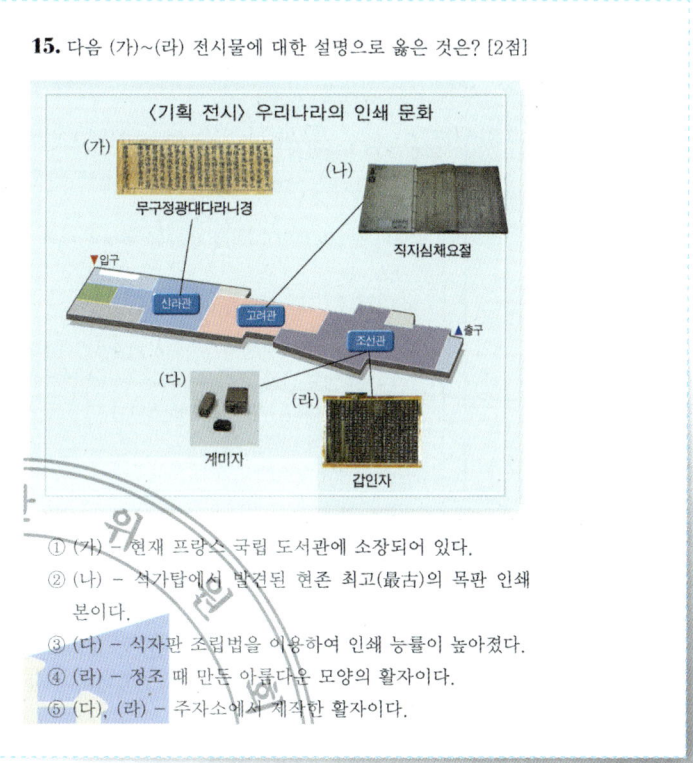

15. 다음 (가)~(라) 전시물에 대한 설명으로 옳은 것은? [2점]

〈기획 전시〉 우리나라의 인쇄 문화

(가) 무구정광대다라니경
(나) 직지심체요절
(다) 계미자
(라) 갑인자

① (가) – 현재 프랑스 국립 도서관에 소장되어 있다.
② (나) – 석가탑에서 발견된 현존 최고(最古)의 목판 인쇄본이다.
③ (다) – 식자판 조립법을 이용하여 인쇄 능률이 높아졌다.
④ (라) – 정조 때 만든 아름다운 모양의 활자이다.
⑤ (다), (라) – 주자소에서 제작한 활자이다.

● **출제의도**

활자인쇄술과 제지술의 발달 파악

● **해설 :** 정답 ⑤

조선 초기에는 각종 서적의 편찬 사업이 활발하게 추진되면서 활자 인쇄술과 제지술이 발달하게 되었다. 고려 시대에 발명되어 사용된 금속 활자는 조선 초기에 이르러 더욱 개량되었다. 태종 때에는 주자소를 설치하고 구리로 계미자를 주조하였고 세종 때에는 역시 구리로 갑인자를 주조하였다.

● **오답풀이**

(가) 무구정광대다라니경은 석가탑을 보수할 때 발견된, 현존하는 세계에서 가장 오래된 목판인쇄물이다. (나) 직지심체요절은 청주 흥덕사에서 간행하여 현존하는 세계 최고의 금속활자본으로 공인 받고 있다.

기출풀이 [10회 3급 23번]

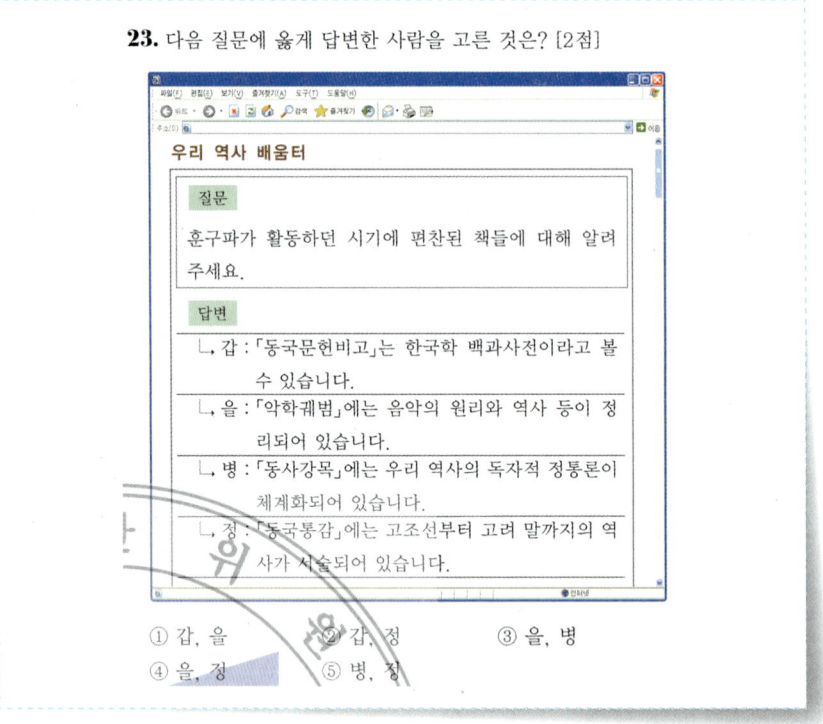

23. 다음 질문에 옳게 답변한 사람을 고른 것은? [2점]

우리 역사 배움터

질문

훈구파가 활동하던 시기에 편찬된 책들에 대해 알려 주세요.

답변

ㄴ, 갑 : 「동국문헌비고」는 한국학 백과사전이라고 볼 수 있습니다.

ㄴ, 을 : 「악학궤범」에는 음악의 원리와 역사 등이 정리되어 있습니다.

ㄴ, 병 : 「동사강목」에는 우리 역사의 독자적 정통론이 체계화되어 있습니다.

ㄴ, 정 : 「동국통감」에는 고조선부터 고려 말까지의 역사가 서술되어 있습니다.

① 갑, 을　　② 갑, 정　　③ 을, 병

④ 을, 정　　⑤ 병, 정

● 출제의도

15세기 훈구파 의 저작 특징 파악

● 해설 : 정답 ④

15세기 조선의 문화를 주도한 훈구파(관학파) 계열의 관료와 학자들은 성리학을 지도이념으로 내세웠으나 성리학 이외의 학문과 사상이라도 중앙 집권 체제의 강화나 민생안정, 부국강병에 도움이 되는 것은 유연하게 받아들였다. 이로써 민족적, 자주적 성격의 민족문화와 과학기술과 실용적 학문이 발달할 수 있었다. 을. 악학궤범은 성종 때 왕명에 따라 성현이 제작한 악전(樂典)이다. 정. 통국통감은 조선 전기의 문신 서거정 등이 왕명을 받아 신라 초부터 고려 말까지의 역사를 엮은 사서(1485)이다.

● 오답풀이

갑. 동국문헌비고는 영조 때 발간된 일종의 백과사전으로 한국의 문물 제도를 분류, 정리하였다. 병. 조선 후기 안정복이 고조선부터 고려말 까지를 다룬 역사서(1778)로서 편년체이나 강(綱)과 목(目)으로 나누어 서술하였고, 삼한정통론을 주장하였다.

기출풀이 [9회 3급 18번]

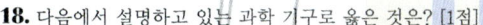

18. 다음에서 설명하고 있는 과학 기구로 옳은 것은? [1점]

> 호조에서 아뢰기를 "서운관에 대(臺)를 짓고 쇠로 그릇을 부어 만들되, 길이는 2척이 되게 하고 직경은 8촌이 되게 하여, 대(臺) 위에 올려놓고 비를 받아, 관원으로 하여금 얕고 깊은 정도를 보고하게 하소서."라고 하니, 이를 따랐다.
>
> ―「세종실록」―

①  ②

③  ④

⑤

● **출제의도**

세종 시기 과학기술 발달 이해

● **해설 :** 정답 ①

조선 초기 세종 때에는 세계 최초로 측우기를 만들어(1441) 전국 각지의 강우량을 측정하였다.

● **오답풀이**

② '혼천의'로 천체의 운행과 그 위치를 측정하여 천문시계의 구실을 하였던 기구이다. ③ '간의'이다. 조선시대 천문대에 설치되었던 천문관측기기로 오늘날 각도기와 비슷한 구조이다. ④ '앙부일구'로 해시계이다. ⑤ '자격루'로 노비 출신의 과학기술자인 장영실이 제작한 것으로 정밀 기계 장치와 자동 시보 장치를 갖춘 물시계였다.

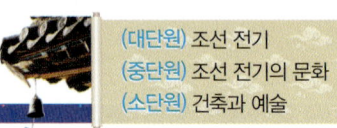
기출풀이  [9회 3급 20번]

20. 다음 그림이 그려진 시기에 볼 수 있는 장면을 〈보기〉에서 고른 것은? [2점]

〈보기〉

ㄱ. 감자고 마디를 때워야겠어.

ㄴ. 보리밥에 고추장이나 비벼 먹어야지.

ㄷ. 오늘은 두부를 만들어 먹어야겠어.

ㄹ. 날도 추운데 솜을 넣은 옷을 입으면 참 좋을텐데.

① ㄱ, ㄴ   ② ㄱ, ㄷ   ③ ㄴ, ㄷ
④ ㄴ, ㄹ   ⑤ ㄷ, ㄹ

● **출제의도**

조선전기의 미술과 생활상 연계 파악

● **해설 :** 정답 ⑤

제시된 그림은 안견의 몽유도원도(15세기)로서 조선 전기의 생활상을 묻고 있다. ㄷ, ㄹ 두부와 목화는 이미 조선 전기에 볼 수 있었다.

● **오답풀이**

ㄱ. 감자와 고구마는 조선 후기에 들어온 구황작물이다. ㄴ. 고추, 담배도 조선후기에 외래에서 전래된 작물이다.

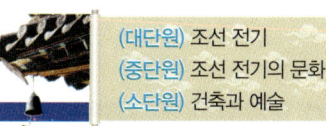

기출풀이 [8회 3급 6번]

6. 다음은 ○○ 박물관 행사 계획서의 일부이다. (가)에 들어갈 내용으로 옳은 것은? [1점]

조선 전기의 문화 체험전 계획

• 일시 : 2010년 ○○월 ○○일 10시~17시
• 장소 : ○○ 박물관 소강당
• 체험 행사 : _____ (가)

① 추사체 쓰기　　　　　② 판소리 부르기
③ 분청사기 만들기　　　④ 사설시조 읊기
⑤ 진경 산수화 그리기

● **출제의도**

조선전기의 문화상 파악

● **해설 :** 정답 ③

조선 초기에 유행한 분청사기는 청자에 백토의 분을 칠한 것으로 백색의 분과 안료로써 무늬를 만들어 장식하였다. 분청사기는 안정된 그릇모양과 소박하고 천진한 무늬가 어우러져 정형화되지 않으면서 구김살없는 우리의 멋을 잘 나타내고 있다.

● **오답풀이**

① 조선 후기 추사 김정희가 창안한 서체로 굳세고 기운다양한 조형성이 특징이다. ② 조선 후기 유행한 서민문화로서 판소리는 서민들의 구체적인 이야기를 창과 사설로 엮어 서민을 포함한 넓은 계층으로부터 호응을 받았다. ④ 조선후기에는 격식에 구애됨이 없이 감정을 구체적으로 표현할 수 있는 사설시조 형식이 등장하였다. ⑤ 18세기에 활약한 정선에 의해 개척된 진경산수화는 우리의 자연을 사실적으로 그려 회화의 토착화를 이루었다.

기출풀이 [8회 3급 21번]

21. 다음에서 소개하는 농서에 대한 설명으로 옳은 것은?

[2점]

역사신문

1429년(세종 11) ○○월 ○○일

새로운 농서 발간되다

드디어 국가에서 우리의 실정에 맞는 농서를 간행하였다. 우리의 풍토에 맞는 씨앗의 저장법, 토질의 개량법, 모내기법 등을 소개하고 있다. 전에는 우리나라의 농업 현실을 제대로 반영하지 못하였으나, 앞으로는 우리나라의 풍토에 맞는 농법을 적용할 수 있게 되었다.

① 농민들의 실제 경험을 바탕으로 만들었다.
② 중국 농서를 번역하여 강남 농법을 소개하였다.
③ 부록으로 구황 작물의 재배 방법을 수록하였다.
④ 과수, 원예, 양잠 등의 농업 기술을 자세히 소개하였다.
⑤ 농서의 편찬으로 소를 이용한 깊이갈이가 일반화되었다.

● **출제의도**

조선 초기의 농서 편찬 파악

● **해설 :** 정답 ①

세종 때 정초 등이 편찬한 농사직설은 우리나라에서 편찬된 최초의 농서로서 중국의 농업 기술을 수용하면서 우리의 실정에 맞는 독자적인 농법을 정리하였다. 씨앗의 저장법, 토질의 개량법, 모내기법 등 당시 농민들이 실제 경험한 농사법이 종합되어 있다.

● **오답풀이**

②, ④ 이암이 고려 말 소개한 '농상집요'이다. ③ 조선후기 신속의 '농가집성'에 관한 설명이다. ⑤ 고려시대에는 소를 이용한 깊이갈이가 일반화되어 휴경기간의 단축과 생산력의 증대 등을 가져왔다.

기출풀이 [8회 3급 23번]

23. 다음 기사의 역사서에 대한 설명으로 옳은 것을 〈보기〉에서 고른 것은? [2점]

○○ 일보

△△△△년 ○○월 ○○일

세계 기록 문화유산으로 등재

국보 제151호로 지정되어 있는 이 역사서가 유네스코 세계 기록 문화유산으로 등재되었다. 조선사 연구에 가장 기본적이며 중요한 자료가 되는 이 책은 정족산본, 태백산본, 오대산본 등이 있다.

〈 보 기 〉

ㄱ. 사관이 기록한 사초를 바탕으로 편찬하였다.
ㄴ. 연, 월, 일 순으로 기술하는 편년체로 기록하였다.
ㄷ. 왕의 비서 기관인 승정원에서 기록·편찬하였다.
ㄹ. 민간에서 구전되어 온 설화를 수집하여 기록하였다.

① ㄱ, ㄴ   ② ㄱ, ㄷ   ③ ㄴ, ㄷ
④ ㄴ, ㄹ   ⑤ ㄷ, ㄹ

● **출제의도**

조선왕조의 실록 편찬 이해

● **해설 :** 정답 ①

ㄱ, ㄴ. 제시된 설명은 조선왕조실록에 대한 것으로 조선 태조부터 철종까지 472년간의 역사적 사실을 연, 월, 일 순으로 기록한 편년체 사서이다. 실록의 편찬은 대개 선대의 왕이 죽은 후 다음 왕의 즉위 초기에 이루어졌는데 춘추관 내에 임시로 설치된 실록청에서 담당하여 관청의 공문서와 사관의 기록인 사초, 승정원일기 등을 기본 자료로 편찬되었다.

● **오답풀이**

ㄷ. 승정원이 아닌 춘추관의 실록청에서 담당하였다. ㄹ. 민간의 구전설화는 포함되지 않았다.

기출풀이 [8회 3급 40번]

40. 다음은 조선 시대 어느 유학자에 관한 마인드 맵이다. (가) 인물에 대한 설명으로 옳은 것은? [1점]

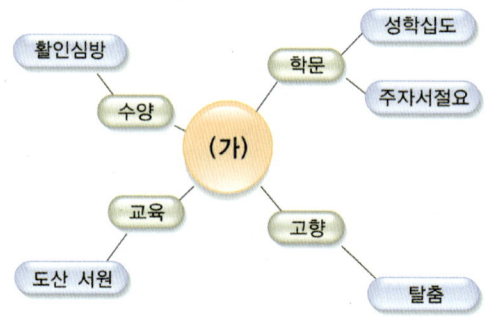

① 일본의 성리학 발전에 영향을 끼쳤다.
② 통치 체제 정비와 수취 제도의 개혁을 주장하였다.
③ 기의 역할을 강조하고 그 문인들이 서인을 형성하였다.
④ 노장 사상에 대해 포용적이고 학문의 실천성을 강조하였다.
⑤ 고증학의 영향을 받아 실생활에 유용한 학문을 연구하였다.

● **출제의도**

조선 중기 성리학의 발전상 파악

● **해설 :** 정답 ①

이황은 주자서절요, 성합십도 등을 저술하여 주자의 이론에 조선의 현실을 반영시켜 나름의 체계를 세우려고 노력하였다. 그의 사상은 도덕적 행위의 근거로서 인간 심성을 중시하고, 근본적이며 이상주의적인 성격이 강하였다. 이황의 사상은 임난 이후 일본에 전해져 일본의 성리학에도 영향을 끼쳤다.

● **오답풀이**

②, ③ 이이와 관련된 설명이다. ④ 노장 사상에 포용적이었던 조식은 학문의 실천성을 강조하였다. ⑤ 실학의 특징이다.

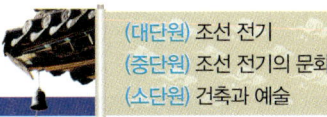

[8회 3급 41번]

출제의도

조선 전기의 미술 이해

해설 : 정답 ①

조선 전기의 화원 출신이었던 안견은 역대 화가들의 기법을 체득하여 독자적인 경지를 개척하였다. 안견의 대표작인 몽유도원도는 현실세계와 이상세계를 능숙하게 처리하면서 대각선적인 운동감을 활용하여 작품을 완성하였다.

오답풀이

① 북송대 곽희의 '조춘도' ② 16세기 신사임당의 '초충도' ③ 18세기 초 정선의 '금강전도' ④ 19세기 추사 김정희의 '세한도'

기출풀이 [7회 3급 8번]

8. 다음 역사서에 대한 설명으로 옳은 것을 〈보기〉에서 고른 것은? [3점]

> 이 역사를 편찬함에 있어 범례는 모두 사마천의 '사기'에 준하고, 기본 방향들은 직접 왕에게 물어서 결정했습니다. 본기(本紀)라는 이름을 피하고 세가(世家)라고 한 것은 대의 명분의 중요함을 표시하기 위한 것입니다. 신우(우왕), 신창(창왕)을 세가에 넣지 않고 열전(列傳)에 수록하였습니다.

〈 보기 〉
ㄱ. 15세기 중엽에 편찬되었다.
ㄴ. 단군에 대한 기록이 들어 있다.
ㄷ. 삼국사기와 같은 역사 서술 방식으로 서술되었다.
ㄹ. 500여 종의 중국 및 일본의 자료를 참고하여 썼다.

① ㄱ, ㄴ   ② ㄱ, ㄷ   ③ ㄴ, ㄷ   ④ ㄴ, ㄹ   ⑤ ㄷ, ㄹ

● **출제의도**

조선 전기 역사서 편찬의 파악

● **해설 :** 정답 ②

조선 전기에는 왕조의 정통성과 성리학적 통치규범의 정착을 목적으로 역사서가 편찬되었다. 제시된 자료에서 삼국사기와 같은 기전체 서술에 우왕, 창왕 등의 언급으로 보아 이는 고려사이다. 고려사는 15세기 중반 세종~ 단종 때에 편찬되었다.

● **오답풀이**

ㄴ. 단군의 역사가 아닌 고려의 역사를 기록하였다. ㄹ. 조선후기 한치윤의 해동역사에 대한 설명이다.

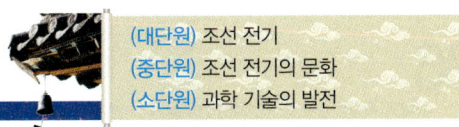
 [6회 3급 17번]

17. 어느 과학 잡지의 표지이다. ㉠~㉤ 중에서 특집 기사의 소제목으로 적절하지 <u>않은</u> 것은? [2 점]

청소년 과학
〇〇〇〇 5월호

특집

15세기 조선의
과학 기술을
다시 본다.

• 자동 시보 물시계, 자격루 ━━━━━ ㉠
• 글자 모습이 아름다운 활자, 갑인자 ━ ㉡
• 우리 실정에 맞는 역서, 칠정산 ━━━ ㉢
• 농부들의 경험을 담은 농서, 농사직설 ━ ㉣
• 전통적 우주관의 붕괴, 지전설 ━━━━ ㉤

① ㉠   ② ㉡   ③ ㉢   ④ ㉣   ⑤ ㉤

● **출제의도**

　15세기 조선의 문화 발전 상 파악

● **해설 :** 정답 ⑤

　제시된 자료는 세종 시대 장영실이 제작한 자격루이다. ㉤ 지전설의 주장은 조선 후기 실학의 발달과 관련이 있고 김석문, 홍대용 등이 주장하였다.

기출풀이 [5회 3급 23번]

23. 다음 서적이 편찬된 시기의 문화 현상으로 옳은 것은?

[2 점]

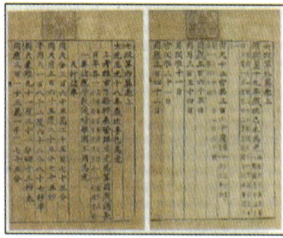

우리나라 역사상 최초로 서울을 기준으로 천체 운동을 정확하게 계산한 역법서이다.

① 민중의 미적 감각을 나타낸 민화가 유행하였다.
② 종전의 역법보다 한 걸음 더 발전한 시헌력이 채택되었다.
③ 우리 실정에 맞는 농법을 정리한 〈농사직설〉이 편찬되었다.
④ 가람 배치 양식과 주택 양식이 결합된 서원 건축이 활발해졌다.
⑤ 우리나라 최고(最古)의 의학 서적인 〈향약구급방〉이 편찬되었다.

● **출제의도**

조선 전기 역법과 민족문화의 발달

● **해설 :** 정답 ①

제시된 자료인 칠정산은 세종 때 원의 수시력과 아라비아의 회회력을 참고로 하여 만든 역법서로, 우리나라 역사상 최초로 서울을 기준으로 천체 운동을 정확하게 계산한 것이다. 농사직설 역시 우리나라 최초로 .세종 때 편찬된 것으로 우리 풍토에 맞는 농서를 만들어 실질적인 도움을 주자는 목적을 가지고 있었다.

● **오답풀이**

① 민화는 조선 후기에 유행하였다. ② 청을 방문한 외국인 선교사 아담 샬이 제작한 시헌력은 조선 후기 김육 등의 노력으로 우리나라에 도입되었다. ④ 서원의 등장은 조선 중기 (16세기)이후이다. ⑤ 13세기 편찬된 향약구급방은 현존하는 우리나라 최고의 의학서적으로 우리나라에서 재배되는 약재를 중심으로 질병 치료제를 처방하였다.

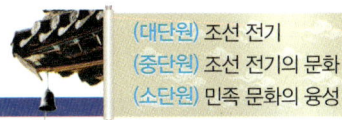

기출풀이 [8회 4급 38번]

38. 다음 자료와 관련 있는 교육 기관으로 옳은 것은? [1점]

◎ 성격 : 조선 시대 최고 국립 교육 기관
◎ 입학 자격 : 생원, 진사와 같은 소과 합격자

① 향교　　　　② 서당　　　　③ 성균관
④ 국자감　　　⑤ 4부학당

● 출제의도

조선의 교육기관 이해

● 해설 : 정답 ③

조선은 최고 고등교육 기관으로 성균관을 두었다. 성균관은 인재양성과 고급 관리를 배출하는 동시에 문묘를 두어 선현과 선성에게 제사를 지내는 기능까지 담당하였다. 성균관의 입학자격은 생원과 진사를 원칙으로 하였고 생원과 진사로 정원이 충족되지 않을 때는 4부 학당의 학생 가운데 사서오경에 능통한 자나 한성시, 향시에 합격한 자로 정원을 채우기도 하였다.

● 오답풀이

① 향교는 고려 시대부터 지방에서 장려되던 중등 교육 기관이었는데 조선시대에 와서 크게 발전하게 되어 4부 학당과 교육 수준은 비슷하였으나 4부 학당이 교육의 기능만 담당하였던 것에 비해 향교는 성현에 대한 제사기능을 겸하고 있었다. ② 서당은 조선시대 가장 말단의 사설 초등교육기구였다. ④ 국자감은 고려 성종 992년에 설치한 고려시대의 국립대학이다. ⑤ 4부 학당은 고려의 학당이 계승된 것으로, 서울에 설치된 성균관의 부속 학교와 같은 성격을 지닌 중등 교육기관이었다.

기출풀이 [8회 4급 40번]

40. (가)~(다) 건축물을 만들어진 시대 순으로 옳게 나열한 것은? [2점]

(가)	(나)	(다)
부석사 무량수전	종묘 정전	수원 화성

① (가) – (나) – (다) ② (가) – (다) – (나)
③ (나) – (가) – (다) ④ (나) – (다) – (가)
⑤ (다) – (나) – (가)

◉ **출제의도**

시대별 건축물 파악

◉ **해설 :** 정답 ①

(가) 부석사 무량수전은 부석사의 본전으로 고려 중기에 건립되어 봉정사 극락전과 함께 우리나라에서 가장 오래되고 우수한 주심포 양식의 목조 건축물이다. (나) 종묘는 조선 역대 국왕과 그 비(妃)의 신위(神位)를 모신 곳이며, 정전은 종묘의 중심 건물로 영녕전과 구분하여 태묘(太廟)라 부르기도 한다. 1395년(태조 4)에 준공되었으나 임진왜란 때 소실되었다가 이후로 증축되어 현재에 이르렀다. (다) 수원 화성은 정조가 그의 아버지의 묘를 수원으로 옮기면서 축조한 성으로 군사적 방어기능과 상업적 기능을 함께 보유하고 있으며 실용적인 구조로 되어 있어 동양 성곽의 백미로 평가 받는다.

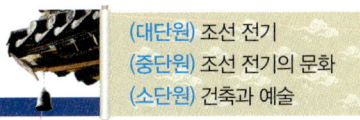

기출풀이 [6회 4급 12번]

---

12. 다음은 새롭게 발행될 5만원권 견본이다. ○ 표시된 인물에 대한 설명으로 옳은 것을 〈보기〉에서 고른 것은? [2점]

〈 보 기 〉

ㄱ. 강릉에 살면서 율곡 이이를 낳았다.

ㄴ. 조선 시대의 여류 문인이자 서화가이다.

ㄷ. 서경덕, 박연 폭포와 더불어 송도삼절로 일컬어진다.

ㄹ. 남성 중심의 사회 체제를 비판하는 작품을 많이 남겼다.

① ㄱ, ㄴ   ② ㄱ, ㄷ   ③ ㄴ, ㄷ

④ ㄴ, ㄹ   ⑤ ㄷ, ㄹ

● **출제의도**

16세기 미술과 신사임당의 활동 이해

● **해설 :** 정답 ①

ㄱ, ㄴ. 제시된 자료의 인물은 16세기 여류 문인이자 서화가, 동시에 율곡 이이의 어머니였던 신사임당(1504(연산군 10)∼1551(명종 6))이다. 글에도 능했던 신사임당은 동물, 채소, 곤충과 같은 주변에서 자주 볼 수 있는 것들을 소재로 하여 그림을 남겼다.(초충도)

● **오답풀이**

ㄷ. 조선 중종대 개성의 기생이자 시조시인이었던 황진이로 박연폭포·서경덕과 함께 송도3절(松都三絶)이라 일컬어졌다.

ㄹ. 신사임당은 사대부 부녀에게 요구되는 덕행과 재능을 겸비한 현모양처로 칭송된다. 남성 중심의 사회 체제 비판과는 거리가 멀다.

기출풀이 [8회 4급 45번]

45. 자료에 제시된 왕의 재위 기간에 볼 수 있었던 모습으로 옳은 것은? [1점]

□□ 탄신 숭모 제전 행사 계획

- 일 시 : ○○월 ○○일 10 : 30~
- 장 소 : □□ 왕릉
- 행사 내용
  - 해시계 보는 법 체험하기
  - 훈민정음 반포 기념 글짓기 대회
  - 삼강행실도 그리기 대회

---

① 장용영에서 무예를 익히는 무관
② 측우기로 강수량을 측정하는 관리
③ 서원의 현판을 수리하고 있는 장인
④ 경국대전에 따라 죄인을 재판하는 수령
⑤ 규장각에서 학문을 연구하고 있는 학자

● **출제의도**

세종 시기의 시대상 파악

● **해설 :** 정답 ②

제시된 자료에서 해시계(앙부일구: 세종16년(1434)에 장영실 등이 제작)와 훈민정음 반포(세종28년, 1446), 삼강행실도(세종16년, 1434)로 보아 왕은 조선의 4대 왕인 세종이다. 세종 때에는 세계 최초로 측우기가 제작되어(1441) 전국 각지의 강수량을 재었다.

● **오답풀이**

①장용영은 조선 후기 정조 때 설치한 군영으로 왕권을 뒷받침하는 군사적 기반이 되었다. ③ 서원은 1543년 중종 때에 주세붕이 세운 백운동 서원을 시작으로 16세기 이후 각 지방에 생겨나기 시작하여 사림의 지위를 강화시켜주는 배경이 되었다. ④ 경국대전은 세조때 집필을 시작하여 성종 7년(1476)에 완성된 조선 최고의 기본법전이다. ⑤ 규장각은 정조 즉위년(1776)에 본래 역대 왕의 글과 책을 수집하는 왕실 도서관으로 설치되었으나 비서실의 기능과 문한 기능이 통합되고, 과거와 문신 교육을 주관케 되면서 정조의 개혁을 보좌하는 강력한 정치기구가 되었다.

성균관

대략적으로 남쪽에 문묘가 있고 문묘의 좌우에 무무(廡)가 있다. 문묘에는 선성(先聖)을 제사하고 무에는 선사(先師)를 제
사하니, 이는 나라의 옛 전례이다. 동쪽에는 정록소(正錄所)가 있고, 남쪽에는 부엌이 있으며, 부엌의 남쪽에는 식당이 있
다. 문묘의 북쪽 양 옆으로 장랑(長廊)이 있고, 장랑의 북쪽에 터를 돋우고는 좌우로 협실을 만들고 중앙에 마루를 만들어
선생과 제자가 강학(講學)하는 장소를 만들었는데, 이를 명륜당(明倫堂)이라 부른다.   – 〈동문선〉

▶ 성균관은 조선 시대 최고의 국립 교육 기관으로, 이곳에서 학생들은 경학, 역사, 문학 등을 공부하면서 문과 시
  험을 준비하였다. 과거는 예비 시험(소과)인 생원·진사시와 대과인 문과로 나뉘었다.

서원

주세붕이 서원을 창건할 적에 세상에서 모두 의심하였으나, 주세붕은 더욱 뜻을 가다듬어 비웃음을 무릅쓰고 비방을 극복
하여 전례에 없던 장한 일을 이루었으니, 하늘이 혹시 이로 말미암아 서원을 세우는 가르침을 동방에 일으켜 우리나라로
하여금 중국과 같게 하도록 하는 것인가 합니다. …… 사방에서 기뻐하고 사모하여 서로 다투어서 이를 본받아 진실로 선
정(先正)의 자취가 남고 향기가 뿌려져 있는 곳, 예를 들어 최충, 우탁, 정몽주, 길재, 김종직, 김굉필과 같은 이가 살던 곳
에 모두 서원을 세우게 될 것입니다.   – 이황, 〈퇴계 전서〉

▶ 최초의 서원은 중종 38년(1543) 풍기 군수였던 주세붕이 안향을 모시기 위해 세운 백운동 서원이었다. 이 서원
  은 나중에 이 고을의 군수로 부임한 이황의 요청에 의해 명종으로부터 소수 서원(紹修書院)이란 현판을 하사받
  은 최초의 사액 서원이 되었다. 17~18세기 전국 각처에 많은 서원들이 세워지면서 서원은 사족들의 지위를 강
  화하고, 공론을 수렴하면서 사림들의 세력 근거지로서의 역할을 담당하였다.

이황의 성학십도

그런데 후세의 통치자들이 천명을 받아 최고 통치자의 직책을 맡게 되면, 그 책임이 지극히 크고 막중합니다. 그럼에도 불
구하고 어찌하여 몸과 마음을 스스로 올바르게 다스리는 일은 하나도 엄격하게 실천하지 않고 있는 것입니까. 오히려 왕
이 백성들의 추대에 마음이 들떠 스스로 성인인 체하고 오만 방자한 생활을 하다가, 마침내 백성들이 반란을 일으켜 국가
를 멸망에 까지 이르게 합니다. 이 일을 어찌 이상한 일이라고 할 수 있겠습니까. 나라가 혼란한 지금 신하된 사람이라면
최고 통치자를 인도하여 도리에 합당하도록 여러 방면으로 마음을 쓰지 않을 수 없습니다.   – 〈퇴계 문집〉

▶ 이황은 선조에게 훌륭한 왕이 되기를 바라는 마음에 임금의 도(道)에 관한 학문의 중점 사항을 글과 그림으로
  지어 올렸다. 성학(聖學)이란, 모든 사람을 성인이 되게 하는 학문이고, 곧 왕이 배우는 학문이라는 뜻이다.

5단원

조선 후기

12강 조선 후기의 정치

① 통치 체제의 변화

(1) 정치 구조의 변화

① 비변사의 기능 강화
- 기능 강화 과정 : 왜구, 여진족의 침입에 대비하여 설치한 임시 회의 기구 → 임진왜란을 계기로 권력 집중(정치, 군사, 재정, 외교 등)
- 영향 : 왕권 약화, 의정부와 6조 행정 체계 약화 → 19세기 세도 정치의 중심 기구

② 3사와 전랑의 변질 : 각 붕당의 이해관계 대변 → 붕당 간 대립 격화

(2) 군사 제도의 변화

중앙군	• 5군영 : 훈련도감, 어영청, 총융청, 수어청, 금위영 • 훈련도감 : 임진왜란 중 설치, 직업적 상비군, 삼수병(포수, 사수, 살수)
지방군	• 속오군 : 양반에서 노비까지 편제, 평상시 생업 종사, 유사시 전투

② 붕당 정치의 전개와 탕평 정치

(1) 붕당 정치의 전개

선조	• 동인과 서인의 대립→ 정여립 모반 사건을 계기로 동인이 남인과 북인으로 분열
광해군	• 북인 집권, 명과 후금 사이에서 중립 외교 전개 → 서인의 인조반정으로 북인 몰락
인조 ~ 현종	• 서인과 남인의 상호 비판적인 공존 체제

(2) 붕당 정치의 변질 : 공존의 원리가 무너지고 일당 전제화 추세로 변화

배경	• 서인과 남인의 공존 체제 붕괴 • 지주제와 신분제 동요, 상품 화폐 경제의 발달
과정	• 경신환국(숙종,1680) → 서인 집권(노론, 소론 분화)

(3) 탕평 정치 : 국왕에 의해 붕당 간 세력 균형 유지

영조	• 산림의 존재 부정, 이조 전랑 권한 축소 • 균역법 시행, '속대전' 편찬, 삼심제 시행
정조	• 규장각 설치, 초계문신 제도 시행, 장용영 설치, 화성 건립 • 수령이 향약 주관, '대전통편' 편찬, 금난전권 폐지(1791, 신해통공)

❸ 정치 질서의 변화

(1) 세도 정치의 전개 : 특정 가문의 권력 독점(안동 김씨, 풍양 조씨, 반남 박씨 등) → 정치 세력 간의 균형 붕괴 → 붕당 정치의 파탄

(2) 세도 정치기의 권력 구조

　① 권력 집중 : 왕실 외척, 일부 가문이 권력 장악 → 정치 집단의 폐쇄화

　② 권력 구조 변화 : 비변사에 권한 집중, 의정부 · 6조의 유명무실화

(3) 세도 정치의 폐단 : 남인, 소론, 지방 선비들의 정치 참여 배제, 매관매직 성행, 삼정의 문란

❹ 대외 관계의 변화

청	• 국경 분쟁 : 백두산정계비 건립(숙종, 1712) → 간도 귀속 문제 발생(19세기) → 간도협약(1909)에 의해 청의 영토로 귀속
일본	• 국교 재개 : 기유약조 체결(1609) → 왜관 설치, 제한된 범위의 무역 • 통신사 (1607 ~1811, 12차례) : 조선의 선진 문화 전파, 쇼군의 권위 인정 • 울릉도 : 일본 어민 축출(숙종, 안용복) • 독도 : 삼국 시대 이후 우리 영토(러 · 일 전쟁 중 일본에 강제 편입)

기출풀이 [5회 3급 25번]

25. 다음 가상 상소문의 밑줄 그은 '이 기구'에 대한 설명으로 옳은 것을 〈보기〉에서 고른 것은? [2점]

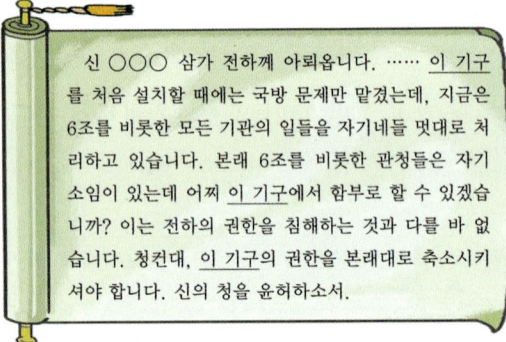

신 ○○○ 삼가 전하께 아뢰옵니다. ······ 이 기구를 처음 설치할 때에는 국방 문제만 맡겼는데, 지금은 6조를 비롯한 모든 기관의 일들을 자기네들 멋대로 처리하고 있습니다. 본래 6조를 비롯한 관청들은 자기 소임이 있는데 어찌 이 기구에서 함부로 할 수 있겠습니까? 이는 전하의 권한을 침해하는 것과 다를 바 없습니다. 청컨대, 이 기구의 권한을 본래대로 축소시키셔야 합니다. 신의 청을 윤허하소서.

〈 보 기 〉
ㄱ. 세도 정치의 핵심 권력 기구가 되었다.
ㄴ. 6조의 기능이 확대되는 데 기여하였다.
ㄷ. 임진왜란을 거치면서 기능이 확대되었다.
ㄹ. 왜구의 침략에 대비하기 위해 세종 때 설치되었다.

① ㄱ, ㄴ   ② ㄱ, ㄷ   ③ ㄴ, ㄷ
④ ㄴ, ㄹ   ⑤ ㄷ, ㄹ

● 출제의도

비변사에 대한 이해

● 해설 : 정답 ②

제시된 자료에서 처음 설치할 때는 국방 문제만 맡겼다는 점, 지금은 6조를 비롯한 모든 기관의 일들을 자기네들 멋대로 처리한다는 점, 왕의 권한을 침해한다는 점을 통해 비변사임을 추론할 수 있다. 비변사는 16세기 중종 초에 여진족과 왜구의 침입에 대비하기 위해 임시 회의 기구로 설치되었다. 임진왜란을 거치면서 구성원이 고위 관원으로 확대되었고, 기능도 군사 문제에서 외교, 재정, 사회, 인사 문제 등 거의 모든 정무를 담당하게 되었다. 비변사의 기능이 강화되자 의정부와 6조 중심의 행정 체계는 유명무실해졌다.

● 오답풀이

ㄴ. 비변사의 기능이 강화되면서 6조의 기능은 약화되었다. ㄹ. 비변사는 16세기 초 중종 초에 처음 만들어졌다.

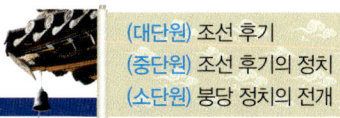

기출풀이 [10회 4급 28번]

28. 다음 대화를 나눈 왕 때의 사실로 옳은 것을 〈보기〉에서 고른 것은? [1점]

왜란의 피해가 실로 극심하오. 승하하신 선왕께서도 왜놈들에게 고초를 겪으셨소.

참으로 안타까운 일입니다.

─────〈 보 기 〉─────
ㄱ. 나선 정벌
ㄴ. 조선 통신사 파견
ㄷ. 친명배금 정책 추진
ㄹ. 허준의 「동의보감」 편찬

① ㄱ, ㄴ   ② ㄱ, ㄷ   ③ ㄴ, ㄷ
④ ㄴ, ㄹ   ⑤ ㄷ, ㄹ

● 출제의도

광해군이 추진한 정책 이해

● 해설 : 정답 ④

삽화에서 왜란의 피해가 극심하다는 점과 돌아가신 선대왕이 왜놈들에게 고초를 겪었다는 점에서 선조에 이어 즉위한 광해군임을 알 수 있다. 광해군은 전쟁의 뒷수습을 하기 위해 노력하였다. 먼저 토지 대장과 호적을 새로 만들어 국가 재정을 늘렸고, 성곽과 무기 수립 및 군사 훈련 등을 통해 국방을 강화하였다. 전란 중에 퍼진 질병의 확산을 막기 위해 허준으로 하여금 '동의보감'을 편찬하게 하였다.

● 오답풀이

ㄱ. 나선정벌은 청의 요청으로 조선의 군대가 러시아와의 전투에 동원된 것을 말한다. 나선은 러시아를 말한다. 효종 때인 1654년에 1차, 1658년에 2차 나선정벌이 있었다.
ㄷ. 친명배금 정책은 광해군을 몰아내고 인조반정으로 즉위한 인조때부터 서인들이 추진한 대외 정책이었다.

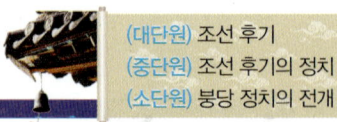

기출풀이 [9회 4급 27번]

27. 다음 표의 (가) 붕당에 대한 설명으로 옳은 것은? [3점]

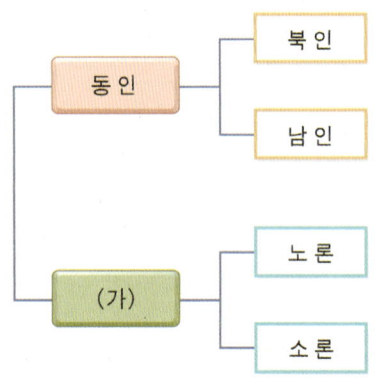

① 이황의 학통을 계승하였다.
② 조선 건국의 주체 세력이다.
③ 광해군 때 정치를 주도하였다.
④ 인조 반정으로 정권을 장악하였다.
⑤ 김효원을 비롯한 신진 관료가 중심이었다.

● **출제의도**

서인의 활동 이해

● **해설 :** 정답 ④

처음 동인과 서인으로 나뉘었던 붕당은 동인이 북인과 남인으로 갈라지고, 서인은 노론과 소론으로 갈라지면서 4색 당파를 이루게 되었다. (가)에 들어갈 내용은 서인이다. 서인은 이이의 학통을 계승하였고, 광해군 때 정국을 주도하던 북인 세력을 인조 반정으로 몰아 내면서 정국을 주도하게 되었다.

● **오답풀이**

① 이황의 학풍을 계승한 것은 남인이었다. ② 조선 건국의 주체 세력은 사림이 아닌 관학파였다. ③ 광해군 때 정치를 주도한 것은 북인이었다. ⑤ 김효원을 비롯한 신진 관료는 동인이었다.

 **기출풀이** [9회 4급 29번]

29. 다음에서 (가) 세력에 의해 제기되었던 주장으로 옳은 것은?

[2점]

전하께서 남한산성을 내려가 항복을 하신다면 죽음으로써 말려야 합니다. 그들과의 화의는 절대 안 됩니다.

(가)

① 선진 문물을 받아들이자는 북학론
② 유연한 외교 관계를 강조하는 주화론
③ 적의 침략에 대비하기 위한 10만 양병설
④ 외침을 피하기 위한 실리 위주의 중립 외교론
⑤ 오랑캐에 대한 수치를 씻고 복수하자는 북벌론

● **출제의도**

병자호란 당시 주전파의 주장 파악

● **해설 :** 정답 ⑤

삽화의 (가)는 청과의 화친을 거부하고 싸울 것을 요구하는 주전파이다. 인조반정 이후 친명배금 정책을 추진해온 조선 정부는 1627년에 정묘호란을 겪는다. 그 후 세력을 더욱 확장한 후금은 국호를 청으로 바꾸고 군신 관계를 요구하며 1636년 병자호란을 일으켰다. 인조는 남한산성으로 피난하여 저항하였으나 결국 청에 굴욕을 당하게 되었다. 이후 오랑캐에 당한 수치를 씻고 복수하자는 북벌 운동이 전개되었다.

● **오답풀이**

① 17세기 후반 이후 청에 사신으로 다녀온 사신들이 청의 문물을 수용하자는 주장이었다. ② 병자호란 때 국가의 안위를 위해 화친을 최명길 등이 주장한 것이었다. ③ 율곡 이이 선생이 임진왜란에 대비하여 주장한 것으로 알려져 있다. ④ 광해군이 추진한 실리주의 정책이었다.

기출풀이 [10회 3급 29번]

29. 다음 기사의 밑줄 그은 '친위 부대'에 대한 설명으로 옳은 것은? [2점]

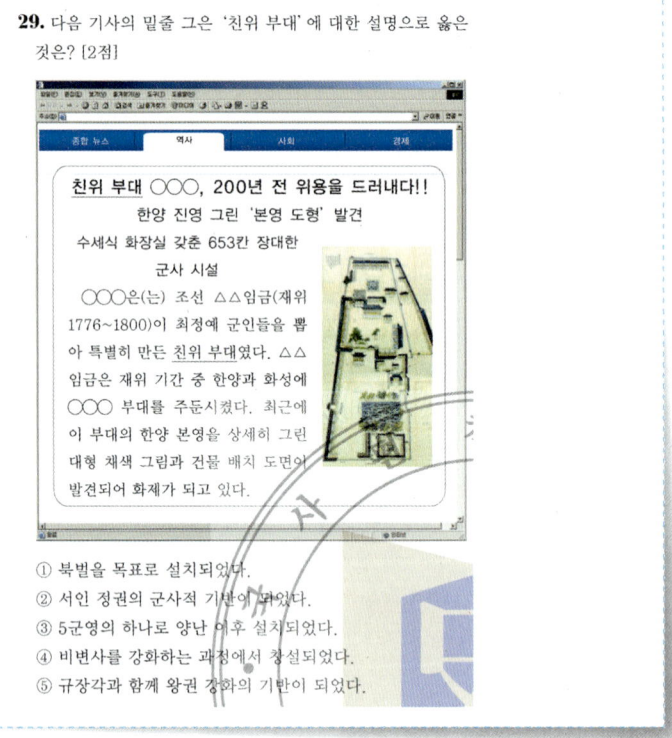

친위 부대 ○○○, 200년 전 위용을 드러내다!!

한양 진영 그린 '본영 도형' 발견

수세식 화장실 갖춘 653칸 장대한 군사 시설

○○○은(는) 조선 △△임금(재위 1776~1800)이 최정예 군인들을 뽑아 특별히 만든 친위 부대였다. △△임금은 재위 기간 중 한양과 화성에 ○○○ 부대를 주둔시켰다. 최근에 이 부대의 한양 본영을 상세히 그린 대형 채색 그림과 건물 배치 도면이 발견되어 화제가 되고 있다.

① 북벌을 목표로 설치되었다.
② 서인 정권의 군사적 기반이 되었다.
③ 5군영의 하나로 양난 이후 설치되었다.
④ 비변사를 강화하는 과정에서 창설되었다.
⑤ 규장각과 함께 왕권 강화의 기반이 되었다.

● **출제의도**

장용영의 특징 이해

● **해설 :** 정답 ⑤

제시된 자료에서 왕의 친위 부대, 한양과 화성에 주둔시켰던 사실을 통해 정조 때 설치했던 장용영임을 알 수 있다. 정조는 노론, 소론, 남인 계열을 고루 등용하여 붕당의 비대화를 막았다. 또한 자신의 권력과 정책을 뒷받침하기 위해 규장각을 설치하고, 초계문신제를 시행하였다. 또한 군사적 기반을 강화하기 위해 장용영을 설치하였고, 수원에 화성을 세워 자신의 정치적 이상을 실현하는 도시로 육성하려 하였다.

● **오답풀이**

① 북벌을 목표로 효종 때 어영청을 확대하였다. ② 서인 정권은 5군영을 군사적 기반으로 삼았다. ③ 양난 이후 설치된 것은 숙종 때 설치된 금위영이었다. ④ 비변사를 강화하는 과정에서 설치된 것은 임진왜란 때 설치된 훈련도감이었다.

기출풀이 [9회 3급 22번]

22. 자료의 밑줄 그은 '왕'이 추진한 정책으로 옳은 것을 〈보기〉에서 고른 것은? [2점]

이 음식은 채 썬 청포묵, 쇠고기, 녹두싹, 미나리 등을 넓은 그릇에 담고, 간장, 참기름, 식초로 고루 버무린 후, 황백지단, 김, 고추를 가늘게 채 썰어 고명으로 얹어 내는 궁중요리이다.

붕당 간의 대립을 해소하고자 하였던 <u>왕</u>이 자신의 정치적 의지를 펼치는 자리에 처음으로 이 음식을 내놓게 하였다고 한다.

───〈 보 기 〉───
ㄱ. 중앙 관서의 노비 6만 6,000여 명을 해방시켰다.
ㄴ. 서원을 정리하고 이조 전랑의 권한을 약화시켰다.
ㄷ. 자유로운 상업 행위를 허락하는 통공 정책을 시행하였다.
ㄹ. 가혹한 형벌을 폐지하고 사형수에 대한 삼심제를 엄격하게 시행하였다.

① ㄱ, ㄴ   ② ㄱ, ㄷ   ③ ㄴ, ㄷ
④ ㄴ, ㄹ   ⑤ ㄷ, ㄹ

● **출제의도**

영조가 추진한 정책 파악

● **해설 :** 정답 ④

제시된 자료는 탕평채에 대한 설명이다. 탕평채는 영조 때 여러 당파가 잘 협조하자는 탕평책을 논하는 자리에서 처음으로 나왔다고 전해지기도 한다. 여러 음식을 섞어 만드는 음식이므로 탕평책의 취지와도 잘 부합한다고 할 수 있다. 영조는 산림의 존재를 부정하고, 사림의 근거지인 서원을 대폭정리하였다. 또한 이조전랑의 자기 후임 추천권과 3사 관리 선발권을 없애 권한을 약화시켰다. 민생 안정에도 힘을 쏟아 균역법을 실시하여 군역의 부담을 덜어주고, 엄격한 형벌을 폐지하고 사형수에 대한 삼심제를 시행하였다. 속대전을 편찬하여 법전 체계도 정리하였다.

● **오답풀이**

ㄱ. 순조 시대인 1801년 중앙 관서의 노비 6만 6천명을 해방시켰다.
ㄷ. 정조 시기인 1791년에 신해통공으로 통공 정책이 시행되었다.

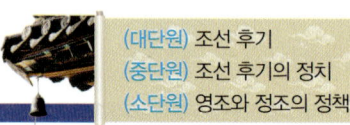

기출풀이 [9회 4급 30번]

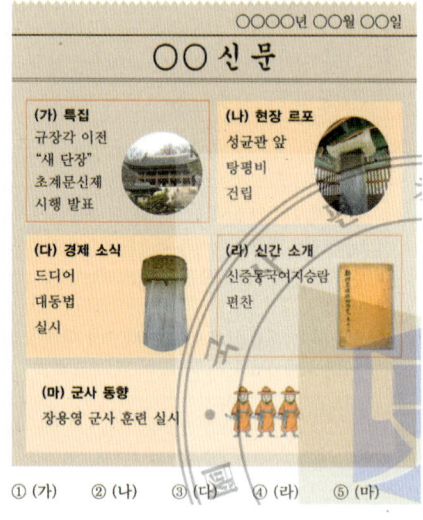

30. 밑줄 그은 '그'에 대한 역사 신문 기사로 적절한 것은? [2점]

> 그는 왕권 강화를 위해 종전과는 다른 군주상을 세우려고
> 하였다. 붕당의 뿌리를 제거하기 위해 재야 산림의 공론 정
> 치를 인정하지 않았고, 그들의 본거지인 서원을 대폭 정리하
> 였다. 또한 신문고를 부활시키고 속대전, 속오례의, 동국문
> 헌비고 등을 편찬하였다.

○○○○년 ○○월 ○○일

○○신문

(가) 특집
규장각 이전
"새 단장"
초계문신제
시행 발표

(나) 현장 르포
성균관 앞
탕평비
건립

(다) 경제 소식
드디어
대동법
실시

(라) 신간 소개
신증동국여지승람
편찬

(마) 군사 동향
장용영 군사 훈련 실시

① (가)　② (나)　③ (다)　④ (라)　⑤ (마)

● 출제의도

영조가 시행한 정책 이해

● 해설 : 정답 ②

제시된 자료에서 산림 부정, 서원 대폭 정리, 신문고 부활 등을 통해 밑줄 친 '그'는 영조임을 알 수 있다. 영조는 위에서 언급된 정책 외에도 이조전랑의 자기 후임 추천권과 3사 관리 선발권을 없애 이조전랑의 권한을 약화시켰고, 균역법을 시행하여 군역의 부담을 덜어주었다. 그리고 영조는 탕평책을 널리 알리기 위해 한양의 성균관에 붕당간의 다툼을 금하는 탕평비를 건립하였다. 현재도 성균관 대학교 정문 앞에 탕평비가 남아있다.

● 오답풀이

①, ⑤는 정조 시기의 사건이다. ③ 광해군 때인 1608년 대동법이 처음 시행되었다. ④ 신증동국여지승람은 중종 때 편찬되었다.

208

기출풀이 [6회 3급 26번]

26. 다음 가상의 대화 이후 전개된 정치 상황으로 적절한 것은? [2점]

① 탕평 정치로 국왕의 정치적 영향력이 강화되었다.
② 예송으로 서인과 남인 사이에 대립이 격화되었다.
③ 정여립 모반 사건으로 동인의 분열이 야기되었다.
④ 척신 정치 청산 문제로 사림 내부에 붕당이 형성되었다.
⑤ 국왕의 편당적 인사로 경신환국 등의 혼란이 나타났다.

● **출제의도**

영조 시기의 정치 상황 파악

● **해설 :** 정답 ①

왕이 이인좌를 처형하라는 말을 하는 것을 통해 영조 시기임을 알 수 있다. 1728년 (영조 4)에 소론 계열의 이인좌가 소론과 남인 세력 뿐 아니라 중소상인과 노비까지 규합하여 청주 등지에서 반란을 일으켰다. 영조는 붕당을 없애자는 논리에 동의하는 탕평파를 중심으로 정국을 운영하였다. 탕평 정치로 인해 왕은 정국의 운영이나 이념적 지도력을 비롯하여 거의 모든 부문에서 가장 큰 영향력을 행사하게 되었다.

● **오답풀이**

② 현종 시기에 효종의 계모인 자의대비의 복상 문제로 인해 효종의 죽음 후 1차 예송이, 효종비의 죽음 후 2차 예송이 일어나 1차 때는 서인, 2차 때는 남인에게 정국이 주도권이 주어졌다. ③, ④ 선조 시기의 사건이었다. ⑤ 숙종은 환국을 통해 정국을 주도하였다.

기출풀이 [3회 3급 31번]

31. 밑줄 친 ㉠~㉣에 대한 설명으로 옳은 것을 〈보기〉에서 고른 것은? [2점]

> 순조가 11세의 나이로 즉위하자, 영조의 계비 정순 왕후가 수렴청정을 하면서 정조 때 소외되었던 노론 벽파 세력이 정국을 주도하기 시작하였다. 이들은 ㉠신유박해를 이용하여 정조가 ㉡규장각을 통하여 양성한 인물들을 대거 몰아 냈다. 또, 장용영을 혁파하고 ㉢훈련도감을 정상화시켜 이를 장악하였다. 그러나 곧 정순 왕후가 죽자 벽파 세력이 퇴조하고, 순조의 장인 김조순을 중심으로 하는 안동 김씨 일파의 ㉣세도 정치가 전개되었다. 그리하여 안동 김씨는 반남 박씨, 풍양 조씨 등 유력 가문과 함께 3대 60여 년 동안 권력을 행사하였다.

〈 보 기 〉
ㄱ. ㉠ - 프랑스 군함이 강화도를 침범하는 구실이 되었다.
ㄴ. ㉡ - 정조가 화성에 세운 왕실 도서관이다.
ㄷ. ㉢ - 포수, 사수, 살수의 삼수병으로 편제되었다.
ㄹ. ㉣ - 이 시기에 홍경래의 난 등 농민 봉기가 전국적으로 확산되었다.

① ㄱ, ㄴ ② ㄱ, ㄹ ③ ㄴ, ㄷ ④ ㄴ, ㄹ ⑤ ㄷ, ㄹ

● 출제의도

세도 정치 시기의 정치 상황 이해

● 해설 : 정답 ⑤

순조가 어린 나이로 즉위하자 노론 벽파 세력이 정순 왕후의 수렴청정을 계기로 정국을 주도하였다. 이들은 정조 때 시행된 정책들을 없애고 1801년 신유박해를 일으켜 천주교 신자들을 많이 죽였다. 또한 정조가 등용하였던 남인, 소론 세력들을 권력에서 배제시켰다. 정순왕후가 죽은 후 순조의 외척 세력을 중심으로 하는 세도 정치가 전개되어 이후 60여 간 안동 김씨, 풍양 조씨 등의 일부 가문이 정국을 주도하게 되었다. 세도 정치기에는 관직 매매가 만연하고, 탐관오리들의 부당한 조세 수탈로 백성들의 삶이 매우 어려워졌다. 이에 1811년 관서 지방에서 일어난 홍경래의 난이나 1862년 전국을 휩쓴 임술 농민 봉기 등 농민 봉기가 각지에서 일어나게 되었다.

● 오답풀이

ㄱ. 프랑스 군함이 강화도를 침범한 병인양요는 1866년 일어난 병인박해가 원인이 되었다.
ㄴ. 규장각은 창덕궁에 있다.

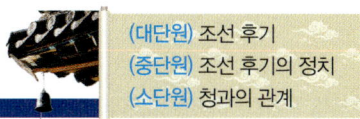

기출풀이 [5회 4급 31번]

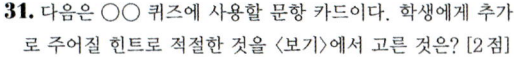

31. 다음은 ○○ 퀴즈에 사용할 문항 카드이다. 학생에게 추가
로 주어질 힌트로 적절한 것을 〈보기〉에서 고른 것은? [2점]

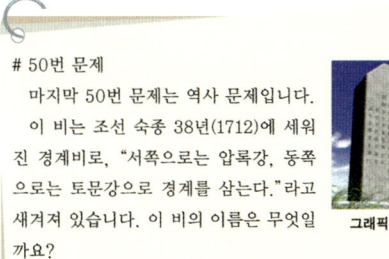

> # 50번 문제
> 마지막 50번 문제는 역사 문제입니다.
> 이 비는 조선 숙종 38년(1712)에 세워
> 진 경계비로, "서쪽으로는 압록강, 동쪽
> 으로는 토문강으로 경계를 삼는다." 라고
> 새겨져 있습니다. 이 비의 이름은 무엇일
> 까요?

그래픽 복원도

〈 보 기 〉
ㄱ. 처음에는 압록강 중류에 세워져 있었습니다.
ㄴ. 간도의 귀속 문제와 밀접한 관련이 있습니다.
ㄷ. 간도가 중국의 영토가 된 것은 이것 때문입니다.
ㄹ. 조선과 중국의 국경선을 정하기 위해 세웠습니다.

① ㄱ, ㄴ ② ㄱ, ㄷ ③ ㄴ, ㄷ
④ ㄴ, ㄹ ⑤ ㄷ, ㄹ

● 출제의도

백두산 정계비 이해

● 해설 : 정답 ④

제시된 자료에서 숙종 때 세워진 정계비라는 문구를 통해 백두산 정계비임을 알 수 있다. 청은 중국 대륙을 차지한 후에도 그들의 발원지인 만주 지방을 중시하여 이 지역을 성역화하였다. 그런데 조선인들 중 일부가 두만강을 건너 인삼을 캐거나 사냥을 하는 경우가 있었기 때문에 청과의 국경 분쟁이 발생하였다. 이에, 조선과 청의 대표가 백두산 일대를 답사하고 서쪽으로는 압록강, 동쪽으로는 토문강을 경계로 삼아 국경을 확정하고 정계비를 세웠다.

● 오답풀이

ㄱ. 백두산 정계비는 처음에 압록강 상류에 세워져 다른 곳으로 옮겨지지 않았다.
ㄷ. 간도는 을사늑약으로 외교권이 박탈된 이후인 1909년 청과 일본 사이에 체결된 간도협약으로 인해 청의 영토로 귀속되었다. 대신 일본은 간도협약의 대가로 안봉선 철도의 부설권을 획득하였다 .

 기출풀이 [9회 3급 21번]

21. 다음과 같이 파견되었던 외교 사절에 대한 설명으로 옳은 것은? [2점]

회차	파견 연도	정사(正使)	파견 인원
1	1607(선조 40)	여우길	467
2	1617(광해군 9)	오윤겸	428
3	1624(인조 2)	정립	300
⋮		⋮	
10	1748(영조 24)	홍계희	475
11	1764(영조 40)	조엄	472
12	1811(순조 11)	김이교	336

① 조사 시찰단이라고 불리기도 하였다.
② 새해, 동지 등에 정기적으로 파견되었다.
③ 울릉도, 독도에 대한 조선의 영유권을 주장하였다.
④ 조선의 선진 문화를 일본에 전파하는 역할도 하였다.
⑤ 류큐, 시암, 자와 등 동남아시아 각국에 파견되었다.

● **출제의도**

조선 통신사 이해

● **해설 :** 정답 ④

1607년에 1차 파견과 1811년 12차 파견을 통해 조선이 1607년부터 1811년까지 총 12회에 걸쳐 일본에 파견한 사절단인 조선 통신사라는 것을 알 수 있다. 통신사 일행은 적을 때에는 300여 명, 많을 때에는 400~500 명이나 되었다. 일본에서는 이들을 국빈으로 예우하였고 일본은 이들을 통하여 조선의 선진 학문과 기술을 배우고 에도 막부 쇼군의 권위를 국제적으로 인정받으려 하였다.

● **오답풀이**

① 조사 시찰단은 1881년에 일본에 파견된 사절단이었다. ② 조선 전기 명에 파견된 사절단에 대한 설명이다. ③ 숙종 때 안용복은 울릉도와 독도에 대한 영유권을 주장하였다. ⑤ 조선 초기의 대외 관계에 해당한다.

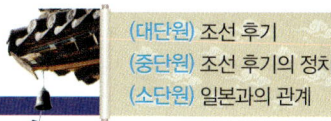

기출풀이 [5회 4급 23번]

23. 다음 자료에 관한 설명으로 옳은 것을 〈보기〉에서 고른 것은? [2점]

─〈 보 기 〉─
ㄱ. 조선의 선진 문화를 일본에 전파하는 역할을 하였다.
ㄴ. 일본의 요청에 따라 파견되어 극진한 대우를 받았다.
ㄷ. 울릉도와 독도가 조선의 영토임을 확인시키고 돌아왔다.
ㄹ. 부산포, 제포, 염포의 3포 개항을 축하하기 위해 처음 파
    견되었다.

① ㄱ, ㄴ   ② ㄱ, ㄹ   ③ ㄴ, ㄷ
④ ㄴ, ㄹ   ⑤ ㄷ, ㄹ

● **출제의도**

조선 통신사 이해

● **해설 :** 정답 ①

제시된 그림의 일본인들의 모습 등을 통해서 조선 통신사임을 추측해야 한다. 조선 통신사는 임진왜란 이후 파견되었다.
1607년 처음 파견되어 1811년까지 총 12차례 일본에 파견되었다. 일본은 통신사를 통하여 조선의 선진 문화를 받아들이고,
에도 막부의 쇼군이 바뀔 때 그 권위를 인정받고자 하였다. 통신사는 일본의 요청을 받고 파견되어 극진한 대우를 받았으
며, 다녀간 후에는 일본내에 조선의 문화와 풍속이 퍼질 정도로 일본의 문화 발전에 공헌하였다.

● **오답풀이**

ㄷ. 울릉도가 독도가 조선의 영토임을 확인시키고 돌아온 것은 숙종 때 안용복이란 인물이었다.
ㄹ. 세종 때인 1426년 왜구의 요구를 받아들여 부산포, 제포, 염포의 삼포를 개항하였다.

13강 조선 후기의 경제와 사회

❶ 수취 체제의 개편

구분	배경	내용	결과
전세	양 난 이후 농경지의 황폐화, 토지 제도의 문란	영정법 시행 : 최저율의 세액 적용 (풍흉에 관계없이 1결당 미곡 4두)	각종 부가세의 징수로 농민 부담 증가
공납	방납의 폐해	대동법 : 토지 1결당 미곡 12두 부과 (쌀, 삼베, 무명, 동전 등으로 납부), 공납의 전세화	농민 부담 감소, 지주 부담 증가(지주들의 반발), 공인의 등장(상품 화폐 경제 발달)
군역	여러 기관에서 군포 중복 징수, 양반 증가에 따른 면역자 증가	균역법 : 1년에 군포 1필 부과 (군포 부담 감소) 부족분의 충당 : 결작(1결당 2두), 선무군관포 징수 및 어장·염전·선박세로 보충	소작 농민에게 결작의 부담 전가, 군적의 문란으로 농민 부담 가중

❷ 서민 경제의 발전

(1) 양반 지주의 경영 변화
① 토지 확대 : 개간·매매로 토지 소유 확대, 지주 전호제로 경영
② 지주 전호제의 변화 : 신분적 관계 → 경제적 관계(소작권 인정, 도조법 등장)

(2) 농민 경제의 변화
① 농업 생산력 증대 : 농토 개간, 수리 시설 복구 → 모내기법 확대, 벼와 보리의 이모작
② 상품 작물 재배 : 쌀의 상품화, 상품 작물 재배(담배, 인삼, 채소 등) 증가

(3) 민영 수공업의 발달
① 선대제 수공업 : 공인이나 상인으로부터 먼저 대금을 받고 제품을 생산함
② 독립 수공업자(18세기 후반) : 독자적으로 생산하고 직접 판매

(4) 민영광산의 증가
① 경영 변화 : 국가 직영, 농민 부역 동원 → 민간인의 광산 개발 허용(설점수세제)로 전환
② 광산 경영 : 덕대(광산 경영자)가 상인 물주에게 자본을 조달받아 채굴업자, 노동자 고용

❸ 상품 화폐 경제의 발전

(1) 상업의 발달
① 사상의 활동 : 송상(개성상인), 만상(의주상인), 내상(동래상인), 경강 상인(운송업 종사)
② 장시의 발달 : 인근 장시와 연계하여 지역적 시장권 형성, 보부상의 유통망 연계
③ 포구에서의 상업 활동 : 18세기 상업 중심지로 성장, 선상과 객주·여각의 활동
④ 화폐 유통 : 상품 화폐 경제의 발달, 조세와 지대의 금납화, 전황 현상

❹ 사회 구조의 변동

(1) 신분제의 동요

    ① 양반층의 분화 : 붕당 정치의 변질로 인한 양반의 몰락

    ② 신분의 변동 : 공명첩과 납속책, 부를 축적한 서민층의 신분 상승, 족보 매매 및 위조 → 양반 수의 증가, 상민과 노비 수 감소

(2) 중간 계층의 신분 상승 운동

    ① 서얼 : 임란 이후 차별 완화, 납속책·공명첩 이용, 정조 때 규장각 검서관으로 기용(유득공, 이덕무, 박제가)

    ② 중인 : 대규모 소청 운동, 전문직으로서의 역할 부각, 역관(외래 문화 수용에 선구적 역할)

(3) 노비의 해방

    ① 신분 상승을 위한 노력 : 군공, 납속, 도망 등

    ② 국가 정책의 변화 : 노비종모법 실시(자식의 신분이 엄마의 신분을 따라감), 공노비 해방(1801)

(4) 가족 제도의 변화와 혼인

조선 중기	처가 살이 여전히 존재, 자녀 균분 상속, 형제가 돌아가면서 제사 담당
17세기 이후	친영 제도 정착, 장자 중심 상속, 큰아들이 제사를 모신다는 의식 확산
조선 후기	부계 중심 가족제, 효와 정절 강조, 과부 재가 금지, 서얼에 대한 차별 대우

(5) 인구의 변동 : 3년마다 호적 대장 작성(공납 및 부역 부과의 근거, 남성만 기록)

❺ 향촌 질서의 변화

(1) 양반의 향촌 지배 약화

    ① 조선 후기의 향촌 : 양반의 몰락, 부농층의 성장 → 사족 중심의 향촌 질서 약화

    ② 향촌 질서의 변화 : 관권과 결탁, 향안에 등록, 향회 장악 시도 → 관권(향리 세력)의 강화 → 향회의 변질(수령의 부세 자문 기구로 전락)

    ③ 부농층의 대두 : 납속·향직 매매를 통한 신분 상승, 부세 제도 운영에 적극 참여

(2) 농민층의 분화 : 부농층(농업 경영을 통해 부농으로 성장)과 임노동자(도시나 광산)로 분화

(3) 관권의 강화 : 재지 사족 약화, 부농층 성장 → 수령 중심의 관권 강화, 향리의 역할 확대

❻ 사회 변혁의 움직임

⑴ 사회 불안의 심화

    ① 배경 : 지배층의 수탈 강화, 탐관오리의 횡포, 재난과 질병 만연, 이양선 출몰

    ② 예언 사상의 대두 : 비기 · 도참설 유행(정감록)

⑵ 천주교와 동학

구분	성립 및 전래	성격
천주교	17세기 서학으로 유입 → 18세기 후반 신앙 활동(남인 일부)	평등 사상과 내세신앙, 제사 거부 → 사교로 규정하고 탄압(1801, 신유박해)
동학	최제우 창시(1860)	유불선+민간신앙, 시천주(평등사상) → 혹세무민의 죄로 최제우 처형 → 2대 교주 최시형이 교세 확대(동경대전, 용담유사 편찬)

⑶ 농민의 항거 : 세도 정치기 탐관오리의 부정, 삼정의 문란에 항거

    ① 홍경래의 난(1811) : 몰락 양반의 홍경래 주도, 영세 농민 · 중소 상인 · 광산 노동자 합세

    ② 임술 농민 봉기(1862) : 진주에서 시작하여 전국으로 확산, 농민들의 사회 의식 성장

기출풀이 [10회 4급 30번]

30. 지도와 관련된 세금 제도에 대한 설명으로 옳지 <u>않은</u> 것은? [2점]

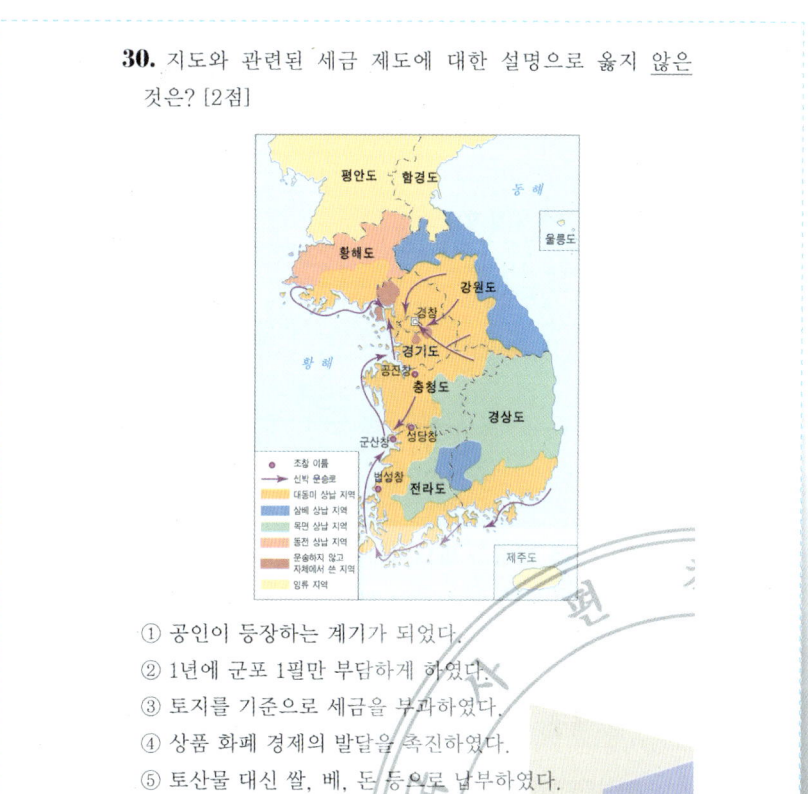

① 공인이 등장하는 계기가 되었다.
② 1년에 군포 1필만 부담하게 하였다.
③ 토지를 기준으로 세금을 부과하였다.
④ 상품 화폐 경제의 발달을 촉진하였다.
⑤ 토산물 대신 쌀, 베, 돈 등으로 납부하였다.

◉ 출제의도

대동법에 대한 이해

◉ 해설 : 정답 ②

지도의 범례에 표시된 대동미 상납 지역, 삼베 상납 지역, 동전 상납 지역 등을 통해 공납을 쌀이나 옷감, 동전으로 납부했던 대동법에 관한 내용임을 알 수 있다. 대동법은 방납의 폐해를 없애고, 농민 부담을 덜어주기 위해 광해군 때인 1608년에 경기도에서 처음 시작되어 점차 전국으로 확산되었다. 대동법은 집집마다 부과하여 토산물을 징수하던 공물 납부 방식을 토지 결수에 따라 쌀, 삼베나 무명, 동전 등으로 납부하게 하는 제도였다. 농민은 대체로 토지 1결당 미곡 12두만 납부하게 되었다. 이로 인해 토지가 없거나 적은 농민에게 큰 부담이었던 공물 부담은 없어지거나 일정 부분 경감되었다. 대동법의 시행으로 등장한 공인은 관청에서 공가를 미리 받아 필요한 물품을 사서 국가에 납부하였다. 공인은 많은 물품을 구매하였으므로 상품 수요가 증가하였고, 농민도 대동세를 위해 토산물을 시장에 내다 팔면서 상품 화폐 경제가 발달하게 되었다. ② 1년에 군포를 2필에서 1필만 납부하게 한 것은 영조 때 시행된 균역법이었다.

 **기출풀이** [8회 3급 15번]

15. 다음 대화를 통해 알 수 있는 수취 제도에 대한 설명으로 옳지 <u>않은</u> 것은? [1점]

① 상품 경제가 발달하는 데 영향을 주었다.
② 세금의 부과 기준을 토지 결수로 정하였다.
③ 부족한 세금을 채우기 위해 결작미를 거두었다.
④ 양반 지주들의 반대로 전국적인 시행이 늦어졌다.
⑤ 별공, 진상 등은 여전히 농민의 부담으로 남아 있었다.

● **출제의도**

대동법의 특징 이해

● **해설 :** 정답 ③

대화에서 땅 없는 사람은 공납 부담이 없어졌고, 서리들의 방납 농간이 없어졌다는 것에서 대동법에 대한 설명임을 알 수 있다. 대동법은 기존에 가호별로 부과하던 공납을 토지 결수에 따라 부과하였다. 이로 인해 농민들의 부담은 줄어들었지만 토지를 많이 가진 양반 지주들의 반대가 심해 전국적 시행에는 100년의 시간이 걸렸다. 대동법 시행으로 어용 상인인 공인이 등장하였다. 공인은 많은 물품을 구매하였으므로 상품 수요가 증가하였고, 농민도 대동세를 위해 토산물을 시장에 내다 팔면서 상거래가 활발해지고, 상품 화폐 경제가 발달하게 되었다. 하지만 대동법은 정기적인 공납인 상공에만 적용되어 여전히 수시로 거두어 들이는 별공이라든지, 지방의 특산물 등을 윗사람에게 바치는 진상 등이 남아있어 농민의 부담이 되었다. ③ 부족한 세금을 채우기 위해 결작미를 거둔 것은 균역법 시행 이후 부족한 세원을 확보하기 위한 제도였다.

기출풀이 [5회 3급 18번]

18. 다음과 같이 수취 체제가 개편된 결과를 옳게 추론한 것은? [2점]

> 선조 41년 5월 임신 선혜청을 설치하였다. 처음에 영의정 이원익이 아뢰었다. "각 고을의 진상과 공물이 각 관청의 방납인에 막혀 물건값이 3~4배에서 수십, 수백 배가 되어 폐해가 큽니다. 특히 경기도가 심합니다. 지금 따로 담당 관청을 설치하여 해마다 봄, 가을에 백성들에게 토지 1결마다 2번에 걸쳐 각각 8두씩 거두어들이게 합니다. 담당 관청은 때에 따라 물가 시세를 보아 쌀을 방납인에게 지급하여 수시로 물건을 조달하도록 해야겠습니다. 때를 보아 16두 중에서 2두를 지방에 내려주어 수령의 공사 비용으로 쓰게 하면 될 것입니다."라고 하니, 왕이 받아들였다. 왕의 교지 가운데에 선혜라는 말이 있어 담당 관청의 이름으로 삼았다.
>
> – 〈광해군일기〉 –

① 국가 재정이 악화될 것이다.
② 상품 화폐 경제가 위축될 것이다.
③ 양반 지주층의 부담이 줄어들 것이다.
④ 아들이 많은 집의 부담이 늘어날 것이다.
⑤ 토지가 적은 농민의 부담은 줄어들 것이다.

● **출제의도**

대동법의 시행 결과 파악

● **해설 :** 정답 ⑤

제시된 글에서 선혜청의 설치, 방납의 폐단 등의 내용을 통해 대동법 시행에 관련된 것임을 알 수 있다. 광해군은 방납의 폐단을 없애기 위해 쌀을 선혜청에서 거두어들여 그 쌀로 국가에 필요한 물품을 사들이게 하였다. 대동법은 기존에 가호를 기준으로 부과하던 방식에서 토지 결수에 따라 부과하는 방식으로 부과 기준을 바꾸었다. 이에 따라 토지를 많이 갖고 있던 양반 지주층의 부담이 늘어나고 소작농이나 영세 농민들의 공납 부담은 많이 줄어들었다. 또한 국가에 필요한 물품을 공급하기 위한 어용 상인인 공인의 등장으로 시장 거래가 활성화되고, 상품 화폐 경제가 발달하였다.

● **오답풀이**

① 국가 재정이 악화된다는 근거는 없다. ② 상품 화폐 경제가 발달하였다. ③ 토지에 부과되므로 양반 지주층의 부담이 늘어날 것이다. ④ 인두세 성격이 아니므로 농민의 부담과는 상관이 없다.

기출풀이 [5회 3급 16번]

16. 다음 글의 밑줄 그은 '이 제도'의 시행 결과로 나타났던 사실을 〈보기〉에서 고른 것은? [2점]

> 군적이 문란하고 납속이나 공명첩을 통해 군역을 회피하는 자가 늘어나면서 군역의 재원은 점차 줄어들었다. 재정이 어려워지자 국가의 군포 부과량이 늘어났고, 농민은 도망가거나 양반으로 신분을 바꾸어 군역을 피하는 경향이 늘어났다. 이에 군역의 폐단을 시정하려는 개혁 방안이 논의되고, 마침내 <u>이 제도</u>가 시행되었다. 이로써 농민은 1년에 군포 1필만 부담하면 되었다.

〈 보 기 〉
ㄱ. 어세, 염세, 선세 등이 국방비에 편입되었다.
ㄴ. 포를 받고 군역을 면제하는 방군수포제가 실시되었다.
ㄷ. 지주들이 결작으로 토지 1결당 미곡 2두를 부담하였다.
ㄹ. 일부 상류층에 선무군관이라는 칭호를 주고 군포를 받았다.
ㅁ. 연분9등법에 따라 토지 1결당 미곡 4~20두를 납부하게 하였다.

① ㄱ, ㄴ, ㅁ 　② ㄱ, ㄴ, ㄹ 　③ ㄱ, ㄷ, ㄹ
④ ㄴ, ㄷ, ㅁ 　⑤ ㄷ, ㄹ, ㅁ

● **출제의도**

균역법의 시행 결과 이해

● **해설 :** 정답 ③

군역의 폐단을 시행하기 위해 '이 제도'를 시행하였고, 1년에 군포 1필만 부담했다는 내용에서 균역법임을 알 수 있다. 임진왜란 이후 납속이나 공명첩으로 양반이 되어 역을 부담하지 않는 자가 늘어나면서 군역의 재원은 점점 줄어들었다. 게다가 전국의 장정 수 파악이 어려워 재정 상태가 어려워지자 군포 부담은 점차 늘어났다. 군역의 부담이 커지자 도망가거나 심지어 노비가 되는 경우도 나오게 되었다. 이에 영조 시기에 균역법이 시행되어 1년에 군포 1필만 부담하면 되게 되었다. 균역법의 시행으로 감소된 재정은 토지 1결당 미곡 2두를 결작으로 걷고, 일부 상류층에게 선무군관이라는 칭호를 주고 군포 1필을 납부하게 하였으며 왕실 수입이었던 어장세, 선박세, 염전세 등을 군역으로 전환하였다.

● **오답풀이**

ㄴ. 조선 개국 이후 장기적인 평화가 지속되면서 16세기에 이르러 관청이나 군대에서 포를 받고 군역을 면제해 주는 방군수포와 군역을 대신하게 하는 대립이 불법적으로 행해지게 되어 군사력이 약화되었다. ㅁ. 연분 9등법은 세종 때 시행되었으며 토지세인 전세를 줄여준 것이었다.

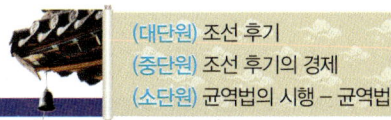
 **기출풀이** [3회 3급 30번]

---

30. 다음은 조선 후기 가상 인물인 '갑돌이'의 생애를 다룬 역사 신문이다. 밑줄 친 ㉠~㉤에 대한 설명으로 옳지 <u>않은</u> 것은? [3점]

○○○○년 ○○월 ○○일 　　　　　　**한국사 신문**

〈특집 기획 : 우리 시대 성공 사례 1〉

빈농의 아들 갑돌이가 거상(巨商)이 되다.

갑돌이는 가난한 농부의 아들로 태어나 소작농이 되었으나 ㉠광작이 성행하면서 농촌에서 퇴출되었다. 갑돌이는 한양으로 상경하여 ㉡한강변을 중심으로 활동하는 선상들을 따라다니며 심부름을 해 주면서 장사를 배웠다. 갑돌이는 자신을 신뢰하는 ㉢객주로부터 약간의 자금을 차용하여 장사를 시작하였다. 갑돌이는 송파에 점포를 차리고 ㉣고추와 담배를 독점하여 크게 성공하였다. 더욱 많은 사람들을 끌어모으기 위해 ㉤서울 근교의 가면놀이꾼을 동원하여 이벤트를 벌였다. 갑돌이는 곧 큰 부자가 되었다.

① ㉠ – 모내기법으로 노동력이 절감되면서 나타난 현상이다.
② ㉡ – 시전 상인으로 금난전권을 가지고 있었다.
③ ㉢ – 보관, 숙박, 금융 등의 업무도 담당하였다.
④ ㉣ – 도고는 이러한 활동을 통해 큰 이익을 남겼다.
⑤ ㉤ – 송파 산대놀이와 양주 별산대놀이가 대표적인 예이다.

● **출제의도**

조선 후기 서민 경제의 변화와 상업의 변화 모습 이해

● **해설 :** 정답 ②

양난 이후 농민들은 황폐한 농토를 다시 개간하고 수리 시설을 복구하는 등 자구책을 마련하였다. 그리고 모내기법을 확대하여 벼와 보리의 이모작으로 소득을 증대시켰다. 모내기법으로 잡초 제거하는 일손이 줄어들면서 한 사람이 많은 농토를 경작하는 ㉠ 광작이 성행하였다. 농업 생산력 증가와 수공업 생산 증대로 상업의 유통도 활발하였다. 조선 후기에는 사상이 성장하였다. 선상은 물품을 각 지방에서 구입해 와서 포구에서 처분하였다. ㉡ 한강변을 중심으로 활동하는 경강상인이 대표적인 선상이었다. 조선 후기에 이르러 포구가 새로운 상업 중심지가 되었다. 포구를 거점으로 매매를 중개하고, 운송, 보관, 숙박, 금융 등의 영업도 하는 ㉢ 객주가 활발하게 활동하였다. 이러한 객주나 공인 등은 일부 품목을 독점하여 크게 이익을 내는 ㉣ 도고로 성장하기도 하였다. 조선 후기에는 상공업 발달과 농업 생산력의 증대를 배경으로 서민 문화가 발전하였다. ㉤ 조선 후기에는 탈놀이와 산대 놀이도 발전하였는데 송파 산대놀이와 양주 별산대놀이가 대표적이었다. ㉡ 선상은 사상이었다.

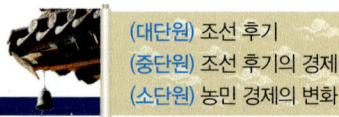

기출풀이 [9회 3급 25번]

25. 다음과 같은 농민 경제의 변화가 일어날 당시의 상황으로 옳지 않은 것은? [2점]

> 농민이 밭에 심는 것은 곡물만이 아니다. 모시, 오이, 배추, 도라지 등의 농사도 잘 지으면 그 이익이 헤아릴 수 없이 크다. 도회지 주변에는 파밭, 마늘밭, 배추밭, 오이밭 등이 많다. 특히 서도 지방의 담배밭, 북도 지방의 삼밭, 한산의 모시밭, 전주의 생강밭, 강진의 고구마밭, 황주의 지황밭에서의 수확은 모두 상상등전(上上等田)의 논에서 나는 수확보다 그 이익이 10배에 달한다. ─「경세유표」─

① 벼와 보리의 이모작이 널리 행해졌다.
② 덕대가 광산을 운영하는 것이 일반적이었다.
③ 일부 농민은 소득의 증가로 지주가 되기도 하였다.
④ 시장 판매를 위한 수공업 제품의 생산이 활발하였다.
⑤ 농업 생산력이 발달하면서 장시가 등장하기 시작하였다.

● **출제의도**

조선 후기의 경제 상황 이해

● **해설 :** 정답 ⑤

조선 후기에 모내기법이 확대되면서 벼와 보리의 이모작이 널리 행해져 농민 소득이 증대되었다. 모내기법이 확산되면서 혼자서 많은 농토를 경작하는 광작 농업이 늘어나게 되었고 일부 농민은 부농이 되기도 하였다. 농민들은 시장에 팔기 위한 작물을 재배하여 수입을 증대시켰다. 주로 쌀, 목화, 담배, 채소, 약초 등을 재배하여 팔았다. 이 시기에는 상품 화폐 경제가 진전되면서 시장 판매를 위한 수공업 제품의 생산이 활발해졌다. 도시의 인구가 급증하여 제품의 수요가 늘어났고, 대동법 시행으로 인해 관의 수요도 적지 않은 것이 그 이유였다. 이렇게 수공업이 발달하자 광업도 발달하게 되었는데, 조선 초기 광물 채굴을 금지하던 정부에서도 조선 후기에 들어서는 민간 채굴을 허용하였다. 특히 조선 후기에는 덕대라고 하는 광산 경영 전문가가 상인 물주로부터 자본을 조달받아 채굴업자와 채굴 노동자, 제련 노동자 등을 고용하여 광물을 채굴하고 제련하는 것이 일반적인 일이 되었다. ⑤ 장시는 서울 근교와 지방의 농업 생산력의 발달에 힘입어 15세기 후반부터 등장하기 시작했다.

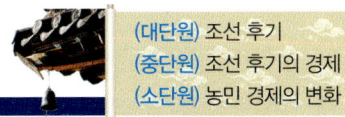
 **기출풀이** [5회 3급 28번]

28. 다음 자료를 통해 당시 경제적 변화를 옳게 설명한 것을 〈보기〉에서 고른 것은? [2점]

> 부농층은 땅이 넓어서 빈민을 농업 노동에 고용함으로써 직접 농사를 짓지 않고서도 향락을 누릴 수 있다. 빈농층 중의 어떤 농민은 지주의 농지를 빌려 경작함으로써 살아간다. 그들 중에 어떤 자는 농지를 얻을 수 없으므로 임노동자가 되어 타인에게 고용됨으로써 생계를 유지한다. 그리고 그것도 할 수 없는 농민은 농촌을 떠나 유리걸식하게 된다.
>
> – 〈농포문답〉 –

〈보기〉
ㄱ. 농업 기술의 발달로 광작이 가능해졌다.
ㄴ. 지주와 전호 사이에 신분적 예속 관계가 강화되었다.
ㄷ. 소작 농민이 쟁의를 벌여 지대의 형태가 도조법에서 타조법으로 바뀌었다.
ㄹ. 상품의 유통이 활발해지고, 채소, 담배, 약초 등 상품 작물 재배가 성행하였다.

① ㄱ, ㄴ   ② ㄱ, ㄹ   ③ ㄴ, ㄷ
④ ㄴ, ㄹ   ⑤ ㄷ, ㄹ

○ 출제의도

조선 후기 농민층의 분화 이해

○ 해설 : 정답 ②

제시된 자료를 보면 농민들이 부농층과 빈농층, 임노동자로 분화되는 모습을 알 수 있다. 조선 후기에 모내기법의 시행으로 인하여 일부 농민은 광작 경영을 하고, 또한 상품 작물을 재배해 부를 축적하여 부농이 되었다. 하지만 대부분의 농민들은 토지를 잃고 소작농으로 전락하거나 농촌에서 떠나 도시, 포구, 광산 등에서 임노동자가 되는 경우도 많았다. 조선 후기에 소작 농민은 좀 더 유리한 경작 조건을 얻기 위해 지주에게 대항하여 소작 쟁의를 벌였다. 이러한 과정에서 소작 농민의 소작권을 인정하고, 소작료도 수확량의 반을 내던 타조법에서 일정 액수를 내는 도조법으로 바뀌어 가게 되었다. 이로 인해 농민들은 쌀 이외의 채소, 담배, 약초 등의 상품 작물 재배에 더 많은 관심을 갖게 되었다.

○ 오답풀이

ㄴ. 지주와 전호(소작인) 사이의 관계는 신분적 예속 관계에서 경제적 관계로 변화되었다.
ㄷ. 소작 농민이 쟁의를 벌여 지대의 형태가 타조법(정률지대)에서 도조법(정액지대)으로 바뀌게 되었다.

기출풀이 [7회 4급 28번]

28. 다음 자료에 나타난 농법에 대한 설명으로 옳지 <u>않은</u> 것은?

[2점]

> 남쪽 바람 때맞추어
> 보리 추수 재촉하니
> 보리밭 누른빛이
> 밤사이 나겠구나.
> 문 앞에 터를 닦고
> 보리타작 하오리다.
> ……
> 목동은 놀지 말고
> 농우를 보살펴라.
> 그루갈이 모 심기
> 제힘을 빌리리라.
> ……
> 뒷논은 뉘 심고
> 앞밭은 뉘가 갈꼬.
>
> — 농가월령가 5월령 —

① 광작이 나타나게 되었다.
② 이모작이 가능하게 되었다.
③ 수확량이 크게 증가하였다.
④ 국가가 장려하여 널리 보급되었다.
⑤ 김매기의 노력을 덜어 노동력을 절감하였다.

● **출제의도**

모내기법(이앙법)의 시행 결과 이해

● **해설 :** 정답 ④

제시된 자료의 그루갈이(동일한 농장에서 1년에 두 종류의 농작물을 다른 시기에 재배하는 농법)와 사람들의 농사짓는 모습 등을 통해 모내기법이라는 것을 알 수 있다. 모내기법은 모판에서 모를 일정 기간 재배한 후 논에 옮겨 심는 방법이다. 이앙법이라고 불리기도 한다. 모내기법은 모판에 심은 모를 옮겨 심어서, 단위 면적 당 최대한 많은 벼를 심었기 때문에 직파법보다 수확량을 늘릴 수 있었다. 또한 보리를 수확하는 기간과 벼의 파종 기간이 겹치는 것을 피할 수 있었다. 벼의 파종 기간에 직접 씨를 뿌리는 것이 아니라 모판에서 재배하기 때문에 보리를 수확한 후 땅을 갈아 물을 채워 놓고, 그 곳에 모를 옮겨 심는 것이었다. 이로 인해 이모작이 가능해졌다. 또한 채워 놓은 물로 인해 잡초가 자라지 못해 잡초를 제거하는 김매기 노력을 덜어 노동력이 절감되었다. 노동력 절감은 한 사람이 많은 땅을 경작할 수 있게 되었음을 의미한다. 즉, 한 사람이 넓은 땅을 경작하는 광작이 나타나게 되었다. ④ 국가에서는 수리 시설이 확충되지 않을 경우 벼 생산이 어려울 수 있었기 때문에 조선 전기까지는 모내기법 시행을 억제하였다.

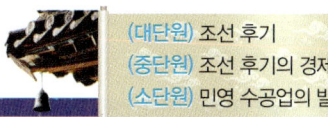

(대단원) 조선 후기
(중단원) 조선 후기의 경제
(소단원) 민영 수공업의 발달

기출풀이 [4회 3급 29번]

29. 다음 가상 인터뷰의 김서방에 대한 설명으로 적절하지 <u>않</u>은 것은? [2점]

> 기 자 : 안녕하세요? 지금 뭐하고 계시는 건가요?
> 김서방 : 예, 방짜 유기를 만드는 중입니다. 우선 구리와 주석의 비율을 약 4대 1로 섞어서 녹이고, 이렇게 만들어진 놋쇠를 여러 차례 망치로 두들기고 펴서 그릇을 만드는 것이지요.
> 기 자 : 자금은 어떻게 조달하십니까?
> 김서방 : 상인 물주에게 자금과 원료를 미리 받아 제품을 생산하고 있습니다.
> 기 자 : 요즘은 경기가 어떠십니까?
> 김서방 : 이번에 공인이 우리 납청 마을로 온답니다. 공인이 오기 전에 좋은 유기를 많이 만들어 두어야 하기 때문에 많이 바쁘지요. 그래서 아랫마을 박서방을 불러 품삯을 주고 일을 거들게 하고 있습니다.
> 기 자 : 잘 알았습니다. 이상 납청 마을에서 전해 드렸습니다.

① 선대제의 방식으로 수공업품을 생산하였다.
② 생산 활동에 임노동자를 고용하기도 하였다.
③ 공장안에 등록되어 관청에서 필요한 물품만 제작, 공급하였다.
④ 원료 구입과 제품 판매에서 상업 자본의 지배를 받기도 하였다.
⑤ 장인세만 부담하면 비교적 자유롭게 생산 활동에 종사할 수 있었다.

● **출제의도**

조선 후기의 선대제 수공업 이해

● **해설 :** 정답 ③

제시된 가상 인터뷰 내용 중 상인 물주에게 자금과 원료를 미리 받아 제품을 생산하고 있다는 내용에서 선대제 수공업에 관련된 문제임을 알 수 있다. 조선 후기에는 상품 화폐 경제가 진전되면서 시장 판매를 위한 수공업 제품의 생산이 활발해졌다. 이 시기는 도시의 인구가 늘어 제품의 수요가 늘어났고, 대동법의 실시로 인한 관수요도 적지 않았기 때문이었다. 민간 수공업자들은 대체로 작업장과 자본이 소규모였기 때문에 대부분 공인이나 상업 자본의 지배를 받았다. 수공업 수요가 늘면서 자금과 원료를 상인으로부터 미리 받아 제품을 생산하는 선대제가 성행하였다. 그러나 18세기 후반에 이르면서 수공업자 가운데서도 독자적으로 제품을 생산하고 이를 직접 판매하는 독립 수공업자가 나타나기 시작하였다. ③ 공장안에 등록되어 관청에서 필요한 물품만 제작, 공급한 것은 조선 전기 관영 수공업 체제가 일반적일 때에 해당한다.

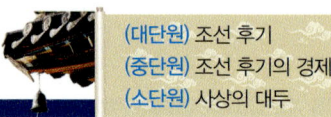

기출풀이 [6회 3급 23번]

---

23. (가)에 들어갈 제목으로 가장 적절한 것은? [1점]

역 사 신 문

○○○○년

(가)

남산골에 사는 허모 씨는 쓰러져 가는 초가에서 글만 읽을 뿐 생계를 전혀 돌보지 않았다. 보다 못한 아내가 도둑질이라도 하라고 하자, 그는 한양의 가장 큰 부자 변 씨에게서 만 냥을 빌려 집을 나섰다. 안성의 한 주막에 자리 잡은 그는 밤, 대추, 감, 배, 귤 등의 과일을 모두 사들였다. 그가 과일을 모두 사들이자 온 나라가 잔치나 제사를 치르지 못할 지경에 이르렀다. 과일값이 폭등하자, 그는 10배의 값으로 과일을 되팔았다. ……

① 밀착 취재, 임노동자의 하루
② 수공업의 진화, 선대제 수공업
③ 도고, 이들을 어떻게 볼 것인가?
④ 유통 경제의 중심, 한강을 가다
⑤ 광산 개발, 황금알을 낳는 거위

◉ **출제의도**

도고의 특징을 이해하는 문제

◉ **해설 :** 정답 ③

제시된 자료에서 남산골에 사는 허모 씨가 과일을 독점하여 엄청난 이익을 얻는 내용을 통해 독점적 도매 상인인 도고에 대한 문제임을 알 수 있다. 조선 후기 상품 화폐 경제가 발달하면서 공인과 사상들 중에서 일부는 재산을 축적하여 독점적 도매 상인인 도고로 성장하기도 하였다.

◉ **오답풀이**

① 임노동자는 토지를 잃은 농민들이 주로 광산이나 포구에서 임금을 받고 일하는 사람들을 말한다. ② 선대제 수공업은 초기 자본이 없는 민간 수공업자들이 상인이나 공인들로 부터 자금과 원료를 미리 지원받아 수공업 제품을 만드는 것을 말한다. ④ 한강을 근거지로 주로 서남 연해안을 오구며 미곡, 소금, 어물 등을 거래했던 경강 상인이 대표적인 한강의 선상이었다. 이들은 선박을 이용해서 주로 운송업에 종사하다가 거상으로 성장하였다. ⑤ 조선 초기에는 정부가 독점하여 광물을 채굴하였으나, 17세기 중엽부터 민간인에게 광산 채굴을 허용하고 세금을 받는 정책을 시행하였다. 청과의 무역으로 청의 화폐의 은을 채굴하려는 사람이 많아지면서 은광 개발이 활기를 띠었다. 광산 개발은 이익이 많았기 때문에 많은 사람들이 몰려들었다.

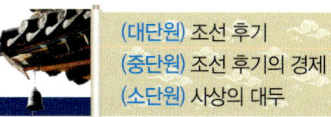

기출풀이 [6회 3급 27번]

27. 지도의 (가) ~ (마)는 조선 후기 사상이다. 이에 대해 옳게 설명한 사람은? [2 점]

① 갑 – (가)는 주로 유황과 구리를 수입했어.
② 을 – (나)는 금난전권으로 사상을 억압했지.
③ 병 – (다)는 전국적인 유통망으로 송방을 설치했어.
④ 정 – (라)는 주로 인삼 재배와 유통에 관여했지.
⑤ 무 – (마)는 조창의 조세와 공물을 경창으로 운반했어.

● **출제의도**

조선 후기 사상의 활동 이해

● **해설 :** 정답 ③

지도의 (가) ~ (마)에 표시된 주요 도시에 따라 (가) ~ (마)가 각각 어떤 상인인지를 파악해야 한다. (가)는 의주의 만상으로 청과의 무역을 주도하였다. (나)는 유상으로 평양의 사상이었다. (다)는 개성을 중심으로 활동했던 송상으로 전국에 송방이라는 지점을 설치하였다. (라)는 한강을 중심으로 활동했던 경강상인으로 주로 운송업에 종사했다. (마)는 동래의 내상으로 일본과의 무역을 주도하였다.

● **오답풀이**

① 유황과 구리를 수입한 것은 동래의 내상이었다. ② 금난전권으로 사상을 억압한 것은 시전 상인이었다. ④ 인삼 재배와 유통에 관여한 것은 청과의 무역을 주도했던 만상이었다. ⑤ 조창의 조세와 공물을 경창으로 운반하는 역할을 한 것은 한강을 근거지로 활동한 경강 상인이었다.

기출풀이 [4회 3급 30번]

30. 다음을 토대로 당시의 경제 상황에 대하여 옳게 설명한 것을 〈보기〉에서 모두 고른 것은? [2점]

> 장시의 확산 추세는 더욱 두드러져 18세기 중반에는 전국에 1,000여 곳에 달하게 되었다. 장시는 지방민의 교역 장소로, 인근의 농민, 수공업자, 상인이 일정한 날짜에 일정한 장소에 모여 물건을 교환하였는데, 보통 5일마다 열렸다. 그러므로 장시는 몇 개 촌락의 주민이 하루에 왕복하여 교역할 수 있는 교통의 요지에 30~40리의 거리를 두고 확산되었으며, 장시의 번성으로 행상의 활동도 더욱 활발해졌다.

〈 보 기 〉

ㄱ. 사상(私商)이 각지에서 활발한 활동을 하였다.
ㄴ. 정부는 저화, 조선통보 등을 만들어 유통시켰다.
ㄷ. 보부상이 생산자와 소비자를 이어 주는 역할을 하였다.
ㄹ. 전국적인 유통망을 연결하는 상업 중심지가 성장하였다.

① ㄱ, ㄴ   ② ㄷ, ㄹ   ③ ㄱ, ㄴ, ㄷ
④ ㄱ, ㄷ, ㄹ   ⑤ ㄴ, ㄷ, ㄹ

● **출제의도**

조선 후기 장시의 발달 이해

● **해설 :** 정답 ④

조선 후기에 이르러 전국적으로 발달한 장시를 토대로 사상이 각지에서 활발하게 활동하였다. 15세기 말 남부 지방에서 개설되기 시작한 장시는 18세기 중엽에 이르러서는 전국에 1,000여 개소가 개설되었다. 장시는 보통 5일마다 열려 인근의 농민, 수공업자, 상인이 일정한 날짜, 일정한 장소에 모여 물건을 교환하였다. 일부 장시는 상설 시장이 되기도 하였고, 인근의 장시와 연계하여 하나의 지역적 시장권을 형성하기도 하였다. 농촌의 장시를 하나의 유통망으로 연계시킨 상인은 보부상으로 이들은 장날의 차이를 이용하여 일정 지역 안이나 전국적인 장시를 무대로 활동하였다. 18세기 말의 장시 중에서 광주 송파장, 은진 강경장, 덕원 원산장, 창원 마산포장 등이 전국적인 유통망을 연결하는 상업 중심지로 성장하였다.

● **오답풀이**

ㄴ. 정부는 조선 초기에 저화, 조선통보 등을 유통시키려 했으나 실패하였다. 조선 후기에는 상평통보가 전국에 유통되었다.

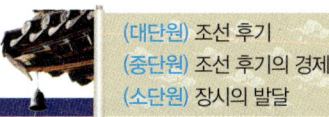

기출풀이 [6회 4급 23번]

23. 자료의 밑줄 그은 '이들'에 대한 설명으로 옳은 것은?

[2 점]

 이들은 떠돌아다니며 장사하는 외로운 힘든 생활을 했기 때문에 상호 결집력이 강했으며, 자신들의 이익을 지키고 단결을 굳게 하기 위하여 단체를 이루고 있었다.

① 장시를 무대로 활동하였다.
② 대동법의 시행으로 등장하였다.
③ 국가가 필요로 하는 특정 물품을 납부하였다.
④ 선박을 이용해서 지방의 물품을 포구에서 처분하였다.
⑤ 상품의 매매를 중개하고 금융, 숙박 등의 영업도 하였다.

● **출제의도**

보부상의 특징 이해

● **해설 :** 정답 ①

제시된 그림에서 봇짐을 지고 있는 모습과 떠돌아다니며 장사하는 사람들이라는 것에서 보부상임을 알 수 있다. 보상은 부피가 적고 가벼우며 비교적 비싼 상품을 보자기에 싸서 들고 다니면서 판매하는 봇짐장수를 말하고, 부상은 무게나 부피가 크고 값이 비교적 낮은 상품을 지게에 짊어지고 다니면서 판매하는 등짐장수를 말한다. 장시는 지방민의 교역 장소로 보통 5일 마다 열렸다. 일부 장시는 상설 시장이 되기도 하였지만, 인근의 장시와 연계하여 하나의 지역적 시장권을 형성하는 것이 보통이었다. 이러한 연결에 중요한 역할을 했던 상인이 보부상이었다. 이들은 생산자와 소비자를 이어주는 데 큰 역할을 했으며, 주로 장날의 차이를 이용해 장시를 무대로 활동하였다.

● **오답풀이**

② 대동법의 시행으로 등장한 것은 공인이었다. ③ 국가가 필요로 하는 물품을 대량으로 구입해서 납부한 사람은 대동법 시행으로 등장한 공인이었다. ④ 선박을 이용해서 지방의 물품을 포구에서 처분한 상인은 선상이었다. ⑤ 객주나 여각은 상품의 매매 및 중개 뿐 아니라 금융, 숙박, 보관업도 하였다.

기출풀이 [9회 3급 26번]

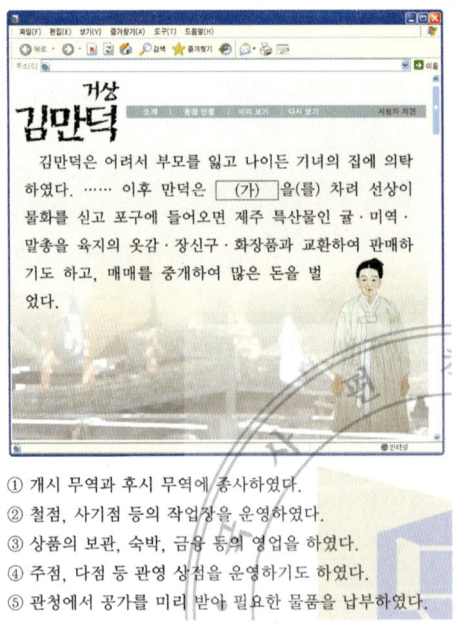

26. 다음 자료의 (가)에서 주로 하는 활동으로 가장 적절한 것은? [2점]

> ### 거상
> ### 김만덕
>
> 김만덕은 어려서 부모를 잃고 나이든 기녀의 집에 의탁하였다. …… 이후 만덕은 [(가)]을(를) 차려 선상이 물화를 싣고 포구에 들어오면 제주 특산물인 귤·미역·말총을 육지의 옷감·장신구·화장품과 교환하여 판매하기도 하고, 매매를 중개하여 많은 돈을 벌었다.

① 개시 무역과 후시 무역에 종사하였다.
② 철점, 사기점 등의 작업장을 운영하였다.
③ 상품의 보관, 숙박, 금융 등의 영업을 하였다.
④ 주점, 다점 등 관영 상점을 운영하기도 하였다.
⑤ 관청에서 공가를 미리 받아 필요한 물품을 납부하였다.

● 출제의도

객주의 활동 이해

● 해설 : 정답 ③

자료의 내용에서 김만덕은 선상에게 제주도의 물건을 판매하고, 매매를 중개하였다. 이를 통해 그녀는 상품 판매와 매매 중개를 했던 객주나 여각임을 알 수 있다. (가)에 들어갈 말은 객주이다. 김만덕은 제주도 관부의 기생이었으나 양인으로 풀려난 후 객주를 만들어 많은 돈을 벌었다. 1795년 제주도에 몰아친 폭풍과 폭풍우로 굶어죽는 사람이 많아지자 재산을 대부분 구휼미로 내놓아 제주도 백성들을 굶주림에서 구하였다. 이에 정조는 상을 내리고, 체제공, 정약용 등 수많은 사람들이 그녀의 선행을 기렸다. ③ 객주는 각 지방의 선상이 물화를 싣고 들어오면 상품의 매매와 매매 중개 및 운송, 보관, 숙박, 금융업을 하였다.

● 오답풀이

① 조선 후기의 사상들 중 의주의 만상과 동래의 내상에 해당한다. ② 민간 수공업자 중 철기 수공업체는 철점, 사기 수공업체는 사기점을 운영하였다. ④ 고려 시대에는 주점, 다점 등 관영 상점을 운영하기도 하였다. ⑤ 선대제 수공업자에 해당한다.

기출풀이 [5회 3급 19번]

19. 자료를 통해 알 수 있는 당시의 경제 생활 모습으로 옳은 것을 〈보기〉에서 고른 것은? [2점]

> 우리나라는 동·서·남의 3면이 모두 바다이므로, 배가 통하지 않는 곳이 거의 없다. 배에 물건을 싣고 오가면서 장사하는 장사꾼은 반드시 강과 바다가 이어지는 곳에서 이득을 얻는다. 전라도 나주의 영산포, 영광의 법성포, 홍덕의 사진포, 전주의 사탄은 비록 작은 강이나, 모두 바닷물이 통하므로 장삿배가 모인다. 충청도 은진의 강경포는 육지와 바다 사이에 위치하여 바닷가 사람과 내륙 사람이 모두 여기에서 서로의 물건을 교역한다.
>
> ― 〈택리지〉 ―

───── 〈 보 기 〉 ─────
ㄱ. 포구의 과도한 성장으로 장시가 쇠퇴하였다.
ㄴ. 선상, 객주, 여각 등이 활발한 상행위를 하였다.
ㄷ. 농업 생산력의 발달에 힘입어 장시가 처음으로 출현하였다.
ㄹ. 대량의 물건 운송에는 육로보다는 수로를 많이 이용하였다.

① ㄱ, ㄴ   ② ㄱ, ㄷ   ③ ㄴ, ㄷ
④ ㄴ, ㄹ   ⑤ ㄷ, ㄹ

● 출제의도

조선 후기 포구에서의 상업 활동이 활발하던 시기의 모습 이해

● 해설 : 정답 ④

제시된 글의 영산포, 법성포, 사진포, 강경포 등은 18세기에 이르러 상업의 중심지가 된 곳이다. 이를 통해 포구에서의 상업 활동이 활발했던 조선 후기의 상황임을 알 수 있다. 조선 후기에 이르러 포구가 새로운 상업 중심지로 발돋움 하였다. 포구의 상거래는 장시보다 규모가 훨씬 컸다. 종래의 포구는 세곡이나 소작료를 운송하는 기지의 역할을 하였으나 18세기에 이르러 강경포, 원산포 등이 상업의 중심지로 성장하였다.

● 오답풀이

ㄱ. 포구의 성장과 별개로 지방 장시도 활성화되었다.
ㄷ. 장시는 15세기 말 남부 지방에 처음 개설되었다.

기출풀이 [11회 중급 21번]

21. 17세기 무렵 (가)~(라) 신분에 대한 설명으로 옳지 않은 것은? [3점]

(가) 우리가 문무 고위 관직을 독점하고 있지.

(나) 사신을 수행하며 통역을 담당해야 하니 준비할 것이 많겠군.

(다) 휴! 조세와 공납에 부역까지 ……, 등골이 휘는구나!

(라) 내 자식도 나처럼 평생 신공을 바치고 살아야 하다니 ……

① (가)는 경제적으로 지주층이며 현직 또는 예비 관료로 활동하였다.
② (나)는 중간 계층으로 전문 기술이나 행정 실무를 담당하였다.
③ (다)는 인구 중 다수를 차지하였으며 생산 활동에 종사하였다.
④ (라)는 고려 시대 백정이라고 불린 신분에 해당된다.
⑤ (가)~(라)의 신분은 엄격히 구분되었으나 신분 이동이 가능하였다.

● 출제의도

조선 후기의 신분 구조 이해

● 해설 : 정답 ④

(가)는 고위 관직을 독점하고 있었던 양반이다. (나)는 통역을 담당했던 역관으로 중인 신분이다. (다)는 조세, 공납, 역을 담당했던 상민이다. (라)는 신공을 바친다는 것에서 노비임을 알 수 있고, 천민에 해당한다. 양반은 토지와 노비를 많이 소유하고, 과거와 음서를 통해 국가의 고위 관직을 차지했던 신분으로 생산에는 종사하지 않고 현직 또는 예비 관료로서의 활동만 하였다. 중인은 양반과 상민의 중간 신분이었으며, 전문 기술을 갖고 업무에 종사하거나 말단 행정을 담당하였다. 관청의 서리와 향리, 서얼과 역관 등이 이에 해당하였다. 평민 혹은 양인으로도 불리는 상민의 대부분은 농민, 수공업자, 상인이었다. 대부분의 농민은 조세, 공납, 부역 등의 의무를 지고 있었다. 수공업자는 관영이나 민영 수공업에 종사하였다. 상인은 상거래에 종사하였다. 천민 중에서 대부분을 차지했던 노비는 재산으로 취급되었으므로 매매, 상속, 증여의 대상이 되었다. 국가에 속한 공노비와 개인에 속한 사노비가 있었다. 노비 중에서는 주인과 떨어져 살며 신공을 바치는 외거 노비가 있었다. ④ 조선 시대의 백정은 도살업자로서 천민으로 취급되었지만, 고려 시대의 농민은 백정(白丁)이라고도 하였다.

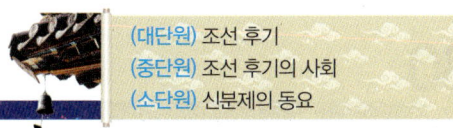

(대단원) 조선 후기
(중단원) 조선 후기의 사회
(소단원) 신분제의 동요

기출풀이 [10회 4급 35번]

35. 다음 자료를 통해 추론한 당시의 사회 모습으로 적절한 것을 〈보기〉에서 고른 것은? [2점]

> 강원도 정선 고을에 한 양반이 살고 있었다. 워낙 가난해 관청에서 곡식을 꾸어 먹은 것이 천 섬이나 되었다. 이를 알게 된 관찰사는 몹시 노하여 잡아 가두라고 하였으나 그는 밤낮으로 울기만 할 뿐 아무런 대책도 없었다. …… 그때 이웃의 부자가 "양반은 아무리 가난해도 존귀하고, 나는 아무리 돈이 많아도 비천하단 말이야. 그러니 내가 그 양반을 사서 행세하는 것이 좋겠다."고 하며 양반의 관곡을 갚아주기로 하였다. － 「양반전」 －

〈 보 기 〉
ㄱ. 사회·경제적으로 몰락한 양반이 생겼다.
ㄴ. 양반의 자격이 강화되어 그 수가 줄어들었다.
ㄷ. 상민이 부를 쌓아 신분을 상승시킬 수 있었다.
ㄹ. 엄격하게 유지되어 오던 신분 제도가 폐지되었다.

① ㄱ, ㄴ   ② ㄱ, ㄷ   ③ ㄴ, ㄷ
④ ㄴ, ㄹ   ⑤ ㄷ, ㄹ

● **출제의도**

조선 후기 신분제의 동요 이해

● **해설 :** 정답 ②

제시된 글에서 양반은 몰락하여 경제적 능력이 없고, 부를 획득한 농민이 양반을 사서 양반 행세하겠다는 내용을 통해 조선 후기의 신분 변동을 의미하는 것임을 알 수 있다. 조선 후기에 들어 양반 상호간의 권력 투쟁으로 인해 권력을 잡은 일부 양반을 제외하고 다수의 양반은 몰락하였다. 정권에서 밀려난 양반은 향촌의 향반이나 몰락한 잔반이 되었다. 부를 축적한 농민들은 지위를 높이기 위해 양반 신분을 사거나 족보를 위조하여 양반으로 행세하는 일이 많았다. 그 결과 조선 후기에는 양반의 수가 더욱 늘어나고, 상민과 노비의 수는 갈수록 줄어들었다.

● **오답풀이**

ㄴ. 부를 축적한 상민이 양반 신분이나 족보를 사서 양반이 되고, 전란의 위기를 극복하기 위해 정부가 발급한 공명첩을 산 사람들이 늘어나면서 양반의 수가 크게 증가하였다. ㄹ. 신분제가 폐지된 것은 1894년 갑오개혁 때였다.

기출풀이 [7회 3급 22번]

> **22.** 다음 사람들이 공통으로 속하는 직업에 대한 설명으로 옳은 것을 〈보기〉에서 고른 것은? [1점]
>
> - 「허생전」에서 허생에게 돈을 빌려 준 변 부자
> - 외국을 왕래하며 재산을 축적하기도 한 사람들
> - 근대 문물 수용에 선구적 역할을 수행한 사람들
>
> ───〈 보 기 〉───
> ㄱ. 주로 규장각 검서관으로 등용되었다.
> ㄴ. 향촌 사회에서 수령의 행정 실무를 보좌하였다.
> ㄷ. 개항 후 개화 사상가들을 이끌었던 오경석도 이 출신이 었다.
> ㄹ. 통역을 맡은 직업 외교관으로 국제 무역에 종사하기도 하였다.
>
> ① ㄱ, ㄴ   ② ㄱ, ㄷ   ③ ㄴ, ㄷ   ④ ㄴ, ㄹ   ⑤ ㄷ, ㄹ

● **출제의도**

역관의 특징 이해

● **해설 :** 정답 ⑤

제시된 자료의 「허생전」에서 허생에게 돈을 빌려준 변 부자는 역관 출신이었다. 외국을 왕래하며 사신들의 통역을 해주고 부수적으로 무역을 통해 부를 축적했던 사람들도 역관이었다. 우리나라에 가장 먼저 근대 문물을 소개하고 전파한 것도 역관이었다. 조선 후기의 역관들은 외교 업무에 종사하면서 서학을 비롯한 외래 문화 수용에 있어서 선구적 역할을 수행하였다. 그들은 사신을 수행하며 국제 무역에 종사하여 큰 이득을 내기도 하였다. 개항 후 오경석은 청에서 서양의 서적들을 조선에 갖고 들어와 유홍기, 박규수 등과 함께 김옥균, 박영효, 홍영식과 같은 개화 사상가들을 육성하였다.

● **오답풀이**

ㄱ. 정조는 이덕무, 박제가, 유득공과 같은 서얼 출신들을 규장각 검서관에 등용하기도 하였다.
ㄴ. 향촌 사회에서 수령의 행정 실무를 보좌한 것은 향리였다.

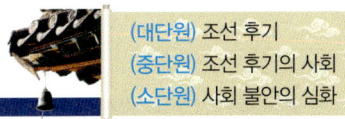

기출풀이 [10회 4급 37번]

37. (가)에 들어갈 말로 적절하지 <u>않은</u> 것은? [2점]

> 신이 지난번 비밀 명령을 받고 여러 고을을 돌아보았습니다. 민가에 들어가 이야기를 듣고, 관청 주변도 살펴본 결과, ___(가)___

철종   암행어사

① 삼정의 문란이 극심합니다.
② 탐관오리의 횡포가 심합니다.
③ 대부분의 서원이 철폐되고 있습니다.
④ 정감록의 예언 사상이 확산되고 있습니다.
⑤ 각지에서 농민 봉기가 일어나고 있습니다.

● **출제의도**

세도 정치 시기의 상황 이해

● **해설 :** 정답 ③

삽화의 왕이 철종이라는 것에 주목해야 한다. 철종의 재위 기간(1849 ~ 1863)은 세도 정치가 이루어지던 시기였다. 이 시기에는 안동 김씨, 풍양 조씨, 반남 박씨와 같은 일부 가문이 권력을 독점하여 관직 매매 등의 비리가 만연하였고, 삼정의 문란과 탐관오리의 횡포 등이 많았다. 이렇게 어려운 상황에서 비밀스런 기록인 비기와 새로운 세상이 온다는 예언 사상인 도참설이 널리 퍼졌다. 대표적인 비기인 〈정감록〉은 조선 후기에 민간에 널리 유포되어 새로운 사회의 도래에 대한 민중의 염원을 대변하였다. 또한 삼정의 문란과 탐관오리의 부정에 항거에 각지에서 농민 반란이 발생하였다. 1811년 홍경래의 난을 비롯하여 1862년 전국적으로 일어난 임술 농민 봉기와 같은 농민 항쟁이 대표적인 사례였다. ③ 대부분의 서원이 철폐된 것은 흥선대원군이 집권한 후인 1860년대 후반이었다. 흥선대원군은 전국에 47개 서원만 남기고 모든 서원을 철거하였다.

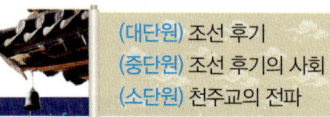

기출풀이 [10회 4급 34번]

---

34. (가)와 관계 깊은 종교에 대한 설명으로 옳은 것을 〈보기〉에서 고른 것은? [2점]

> 마테오 리치가 쓴 　(가)　은(는) 동양 학자와 서양 학자가 동·서양의 철학·사상·종교에 관해서 토론하는 형식으로 꾸며진 책이며, 이수광의 「지봉유설」에도 소개되었다.

〈 보 기 〉

ㄱ. 중국에 간 사신들에 의해 서양 학문으로 소개되었다.
ㄴ. 모든 사람이 평등하다는 시천주와 인내천이 중심 사상이다.
ㄷ. 세상을 어지럽히고 백성을 현혹시킨다는 죄로 교주가 처형되었다.
ㄹ. 인간 평등, 내세 사상, 제사 거부 등으로 인해 사교로 규정되어 박해를 받았다.

① ㄱ, ㄴ　　　② ㄱ, ㄹ　　　③ ㄴ, ㄷ
④ ㄴ, ㄹ　　　⑤ ㄷ, ㄹ

● **출제의도**

천주교의 특징 이해

● **해설 :** 정답 ②

제시된 자료의 (가)에 들어갈 내용은「천주실의」이다. 이탈리아의 예수회 선교사였던 마테오리치는 16세기 후반에 한문으로 된 천주교 교리서를 편찬하였는데 그것이 「천주실의」였다. 천주교는 17세기에 중국 베이징의 천주당을 방문한 우리 나라 사신들에 의하여 서학으로 소개되었다. 천주교를 처음 접한 양반들은 처음에는 천주교를 서양 학문의 일부분으로 받아들여 이를 연구하였다. 그러나 18세기 후반에 남인 계열의 일부 실학자들이 천주교를 신앙으로 받아들여 신앙 생활을 하기 시작하였다. 천주교는 조상에 대한 제사 의식을 거부하였기 때문에 양반 중심의 신분 질서 부정과 국왕의 권위에 대한 도전으로 받아들여져 사교로 규정되었다.

● **오답풀이**

ㄴ, ㄷ은 동학에 해당하는 내용이다. 동학은 모든 사람이 평등하다는 시천주 사상을 내세웠다. 인내천 사상은 천도교로 이름을 바꾼 3대 교주 손병희 때 강조되었다. 동학은 1860년 경주의 최제우가 창시하였다. 교세가 확대되자 정부는 1864년 최제우를 세상을 어지럽히고 백성을 현혹한다는 혹세무민의 죄목으로 최제우를 처형하였다.

 **기출풀이** [4회 3급 40번]

40. 다음 종교에 관한 설명으로 옳은 것은? [2점]

> 사람이 이 세상에 살게 된 것이 그 터럭끝만 한 것이라도 모두 천주의 힘입니다. 낳으시고 기르시고 도우시고 돌아보시고 보호하시고 인도하십니다. 죽은 후 받을 상은 구태여 말할 것도 없고, 당장 받고 있는 은혜가 이미 극도에 이르러 비할 데가 없으니, 우리가 일신을 다하여 그를 받들어 섬긴들 그 만분의 일을 보답한다 하겠습니까?
>
> — 『상재상서』 —

① 말세의 도래와 왕조의 교체를 예언하였다.
② 서양 세력을 배척하자는 입장을 취하였다.
③ 개항 후 프랑스 선교사에 의해 전래되기 시작하였다.
④ 유교 제사 의식 거부로 조선 정부로부터 탄압을 받았다.
⑤ 만주에서 중광단이라는 단체를 만들어 독립 운동을 전개하였다.

● **출제의도**

천주교에 대한 이해

● **해설 :** 정답 ④

제시된 자료에서 '모두 천주의 힘입니다.'라는 부분과 『상재상서』라는 책 제목에서 천주교에 관련된 내용임을 알 수 있다. 『상재상서』는 기해박해(1839)때 정하상이 지은 책으로, 천주교 기본 교리에 대한 설명 및 호교론을 전개하여 천주교가 왕도 없고 아버지도 없는 종교가 아님을 강조하였다. 천주교는 17세기에 중국에 간 사신들이 그 곳에 와 있던 서양인 선교사로부터 천주교에 관한 서적을 조선에 갖고 들어옴으로써 알려지게 되었다. 처음에는 학문의 일종으로 들어왔으나 18세기 후반에 들어 일부 학자들 사이에 신앙이 형성되었다. 처음에는 천주교에 대해 별로 신경을 쓰지 않았던 조선 정부도 천주교의 교세가 커지고 유교의 제사 의식을 거부하자 천주교를 사교로 규정하고 탄압하기 시작하였다.

● **오답풀이**

①조선 후기의 예언서인 정감록에 대한 설명이다. ② 위정 척사 사상에 대한 설명이다. ③ 조선에서 자생적으로 신앙 활동이 시작되었다. ⑤ 중광단은 대종교를 기반으로 한 항일 독립 운동 단체였다.

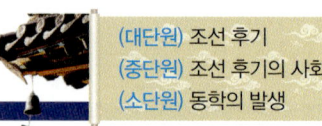

기출풀이 [10회 3급 28번]

28. 그림 내용과 관련된 종교에 대한 설명으로 옳은 것만을 〈보기〉에서 모두 고른 것은? [2점]

─ 〈 보 기 〉 ─
ㄱ. 몰락 양반 최제우가 창시하였다.
ㄴ. 위정척사파의 적극적 지지를 받았다.
ㄷ. 삼남 지방의 농민을 중심으로 교세가 확장되었다.
ㄹ. 최시형이 교리를 정리하고 교단 조직을 정비하였다.

① ㄱ, ㄴ   ② ㄷ, ㄹ   ③ ㄱ, ㄴ, ㄷ
④ ㄱ, ㄷ, ㄹ   ⑤ ㄴ, ㄷ, ㄹ

● **출제의도**

동학에 대한 이해

● **해설 :** 정답 ④

그림의 동경유사와 용담유사는 동학의 2대 교주 최시형이 1대 교주 최제우의 사상을 정리하여 체계화한 교리서이다. 이를 통해 동학에 관련된 것임을 알 수 있다. 동학은 1860년에 경주 지방의 몰락한 양반인 최제우가 전통적인 민간 신앙과 유교, 불교, 도교를 융합하여 동학을 창시하였다. 동학은 모든 사람이 평등하다는 시천주 사상과 인간 존중 사상을 내세워 많은 백성의 환영을 받았다. 조선 정부는 신분 질서를 부정하는 동학을 위험하게 생각하여 세상을 어지럽히고 백성을 현혹한다는 혹세무민의 죄로 1대 교주 최제우를 처형하였다. 그 뒤를 이은 최시형은 동경대전과 용담유사를 펴내 교리를 정리하고, 교단 조직을 정비하였다. 동학은 충청도, 전라도, 경상도의 삼남 지방에서 특히 교세가 컸다.

● **오답풀이**

ㄴ. 위정척사파는 신분 질서를 철저히 지키려고 했기 때문에 신분 질서를 부정하는 동학에 대해 부정적이었다.

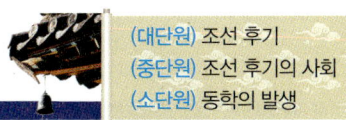

기출풀이 [9회 4급 35번]

35. 다음 주장을 내세웠던 종교에 대한 설명으로 옳지 않은 것은?

[1점]

> 사람이 곧 하늘이라[人乃天]. 그러므로 사람은 평등하며 차별이 없나니 사람이 마음대로 귀천을 나눔은 하늘을 거스르는 것이다. 우리 도인은 모든 차별을 없애고 선사의 뜻을 받들어 생활하기를 바라노라.

① 경주 출신의 몰락 양반인 최제우가 창시하였다.
② 교리를 정리한 동경대전을 경전으로 사용하였다.
③ 처음에는 서학이라 하여 서양 문물의 하나로 간주되었다.
④ 세상을 어지럽히고 백성을 속이는 종교라 하여 탄압받았다.
⑤ 민간 신앙을 바탕으로 유교, 불교, 도교의 내용이 융합되었다.

● **출제의도**

　동학에 대한 이해

● **해설 :** 정답 ③

　제시된 자료의 인내천(사람이 곧 하늘이라), 사람은 평등하며 차별이 없다는 내용을 통해 동학에 대한 설명임을 알 수 있다. 동학은 1860년에 경주 지방의 몰락한 양반인 최제우가 전통적인 민간 신앙과 유교, 불교, 도교를 융합하여 창시하였다. 조선 정부는 신분 질서를 부정하는 동학을 위험하게 생각하여 세상을 어지럽히고 백성을 현혹한다는 죄목으로 최제우를 처형하였다. 그 뒤를 이은 2대 교주 최시형은 동경대전과 용담유사를 펴내 교리를 정리하였다. ③ 천주교는 17세기에 조선에 들어올 때는 서학이라 하여 서양 문물의 일부로 받아들여졌다.

기출풀이 [11회 중급 24번]

24. (가), (나)의 사건에 대한 설명으로 옳지 <u>않은</u> 것은? [2점]

> (가) 평서대원수는 급히 격문을 띄우노니 관서의 부로(父老)
> 와 자제와 공·사 천민들은 모두 이 격문을 들으라.
> …… 조정에서는 관서를 버림이 분토(糞土)와 다름없다.
> 심지어 권세 있는 집의 노비들도 서토의 사람을 보면 반
> 드시 '평안도 놈'이라고 말한다. 어찌 억울하고 원통하
> 지 않은 자 있겠는가.

> (나) 임술년 2월, 진주민 수만 명이 머리에 흰 수건을 두르고
> 손에는 몽둥이를 들고 무리를 지어 진주 읍내에 모여
> …… 백성들의 재물을 횡령한 조목, 아전들이 세금을 포
> 탈하고 강제로 징수한 일들을 면전에서 여러 번 문책하
> 는데, 그 능멸하고 핍박함이 조금도 거리낌이 없었다.

① (가)는 서북 지방에 대한 차별이 원인이 되었다.
② (가)는 영세 농민, 광산 노동자 등이 합세하였다.
③ (나)는 삼정의 문란이 원인이 되었다.
④ (나)는 동학 사상의 영향을 받아 일어났다.
⑤ (가), (나)는 모두 세도 정치기에 일어났다.

● **출제의도**

홍경래의 난과 임술 농민 봉기에 대한 이해

● **해설 :** 정답 ④

> 제시된 (가)에서 평안도 사람이 차별받는 것에 대한 불만을 통해 관서 지방에서 발생한 홍경래의 난임을 알 수 있다. (나)는
> 임술년에 진주에서 수만명이 봉기한 것에서 진주에서 전국으로 확산된 임술 농민 봉기임을 알 수 있다. 19세기 세도 정치
> 하에서 국가 기강이 헤이해져 탐관오리의 부정이 심했다. 삼정의 문란으로 농민들의 삶은 어려웠으나, 그들의 사회 의식은
> 강해져 있었다. 1811년 관서 지방에서 홍경래의 난이 일어났다. 몰락한 양반인 홍경래의 지휘하에 영세 농민, 중소 상인, 광
> 산 노동자 등이 가세하여 일으킨 난이었다. 홍경래의 난은 오랜 기간 동안 계속되어 온 평안도 지방에 대한 차별에서 비롯
> 되었다. 임술 농민 봉기는 진주를 중심으로 확산되었다. ④ 임술 농민 봉기는 삼정의 난과 탐관오리의 횡포 등에 대한 농민
> 들의 저항이었다. 동학 사상의 직접적 영향을 받은 증거는 없었다.

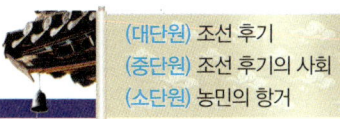

기출풀이 [9회 4급 34번]

34. 다음 사건에 대한 탐구 활동으로 적절한 것은? [2점]

> 이 지역은 광산이 많고 의주·평양 상인 등이 대외 무역을 통하여 대상인으로 성장한 이가 적지 않았다. 그러한 경제적 선진성이 오히려 중앙 정부의 수탈의 대상이 되었다. 홍경래, 우군칙 등은 세도 정치에 시달리던 농민들과 광산 노동자, 몰락 양반과 부상 세력 등과 힘을 모아 청천강 이북의 여러 고을을 점령하고 반란을 일으켰다.

① 서북 지방민을 차별한 내용을 찾아본다.
② 서경 천도 운동의 발생 배경을 살펴본다.
③ 신라 말 농민 봉기의 결과에 대해 조사한다.
④ 고려 말 신흥 무인 세력의 성장 과정을 정리한다.
⑤ 무신정변 이후 신분 해방 운동의 성격을 알아본다.

● **출제의도**

홍경래의 난에 대한 이해

● **해설 :** 정답 ①

제시된 자료의 의주, 평양 등이 정부의 수탈의 대상이 되었다는 내용을 통해서 서북 지방에 대한 차별 대우가 있었음을 짐작할 수 있다. 또한 1811년 이 지역에서 발생한 홍경래의 난에 관련된 것임을 알 수 있다. 홍경래의 난은 세도 정치에 시달리던 농민들과 부당한 차별 대우에 불만을 품어 오던 평안도 지방 사람들을 중심으로 하여 몰락한 양반인 홍경래 등이 평안도에서 일으킨 농민 봉기였다. 홍경래의 난에는 가난한 농민들을 비롯하여, 광산 노동자, 중소 상인, 품팔이 꾼까지 참여하였다.

● **오답풀이**

② 서경 천도 운동은 고려 시대 이자겸과 김부식을 중심으로 하는 개경파와 묘청, 정지상 등의 서경파의 대립이 표출된 사건이었다. ③ 신라 말에 중앙 정부의 왕권 다툼에 지방에 대한 통제력이 약화되자 전국 각지에서 농민 반란이 일어났다. 지방에서는 성주, 장군임을 표방하는 호족 세력이 등장하였다. ④ 고려 말에 왜구와 여진족을 격퇴하면서 이성계와 같은 신흥 무인 세력이 성장하였다. ⑤ 무신정변 이후 당시 집권자 최충헌의 노비였던 만적이 노비들을 모아 반란을 도모하다가 실패하였다. 만적의 난은 태생적으로 신분이 결정된 것이 아니라는 인식을 하고 있던 만적이 주도한 신분 해방적인 성격의 반란이었다.

14강 조선 후기의 문화

1 성리학의 변화

(1) 성리학의 절대화 경향
① 배경 : 인조 반정 이후 서인의 정국 주도권 장악(송시열) → 명분론 강화, 성리학 절대화
② 반발 : 성리학의 절대화에 대한 비판, 윤휴 · 박세당(17세기 후반)
③ 성리학에 대한 논쟁
- 이기론 논쟁 : 이황 학파(리(理) 중시) VS 이이 학파(기(氣)도 중시)
- 호락논쟁

구분	호론(충청 노론)	낙론(서울 노론)
주장	인물성이론(人物性異論) → 인간과 사물의 본성이 다르다고 주장	인물성동론(人物性同論) → 인간과 사물의 본성이 같다는 주장

(2) 양명학의 수용 : 실천성을 강조한 새로운 유학(지행합일), 정제두 이후 강화 학파 형성

2 실학의 발달

(1) 실학의 사회 개혁론

구분	농업 중심 개혁론(중농학파)	상공업 중심 개혁론(중상학파)
출신	주로 경기 지방의 남인 출신	주로 서울의 노론 출신
학풍	토지 제도의 개혁을 통한 자영농 육성이 목표	상공업 진흥, 기술의 혁신에 관심, 청과 서양의 문화 적극적 수용 주장
주요 학자	유형원(균전론), 이익(한전론), 정약용(여전론→정전제)	유수원(사농공상의 직업적 평등과 전문화 주장), 홍대용(지전설), 박지원(수레와 선박 이용, 화폐 유통), 박제가(청과의 통상 강화, 소비 권장)

(2) 국학 연구의 확대
① 역사 : 이익(중국 중심의 역사관 비판), 안정복의 동사강목, 이긍익의 연려실기술, 한치윤의 해동역사(다양한 외국 자료 인용), 유득공의 발해고, 이동휘의 동사(고구려 역사), 김정희의 금석과안록(북한산비가 진흥왕 순수비임을 밝혀냄)
② 지리 : 역사 지리서(동국지리지, 아방강역고), 인문 지리지(택리지), 대동여지도, 동국지도
③ 언어 : 신경준의 훈민정음 운해, 유희의 언문지, 이의봉의 고금석림
④ 백과사전 : 이수광의 지봉유설, 이익의 성호사설, 이덕무의 청장관전서, 서유구의 임원경제지, 이규경의 오주연문장전산고, 동국문헌비고 등

❸ 과학 기술의 발달

(1) 천문학과 지도 제작

천문학	지전설(김석문), 무한 우주론(홍대용) → 성리학적 세계관을 비판하는 근거
지도	곤여만국전도 전래 → 정밀한 지리 지식 보급, 세계관의 확대에 기여

(2) 의학, 농학의 발달과 기술 개발

의학	허준(동의보감), 정약용(마과회통 편찬 · 종두법 연구), 이제마(사상 의학 확립)
농학	신속(농가집성), 박세당(색경), 홍만선(산림경제), 서유구(임원경제지)
기술개발	거중기 제작(화성 축조), 한강 배다리 설계(정조의 수원 행차 때 사용)

❹ 문화의 새 경향

(1) 서민 문화의 발달

배경	상공업 발달, 농업 생산력 증대, 서당 교육의 보급, 서민의 지위 향상
특징	서민층과 중인층의 활발한 참여, 감정을 적나라하게 표현, 사회의 부정과 비리를 풍자하고 고발, 양반의 위선 비판
분야	한글소설, 판소리, 탈춤, 풍속화, 민화, 시사(詩社)

(2) 조선 후기 문예의 새 경향

공연	판소리 : 서민 문화의 중심, 신재효가 정리 가면극 : 탈놀이 · 산대놀이, 승려들의 위선 풍자, 양반들의 허구 폭로
문학	한글 소설(홍길동전, 춘향전, 심청전), 사설시조(서민 감정의 구체적 표현), 한문학(박지원의 양반전, 허생전, 호질 등)
회화	진경 산수화(정선의 인왕제색도, 금강전도), 풍속화(김홍도, 신윤복), 민화(민중의 기복적 염원 표현, 생활 공간 장식), 강세황(서양화 기법 반영), 장승업(강력한 필법과 채색법)
서예	이광사(동국진체), 김정희(추사체)
건축	17세기 : 금산사 미륵전, 화엄사 각황전, 법주사 팔상전 18세기 : 논산 쌍계사, 부안 개암사, 안성 석남사, 수원 화성 19세기 : 경복궁 근정전, 경회루
공예	청화 백자 유행
음악	가곡과 시조(양반층), 민요(서민), 판소리 · 산조 · 잡가(광대 및 기생)

기출풀이 [1회 3급 22번]

22. 18세기에 논쟁이 되었던 (가), (나) 이론에 대한 설명으로 옳지 <u>않은</u> 것은? [2점]

> (가) 사람과 사물이 귀하고 천함이 차이가 있다고 해도 하늘이라는 절대적 관점에서 보면 사람과 사물은 균등하다. 사물을 천하게 보고 인간을 귀한 존재로 보는 생각이야말로 진리를 해치는 가장 근본 요인이다.
>
> (나) 물(物)에도 인의예지라는 도덕성이 있다. 다만, 인간은 그 전체를 가지고 있지만 물은 일부분만 가지고 있다. 사람과 동물은 인의예지신과 같은 고차적인 도덕성에서는 본질적인 차이가 있다.

① (가) - 북학 사상으로 연결되었다.
② (가) - 인간과 사물의 본성이 같다고 본다.
③ (나) - 통상 개화론의 형성에 영향을 주었다.
④ (나) - 충청도 지역의 호론(湖論)의 입장이다.
⑤ (가), (나) - 노론 내에서 전개된 논쟁이다.

● **출제의도**

호락 논쟁에 대한 이해

● **해설 :** 정답 ③

제시된 (가)는 사람과 사물이 같다는 인물성 동론이다. (나)는 사람과 사물은 다르다는 인물성 이론이다. 다시 말하면 (가)는 낙론, (나)는 호론이다. 18세기에 노론 안에서 인간과 사물의 본성을 어떻게 볼 것인가를 두고 논쟁이 벌어졌다. 인간과 사물의 본성이 다르다는 인물성 이론은 주로 충청도 노론(호론)이 주장하였고, 다르지 않다고 보는 인물성 동론은 서울 노론(낙론)이 주장하였다. 이들의 갈등이 호락 논쟁이었다. 호론은 사람과 동물을 구별하면서 이를 중화와 오랑캐는 다르다는 화이론(華夷論)으로 연결시켜 청을 오랑캐로, 조선을 중화로 보려는 인식이 있었다. 이는 훗날 위정 척사 사상으로 이어지게 되었다. 낙론은 오랑캐의 문물이라도 받아들일 수 있다는 입장으로 이어져 대체로 북학파를 형성하게 되었고, 개화 사상 형성의 토대가 되었다. ③ 호론은 위정 척사 사상에 영향을 주었다.

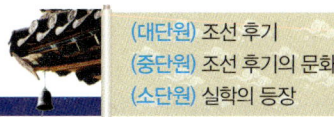

기출풀이 [3회 3급 32번]

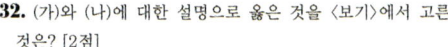

32. (가)와 (나)에 대한 설명으로 옳은 것을 〈보기〉에서 고른 것은? [2점]

> (가) 옛날 정전법은 아주 이상적인 제도이다. 토지 경영이 바로 잡히면 모든 일이 제대로 될 것이다. 백성은 일정한 직업을 가지게 되고, 군사 행정에는 도피자를 찾는 폐단이 없어지며, 귀천 상하가 모두 자기 직책을 가지게 될 것이므로 민심이 안정되고 풍속이 도타워질 것이다. 〈반계수록〉
>
> (나) 비유컨대 재물은 대체로 샘과 같은 것이다. 퍼내면 차고, 버려 두면 말라 버린다. 그러므로 비단옷을 입지 않아서 나라에 비단을 짜는 사람이 없게 되면 여공이 쇠퇴하고, 찌그러진 그릇을 싫어하지 않고 기교를 숭상하지 않아서 장인이 작업하는 일이 없게 되면 기예가 망하게 되며, 농사가 황폐해져서 그 법을 잃게 되므로 사·농·공·상의 사민이 모두 곤궁하여 서로 구제할 수 없게 된다. 〈북학의〉

― 〈보 기〉 ―

ㄱ. (가)의 개혁안은 자영농 육성을 목표로 하였다.
ㄴ. (가)의 주장은 위정척사 사상에 영향을 주었다.
ㄷ. (나)의 북학 사상은 개화 사상에 영향을 주었다.
ㄹ. (가), (나)의 주장은 정부의 개혁 정책에 적극 반영되었다.

① ㄱ, ㄴ   ② ㄱ, ㄷ   ③ ㄴ, ㄷ
④ ㄴ, ㄹ   ⑤ ㄷ, ㄹ

● 출제의도

유형원과 박제가의 실학 사상 이해

● 해설 : 정답 ②

제시된 (가)는 〈반계수록〉이라는 저서를 통해 유형원의 주장임을 알 수 있다. (나)는 〈북학의〉를 통해 박제가의 주장임을 알 수 있다. 유형원은 농업 중심 개혁론을 주장한 실학자로 균전론을 시행하여 자영농을 육성하는 토지 개혁을 주장하였다. 그는 또한 양반 문벌 제도, 과거 제도, 노비 제도의 모순을 비판하였다. 박제가는 상공업 중심 개혁론을 주장한 실학자로 청에 다녀온 후 북학의를 저술하여 청의 문물을 적극적으로 수용할 것을 주장하였다. 그는 상공업의 발달, 청과의 통상 강화, 수레와 선박의 이용 등을 역설하였으며 생산과 소비와의 관계를 우물물에 비유하면서 생산을 자극하기 위해서는 절약보다 소비를 권장해야 한다고 주장하였다. 그와 같은 북학파의 사상은 개화 사상의 형성에 영향을 주었다.

● 오답풀이

ㄴ. 유형원은 양반 문벌 제도, 과거 제도 등을 비판하였으므로 성리학적 질서를 강조하는 위정 척사 사상의 입장과는 달랐다.
ㄹ. 실학자들은 대체로 정치에 참여하지 않아 그들의 주장을 국가 정책에 적극적으로 반영하지 못하였다.

기출풀이 [8회 4급 48번]

48. 조선 후기에 (가), (나)와 같이 주장한 학자에 대한 설명으로 옳지 <u>않은</u> 것은? [2점]

(가) 민생을 안정시키기 위해서는 토지 제도의 개혁이 급선무야.

(나) 토지 제도의 개혁도 중요하지만 상공업을 육성하는 것이 더 중요해.

① (가) - 대표적인 학자로는 유형원, 이익, 정약용 등을 들 수 있다.
② (가) - 농민 생활의 안정을 위해 농촌 사회의 모순을 해결하려고 하였다.
③ (나) - 청의 발달한 문물을 받아들일 것을 주장하였으므로 북학파라고도 불렸다.
④ (나) - 수레와 선박 같은 교통수단을 발전시켜야 나라가 부강해진다고 하였다.
⑤ (가), (나)의 주장들이 국가 정책에 반영되어 경제 발전에 이바지하였다.

● **출제의도**

중농학파와 중상학파의 주장 이해

● **해설 :** 정답 ⑤

제시된 그림의 (가)는 토지 개혁을 주장했던 중농학파, (나)는 상공업 육성을 주장했던 중상학파의 입장이다. 두 의견 모두 조선 후기 사회 모순의 해결책을 찾으려고 했던 실학 사상이었다. 실학은 농업 중심의 개혁론, 상공업 중심의 개혁론, 국학 연구 등을 중심으로 확산되었다. 중농학파인 (가) 주장의 핵심은 토지 제도 개혁을 통하여 자영농을 육성하자는 것이고, 중상학파인 (나)의 주장의 핵심은 상공업의 진흥과 기술의 혁신을 통해 생산력을 늘리자는 것이었다. (나)는 청나라의 문물을 적극적으로 수용하여 부국강병과 이용후생에 힘쓰자고 하였으므로 이들을 이용후생 학파 또는 북학파라 부르기도 하였다. '이용'이란 백성들이 사용하기에 편리한 각종 기계나 운송 수단 등이고 '후생'이란 식량 등을 풍부하게 하여 백성의 삶을 풍요롭게 만드는 것을 말한다. (가)에 속한 대표적인 학자는 균전론을 주장한 유형원, 한전론을 주장한 이익, 여전론과 정전론을 주장한 정약용 등이고, (나)는 사농공상의 직업 평등과 전문화를 주장한 유수원, 수레와 선박의 이용, 화폐 유통의 필요성을 주장한 박지원, 절약보다 소비를 권장했던 박제가, 기술 혁신과 문벌 제도를 철폐하고 중국 중심의 세계관을 비판한 홍대용 등이 대표적이었다. ⑤ 실학자들은 대체로 일생을 학문에만 힘써 왔기 때문에 정치와는 거리가 멀어 그들의 주장과 생각을 국가 정책에 적극적으로 반영시키기는 어려웠다.

기출풀이 [9회 3급 28번]

28. 다음 자료에서 설명하는 인물의 주장으로 옳은 것은?

[3점]

> ○ 실증적이며 비판적인 역사 서술을 제시하고, 중국 중심의 역사관에서 벗어나 우리 역사를 체계화할 것을 주장하였다.
> ○ 나라를 좀먹는 여섯 가지 폐단으로 노비 제도, 과거 제도, 양반 문벌 제도, 사치와 미신, 승려, 게으름을 들었다.

① 정전제를 통해 모든 농민들을 자영농으로 육성해야 한다.
② 청과 통상을 강화하여 문물을 적극적으로 수용하여야 한다.
③ 토지 제도의 개혁보다는 농업의 상업적 경영과 기술 혁신이 필요하다.
④ 관리, 선비, 농민 등 신분에 따라 차등 있게 토지를 재분배하여야 한다.
⑤ 영업전은 법으로 매매를 금지하고 나머지 토지만 매매를 허용해야 한다.

● **출제의도**

중농학파 학자들의 주장 이해

● **해설 :** 정답 ⑤

제시된 자료에서 실증적이며, 비판적인 역사 서술을 제시하였다는 것, 나라를 좀 먹는 여섯 가지 폐단을 지적한 것 등에서 성호 이익의 주장임을 알 수 있다. 이익은 자영농 육성을 위한 토지 제도 개혁론으로 한전론을 주장하였다. 한전론은 한 가정의 생활을 유지하는 데 필요한 규모의 토지를 영업전으로 정하고, 영업전은 법으로 매매를 금지시키고 나머지 토지만 매매를 허용하자고 주장하였다. 쉽게 말하면, 토지의 하한선을 정하여 최소한의 영업전만은 유지하도록 한 것이었다. 그는 또 나라를 좀 먹는 여섯 가지 폐단으로 노비 제도, 과거 제도, 양반 문벌 제도, 사치와 미신, 승려, 게으름 등을 지적하였다.

● **오답풀이**

① 정전론을 통한 자영농 육성은 정약용의 주장이다. ②, ③ 중상학파의 주장이다. ④ 신분에 따라 차등있게 토지를 분배할 것을 주장한 사람은 유형원이었다.

기출풀이 [8회 3급 37번]

37. 다음 주장을 한 인물에 대한 설명으로 옳은 것을 〈보기〉에서 고른 것은? [3점]

> ○ 인간에게는 지혜로운 생각과 교묘한 연구력이 있으므로 기예를 익혀서 제 힘으로 살아가도록 한 것이다.
> ○ 산골짜기와 시냇물의 지세를 기준으로 구역을 획정하여 경계를 삼고, 그 경계선 안에 포괄되어 있는 지역을 1여(閭)로 한다. …… 1여마다 여장(閭長)을 두며, 무릇 여민이 공동으로 경작하도록 한다.

〈 보 기 〉
ㄱ. 기기도설을 참고하여 거중기를 만들었다.
ㄴ. 지전설을 처음 주장하여 우주관을 크게 전환시켰다.
ㄷ. 마진[홍역]에 대해 연구하여 '마과회통'을 저술하였다.
ㄹ. 인간과 사물의 본성이 다르다는 인물성이론을 주장하였다.

① ㄱ, ㄴ   ② ㄱ, ㄷ   ③ ㄴ, ㄷ
④ ㄴ, ㄹ   ⑤ ㄷ, ㄹ

● 출제의도

정약용의 주장 이해

● 해설 : 정답 ②

제시된 자료의 두번째 글은 여전제에 관한 것이다. 정약용은 토지 제도 개혁론으로 처음에 여전론을 내세웠다가 후에 정전제를 현실에 맞게 실시할 것을 주장하였다. 여전론은 농지의 공동 소유와 공동 경작 및 수확물의 공동 분배를 주장했던 당시로서는 혁신적인 주장이었다. 정약용은 수원의 화성 건축시 '기기도설'을 참고하여 만든 거중기를 화성 축조에 이용하였다. 또한 정약용은 마진(홍역)에 대한 연구를 진전시키고 이 분야의 의서를 종합하여 '마과회통'을 저술하였다.

● 오답풀이

ㄴ. 지전설을 처음 주장하여 중국 중심의 세계관을 전환시킨 사람은 홍대용이다.
ㄹ. 인물성 이론은 18세기 충청도 노론(호론)의 입장이었다.

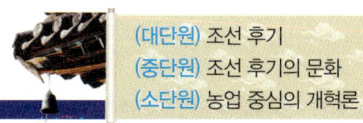

기출풀이 [7회 3급 21번]

21. 다음 글을 쓴 사람의 주장으로 옳은 것은? [2점]

> 농부 한 사람이 1경의 토지를 받으며 법에 따라 조세를 내고, 매 4경마다 군인 1인을 내게 한다. 사(士)로서 처음 학교에 입학한 자는 2경의 토지를 받고, 내사에 들어간 자는 4경을 받되 병역 의무를 면제한다. …… 관료는 모두 병역 의무를 면제하며, 현직에 근무할 때는 녹을 별도로 받는다. 퇴직하였을 때는 받은 토지로 생계를 유지한다.
>
> — 「반계수록」 —

① 사농공상의 직업 평등을 이루자.
② 절약보다는 소비를 권장해야 한다.
③ 과거 제도, 노비 제도의 모순을 비판한다.
④ 토지 제도를 개혁하여 여전제를 실시하자.
⑤ 수레와 선박의 이용, 화폐 유통이 시급하다.

● **출제의도**

유형원의 주장 이해

● **해설 :** 정답 ③

제시된 자료의 내용을 보면 농부에게는 1경, 선비에게는 2경 이나 4경의 토지가 차등 지급되었음을 알 수 있다. 이를 통해 유형원이 주장한 균전제에 대한 것임을 알 수 있다. 유형원은 균전론을 통해 자영농 육성을 위한 토지 제도의 개혁을 주장하였다. 또한 조세와 병역도 조정하자고 주장하였으며, 양반 문벌 제도와 과거 제도 및 노비 제도의 모순을 비판하였다.

● **오답풀이**

① 유수원은 「우서」를 저술하여 상공업의 진흥과 기술 혁신을 강조하고 사농공상의 직업 평등과 전문화를 주장하였다. ② 박제가는 생산을 자극하기 위해서는 절약보다 소비를 권장해야 한다고 주장하였다. ④ 정약용은 여전제를 주장하여 토지의 공동 경작과 공동 분배를 주장하였다. ⑤ 박지원은 수레와 선박의 이용, 화폐 유통의 필요성 등을 주장하였다.

기출풀이 [5회 4급 32번]

32. 다음 글을 쓴 실학자와 유사한 주장을 전개한 인물을 〈보기〉에서 고른 것은? [2 점]

> 중국이 재산이 풍족하고 한곳에 지체되지 않으며 고루고루 유통되는 것은 모두 수레를 쓴 이익이다. …… 영남 어린이들은 새우젓을 모르고, 관동 백성들은 아가위를 절여 장 대신 쓰며, 서북 사람들은 감과 감자의 맛을 분간하지 못하며, 바닷가 사람들은 새우나 정어리를 거름으로 밭에 내건만 서울에서는 한 움큼에 한 푼을 하니, 이렇게 귀함은 무슨 까닭인가? …… 사방이 겨우 몇천 리밖에 안 되는 나라에 백성들의 살림살이가 이렇게 가난한 것은 국내에 수레가 다니지 못한 까닭이다.
>
> – 〈열하일기〉 –

───────〈보기〉───────
ㄱ. 유형원   ㄴ. 박제가
ㄷ. 홍대용   ㄹ. 정약용

① ㄱ, ㄴ   ② ㄱ, ㄷ   ③ ㄴ, ㄷ
④ ㄴ, ㄹ   ⑤ ㄷ, ㄹ

● **출제의도**

중상학파의 주장 이해

● **해설 :** 정답 ③

제시된 자료는 수레와 선박의 이용을 강조했던 박지원의 주장이다. 박지원은 상공업 중심을 내세웠던 중상학파였다. 중상학파는 상공업의 진흥과 기술의 혁신을 주장하였으며, 청나라의 문물을 적극적으로 수용하여 부국강병과 이용후생에 힘쓰자고 주장하였다. 대표적인 인물로는 사농공상의 직업 평등화와 전문화를 주장한 유수원, 중국 중심의 세계관을 비판하고, 기술의 혁신과 문벌 제도의 철폐를 주장한 홍대용, 절약보다는 소비의 권장을 주장한 박제가가 있었다.

● **오답풀이**

ㄱ. 유형원은 중농학파로 균전제 실시로 신분에 따른 토지의 차등 분배를 주장하였고, 노비 제도와 양반 제도, 과거 제도 등의 모순을 비판하였다. ㄹ. 정약용은 처음에는 여전론을 내세웠다가 후에 정전제를 현실에 맞게 실시할 것을 주장하였고, 과학 기술과 상공업 발달에도 많은 관심을 보였다.

245

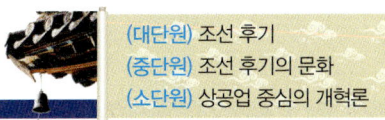

(대단원) 조선 후기
(중단원) 조선 후기의 문화
(소단원) 상공업 중심의 개혁론

기출풀이 [3회 4급 43번]

43. 다음은 조선 시대 어느 학자의 글이다. 이 학자의 주장으로 옳은 것은? [2점]

> 재물은 샘과 같은 것이다. 퍼서 쓰면 다시 차고 버려두면 말라 없어져 버린다. 이와 마찬가지로 비단옷을 입지 않으면 비단 짜는 사람이 없어지고, 쭈그러진 그릇을 그냥 사용하고 좋은 그릇을 찾지 않으면 그릇 만드는 기술이 없어지게 된다. 이렇게 되면 농업도 쇠퇴하고, 양반, 농민, 수공업자, 상인 모두가 가난해지는 것이다.

① 화폐의 유통을 금지해야 한다.
② 재물을 소비해야 경제가 발전한다.
③ 비단옷을 만드는 공장을 세워야 한다.
④ 오랑캐인 청의 문화를 배격해야 한다.
⑤ 농지는 공동으로 소유하고 공동으로 경작해야 한다.

● **출제의도**

박제가의 실학 사상 이해

● **해설 :** 정답 ②

제시된 자료에서 재물은 샘과 같아서 퍼서 쓰면 다시 차고 버려두면 말라 없어져 버린다는 내용을 통해 소비를 권장한 박제가의 주장임을 알 수 있다. 박제가는 청의 문물을 적극적으로 수용할 것을 제창하였고, 상공업의 발달, 청과의 통상 강화, 수레와 선박의 이용 등을 주장하였다. 또한 그는 생산을 자극하기 위해서 절약보다는 소비를 권장해야 한다고 주장하여 검약을 강조했던 분위기에서 나온 새로운 생각을 나타냈다.

● **오답풀이**

① 성호 이익은 돈이 부족한 전황 현상 등이 나타나자 폐전론을 주장하기도 하였다. ③ 박제가는 비단옷을 만들자고 주장하지는 않았다. ④ 청을 배척하자는 주장은 성리학자들의 의견이었다. ⑤ 정약용이 주장한 여전론에 해당한다.

14강 조선 후기의 문화 **295**

 **기출풀이** [10회 4급 31번]

31. 다음 지도 제작에 영향을 준 시대적 요인으로 적절한 것은? [2점]

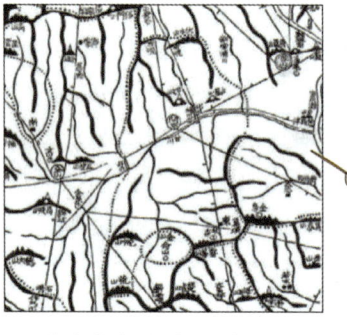

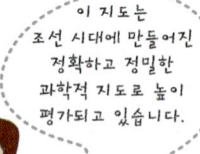 이 지도는 조선 시대에 만들어진 정확하고 정밀한 과학적 지도로 높이 평가되고 있습니다.

① 성리학적 질서가 더욱 강조되고 있었다.
② 중국 중심의 세계관이 널리 퍼져 있었다.
③ 서양과의 통상 수교가 이루어지고 있었다.
④ 유교적 통치 체제의 정비가 시작되고 있었다.
⑤ 실증적인 학문 연구 방법이 확산되고 있었다.

● **출제의도**

대동여지도의 제작 당시의 사회 모습 이해

● **해설 :** 정답 ⑤

제시된 지도는 대동여지도이다. 제시된 지도에는 산맥, 하천, 도로망이 잘 표시되어 있다. 1861년 김정호가 제작한 대동여지도에는 산맥, 하천, 도로망이 자세히 표시되어 있다. 대동여지도가 만들어지던 시기에는 성리학적인 가치관을 벗어나 사회 모순을 해결하려는 실학이 확산되었고, 실학의 발달과 함께 민족의 전통과 현실에 대한 관심이 깊어지면서 우리의 역사, 지리, 국어 등을 연구하는 국학이 발달하였다. 이 시기에는 실증적이며 비판적인 역사 서술과 더불어 중국 중심의 역사관에서 벗어나 우리 역사를 체계화하였고, 민족에 대한 주체적 자각이 강조되었다. 김정호의 대동여지도는 산맥, 하천, 포구, 도로망의 표시가 정밀하고 거리를 알 수 있도록 10리마다 눈금이 표시되었다.

● **오답풀이**

① 우리 민족의 전통과 현실에 대한 관심이 커졌다. ② 중국 중심의 역사관에서 벗어나려는 움직임이 일어났다. ③ 서양과의 통상 수교는 1876년 개항 이후 이루어졌다. ④ 유교적 통치 체제가 아닌 실증적인 학문 연구에 대한 관심이 커졌다.

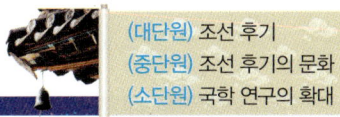

기출풀이 [7회 4급 31번]

31. 다음 대화의 [(가)]에 들어갈 책으로 적절한 것은?

[3 점]

> 요즘 읽은 역사책은 만주를 지배했던 발해까지 우리 역사에 포함시키고 있어요. 다음은 어떤 책을 읽는 게 좋을까요?

> 최근에 출간된 [(가)]을(를) 읽어 보세요. 우리나라 역사의 정통성과 독자성을 느끼는 계기가 될 것입니다.

① 연암집   ② 택리지   ③ 동사강목
④ 목민심서   ⑤ 동국여지승람

● 출제의도

조선 후기 국학 연구 이해

● 해설 : 정답 ③

그림의 대화에서 만주를 지배했던 발해까지 우리 역사에 포함시켰던 책은 유득공의 '발해고'이다. 유득공은 '발해고'에서 발해의 역사를 우리의 역사로 본격적으로 다루고, 남북국 시대라는 용어를 처음으로 사용하였다. 이 시기는 실학의 발달과 함께 우리 민족의 전통과 현실에 대한 관심이 깊어지면서 국학 연구가 활발하였다. 역사 연구에서는 '발해고'를 쓴 유득공과 더불어 안정복이 '동사강목'을 써서 고조선에서 고려 말까지의 우리 역사를 체계적으로 정리하였고, 종래의 중국 중심 사관에서 벗어나 우리나라 역사 자체의 정통성과 독자성을 내세우는 체계를 세웠다.

● 오답풀이

① '연암집'은 실학자 박지원의 시문집으로 박지원의 저술을 묶어서 편찬한 것이다. 박지원은 수레와 선박의 이용, 화폐 유통의 필요성 등을 주장하고, 양반 문벌제도의 비생산성을 비판하였다. ② 이중환은 '택리지'에서 우리나라의 지리적인 환경과 함께 각 지역의 경제 생활과 풍속을 자세히 조사하였다. ④ 정약용은 '목민심서'를 통해 지방관이 지켜야 할 일을 기록하였다. ⑤ '동국여지승람'은 성종때 편찬된 지리지로 군현의 연혁, 지세, 인물, 풍속, 산물, 교통 등이 자세히 수록되어 있다. 이를 보충한 '신증동국여지승람'이 중종 때 편찬되어 오늘날까지 전해지고 있다.

기출풀이 [7회 3급 24번]

24. 다음 방송을 제작하려 할 때에 참고했을 의학 서적으로 가장 적절한 것은? [3점]

> • 아나운서 : 더운 여름철 과일을 섭취하여 건강할 수 있는 방법이 있다고 하는데, 과연 그것이 가능할까요?
> • 리포터 : 네, 가능하다고 합니다. 바로 자신의 체질에 맞는 과일을 골라 먹으면 더운 여름을 잘 날 수 있다는 것인데요. 체질에 맞는 과일은 다음과 같습니다. 태양인의 체질을 가진 사람은 포도, 머루, 감, 모과가 좋고, 태음인의 체질에는 배, 매실, 자두가 좋으며, 소음인에게는 귤, 사과, 복숭아가 좋습니다. 그리고 소양인의 체질을 가진 사람들에게는 파인애플, 딸기, 바나나가 좋습니다.

① 동의보감 ② 마과회통 ③ 의방유취
④ 향약구급방 ⑤ 동의수세보원

● **출제의도**

사상 의학의 이해

● **해설 :** 정답 ⑤

제시된 인터뷰에서 체질에 맞는 과일에 대한 얘기가 나온다. 태양인, 태음인, 소양인, 소음인으로 구분하는 것을 통해 사람의 체질을 구분하여 치료하는 사상 의학임을 알 수 있다. 19세기에 이제마는 「동의수세보원」을 저술하여 사상 의학을 확립하였다. 동의수세보원에는 사람의 체질을 태양인, 태음인, 소양인, 소음인으로 구분하여 치료하는 체질 의학 이론이 소개되고 있다. 이것은 오늘날까지도 한의학계에서 통용되고 있다.

● **오답풀이**

① 동의보감은 17세기 초에 허준이 지은 책이다. ② 마과회통은 정약용이 마진(홍역)에 대한 연구를 진전시키고 이 분야의 의서를 종합하여 지은 책이다. ③ 의방유취는 세종이 집현전 학사들에게 명하여 편찬한 의학백과 사전이다. ④ 향약구급방은 고려 시대인 13세기에 편찬된 현재 전해지고 있는 우리 나라 최고의 의학 서적이다. 이 책에는 각종 질병에 대한 처방과 국산 약재 180여 종이 소개되어 있다.

기출풀이 [4회 3급 35번]

35. 다음 작품들이 나타났던 시기의 상황으로 옳은 것을 <보기>에서 고른 것은? [2점]

< 보 기 >

ㄱ. 서얼 출신 학자들이 규장각 검서관으로 등용되었다.
ㄴ. 분청사기가 전국의 자기소와 도기소에서 널리 만들어졌다.
ㄷ. 격식에 구애됨이 없이 감정을 표현하는 사설시조가 유행하였다.
ㄹ. 사회·경제적 변화로 양반층이 줄고 상민과 노비 계층이 늘어났다.

① ㄱ, ㄴ   ② ㄱ, ㄷ   ③ ㄴ, ㄷ
④ ㄴ, ㄹ   ⑤ ㄷ, ㄹ

● 출제의도

조선 후기의 사회 모습 이해

● 해설 : 정답 ②

제시된 그림 중 왼쪽 작품은 김홍도의 '자리짜기'이고, 오른쪽은 서민들의 그림이었던 민화이다. 김홍도의 작품에서는 몰락한 양반이 자리를 짜고 있는 모습을 담고 있다. 조선 후기 신분제의 동요로 인해 몰락한 양반이 자리를 짜고 아이는 책을 읽고 있는 모습을 보여주고 있다. 민화는 민중의 미적 감각을 나타낸 그림으로 해, 달, 나무, 꽃, 동물, 물고기 등을 소재로 삼아 생활 공간을 장식하는데 활용되었다. 위의 작품들이 나타난 시기는 18세기 이후로 서민 문화가 발달하여 한글 소설이 유행하고, 격식에 구애됨이 없이 감정을 구체적으로 표현할 수 있는 사설 시조가 많이 나타난 시기였다. 이 시기에는 서얼의 신분 상승이 많이 이루어졌다. 특히, 정조 때에는 유득공, 이덕무, 박제가 등 서얼 출신이 규장각 검서관으로 등용되었다. 기술직 중인들도 탄탄한 실무 경력과 축적된 재산을 바탕으로 신분 상승을 추구하였다.

● 오답풀이

ㄴ. 분청사기는 고려말에서 조선 초에 유행했던 자기였다. 조선 후기에는 청화 백자가 유행하였다. ㄹ. 조선 후기에는 몰락한 양반들이 양반 신분을 파는 일이 많아서 양반의 수가 더욱 늘어나고, 상민과 노비의 수가 갈수록 줄어들었다.

기출풀이 [11회 중급 50번]

50. 지도와 같은 놀이 문화가 본격적으로 등장하게 된 배경으로 적절하지 <u>않은</u> 것은? [2점]

① 성리학이 전래되었다.
② 신분제가 동요되었다.
③ 서민 의식이 성장하였다.
④ 상업 경제가 발달하였다.
⑤ 농업 생산력이 증대되었다.

● **출제의도**

조선 후기 서민 문화의 발달 배경 이해

● **해설 :** 정답 ①

지도에 표시된 봉산탈춤, 산대놀이, 별신굿 놀이, 관노 가면극 등은 조선 후기에 유행한 서민 문화였다. 조선 후기 문화 중에서 서민들에게 가장 인기 있던 분야는 판소리와 탈놀이, 산대놀이였다. 이러한 문화는 조선 후기의 사회 변화와 함께 성행하였다. 조선 후기에는 상공업의 발달과 농업 생산력 증대를 배경으로 문화면에서 새로운 기운이 나타났다. 서당 교육이 보급되고, 신분제의 동요까지 같이 작용하여 인해 서민의 경제적·신분적 지위가 향상됨에 따라 서민 의식이 성장하였다. ① 성리학은 고려 말 안향에 의해 전래되었다.

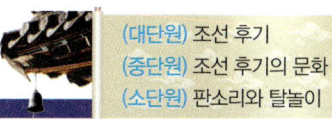

기출풀이 [6회 4급 19번]

19. 다음과 같은 탈춤이 유행하게 된 배경으로 가장 적절한 것은?

[2점]

양반 나오신다아~
다 재상으로 계신 양반인
줄 알지 마시오. 개잘량이라는
'양'자에 개다리 소반이라는
'반'자 쓰는 양반이
나오신단 말이오.

① 성리학적 윤리가 더욱 강화되고 있었다.
② 서민들의 사회·경제적 지위가 높아졌다.
③ 양반의 농민에 대한 지배력이 강화되었다.
④ 한양을 중심으로 귀족 문화가 발달하였다.
⑤ 중국에서 수입된 다양한 문화가 유행하였다.

● **출제의도**

봉산탈춤이 유행하던 시기의 사회 모습 이해

● **해설 :** 정답 ②

제시된 그림에서 탈을 쓰고 양반을 비꼬는 대사를 하는 모습을 통해 봉산탈춤의 일부분임을 알 수 있다. 제시된 자료는 봉산탈춤의 한 부분인 제6양반 춤마당이다. 조선 후기에는 상품 화폐 경제의 발달로 인해 서민 문화가 발달하였고, 탈놀이와 판소리가 성행하였다. 대표적인 탈놀이인 봉산탈춤 제6마당에서는 머슴인 말뚝이가 양반 삼형제를 심하게 놀리지만 양반들은 자신들이 놀림 당하는 줄도 모른다. 즉, 양반의 허구를 폭로하고 욕보이기까지 한 것이다. 조선 후기 성행했던 탈놀이와 같은 가면극에서는 지배층의 부패와 위선을 풍자하는 모습을 많이 볼 수 있다.

● **오답풀이**

① 양난 이후인 17세기에 들어 지배층은 양난으로 흐트러진 유교적 질서의 회복을 위해 성리학적 질서를 더욱 강화하였다. ③ 조선 후기가 되면 양반 지주와 농민의 관계가 신분적 예속 관계에서 경제적인 관계로 변화되고, 양반의 지위가 약화되어 농민에 대한 지배력이 약화되었다. ④ 귀족적 문화가 발달한 것은 고려 시대였다. ⑤ 조선 후기에는 청나라부터 수입된 서양의 문물이 들어오게 되어 과학 기술의 발달이 이루어졌지만, 서민 문화 발달 배경은 아니었다.

기출풀이 [9회 3급 27번]

27. 다음과 같은 그림이 유행하던 시기의 문화에 관한 설명으로 옳지 <u>않은</u> 것은? [1점]

① 한글 소설이 보급되었다.
② 탈놀이와 산대놀이가 성행하였다.
③ 중인층과 부농층의 문예 활동이 활발하였다.
④ 청자에 백토의 분을 칠한 분청사기가 유행하였다.
⑤ 우리의 역사, 지리 등을 연구하는 국학이 발달하였다.

● 출제의도

민화가 유행하던 시기의 사회 모습 이해

● 해설 : 정답 ④

제시된 자료는 민중의 미적 감각을 잘 나타낸 민화이다. 민화는 소박한 우리 정서를 포함한 그림으로 백성들 사이에서 유행하던 그림이었다. 조선 후기에 해, 달, 나무, 꽃, 동물, 물고기 등을 소재로 삼아 소원을 기원하고 생활 공간을 장식하는데 사용되었다. 민화가 유행하던 시기에는 한글 소설과 사설시조가 유행하였고, 중인층과 서민층의 문학 창작 활동이 활발해지면서 동호인들이 모여 시사를 조직하기도 하였다. 또한 실학 연구와 함께 민족의 전통과 현실에 대한 관심이 깊어지면서 우리의 역사, 지리, 국어 등을 연구하는 국학이 발달하였다. ④ 분청사기는 고려 말 조선 초에 유행했던 자기였다. 16세기부터 세련된 백자가 유행하면서 점차 그 생산이 줄어들게 되었다.

기출풀이 [8회 3급 47번]

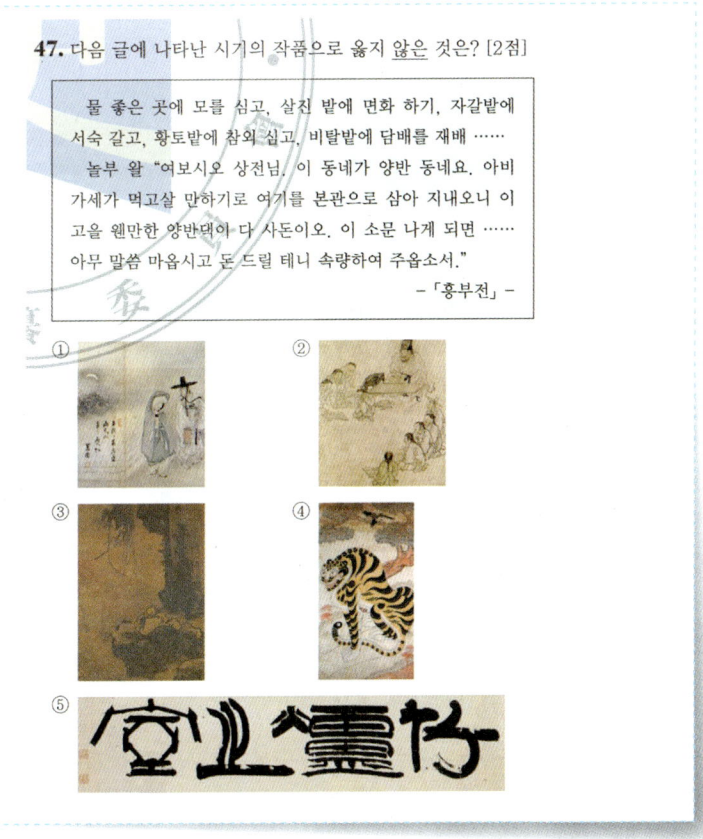

47. 다음 글에 나타난 시기의 작품으로 옳지 <u>않은</u> 것은? [2점]

> 물 좋은 곳에 모를 심고, 살진 밭에 면화 하기, 자갈밭에
> 서숙 갈고, 황토밭에 참외 심고, 비탈밭에 담배를 재배 ······
> 놀부 왈 "여보시오 상전님, 이 동네가 양반 동네요. 아비
> 가세가 먹고살 만하기로 여기를 본관으로 삼아 지내오니 이
> 고을 웬만한 양반댁이 다 사돈이오. 이 소문 나게 되면 ······
> 아무 말씀 마옵시고 돈 드릴 테니 속량하여 주옵소서."
>
> — 「흥부전」 —

① ② ③ ④ ⑤

● 출제의도

조선 후기의 작품 파악

● 해설 : 정답 ③

제시된 자료에서 무논에 모를 심는 모습, 면화를 재배하고, 과일과 담배를 재배하는 모습을 통해 이앙법이 확대되고 상품 작물 재배가 활발하게 이루어졌던 조선 후기의 모습임을 알 수 있다. 조선 후기에는 풍속화와 진경 산수화가 유행하였다. 진경 산수화는 우리의 자연을 사실적으로 그린 것으로 정선의 인왕제색도와 금강전도가 유명하였다. 풍속화는 당시 사람들의 생활 정경과 일상적인 모습을 생동감 있게 나타낸 것으로 김홍도와 신윤복의 그림이 유명하였다. 이와 함께 해, 달, 나무, 꽃, 동물, 물고기 등을 소재로 삼아 소박한 정서를 표현한 민화도 유행하였다. 서예에서는 우리의 정서와 개성을 추구하는 단아한 글씨의 동국진체가 이광사에 의하여 완성되었다. 김정희는 우리 서예 발전의 성과를 바탕으로 고금의 필법을 두루 연구하여 굳센 가운데 다양한 조형성을 가진 추사체를 창안하여 서예의 새로운 경지를 열었다. ① 신윤복의 월하 정인도, ② 김홍도의 서당도, ④ 민화, ⑤ 김정희의 추사체이다. ③은 15세기 그림인 강희안의 고사관수도이다.

기출풀이  [8회 4급 49번]

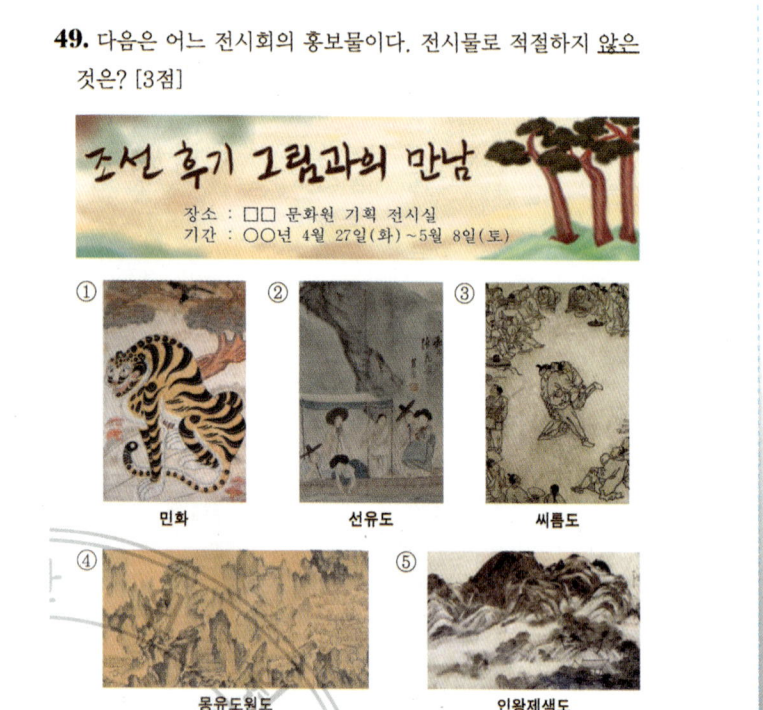

49. 다음은 어느 전시회의 홍보물이다. 전시물로 적절하지 <u>않은</u> 것은? [3점]

① 민화
② 선유도
③ 씨름도
④ 몽유도원도
⑤ 인왕제색도

● **출제의도**

조선 후기의 작품 이해

● **해설** : 정답 ④

제시된 전시물의 제목이 조선 후기 그림과의 만남이므로 조선 후기의 그림이 아닌 것을 찾아야 한다. 조선 후기에는 우리의 자연을 사실적으로 그린 진경산수화와 당시 사람들의 생활 모습을 생동감 있게 나타낸 풍속화가 유행하였다. 진경산수화를 개척한 화가는 18세기에 활약한 정선으로 인왕제색도와 금강전도에서 산수화의 새로운 경지를 보여주었다. 정선의 뒤를 이어 산수화와 풍속화에 새 경지를 연 화가는 김홍도였다. 그는 사람들의 일상적인 모습을 소탈하고 익살스러운 필치로 묘사하였다. 씨름도, 서당도, 무동 등 유명한 작품을 많이 남겼다. 또 다른 풍속화가인 신윤복은 주로 양반과 부녀자의 생활과 유흥, 남녀 사이의 애정 등을 감각적이고 해학적으로 묘사하였다. 단오도, 월하정인도, 선유도 등이 유명하다. 또한 민중의 미적 감각을 잘 나타낸 민화도 유행하였다. ④ 안견의 몽유도원도는 안평대군이 꿈 속에서 본 무릉도원을 그린 것으로 자연스러운 현실 세계와 환상적인 이상 세계를 능숙하게 처리하고 대각선적인 운동감을 활용하여 구현한 작품이다. 몽유도원도는 조선 전기에 그려졌고, 현재는 일본의 덴리 대학에 소장되어 있다.

기출풀이 [7회 3급 23번]

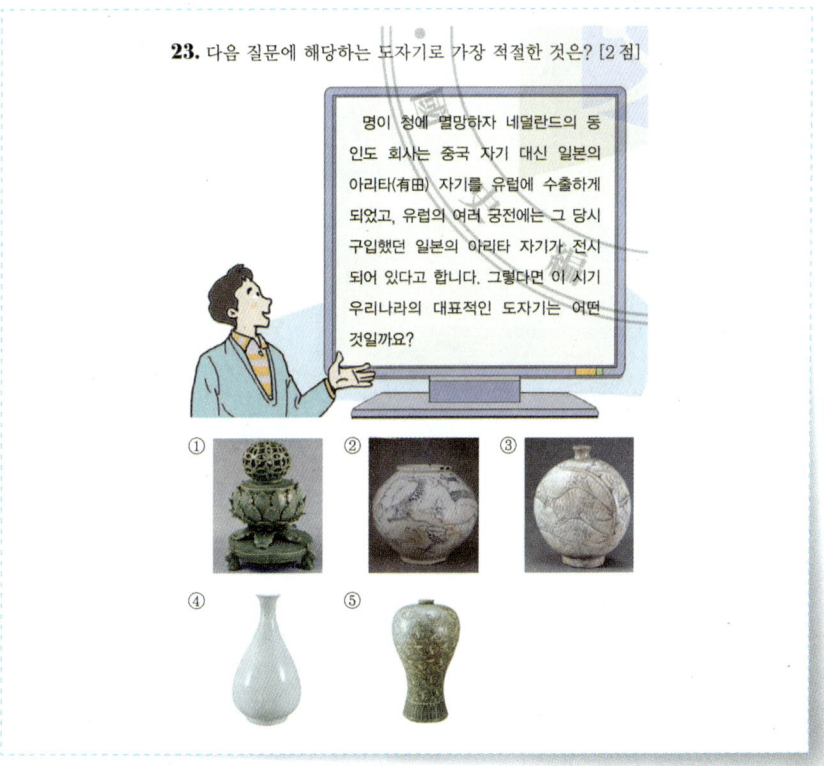

23. 다음 질문에 해당하는 도자기로 가장 적절한 것은? [2점]

명이 청에 멸망하자 네덜란드의 동인도 회사는 중국 자기 대신 일본의 아리타(有田) 자기를 유럽에 수출하게 되었고, 유럽의 여러 궁전에는 그 당시 구입했던 일본의 아리타 자기가 전시되어 있다고 합니다. 그렇다면 이 시기 우리나라의 대표적인 도자기는 어떤 것일까요?

① ② ③ ④ ⑤

● **출제의도**

조선 후기의 도자기 파악

● **해설 :** 정답 ②

명이 청에 멸망한 후의 상황이므로 1644년 청이 건국된 이후에 조선에서 유행했던 도자기를 찾아야 한다. 아리타 도자기는 임진왜란 때 일본에 끌려간 이삼평 등의 조선인 도공들이 아리타 지역에서 자기를 만든 것이 시초가 되었다. 아리타 도자기는 조금 떨어진 이마리 항구를 통해 전국으로 퍼짐으로써 이마리 도자기로도 알려졌다. 17세기 조선에서는 16세기 백자의 시대를 거쳐 백자에 청색 코발트로 무늬를 그린 청화백자가 유행하였다.

● **오답풀이**

① 고려 초에 유행했던 순청자이다. ③ 고려 말, 조선 초에 유행했던 분청사기이다. ④ 15, 16세기에 유행했던 순백자이다. ⑤ 고려 중기에 유행했던 상감 청자이다.

6단원

근대 사회(1)

15강 외세의 침략적 접근과 개항

❶ 통치 체제의 재정비 노력

(1) 19세기 중엽의 국내외 정세

　① 국내 : 정치 기강의 문란(← 세도 정치의 모순), 삼정의 문란, 농민 봉기의 발생, 이양선의 출몰

　② 국외 : 영국 · 프랑스에 의한 베이징 함락, 러시아의 연해주 차지

(2) 흥선 대원군의 개혁 정책(1863~1873)

구분	목표	내용
국내정치	왕권 강화, 민생안정	세도정치 타파(안동 김씨 축출), 비변사 축소, 의정부 부활, 경복궁 중건(재정 마련을 위해 원납전 징수, 당백전 발행), 호포법 실시, 사창제 실시, 서원정리(47개 서원만 남김), 〈대전회통〉편찬
대외정책	통상수교 거부정책	병인양요, 신미양요, 척화비 건립

❷ 통상 수교 거부 정책과 양요

(1) 통상 수교 거부 정책 : 천주교의 확산, 서양 상품의 유입, 유생들의 요구 → 열강의 통상 요구 거부

(2) 병인양요(1866)

배경	천주교 탄압 사건(1866, 병인박해)
경과	프랑스의 강화도 침략 → 한성근 부대(문수산성), 양헌수 부대(정족산성) 등의 활약으로 격퇴
결과	강화도 파괴, 외규장각 문화재 약탈

(3) 남연군묘 도굴 사건(1868) : 독일인 오페르트가 통상을 관철시키기 위해 남연군 묘 도굴 시도

(4) 신미양요(1871)

배경	제너럴 셔먼호 사건(1866)에 대한 진상 조사를 빌미로 통상 요구
경과	미국의 강화도 침략 → 어재연 부대의 항전
결과	전국에 척화비 건립

(5) 통상 수교 거부 정책의 의의와 한계 : 외세의 침략을 저지하는 효과가 있었으나 근대화의 지연 초래

❸ 개항과 불평등 조약 체제

(1) 배경

　　① 흥선 대원군의 하야(경복궁 중건, 서원 철폐, 호포제 실시 등에 대한 유생들의 반발) → 고종의 친정(1873), 민씨 세력의 집권

　　② 통상 개화론의 대두 : 개화파에 의해 문호 개방의 필요성 제기됨

(2) 일본과의 조약 체결

　　①　　　조약(조·일 수호 조규, 1876) : 최초의 근대적·불평등 조약

배경	운요호 사건(1875)을 구실로 일본이 조약 체결을 강요
내용	청의 종주권 부인, 3개 항구(부산, 인천, 원산)개항, 해안 측량권과 영사 재판권 규정

　　② 조 · 일 수호 조규 부록과 통상 장정 : 일본의 경제적 침략 발판 마련

(3) 조 · 미 수호 통상 조약(1882) : 서양과 맺은 최초의 조약, 최혜국 대우 조항 포함

　　• 배경 : 〈조선책략〉의 유포, 조선에 대한 종주권을 인정받으려는 청의 알선 → 거중 조정 · 최혜국 대우

(4) 서양 열강과의 통상 수교 : 영국(1883), 독일(1883), 러시아(1884), 프랑스(1886) 등과 수호 통상 조약 체결

기출풀이 [4회 3급 37번]

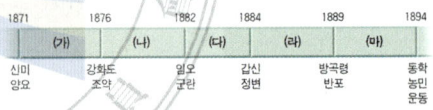

37. 연표에서 (가)~(마) 시기의 상황을 설명하기 위한 사료가
옳게 연결된 것은? [3점]

1871	1876	1882	1884	1889	1894
(가)	(나)	(다)	(라)	(마)	
신미양요	강화도조약	임오군란	갑신정변	방곡령반포	동학농민운동

① (가) – 서양 오랑캐가 쳐들어왔을 때 싸우지 않는 것은
  곧 화친을 하는 것이요, 화친을 주장함은 나라를 파는 것
  이다.
② (나) – 우리가 의(義)를 들어 여기에 이른 것은, 그 뜻이
  다른 데 있는 것이 아니라 백성을 도탄에서 건지고 국가
  를 반석 위에 두고자 함이라.
③ (다) – 대저, 우리나라가 아시아의 중립국이 된다면 러시
  아를 방어하는 큰 기틀이 될 것이고, 또 아시아의 여러
  대국들이 서로 보전하는 방책도 될 것이다.
④ (라) – 오늘날 조선의 책략은 러시아를 막는 일보다 더
  급한 것이 없다. 러시아를 막는 책략은 어떠한가? 중국과
  친하고 일본과 결연을 맺고 미국과 연합함으로써 자강을
  도모할 따름이다.
⑤ (마) – 저들이 비록 동양의 왜인이라고 하나, 서양 오랑
  캐와 다를 바가 없습니다. 강화가 이루어지면 사악한 서
  적과 천주교가 다시 들어와 그 기운이 온 나라를 덮게 될
  것입니다.

● 출제의도

신미양요에서 동학농민운동 사이에 전개된 역사적 사실에 대해 이해

● 해설 : 정답 ①

(가)는 1871년에 처음 만들어진 척화비의 내용이다. (나)는 1894년에 봉기한 동학농민군의 주장이다. (다)는 1885년에 유길
준이 주장한 조선중립화론이다. (라)는 1880년 조선에 처음 유포된 〈조선책략〉의 내용이다. (마)는 최익현이 1870년 대에
개항을 반대하면서 주장한 왜양일체론이다.

● 오답풀이

② (나)의 내용은 (마)에 해당한다. ③ (다)의 내용은 (라)에 해당한다. ④ (라)는 (나)에 해당한다. ⑤ (마)는 개항 이전인 (가)
에 해당한다.

기출풀이 [4회 3급 38번]

38. 다음 정책을 추진한 인물의 집권 시기를 영화로 제작할 때, 등장 인물로 적절하지 **않은** 것은? [2점]

> • 서원 철폐   • 사창제 실시
> • 당백전 발행   • 대전회통 편찬

① 척화비를 세우는 조선 정부 관리
② 조선책략의 유포에 반발하는 유생들
③ 남연군의 묘를 파헤치고 있는 오페르트 일행
④ 강화도에 상륙하여 외규장각 책을 약탈하는 프랑스 군대
⑤ 광성보에서 미국 군대의 침략에 맞서 싸우는 조선군 수비대

● **출제의도**

흥선대원군 집권 시기의 상황 이해

● **해설 :** 정답 ②

서원 철폐, 사창제 실시, 당백전 발행, 대전회통 편찬 등은 흥선대원군이 추진한 정책이었다. 흥선대원군은 1863년부터 1873년 고종의 친정이 시작되기 전까지 10여년 간 집권하였다. 흥선대원군은 대외적으로는 외국과의 통상 수교를 거부하는 정책을 추진하였다. 개항을 요구하는 세력과의 첫 충돌은 1866년 미국 상선 제너럴셔먼호와의 충돌이었다. 당시 평양에 정박한 제너럴셔먼호 선원들의 행패로 평양 주민들이 제너럴셔먼호를 침몰 시킨 사건이 일어났다. 같은 해 병인양요를 일으킨 프랑스 군대와의 충돌이 있었다. 강화도에 침입한 프랑스 군대는 외규장각 도서를 약탈하였다. 1868년에는 독일 상인 오페르트가 흥선대원군의 아버지인 남연군의 묘를 도굴하려다 실패한 사건이 있었다. 1871년에는 제너럴셔먼호 사건에 대한 진상 조사를 빌미로 미국이 신미양요를 일으켜 광성보에서 어재연 장군이 이끄는 조선군이 패하였다. 흥선대원군은 신미양요를 겪고 난 이후에 척화비를 건립하여 서양 세력에 대해 배척하는 ② 〈조선책략〉은 1880년 일본에 2차 수신사였던 김홍집이 귀국할 때 조선에 갖고 들어온 책이다. 그 책은 중국인 황쭌셴이 러시아를 견제하기 위해 조선이 미국, 일본, 청과 연합해야 한다는 내용을 담고 있었다.

기출풀이 [8회 4급 5번]

5. 다음 비석을 세우게 한 인물이 추진한 정책으로 옳지 <u>않은</u> 것은? [2점]

척화비

"서양 오랑캐가 침범하였을 때 싸우지 않음은 곧 화의하자는 것이요, 화의를 주장함은 나라를 파는 것이다."

① 프랑스와 미국의 통상 요구를 거부하였다.
② 통리기무아문을 설치하여 개화 정책을 추진하였다.
③ 47개의 사액 서원만 남기고 나머지는 모두 철폐하였다.
④ 관청 주도의 환곡제를 민간 주도의 사창제로 개혁하였다.
⑤ 비변사의 기능을 축소하고, 의정부의 기능을 부활하였다.

● **출제의도**

흥선대원군의 정책 파악

● **해설** : 정답 ②

제시된 사진은 척화비이다. 흥선대원군은 남연군묘 도굴사건(1868)과 신미양요(1871)를 거친 후 전국 각지에 척화비를 건립하고 통상 수교 거부 정책을 더욱 강화하였다. 흥선대원군은 집권 후 흐트러진 정치 질서를 바로 잡기 위해 세도 정치의 핵심 기구였던 비변사를 축소시키고 의정부와 삼군부의 기능을 회복하였다. 삼정문란을 바로 잡기 위해 양반에게도 군포를 징수하는 호포제를 실시하였고, 환곡의 폐단을 개선하기 위해 환곡제 대신 민간 주도의 사창제를 시행하였다. 또한 백성들을 괴롭히던 양반과 유생의 횡포를 막기 위해 전국 각지의 서원을 47개만 남기고 모두 철폐하였다. 대외적으로는 통상 수교 거부 정책을 고수하였다. ② 통리기무아문은 1880년 설치된 근대적 기구였다. 그 아래에 12사를 두어 외교, 통상, 재정, 군사 등의 업무를 나누어 맡게 하였다. 1873년부터 고종이 친정을 시작했다.

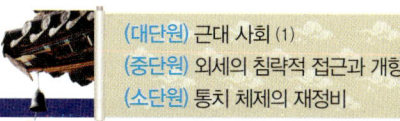

기출풀이 [7회 4급 34번]

34. 다음 주제로 역사극의 대본을 제작하고자 한다. 대본에 들어갈 배역으로 적절하지 <u>않은</u> 것은? [2점]

> **운현궁의 봄 그리고 가을**
> – 흥선 대원군의 개혁과 좌절 –

① 경복궁 중건에 동원된 농민
② 사창에서 곡식을 빌려 나오는 농민
③ 호포제 실시에 항의하고 있는 농민
④ 서원 정리 조치에 불만을 토로하는 양반
⑤ 도성 문 앞에서 백성에게 통행세를 거두는 관리

● **출제의도**

흥선대원군 집권기의 상황 이해

● **해설 :** 정답 ③

제시된 자료의 제목을 통해 흥선대원군 시기의 상황을 찾아야 한다. 흥선대원군은 안으로는 왕권을 강화하여 정치 질서를 재정비하고 밖으로는 외세의 통상 수교 요구에 대해서 거부하는 정책을 추진하였다. 비변사를 축소시키고, 의정부와 삼군부의 기능을 회복시켰다. 그리고 각 지방에서 양반과 유생이 횡포를 부리던 근거지 역할을 했던 서원을 47개소만 남기고 모조리 철폐하였다. 또한 왕실의 위엄을 되찾기 위해 임진왜란 이후 불탄 채로 남겨져 있었던 경복궁을 중건을 시작하였다. 돈이 많이 필요하자 고가의 화폐인 당백전을 발행하거나, 양반이나 백성들에게 원납전을 징수하여 많은 불만을 야기하였다. 또한 도성 문을 드나드는 백성들에게 통행세를 거두어 백성들의 불만을 낳았다. 하지만 세도 정치 기간 문란해진 삼정을 바로 잡기 위해 양반에게도 군포를 부과하는 호포제를 실시하여 백성들의 조세 부담을 줄이려 하였고, 관에서 운영하던 환곡의 폐단을 없애기 위해 민간 주도의 사창제를 실시하였다. ③ 호포제 실시로 양반의 군포를 내게 되었으므로 양반들의 항의가 있었을 것이다.

기출풀이 [11회 중급 27번]

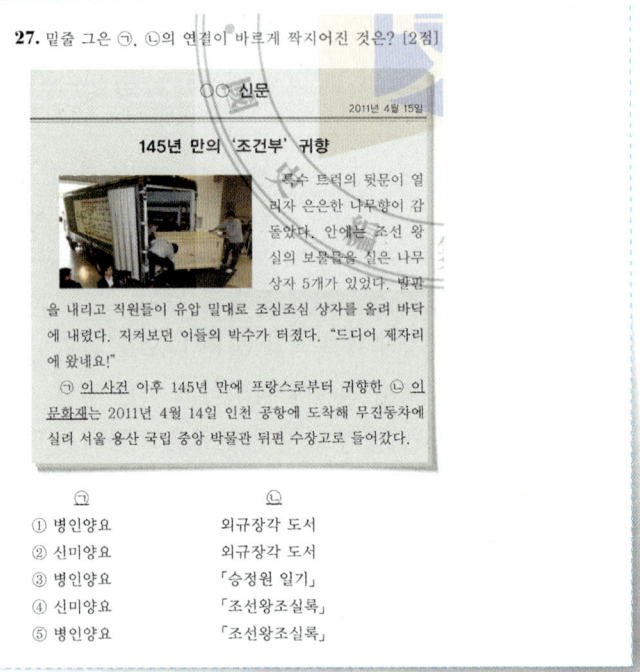

27. 밑줄 그은 ⊙, ⓒ의 연결이 바르게 짝지어진 것은? [2점]

○○신문
2011년 4월 15일

145년 만의 '조건부' 귀향

특수 트럭의 뒷문이 열
리자 은은한 나무향이 감
돌았다. 안에는 조선 왕
실의 보물들을 담은 나무
상자 5개가 있었다. 발판
을 내리고 직원들이 유압 밀대로 조심조심 상자를 올려 바닥
에 내렸다. 지켜보던 이들의 박수가 터졌다. "드디어 제자리
에 왔네요!"

⊙ 이 사건 이후 145년 만에 프랑스로부터 귀향한 ⓒ 의
문화재는 2011년 4월 14일 인천 공항에 도착해 무진동차에
실려 서울 용산 국립 중앙 박물관 뒤편 수장고로 들어갔다.

	⊙	ⓒ
①	병인양요	외규장각 도서
②	신미양요	외규장각 도서
③	병인양요	「승정원 일기」
④	신미양요	「조선왕조실록」
⑤	병인양요	「조선왕조실록」

● 출제의도

병인양요 당시 프랑스군의 행보 이해

● 해설 : 정답 ①

제시된 자료를 통해 현재로부터 145년 전인 1866년 프랑스군에 의해 약탈되었던 문화재임을 알 수 있다. 1866년 프랑스의
로즈 제독은 군함 7척과 600여명의 수병을 이끌고 인천 앞바다에 나타났다. 프랑스 군은 강화도의 갑곶에 상륙하여 강화
부를 점령하고 정조 5년(1781)에 강화도에 설치된 외규장각을 불태우고 그 곳에 있었던 서적을 비롯하여, 금괴, 문화재 등
을 약탈해갔다. 이에 한성근의 부대가 문수산성에서, 양헌수의 부대가 정족산성에서 프랑스군을 격퇴하여 프랑스군이 철
수하게 되었다. 외규장각 도서 중에는 조선의 국왕이 보던 어람용 의궤가 많이 포함되어 있다. ⊙은 1866년에 일어난 병인
양요, ⓒ은 외규장각 도서이다.

● 오답풀이

신미양요는 1871년 미국의 콜로라도 호가 강화도에 침입하여 조선군과 결전을 벌였던 사건이었다. 〈승정원일기〉는 1623년
(인조 1) 1월 부터 1894년(고종 31) 6월까지 승정원에서 처리한 왕명출납, 제반 행정사무 등을 기록한 일기이다. 〈조선왕조
실록〉은 조선 태조시기 부터 철종에 이르기 까지 472년간의 역사적 사실을 각 왕별로 기록한 책이다.

기출풀이 [10회 4급 38번]

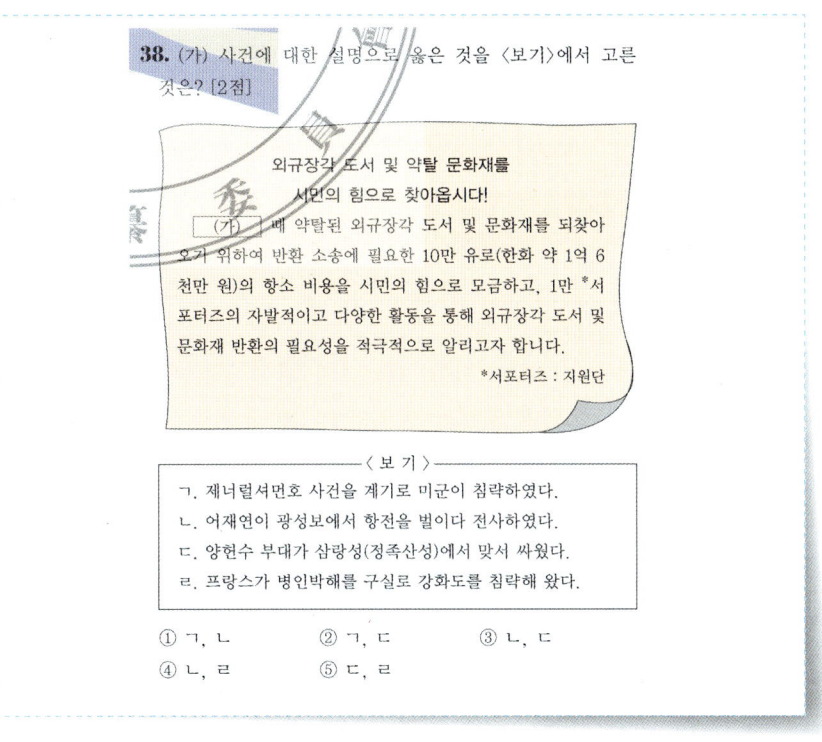

38. (가) 사건에 대한 설명으로 옳은 것을 〈보기〉에서 고른 것은? [2점]

> 외규장각 도서 및 약탈 문화재를
> 시민의 힘으로 찾아옵시다!
>
> ___(가)___ 때 약탈된 외규장각 도서 및 문화재를 되찾아 오기 위하여 반환 소송에 필요한 10만 유로(한화 약 1억 6천만 원)의 항소 비용을 시민의 힘으로 모금하고, 1만 *서포터즈의 자발적이고 다양한 활동을 통해 외규장각 도서 및 문화재 반환의 필요성을 적극적으로 알리고자 합니다.
>
> *서포터즈 : 지원단

〈 보 기 〉

ㄱ. 제너럴셔먼호 사건을 계기로 미군이 침략하였다.
ㄴ. 어재연이 광성보에서 항전을 벌이다 전사하였다.
ㄷ. 양헌수 부대가 삼랑성(정족산성)에서 맞서 싸웠다.
ㄹ. 프랑스가 병인박해를 구실로 강화도를 침략해 왔다.

① ㄱ, ㄴ   ② ㄱ, ㄷ   ③ ㄴ, ㄷ
④ ㄴ, ㄹ   ⑤ ㄷ, ㄹ

● 출제의도

외교장각 도서 약탈과 관련된 외세와의 충돌 이해

● 해설 : 정답 ⑤

제시된 자료에서 약탈된 외규장각 도서 및 문화재를 되찾아 온다는 내용을 통해 외규장각 도서가 유출되었던 병인양요에 대한 문제임을 알 수 있다. 천주교도에 대한 큰 박해였던 병인박해를 구실로 프랑스 군함 7척이 강화도에 침입하였다. 강화도에 상륙하여 외규장각 도서를 비롯한 문화재를 약탈한 프랑스군에 대항하여 한성근 부대가 문수산성에서 항전하였고, 양헌수 부대가 정족산성에서 프랑스 군을 격퇴하였다.

● 오답풀이

ㄱ, ㄴ. 미국 상선인 제너럴셔먼호가 평양 주민에 의해 불탄 제너럴셔먼호 사건(1866)에 대한 책임을 묻기 위해 미국은 1871년 콜로라도 호 등 5척의 군함을 이끌고 강화도 해협으로 침략해왔다. 이에 어재연이 이끄는 부대는 광성보와 갑곶 등지에서 미군에 대항하여 싸웠으나 미군에 의해 패하였다. 이 사건을 신미양요라고 한다.

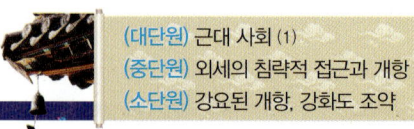

262

(대단원) 근대 사회 (1)
(중단원) 외세의 침략적 접근과 개항
(소단원) 강요된 개항, 강화도 조약

 **기출풀이** [11회 중급 30번]

30. 다음 대화가 가능하였던 시기를 연표에서 고른 것은? [1점]

> 갑 : 세상에! 일본인들의 요구로 항구를 개방했다고 하네.
>
> 을 : 게다가 일본 사람이 조선에서 죄를 지어도 우리 관원이
>   아닌 일본 영사가 재판하도록 한다는 구먼. 말세야 말세.
>
> 갑 : 참 내! 이러다간 우리 조선 팔도가 일본인들로 가득 차
>   겠구만. 허허!
>
> 을 : 그러게 말이야! 이러다가 다른 나라와도 이러한 통상
>   조약을 체결할 것 같아 걱정이구먼 …….

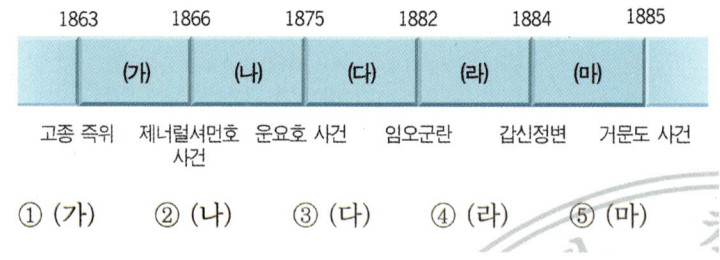

① (가)   ② (나)   ③ (다)   ④ (라)   ⑤ (마)

● **출제의도**

강화도 조약 체결 시기 이해

● **해설 :** 정답 ③

제시된 자료에서 일본인들의 요구로 항구를 개방했다는 내용, 영사 재판권이 허용된 내용 등을 통해 강화도 조약에 대한 설명임을 알 수 있다. 1875년 운요호가 강화도 앞에 출몰하여 강화도에서 경고 사격을 하였는데 이를 빌미로 운요호는 강화도 포대에 집중 포화를 가하고, 개항을 요구하게 되었다. 1876년 강화도에서 조선 최초의 근대적 조약이 체결되게 되었다. 정식 명칭은 조·일 수호 조규였다. 강화도 조약에 의하여 우리 나라는 부산, 인천, 군산 등 3개의 항구를 개방하게 되었고, 개항장에서 죄를 지은 일본인을 일본 영사가 재판할 수 있게하는 영사재판권을 허용하였다. 또한 일본인들의 자유로운 통상과 조선 연해의 측량을 허용하는 조항도 포함되었다. 이처럼 강화도 조약은 조선의 주권을 침해한 불평등 조약이자 우리 나라 최초의 근대적 조약이었다. 강화도 조약은 1876년에 체결되었으므로 (다)에 해당한다.

기출풀이 [8회 4급 8번]

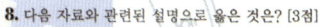

8. 다음 자료와 관련된 설명으로 옳은 것은? [3점]

○ 조선의 수출입 상품의 품목별 비율(1890년)

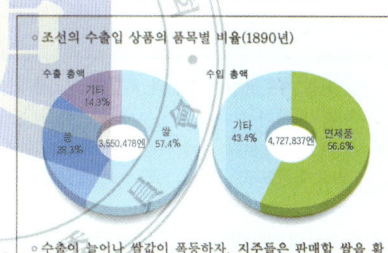

수출 총액
기타 14.3%
콩 28.3% 3,550,478원 쌀 57.4%

수입 총액
기타 43.4% 4,727,837원 면제품 56.6%

○ 수출이 늘어나 쌀값이 폭등하자, 지주들은 판매할 쌀을 확보하기 위해 소작인에 대한 수탈을 강화하였다. 따라서 굶주리던 농민들은 벼를 수확하기도 전에 일본 상인에게 싼 값에 팔아 큰 손해를 보는 경우가 많았고, 지주들은 쌀을 팔아 얻은 이익금으로 넓은 땅을 소유할 수 있게 되면서 지주제가 더욱 확대되었다.

① 국내의 쌀값이 크게 올라 가난한 도시 주민들은 굶주렸다.
② 대일 무역은 수입 총액보다 수출 총액이 많은 흑자 무역이었다.
③ 일본에 쌀을 대량으로 수출하여 대부분의 농민 소득은 증가하였다.
④ 당시 조선의 쌀값이 일본보다 비싸 일본 상인들에게 큰 이익은 없었다.
⑤ 면제품의 대량 수입에 대항하여 조선의 면직물 공업도 경쟁력을 갖추었다.

● 출제의도

개항 이후 조선의 경제적 상황 이해

● 해설 : 정답 ①

제시된 그래프는 조선의 수출 품목 중 쌀의 비중이 가장 크고, 수입 품목 중 면제품이 가장 큰 것을 보여주고 있다. 이 당시에 일본은 산업화와 도시화의 진전으로 인해 식량이 모자랐다. 그래서 가격이 싼 조선의 쌀을 많이 수입하여 식량난을 해결하려고 하였다. 이에 따라 조선의 쌀 유출이 많아져 국내의 쌀값이 폭등하여 농민과 도시 빈민의 생활이 매우 어려웠다. 1889년과 1890년에는 곡물 유출을 금지하는 방곡령이 시행되기도 하였다. 또한 일본에서의 값싼 면제품을 대량으로 수입함으로 인해 조선의 전통적인 면방직 산업은 심한 타격을 받게 되었다.

● 오답풀이

② 그래프를 보면 수입 총액이 수출 총액보다 많음을 알 수 있다. ③ 일부 지주들은 이익을 얻기도 하였지만, 많은 농민들은 토지를 잃거나 소작농 또는 농업 노동자로 전락하였다. ④ 당시 조선의 쌀값이 일본의 쌀값보다 쌌다. ⑤ 질 좋고 값싼 일본의 면제품으로 인해 조선의 면직물 공업은 타격을 입게 되었다.

기출풀이 [3회 3급 34번]

34. 다음 조약에 대한 설명으로 옳은 것을 〈보기〉에서 고른 것은? [2점]

- 조선은 자주국이며 일본과 똑같은 권리를 가진다.
- 일본국 인민이 조선국 항구에서 죄를 지었거나 조선국 인민에게 관계되는 사건은 모두 일본국 관원이 심판한다.

〈 보 기 〉

ㄱ. 치외법권은 물론, 최혜국 대우까지 규정되어 있었다.
ㄴ. 조선이 다른 나라와 맺은 최초의 근대적 조약으로 불평등 조약이었다.
ㄷ. 부산, 원산, 인천의 항구가 개항되었고, 일본 상인은 막대한 이익을 챙겼다.
ㄹ. 일본 상인들은 개항장 밖 내륙까지 진출할 수 있었기 때문에 조선 경제가 큰 타격을 입게 되었다.

① ㄱ, ㄴ   ② ㄱ, ㄷ   ③ ㄴ, ㄷ
④ ㄴ, ㄹ   ⑤ ㄷ, ㄹ

● 출제의도

강화도 조약의 내용 이해

● 해설 : 정답 ③

제시된 자료는 강화도 조약 제1관과 제10관의 내용이다. 일본은 조선에 대한 청의 간섭을 배제시키기 위해 조선이 자주국이라 명시하였으며, 일본국 인민이 저지른 죄를 일본 영사가 재판할 수 있게하는 영사 재판권 조항을 넣었다. 이 조항은 조선에게 불평등한 조약 내용이었다. 강화도 조약은 조선이 다른 나라와 맺은 최초의 근대적 조약이었다. 하지만 일본의 조선 연해 측량권이나 영사 재판권 등은 불평등 조약임을 보여주는 조항이었다. 또한 강화도 조약 체결로 인해 조선은 부산 외에도 인천과 원산을 개항하여 면제품을 수입하고 쌀과 콩 등의 곡물을 일본으로 대량 반출하여 일본 상인들은 많은 이익을 챙기게 되었고, 조선은 곡물 유출로 인한 식량 부족과 물가 폭등이 나타나게 되었다.

● 오답풀이

ㄱ. 최혜국 대우 규정은 다른 나라와의 조약 체결 때 최혜국 대우 조항이 포함된 이후인 1883년 일본과의 조약에도 추가되었다. ㄹ. 일본 상인들은 초기에는 개항장 밖 10리 밖으로 나갈 수 없어 조선의 객주나 여각을 통한 거류지 무역이 이루어졌다.

16강 개화 운동과 근대적 개혁의 추진

① 개화 세력의 대두

(1) 개화 사상의 형성

① 형성 배경 : 북학 사상의 영향, 서양 문물의 우수성 인식(〈해국도지〉, 〈영환지략〉 등 유입)

② 개화 사상가의 등장 : 1860년대 초 오경석, 유홍기, 박규수 등

(2) 개화파의 형성 : 오경석, 유홍기 등이 김옥균, 박영효, 홍영식, 서광범, 유길준, 김윤식 등을 지도함

(3) 개화파의 활동 : 정부의 개화 정책 뒷받침, 정부 기구 개편과 수신사 · 조사 시찰단에 참여

(4) 개화파의 분화

① 원인 : 1880년대 개화 방법과 속도 · 외교 정책을 둘러싼 입장 차이로 분화

② 온건 개화파와 급진 개화파

구분	온건 개화파	급진 개화파
중심인물	김홍집, 김윤식, 어윤중	김옥균, 박영효, 서광범, 홍영식
개혁방향	청의 양무운동(중체서용)표방, 동도서기론에 입각한 점진적 개혁	일본의 문명개화론에 영향을 받아 메이지 유신을 개혁 모델로 삼음, 정치 · 사회 제도의 개혁을 포함한 급진 개혁

② 개화 정책의 추진

(1) 배경 : 민씨 정권의 개화파 등용, 일본에 수신사 파견

(2) 관제 개편 및 군제 개편

① 통리기무아문 설치(1880) : 근대 문물 수용과 재화 정책 추진을 총괄하는 기구

② 12사 설치 : 통리기무아문 아래 배치, 외교 · 군사 · 통상 · 재정 등의 개화 업무 담당

③ 군제 개편 : 5군영 → 2영(무위영 · 장어영), 별기군 창설(1881) – 서양식 군사 훈련, 일본인 교관의 지도

(3) 외교 사절단 파견

수신사	1차(1876, 김기수), 2차(1880, 김홍집 – 조선책략 조선 유입)파견 → 일본의 근대 문물 시찰
조사 시찰단(1881)	일본의 정부 기구 및 산업 시찰 → 정부의 개화 정책 추진 뒷받침
영선사(1881)	청의 근대 무기 제조 기술과 군사 훈련법 습득 → 귀국 후 기기창 설립
보빙사(1883)	조 · 미 수호 통상 조약 체결 후 보낸 최초의 미국 사절단

❸ 위정척사 운동의 전개

(1) **배경** : 서양 열강의 통상 요구와 일본에 의한 개항, 정부의 개화 정책 추진 등

(2) **의미** : 정학(正學)인 성리학을 지키고, 서양의 학문과 사상을 배격함, 유생층 주도

(3) **전개**

시기	중심 인물	주요 내용
1860년대	이항로, 기정진	통상 반대 운동, 척화 주전론 → 흥선 대원군의 통상 수교 거부 정책 지지
1870년대	유인석, 최익현	왜양일체론(倭洋一體論), 개항 불가론 → 개항 반대 운동
1880년대	이만손, 홍재학	〈조선책략〉 유포에 반발 → 개화 반대 운동, 영남 만인소
1890년대	유인석, 이소응	항일 의병 운동으로 계승

(4) **의의와 한계** : 서양 열광과 일본의 침략으로부터 우리 경제와 고유한 전통을 지키려는 반침략 · 반외세의 자주국권 수호 운동이었으나 조선 왕조의 봉건적 전통 체제 및 성리학적 질서를 유지하고자 함

❹ 임오군란(1882)

(1) **배경** : 정부의 개화 정책 추진에 대한 반발, 구식 군대에 대한 차별 대우, 일본 상인의 침투(민중 경제의 파탄)

(2) **경과** : 구식 군인들의 일본 공사관 습격 및 일본인 교관 살해 → 도시 하층민 가담→ 민씨 세력 및 일본인 교관 습격 → 흥선 대원군의 일시적 재집권 → 청군의 조선 출병 → 청군의 흥선 대원군 압송

(3) **결과**
   ① 조 · 청 상민 수륙 무역 장정 체결 : 청 상인의 특권 보장(내지 통상권 허용) → 청과 일본의 상권 경쟁 심화
   ② 제물포 조약 체결(조−일) : 배상금 지불, 일본 공사관 경비병의 서울 주둔 허용
   ③ 청의 내정 간섭 강화 : 마젠창, 묄렌도르프 등의 고문 파견, 청군의 서울 주둔

❺ 갑신정변(1884)

(1) **배경** : 민씨 정권의 친청 정책 심화, 급진 개화파의 차관 도입 실패, 청 · 프 전쟁의 발발로 조선 주둔 청군의 일부 철수, 일본의 지원 약속

(2) **과정** : 김옥균 등의 급진 개화파가 우정국 축하연을 이용하여 정변 일으킴 → 개화당 정부 수립 → 14개조 개혁 정강 발표 → 청군의 개입으로 3일 만에 실패

(3) 개혁 내용

정치	청에 대한 종속적 사대 관계 청산, 내각 중심의 입헌 군주제 실시
경제	지조법의 개혁, 재정의 일원화(모든 재정의 호조 통할)
사회	문벌 타파, 인민 평등권의 확립

(4) 결과

    ① 청의 내정 간섭 심화

    ② 한성 조약 체결(조선-일본) : 배상금 지불, 일본 공사관 신축 비용 부담

    ③ 톈진 조약 체결(청-일본) : 청·일 군대의 동시 철수, 군대 파병 시 상호 통보 규정→동학 농민 운동 당시 공동 출병의 배경이 됨

(5) 의의 및 한계 : 근대 국민 국가 건설을 목표로 한 최초의 정치 개혁 운동이었지만 일본에 의존하였고, 백성의 지지를 받지 못함

❻ 갑신정변 이후의 국내외 정세

(1) 조선을 둘러싼 열강의 대립

    ① 청의 내정 간섭 심화 : 청·일 상인 간의 본격적 상권 경쟁 시작

    ② 조선의 청 견제 노력 : 조·러 비밀 협약 체결(1884)을 통한 청 견제 시도

    ③ 거문도 사건(1885) : 러시아의 남하에 대항하여 영국이 거문도를 불법 점령 → 한반도를 둘러싼 러시아와 영국의 대립 격화

(2) 한반도 중립화론 대두(1885) : 독일 부영사 부들러와 유길준이 제기 → 시행은 되지 않음

❼ 갑오·을미 개혁

(1) 자주적 개혁 추진 : 교정청 설치(1894) – 동학 농민군의 요구 일부

(2) 제1차 갑오개혁

    ① 추진 과정 : 일본군의 경복궁 불법 점령 → 내정 개혁 강요 → 온건 개화파 중심의 제1차 김홍집 내각 성립, 군국기무처 설치

    ② 개혁 내용

정치	개국 연호 사용, 왕실과 국정의 사무 분리, 6조를 8아문으로 개편, 과거제 폐지
경제	국가 재정의 일원화(탁지아문), 왕실과 정부 재정의 분리, 은본위 화폐 제도 채택, 조세의 금납제 시행, 도량형 통일
사회	신분 제도 철폐, 봉건적 악습 폐지(조혼 금지, 과부 재가 허용, 고문과 연좌법 폐지)

(3) 제2차 갑오개혁

① 청 · 일 전쟁에서 우세해진 일본이 김홍집 · 박영효의 연립 내각 성립, 군국기무처 폐지, 홍범 14조 반포

② 개혁 내용

정치	의정부 · 80아문을 내각 7부로 개편, 8도의 행정 구역 통폐합(전국 23부 337군으로 개편), 훈련대와 시위대 설치
경제	사법권의 독립(재판소 설치), 지방관의 권한 축소(사법권 · 군사권 박탈)
사회	교육 입국 조서 반포(1895) → 한성 사범 학교 설립, 외국어 학교 관제 공포

(4) 을미개혁(제3차 개혁)

① 삼국 간섭 후 일본 세력 약화 → 친러 내각 성립 → 을미사변 발생(일본의 민씨 왕비 시해) → 제4차 김홍집 내각의 개혁 추진

② 내용 : 연호 제정(건양), 태양력 사용, 단발령 시행, 친위대(서울) · 진위대(지방)설치 → 을미의병과 아관 파천으로 개혁 중단(1896)

8 갑오 · 을미개혁의 성격과 한계

긍정적 측면	개화 세력과 동학 농민군의 요구 반영
부정적 측면	일본의 강요에 의한 타율적 개혁
개혁의 한계	토지 제도, 상공업 진흥, 국방력 강화와 관련된 개혁에 소홀

기출풀이 [9회 3급 35번]

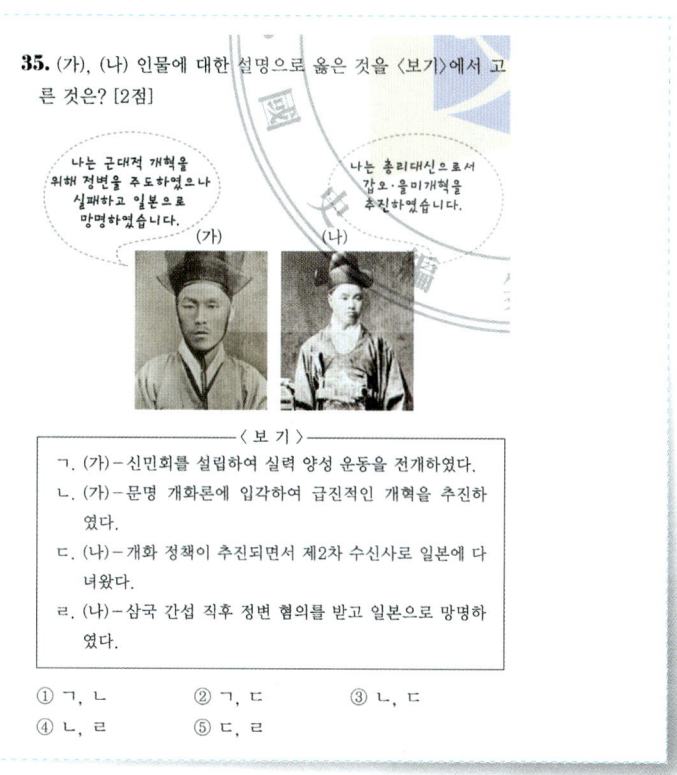

● **출제의도**

온건 개화파와 급진 개화파의 인물 이해

● **해설 :** 정답 ③

(가)는 갑신정변을 일으켰으나 실패하고 일본으로 망명한 김옥균이고, (나)는 갑오·을미 개혁 때 총리대신이었던 김홍집이다. 김옥균과 김홍집은 개화 사상을 갖고 있었던 인물이었으나 개화에 대한 입장에는 차이가 있었다. 김옥균은 문명 개화론에 입각한 급진적인 개혁을 추진하여 갑신정변을 일으켰다. 반면에 김홍집은 온건 개화파로서 정부의 개화 정책을 주도한 인물이었다. 그는 1880년 제2차 수신사로 일본에 다녀올 때 중국의 황쭌셴이 쓴 〈조선책략〉을 갖고 들어와 유생들의 반발을 초래하였다.

● **오답풀이**

ㄱ. 김옥균은 1894년 상하이에서 홍종우에게 암살당하였고, 김홍집은 1896년에 백성들의 손에 죽었으므로 1907년에 만들어진 신민회와는 관련이 없다. ㄹ. 삼국 간섭 직후 정변 혐의를 받고 일본으로 망명한 인물은 박영효였다.

기출풀이 [2회 3급 36번]

36. 밑줄 친 ㈀~㈃에 대한 옳은 설명을 〈보기〉에서 고른 것은? [2점]

> 개화파는 1880년대에 이르러 개화의 방법, 속도 및 외교 정책 등을 둘러싸고 ㈀온건 개화파와 ㈁급진 개화파로 갈라졌다.
> 청나라의 양무 운동과 같은 방법으로 개화를 추진하고자 하였던 온건 개화파는 아직 여건이 성숙되지 않았다고 생각해 천천히 개화 정책을 추진하려 하였다. 이들은 급히 서두르다 ㈂보수파의 반발을 불러일으켜 개화를 더욱 어렵게 하지 않을까 우려하였다.
> 반면에, 일본의 메이지 유신을 개화의 본보기로 삼았던 급진 개화파는 일찍부터 일본의 제도와 문물에 관심을 가지는 한편, 일본의 정치가 및 지식인과 교류하여 관계를 두터이 하고자 하였다. 그리고 ㈃너무 신중히 개화를 추진하다가는 외세의 간섭이 더 심해져 개화 노력이 수포로 돌아갈지도 모른다고 판단하였다.

〈 보 기 〉
ㄱ. ㈀ – 임오군란을 일으켰다.
ㄴ. ㈁ – 김홍집, 김윤식 등이 대표적 인물이다.
ㄷ. ㈂ – 위정척사 사상을 내세웠다.
ㄹ. ㈃ – 갑신정변을 일으키는 배경이 되었다.

① ㄱ, ㄴ ② ㄱ, ㄷ ③ ㄴ, ㄷ ④ ㄴ, ㄹ ⑤ ㄷ, ㄹ

출제의도

개화파의 특징 이해

해설 : 정답 ⑤

개항을 전후하여 정치 세력으로 성장한 개화파는 1880년대에 정계에 진출하여 정부의 개화 정책을 뒷받침하고 개화 운동을 추진하였다. 그런데 개화파의 개화 정책 추진 과정에서 개화 정책의 추진 방향과 방법론을 달리하는 두 가지 흐름이 나타났다. 김홍집, 김윤식, 어윤중 등은 민씨 정권과 결탁하여 청의 양무운동을 본받아 점진적인 개혁을 추구하였다. 그들을 온건 개화파라고 하였다. 반면에 김옥균, 박영효, 홍영식, 서광범 등은 청의 내정 간섭과 청에 의존하는 정부의 정책에 반발하였다. 이들은 일본의 메이지 유신을 본받아 급진적인 개혁을 추진하려 하였다. 이들을 급진 개화파라고 한다. 이들은 1884년 갑신정변을 일으켜 정권을 장악하려 했으나 실패하였다. 한편, 보수적 유생들은 개화 정책과 외세의 침략에 대한 반발을 우려하여 위정 척사 운동을 전개하였다 그들은 단계적으로 통상·개항·개화 반대 운동을 전개하였다.

오답풀이

ㄱ. ㈀ – 임오군란은 구식 군인들이 신식 군대에 대한 차별에 반발하여 일으킨 사건이다.
ㄴ. ㈁ – 김옥균, 박영효가 대표적인 급진 개화파였다.

기출풀이 [7회 3급 26번]

26. 다음 자료는 미국에 파견된 사절단이다. 이 사절단과 관련된 탐구 활동으로 적절한 것을 〈보기〉에서 고른 것은? [2점]

― 〈 보 기 〉 ―
ㄱ. 조사 시찰단의 행적을 찾아본다.
ㄴ. 유길준이 「서유견문」을 집필한 과정을 알아본다.
ㄷ. 최혜국 대우 조항이 처음으로 나타난 조약을 조사한다.
ㄹ. 동포들이 하와이에서 교민 단체를 조직한 배경을 살펴본다.

① ㄱ, ㄴ   ② ㄱ, ㄷ   ③ ㄴ, ㄷ   ④ ㄴ, ㄹ   ⑤ ㄷ, ㄹ

◉ 출제의도

보빙사의 이해

◉ 해설 : 정답 ③

제시된 사진은 보빙사 일행의 모습이다. 보빙사는 1882년 조·미 수호 통상 조약의 체결 이후 1883년 미국에 파견된 사절단이었다. 조·미 수호 통상 조약은 조선 정부가 서양 열강과 맺은 최초의 조약으로써 최혜국 대우 조항이 포함되어 있었다. 정부는 각국에 사절단을 파견하여 개화 정책 추진의 밑거름으로 삼고자 하였다. 일본에 수신사와 조사시찰단을 파견하였고, 청에는 영선사, 미국에는 보빙사를 파견하였다. 1883년 보빙사의 일원으로 미국에 갔던 유길준은 바로 귀국하지 않고 미국에서 공부하다가 갑신정변이 일어나자 유럽 각국을 순방한 후 귀국하였다. 그는 미국과 유럽 각국을 순방한 것을 정리하여 1895년 「서유견문」을 편찬하였다.

◉ 오답풀이

ㄱ. 조사 시찰단은 1881년 일본에 파견된 사절단이었다. ㄹ. 1903년 하와이 이민이 시작된 이후 조직적인 항일 민족 운동을 위해 여러 단체들이 조직되었다. 1907년 하와이에 있는 여러 단체들을 통합하여 한인합성협회를 조직하였다.

기출풀이 [7회 4급 35번]

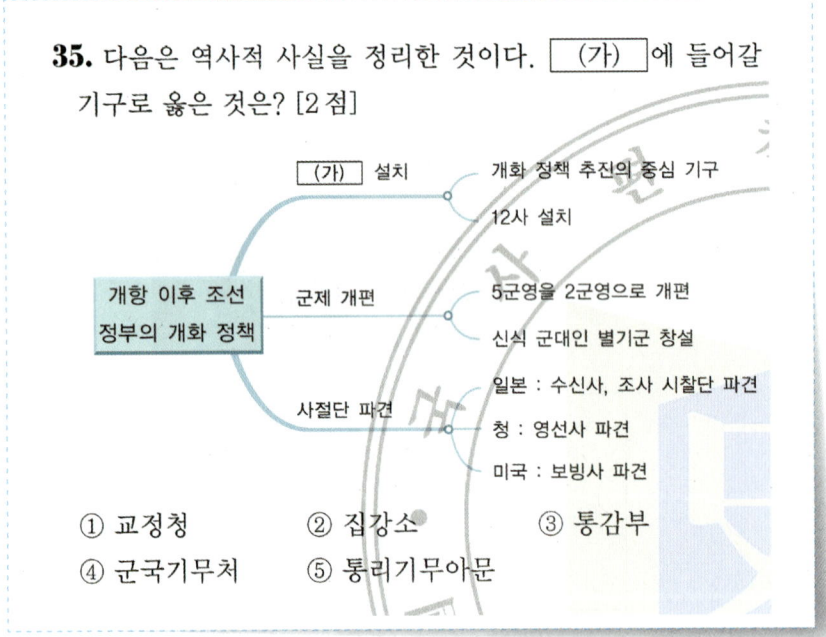

35. 다음은 역사적 사실을 정리한 것이다. [(가)]에 들어갈 기구로 옳은 것은? [2점]

- (가) 설치 ── 개화 정책 추진의 중심 기구
  ── 12사 설치

개항 이후 조선 정부의 개화 정책
- 군제 개편 ── 5군영을 2군영으로 개편
  ── 신식 군대인 별기군 창설
- 사절단 파견 ── 일본 : 수신사, 조사 시찰단 파견
  ── 청 : 영선사 파견
  ── 미국 : 보빙사 파견

① 교정청 ② 집강소 ③ 통감부
④ 군국기무처 ⑤ 통리기무아문

● 출제의도

개화 정책 추진 기구 이해

● 해설 : 정답 ⑤

제시된 (가)와 관련된 개화 정책의 중심 기구, 12사 설치 등을 통해 (가)에 들어갈 내용은 통리기무아문임을 알 수 있다. 정부는 개화 정책 추진을 위해 1880년 통리기무아문을 설치하여 근대 외교와 개혁을 담당하도록 하였다. 통리기무아문은 개화 정책에 관련된 제반 업무를 담당했던 기구였다. 기구 아래 외교, 통상, 군사, 병기 제조, 기계와 선박 제조, 외국어 교육 등을 담당하는 12사를 두어 젊은 관료들을 등용하였으며, 임오군란 발생 이후 폐지되었다.

● 오답풀이

① 교정청은 1894년 설치된 기구였다. ② 집강소는 동학농민군의 자치 기구였다. ③ 통감부는 일본이 1905년 을사늑약 이후 만든 조직이었다. ④ 군국기무처는 제1차 갑오개혁 때의 개혁 추진 기구였다.

기출풀이 [10회 3급 32번]

32. (가), (나) 국가에 대한 설명으로 옳은 것은? [3점]

> 수신사 김홍집이 가져와서 유포한 황쭌셴의 사사로운 책자를 보노라면 어느새 털끝이 일어서고 쓸개가 떨리며 울음이 북받치고 눈물이 흐릅니다. ……
>
> [(가)] 은(는) 우리가 본래 모르던 나라입니다. 잘 알지 못하는데 공연히 타인의 권유로 불러들였다가 그들이 재물을 요구하고 우리의 약점을 알아차려 어려운 청을 하거나 과도한 경우를 떠맡긴다면 장차 이에 어떻게 응할 것입니까?
>
> [(나)] 은(는) 본래 우리와 혐의가 없는 나라입니다. 공연히 남의 말만 듣고 틈이 생기게 된다면 우리의 위신이 손상될 뿐만 아니라 만약 이를 구실로 침략해 온다면 장차 이를 어떻게 막을 것입니까?

① (가) – 절영도의 조차를 요구하였다.
② (가) – 조선이 최초로 최혜국 대우를 허용한 나라이다.
③ (나) – 마젠창을 파견하여 내정 간섭을 강화하였다.
④ (나) – 제너럴셔먼호 사건을 구실로 신미양요를 일으켰다.
⑤ (가), (나) – 동학 농민 운동을 계기로 조선에 군대를 파견하였다.

● 출제의도

영남 만인소의 내용 이해

● 해설 : 정답 ②

제시된 자료에서 수신사 김홍집이 가져와서 유포한 황쭌셴의 사사로운 책자는 〈조선책략〉이다. 위 글은 〈조선책략〉 유포에 대해 유생들이 반발하며 올린 영남 만인소이다. 1881년 2월 이만손이 중심이 된 영남 유생들은 〈조선책략〉과 정부의 개화 정책을 비판하는 상소를 올리고, 김홍집의 탄핵을 주장하였다. (가)는 우리가 본래 모르던 나라이고, 타인의 권유로 불러들인 나라이므로 미국이다. (나)는 본래 우리와 혐의가 없는 나라인데, 공연히 남의 말만 듣고 틈이 생기게 될 수 있음으로 보아 러시아이다. 〈조선책략〉의 내용이 러시아를 견제하기 위해 조선은 청, 미국, 일본과 연합해야 한다는 내용이므로 위의 국가를 추측할 수 있다. 미국은 조선과 최초로 조약을 체결한 서양 열강이었고, 조ㆍ미 수호 통상 조약은 최혜국 대우 조항을 포함하고 있었다.

● 오답풀이

① 절영도 조차를 요구한 것은 러시아였다. ③ 청은 임오군란 이후 마젠창을 파견하여 내정을 간섭을 강화하였다. ④ 제너럴 셔먼호 사건을 구실로 신미양요를 일으킨 것은 미국이었다. ⑤ 동학 농민 운동을 계기로 조선에 군대를 파견한 것은 청과 일본이었다.

기출풀이 [11회 중급 28번]

---

28. (가) 조약이 조선의 경제 상황에 끼친 영향으로 옳은 것은?

[2점]

○○ 신문

△△△△년 △△월 △△일

특집 　(가)　 을(를) 분석한다

조선은 　(가)　 을(를) 체결함으로써, 청에게 치외법권은 말할 것도 없고, 최초로 한성과 양화진에서 점포를 개설할 수 있는 권리와 여행권을 소지한 경우 개항장 밖에서도 통상할 수 있는 권리 및 조선 연안에서 자유롭게 무역할 수 있는 권리를 넘겨주었다.

① 청과 일본의 상권 경쟁이 치열해졌다.
② 개항장에서 일본 화폐가 사용되었다.
③ 최초로 무관세 협정을 체결하게 되었다.
④ 일본 제일은행권이 본위 화폐가 되었다.
⑤ 화폐 가치의 하락으로 물가가 폭등하였다.

● 출제의도

조·청 상민 수륙무역 장정 체결의 영향 이해

● 해설 : 정답 ①

1882년 개화 정책에 대한 반발로 구식 군인들이 임오군란을 일으켰고, 이에 도시의 하층민이 가세하였다. 군란을 진압하기 위해 조선에 들어온 청군은 군란을 진압하고, 흥선대원군을 청으로 압송하였다. 군란 진압 이후에도 청의 군대를 계속 주둔시켜 조선에 대한 내정 간섭을 강화하였다. 또한 조·청 상민 수륙무역 장정을 체결하여 유리한 통상 관계를 맺었다. 장정 체결로 청은 내륙에 직접 진출하여 상업 활동을 할 수 있게 되었으며, 기존에 상권을 장악하고 있던 일본 상인들과 치열한 상권 경쟁을 하게 되었다.

● 오답풀이

② 조·일 수호 조규부록 체결 후 일본 화폐가 사용되었다. ③ 조·일 통상 장정에서 최초의 무관세 협정이 체결되었다. ④ 1905년 실시된 화폐정리사업 이후 일본 제일은행권이 본위 화폐가 되었다. ⑤ 당백전, 당오전 발행으로 인해 화폐 가치가 낮아지고 물가가 폭등하였다.

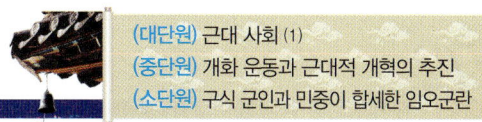

기출풀이 [8회 3급 16번]

16. 다음 자료를 통해 알 수 있는 사건의 결과로 옳은 것은?

[1점]

> 6월 5일 선혜청 도봉소(都捧所)에서는 무위영 소속 군사들에게 우선 한 달분의 급료를 지급하였다. 그런데 선혜청 고직(庫直)의 농간으로 급료로 지급된 쌀에 겨와 모레가 섞여 있었다. 이에 군사들은 군료(軍料) 수령을 거부하는 한편, 강화 유수 민태호의 집을 습격하고 파괴하는 일이 발생하였다. …… 7월 23일 일본 공사관을 포위, 습격하여 일본인 교관 호리모토 공병 소위와 일본 순사를 살해하였다.

① 청군과 일본군이 동시에 철수하였다.
② 미국과 수호 통상 조약을 체결하였다.
③ 독일인 묄렌도르프를 고문으로 임명하였다.
④ 근대 국가를 지향하는 개혁 정강을 발표하였다.
⑤ 탁지아문을 설치하여 국가 재정을 일원화하였다.

● **출제의도**

임오군란의 결과 이해

● **해설 :** 정답 ③

제시된 자료에서 무위영 소속 군사에게 한 달분의 급료가 지급되었는데 쌀에 겨와 모레가 섞여 있었다는 내용과 군인들이 난을 일으켜 민씨 척족들을 죽이고 일본인 교관을 살해한 내용을 통해 1882년 발생한 임오군란임을 알 수 있다. 정부는 개화 정책을 추진하면서 5군영을 무위영, 장어영의 2영으로 축소하고 신식 군대인 별기군을 만들었다. 그런데 2영으로 개편된 구식 군대는 별기군에 비해 열악한 대우를 받았고, 결국 구식 군인들은 차별 대우에 대한 불만이 폭발하여 1882년 임오군란이 발생하였다. 임오군란의 결과 흥선대원군이 다시 집권하여 개화 정책을 중지시켰다. 이 때, 조선 정부의 요청을 받은 청군이 조선에 들어와 군란을 진압하고 흥선대원군을 청으로 압송함으로써 임오군란이 막을 내리게 되었다. 청은 마젠창과 독일인 묄렌도르프를 고문으로 파견하여 조선에 대한 내정 간섭을 강화하였다. 또한 청과 상민 수륙 무역장정을 체결하여 경제적 침탈을 가속화하였다.

● **오답풀이**

① 갑신정변 이후 체결된 텐진 조약으로 청군과 일본군이 조선에서 동시에 철수하였다. ② 조 · 미 수호 통상 조약은 임오군란 발생 이전에 체결되었다. ④ 1884년 갑신정변 당시 14개조 개혁 정강을 발표하였다. ⑤ 1894년 갑오개혁으로 의정부 아래에 8아문을 두게 되었고, 재정을 담당하는 기구로 탁지아문이 설치되었다.

기출풀이 [10회 4급 42번]

42. 다음 가상 대화에 나오는 인물들이 추진한 개혁 내용으로 옳지 <u>않은</u> 것은? [2점]

> 요즘 나는 민씨 일파의 정책에 불만이 많습니다.

> 청의 내정 간섭으로 개혁이 부진하다니 안타까운 일입니다.

> 메이지 유신의 성과를 적극 수용해서 근대적 개혁을 추진해야 할 텐데 걱정입니다.

① 능력에 따른 관리 등용
② 청에 대한 사대 관계 청산
③ 문벌 폐지, 인민 평등권 확립
④ 토지의 평균 분작, 공·사채 무효화
⑤ 조세법 개혁을 통한 관리 부정 방지

● **출제의도**

개화파의 주장 이해

● **해설 :** 정답 ④

제시된 인물들은 왼쪽부터 김옥균, 홍영식, 박영효이다. 세 명 모두 급진 개화파 세력으로써 민씨 정권의 개화 정책에 대해 불만을 품고 청의 내정 간섭을 물리쳐 자주 독립을 이룩하고 일본의 메이지 유신을 본받아 급진적인 개혁을 추진하려 하였다. 이들은 청의 내정 간섭 심화, 일본으로부터 차관 도입 실패로 인한 정치적 입지의 축소 등을 타개하기 위해 1884년 우정국 개국 축하연 때 갑신정변을 일으켰다. 이들은 14개조의 개혁 정강을 발표하여 그들이 추구하는 개혁의 방향을 제시하였다. 정강에는 청에 대한 조공 허례 폐지, 문벌 폐지 및 인민 평등권 확립, 능력에 따른 인재 등용, 지조법 개혁을 통한 관리의 부정 방지 및 국가 재정 확충 등의 내용이 포함되었다. ④ 토지의 평균 분작, 공·사채 무효화는 동학 농민군의 폐정 개혁안의 내용이었다.

기출풀이 [9회 3급 30번]

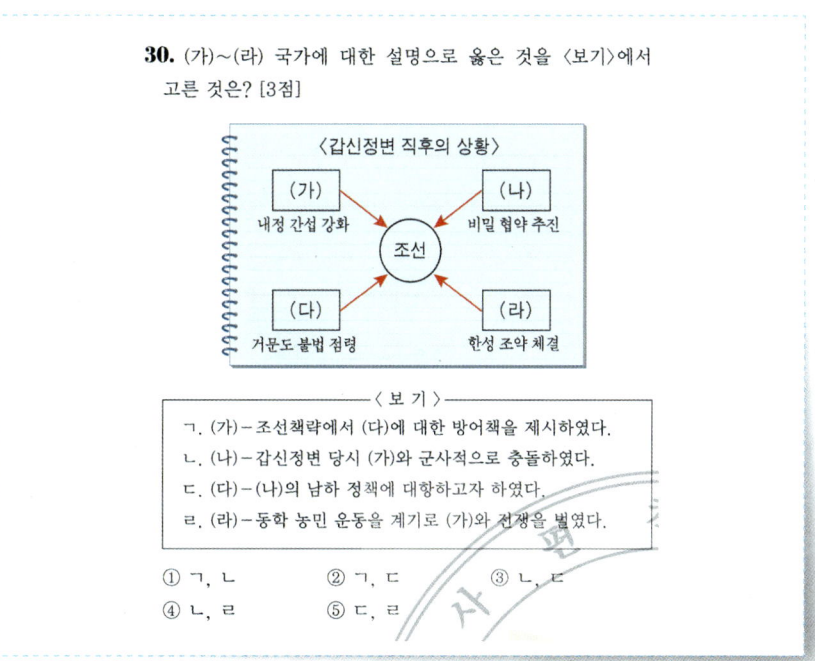

30. (가)~(라) 국가에 대한 설명으로 옳은 것을 〈보기〉에서 고른 것은? [3점]

〈갑신정변 직후의 상황〉

(가) ──→ 조선 ←── (나)
내정 간섭 강화   비밀 협약 추진

(다) ──→ 조선 ←── (라)
거문도 불법 점령   한성 조약 체결

〈 보 기 〉
ㄱ. (가) - 조선책략에서 (다)에 대한 방어책을 제시하였다.
ㄴ. (나) - 갑신정변 당시 (가)와 군사적으로 충돌하였다.
ㄷ. (다) - (나)의 남하 정책에 대항하고자 하였다.
ㄹ. (라) - 동학 농민 운동을 계기로 (가)와 전쟁을 벌였다.

① ㄱ, ㄴ   ② ㄱ, ㄷ   ③ ㄴ, ㄷ
④ ㄴ, ㄹ   ⑤ ㄷ, ㄹ

● **출제의도**

갑신정변 이후 조선을 둘러싼 주변 상황 파악

● **해설 :** 정답 ⑤

제시된 도표의 (가), (나), (다), (라)에 들어갈 내용을 파악해야 한다. 제시된 내용 중 내정 간섭 강화에 해당하는 (가)는 청이다. 조선이 청을 견제하기 위해 비밀 협약을 추진하였던 (나)는 러시아이다. 러시아의 남하를 견제하기 위해 거문도를 불법 점령한 (다)는 영국이다. 갑신정변의 결과 조선과 한성조약을 체결하여 조선에 배상금과 공사관 신축비를 부담시킨 (라)는 일본이다. 1885년 영국은 러시아의 한반도 침투에 대항하여 거문도를 점령하였다. 또한 독일 부영사 부들러와 유길준에 의해 한반도의 중립론이 제기되었지만 실행되지는 못하였다. 갑신정변으로 청과 일본이 체결한 톈진 조약은 조선에 대한 공동 출병권을 명기하고 있었다. 1894년 조선에서 발생한 동학농민운동을 진압하기 위해 청과 일본은 조선에 동시에 출병하였다. 조선에 머무르던 일본은 경복궁을 강제 점령하여 갑오개혁을 시행시키고, 곧바로 청을 공격하여 청·일 전쟁이 시작되었다.

● **오답풀이**

ㄱ. 청은 조선책략에서 영국에 대한 방어책이 아닌 러시아에 대한 방어책을 제시하였다.
ㄴ. 갑신정변 때 충돌한 나라는 청과 일본이었다.

기출풀이 [11회 중급 29번]

29. 그림의 남학생 주장을 뒷받침할 수 있는 근거로 적절한 것을 〈보기〉에서 고른 것은? [2점]

> 갑오개혁은 일본의 간섭에 의해 추진된 점이나, 민중의 지지를 받지 못하면 점으로 보아 커다란 한계를 가지고 있어.

> 아니야. 갑오개혁은 봉건적 질서를 타파하고, 여러 계층의 요구를 반영한 긍정적인 의미를 갖는 개혁이었어.

〈 보 기 〉

ㄱ. 원수부를 설치하고 황제 호위 군대를 증강하였다.
ㄴ. 연좌제와 고문 등의 봉건적인 악습을 폐지하였다.
ㄷ. 과거제를 폐지하고 새로운 관리 임용 제도를 마련하였다.
ㄹ. 근대적 토지 소유권을 마련하기 위하여 지계를 발급하였다.

① ㄱ, ㄴ   ② ㄱ, ㄷ   ③ ㄴ, ㄷ
④ ㄴ, ㄹ   ⑤ ㄷ, ㄹ

● **출제의도**

갑오개혁의 내용 이해

● **해설 :** 정답 ③

1894년 발생한 동학 농민 운동에 대한 대책으로 정부에서는 교정청을 설치하고 자주적으로 개혁을 추진하려 하였다. 하지만 동학 농민 운동을 진압하기 위해 출병한 일본군은 경복궁을 강제 점령하고 갑오개혁을 시행하였다. 청일전쟁이 시작되는 시점에 시행된 제1차 갑오개혁에서는 군국기무처 주도로 국정과 왕실 사무 분리, 6조의 8아문 개편, 과거제 폐지, 과부의 재혼 허용, 연좌제와 고문 폐지, 신분제 폐지, 탁지아문으로 재정 일원화, 은본위제 채택, 조세의 금납화와 도량형 통일 등이 이루어졌다. 일본인 전쟁에서 승기를 잡고 내각을 교체하여 시행한 제2차 개혁에서는 8도의 23부 개편, 재판소 설치로 사법권을 행정권에서 분리, 신교육 실시, 경찰권 일원화 등이 이루어졌다. 제3차 개혁(을미개혁)에서는 태양력 사용, 단발령 실시, 종두법 실시, 군제 개편으로 서울에는 친위대를 지방에는 진위대를 두는 등의 개혁을 추진하였다.

● **오답풀이**

ㄱ. 원수부는 1899년 설치된 황제 직속의 최고 군 통수기관이었다.
ㄹ. 지계 발급은 대한제국 시기 광무개혁을 통해 이루어졌다.

기출풀이 [10회 4급 40번]

40. 다음 대화 속 사건의 결과로 옳은 것은? [2점]

> 자네, 왕비가 시해 됐다는 소식 들었는가?

> 일본의 침략이 점점 강해지니 앞날이 걱정입니다.

① 조선의 중립화 주장이 제기되었다.
② 청과 일본은 조선에 군대를 출병시켰다.
③ 친일 내각이 구성되고 단발령이 시행되었다.
④ 군국기무처가 설치되고 급진적 개혁이 단행되었다.
⑤ 서양 중 최초로 미국과 수호 통상 조약을 체결하였다.

● 출제의도

을미사변의 결과 이해

● 해설 : 정답 ③

왕비가 시해되었다는 대화 내용을 통해 1895년 민씨 왕후가 일본 낭인에 의해 시해된 을미사변에 대한 문제임을 알 수 있다. 청 · 일 전쟁에서 승리한 일본이 조선에 대한 내정 간섭과 침략을 노골화하자 조선 정부는 삼국 간섭을 계기로 러시아 세력을 끌어들여 일본 세력을 견제하려 하였다. 삼국간섭은 일본이 청나라와의 전쟁에서 승리한 대가로 요동반도를 차지하기로 한 것에 대해 러시아, 프랑스, 독일 3국이 반대하여 요동반도를 다시 청에 반환하게 한 사건이었다. 이 사건으로 조선에서는 러시아를 통해 일본을 견제하려는 움직임이 커지게 되고 그 중심에 민씨 왕후가 있었다. 일본은 친러파 세력이 커지는 것을 막기 위해 민씨 왕후를 제거하기로 하고 경복궁을 무단 침입하여 민씨 왕후를 무참히 시해하였다. 을미사변 이후 새롭게 구성된 친일 내각은 제3차 개혁(을미개혁)을 추진하여 태양력 사용, 종두법 실시, 연호 제정, 단발령 실시 등의 개혁을 추진하였다.

● 오답풀이

① 한반도를 둘러싼 서양 열강의 대립이 심했던 1885년 독일 부영사 부들러와 유길준에 의해 한반도 중립화 주장이 제기되었다. ② 동학 농민 운동 진압을 위해 조선 정부는 청에 군대 파병을 요구하였고, 텐진조약에 의해 일본도 함께 출병하였다. ④ 제1차 갑오개혁에 대한 내용이다. ⑤ 1882년 체결된 미국과의 수호통상 조약에 대한 설명이다.

17강 구국 민족 운동의 전개

❶ 동학 농민 운동의 전개

(1) **고부 농민 봉기** : 고부 군수 조병갑의 부정과 탐학에 저항하여 고부 관아 습격

(2) **제1차 농민 봉기** : 안핵사 이용태의 농민 처벌 → 무장에서 전봉준 봉기(보국안민, 제폭구민) → 동학 농민군의 백산 집결 → 황토현 전투 승리 → 황룡촌 전투 승리 → 전주성 점령→ 정부가 청에 원병 요청 → 청군과 일본의 조선 상륙 → 전주 화약 체결(청·일 군대 철수와 폐정 개혁 조건) → 동학 농민군이 전라도 일대에 집강소를 설치하고 폐정 개혁 실시

(3) **제2차 농민 봉기**

① 배경 : 정부의 청·일 양군 철병 요구 → 일본군의 경복궁 기습 점령 → 청·일 전쟁 발발

② 과정 : 남접(전봉준, 전라도)과 북접(손병희, 충청도)의 연합 부대 결성 → 공주 우금치 전투 패배 → 전봉준 등 동학 농민군 지도자들의 체포 및 처형

(4) **동학 농민 운동의 성격**

① 성격 : 반봉건(신분 차별 철폐, 양반과 토호의 수탈 금지 주장), 반외세(외세의 침탈과 내정 간섭에 반대)

② 의의 : 갑오·을미 개혁에 동학 농민군의 요구가 일부 반영

③ 한계 : 근대 국가 건설의 구체적 방안 제시 미흡

❷ 독립 협회의 활동

(1) **독립 협회**

① 성립 배경 : 근대적 개혁의 필요성, 민중 계몽에 대한 관심 증대

② 주도 세력 : 서재필 중심의 개화 지식인, 개혁적 정부 관료

(2) **독립 협회의 활동**

민중 계몽 운동	독립신문 발간, 독립문·독립관 건립, 강연회·토론회 개최
자주 국권 운동	만민 공동회 개최(1898.3, 최초의 근대적 민중 집회), 러시아의 절영도 조차 요구 저지, 러시아의 군사·재정 고문 철수, 한·러 은행 폐쇄
자유 민권 운동	• 신체의 자유, 재산권 보호, 언론·출판·집회·결사의 자유 보장 등 주장 • 의회 설립 운동 전개 : 새로운 중추원 관제 반포 • 관민 공동회 개최(1898.10.) : 헌의 6조 채택

(3) **해산** : 보수 세력의 공화정 수립 모함 → 황국 협회와 군대를 동원하여 강제 해산(1898)

(4) **의의와 한계** : 민중에 바탕을 둔 자주적 근대화 운동, 근대적 민주주의 사상 및 자유 민권의 신장에 기여하였으나 러시아에 대한 견제에만 신경을 쓰고 미국, 일본, 영국 등의 이권 침탈에는 관심을 갖지 않음

❸ 대한 제국과 광무개혁

(1) 대한 제국의 수립

- 성립(1897) : 러시아 공사관에 머물던 고종의 환궁 요구, 환궁 후 국호를 대한 제국·연호를 광무로 제정, 황제 즉위식 거행(환구단 건립)

(2) 광무개혁 : '구본신참'의 원칙 표방

정치	대한국 국제 제정(1899) → 자주 독립 국가 천명, 전제 황권 강화 표방
경제	양전 사업 실시 - 지계 발급(근대적 토지 소유권 제도), 상공업 진흥 - 근대적 공장과 회사
사회	실업·기술 교육 기관 설립, 외국 유학생 파견 및 근대 시설 도입
군사	원수부 설치(황제의 군권 장악), 시위대·진위대 증군, 무관 학교 설립(장교 양성)

❹ 간도와 독도

간도	백두산 정계비 건립(1712) → 19세기 중엽 토문강 해석을 둘러싸고 청과 영유권 분쟁 → 일본이 철도 부설권을 얻는 대가로 간도 협약(1909)을 맺고 간도를 청의 영토로 인정
독도	울릉군에서 독도 관할 → 러·일 전쟁 중 일본이 자국 영토로 불법 편입(1905)

❺ 항일 의병 전쟁의 전개

(1) 을미의병(1895) : 을미사변, 단발령이 계기가 됨
  ① 특징 : 보수적 유생층 중심(유인석, 이소응 등), 일반 농민군과 동학 농민군의 잔여 세력 가담
  ② 해산 : 아관파천으로 친일 내각 붕괴, 단발령 철회, 고종의 의병 해산 명령 → 의병장들의 자진 해산

(2) 을사의병(1905) : 을사조약 체결(1905, 외교권 박탈)이 계기가 됨
  ① 특징 : 전직 관료와 유생 의병장(민종식, 최익현 등)이 주도, 신돌석 등 평민 의병장의 등장
  ② 을사조약 반대 투쟁 : 자결(민영환), 을사 5적 암살단 조직(나철, 초기호), 장지연의 '시일야방성대곡' 발표(황성신문), 스티븐스 사살(장인환, 전명운) 등

(3) 정미의병(1907) : 고종의 강제 퇴위, 대한 제국의 군대 해산이 계기가 됨
  ① 특징 : 해산 군인의 합류로 전투력과 조직력의 향상, 의병 부대의 전국적 확산, 연합 전선 형성(의병 전쟁으로 발전)
  ② 서울 진공 작전의 전개 : 13도 창의군 결성(1907) → 서울 진공 작전(1908) - 연합 의병의 양주 집결 → 총대장 이인영의 낙향, 군사장 허위의 체포로 실패
  ③ 의병 부대의 수난 : 일제가 남한 대토벌 작전(1909)으로 호남 지방의 의병 진압 → 연해주, 만주, 산간 지역으로 이동하여 항전 지속
  ④ 국외 투쟁의 전개 : 안중근 의거(1909, 만주), 간도·연해주 의병 부대의 국내 진공 작전(1910)등

❻ 애국 계몽 운동의 전개

(1) **애국 계몽 운동의 성격** : 을사조약 체결(1905)을 전후하여 활발히 전개
  ① 사상적 배경 : 사회 진화론(국제 관계를 양육강식과 적자생존의 원리가 지배하는 힘의 각축장으로 인식)
  ② 활동 : 교육 · 언론 · 종교 · 산업 진흥을 통한 민족의 실력 양성과 국권 회복 추구

(2) **애국 계몽 운동 단체의 활동**

보안회(1904)	일본의 황무지 개간권 요구 반대 운동 전개 → 일본의 요구 저지
헌정 연구회(1905)	입헌 군주제 수립과 국민의 민권 확대 주장, 민중 계몽 운동 전개, 일진회의 반민족 행위 규탄
대한 자강회(1906)	헌정 연구회의 후신, 고종 강제 퇴위 반대 운동 전개
대한 협회(1907)	애국사상 고취 · 민권향상, 일제의 한국 지배가 공고해지면서 친일화 함
신민회(1907)	• 당시 민족 운동가들이 대거 참여한 항일 비밀 결사 • 공화 정체의 근대 국민 국가 건설을 목표로 함 • 교육 운동 : 대성학교(평양)와 오산학교(정주)설립, 태극서관 설립 민족 산업 육성 : 평양에 자기 회사 운영 독립 운동 기지 건설 : 남만주의 삼원보에 신흥무관학교 설립 • 해산 : 105인 사건으로 해산됨

(3) **교육과 언론 활동**
  ① 교육 운동 : 학회 활동(서북학회, 호남학회, 기호흥학회 등), 학교설립(보성학교, 양정의숙 등), 야학 및 강습소 설립
  ② 언론 활동 : 황성신문(시일야방성대곡), 대한매일신보(베델, 일제 비판), 일제의 탄압(신문지법, 출판법)

(4) **애국 계몽 운동의 의의와 한계** : 국민 계몽과 애국심 고취, 국권회복과 민족 운동의 방향 제시의 측면이 있었으나 사회 진화론의 수용으로 제국주의 열강의 침략을 인정하고 항일 의병 투쟁에 대한 비판적 태도를 보이기도 함

기출풀이 [6회 3급 35번]

35. (가)에 들어갈 구호로 가장 적절한 것은? [1 점]

① 을사오적 처단하라!
② 철도 부설 반대한다!
③ 단발령을 즉시 철회하라!
④ 토지를 농민에게 균등하게 분배하라!
⑤ 일본은 황무지 개간권 요구를 철회하라!

● 출제의도

동학 농민 운동의 주장을 파악하는 문제이다.

● 해설 : 정답 ④

그림의 보국안민, 제폭구민, 척양척왜의 주장을 통해 동학 농민 운동을 나타낸 것임을 알 수 있다. 1860년 경주에서 몰락 양반 최제우가 창시한 동학은 인간 중심의 평등 사상과 외세를 배격하는 민족 종교로 교세가 확장되었다. 1864년 최제우가 혹세무민의 죄로 처형되었고, 2대 교주 최시형이 동경대전과 용담유사를 펴내 교리를 체계화하였다. 1892년 삼례에서 최제우에 대한 교조 신원 운동이 전개되었다. 1893년에는 보은에서 탐관 오리의 숙청, 척양척왜 등의 정치적 구호가 등장하였다. 1894년 고부 군수 조병갑의 탐학과 수탈에 항거하여 고부 농민 봉기가 일어났다. 그 후 고부 봉기에 대한 처리에서 농민들의 체포와 마을 약탈이 이루어지자 전봉준을 비롯한 농민 지도자들은 전라도 무장에서 1차 봉기를 하였다. 동학 농민군은 보국안민과 제폭구민의 기치를 내걸고 농민들의 봉기와 호응을 촉구하였다. 동학 농민군은 황토현 전투 승리를 비롯해 관군과의 전투를 승리로 이끌고 전주성을 점령하였다. 정부는 농민군과 전주 화약을 맺고 전라도 지역의 자치를 허용하였다. 동학 농민군은 폐정 개혁을 통해 탐관 오리 처벌, 노비 문서 소각, 무명 잡세 폐지, 토지의 균등 분배 등을 요구하였다.

● 오답풀이

① 나철과 오기호 등이 조직한 오적 암살단의 주장이다. ② 독립협회의 이권 수호 운동을 전개하였고, 대한제국 시기 서북철도국을 세워 독자적인 철도 부설을 시도하였다. ③ 을미의병의 주장이었다. ⑤ 1904년 보안회에서 주장한 내용이었다.

기출풀이 [5회 3급 43번]

43. 다음 개혁안이 제기되었던 시기에 일어났던 사실을 〈보기〉에서 고른 것은? [2 점]

> • 탐관오리는 그 죄목을 조사하여 엄징할 것.
> • 노비 문서는 불태워 버릴 것.
> • 무명 잡세는 일체 거두어들이지 말 것.
> • 왜적과 통하는 자는 엄징할 것.

〈 보 기 〉

ㄱ. 교정청이 설치되었다.
ㄴ. 별기군이 창설되었다.
ㄷ. 과거 제도가 폐지되었다.
ㄹ. 만민 공동회가 개최되었다.

① ㄱ, ㄴ   ② ㄱ, ㄷ   ③ ㄴ, ㄷ
④ ㄴ, ㄹ   ⑤ ㄷ, ㄹ

● 출제의도

동학 농민 운동의 주장 이해

● 해설 : 정답 ②

제시된 자료의 탐관오리 엄징, 노비 문서 소각, 무명 잡세 폐지 등을 통해 동학 농민군의 폐정 개혁안임을 알 수 있다. 1894년 고부 군수 조병갑의 탐학과 수탈에 항거하여 고부 농민 봉기가 일어났다. 그 후 고부 봉기에 대한 처리를 위해 파견된 안핵사 이용태가 농민들을 처벌하자 전봉준을 비롯한 농민 지도자들은 전라도 무장에서 1차 봉기를 하게 되었다. 동학 농민군은 보국안민과 제폭구민의 기치를 내걸고 일어났고, 기세를 몰아 황토현 전투와 황룡촌 전투를 비롯한 관군과의 전투를 승리로 이끌고 전주성을 점령하였다. 정부는 농민군과 전주 화약을 맺고 농민군은 집강소를 설치하여 전라도 지역을 직접 다스렸다. 정부에서도 농민군의 요구를 수용하여 개혁 기구인 교정청을 설치하여 개혁을 추진하였다. 하지만 동학 농민 운동 진압을 위해 조선에 들어왔던 일본이 경복궁을 강제 점령하면서 갑오개혁을 시행하였다. 이로 인해 교정청이 폐지되고, 군국기무처가 설치되었고과거제 폐지, 신분제 폐지, 연좌제 폐지, 과부 재혼 허용 등이 이루어졌다.

● 오답풀이

ㄴ. 신식 군대인 별기군은 1881년에 창설되었다. ㄹ. 만민 공동회는 독립 협회의 주도로 1898년에 활발히 전개되었다.

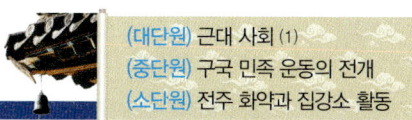

기출풀이 [11회 중급 31번]

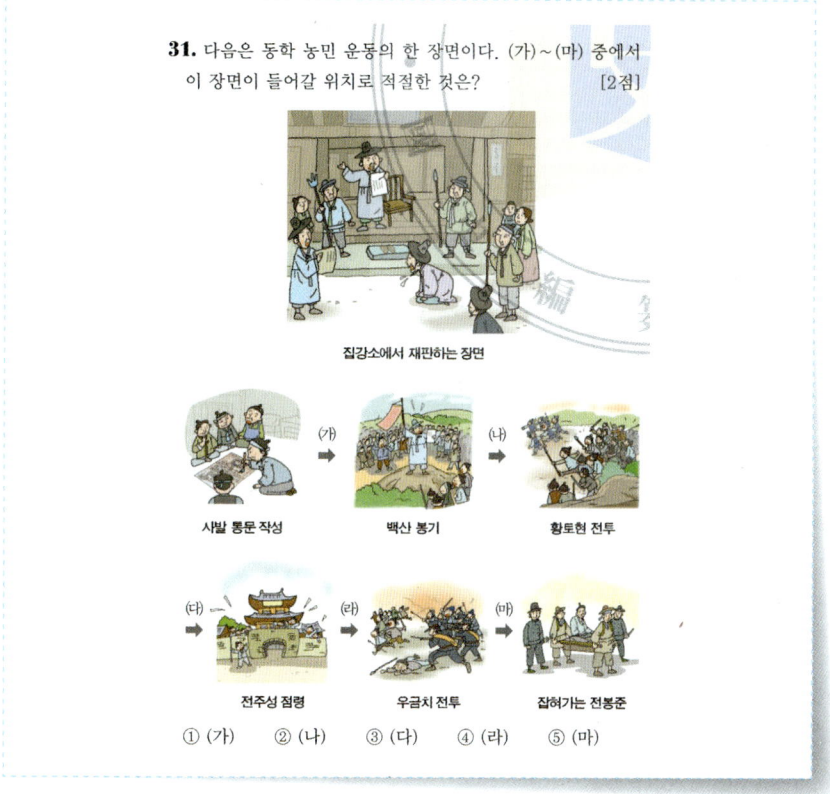

31. 다음은 동학 농민 운동의 한 장면이다. (가)~(마) 중에서 이 장면이 들어갈 위치로 적절한 것은? [2점]

집강소에서 재판하는 장면

사발 통문 작성 → (가) 백산 봉기 → (나) 황토현 전투

→ (다) 전주성 점령 → (라) 우금치 전투 → (마) 잡혀가는 전봉준

① (가)　② (나)　③ (다)　④ (라)　⑤ (마)

● **출제의도**

　동학 농민 운동의 전개 과정 이해

● **해설 :** 정답 ④

　제시된 그림은 전주 화약 이후 집강소를 설치하여 전라도 지역을 직접 다스리는 모습이다. 동학 농민군은 정부와 전주 화약을 체결한 후 전라도 각 지역에 자치 기구로서 집강소를 설치하여 폐정 개혁안을 시행하였다. 동학 농민 운동은 1894년 1월의 고부 농민 봉기를 시작으로 하였다. 그 후 전라도 무장에서 봉기하여 고부를 다시 점령하고 백산에 집결하여 창의소를 설치하고 농민 봉기를 알리는 격문을 발표하자 호남 각지의 농민이 합류하였다. 이어 동학 농민군은 황토현 전투에서 승리하고 이후 정읍, 고창, 무장, 영광, 함평, 나주 등을 공략한 후 장성에서 정부의 관군을 물리치고 전주에 입성하였다. 그 후 정부는 동학 농민군과 전주 화약을 맺고 전라도 일대에 집강소를 설치하고 자치하도록 허용하였다. 그러나 청·일 전쟁에서 승기를 잡은 일본의 간섭이 심해지자 동학 농민군은 이에 대항하여 다시 봉기하게 되었다. 하지만 일본군의 우세한 화력에 크게 패하게 되고, 결국 우금치 전투 이후 동학 농민군은 세력이 크게 약화되었다. 결국 전봉준 등 지도부들이 체포되고 동학 농민군은 패하고 말았다.

기출풀이 [5회 4급 43번]

43. 다음 건축물을 세운 단체에 대한 설명으로 옳은 것은?

[2점]

① 신흥 학교를 세워 민족 교육에 힘썼다.
② 황제를 폐위하고 공화정을 실시하려 하였다.
③ 브나로드 운동을 전개하여 농민을 계몽하였다.
④ 민족주의 계열과 사회주의 계열이 모두 참여하였다.
⑤ 토론회와 연설회를 열어 국민을 계몽하는 데 힘썼다.

● **출제의도**

독립 협회의 활동 이해

● **해설 :** 정답 ⑤

제시된 사진은 독립문으로 독립 협회에서 건립한 것이다. 독립 협회 설립 당시 고종은 거처를 러시아 공사관으로 옮긴 상태였다. 고종이 러시아 공사관에 머무르고 있는 동안 러시아를 비롯한 열강의 이권 침탈은 더욱 심해져 국가의 자주적 위상이 크게 손상되었다. 이 시기에 미국에 망명해 있던 서재필이 귀국하여 정부의 지원 아래 독립 신문을 창간하였으며, 독립 협회를 창립하였다. 독립 협회는 첫 사업으로서 국민의 성금을 모아 청 사신이 이용하던 문인 영은문을 헐고 그 자리에 독립문을 세웠다. 또한 독립 협회는 강연회와 토론회를 개최하고, 신문과 잡지를 발간하는 등 민중 계몽 운동에 힘썼다.

● **오답풀이**

① 신민회에 대한 설명이다. ② 독립 협회는 입헌 군주제를 표방하였다. 공화정을 표방한 단체는 신민회였다. ③ 1930년대에 해당한다. ④ 1927년 창설된 신간회에 대한 설명이다.

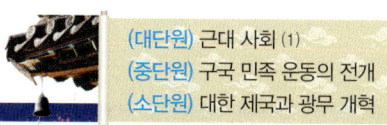

기출풀이 [10회 3급 35번]

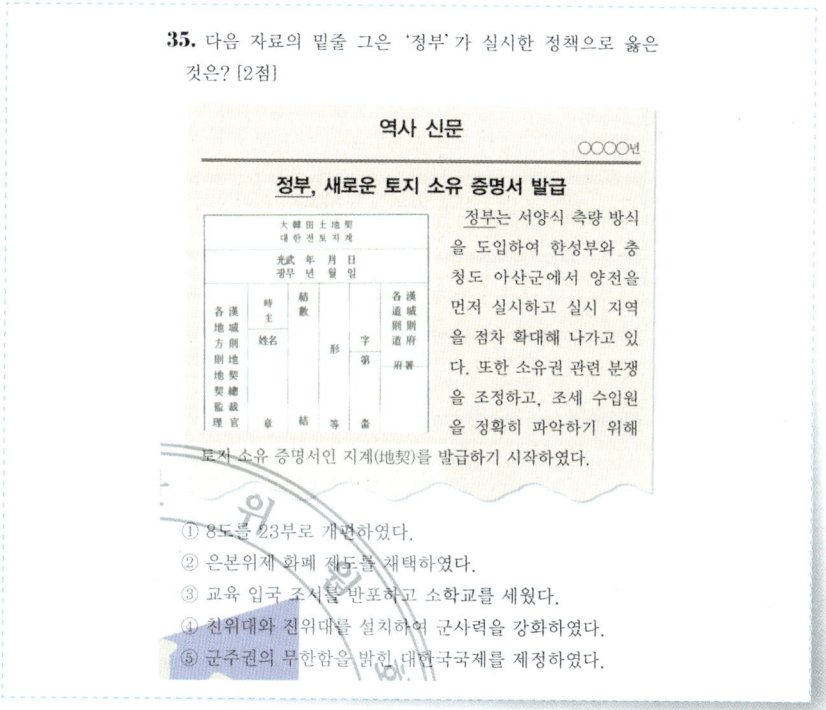

35. 다음 자료의 밑줄 그은 '정부'가 실시한 정책으로 옳은 것은? [2점]

역사 신문
○○○○년

정부, 새로운 토지 소유 증명서 발급

정부는 서양식 측량 방식을 도입하여 한성부와 충청도 아산군에서 양전을 먼저 실시하고 실시 지역을 점차 확대해 나가고 있다. 또한 소유권 관련 분쟁을 조정하고, 조세 수입원을 정확히 파악하기 위해 토지 소유 증명서인 지계(地契)를 발급하기 시작하였다.

① 8도를 23부로 개편하였다.
② 은본위제 화폐 제도를 채택하였다.
③ 교육 입국 조서를 반포하고 소학교를 세웠다.
④ 친위대와 진위대를 설치하여 군사력을 강화하였다.
⑤ 군주권의 무한함을 밝힌 대한국국제를 제정하였다.

● **출제의도**

광무 개혁의 내용 이해

● **해설 :** 정답 ⑤

제시된 자료는 대한제국 시기에 발급된 지계에 대한 것이다. 대한제국은 옛 제도를 근본으로 하고 새로운 제도를 참작한다는 구본신참을 광무 정권의 시정 방향으로 삼아 점진적 개혁을 추진하였다. 정부는 국가 재정을 확보하기 위해 양전 사업을 실시하고, 근대적 토지 소유권인 지계를 발급하여였다. 또한 상공업 진흥을 위해 근대적인 공장과 회사들이 설립되었고, 실업 교육이 강조되어 각종 실업학교와 공업 전습소 등의 기술 교육 기관이 설립되었다. 정치면에서는 전제 왕권을 강화하는 정책을 폈다. 광무 정권은 1899년 대한국국제를 제정하여 대한 제국이 전제 정치 국가이며, 황제권의 무한함을 강조하였다.

● **오답풀이**

①, ③ 갑오 · 을미 개혁의 제2차 개혁안에 해당하는 내용이다. ② 갑오 · 을미 개혁의 제1차 개혁안에 해당하는 내용이다. ④ 갑오 · 을미 개혁의 제3차 개혁안에 해당하는 내용이다.

 **기출풀이** [11회 중급 46번]

46. 다음 연표의 (가)에 들어갈 사건은?   [1점]

1877. 4	일본 태정관이 울릉도와 독도는 일본과 관계없다고 함.
1904. 9	__(가)__ 직후 일본이 군사적으로 이용하기 위해 불법적으로 망루를 설치함.
1905. 1	군사적 목적을 위해 독도를 시마네 현에 강제로 편입함.
1946. 1	연합군 최고 사령부 훈령 677호에서 울릉도, 독도가 일본 영역에서 제외된다고 규정함.

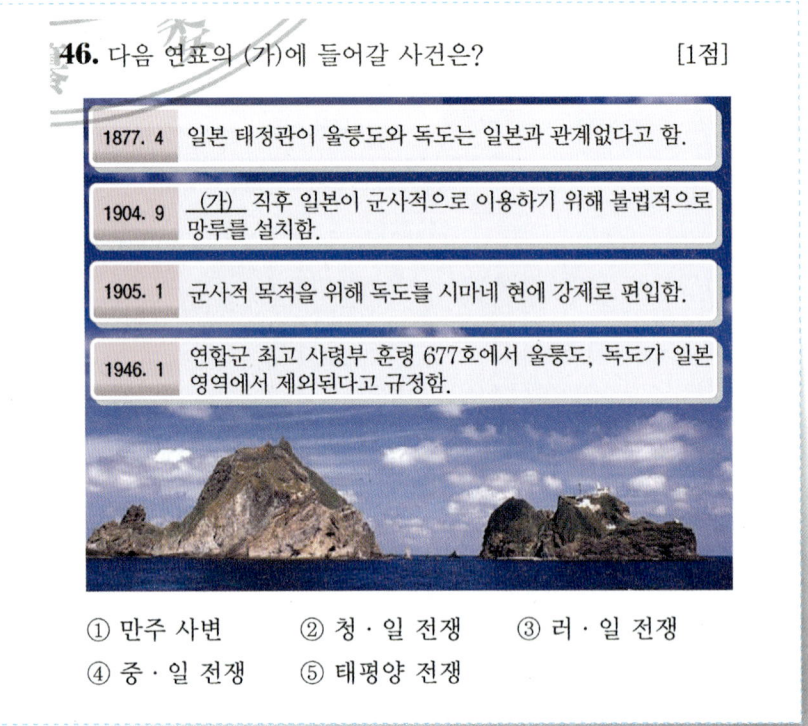

① 만주 사변   ② 청 · 일 전쟁   ③ 러 · 일 전쟁
④ 중 · 일 전쟁   ⑤ 태평양 전쟁

● **출제의도**

독도에 대한 이해

● **해설 :** 정답 ③

독도는 울릉도의 부속 도서로 삼국 시대 이래로 우리의 영토였다. 6세기에 신라가 우산국을 정벌한 이래로 독도는 우리의 영토였고, 일본도 그것을 인정해왔다. 〈고려사〉에는 우산국 사람들이 고려에 토산물을 바친 기록이 나온다. 〈세종실록지리지〉에서는 울릉도와 독도를 강원도 울진현 소속으로 구분하고 있으며, 중종 때 편찬된 〈신증동국여지승람〉과 이 책에 덧붙여 있는 지도인 〈팔도총도〉에서도 독도를 확인할 수 있다. 대한제국 시기에도 1900년 10월 27일 관보를 통해 울릉도와 독도를 울진군에서 분리한 뒤 울도군으로 독립시켰음을 내외에 고시하고 있다. 수 많은 고문서와 지도 등 독도가 우리의 영토라는 증거가 명백하게 존재하는데도 일본은 독도를 자신들의 영토라고 억지 주장을 펴고 있다. 일본은 1904년 러 · 일 전쟁 때 독도를 일방적으로 그들의 영토로 편입시켰다. 이는 국제법상 명백히 불법 영토 침탈 행위였다.

기출풀이 [9회 4급 39번]

39. 다음 지도의 (가), (나) 지역에 대한 설명으로 옳지 <u>않은</u> 것은? [2점]

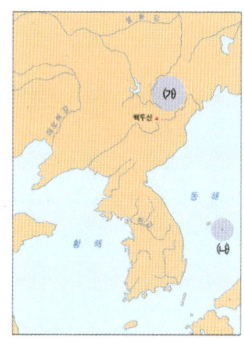

① (가) – 북로 군정서, 대한 독립군 등 독립군 부대가 활동하였다.
② (가) – 숙종 때 세워진 백두산 정계비에 의해 우리의 영토임을 알 수 있다.
③ (나) – 일본이 철도 부설권을 얻는 대가로 청의 영토로 넘겨주었다.
④ (나) – 안용복이 일본에 건너가서 우리 영토임을 확인시킨 일도 있었다.
⑤ (가), (나) – 일제의 침략 과정에서 불법적으로 영토를 빼앗겼다.

출제의도

간도와 독도에 대한 이해

해설 : 정답 ③

(가)는 간도, (나)는 독도이다. 간도는 고구려와 발해의 옛 땅이었다. 발해 멸망 이후에는 여진족이 거주하였는데, 청이 중국을 지배하게 된 이후에는 건국의 발상지라 하여 조선인과 중국인의 출입을 엄격하게 금지하였다. 숙종 때인 1712년 조선과 청의 경계를 기록한 백두산 정계비를 건립하기도 하였다. 1905년 을사조약으로 외교권을 박탈한 일본이 1909년 청과 간도협약을 체결하여 우리 민족의 의사를 무시하고 간도를 청의 영토로 인정하였다. 대신 그들은 철도 부설권을 획득하였다. 일제 시대 간도 지방에서 독립군의 활동이 많았는데 북간도 지역에서는 홍범도의 대한 독립군과 김좌진의 북로군정서의 활약이 두드러졌다. 독도는 울릉도와 함께 삼국 시대 이래로 우리 나라의 영토였다. 숙종 때 안용복이 울릉도에 침입한 일본 어민들을 쫓아내고 일본까지 건너가 울릉도와 독도가 우리 영토임을 확인시켰다. 일제는 러 · 일 전쟁 중에 독도를 자신들의 영토로 불법 편입시켰다. ③ 일제가 만주 안봉선 부설권을 얻는 대가로 청의 영토로 인정한 것은 간도였다.

기출풀이 [7회 4급 41번]

41. 다음 자료와 관계 깊은 의병이 일어나게 된 역사적 배경으로 옳은 것은? [2점]

> 원통함을 어찌하리. 국모의 원수를 생각하면 이미 이를 갈았는데, 참혹한 일이 더욱 심하여 임금께서 또 머리를 깎으시는 지경에 이르렀으니, 의관을 찢긴 나머지 또 이런 망극한 화를 만났으매, 천지가 번복되어 우리 고유의 이성을 보전할 길이 없습니다.
>
> —유인석의 창의문—

① 열강의 이권 침탈에 맞서 독립 협회가 만들어졌다.
② 나라의 위신을 높이기 위해 대한 제국이 세워졌다.
③ 일본은 영·일 동맹을 맺어 러시아를 견제하려 하였다.
④ 일본은 조선 침략에 방해가 되는 명성 황후를 시해하였다.
⑤ 삼국 간섭으로 일본은 청에게 요동 반도를 돌려주게 되었다.

● 출제의도

을미의병의 발생 배경 이해

● 해설 : 정답 ④

제시된 자료의 국모의 원수를 생각하면 부분과 임금께서 또 머리를 깎으시는 지경에 이르렀다는 내용을 통해 을미사변과 단발령에 반발하여 일어난 을미의병임을 알 수 있다. 을미사변으로 분노하던 유생과 민중들은 정부가 단발령을 공포하자 전국 곳곳에서 의병을 일으켰다. 1896년 1월 하순 춘천에서 유생 이소응이 의병을 일으킨 것을 시작으로, 의병 부대들은 충주를 비롯한 지방 주요 도시를 공격하고 친일 관리와 일본인들을 처단하였다. 초기 의병은 위정척사 사상을 가진 유생들이 주도하였고, 일반 농민과 동학 농민군 참가 세력이 가담하였다.

● 오답풀이

① 독립 협회는 근대 문물을 수용하고 대중을 계몽하기 위해 1896년 조직되었다. ② 대한 제국은 아관파천 이후 국가의 위상을 높이기 위해 황제 즉위식을 갖고 자주 국가의 면모를 갖추게 되었다. ③ 영국과 일본이 러시아를 공동의 적으로 하고 청과 조선에 대한 이권을 분할하기 위해 체결한 조약이다. ⑤ 삼국 간섭으로 인해 조선에서는 친일 내각이 무너지고 친러 내각이 들어서게 되었다.

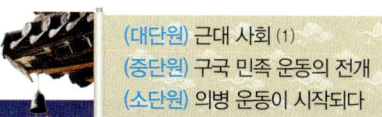

기출풀이 [7회 3급 44번]

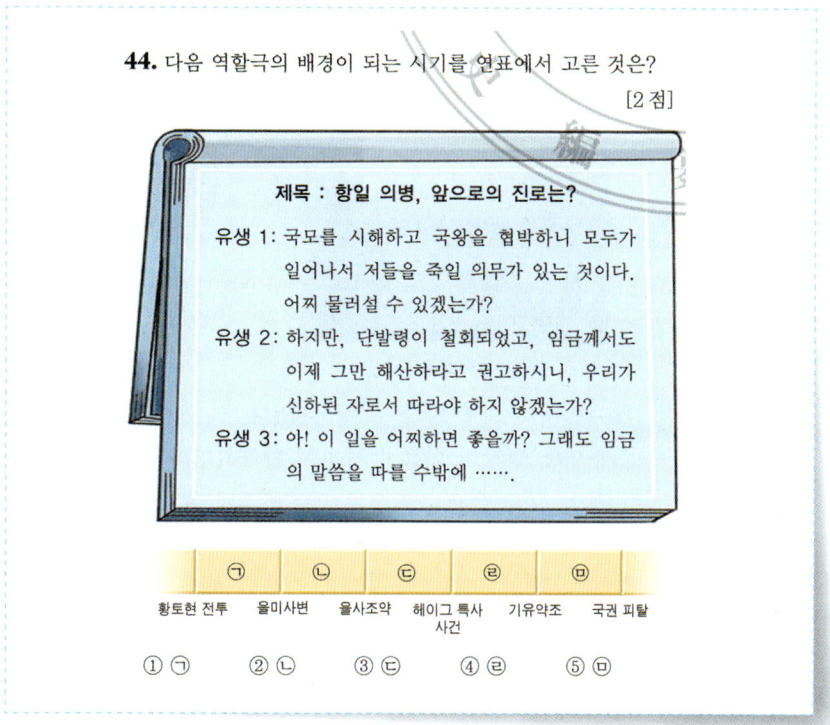

44. 다음 역할극의 배경이 되는 시기를 연표에서 고른 것은?

[2 점]

제목 : 항일 의병, 앞으로의 진로는?

유생 1 : 국모를 시해하고 국왕을 협박하니 모두가
일어나서 저들을 죽일 의무가 있는 것이다.
어찌 물러설 수 있겠는가?

유생 2 : 하지만, 단발령이 철회되었고, 임금께서도
이제 그만 해산하라고 권고하시니, 우리가
신하된 자로서 따라야 하지 않겠는가?

유생 3 : 아! 이 일을 어찌하면 좋을까? 그래도 임금
의 말씀을 따를 수밖에 …….

㉠	㉡	㉢	㉣	㉤
황토현 전투	을미사변	을사조약	헤이그 특사 사건	기유약조 국권 피탈

① ㉠　　② ㉡　　③ ㉢　　④ ㉣　　⑤ ㉤

● **출제의도**

을미의병이 발생된 시기 이해

● **해설 :** 정답 ②

제시된 대본에서 국모를 시해하였다는 내용, 단발령이 철회되었고 임금이 해산을 명령하였다는 내용을 통해 을미의병에
대한 내용임을 알 수 있다. 을미사변과 단발령에 반발하여 전국 각지에서 일어난 의병 부대들은 주로 유생층이 이끌었다.
유생 의병장들은 아관파천으로 친일 개화파 정권이 무너지고 단발령이 철회되었으며, 고종이 의병의 해산을 명령하자 스
스로 부대를 해산하였다. 반면에, 의병 운동에 가담한 농민군이아 행상, 유민, 노동자 등은 활빈당 등의 농민 무장 조직을
만들어 반침략, 반봉건 투쟁을 계속하였다.

● **오답풀이**

① 동학 농민군의 활동에 해당한다. ③ 을사의병에 해당한다. ④ 정미의병에 해당한다.

기출풀이 [8회 3급 13번]

13. 다음 자료의 의병과 관련된 설명으로 옳은 것은? [2점]

의병 모습

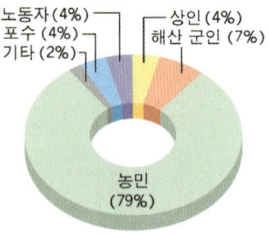

노동자(4%)
포수(4%)
기타(2%)
상인(4%)
해산 군인(7%)
농민(79%)

직업별 의병

① 단발령이 의병 발생의 원인이었다.
② 평민 의병장이 처음 등장하여 활약하였다.
③ 왕의 해산 권고 조칙으로 대부분 해산하였다.
④ 최익현이 태인, 순창에서 의병 활동을 전개하였다.
⑤ 13도 창의군의 주력 부대가 서울을 향해 진격하였다.

● **출제의도**

정미의병의 활동 이해

● **해설 :** 정답 ⑤

제시된 의병의 사진에서 군인의 모습이 보이고, 그래프에도 해산 군인이 일정 부분 참여하는 것으로 보아 1907년 8월에 일제가 대한제국의 군대를 강제 해산시킨 이후 해산된 군인들이 의병에 가담했음을 알 수 있다. 민중의 참여와 지지로 의병 전쟁이 전국적으로 확산되는 가운데 양반 유생 의병장들은 1907년 12월에 이인영을 총대장으로 하는 13도 연합 의병을 결성하였다. 양주에 집결한 연합 의병은 일제와 친일파가 장악한 서울을 탈환하기 위해 이듬해 1월에 서울로 진공하였지만 실패하였다.

● **오답풀이**

① 을미사변과 단발령에 반발하여 유생층 주도로 을미의병이 발생하였다. ② 을사의병에 대한 설명이다. ③ 고종은 러시아 공사관으로 피신한 이후 해산 조칙을 내려 을미의병의 해산을 명했다. ④ 최익현은 을사조약이 체결되자 전북 태인에서 의병을 일으켰다.

기출풀이 [8회 3급 11번]

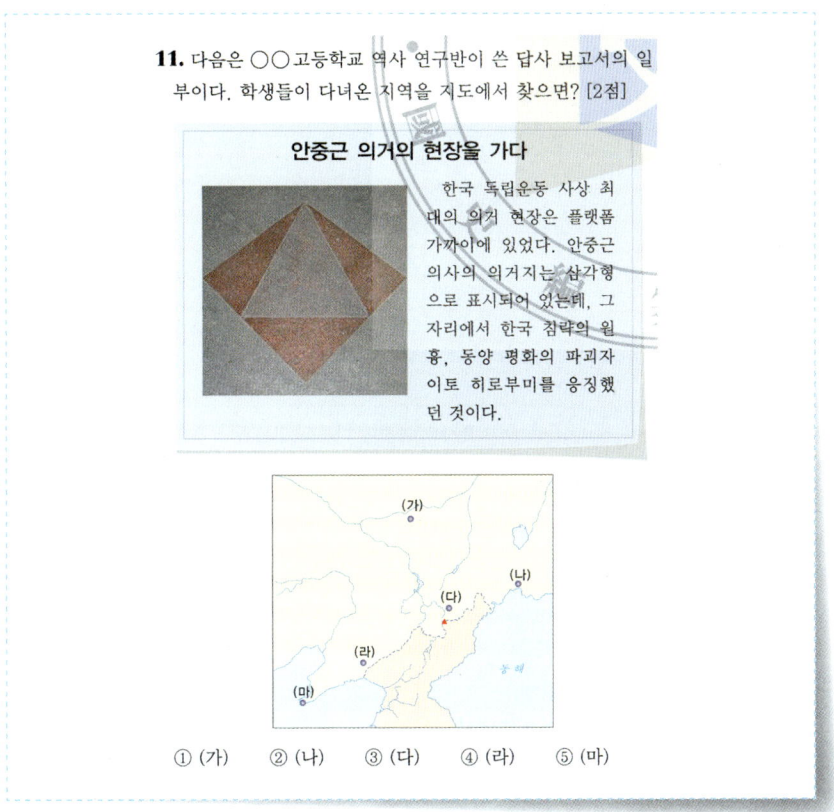

11. 다음은 ○○고등학교 역사 연구반이 쓴 답사 보고서의 일부이다. 학생들이 다녀온 지역을 지도에서 찾으면? [2점]

안중근 의거의 현장을 가다

한국 독립운동 사상 최대의 의거 현장은 플랫폼 가까이에 있었다. 안중근 의사의 의거지는 삼각형으로 표시되어 있는데, 그 자리에서 한국 침략의 원흉, 동양 평화의 파괴자 이토 히로부미를 응징했던 것이다.

① (가) ② (나) ③ (다) ④ (라) ⑤ (마)

● **출제의도**

안중근 의사의 이토히로부미 처단 이해

● **해설 :** 정답 ①

제시된 자료는 안중근 의사의 의거지를 표시한 사진과 그에 대한 보고서이다. 안중근 의사는 1909년 만주 하얼빈에서 한국 침략의 원흉인 이토 히로부미를 사살하였다. 안중근은 자신의 행위를 한국의 독립 주권을 침탈하고 동양 평화를 교란시킨 자를 처형한 것이라고 하였다.

● **오답풀이**

② (나)는 블라디보스토크이다. ③ (다)는 연길이다. ④ (라)는 단동이다. ⑤ (마)는 대련이다.

 **기출풀이** [4회 4급 28번]

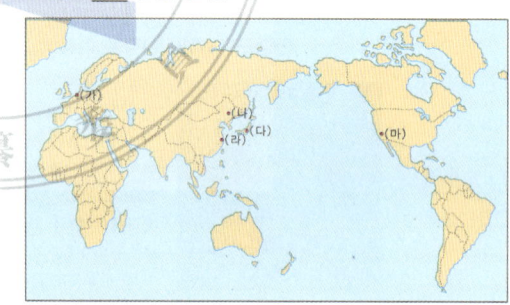

28. 지도의 (가)~(마)에서 있었던 애국지사들에 관한 활동으로 옳지 <u>않은</u> 것은? [2점]

① (가) – 특사로 파견된 이준은 일본의 침략을 호소하다가 순국하였다.
② (나) – 안중근은 우리나라 침략에 앞장섰던 이토 히로부미를 사살하였다.
③ (다) – 이봉창은 일본 국왕을 처단하기 위하여 폭탄을 던졌다.
④ (라) – 윤봉길은 일본군의 상하이 점령 축하 기념식장에 폭탄을 던졌다.
⑤ (마) – 이재명은 일본의 앞잡이인 이완용을 칼로 찔러 부상을 입혔다.

● **출제의도**

일제의 침략에 저항했던 열사와 의사들의 활동 이해

● **해설 :** 정답 ⑤

제시된 자료는 의사, 열사들의 항일 투쟁지역을 지도에 표시한 것이다. (가)는 네덜란드의 헤이그이다. 헤이그에 파견된 이준, 이상설, 이위종은 을사조약의 부당함을 알리기 위해 고종의 밀명을 받고 네덜란드 헤이그에 파견되었다. 하지만 냉혹한 국제 질서에서 받아들여지지 않고 그 곳에서 이준은 순국하였다. (나)는 만주 하얼빈이다. 이 곳은 안중근이 한국 침략의 원흉인 이토히로부미를 사살한 곳이었다. (다)는 일본 도쿄이다. 이봉창은 일본 국왕을 처단하기 위해 도쿄에 가서 1932년 일본 국왕에게 폭탄을 던졌으나 미치지 못하였다. (라)는 중국 상하이이다. 이봉창의 일본 국왕 암살 시도가 실패하자 중국 국민당의 기관지인 〈국민일보〉는 안타깝게 명중시키지 못했다는 기사를 내보냈다. 이에 일본은 분개하여 일본 군대와 경찰이 국민일보사를 습격하고 상하이 사변을 일으켰다. 상하이 사변에서 승리한 일본의 전승 기념식이 홍커우 공원에서 열렸다. 이 때 윤봉길이 단상에 폭탄을 투척하여 시라카와 대장 등을 죽이고 많은 장군들에게 중상을 입혔다. (마)는 샌프란시스코이다. 이 곳에서 장인환과 전명운은 친일 미국인 스티븐스를 암살하였다. ⑤ 이재명은 명동성당 앞에서 이완용을 칼로 찔러 살해하려 하였으나 이완용이 죽지 않아 실패로 돌아갔다.

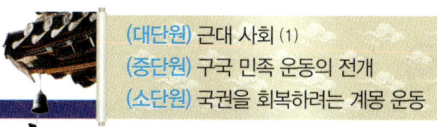

기출풀이 [8회 3급 17번]

17. 다음은 어느 단체의 변천을 도식화한 것이다. (가)에 대한 설명으로 옳은 것은? [2점]

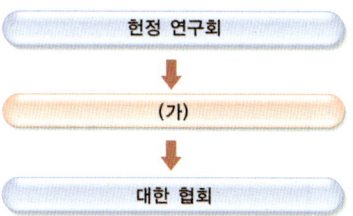

① 국채 보상 운동을 주도하였다.

② 일진회를 규탄하다가 해산되었다.

③ 고종 황제의 강제 퇴위 반대 운동을 주도하였다.

④ 을사 5적을 처단하기 위한 암살단을 조직하였다.

⑤ 간도 지역의 독립운동 기지 건설에 적극 참여하였다.

● **출제의도**

대한자강회의 활동 이해

● **해설 :** 정답 ③

제시된 표를 통해 헌정 연구회를 모태로 설립된 대한 자강회임을 알 수 있다. 을사조약 이후 정치 활동이 어려워지자 계몽 운동가들은 헌정연구회를 대한 자강회로 확대 개편하였다. 대한 자강회는 교육과 산업 진흥을 목표로 하였다. 전국에 25개 지회를 두고 월보를 간행하고, 정기적인 연설회 개최를 통해 국권 회복 노력을 전개하였다. 대한 자강회는 일제가 고종을 강제 퇴위 시키려 하자 이에 반대하여 서울 시민을 선동했다는 혐의로 강제 해산되었다.

● **오답풀이**

① 국채 보상 운동을 주도한 것은 국채 보상 기성회였다. ② 헌정 연구회는 일진회를 규탄하다 해산되었다. ④ 나철, 오기호 등은 을사 5적 암살단을 조직하였다. ⑤ 신민회는 간도 지역에 삼원보와 같은 독립 운동 기지 건설을 하였다.

 **기출풀이** [3회 3급 35번]

35. 다음의 법 개정과 관련이 깊은 신문은? [1점]

> 외국인이 국내에서 발행하는 신문지로 치안을 방해하거나 풍속을 해친다고 인정될 때, 내부 대신은 해당 신문을 국내에서 발매·반포하는 것을 금지하고 해당 신문지를 압수할 수 있다.

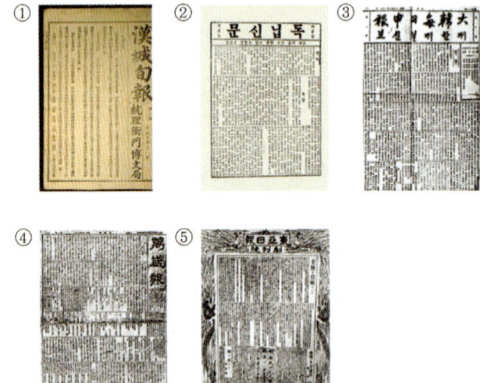

① ② ③ ④ ⑤

● **출제의도**

대한매일신보의 이해

● **해설** : 정답 ③

제시된 자료에서 외국인이 국내에서 발행하는 신문지라는 내용을 통해 영국인인 베델이 사장인 대한매일신보임을 알 수 있다. 일제의 통감 정치 아래 정치 운동이 어려워지자 계몽 운동가들은 주로 교육과 언론 및 식산 흥업 활동에 힘썼다. 서북학회, 기호 흥학회 등의 학회나 사립 학교를 설립하여 대중을 계몽하였다. 신문과 잡지 등의 발간을 통해서도 계몽 운동이 전개되었다. 장지연은 황성신문에 '시일야방성대곡'을 써서 을사조약 체결을 만천하에 알렸고, 1904년 영국인 베델과 양기탁이 함께 창간한 대한매일신보는 일제의 국권 침탈을 비판하는 논설을 자주 게재하여 국민들의 애국심을 고취시켰다.

● **오답풀이**

① 한성순보는 1883년에 박문국에서 발행한 우리 나라 최초의 신문이다. ② 독립신문은 1896년에서 1899년까지 발행되었던 우리 나라 최초의 순한글 신문이었다. ④ 만세보는 천도교 교주 손병희의 발의로 창간되었다. 1906년에 창간되어 1907년 6월에 종간호를 냈다. ⑤ 동아일보는 1920년에 창간된 항일 신문이었다.

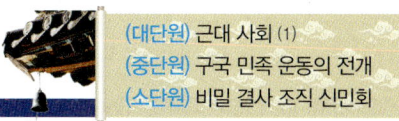

기출풀이 [11회 중급 32번]

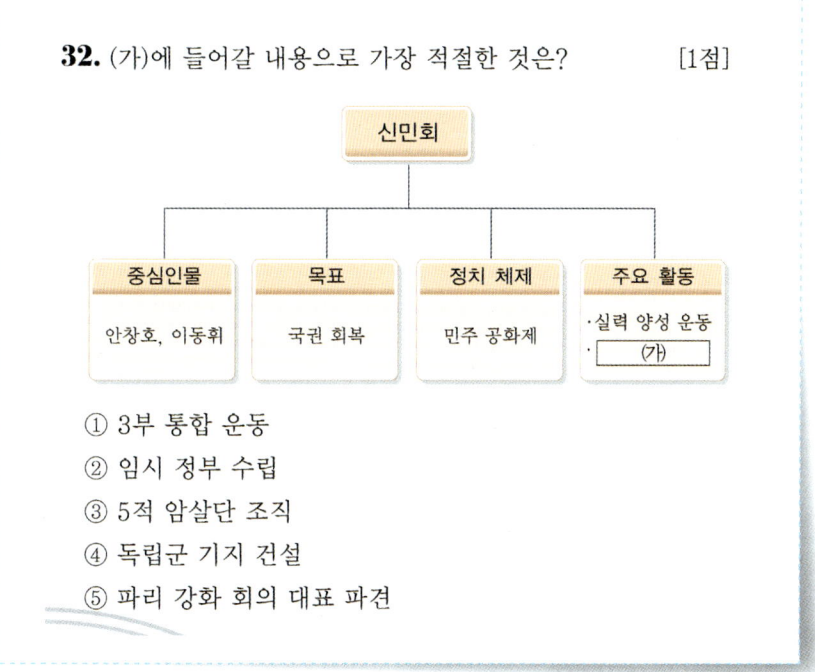

32. (가)에 들어갈 내용으로 가장 적절한 것은?　　　　[1점]

신민회

중심 인물	목표	정치 체제	주요 활동
안창호, 이동휘	국권 회복	민주 공화제	· 실력 양성 운동 · (가)

① 3부 통합 운동
② 임시 정부 수립
③ 5적 암살단 조직
④ 독립군 기지 건설
⑤ 파리 강화 회의 대표 파견

● **출제의도**

신민회의 활동 이해

● **해설 :** 정답 ④

일제의 탄압으로 합법적인 계몽 운동이 어려워지자 계몽 운동가들은 비밀리에 1907년 신민회를 조직하였다. 신민회는 안창호, 양기탁 등이 중심이 되어 언론인, 교사, 학생 등이 모여 결성된 단체로 회원 수는 800여 명 이었다. 신민회는 평양의 대성 학교, 정주의 오산 학교를 비롯한 여러 학교를 세워 신교육과 신사상을 보급하였다. 또한 강연회와 학회 활동 등을 통해 대중 계몽을 위한 노력을 하였다. 한편, 신민회는 일제가 국권 회복 운동을 강력하게 탄압하여 합법 활동이 어려워지자 해외 독립군 기지를 건설하기 위해 노력하였다. 그들이 건설한 독립군 기지들은 1920년대 만주 독립군 활동의 중요한 밑거름이 되었다.

● **오답풀이**

① 3부 통합 운동은 1920년대 중반 만주에서 전개되었다. ② 3·1 운동 이후인 1919년 9월에 상하이에 대한민국 임시 정부가 수립되었다. ③ 을사조약 체결 이후에 나철, 오기호 등이 조직하였다. ⑤ 신한 청년당은 김규식을 파리 강화 회의에 한국 대표로 파견하였다.

 **기출풀이** [7회 3급 29번]

---

29. 밑줄 그은 '우리 단체'의 활동으로 옳은 것을 〈보기〉에서 고른 것은? [2점]

> 우리 단체는 무엇을 위하여 일어남이뇨? 민습(民習)의 완고 부패에 신사상이 시급하며, 민습의 우미(愚迷)에 신교육이 시급하며, 열심의 냉각에 신제창이 시급하며, 원기의 쇠퇴에 신수양(新修養)이 시급하며, 도덕의 타락에 신윤리가 시급하며, 문화의 쇠퇴에 신학술이 시급하며, 실업의 초췌에 신모범이 시급하며, 정치의 부패에 신개혁이 시급이라, 천만 가지 일에 신(新)을 기다라지 않은 바 없도다. …… 무릇 우리 대한인은 내외를 막론하고 통일 연합으로써 그 진로를 정하고 독립 자유로써 그 목적을 세움이니, …… 간단히 말하면 오직 신정신을 불러 깨우쳐서 신단체를 조직한 후에 신국을 건설할 뿐이다.

〈 보 기 〉
ㄱ. 신분제 철폐를 주장하였다.
ㄴ. 학교를 세워 민족 교육에 앞장섰다.
ㄷ. 해외에 독립 운동 기지를 건설하였다.
ㄹ. 입헌 군주 정체의 국가 건설을 추구하였다.

① ㄱ, ㄴ ② ㄱ, ㄷ ③ ㄴ, ㄷ ④ ㄴ, ㄹ ⑤ ㄷ, ㄹ

● **출제의도**

신민회의 활동 이해

● **해설 : 정답 ③**

제시된 자료의 밑줄 친 '우리 단체'는 신사상, 신교육, 신수양, 신모범, 신정신 등을 내세운 단체인 신민회이다. 신민회는 사회 각계 각층의 인사를 망라하여 1907년에 조직된 비밀 결사로서 800여 명의 회원을 확보하였다. 신민회는 일제의 침략으로부터 국권의 회복과 동시에 공화 정체에 기초한 국민 국가 건설을 궁극적인 목표로 삼았다. 신민회는 표면적으로는 문화적, 경제적 실력 양성 운동을 전개하였고, 내면적으로는 국외 독립군 기지 건설에 의한 실력 양성을 준비하였다. 이러한 신민회의 독립군 기지 건설 운동은 만주와 연해주에 독립군 기지 건설과 무관 학교 설립으로 결실을 맺었다.

● **오답풀이**

ㄱ. 신분제 철폐는 갑신정변을 주도한 세력과 동학 농민군의 주장이었다. ㄹ. 신민회는 공화정을 표방하였다.

18강 개항 이후의 경제와 사회

❶ 열강의 경제 침탈

⑴ 일본 상인의 침투

- 형성 배경 : 치외 법권, 일본 화폐의 사용, 무관세 등을 통해 경제 침탈, 초기에는 활동 범위가 개항 장 10리 이내로 제한(조선의 여각, 객주 등을 매개로 활동)

⑵ 청 · 일 상인의 상권 침탈 경쟁

① 청 상인의 내륙 진출 : 조 · 청 상민 수륙 무역 장정 체결(1882) → 내지 통상권 획득

② 청 · 일 상인의 상권 경쟁 심화 → 청 · 일 전쟁

⑶ 제국주의 열강의 경제 침탈

① 이권 침탈 : 아관파천 이후 본격화 (최혜국 대우 조항을 근거로 이권 요구) → 철도 부설권, 광산 채굴권, 삼림 채벌권 등 침탈

② 일본의 금융 지배 : 화폐 정리 사업 실시(1905) – 일본 제일은행권이 본위 화폐가 됨

❷ 경제적 구국 운동의 전개

⑴ 경제 자주권 수호 운동

방곡령	일본 상인의 곡물 반출, 흉년 → 지방관이 방곡령 시행 (1889년 함경도, 1890년 황해도) → 일본의 항의로 방곡령 철회
상권 수호 운동	시전 상인들이 황국 중앙 총상회 조직(1898)
독립 협회의 이권 수호 운동	절영도 조차 요구(러시아) 저지, 한 · 러 은행 폐쇄 등 관철
황무지 개간권 반대 운동	일본의 황무지 개간권 요구 → 보안회가 황무지 개간권 요구를 철회시킴
국채 보상 운동	일제의 차관 제공으로 국채가 1,300만 원으로 증가 → 전국적인 모금 운동 전개

⑵ 근대적 자본의 성장

상업 자본	상회사 설립(대동 상회, 장통 회사 등)
금융 자본	한성은행, 천일은행 설립

❸ 사회 구조의 의식의 변화

(1) 평등 사회로의 이행

조선 후기	상품 화폐 경제의 발달, 민중 의식의 성장 → 일부가 개화사상 수용
갑신정변	근대 국민 국가 수립 목표 : 문벌 폐지, 인민 평등권 확립 시도 → 민중의 지지 기반 미약과 외세의 개입으로 실패
동학 농민 운동	인간 평등 사상 → 양반 중심의 신분 사회 타파의 계기로 작용
갑오개혁	신분제 폐지 및 고문과 연좌제 폐지, 조혼 금지, 과부 재가 허용

(2) 근대 의식의 성장

독립 협회의 활동	민중 계몽 운동 전개(자주 국권·자유 민권·자강 개혁 운동)
평민·천민의 활동	독립 협회 활동, 의병활동, 국채보상운동 등에 참여함으로써 민족의식을 가진 사회적 존재로 성장 → 백정이 관민 공동회 연사로 등장
여성의 사회 진출	여성 단체 조직, 교육·의료·종교계 등에 활발히 진출

❹ 생활 모습의 변화

(1) **의생활** : 양복·구두, 마고자·조끼, 개량 한복(여학생이나 신교육을 받은 여성)

(2) **식생활** : 남녀·반상간의 겸상 등장, 포크와 나이프 사용, 커피와 홍차, 서양식 요리법 및 식사 예절

(3) **주거생활** : 가옥의 규모나 건축 양식의 제한 폐지, 서양식 건물, 한옥과 양옥의 절충 형태

❺ 국외 이주 동포의 증가

만주(간도)이주	19세기 후반 함경도, 평안도 등지의 주민들이 이주 시작 → 1900년대 이주 증가 → 독립운동기지 건설
연해주 이주	19세기 후반 러시아가 변방 개척을 위해 한인의 이주 장려 → 20세기 초 한인 집단촌 형성(신한촌)
미주 이주	20세기 초 하와이, 멕시코, 쿠바 등으로 이주 → 사탕수수 농장 등에서 일함

 **기출풀이** [10회 3급 34번]

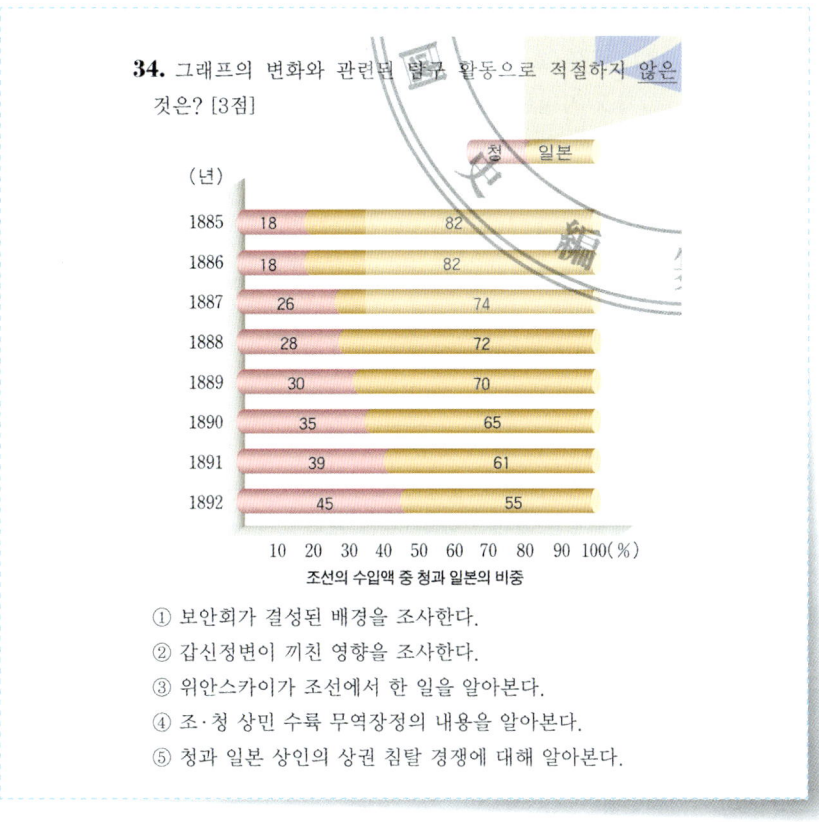

34. 그래프의 변화와 관련된 탐구 활동으로 적절하지 않은 것은? [3점]

① 보안회가 결성된 배경을 조사한다.
② 갑신정변이 끼친 영향을 조사한다.
③ 위안스카이가 조선에서 한 일을 알아본다.
④ 조·청 상민 수륙 무역장정의 내용을 알아본다.
⑤ 청과 일본 상인의 상권 침탈 경쟁에 대해 알아본다.

● **출제의도**

조선에서의 청과 일본의 상권 다툼 이해

● **해설 :** 정답 ①

제시된 그래프는 1885년에는 청으로부터의 수입액이 18%였지만, 1892년이 되면 청으로부터의 수입액이 45%에 이르게 되는 것을 보여준다. 반면에 일본으로부터의 수입액의 비율은 82%에서 55%로 줄어들었다. 이것은 조선 내에서 청과 일본 상인이 상권 경쟁을 하고 있음을 보여주고 있다. 또한 청 상인의 영향력이 점점 커지고 있음을 나타내고 있다. 개항 이후 일본 상인에게 밀렸던 청 상인들은 임오군란 이후 차츰 열세를 만회하였다. 특히, 조·청 상민 수륙 무역 장정 체결로 인해 청 상인의 내륙 진출이 가속화되면서 조선의 상권을 잠식하기 시작하였다. 청은 임오군란과 갑신정변을 거치면서 조선에 대한 정치적 영향력 뿐 아니라 경제적 영향력을 확대시켜 청·일 전쟁 직전에는 조선의 수입액에서 차지하는 비율이 일본과 거의 같게 되었다. ① 보안회는 일본의 황무지 개간권 요구를 반대하는 운동을 전개하였고, 직접 농광회사를 설립하여 황무지 개간을 하였다.

기출풀이 [9회 3급 31번]

31. 다음 고시가 발표된 배경을 알아보기 위한 탐구 주제로 가장 적절한 것은? [1점]

구백동화 무효에 관한 고시

구백동화는 지난 융희 2년 11월 말로써 일반 통용을 금지하고 다만 공납에만 한하여 본년 12월 말까지 사용함을 허용하였으나 명년 1월 1일부터는 결코 통용함을 금지할 터이니 ……

① 묄렌도르프의 내정 간섭
② 독립 협회의 이권 수호 운동
③ 광무정권의 상공업 장려 정책
④ 군국기무처가 추진한 개혁 내용
⑤ 일본인 재정 고문의 화폐 정리 사업

● **출제의도**

　화폐 정리 사업 이해

● **해설 :** 정답 ⑤

일제는 대한제국의 재정을 장악하기 위해 대한 제국의 국고의 세입과 세출을 통제하였고, 화폐 정리 사업을 추진하여 일본의 금본위 제도를 대한제국에 도입하고 일본 제일 은행에서 발행한 화폐를 본위 화폐로 삼았다. 그리고 종래에 국내 상인들이 주로 사용하였던 백동화를 신화폐로 교환할 때 가치를 절하하여 교환해 주어 국내 상인들이 큰 타격을 입었다. 이러한 화폐 정리 사업은 일본인 재정 고문 메가다의 주도하에 이루어졌고, 대한제국의 경제가 일본에 예속되는 결과를 초래하였다.

● **오답풀이**

① 묄렌도르프는 임오군란 이후 청이 조선에 파견한 외교 고문이었다. ② 독립 협회는 아관파천 이후 가속화된 열강의 이권 침탈을 막기 위한 노력을 하였다. ③ 광무 정권은 상공업을 진흥 시키기 위해 회사를 설립하고 각종 기술학교를 건립하였다. ④ 군국기무처는 제1차 갑오개혁을 주도한 기구였다.

기출풀이 [9회 4급 38번]

출제의도

국채 보상 운동 이해

해설 : 정답 ④

삽화의 담배를 끊고, 비녀를 내고, 대한 매일 신보에 성금을 보내야겠다는 내용을 통해 부녀자들이 담배와 술을 끊고 비녀와 가락지를 팔아 국채 1,300만원을 갚으려 했던 국채보상 운동임을 알 수 있다. 일제는 통감부를 설치하면서 식민지 시설을 갖추기 위해 필요한 막대한 자금을 대한 제국 정부로 하여금 일본으로부터 들여오게 하였다. 그 금액은 1907년까지 1,300만원에 이르렀다. 이는 대한제국의 1년 예산에 육박하는 것이었다. 상공인 및 지식인들은 이 차관으로 인해 일제의 경제 침탈이 심해질 것을 우려하였다. 이들은 대구를 시작으로 일본에서 빌려온 차관을 갚자는 국채 보상 운동을 전개하였다. 국채 보상 기성회가 중심이 되어 〈대한매일신보〉, 〈황성신문〉, 〈제국신문〉 등의 언론 기관이 모금 운동에 참여하였다. 이러한 운동에 호응하여 남자는 담배를 끊고 절약한 돈으로 모금에 참여하고, 부녀자들은 비녀와 가락지까지 냈다. 하지만 일제는 국채 보상 운동을 배일 운동으로 여겨 일진회를 이용하여 이를 방해하고, 성금 횡령 혐의로 운동의 지도자인 양기탁을 구속하는 등의 탄압을 하였다. 결국 국채 보상 운동은 실패하게 되었다.

오답풀이

① 독립 협회는 국민의 성금으로 독립문을 건립하였다. ② 국채 보상 기성회가 중심이 되어 운동을 전개하였다. ③ 대구에서 시작되어 전국으로 확산되었다. ⑤ 토산용 애용을 표방한 물산 장려 운동의 구호였다.

19강 근대 문물의 수용과 근대 문화의 형성

❶ 근대 문물의 수용

(1) **근대 문물의 수용 배경** : 개항 이후 동도 서기론의 입장에서 근대 문물 수용

(2) **근대 시설의 도입** : 조사 시찰단, 영선사 등을 파견하여 근대 시설과 문물 제도 파악 → 전환국, 기기창, 박문국 등 설치

(3) **근대 시설** : 전신(1885년, 한성전보총국), 전화(경운궁), 철도, 전기(1898, 한성전기회사), 전등 가설 (경복궁), 전차 개통(서대문 ~ 청량리)

근대시설	기기창	1883	신식 무기 제조
	전환국	1883	화폐 발행
	박문국	1883	인쇄소, 한성순보 발간
의료기관	광혜원	1885	알렌이 설립한 최초의 근대식 병원(왕립 병원), 제중원으로 이름을 바꿈
	광제원	1889	국립 병원으로 종두법(지석영) 실시
	대한의원	1907	의료 요원양성
	자혜의원	1909	각 지방에 설립한 도립병원
	세브란스 병원	1904	미국인 애비슨이 설립
근대건축	독립문	1896	프랑스 개선문 모방
	명동성당	1898	중세 고딕식 건축
	덕수궁 석조전	1910	르네상스 식 건축

❷ 언론 기관의 발달

(1) **근대 신문의 창간**

근대 신문	문체	특징
한성순보(1883)	순 한문	박문국에서 10일에 한 번씩 간행, 최초의 근대적 신문, 개화 정책의 취지 설명, 국내외 정세 소개
한성주보(1886)	국·한문 혼용	한성순보 계승, 7일에 한 번씩 간행, 최초의 상업 광고 게재(세창양행)
독립신문(1896)	국문판, 영문판	최초의 민간 신문, 자주 독립 의식과 근대적 민족 의식 고취
제국신문(1898)	순 한글	민중계몽, 자주 독립 의식고취
황성신문(1898)	국·한문 혼용	을사조약에 대한 장지연의 항일 논설'시일야방성대곡'게재
대한매일신보(1904)	순 한글, 영문판	영국인 베델, 의병 운동에 호의적, 강력한 반일 논조, 국채 보상 운동 주도

(2) **일제의 언론 탄압** : 신문지법 제정(1907)

❸ 근대 교육과 국학 연구

(1) 근대 교육의 발전
  ① 근대 교육의 시작 : 원산 학사(1883, 최초의 근대식 사립학교), 동문학(1883, 영어 강습 기관), 육영공원(1886, 최초의 근대식 관립학교, 상류층 자제에게 근대 학문 교육, 헐버트 등 외국인 교사 초빙)
  ② 교육입국 조서 반포(1895) : 교육의 필요성과 중요성 강조, 근대식 교육 제도 마련 → 소학교, 사범학교, 외국어 학교 등 관립학교 설립
  ③ 사립 학교의 설립 : 기독교 계열 (배재학당, 이화학당, 숭실학교), 민족 주의 계열(대성학교, 오산학교, 보성학교)

(2) 국학 연구의 진전
  ① 국사 : 계몽사학(애국심 고취, 민중계몽)
    • 신채호 : '독사신론' (근대 계몽주의 민족사학의 시초), 유교적 역사 인식 극복, 〈이순신전〉, 〈을지문덕전〉 등 저술
    • 박은식 : 조선 광문회 조직(고전 정리)
  ② 국어 : 국·한문 혼용체 보급(유길준의 〈서유견문〉), 국문연구소의 우리말 표기법 통일 노력

❹ 문예와 종교의 새 경향

(1) 문학 : 문명개화, 반봉건적 근대화, 반외세·국권 회복 등 현실적 과제 반영

신소설	봉건적 윤리 배격, 미신 타파, 독립의식 고취 → 이인직의 〈혈의 누〉, 안국선의〈금수회의록〉 등
신체시	최남선의 '해에게서 소년에게' – 근대시의 새로운 형식 개척
번역 문학	〈성경〉, 〈이솝 이야기〉, 〈천로 역정〉, 〈걸리버 여행기〉등 번역·소개 → 근대 민족의식 고취에 기여

(2) 예술 : 서양 근대 문화의 수용

음악	• 근대 음악의 도입 : 크리스트 교의 보급 → 찬송가 등 서양 음악 소개 • 창가 유행 : 학도가, 권학가, 독립가, 애국가 등
연극	창극 성행, 신극 유행 – 원각사(최초의 서양식 극장)에서 '은세계', '치악산' 등 공연
회화	서양식 화풍 소개, 서양화 기법 도입, 전통적 한국화 발전(장승업)등

(3) 종교

천주교	조 · 프 수호 통상 조약(1886)으로 포교의 자유획득
개신교	서양 의술 · 근대 교육 보급
천도교	손병희가 동학에서 개칭, 만세보 발간
대종교	나철, 오기호가 단군 신앙을 토대로 창시 → 간도 · 연해주 지역의 무장 투쟁과 연계
유교	박은식의 유교구신론
불교	한용운이 조선 불교 유신론 제기 → 불교의 자주성 회복과 근대화 시도

기출풀이 [9회 3급 36번]

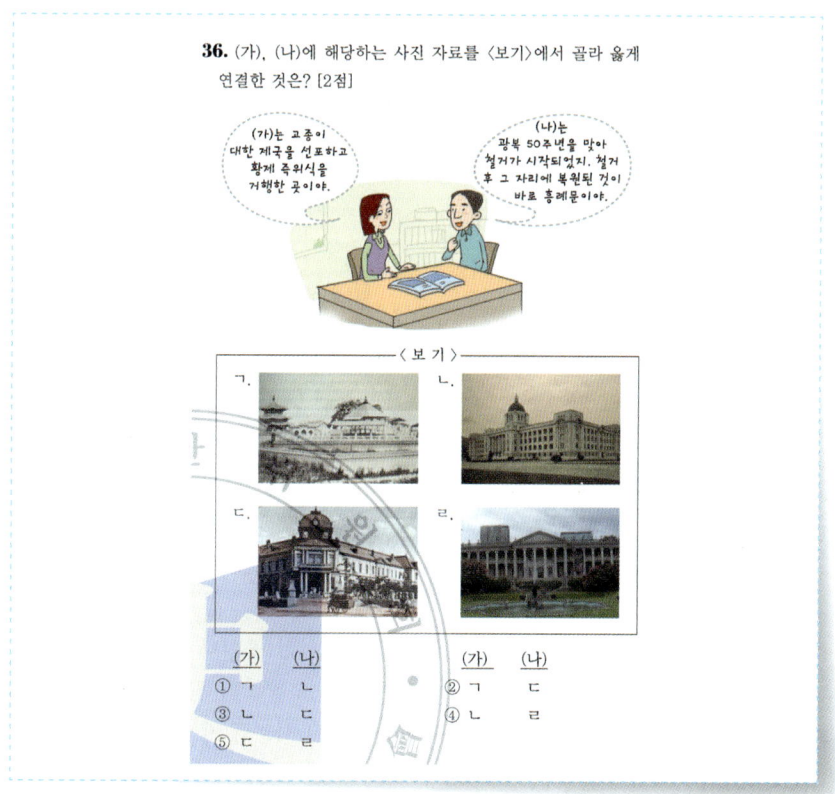

36. (가), (나)에 해당하는 사진 자료를 〈보기〉에서 골라 옳게 연결한 것은? [2점]

(가)는 고종이 대한 제국을 선포하고 황제 즉위식을 거행한 곳이야.

(나)는 광복 50주년을 맞아 철거가 시작되었지. 철거 후 그 자리에 복원된 것이 바로 흥례문이야.

〈 보 기 〉

	(가)	(나)		(가)	(나)
①	ㄱ	ㄴ	②	ㄱ	ㄷ
③	ㄴ	ㄷ	④	ㄴ	ㄹ
⑤	ㄷ				

◉ 출제의도

근대 문물에 대한 이해

◉ 해설 : 정답 ①

(가)는 고종이 대한제국을 선포하고 황제 즉위식을 올린 곳이므로 원구단에 해당한다. 원구단은 하늘에 제사를 지내는 곳으로 황제만이 하늘에 제사를 지낼 수 있으므로 황제국을 선포하는 상징적인 행사가 이루어졌던 곳이었다. (나)는 정부가 1995년 광복 50주년을 맞아 식민 통치의 상징인 조선 총독부를 철거한다는 내용이다. 원래 이 자리에 있었던 흥례문은 경복궁의 3개의 문 중 가운데 문으로 광화문과 근정문 사이에 위치하고 있었다. 일제가 조선 총독부를 지으면서 흥례문을 비롯한 주변 행각을 모두 파괴하였다.

◉ 오답풀이

ㄷ. 1908년 세워진 동양 척식 주식회사 건물이다. ㄹ. 1910년에 완공된 근대 서양식 건물인 덕수궁 석조전이다.

기출풀이 [7회 3급 41번]

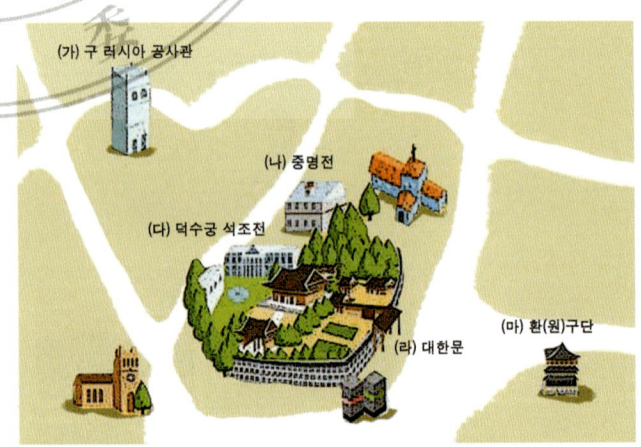

41. (가)~(마)와 관련된 역사적 사실로 옳지 <u>않은</u> 것은? [2점]

(가) 구 러시아 공사관
(나) 중명전
(다) 덕수궁 석조전
(라) 대한문
(마) 환(원)구단

① (가) – 임오군란 때 명성 황후가 피신한 곳이다.
② (나) – 을사조약이 체결된 곳이다.
③ (다) – 미·소 공동 위원회가 열린 곳이다.
④ (라) – 3·1 운동이 일어난 주요 장소의 하나이다.
⑤ (마) – 고종이 황제로 즉위하고 하늘에 제사를 지낸 곳이다.

● **출제의도**

근대 문물과 관련된 역사적 사건 파악

● **해설 :** 정답 ①

(가)의 구러시아 공사관은 1896년 아관파천으로 고종이 피신했던 곳이었다. (나)의 중명전은 1905년 을사조약이 체결된 곳이다. (다)의 덕수궁 석조전은 1910년에 완공된 근대 서양식 건축물이었다. 1946년 3월에 제1차 미·소 공동위원회가 열린 곳이었다. (라)는 3·1 운동이 일어난 주요 장소의 하나였다. 고종의 독살설이 백성들에게 퍼지면서 3·1운동 발생의 중요한 원인이 되었으므로 고종의 거처였던 덕수궁의 대한문 앞이 3·1운동의 주요 장소였음을 알 수 있다. (마)는 고종이 황제에 즉위한 1897년 건립한 하늘에 제사 지내던 단이었다. 하늘에 제사를 지낼 수 있는 것은 황제만이 가능했으므로 황제국을 선포하는 의미가 있는 건축물이었다. 1913년 일제가 철거하고 그 자리에 조선 철도 호텔을 건립하였다. ① 명성 황후가 임오군란 때 피신한 곳은 충주였다.

기출풀이 [9회 3급 34번]

34. 다음 기사가 쓰여진 시기에 볼 수 있었던 모습으로 적절한 것은? [2점]

△△신문 ○○○○년 ○○월 ○○일

80리나 되는 인천에 순식간에 도착

어제 개업 예식을 거행하는데 인천에서 화륜거가 떠나 삼개 건너 영등포로 와서 경성의 내외국인 빈객들을 수레에 영접하여 앉히고 오전 9시에 떠나 인천으로 향하였다. 화륜거 구르는 소리는 우레와 같아 천지가 진동하고 기관거의 굴뚝 연기는 하늘로 솟아오르더라.

① 단발령 실시에 반발하는 유생들
② 전차를 타고 종로 거리를 지나는 학생들
③ 별기군과의 차별에 분개하는 구식 군인들
④ 고종의 환궁을 요구하는 독립 협회 회원들
⑤ 노비제 폐지 소식을 듣고 기뻐하는 노비들

● 출제의도

경인선이 개통되던 시기의 사회 모습에 대한 이해

● 해설 : 정답 ②

제시된 자료에서 증기 기차인 화륜거가 인천과 영등포를 오갔다는 것으로 보아 이는 최초의 철도인 경인선임을 알 수 있다. 원래 경인선 철도 부설권은 1896년 미국에게 허가되었으나 1897년에 일본에 넘어가게 되었다. 일본은 1899년에 경인선을 개통하였다. 조선의 전차는 1898년 황실과 미국인 콜브란의 합작으로 발전소가 세워지면서 동시에 서대문과 청량리 사이에 전차를 운용할 수 있게 되었으므로 1899년 경인선 개통 당시에 전차를 타는 학생들의 모습은 당시에 볼 수 있었던 모습이다.

● 오답풀이

① 단발령은 1895년 을미 개혁으로 시행되었다. ③ 별기군과의 차별에 분개하는 구식군인들은 1882년에 발생한 임오군란 당시의 모습이었다. ④ 고종의 환궁을 요구하는 독립협회는 1896년 아관파천 직후의 상황이고 고종은 1897년 덕수궁으로 환궁하였다. ⑤ 노비제 폐지는 1894년 제1차 갑오개혁의 결과로 인한 것이었다.

기출풀이 [9회 3급 37번]

37. 다음 보고서의 (가) 신문에 대한 설명으로 옳지 <u>않은</u> 것은?

[1점]

인물 보고서

• **국적** : 영국
• **주요 활동**
러 · 일 전쟁이 일어나자 영국의 한 신문 특파원으로 대한 제국에 왔다. 후에 [(가)]을(를) 발행하여 일본의 침략상을 비판하였다.

① 의병 활동에 대해 호의적인 기사를 실었다.
② 양기탁, 박은식 등이 집필진으로 활동하였다.
③ 강경한 항일 논조로 많은 구독층을 확보하였다.
④ 국채 보상 운동에 적극 참여하여 모금 운동을 벌였다.
⑤ 시일야 방성 대곡을 게재하여 정간을 당하기도 하였다.

● **출제의도**

대한매일신보의 특징 이해

● **해설 :** 정답 ⑤

베델은 러 · 일 전쟁 당시 특파원으로 한국에 왔다가 양기탁과 함께 대한매일신보를 창간하였다. 주필은 박은식과 신채호 였는데 영국인이었던 베델을 울타리삼아 일본의 검열에서 어느 정도 자유로왔다. 그래서 1907년 신문지법으로 언론에 대한 탄압이 심할 당시에도 항일적인 논조를 유지할 수 있었다. 1907년 신민회가 만들어졌을 때는 그 기관지의역할도 담당 하였으며 국채보상운동에 적극 참여하여 운동이 전국화되는데 큰 기여를 하였다. ⑤ 시일야방성대곡은 1905년 을사조약이 체결되자 황성신문의 주필이었던 장지연이 쓴 대표적인 항일 논설로 을사조약의 무효를 주장하고, 이완용을 매국노로 규정하였다. 시일야방성대곡으로 인해 황성신문은 한동안 정간되었다.

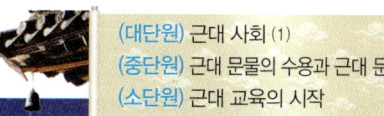

기출풀이 [8회 3급 19번]

19. 다음 글의 밑줄 그은 '이 학교'에 대한 설명으로 옳은 것을 〈보기〉에서 고른 것은? [2점]

영어 수업 장면

이 학교에서는 알파벳을 가르친 뒤에 영어로 강의하고, 영어 원서를 강독하였다. 외부 세계를 잘 모르는 학생들을 위해, 헐버트는 세계의 역사와 지리를 간단히 정리해 '사민필지'라는 교과서를 한글로 만들었다.

〈 보 기 〉

ㄱ. 교육 입국 조서 발표를 계기로 설립되었다.
ㄴ. 정부에서 설립한 최초의 근대적 관립 학교였다.
ㄷ. 개항장 주민들이 설립에 적극적으로 동참하였다.
ㄹ. 젊은 현직 관리와 상류층 자제들이 주로 다녔다.

① ㄱ, ㄴ   ② ㄱ, ㄷ   ③ ㄴ, ㄷ
④ ㄴ, ㄹ   ⑤ ㄷ, ㄹ

● **출제의도**

육영 공원의 특징 이해

● **해설 :** 정답 ④

제시된 자료에서 헐버트가 교사로서 가르치는 내용이나 영어와 같은 서양 학문을 가르쳤다는 내용을 통해서 우리 나라 최초의 관립 학교인 육영 공원에 대한 설명임을 알 수 있다. 육영 공원은 1886년 정부가 설립한 근대식 교육 기관으로 길모어, 헐버트 등 미국인 교사들을 초빙하여 근대 학문을 가르쳤다. 주로 고관 자제나 고관이 추천한 젊은 선비를 대상으로 영어, 수학, 자연 과학, 정치학 등의 근대 학문을 가르쳤다.

● **오답풀이**

ㄱ. 1895년 교육 입국 조서의 발표를 계기로 세워진 학교는 한성 사범 학교, 한성 중학교 등이었다.
ㄷ. 개항장 주민들이 설립에 적극적으로 동참했던 학교는 1883년 개화 관리와 덕원부 상인들이 함께 설립한 원산학사였다.

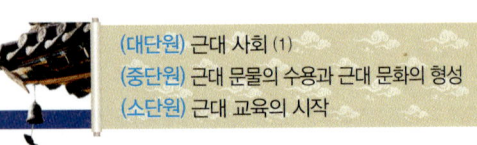

기출풀이 [1회 3급 6번]

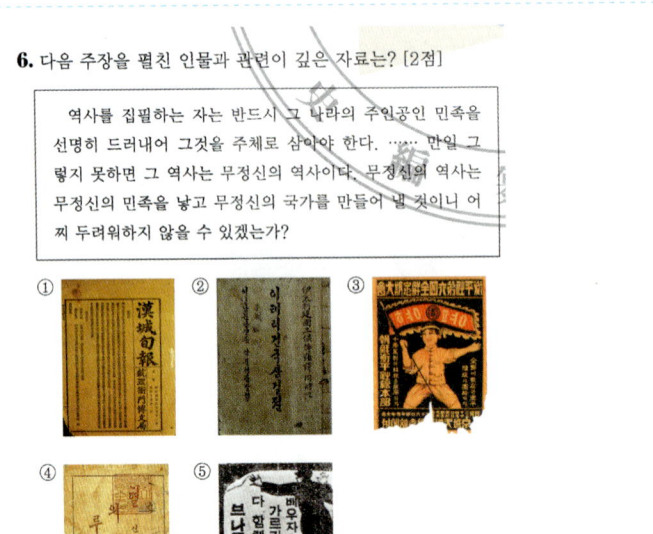

6. 다음 주장을 펼친 인물과 관련이 깊은 자료는? [2점]

> 역사를 집필하는 자는 반드시 그 나라의 주인공인 민족을 선명히 드러내어 그것을 주체로 삼아야 한다. ······ 만일 그렇지 못하면 그 역사는 무정신의 역사이다. 무정신의 역사는 무정신의 민족을 낳고 무정신의 국가를 만들어 낼 것이니 어찌 두려워하지 않을 수 있겠는가?

● 출제의도

신채호의 민족주의 역사학 파악

● 해설 : 정답 ②

제시된 자료에서 역사를 집필하는 자는 반드시 민족을 드러내어 주체로 삼아야 한다는 내용을 통해서 근대 민족주의 역사학의 연구 방향을 제시한 신채호에 대한 설명임을 알 수 있다. 조선 후기 실학자들에 의해 본격적으로 연구되기 시작한 국학은 대한 제국 시기에 더욱 발전하였다. 신채호, 박은식 등은 외국의 침략에 맞서 싸운 우리 나라의 위인들에 대한 전기를 쓰고, 외국의 건국과 흥망과 관련된 역사를 번역하여 소개함으로써 국가의 위기를 경계하고 국민들의 역사 의식을 높이려고 하였다. 특히, 신채호는 대한매일신보에 〈독사신론〉을 발표하여 일본의 식민 사관을 비판하고 만주와 부여족을 중심에 두고 우리 나라 고대사를 서술함으로써 민족주의 사학의 연구 방향을 제시하였다. 당시에 출간된 역사책으로는 〈을지문덕전〉, 〈강감찬전〉, 〈이순신전〉 등이 있었고 〈미국독립사〉, 〈월남망국사〉, 〈이태리 건국 삼걸전〉 등이 번역되어 출간되었다.

● 오답풀이

① 우리 나라 최초의 신문인 한성순보이다. ③ 백정에 대한 차별을 반대하는 형평 운동과 관련된 포스터이다. ④ 1906년 만세보에 연재되었던 이인직의 신소설 '혈의 누'에 관한 것이다. ⑤ 1930년대 초반 농촌 계몽을 위해 동아일보가 중심이 되어 시행한 브나로드 운동에 관한 것이다.

읽기자료

애국 계몽 운동의 전개

무릇 우리 동포의 부형된 자는 한번 생각할지어다. …… 차마 그 자손으로 하여금 배움에 게을러서 무식 무재로 하등 지위에 깊이 떨어져서 타국인의 노예가 되고 타국인의 희생이 되도록 하여야 할 것인가. 옛사람이 말하기를 자식을 기름에 가르치지 않음은 부모의 죄라 하였으니, 이 지경이 오히려 과거 세월만 생각하고 장래의 화복을 생각하지 아니하여 자제의 교육에 주의를 기울이지 않는 자는 비단 국가의 죄인일 뿐 아니라 실로 자손의 죄인이니, 어찌 탄식하지 않을 수 있는가. …… 한마디로 말하면 이 시대에 당하여 교육이 일어나지 않으면 생존을 얻을 수 없으니, 오직 누 동포 형제는 상호 분발하고 상호 권면하여 한 마음으로 주의를 기울여 자제 교육을 떨쳐 일으켜서 학교 있는 곳이 서로 줄을 이어 계속하면, 그 설비의 규모와 교도의 방법은 본 학회가 책임으로 할 것이다. – 박은식, 「서우」제1호, 광무 10년 12월 1일

▶ 대한 제국 시기에는 일제의 침략에 맞서 교육과 산업의 발전을 통해 실력을 키워야 한다는 애국 계몽 운동이 활발히 전개되었다.

근대 계몽주의 사학

오호라, 어떻게 하면 우리 이천만의 귀에 항상 애국이란 한 글자가 울리게 할까. 가로되 오직 역사로써 할지니라. ……
역사가 어떠한 것이기에 그 효과의 신성함이 이와 같은가. 가로되 역사라는 것은 그 나라 그 국민의 변천 소장한 실제의 자취이니, 역사가 있으면 그 나라가 심흥하나니라. 나라가 있으매 역사가 반드시 있으리니, 강대국뿐만 아니라 약소국도 역사가 있을지며, 흥왕국뿐만 아니라 쇠약국도 역사가 있을지며, 문명국뿐만 아니라 야만국도 역사가 있을지어늘, 이제 말하여 가로되 역사가 있으면 그 나라가 반드시 흥하리라 함은 무슨 말인가. ……
오호라. 내가 나라를 사랑하려거든 역사를 읽을지며, 사람들로 하여금 나라를 사랑케 하려거든 역사를 읽게 할지어다. 역사를 읽되 어릴 때부터 읽을지며, 역사를 읽되 늙어 죽을 때까지 읽을지며, 역사를 읽게 하되 남자뿐 아니라 여자도 읽게 하며, 역사를 읽게 하되 상등 사회뿐 아니라 하등 사회도 읽게 할지어다. – 「대한 협회 회보」제3호, 1908. 6

▶ 대한 제국 시기에 들어와 국학 연구는 이전보다 더욱 발전하였다. 특히, 민족 의식을 높이고 제국주의 침략으로부터 민족 문화를 지키기 위한 수단으로 국사와 국어 연구가 활발하였다. 특히 신채호는 민족주의 사학의 연구 방향을 제시하였다.

7단원

근대 사회(2)

20강 일제의 침략과 식민지 지배 정책

① 일제의 침략과 국권의 피탈

시기	사건	내용
1904.2	한·일 의정서 체결	필요한 곳 사용 가능, 3국과의 조약 체결 불가
1904.8	제1차 한·일 협약	고문 정치, 재정고문(메가타)·외교고문(스티븐스)
1905.1	화폐 정리 사업	메가타
1905.7	가쓰라 – 태프트 밀약	한반도 – 필리핀
1905.8	제2차 영·일 동맹	인도 – 한반도
1905.9	포츠머스 조약(러·일)	일본의 한국 지배 인정
1905.11	을사조약	통감 정치, 외교권 박탈
	을사조약 반대 투쟁	• 최익현·이상설의 조약 파기 상소 • 민영환·조병세 자결 • 장지연의 시일야 방성 대곡 • 헐버트 특사 파견 • 오적 암살단 : 나철·오기호 • 을사의병
1907.6	헤이그 특사	이준·이상설·이위종, 고종 강제 퇴위
1907.7	한·일 신협약(정미 7조약)	차관 정치, 행정권 박탈
1907.8	군대 해산	박승환의 할복, 정미의병
1910.8	국권 피탈	경술국치, 황현의 절명시(1910.9)

② 민족의 수난

시기	구분	내용
1910년대	무단통치	• 헌병 경찰 통치, 조선총독부 • 범죄 즉결례(1910), 조선 태형령(1912), 경찰범 처벌규칙(1912) • 회사령(1910), 토지 조사 사업(1912), • 어업령(1911), 산림령(1911), 광업령(1915)
1920년대	문화통치	• 민족 분열 통치, 분열과 기만 • 문관 총독 임명 약속, 보통 경찰제 시행(경찰 수와 장비 증가), 일반 경찰 업무와 군대 경찰 업무 분리 • 언론·집회·출판의 자유 부분 허용 • 조선인 경영의 한글 신문 간행 허용 • 조선 태형령 폐지(1920) • 회사령 철폐(1920), 산미 증식 계획(1920~34) • 관세 철폐(1923), 치안 유지법(1925)

1930년대	민족 말살 통치	• 내선일체, 일선동조론, 궁성 요배, 신사 참배 • 황국 신민의 서사 암송(1937) • 일본식 성명 강요(1939) • 조선어 사용 금지

❸ 경제 수탈의 심화

(1) 토지 약탈을 위한 토지 조사 사업(1912~1918)

    ① 배경 : 지세의 안정적 확보, 일본인의 토지 투자 기반 조성, 토지와 식량 수탈

    ② 과정 : 토지 조사령 공포(1912), 기한부 신고제

    ③ 결과 : 토지 약탈, 일본인 토지 소유 심화(동척), 농민 경제 파탄(소작권 불인정)

(2) 일본 자본의 지배를 위한 회사령 제정(1910) : 허가제

(3) 식량 수탈을 위한 산미 증식 계획(1920~1934)

    ① 배경 : 일본 농민들의 도시 이주 → 일본의 쌀값 급등

    ② 과정 : 토지개간, 수리 시설 개선, 종자의 개량, 수리조합 조직

    ③ 결과 : 농민 몰락, 벼농사 중심으로 농업구조 변화

(4) 침략 전쟁을 위한 인적 · 물적 수탈(1930년대)

    ① 경제 공항 극복을 위한 일본의 대륙 침략 : 만주사변(1931) 중일전쟁(1937) 태평양전쟁(1941)

    ② 남면북양 정책, 국방헌금 강요, 식민지 공업 정책(군수공업)

    ③ 국가총동원령(1938) : 산미증식계획 재개, 식량배급제, 지원병제

    ④ 인적 · 물적 수탈

        • 징용령(1939)

        • 공출제(1939)

        • 학도지원병제(43)

        • 징병제(1943)

        • 정신대(1944)

기출풀이 [10회 3급 36번]

36. 밑줄 그은 (가), (나)와 관련된 탐구 활동으로 적절한 것을 〈보기〉에서 고른 것은? [2점]

> 제1조 대한 정부는 대일본 정부가 추천한 일본인 1명을 (가)<u>재정 고문</u>으로 하여 대한 정부에 용빙하고, 재무에 관한 사항은 일체 그 의견을 물어 시행할 것
>
> 제2조 대한 정부는 대일본 정부가 추천한 외국인 1명을 (나)<u>외무 고문</u>으로 하여 외부에 용빙하고, 외교에 관한 중요한 업무는 일체 그 의견을 물어 시행할 것

〈 보 기 〉
ㄱ. (가) – 화폐 정리 사업에 대해 조사한다.
ㄴ. (가) – 황성신문의 운영에 대해 파악한다.
ㄷ. (나) – 묄렌도르프의 활동을 알아본다.
ㄹ. (나) – 장인환, 전명운 의사의 활동을 알아본다.

① ㄱ, ㄴ   ② ㄱ, ㄹ   ③ ㄴ, ㄷ
④ ㄴ, ㄹ   ⑤ ㄷ, ㄹ

● **출제의도**

제1차 한·일 협약에 대한 이해

● **해설 :** 정답 ②

한·일 의정서(1904.2) 이후 제1차 한·일 협약(1904.8)을 체결하여 조선의 내정을 간섭하기 위한 고문을 파견하였다. 일본인 메가타를 재정 고문으로 임명하여 화폐 정리 사업의 시행을 통해 한국을 경제적으로 일본에 예속시키는 작업을 진행하였다. 또한 미국인 스티븐스를 외무 고문으로 초빙하여 한국의 내정을 일본의 의도대로 장악하려 하자 이에 분개한 전명운·장인환에 의해 저격되어 살해되었다.

● **오답풀이**

ㄴ. 황성신문 운영과 관련된 인물은 남궁억과 유근이다. ㄷ. 묄렌도르프는 임오군란 직후 청의 외교 고문으로 임명되었던 독일 사람이다.

기출풀이 [6회 4급 45번]

45. 다음은 덕수궁 안내 책자의 일부이다. 밑줄 그은 '조약'에 대한 설명으로 옳은 것은? [3점]

근대사 비운의 장소, 중명전

이곳은 덕수궁 안쪽에 있는 중명전이다. 1905년, 이곳에서 일본의 강요로 우리나라의 외교권을 박탈하는 내용을 담은 조약이 체결되었다.

① 삼국 간섭의 결과로 체결되었다.
② 우리나라 최초의 근대적 조약이었다.
③ 청·일 전쟁이 일어나는 구실을 제공하였다.
④ 외국군이 우리나라에 주둔하는 계기가 되었다.
⑤ 고종은 이 조약의 무효를 알리기 위해 노력하였다.

● **출제의도**

을사조약에 대한 내용 파악

● **해설** : 정답 ⑤

1905년 미국·영국·러시아로부터 대한 제국 지배에 대한 독점권을 인정받은 일제는 그 해 11월 외교권을 박탈하는 을사조약을 체결하자 이에 우리 민족은 상소와 반대 논설, 그리고 자결로 저항하였다. 또한 고종은 조·미 수호 통상 조약에 근거하여 헐버트를 미국에 특사로 파견하였으며 을사조약의 무효임을 알리기 위해 헤이그에서 열리는 세계 만국 평화 회의에 이준·이위종·이상설을 특사로 파견하였다.

● **오답풀이**

① 삼국 간섭(1895.4)의 결과 명성 황후와 친러파가 결탁하여 일본의 세력이 약화되었다. ② 우리나라 최초의 근대적 불평등 조약은 강화도 조약이다.(1876.2) ③ 청·일 양국의 무역 경쟁의 심화와 일본의 경복궁 점령 등이 청·일 전쟁(1894)의 배경에 해당한다. ④ 임오군란(1882) 직후 일본 공사관 경비를 구실로 외국 군대의 상주를 허용하는 제물포 조약이 체결되었다.

기출풀이 [7회 4급 38번]

38. 다음은 한말의 역사적 사실을 시대순으로 정리한 것이다. (가)에 들어갈 내용으로 옳은 것은? [2점]

```
헤이그 특사 파견
      ↓
고종의 강제 퇴위
      ↓
    (가)
      ↓
13도 창의군 결성
      ↓
서울 진공 작전
```

① 을사조약의 체결
② 러·일 전쟁의 발발
③ 대한 제국 군대의 해산
④ 독립 협회의 만민 공동회 개최
⑤ 보안회의 황무지 개간권 철폐 운동

● **출제의도**

국권 침탈 과정과 대응 파악

● **해설 :** 정답 ③

고종은 자신의 동의 없이 강압적으로 이루어진 을사조약의 부당함을 알리기 위해 헤이그에 특사를 파견하였으나 이를 구실로 일제는 고종을 강제로 퇴위시키고 1907년 7월 한·일 신협약(정미 7조약)을 체결하였다. 이에 반대하는 군대를 일제가 해산시키자 해산 군인들은 의병에 참여하여 13도 창의군을 결성하고 서울 진공 작전을 전개하였다.

● **오답풀이**

① 을사조약 무효를 국제 사회에 알리기 위해 고종은 헤이그에 특사를 파견하였다. ② 러시아는 용암포 사건 이후 일본에게 한반도 북위 39도 이북을 중립 지대로 만들자는 제안을 하였으나 일제는 이를 거부하고 1904년 러·일 전쟁을 일으켰다. ④ 아관파천 직후 열강들의 이권 침탈이 본격화되는 가운데 독립협회는 만민 공동회를 개최(1898.3)하여 자주 국권 운동을 전개하였다. ⑤ 1904년 러·일 전쟁 직후 일제가 역둔토의 수용과 황무지 개간이라는 명분으로 토지 약탈을 본격화하자 보안회는 황무지 개간 반대 운동을 전개하였다.

304

기출풀이 [10회 4급 50번]

> **50.** 다음은 올해로 체결 100주년이 되는 조약과 관련된 노래이다. 조약의 내용으로 옳은 것은? [3점]
>
> > **국치 추념가**
> >
> > 경술년 추팔월 이십구일은 / 조국의 운명이 떠난 날이니
> > 가슴을 치면서 통곡하여라 / 갈수록 종 설움 더욱 아프다
> >
> > 조상의 피로써 지킨 옛 집은 / 백주에 남에게 빼앗기고서
> > 처량히 사방에 표랑하노니 / 눈물을 뿌려서 조상하여라.
>
> ① 일본 정부는 군사 전략상 필요한 지점을 임의로 사용할 수 있다.
> ② 일본 정부는 도쿄의 외무성을 통해 한국의 외교 사무를 지휘한다.
> ③ 일본은 한국에 대해 정치적, 군사적, 경제적으로 특별 권리를 가진다.
> ④ 대한 제국은 한국 통감이 추천하는 일본 제국의 신민을 한국의 각료로 중용한다.
> ⑤ 대한국 황제 폐하는 한국 전부에 관한 모든 통치권을 완전히, 그리고 영구히 일본 황제 폐하에게 양여한다.

🔵 출제의도

국권 피탈 과정에 대한 이해

🔴 해설 : 정답 ⑤

'국치 추념가', '경술년 추팔월 이십구일'이라는 자료를 통해 1910년 한·일 합방 조약 이후의 노래임을 알 수 있다. 조약 체결을 계기로 일제는 대한 제국의 국권을 강탈하고 통치권을 완전히 장악하였으며, 식민 통치 기관으로 통감부를 개편한 조선 총독부를 두어 조선 총독으로 하여금 절대적인 권력을 행사하게 하였다.

🟢 오답풀이

① 1904년 2월 한·일 의정서의 내용이다. 이를 계기로 일본은 전략상 필요한 지점을 마음대로 사용하게 되었고, 일본의 동의 없이 제3국과의 조약 체결을 할 수 없게 되었다. ② 외교권을 박탈하는 내용으로 보아 1905년 11월에 체결된 을사조약의 내용이다. ③ 1905년 9월 러·일 전쟁이 일본의 승리로 끝난 후 체결된 러·일 강화 조약(포츠머스 조약)의 내용이다. ④ 1907년 7월에 체결된 한·일 신협약의 내용이다. 통감이 추천하는 일본인이 차관에 임명되면서 차관 정치가 시행되는 계기가 되었다.

기출풀이 [8회 3급 24번]

24. 다음 그림에서 선생님의 질문에 대한 학생의 대답으로 옳은 것을 <보기>에서 고른 것은? [2점]

지금은 헐려서 없지만 이 건물에 대해 발표해 볼까요?

─ < 보 기 > ─

ㄱ. 갑 : 조선 총독부에서 건립하였습니다.
ㄴ. 을 : 나석주가 이 건물에 폭탄을 던졌습니다.
ㄷ. 병 : 국립 중앙 박물관으로도 사용하였습니다.
ㄹ. 정 : 우리나라 최초의 르네상스식 건축물입니다.

① ㄱ, ㄴ   ② ㄱ, ㄷ   ③ ㄴ, ㄷ
④ ㄴ, ㄹ   ⑤ ㄷ, ㄹ

● 출제의도

식민 통치 기관인 조선 총독부 파악

● 해설 : 정답 ②

자료는 초대 총독으로 부임한 데라우치에 의해 공사가 시작되어 1926년에 완공된 경복궁에 있었던 조선 총독부 건물이다. 1986년부터 국립 중앙 박물관으로 사용되다가 1996년 김영삼 정부 시기에 민족정기 회복을 위한 '역사 바로 세우기' 작업의 일환으로 철거되었다. 해체 완료 이후 조선 총독부 건물의 일부는 독립 기념관으로 옮겨져 국민들에게 공개되고 있다.

● 오답풀이

ㄴ. 1926년 의열단 소속의 나석주는 식민지 수탈의 상징이었던 식산 은행과 동양 척식 주식회사에 폭탄을 투척하였다.
ㄹ. 덕수궁 석조전에 대한 설명이다. 대한 제국 시기에 완공되었으며 해방 후 미·소 공동 위원회가 열린 곳이기도 하다.

기출풀이 [9회 3급 39번]

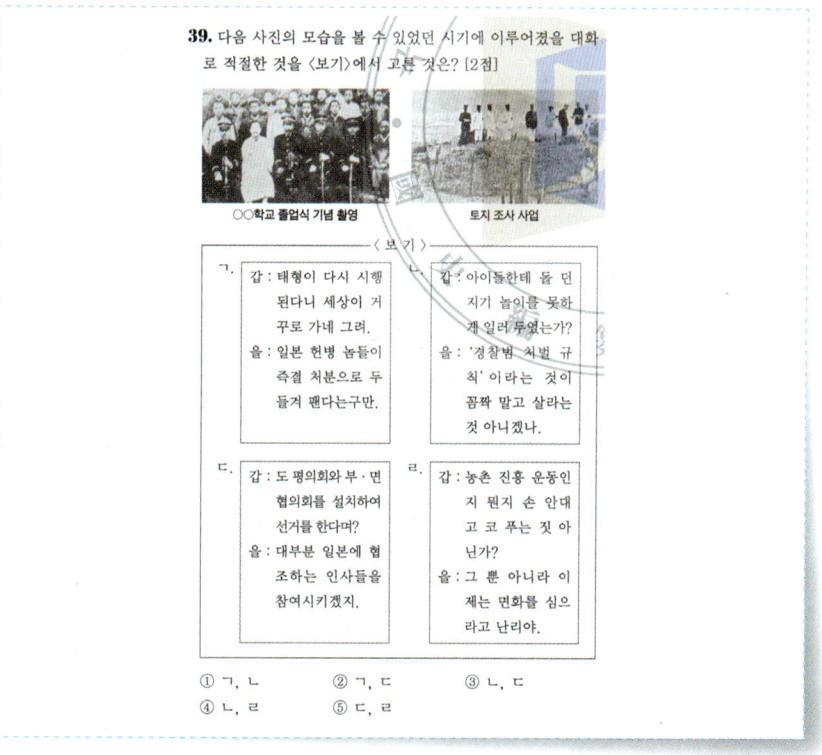

39. 다음 사진의 모습을 볼 수 있었던 시기에 이루어졌을 대화로 적절한 것을 〈보기〉에서 고른 것은? [2점]

○○학교 졸업식 기념 촬영 · 토지 조사 사업

〈 보 기 〉

ㄱ.
갑 : 태형이 다시 시행된다니 세상이 거꾸로 가네 그려.
을 : 일본 헌병 놈들이 즉결 처분으로 두들겨 팬다는구만.

ㄴ.
갑 : 아이들한테 돌 던지기 놀이를 못하게 일러 무엇인가?
을 : '경찰범 처벌 규칙' 이라는 것이 꼼짝 말고 살라는 것 아니겠나.

ㄷ.
갑 : 도 평의회와 부·면 협의회를 설치하여 선거를 한다며?
을 : 대부분 일본에 협조하는 인사들을 참여시키겠지.

ㄹ.
갑 : 농촌 진흥 운동인지 뭔지 손 안 대고 코 푸는 짓 아닌가?
을 : 그 뿐 아니라 이제는 면화를 심으라고 난리야.

① ㄱ, ㄴ   ② ㄱ, ㄷ   ③ ㄴ, ㄷ
④ ㄴ, ㄹ   ⑤ ㄷ, ㄹ

◉ 출제의도

일제의 통치 방식과 내용 파악

◉ 해설 : 정답 ①

학교 졸업식에서 교원들이 제복을 입고 기념 촬영을 하는 자료와 경제적 수탈을 위한 토지 조사사업의 실시를 통해 알 수 있는 시기는 1910년대 무단 통치 시기이다. 무단 통치의 상징인 헌병 경찰은 독립 운동과 관련된 혐의가 있는 사람들을 즉결에서 처분할 수 있는 권리와 재판을 거치지 않고도 태형을 가할 수 있는 권한을 가지고 있었다.

◉ 오답풀이

ㄷ. 1919년 3·1 운동을 계기로 일제는 통치 방식을 유화적으로 변화시켰으나 실제로는 기만적인 통치 방식이었다. 그 예로 도 평의회와 도·부·군·면 협의회를 설치하여 제한적인 참정권을 허용하였으나, 참여한 사람들은 대부분 친일파였다. ㄹ. 1931년 만주사변 이후 일제는 자국의 공업 원료를 안정적으로 공급하기 위해 한반도 남쪽에는 목화를 북쪽에는 양을 키우는 정책을 강압적으로 시행하였다. 또한 산미 증식 계획의 실시로 갈수록 높아지고 있는 농민들의 불만과 소작 쟁의를 통제하기 위해 농촌 진흥 운동을 실시하였다.

 [6회 3급 37번]

37. 다음 대화를 통해 일제의 식민 통치 정책의 목적을 가장 적절하게 추론한 것은? [2 점]

> 조선인들도 관리로 임명할 것이고, 앞으로 조선인의 복리 증진에 더욱 힘쓸 것이오.

> 친일파 양성을 위한 것이지 우리 민족의 이익을 위해서가 아니잖소?

① 민족 의식을 약화시켜 일본에 완전히 동화되도록 하였다.
② 조선인의 불만을 달래고 우리 민족을 분열시키고자 하였다.
③ 우리의 자치권을 허용하여 독립운동을 약화시키려고 하였다.
④ 우민화 정책을 통해 일본의 지배에 순종하게 만들고자 하였다.
⑤ 전쟁에 필요한 인적·물적 자원을 효과적으로 수탈하고자 하였다.

● 출제의도

1920년대 문화 통치 파악

● 해설 : 정답 ②

'조선인들도 관리에 임명할 것'이라는 일본 관리의 말을 통해 문화 통치 시기의 일제의 통치 내용임을 보여준다. 3·1 운동 이후 1920년대 일제의 통치 내용의 핵심은 친일파 양성을 통한 독립 운동 진영의 분열에 있었다. 그 결과 정치·사회·종교 등 각 분야에서 친일적인 성향의 인사들이 등장하여 민족 운동의 약화를 가져왔다.

● 오답풀이

① 민족 말살 통치라는 이름으로 내선일체, 일선동조론 등 황국신민화 정책이 추진된 것은 1930년대이다. ③ 일제는 우리의 자치권을 허용하지 않았다. 1920년대 일부 지역에서 허용된 도 평의회, 부·면 협의회 등은 진정한 의미의 자치권 허용으로 볼 수 없다. ④ 1910년대 일제는 초등교육, 기술교육 등을 통한 우민화 교육에 치중하여 일제의 통치를 용이하게 하려 하였다. ⑤ 일제는 대륙 침략에 나선 1937년 중·일 전쟁을 통해 본격적으로 인적·물적 자원을 수탈하기 시작하였다.

308

기출풀이 [5회 4급 40번]

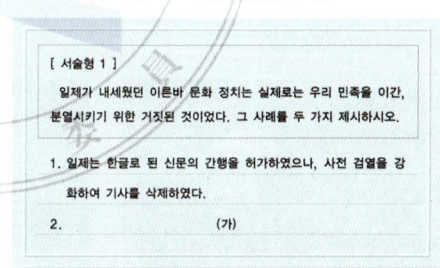

40. 다음은 어느 학생의 국사 시험 서술형 답안지이다. 빈칸 (가)에 이어질 내용으로 적절한 것은? [2점]

> [서술형 1]
>
> 일제가 내세웠던 이른바 문화 정치는 실제로는 우리 민족을 이간, 분열시키기 위한 거짓된 것이었다. 그 사례를 두 가지 제시하시오.
>
> 1. 일제는 한글로 된 신문의 간행을 허가하였으나, 사전 검열을 강화하여 기사를 삭제하였다.
>
> 2.   (가)

① 산미 증식 계획으로 쌀 생산이 증가함.
 → 일본의 식량 문제 해결이 목적임.
② 헌병 경찰제를 보통 경찰제로 바꿈.
 → 경찰의 수와 장비는 오히려 증가함.
③ 일본인과 조선인은 한 몸이라고 주장함.
 → 민족성 말살이 실제 목적임.
④ 치안 유지를 위해 교원에게 제복과 칼을 착용하도록 함.
 → 우리 민족을 위협하기 위함.
⑤ 일본인과 동등한 대우를 한다고 이름을 바꾸도록 강요함.
 → 우리 민족의 뿌리를 말살하기 위함.

● 출제의도

1920년대 문화 통치 파악

● 해설 : 정답 ②

거족적이고 전 민족적으로 전개된 3·1 운동을 일제는 폭력을 사용하여 무자비한 진압을 하였으나, 이 과정에서 일제는 기존의 통치 방식을 변화시킬 필요성을 절감하게 된다. 이후 이전보다는 유화적인 문화 통치를 1920년대 시행하였으나 이는 매우 기만적이고 개량적인 변화였다. 헌병 경찰제를 보통 경찰제로 바꾸며 오히려 경찰의 인원과 장비를 증가시켰고 군인 출신의 총독을 문관 출신의 총독으로 임명하겠다고 약속하였으나 지켜지지 않았다.

● 오답풀이

① 일제는 제1차 세계 대전 이후 공업화 과정에서 부족한 식량을 해결하기 위해 산미 증식 계획을 실시하였다. 문화 통치의 기만성과 분열 정책과는 직접적인 연관성이 없다. ③ 일제의 침략 전쟁에 동원하기 위해 내선일체, 일선 동조론 등이 본격적으로 진행된 시기는 1930년대이다. ④ 교원에게 제복을 입히고 칼을 차게 한 모습은 1910년대 무단 통치를 대표하는 모습이다. ⑤ 1930년대 일제는 우리 민족의 정신을 말살시키기 위하여 우리말 사용을 금지하고, 신사참배와 창씨개명 등을 강요하였다.

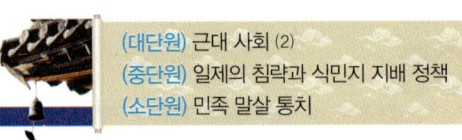

기출풀이 [11회 중급 35번]

35. 다음 모습이 나타난 시기를 (가)~(마) 중에서 고른 것은?

[1점]

신사 참배   금속 공출

	(가)	(나)	(다)	(라)	(마)	
조선 총독부 설치		토지 조사 사업 실시	산미 증식 계획 실시	만주 사변 발발	중·일 전쟁 발발	광복

① (가)   ② (나)   ③ (다)   ④ (라)   ⑤ (마)

● 출제의도

민족 말살 통치 시기의 일제의 수탈 파악

● 해설 : 정답 ⑤

1937년 중·일 전쟁과 1941년 태평양 전쟁을 일으킨 일제는 전쟁을 수행하기 위해 우리 민족을 본격적으로 수탈하기 시작하였다. 한반도를 병참 기지로 만들어 전쟁 물자를 조달하였으며 이를 위해 미곡 공출제를 시행하여 군량을 확보하였고, 금속 공출제를 시행하여 군수 물자를 공급하고자하였다. 또한 우리 민족의 정신을 말살하고 전쟁터로 내몰기 위해 신사 참배와 궁성 요배, 황국 신민 서사의 암송을 강요하였다.

● 오답풀이

④ 1910년 식민 통치 시기부터 일제는 전국에 신사를 건립하기 시작하여 1931년 만주사변 이후 황국 신민화 정책을 추진하면서 신사 참배를 우리 민족에게 강요하였으며 1937년 중·일 전쟁 이후부터는 더욱 심해졌다. 공출제가 시행된 시기는 1937년 중·일 전쟁 이후이다.

기출풀이 [8회 3급 48번]

---

48. 다음 자료에서 밑줄 그은 시기에 일제가 실시한 정책으로 옳은 것은? [1점]

이 사람은 일본군에 강제 징집되어 입대한 후 만주에서 소련군에 붙잡혀 붉은 군대에 편입되었다. 그는 다시 독일군 포로가 되어 대서양 방어선을 건설하는 데 강제 투입되었다. 노르망디 상륙 작전 때 다시 미군의 포로가 됐다. 붙잡혔을 때 아무도 그가 사용하는 언어를 알아들을 수가 없었다. 그는 한국인으로 밝혀졌으며, 미 정보 부대에 일본군에 입대한 이후 지금까지의 자신의 기구한 운명에 대해 이야기했다.

－ 1944년 6월 6일 프랑스 노르망디, 유타(Utah) 해안에서 －

① 성과 이름을 일본식으로 바꾸도록 강요하였다.
② 헌병 경찰 통치를 보통 경찰 통치로 전환하였다.
③ 회사령을 발표하여 민족 기업의 설립을 방해하였다.
④ 조선 태형령을 제정하여 조선인에게 태형을 가하였다.
⑤ 치안 유지법을 제정하여 사회주의 세력을 탄압하였다.

● 출제의도

민족 말살 통치 시기의 민족의 수난 이해

● 해설 : 정답 ①

1937년 중·일 전쟁 이후 전쟁이 확대가 되면서 일제는 우리 민족을 전쟁터로 내몰기 시작하였다. 지원병제(1938), 징병제(1943), 학도 지원병제(1943) 등을 통해 수십만 명의 청년과 학생들을 동원해 일본을 위한 전쟁에 참여시켰다. 밑줄 그은 부분과 '일본군에 강제 징집되어 입대한 후'라는 자료를 통해 1930년대 후반부터 해방 전까지의 식민지 시대가 이 자료의 배경임을 알 수 있다.

● 오답풀이

② 1919년 3·1 운동을 계기로 일제는 통치 방식을 문화 통치로 바꾸며 헌병 경찰을 보통 경찰로 전환하는 기만적인 정책을 시행하였다. ③ 1910년 일제는 회사 설립과 관련된 회사령을 통해 민족 자본의 성장을 억압하였다. ④ 1912년 조선 태형령을 통해 우리 민족의 독립 운동을 탄압하였으며, 이에 불만이 높아지자 3·1 운동 직후 폐지되었다. ⑤ 1925년 조선 공산당이 창당되면서 사회주의 계열이 조직화되자 일제는 치안 유지법을 제정하여 사회주의자들을 탄압하였다.

기출풀이 [7회 3급 34번]

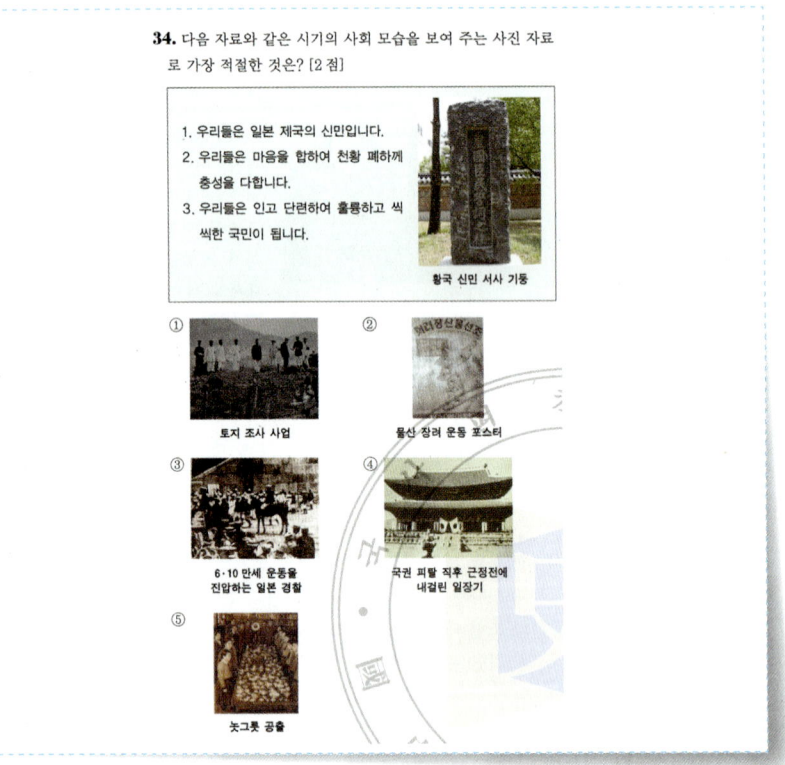

34. 다음 자료와 같은 시기의 사회 모습을 보여 주는 사진 자료로 가장 적절한 것은? [2점]

> 1. 우리들은 일본 제국의 신민입니다.
> 2. 우리들은 마음을 합하여 천황 폐하께 충성을 다합니다.
> 3. 우리들은 인고 단련하여 훌륭하고 씩씩한 국민이 됩니다.

황국 신민 서사 기둥

① 토지 조사 사업
② 물산 장려 운동 포스터
③ 6·10 만세 운동을 진압하는 일본 경찰
④ 국권 피탈 직후 근정전에 내걸린 일장기
⑤ 놋그릇 공출

출제의도

황국 신민화 정책 파악

해설 : 정답 ⑤

자료는 일제가 1937년 황국 신민화 정책을 추진하면서 우리 민족에게 암송하기를 강요하였던 황국 신민 서사의 내용이다. 일제는 이 황국 신민 서사를 아동용과 성인용을 따로 만들어 모든 집회와 학교에서 제창하도록 하였으며 이를 통해 우리 민족 정신을 말살하려 하였다. 자료는 아동용 황국 신민 서사이다.

오답풀이

① 1910년부터 1918년까지 토지 약탈을 목적으로 일제는 토지 조사 사업을 실시하여 전 국토의 40%를 조선 총독부 소유로 만들었다. ② 1920년대 초 일제의 회사령과 관세 철폐를 계기로 일본 자본과 상품이 유입되면서 이에 대한 우리 민족의 대응으로 물산 장려 운동이 전개되었다. ③ 순종의 인산일인 1926년 6월 10일 학생과 사회주의 계열을 중심으로 대규모의 만세 운동을 계획, 진행하였다. ④ 1910년 8월 29일 일제는 대한 제국의 국권을 강탈하였다.

기출풀이  [7회 4급 49번]

49. (가)~(다)시기의 일제 식민 통치 내용에 대한 설명으로 옳은 것은? [3점]

시기	(가) 1910년대	(나) 1920년대	(다) 1930년대
내용	칼을 찬 일본인 교원	동아일보 창간호	신사 참배

① (가) – 한국인에게 일본식 성과 이름의 사용을 강요하였다.
② (나) – 황국 신민 서사를 암기하도록 하였다.
③ (나) – 일본인만을 총독부의 관리로 임명하였다.
④ (다) – 회사령을 제정, 공포하였다.
⑤ (다) – 우리말 사용과 우리 역사 교육을 금지하였다.

● **출제의도**

일제의 침탈 내용과 민족의 수난 이해

● **해설 :** 정답 ⑤

1910년대 무단 통치 시기는 헌병 경찰들의 폭력에 근거하여 재판을 거치지 않고도 우리 민족을 체포와 태형, 처벌을 할 수 있는 시대이다. 학교에서도 학교 교원들이 제복을 입고 칼을 차는 등 이러한 사회적 분위기는 반영되었다. 3·1 운동 이후 일제는 통치 방식을 유화적인 문화 통치로 바꾸며 언론·집회·출판의 자유를 일부 허용하며 한글 신문 간행을 허용하였으나 사전 검열을 강화하는 등 기만적인 정책이었다. 1930년대에 들어 일제는 민족 말살 정책의 일환으로 신사 참배와 황국 신민 서사의 암송을 강요하였다.

● **오답풀이**

① 1930년대 후반 우리 말 사용을 금지하면서 일제는 우리 민족에게 일본어와 일본식 성과 이름을 강요하였다. ② 민족정신을 말살하기 위한 정책으로 신사참배와 궁성 요배를 강요하였으며 1937년에는 황국 신민 서사를 아동과 성인들에게 암송하게 하였다. ③ 식민 통치의 최고 기관인 조선 총독부는 대부분 일본인들이 관리로 임명되었고, 1920년대 문화 통치 시기에 한국인의 관리 임명과 범위가 확대되었으며 그 처우도 개선되었다. ④ 일제는 1910년 회사령을 공포하여 민족 자본의 성장을 억압하고자 하였다.

기출풀이 [8회 3급 28번]

28. 다음은 소설의 한 장면이다. 이 장면에 나타난 시기에 볼 수 있는 농민의 모습으로 옳은 것은? [3점]

> 그들은 한 번도 쉬지 않고 20리 길을 걸어 목적지에 당도했다.
>
> "못 들어가! 뭐하는 사람들이여?"
>
> 보초를 서고 있던 순사보가 눈을 부릅뜨며 소리쳤다.
>
> "저어, 우리는 뺏긴 땅을 찾을라고 왔으니까 토지 조사원얼 만내야 되겠소."
>
> 박병진이 침착하고 무게 실린 어조로 말했다.
>
> 스무 살 남짓해 보이는 순사보는 총을 겨눈 채 반말지거리였다.
>
> "논얼 뺏기고 자시고 간에 이리 떼거리로넌 못 들어가!"
>
> "토지 조사국 조사원 나와라!"
>
> "토지 조사국 조사원 나와라아!"
>
> — 「아리랑」 —

① 문맹 퇴치 운동에 나선 학생들에게 한글을 배웠다.
② 관습적인 경작권을 빼앗기고 기한부 소작농이 되었다.
③ 조선 농민 총동맹에 가입하여 농민 운동에 참여하였다.
④ 암태도에서 지주를 상대로 소작료 인하 투쟁을 전개하였다.
⑤ 남부에서는 면화 재배를, 북부에서는 양 사육을 강요받았다.

● 출제의도

일제의 경제적 수탈 파악

● 해설 : 정답 ②

'우리는 뺏긴 땅을 찾을라고 왔으니까 토지 조사원얼 만내야 되겠소.'라는 자료를 통해 1912년부터 1918년까지 실시하였던 토지 조사 사업과 관련된 내용임을 알 수 있다. 안정적인 지세 수입의 확보와 토지 약탈을 통한 식량 수탈을 목적으로 실시한 이 정책의 결과 농민들은 관습적인 경작권을 빼앗기고 생활 기반을 잃었으며 소작농으로 전락하여 식민지 지주제가 확립되었다.

● 오답풀이

① 1929년 조선일보의 문자 보급 운동, 1930년 동아일보의 브나로드 운동이 문맹 퇴치 운동의 대표적인 내용이다. ③ 1924년 조선 노농 총동맹이 1927년 조선 노동 총동맹과 조선 농민 총동맹으로 분화하여 1920년대 노동 운동과 농민 운동을 주도하였다. ④ 전남 암태도에서는 1923년부터 1924년까지 고율의 소작료에 반대하며 소작 쟁의가 전개되었다. ⑤ 만주사변 직후 일본 기업의 안정적인 원료 공급을 위해 남면북양 정책을 시행하였다.

기출풀이 [6회 4급 34번]

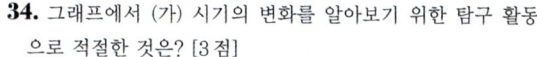

34. 그래프에서 (가) 시기의 변화를 알아보기 위한 탐구 활동으로 적절한 것은? [3점]

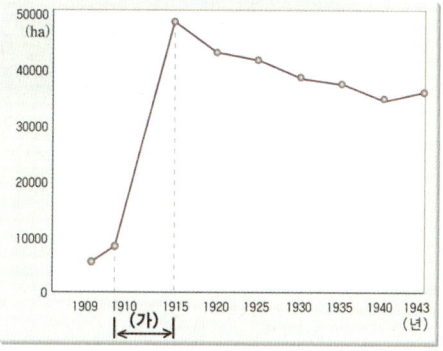

동양 척식 주식회사의 논 소유 면적 추이

① 산미 증식 계획의 영향을 알아본다.
② 토지 조사 사업의 목적을 살펴본다.
③ 미곡 공출 제도의 결과를 알아본다.
④ 병참 기지화 정책의 실태를 찾아본다.
⑤ 남면 북양 정책의 실시 배경을 조사한다.

● 출제의도

토지 조사 사업에 대한 이해

● 해설 : 정답 ②

동양 척식 주식회사는 1908년 일제가 한국 경제를 독점적으로 수탈하여 식민 지배를 돕기 위해 건립한 회사이다. 기한부 신고제로 실시된 토지 조사 사업의 결과 미신고 토지와 국유지, 황무지 등이 조선 총독부 소유가 되었고 조선 총독부는 이 토지들을 동양 척식 주식회사와 일본인들에게 아주 싼값에 불하하여 회사 소유의 땅은 증가하였고 식민지 시대 지주의 역할을 담당하게 되었다.

● 오답풀이

① 산미 증식 계획은 공업화 진전으로 인한 일본의 식량 부족을 충당하기 위해 1920년부터 시행된 정책으로 자료의 시기와는 맞지 않다. ③ 1937년 중·일 전쟁 이후 전쟁 물자를 조달하기 위해 국가 총동원령을 1938년에 발표하였고 그 일환으로 미곡 공출제가 실시되었다. ④ 1931년 만주 사변을 계기로 한국에서 전쟁 물자를 자체적으로 해결하기 위한 병참 기지화 정책을 추진하였다. ⑤ 1930년대에 들어 일제의 산미 증식 계획이 한계에 이르자 일제는 공업 원료 확보를 위해 남면북양 정책을 실시하였다.

기출풀이 [6회 4급 25번]

25. 다음 노래와 관련된 일제의 식민 통치 정책에 대한 설명으로 가장 적절한 것은? [3점]

노다지 노다지 금노다지
노다지 노다지 금노다지
노다진지 칡뿌린지 알 수가 없구나.
금당나귀 나올까 기다렸더니
칡뿌리만 나오니 성화가 아니냐.
엥여라차 차차 엥여라차 차차
눈깔 먼 노다지야 어디가 묻혔길래
요다지 태우느냐 육촌 간장을
엥여라차 차차 엥여라차.

– 1939년 –

① 우리 민족을 분열시키는 정책을 실시하였다.
② 산미 증식 계획을 추진하여 쌀을 약탈해 갔다.
③ 토지 조사 사업을 실시하여 토지를 약탈하였다.
④ 헌병 경찰 통치를 실시하여 기본권을 박탈하였다.
⑤ 병참 기지화 정책을 실시하면서 광물 자원을 수탈하였다.

● 출제의도

1930년대 이후 일제의 수탈 내용 파악

● 해설 : 정답 ⑤

1938년 국가 총동원령을 계기로 경제적 수탈과 전쟁 수행을 위한 인적 · 물적 수탈이 동시에 진행되었다. 전쟁 물자 공급을 위해 미곡과 금속 공출제를 통한 물적 자원의 수탈과 지원병제와 징용 · 징병제, 그리고 여성들을 전쟁터로 내몰아 위안부 생활을 강요하는 인적 자원의 수탈을 통하여 전시 동원 체제를 유지하고자 하였다.

● 오답풀이

① 독립 운동 진영을 분열시키고 우리 민족을 기만하는 문화 통치는 1920년대 일제의 통치 방식이다. ② 1920년부터 1934년까지 일제는 산미 증식 계획을 통하여 쌀을 약탈하였다. 노래는 1939년 자료이며 쌀 수탈과는 직접적인 연관이 없다. ③ 토지와 식량 약탈을 위한 토지 조사 사업은 1910년대 무단 통치 시기에 일제가 추진하였던 대표적인 수탈이다. ④ 일제는 범죄 즉결례(1910), 조선 태형령(1912), 경찰범 처벌 규칙(1912) 등의 악법을 통해 우리 민족의 기본권을 제한하는 헌병 경찰 통치를 실시하였다.

"한일합방 조약은 불법이고 무효다."

이웃나라를 침략해 강도행위를 자행하고 국제법상 성립되지도 않는 침탈조약을 강요해 놓고 이것을 합법적이라고 주장하는 나라는 이 지구상 2백개 국가 중 일본 한 나라 뿐이다. 19세기와 20세기 초의 만국공법에는 전제군주국가의 조약체결권은 황제에게 있다는 명백한 규정이 있었다. (중략)

1905년 11월 17일 이토 히로부미는 일제가 도쿄에서 작성한 이른바 을사조약 초안을 갖고 특명 전권대사로 한국에 와 광무황제에게 승인과 서명날인을 강요했다. 고종이 이를 거절하고 대신회의에 부칠 것을 지시하자 이토는 무엇이라고 했는가. 『폐하는 전제군주이기 때문에 폐하의 서명 날인만 있으면 족하지, 법률적으로 대신회의는 자문기구에 불과하다』고 대답하지 않았는가.

제1차 어전회의 결과 대한제국 대신들은 황제 앞에서 만장일치로 이를 부결했다. 이토 히로부미와 일본군사령관은 『황제 앞이어서 그런 결과가 나왔다』고 주장하며 황제를 배제시킨 후 2차 회의를 열도록 강요했다. 일본군 헌병대가 회의장을 포위한 노골적인 위협 속에서 5명의 민족반역자가 굴복했으나 이것은 자문회의에 불과했기 때문에 만국공법상 아무런 구속력도 가질 수 없는 것이었다. 이는 이토가 지적했던 바와도 같다. 을사조약은 당시 대한제국 외부대신 박제순과 주한 일본공사 하야시 고노스케만 서명했다. 일본군의 무력과 협박 속에서도 광무황제는 끝까지 비준과 서명날인을 거부했다. 따라서 을사조약은 만국공법상 성립되지 아니하는 것이다. 또한 이 조약에 따라 일본군이 무력으로 대한제국 외교권을 박탈한 일이나, 일제 통감부 설치, 대한제국 군대의 강제해산 역시 모두 불법이다.

일제는 1910년 8월 22일 소위 한일합방조약을 체결할 때까지 항일 의병 무장 항전을 벌이던 한국청년들을 무차별 학살하여 이 강산을 피로 물들였다. 그 조약문 역시 일본정부와 통감부가 일방적으로 만들어 서명을 강요한 것이다. 당시 서명자는 일본의 한국통감 데라우치와 대한제국의 내각총리대신 이완용이었다. 그러나 통감 설치를 규정한 을사조약이 불법적인 것이고 무효이기 때문에 일본통감의 서명은 만국공법상 원천적으로 무효이다. 한일합방조약 뿐만 아니라 일본통감이 한국민에게 내린 모든 명령과 지시, 법규와 조약은 모두 원천적으로 무효인 것이다.

뿐만 아니라 일제의 한국강점과 식민지 지배는 공정한 입장의 합의에 의하지 않고 일방적인 무력탄압과 강요에 의한 것이었으므로 불법무효이다. 그래서 국제연합은 60년대에 몇 차례나 1945년 이전 제국주의 열강들이 약소국가와 체결했다고 주장하는 모든 조약들은 제국주의 무력에 의한 강요였기 때문에 불법이고 무효임을 전 세계에 거듭 확인했었다.

이처럼 일제가 한국을 무력으로 강점, 식민지로 만들어서 한국민을 학살하고 착취한 결과 제2차 세계대전이 끝난 뒤 한국은 승전국인 미·소의 전리품으로 취급돼 버렸다. 이 때문에 남북이 분단된 것이다. 일제가 한국을 침략하여 식민지 강점을 하지 않았더라면 한국이 분단되지 않았을 것임은 삼척동자라도 알 수 있다. 따라서 일본은 한국분단의 원천적인 책임자이기도 한 것이다. 일본 총리를 비롯한 일본 지도층이 이웃나라를 침략해 불법 강도행위를 자행하고서도 이를 반성하고 사죄하기는 커녕, 합법적이라고 억지를 쓰는 것은 참으로 파렴치한 행위이다. 앞으로도 그런 만행을 되풀이할 심산이라고 생각할 수 있는 개연성을 공표하는 것이다.

우리 한국 국민과 정부는 일본측의 철면피한 거짓과 재침략 독설을 직시해 진실이 공인될 수 있도록 강력한 대응책을 마련해야한다.

〈신용하, 한국일보〉

21강 3·1 운동과 다양한 민족 운동

❶ 3·1 운동 이전의 민족 운동

(1) 국내의 비밀 결사 조직과 활동
  ① 독립 의군부(1912) : 복벽주의를 내세우며 고종의 밀지를 받아 임병찬이 의병 규합
  ② 대한 광복회(1915) : 박상진·김좌진, 공화정 지향, 군대식 조직, 친일파 처단

(2) 국외의 독립 운동 기지 개척
  ① 서간도 : 경학사, 부민단, 한족회, 서로 군정서, 신흥 강습소(신흥 무관 학교)
  ② 북간도 : 서전서숙, 명동 학교, 중광단(북로 군정서), 밀산부 한흥동
  ③ 연해주 : 신한촌, 성명회, 13도 의군, 권업회, 대한 광복군 정부(1914)
  ④ 하와이와 미주 : 대조선 국민군단(박용만), 대한인 국민회(안창호, 이승만)

❷ 3·1 운동의 전개

(1) 3·1 운동의 배경
  ① 제1차 세계 대전 종결(1918) : 윌슨의 민족 자결주의(파리 강화 회의)
  ② 신한 청년단(1918) : 김규식을 파리 강화 회의에 파견, 독립 청원서 제출
  ③ 대한(무오) 독립 선언서(1918)
  ④ 고종의 서거(1919) : 고종 독살설
  ⑤ 2·8 독립 선언(1919) : 일본 유학생

(2) 3·1 운동의 전개 : 비폭력에서 폭력투쟁으로, 도시에서 농촌으로

(3) 3·1 운동의 역사적 의의
  ① 대한민국 임시 정부 수립
  ② 통치 방식의 변화 : 무단통치 → 문화 통치
  ③ 반제국주의 운동에 영향 : 중국 5·4 운동, 인도의 비폭력·불복종 운동

❸ 대한민국 임시 정부의 수립

(1) 임시 정부의 수립과 통합
  ① 연해주(1919.3) : 대한 국민 의회, 손병희, 무장투쟁론
  ② 서울(1919.4) : 한성정부, 이승만(집정관총재), 13도 대표
  ③ 상하이(1919.4) : 대한민국 임시 정부, 이승만
  ④ 통합정부 : 대한민국 임시 정부(1919.9) : 대통령 이승만, 민주공화제

⑵ 활동

① 행정 : 연통제(비밀 조직), 교통국(통신 기관)

② 군자금 조달 : 이륭양행, 백산상회, 애국공채 발행, 국민의연금

③ 외교 : 구미 위원회, 파리 강화 회의(김규식)

⑤ 문화 : 독립신문(기관지), 사료편찬소 설립

⑶ **진통 : 배경** : 연통제·교통국 파괴, 외교 활동 성과 미흡, 무장 투쟁론과 외교론의 갈등

① 국민대표자 회의(1923) : 신채호와 이동휘의 발의

② 이승만의 탄핵(1925) : 이승만의 파면, 박은식을 2대 대통령으로 추대

❹ 사회적 민족 운동의 전개

⑴ **소년 운동** : 청년 운동의 영향, 방정환·조철호

⑵ **여성 운동** : 근우회(1927), 문맹 퇴치, 구습 타파

⑶ **형평 운동** : 백정의 인권 운동, 조선 형평사(1923.4 진주)

⑷ **신간회(1927.2)** : 이상재, 기회주의자 배격, 단결, 광주 학생 항일 운동 지원(1929)

❺ 민족 실력 양성 운동의 추진

⑴ **물산 장려 운동** : 국산품 애용 운동 및 소비 절약 운동

① 배경 : 민족 기업의 성장, 일본 자본의 진출

② 단체

• 평양 물산장려회(1920) : 평양, 조만식

• 조선 물산장려회(1923.1) : 서울의 교육계·종교계·상인·기업가 등 참여

③ 전개 : 내 살림 내 것으로, 조선 사람 조선 것으로

⑵ **민립 대학 설립 운동**

① 배경 : 1차 조선교육령(1911), 고등 교육 기관의 필요성, 문화 통치

② 전개 : 조선 민립 대학 기성회(1923) : 서울, 1000만원 모금 운동

③ 결과 : 일제의 탄압, 경성 제국 대학 설립(1924)

⑶ **문맹 퇴치 운동**

① 문자 보급 운동(1929) : 조선일보, 아는 것이 힘 배워야 산다.

② 브나로드 운동(1931) : 동아일보, 배우자 가르치자 다함께!!

6 **농민 운동과 노동 운동의 전개**

  (1) **농민 운동** : 토지 조사 사업 · 산미 증식 계획으로 농민의 소작농화, 식민지 지주제 강화

  ① 1920년대 : 생존권 투쟁(소작료 인하), 암태도 소작 쟁의(1923)

  ② 1930년대 : 항일 · 반제국주의 운동, 혁명적 농민조합 운동, 농민의 토지소유 주장

  (2) **노동운동** : 회사령과 관세 철폐로 일본 기업 진출 증가

  ① 1910년대 : 노동자 계급 형성 미약(농업중심의 산업구조)

  ② 1920년대 : 생존권 투쟁(임금 인상), 원산 노동자 총파업(1929)

  ③ 1930년대 : 항일 · 반제국주의 운동, 혁명적 노동조합 운동(비합법적 투쟁)

7 **국외 이주 동포들의 생활**

  (1) **만주와 간도 이주 동포** : 한인촌과 학교 설립, 간도 참변(1920), 만보산 사건(1931)

  (2) **연해주 이주 동포의 활동** : 신한촌 형성, 중앙아시아로 강제이주(1937))

  (3) **미주** : 하와이 · 멕시코 이민(사탕수수 농장), 대한인 국민회(1910), 구미 위원부

  (4) **일본** : 2 · 8 독립선언, 관동 대학살(1923), 강제 징용

8 **일제의 식민지 문화 정책**

  (1) **식민지 교육**

  ① 1910년대 : 우민화 교육, 식민지 공업화에 필요한 노동력 양성

  ② 1920년대 : 기만적 교육, 과학 교육과 고등 기술 교육 배제

  ③ 1930년대 : 황국 신민화 교육(내선일체, 일선동조론, 우리말과 우리 역사 교육 금지)

  (2) **일본의 역사 왜곡** : 조선사편수회(1925), 청구 학회(1930)

  ① 타율성론 : 한국사는 외세의 간섭과 압력에 의해 전개

  ② 정체성론 : 내적 발전 없이 전근대 단계에 정체, 봉건 사회 결여론

9 **국학 운동의 전개**

  (1) **국어**

  ① 조선어 연구회(1921) : 이윤재, 최현배 등, 국문 연구소 계승, '가갸날' 제정

  ② 조선어 학회(1931) : 한글 맞춤법 통일안과 표준어 제정, 우리말 큰사전 편찬 시도

  (2) **역사 연구**

  ① 민족주의 사학 : 민족정신과 자주성 강조

  • 박은식 : 혼백사상, 한국 통사, 한국독립운동지혈사, 일제 침략과 독립 운동사 정리

- 신채호 : 낭가 사상, 조선사연구초, 조선 상고사, 고대사 연구 체계 확립
- 정인보 : 조선의 얼, 조선사연구, 5천년간 조선의 얼, 양명학 계승, 실학 연구
- 문일평 : 조선심(心), 사안으로 본 조선, 한 · 미 외교 50년사, 국문학과 민속학 연구
② 사회경제사학 : 사적 유물론과 세계사적 보편성에 입각한 한국사 연구
- 백남운 : 조선사회경제사(1933)
- 식민사관의 정체성 이론과 민족주의 사학의 정신사관 비판
③ 실증주의 사학 : 문헌고증을 통한 실증적 연구, 진단학회(1931)

❿ 교육과 종교 활동

⑴ 교육계의 민족 운동 : 조선 교육회 조직(1920. 4), 민립 대학 설립 운동

⑵ 종교
① 개신교 : 신사참배 거부운동
② 천도교 : 제2의 3 · 1 운동 계획, 교육사업(보성학원 인수), 민중계몽(잡지 '개벽' 간행)
③ 대종교 : 무장 항일 투쟁, 북로군정서군
④ 원불교 : 허례폐지, 미신타파, 금주 · 금연
⑤ 천주교 : 의민단(1919) 결성, 사회사업(고아원, 양로원)
⑥ 불교 : 조선 불교유신회(1921, 한용운) 조직

⓫ 문학과 예술 활동

⑴ 문학
① 1920년대 : 저항문학(한용운 · 이상화), 사회주의 문학(KAPF)
② 1930년대 : 순수 문학 지향, 현실 도피적 경향, 저항문학(심훈 · 이육사 · 윤동주)
③ 1940년대 : 민족말살정책으로 친일경향

⑵ 음악과 미술
① 음악 : 윤극영(반달, 1924), 홍난파(고향의 봄, 1926)
② 1미술 : 서양식 유화, 고희동 · 나혜석 · 이중섭

⑶ 연극과 영화
① 연극 : 토월회(1923), 극예술연구회(1931)
② 영화 : 아리랑(1926)

기출풀이 [11회 중급 33번]

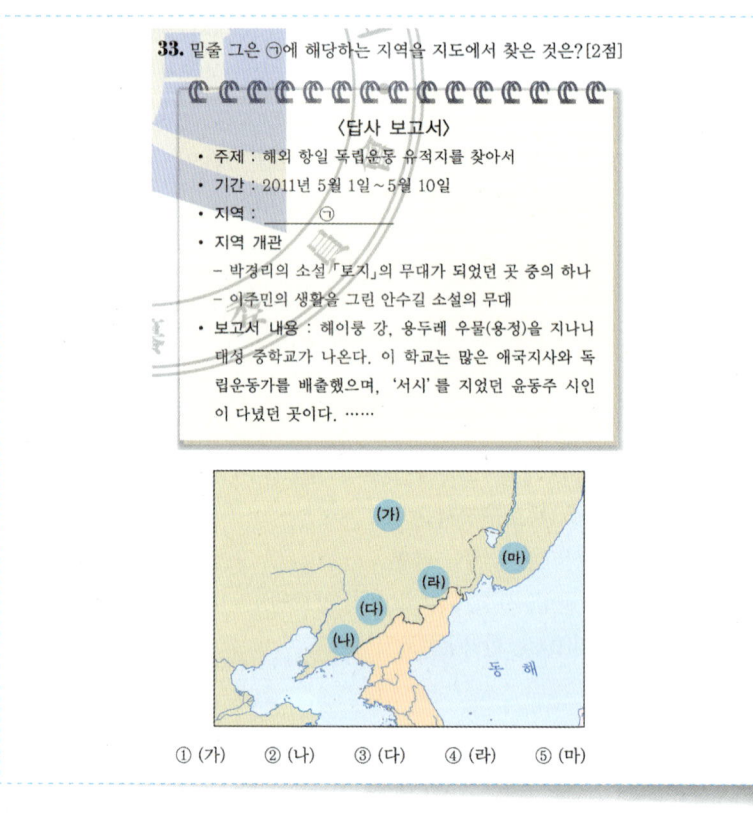

33. 밑줄 그은 ⊙에 해당하는 지역을 지도에서 찾은 것은? [2점]

〈답사 보고서〉

- 주제 : 해외 항일 독립운동 유적지를 찾아서
- 기간 : 2011년 5월 1일 ~ 5월 10일
- 지역 : ⊙
- 지역 개관
  – 박경리의 소설 『토지』의 무대가 되었던 곳 중의 하나
  – 이주민의 생활을 그린 안수길 소설의 무대
- 보고서 내용 : 해이룽 강, 용두레 우물(용정)을 지나니 대성 중학교가 나온다. 이 학교는 많은 애국지사와 독립운동가를 배출했으며, '서시'를 지었던 윤동주 시인이 다녔던 곳이다. ……

① (가)　② (나)　③ (다)　④ (라)　⑤ (마)

● 출제의도

독립 운동 기지 건설 파악

● 해설 : 정답 ④

박경리의 소설 '토지'와 안수길의 소설 '북간도'의 무대가 되었던 지역은 북간도이다. 북간도의 용정·왕청·연길·석현 지역과 밀산부 지역에는 독립 운동과 관련된 조직과 기지가 건설되었다. 특히 용정 지역은 이상설의 서전서숙과 김약연의 명동 학교, 윤동주가 다녔던 대성 중학교가 자리 잡고 있었고 이들 학교는 민족정신을 가르치고 항일 투쟁 의식을 고취시키는 교육을 하였다.

● 오답풀이

① 의열단이 조직되었던 길림(지린) 지역이다. ③ 신민회에서 건설한 남만주의 삼원보 지역으로 경학사와 부민단을 비롯한 독립 운동 단체와 신흥 무관 학교 등이 건설되었다. ⑤ 블라디보스토크를 중심으로 한 연해주는 무장 투쟁을 준비하는 단체들이 많이 조직되었던 지역이다.

기출풀이 [6회 3급 39번]

39. (가)에 대한 설명으로 옳은 것은? [3 점]

> 일제 강점기에 발생한 <u>(가)</u> 은(는) 두 가지 점에서 중요한 역사적 의미를 지니는 사건이었다. 하나는 모든 신분과 계급을 막론하고 지역의 사람들이 참여함으로써 한반도 주민들을 하나의 민족으로 결집하게 하는 계기를 마련하였다는 점이다. 다시 말해, 이것은 그동안 이념적으로만 거론되어 오던 '한국 민족'이 하나의 역사적 실체로 형성되고 역사의 주체로 등장하는 계기를 마련하였던 것이다. 다른 하나는, 민주 공화제의 이념이 확고하게 되는 계기가 되었다는 점이다. 이후 한국의 민족주의 운동은 민주 공화제와 굳건히 결합되었다.

① 기회주의를 배격하며 민족 협동 전선을 추구하였다.
② 민족 자결주의와 2·8 독립 선언에 고무되어 발생하였다.
③ 순종의 인산일을 계기로 학생들이 항일 민족 운동을 주도하였다.
④ 원산 지역 노동자들이 노동 조건 개선을 요구하며 파업에 들어갔다.
⑤ 민족 차별과 일제의 식민지 교육을 반대하며 광주에서 시

● **출제의도**

3·1 운동 배경과 역사적 의미 파악

● **해설 :** 정답 ②

'모든 신분과 계급이 참여', '한국 민족이 역사의 주체로 등장하는 계기', '민주 공화제의 이념이 확고하게 되는 계기' 등의 내용을 통해 3·1 운동과 관련된 자료임을 알 수 있다. 3·1 운동은 윌슨의 민족 자결주의와 2·8 독립 선언, 고종의 서거 등이 배경이 되어 전개된 거족적이고 전 민족적이었던 만세 운동이다.

● **오답풀이**

① 기회주의를 배격하며 단결과 정치·경제적 각성을 촉구하는 내용을 강령으로 민족 유일당 운동의 과정에서 1927년에 조직된 신간회에 대한 설명이다. ③ 1926년 6월 10일 순종의 인산일을 계기로 학생들은 3·1 운동의 만세 운동을 재현하는 시위를 계획하였다. ④ 1929년 원산에서는 이 지역 노동자들에 의해 원산 노동자 총파업이 전개되었다. ⑤ 일제의 식민지 교육에 대한 차별 반대와 일본 제국주의 타도를 외치며 1929년 11월 광주에서는 광주 학생 항일 운동이 일어났고 신간회가 진상 조사단을 파견하면서 전국적인 항일 시위로 발전하였다.

기출풀이 [7회 4급 44번]

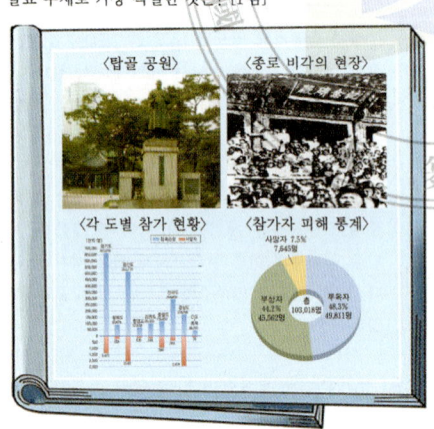

44. 모둠 수업에서 일제 강점기에 관해 발표한 자료들이다. 발표 주제로 가장 적절한 것은? [1 점]

〈탑골 공원〉 〈종로 비각의 현장〉

〈각 도별 참가 현황〉 〈참가자 피해 통계〉

① 3·1 운동의 전개와 그 결과
② 광주 학생 운동의 원인과 영향
③ 항일 의병 운동의 성격과 활동
④ 독립 협회와 만민 공동회의 의의
⑤ 대동아 전쟁의 발생과 피해 사례

🟣 출제의도

3·1 운동의 전개 과정 이해

🔴 해설 : 정답 ①

탑골 공원에서 시작하여 각 시·도별로 전국적으로 참여한 운동은 3·1 운동이다. 참가자 피해 통계에서도 볼 수 있듯이 거족적인 만세 운동이었다. 3월 3일 고종의 장례식에 참여하기 위해 서울에 올라왔던 사람들이 지방으로 돌아가면서 만세 시위가 확대되었고 참가 인원 200만 명에 이르는 온 민족이 참여하는 독립 운동이었다.

🟢 오답풀이

② 식민지 교육에 반대하는 구호, 한국 여학생 희롱 사건, 신간회의 진상 조사단 파견 관련 자료 등이 제시되어야 한다. ③ 을미사변과 단발령으로 대표되는 을미의병, 외교권 박탈에 반대하는 을사의병, 고종의 강제 퇴위와 군대 해산에 반대하여 서울 진공 작전을 전개하는 정미의병 중 그 어디에도 해당되지 않는다. ④ 만민 공동회를 통해 민중들이 자신들의 요구를 제안하는 정치 활동에 참여하기 시작하였고 민중들의 민권 의식이 높아지기 시작하였다. ⑤ 일본이 대동아 공영권을 내세우며 1941년 미국의 진주만을 습격한 것을 시작으로 태평양 전쟁이 일어났고 이를 대동아 전쟁이라고도 부른다. 전쟁 수행을 위한 일제의 식민지 수탈은 확대되었다.

기출풀이 [10회 3급 44번]

---

44. 다음 자료와 관련된 민족 운동에 대한 설명으로 옳은 것은? [1점]

> • 오등(吾等)은 자(玆)에 아(我) 조선의 독립국임과 조선인의 자주민임을 선언하노라. 차(此)로써 세계 만방에 고하야 인류 평등의 대의를 극명하며 차로써 자손 만대에 고하야 민족자존의 정권을 영유케 하노라.
>
> • 우리 동포 형제는 이 기회를 놓치지 말고 삼천리 강토를 탈환하라! 죽음은 한 번뿐이고 두 번도 아니다. 우리 동포 형제는 어째서 이다지 잠잠한가. 동포여 이때가 어느 때냐. 한 번 분발하라. 기회는 오지 않는다. 대한 독립 만세!

① 순종의 인산일을 기해 일어났다.
② 민족 유일당 운동을 촉발하는 계기가 되었다.
③ 학생과 사회주의자들이 적극적으로 참여하였다.
④ 아시아의 반제국주의 민족 운동에 영향을 주었다.
⑤ 언론 기관의 적극적인 참여로 전국적으로 확대되었다.

● **출제의도**

3·1 운동의 역사적 의의 파악

● **해설 :** 정답 ④

제시된 자료는 기미 독립 선언문과 3·1 운동 당시의 경북 청도군 운문면의 격문이다. 기미 독립 선언문은 우리 민족의 독립을 대외적으로 천명한 내용으로 최남선이 그 초안을 작성하였다. 여기에 손병희·최린으로 대표되는 천도교계 15인과 이승훈으로 대표되는 기독교계 16인, 그리고 한용운으로 대표되는 불교계 2인이 서명하였다.

● **오답풀이**

① 순종의 인산일과 관련된 민족 운동은 학생과 천도교, 사회주의 계열에서 준비했던 6·10 만세 운동이다. ② 6·10 만세 운동의 준비 과정에서 심각한 타격을 입은 사회주의 계열은 정우회 선언을 통하여 비타협적인 민족주의 계열과의 제휴를 모색하였고 이러한 분위기가 민족 유일당 운동으로 전개되었다. ③ 3·1 운동 이후 청년·학생·지식인 계층에 의해 국내에 사회주의 사상과 무정부주의 등이 유입되었다. ⑤ 나라의 빚을 갚자는 국채 보상 운동은 황성신문, 대한 매일 신보 등이 참여하면서 전국적으로 확대되었다.

기출풀이 [6회 4급 14번]

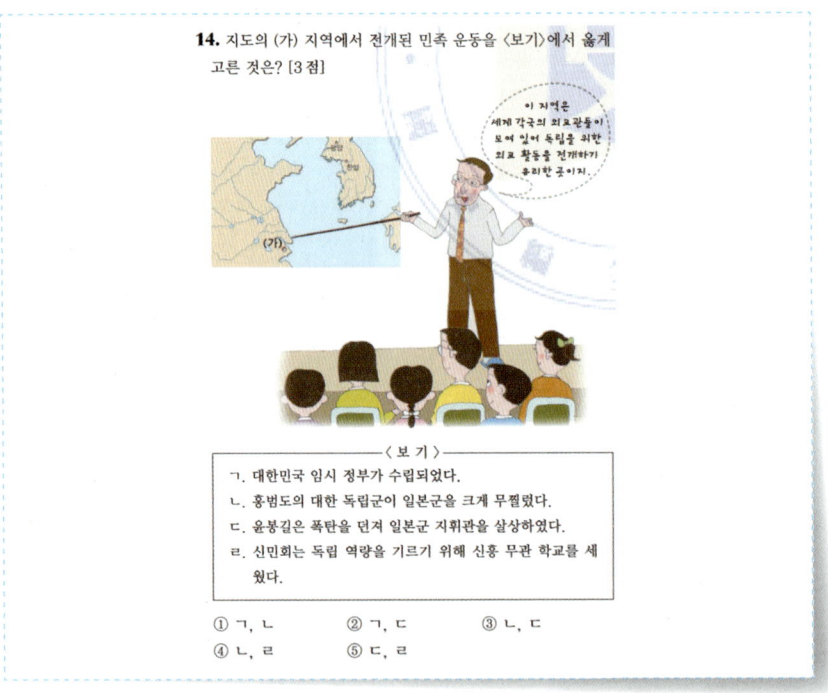

14. 지도의 (가) 지역에서 전개된 민족 운동을 〈보기〉에서 옳게 고른 것은? [3점]

이 지역은 세계 각국의 외교관들이 모여 있어 독립을 위한 외교 활동을 전개하기 유리한 곳이지.

〈 보 기 〉
ㄱ. 대한민국 임시 정부가 수립되었다.
ㄴ. 홍범도의 대한 독립군이 일본군을 크게 무찔렀다.
ㄷ. 윤봉길은 폭탄을 던져 일본군 지휘관을 살상하였다.
ㄹ. 신민회는 독립 역량을 기르기 위해 신흥 무관 학교를 세웠다.

① ㄱ, ㄴ   ② ㄱ, ㄷ   ③ ㄴ, ㄷ
④ ㄴ, ㄹ   ⑤ ㄷ, ㄹ

● 출제의도

대한민국 임시 정부 수립과 상하이 이해

● 해설 : 정답 ②

3·1 운동 이후 독립 운동을 통일적으로 지도할 조직체의 건설이 문제로 제기되면서 연해주와 상하이, 국내에서 임시 정부 수립 활동이 활발하게 전개되었다. 이후 각지의 임시 정부를 통합하여 단일 정부를 만들자는 논의가 진행되면서 정통성은 한성 정부를 계승하고 상하이에 청사를 두는 통합 정부가 1919년 9월에 조직되어 대통령 이승만, 국무총리 이동휘 등으로 내각을 구성하였다. 1920년대 중반 임시 정부는 국민 대표 회의를 거치며 내각 구성조차 어려운 상황에 직면하였고, 이에 김구는 침체된 임시 정부에 활력을 불어 넣기 위하여 한인 애국단을 조직하였다. 이 단체 소속의 윤봉길은 상하이 사변 승전 기념식장인 홍커우 공원에 폭탄을 던져 일본 지휘관들을 폭살하였다.

● 오답풀이

ㄴ. 홍범도의 대한 독립군이 승리를 거둔 봉오동은 북간도 지역이다. ㄹ. 신민회는 실력 양성과 더불어 무장 투쟁에도 관심을 가져 해외에 독립 운동 기지를 건설하였다. 남만주의 삼원보와 북만주의 밀산부 한흥동이 대표적인 지역으로 신흥 무관 학교는 삼원보에 세워졌다.

기출풀이 [7회 3급 36번]

36. 다음 자료와 관련 있는 단체에 대한 설명으로 옳은 것은?

[1점]

대한민국 원년 독립 공채 발행 조례

- 제1조 기채 정액은 4천만 원으로 하며, 대한민국 원년 독립 공채로 함.
- 제4조 상환 기간은 대한민국이 완전히 독립한 후 만 5개년부터 30개년 이내에 수시로 상환하는 것으로 하며, 그 방법은 재무 총장이 이를 정함.
- 제7조 공채의 응모 청약 기한은 대한민국 원년 8월 1일부터 동 11월 말일까지로 함.
- 제17조 본 공채는 외국인도 응모할 수 있는 것으로 함.

① 각 지방을 순회하며 민중 계몽 활동을 벌였다.
② 관민 공동회를 개최하여 헌의 6조를 결의하였다.
③ 경학사와 부민단을 설립하여 독립군을 양성하였다.
④ 조선 혁명 간부 학교를 창립하여 군사 훈련에 힘썼다.
⑤ 교통국과 연통제를 통해 국내와의 연계를 추진하였다.

◉ 출제의도

대한민국 임시 정부 활동 이해

◉ 해설 : 정답 ⑤

대한민국 임시 정부는 상하이에 위치하고 있었기 때문에 국내와의 연계가 무엇보다도 중요한 문제였다. 이를 위해 비밀 행정 조직망인 연통제와 국내와의 교통과 통신 연락을 위한 교통국을 두어 독립 운동 자금과 정보들을 공유하였다. 특히 안정적인 군자금을 모으기 위해 독립 공채나 국민 의연금을 거두어 독립 운동의 토대로 삼았다.

◉ 오답풀이

① 아래로부터의 개혁을 선언하며 이를 위해 신문과 강연을 통한 민중 계몽 활동을 전개한 단체는 독립 협회이다. ② 독립 협회는 1898년 종로에서 관민 공동회를 개최하였는데 이곳에 모인 민중들은 대한 제국의 자주 독립을 골자로 하는 헌의 6조를 결의하여 정부에 건의하였다. ③ 서간도 지역의 삼원보 지역을 중심으로 경학사·부민단·한족회 등의 독립 운동 단체를 세운 조직은 신민회이다. ④ 의열단을 세운 김원봉은 개별적인 의거의 한계를 절감한 1920년대 중반 군대식 조직을 갖추기 위해 중국 황포 군관 학교에 입교해 군사 훈련을 받은 후 1932년에 조선 혁명 간부 학교를 세웠다.

기출풀이 [2회 4급 34번]

34. 다음 자료와 관련된 조직의 활동을 〈보기〉에서 고른 것은? [2점]

제1조 대한민국은 민주 공화제로 한다.
제2조 대한민국은 임시 정부가 임시 의정원의 결의에 의하여 이를 통치한다.
제3조 대한민국의 인민은 남녀 귀천 및 빈부의 계급이 없고, 일체 평등하다.
제5조 대한민국의 인민으로 공민 자격이 있는 자는 선거권과 피선거권을 가진다.

〈 보 기 〉

ㄱ. 조선 의용군을 창설하여 무장 독립 전쟁을 전개하였다.
ㄴ. 독립 신문을 발간하여 독립 운동 소식과 방향을 알려 주었다.
ㄷ. 국내외의 독립 운동을 연계하고자 연통제를 실시하였다.
ㄹ. 조선 혁명당을 설립하여 만주에서 독립 운동을 지원하였다.

---

① ㄱ, ㄴ ② ㄱ, ㄷ ③ ㄴ, ㄷ ④ ㄴ, ㄹ ⑤ ㄷ, ㄹ

● **출제의도**

대한민국 임시 정부 활동 이해

● **해설 :** 정답 ③

임시 정부는 교통국과 연통제를 바탕으로 국내와의 연결을 시도하였으며 임시 정부의 활동을 알리기 위해 독립신문을 제작하고 사료 편찬소를 건립하였다. 또한 외교적 활동과 더불어 군대식 조직을 갖추기 위해서도 노력하였다. 독립신문은 1919년 8월에 창간되어 임시 정부의 기관지 역할을 하였으며 이광수, 박은식 등이 참여하였다. 사료 편찬소는 독립 의식을 고취시키기 위하여 한 · 일 관계 사료집을 발간하기도 하였다.

● **오답풀이**

ㄱ. 1940년대 초 조선 의용대의 일부는 화북 지방으로 이동하여 이 지역의 독립 운동 단체와 연대하여 조선 독립 동맹을 조직한 후 조선 의용군을 편성하였다. ㄹ. 1920년대 중반 국내외에서 진행된 민족 유일당 운동의 결과 3부의 통합 운동이 만주 지역에서 전개되었다. 이 과정에서 북만주 지역에서는 혁신 의회가, 남만주 지역에서는 국민부가 조직되었다. 국민부는 1929년 9월 조선 혁명당을 창당하고 조선 혁명군을 편성하였다.

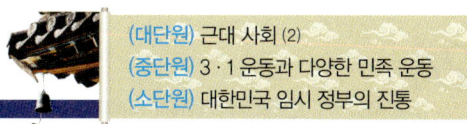

기출풀이 [9회 3급 42번]

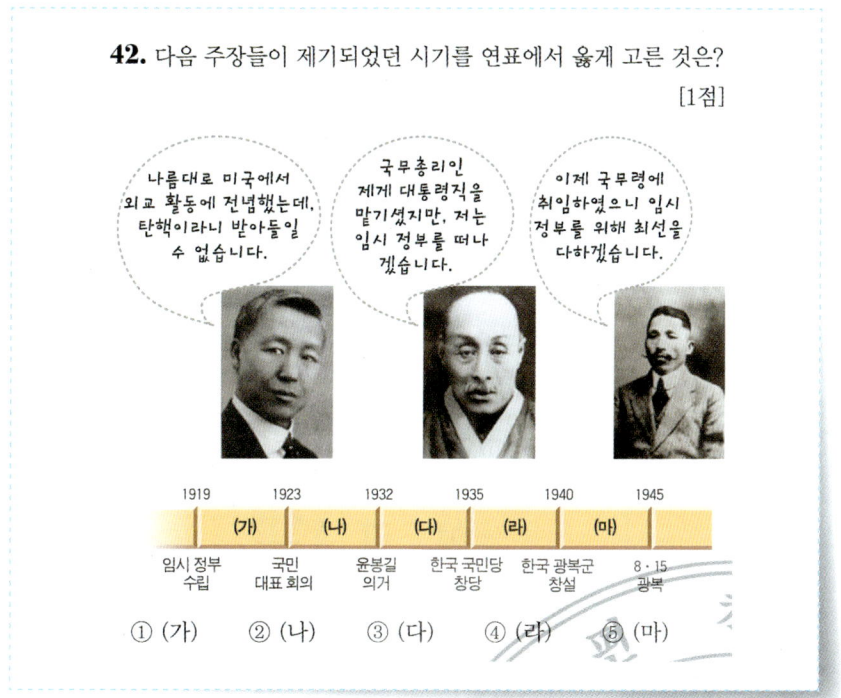

출제의도

대한민국 임시 정부 활동 파악

해설 : 정답 ②

첫 번째 인물은 구미 위원부를 통해 외교 활동을 전개하여 독립을 쟁취하고자 하였으나 위임 통치 청원서 문제를 계기로 1925년 임시 의정원에서 탄핵을 당한 이승만이다. 두 번째 인물은 임시 정부 임시 의정원 초대 의장으로 이승만의 탄핵 후 1926년 국무령에 취임한 이동녕이며, 세 번째 인물은 국민 대표 회의 이후 침체된 임시 정부에 활력을 불어 넣고자 노력하였던 김구의 임시정부 경무 국장 시절의 모습이다.

오답풀이

① 1919년 9월 상하이에서 대한민국 임시 정부라는 이름으로 통합 정부가 조직되었다. ③ 김구는 임시 정부 산하 단체로 한인 애국단을 조직하여 의혈 투쟁을 전개하였다. 한인 애국단 소속의 이봉창과 윤봉길의 의거를 계기로 독립 운동에 대한 국내외 관심이 고조되었다. ④ 1930년대 중반 김구는 민족주의 세력을 결집하기 위하여 한국 국민당을 조직하였다. ⑤ 충칭에 도착한 임시 정부는 1940년 한국광복군을 창설하여 지청천을 중심으로 국내 진공 작전을 준비하였다.

기출풀이 [8회 3급 50번]

50. 다음 글과 관련된 민족 운동의 사진 자료로 가장 적절한 것은? [2점]

> 새해부터는 부녀자들의 문맹 퇴치와 농촌의 개발을 중심으로 힘쓰려 합니다. …… 우리 운동을 남자에게 의뢰하지 말고 가장 대담하고 용맹하게 싸워 나갈 만한 아름다운 희생자가 새해에는 쏟아져 나오기를 간절한 마음으로 바랍니다.

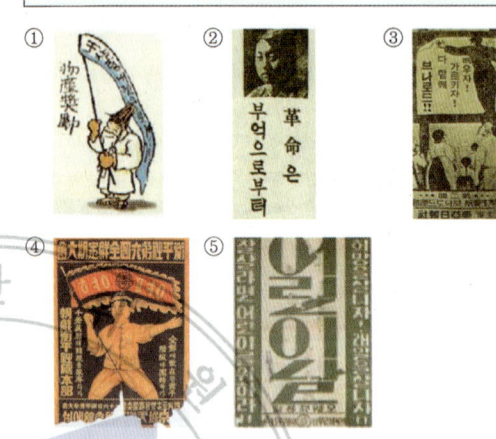

● **출제의도**

1920년대 여성 운동 파악

● **해설 :** 정답 ②

1920년대 절대 다수의 여성들은 식민지 현실에서 민족적인 억압과 성적인 차별, 또는 봉건적인 악습에도 시달리고 있었다. 3·1 운동 이후 사회 운동이 활발하게 전개되면서 많은 여성 단체들이 조직되었다. 조선 여자 교육회, 조선 여자 청년회, 조선 여자 기독교 청년회, 조선 여성 동우회 등이 대표적이었으며, 주로 강연회와 토론회의 개회·야학과 강습소를 운영하며 여성들의 의식을 변화시키기 위해 노력하였다. 1920년대 후반 민족 협동 전선의 결과 근우회가 조직되기도 하였다.

● **오답풀이**

① '내 살림 내 것으로'라는 구호를 통해 1923년 조만식을 중심으로 전개되었던 물산 장려 운동임을 알 수 있다. ③ 1931년 문맹 퇴치 운동의 일환으로 동아일보에서 전개한 브나로드 운동과 관련된 내용이다. ④ 백정들에 대한 사회적 차별을 부정하며 1923년 진주에서 조직된 형평사 대회를 알리는 포스터이다. ⑤ 소년 운동에 해당하는 내용이다.

기출풀이 [2회 3급 40번]

40. 다음 자료와 관련된 운동에 대한 설명으로 옳지 <u>않은</u> 것은? [2점]

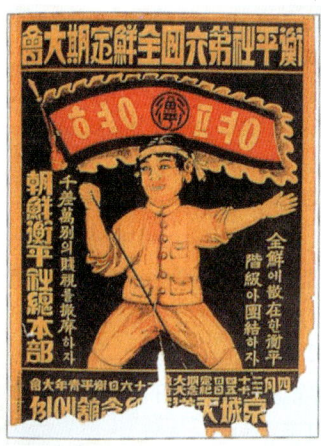

① 일제 강점기 때 전개되었다.
② 경남 진주에서 먼저 시작되었다.
③ 신분 제도가 철폐되는 계기가 되었다.
④ 백정 출신들이 주도적인 역할을 하였다.
⑤ 차별 없는 평등한 사회를 만들려는 시도였다.

◉ 출제의도

1920년대 민족 운동 파악

◉ 해설 : 정답 ③

1894년 법적으로 신분제가 철폐되었으나 여전히 백정들은 사회적으로 차별받고 있었다. 이러한 사회적 차별에 반대하며 평등한 사회를 주장한 운동이 형평 운동이다. 제시된 자료는 형평사 대회를 알리는 포스터이며 'ㅎㅕㅇㅍㅕㅇ'이라는 부분을 통해 형평 운동과 관련된 내용임을 알 수 있다. 형평사는 1923년 교육에 대한 차별을 계기로 계급을 타파하고 백정에 대한 모욕적인 칭호를 폐지하며 교육을 장려하여 백정도 참다운 인간이 되게 한다는 것을 설립 목적으로 하여 진주에서 조직되었다. 활동 내용은 초기 백정들에 대한 계몽 운동에서 벗어나 1920년대 후반에는 농민·노동 운동에 동참하며 실천적인 항일 운동에 동참하였다. 사회주의 세력의 지원으로 전국적인 조직으로 확대되었으며 신분 해방 운동과 더불어 민족 해방 운동을 전개하다가 1930년대 해체되었다. '공평은 사회의 근본이고 애정은 인류의 본영이다.'라고 시작하는 형평 운동 취지문 자료는 잘 읽어두어야 한다.

기출풀이 [6회 3급 38번]

38. 다음 내용을 통해 추론할 수 있는 독립운동의 흐름으로 가장 적절한 것은? [3 점]

> • 신간회는 일제 강점기 최대 규모의 반일 사회 운동 단체로 지방에도 조직을 갖추고 있었다.
> • 민족 혁명당은 중·일 전쟁이 일어나자 조선 의용대를 창설하였으며, 그 중에서 김원봉이 이끄는 일부 세력은 한국 광복군에 편입되었다.

① 이념을 초월한 민족 유일당 운동이 전개되었다.
② 외교론을 비판하는 적극적인 무장 투쟁이 전개되었다.
③ 사회주의의 영향으로 민족 해방보다 계급 투쟁이 우선시 되었다.
④ 우리의 힘을 길러 독립을 준비하자는 실력 양성 운동이 전개되었다.
⑤ 일제의 주요 기관을 폭파하고 친일파를 처단하는 의거 활동이 전개되었다.

● **출제의도**

민족 유일당 운동 이해

● **해설 :** 정답 ①

첫 번째 자료는 정우회 선언으로 대표되는 사회주의 계열과 타협적인 민족주의 계열의 등장으로 위기의식을 느끼며 조선 민흥회로 세력을 정비하고 있던 비타협적 민족주의 계열간의 좌우 합작 운동의 결과물인 신간회와 관련된 내용이다. 두 번째 자료는 1938년 사회주의 계열의 조직으로 결성된 김원봉의 조선 의용대가 1940년대 분화 과정에서 그 일부가 대한민국 임시 정부의 한국광복군에 참여한 내용으로 역시 좌우 합작 운동이라고 볼 수 있다. 즉, 사상과 이념을 초월하여 전개된 민족 유일당 운동인 것이다.

● **오답풀이**

② 신채호는 1920년대 외교론, 실력 양성론, 자치론 등 다양한 독립 운동을 비판하며 무장 투쟁의 필요성을 역설하였다. ③ 계급 투쟁보다는 민족 해방을 중요하게 생각하는 입장에서 민족 유일당 운동이 전개되었다. ④ 실력 양성 운동의 입장에서 독립을 준비하는 흐름은 민립 대학 설립운동, 물산 장려 운동, 문맹 퇴치 운동 등이 있다. ⑤ 1919년 조직된 김원봉의 의열단과 1931년 조직된 김구의 한인 애국단에 대한 내용이다. 개인적인 의혈 투쟁과 좌우 합작 운동과는 직접적인 연관이 없다.

기출풀이 [7회 4급 46번]

46. 다음은 제국주의 국가의 침략에 맞섰던 한국과 인도의 지도자이다. 이 두 인물의 공통된 활동으로 적절한 것을 〈보기〉에서 고른 것은? [2점]

조만식

간디

〈 보 기 〉

ㄱ. 망명 정부의 최고 지도자로 활동
ㄴ. 식민지 조국의 독립을 위하여 투쟁
ㄷ. 국산품 애용을 통한 경제적 자립 추구
ㄹ. 무장 독립 투쟁을 위한 군사 조직 건설

① ㄱ, ㄴ ② ㄱ, ㄷ ③ ㄴ, ㄷ ④ ㄴ, ㄹ ⑤ ㄷ, ㄹ

● 출제의도

항일 민족 운동 이해

● 해설 : 정답 ③

조만식은 식민지 시대 일제가 관세를 철폐하자 민족 경제의 자립을 주장하며 평양을 중심으로 물산 장려 운동을 전개하였다. 그는 조선 물산 장려회의 결성을 계기로 국산품 애용 운동을 활발하게 전개하였다. 간디의 무저항 민족주의에 감동을 받아 독립 운동의 모체로 삼았으며 1920년대 민립 대학 기성회, 신간회 등 민족 운동에 참여하였다. 간디는 영국의 식민 통치하에서 몰락하고 있는 농촌 공동체를 살리기 위한 하나의 방법으로 경제적 자립과 국산품 애용을 주장하며 스와데시(Swadeshi) 운동을 전개하였다. 간디는 영국에서 수입된 옷을 거부하며 직접 물레를 돌려 옷을 만들어 입었으며, 그의 물레는 경제적 독립의 상징이 되었다.

● 오답풀이

ㄱ. 1925년 이승만의 탄핵으로 위기를 맞은 대한민국 임시 정부의 최고 지도자로 활동했던 사람은 김구이다.
ㄴ. 조만식과 간디의 독립 운동 노선의 공통점은 비폭력 무저항주의를 주장하며 이를 실천으로 옮겼다는 것이다.

기출풀이 [6회 3급 42번]

42. 자료의 민족 운동에 대한 설명으로 옳은 것은? [3점]

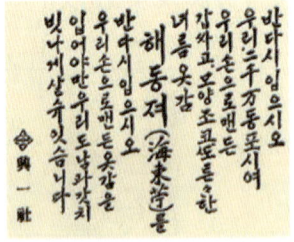

① 일본이 동원한 일진회의 탄압으로 실패하였다.
② 민족 산업을 육성하여 경제 자립을 이루고자 하였다.
③ 진주에서 결성된 조선 형평사를 주축으로 전개되었다.
④ '한민족 1천만이 한 사람이 1원씩' 이라는 구호를 내걸었다.
⑤ 금주, 단연에 의한 모금 운동으로 나라 빚을 갚고자 하였다.

◉ 출제의도

물산 장려 운동 파악

◉ 해설 : 정답 ②

'우리 손으로 맨든 옷감을 입어야만'이라는 자료를 통해 물산 장려 운동과 관련된 자료임을 알 수 있다. 오른쪽 자료는 물산 장려 운동을 선전하기 위한 시가 행진의 모습이다. 대한 제국 시기 국채 보상 운동의 흐름과 같은 맥락으로 1923년 일제의 관세 철폐에 대응하기 위한 우리 민족의 국산품 애용 운동이다. 평양의 조만식을 중심으로 금주 · 금연, 소비 절약 등을 내용으로 전개된 경제적 자립 운동이다.

◉ 오답풀이

① 물산 장려 운동은 일제의 교묘한 탄압과 친일 자본가들의 참여로 인한 운동의 변질 등을 이유로 서서히 쇠퇴하게 된다. 일진회는 1904년 일제의 국권 피탈 과정에서 조직된 친일 단체로 1910년 한일 합방 직후 해체되었다. ③ 교육 차별을 계기로 진주에서 시작된 형평 운동에 대한 설명이다. ④ 민립 대학 설립 운동과 관련된 내용이다. '내 살림 내 것으로', '조선 사람 조선 것으로' 등이 물산 장려 운동의 구호에 해당한다. ⑤ 일제의 화폐 정리 사업 이후 나라의 빚을 갚자는 내용으로 전개된 민족 운동은 국채 보상 운동이다.

기출풀이 [6회 4급 32번]

32. 다음 단체와 관련된 그림 자료로 가장 적절한 것은? [2점]

이 단체는 1923년 1월 20일 서울 낙원동 협성 학교에서 창립되었다. 23일에 발기인들은 다가오는 음력 정월 초하루부터 옷과 음식, 일용품 등에서 조선 물산을 사용하기로 결의하고, '남자는 두루마기, 여자는 치마를 입을 것' 등을 행동 지침으로 결정하였다.

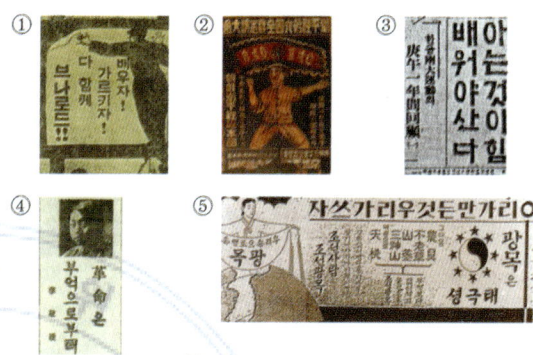

○ 출제의도

물산 장려 운동 파악

○ 해설 : 정답 ⑤

조선 물산 장려회의 창립 총회와 관련된 자료이다. 행동 지침으로 '남자는 두루마기를, 여자는 무명치마를 입을 것', '설탕·음료 등을 제외한 나머지 음식물은 모두 우리 것을 사용할 것', '일상용품은 우리 토산품을 상용할 것' 등을 정하고 운동을 전개하였다. 그러나 국산품 가격이 폭등하고 유산 계급의 운동이라는 사회주의자들의 비판이 지속되면서 운동은 동력이 쇠퇴하기 시작하였다. 조선 물산 장려회는 1940년에 해체되었다.

○ 오답풀이

① 1931년 동아일보를 중심으로 전개되었던 문맹 퇴치 운동과 관련된 자료이다. 미신 타파, 축첩제 폐지 등의 생활 개선과 문자 보급에 목적을 둔 운동이었다. ② 1920년대 초반에 사회적 차별 폐지를 목적으로 전개되었던 형평 운동과 관련된 자료이다. ③ 조선일보의 문자 보급 운동에 해당하는 내용이다. 학생들을 중심으로 전개되었던 문맹 퇴치 운동이다. ④ 1920년대 여성 운동의 흐름과 연관된 내용이다. 여성들에 대한 사회적 차별과 억압을 거부하며 봉건적 악습의 굴레에서 벗어나고자 하는 의미라고 볼 수 있다.

기출풀이 [9회 4급 40번]

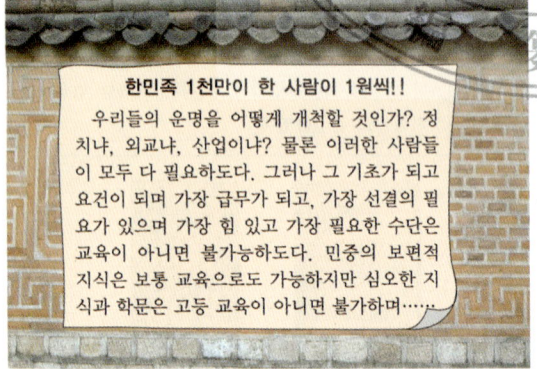

40. 다음과 같이 추진된 활동에 대한 설명으로 옳은 것은?

[2점]

> **한민족 1천만이 한 사람이 1원씩!!**
>
> 우리들의 운명을 어떻게 개척할 것인가? 정치냐, 외교냐, 산업이냐? 물론 이러한 사람들이 모두 다 필요하도다. 그러나 그 기초가 되고 요건이 되며 가장 급무가 되고, 가장 선결의 필요가 있으며 가장 힘 있고 가장 필요한 수단은 교육이 아니면 불가능하도다. 민중의 보편적 지식은 보통 교육으로도 가능하지만 심오한 지식과 학문은 고등 교육이 아니면 불가하며……

① 우리 민족의 힘으로 대학을 설립하고자 하였다.
② 신문사를 중심으로 한글 보급 운동을 전개하였다.
③ 최초의 근대 학교인 원산 학사의 설립 계기가 되었다.
④ 사회주의 계열과 민족주의 계열의 연합으로 추진되었다.
⑤ 신간회의 지원을 받아 전국적인 민족 운동으로 확산되었다.

출제의도

민립 대학 설립 운동 이해

해설 : 정답 ①

제시된 자료는 1923년에 발표된 '민립 대학 발기 취지서'의 내용이다. 조선 교육회의 이상재, 조만식 등은 고등 교육의 필요성을 절감하며 민립 대학 기성회를 조직하고 대학 설립을 위한 모금 운동을 전개하였으나, 일제의 방해로 실패하였다. 이후 우리 민족의 불만을 억제하기 위하여 일제는 경성 제국 대학을 설립하였지만, 이는 기만적인 정책으로 대부분의 학생은 일본 학생이었다.

오답풀이

② 1929년 조선일보의 문자 보급 운동, 1931년 동아일보의 브나로드 운동과 관련된 내용이다. ③ 1883년 함경도 덕원 주민들은 원산 학사라는 근대적인 학교를 수립하여 문 · 무를 병행하는 교육을 실시하였다. ④ 1920년대 일제의 분열 정책으로 독립 운동 진영이 어려움을 겪고 있는 시대적인 상황을 배경으로 좌우 합작 운동의 일환인 민족 유일당 운동이 전개되었다. ⑤ 광주 학생 항일 운동이 일어나자 신간회는 진상 조사단을 파견하여 전국적인 민족 운동을 확산되는 계기를 마련하였다.

기출풀이 [9회 4급 45번]

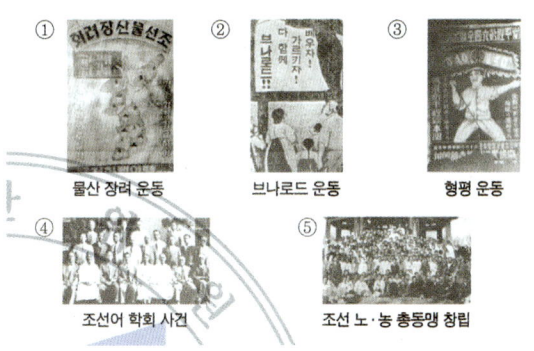

45. 다음 소설 내용과 관련된 민족 운동의 사진 자료로 가장 적절한 것은? [2점]

> 우리 시골로 내려갑시다! 이번 기회에 공부고 뭐고 다 집어 치우고 우리의 고향을 지키러 내려갑시다. 한 가정을 붙드느 보다는 다 쓰러져 가는 우리의 고향을 붙들기 위한 운동을 일으키기 위해서 자! 용기를 냅시다. 그네들을 위해 일을 하다가 죽는 한이 있어도 선구자로서 기쁨과 자랑만은 남겠지요.
> – 심훈, 「상록수」 –

① 물산 장려 운동
② 브나로드 운동
③ 형평 운동
④ 조선어 학회 사건
⑤ 조선 노·농 총동맹 창립

● 출제의도

문맹 퇴치 운동 이해

● 해설 : 정답 ②

이광수의 '흙', 심훈의 '상록수' 등은 문맹 퇴치 운동과 관련된 문학 작품들이다. 학생들에게 자신의 고향으로 내려가 80%에 이르렀던 문맹을 퇴치하고 민중들을 계몽하자고 역설하고 있다. 조선일보의 문자 보급 운동과 동아일보의 브나로드 운동이 대표적이다. 브나로드(Vnarod)라는 말은 '민중 속으로'라는 뜻을 가진 러시아어이다. 1920년대 후반부터 언론사를 중심으로 전개되었던 실력 양성 운동으로 1930년대 중반 일제의 탄압으로 중단되었다.

● 오답풀이

① 실력 양성 운동이라는 같은 맥락에서 파악할 수는 있으나 문맹 퇴치 운동과 물산 장려 운동은 그 방법의 차이가 있다.
③ 형평 운동은 1894년 신분제 철폐 이후 잔존해던 사회적 차별에 대한 반대 운동으로 1920년대 초반부터 전개되었다.
④ 1931년 조직된 조선어 학회는 1942년 조선어 학회 사건을 계기로 활동에 타격을 입고 해산 당하였다.
⑤ 1924년 창립된 조선 노·농 총동맹은 1927년 조선 노동 총동맹과 조선 농민총동맹으로 분화하였다.

기출풀이 [5회 3급 46번]

46. 다음 자료와 관련된 운동에 대한 설명으로 옳은 것은?

[2 점]

원산 총파업   암태도 소작 쟁의

① 일제의 산미 증식 계획이 중단되면서 종식되었다.
② 참여 계층의 다수가 물산 장려 운동을 전개하였다.
③ 조선 형평사가 조직되면서 전국적으로 확대되었다.
④ 민족 협동 노선의 해소 이후 생존권 투쟁의 성격이 강화 되었다.
⑤ 일제의 대륙 침략 이후에는 비합법적, 혁명적 조합이 주 도하였다.

● **출제의도**

1920~30년대 농민 · 노동 운동 흐름 파악

● **해설 :** 정답 ⑤

1920년대 사회주의 사상이 유입되면서 본격적으로 전개되었던 노동 · 농민 운동과 관련된 내용이다. 1923년 전남 암태도에 서는 고율의 소작료에 반대하는 소작 쟁의가 일어났다. 1920년대 후반 노동 쟁의는 점차 조직화되고 체계화되었고, 그 대 표적 예로 1929년 원산 노동자 총파업이 있다. 1931년 만주 사변을 계기로 노동 · 농민 운동은 반제국주의와 항일 투쟁의 성격으로 변화하면서 비합법적이고 혁명적인 조합이 주도하였다.

● **오답풀이**

① 산미 증식 계획이 중단되는 1930년대 중반 노동 · 농민 운동의 횟수는 감소하는 경향이었지만 완전히 종식된 것은 아니 었다. 비합법적인 투쟁으로 전환되면서 운동의 흐름은 계속되었다. ② 물산 장려 운동을 주도한 세력은 종교 · 교육계 중심 의 민족주의 계열이다. ③ 형평 운동은 백정들을 중심으로 전개된 신분 해방 운동으로 1923년 진주에서 조직된 형평사는 이후 전국적인 조직으로 확대되었다. ④ 민족 협동 노선의 해소는 1931년 신간회의 해체를 의미한다. 노동 · 농민 운동의 생 존권 투쟁 성격은 1920년대의 흐름이다.

기출풀이 [4회 3급 45번]

45. 다음 자료를 통해 당시 시대적 상황을 옳게 추론한 학생을 고른 것은? [2점]

(가) 노동 쟁의 발생 횟수

(나) 민족별 노동자의 임금 비교

① 갑 : 노동 쟁의는 경제적 요구만 내세웠고 반일 운동과는 무관했을 거야.

② 을 : 사회주의 사상의 유입이 노동자들의 계급 의식을 성장시켰을 거야.

③ 병 : 노동 쟁의의 증가는 브나로드 운동으로 문자 해독률이 증가했기 때문일 거야.

④ 정 : 민족별 노동 임금의 차이가 나는 것은 일본인의 기술력이 훨씬 좋았기 때문일 거야.

⑤ 무 : 1930년에 일제의 국가 총동원령이 내려졌기 때문에 노동 쟁의 횟수가 크게 증가했을 거야.

● **출제의도**

노동 운동의 배경과 전개 과정 파악

● **해설 :** 정답 ②

3·1 운동을 계기로 사회주의 사상이 유입되면서 노동자와 농민의 의식이 성장하기 시작했고, 이러한 흐름은 노동 운동과 농민 운동의 활발한 전개로 반영되었다. 특히, 노동 쟁의는 1920년대 열악한 노동 환경 개선과 임금 인상을 주요한 내용으로 하는 생존권 투쟁의 성격이 강하였다. 그러나 1930년 만주 사변 이후 민족 말살 통치 시기에 일제의 탄압은 강화되었고 이에 반제국주의 항일 운동인 정치 투쟁의 성격으로 변화하였다.

● **오답풀이**

① 1930년대 노동 쟁의는 반일 운동의 성격이 강하였다. 이 시기 일제의 탄압도 심화되면서 노동 쟁의는 비합법적인 운동으로 변화하면서 지하 조직화하였다. ③ 식민 통치 시기 일제의 임금 차별과 노동 시간 문제 등을 이유로 1920년대 노동 쟁의는 증가하였다. ④ 민족별 노동 임금의 차이는 기술력이나 능력의 차이보다는 민족 차별 정책에 기인한 것이다. ⑤ 1938년 국가 총동원령 이후 일제는 본격적인 전쟁 수행을 위한 병참 기지화 정책을 추진하며 우리 민족에 대한 통제와 수탈을 강화하였다. 노동 쟁의의 횟수는 감소할 수밖에 없는 시대적 상황이 전개되었다.

 **기출풀이** [11회 중급 34번]

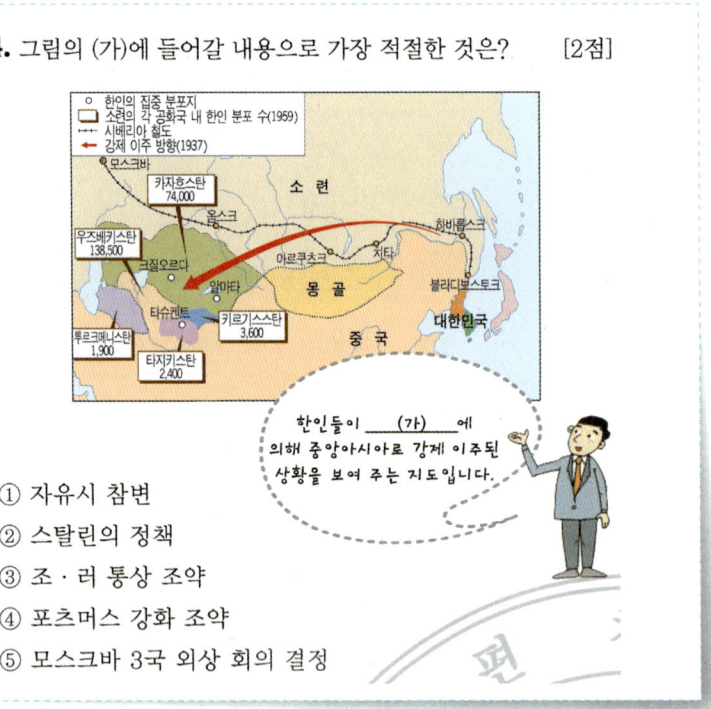

34. 그림의 (가)에 들어갈 내용으로 가장 적절한 것은? [2점]

한인들이 ___(가)___ 에 의해 중앙아시아로 강제 이주된 상황을 보여 주는 지도입니다.

① 자유시 참변
② 스탈린의 정책
③ 조·러 통상 조약
④ 포츠머스 강화 조약
⑤ 모스크바 3국 외상 회의 결정

● **출제의도**

해외 이주 동포들의 생활 파악

● **해설 :** 정답 ②

1860년 베이징 조약을 중개한 러시아는 연해주를 영토로 갖게 된다. 이 땅에 대한 이주가 허용되면서 조선인들의 집단 거주지가 조성되었으며, 국권 피탈 후에는 이를 근거지로 연해주 지역에서 항일 무장 투쟁이 전개되었다. 1937년 중·일 전쟁 이후 일제의 대륙 침략 과정을 접한 스탈린은 일본의 공격에 대비한다는 명분으로 연해주 지역의 한인들을 중앙아시아로 강제 이주시켰다.

● **오답풀이**

① 간도 참변 이후 독립군 진영을 재정비하기 위해 조직된 대한 독립 군단이 러시아에 의해 자유시에서 큰 피해를 입은 사건이다. ③ 1884년 갑신정변 직후 강화된 청의 세력을 견제하고자 체결된 조약이다. ④ 1904년 시작된 러·일 전쟁이 일본의 승리로 기울어진 상황에서 전쟁을 종결시키기 위해 양국 간에 맺은 강화 조약이다. ⑤ 1945년 해방 이후 한반도의 문제를 논의하기 위해 미국·영국·소련 3개 나라가 모스크바에 모였다.

기출풀이 [3회 3급 38번]

38. 다음의 밑줄 친 '이 곳'의 위치를 지도에서 고른 것은?

[2점]

> **2007년 1월 1일** ○○일보
>
> **아! 카레이스키-강제 이주 70년**
>
> 한국인의 초기 이주 역사는 핍박과 절망, 죽음으로 얼룩졌다. 고국에서 6,000km 떨어진, 아무 연고도 없는 중앙아시아에서 고단한 삶을 이어 가는 우리 핏줄도 그렇다. 스스로를 한국인도 조선인도 아닌 고려인이라 부르는 사람들……. 가난과 기근을 견디다 못해 고향을 버리고 두만강을 건넌 한인들이 <u>이 곳</u>에 첫발을 디딘 것이 140여 년 전. 이들이 옛 소련 독재자 이오시프 스탈린의 지시로 다시 중앙아시아로 강제 이주된 지 70년을 맞는다. 낯선 땅에서 맨손으로 황무지를 일구고 민족혼을 지키며 유라시아 곳곳에서 살아가는 50만 고려인의 어제와 오늘을 살펴본다.

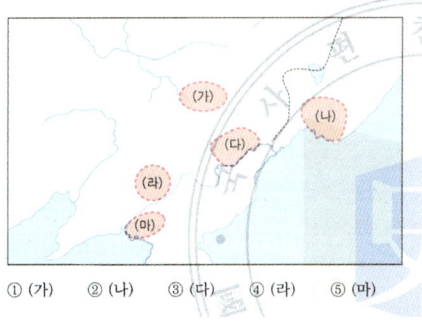

① (가)   ② (나)   ③ (다)   ④ (라)   ⑤ (마)

● 출제의도

국외 이주 동포들이 생활 파악

● 해설 : 정답 ②

제시된 자료의 '카레이스키', '스탈린의 지시로 중앙아시아로 강제 이주' 등의 내용을 통해 연해주 지역임을 알 수 있다. 1910년 일제에 의해 국권이 피탈된 이후에는 집단 한인촌이 형성되었으며, 성명회·13도 의군·권업회·대한 광복군 정부·대한 국민 의회 등의 조직들이 결성되었던 독립 운동의 중심지였다.

● 오답풀이

① 만주 길림성 지역으로 김원봉의 의열단이 조직되었던 지역이다. ③ 왕청·용정 지역 등이 포함되어 있는 북간도이다. 명동학교·서전서숙 등 항일 의식을 고취시키는 학교들이 있었고, 1920년대 청산리 대첩 등 무장 투쟁이 빈번하게 일어났던 지역이기도 하다. ④ 서간도이다. 신민회가 해외 독립 운동 기지로 건설한 삼원보가 포함되어 있다. 신흥 무관 학교를 비롯하여 경학사·한족회·부민단 등의 독립 운동 기지가 건설되었다.

기출풀이 [8회 3급 30번]

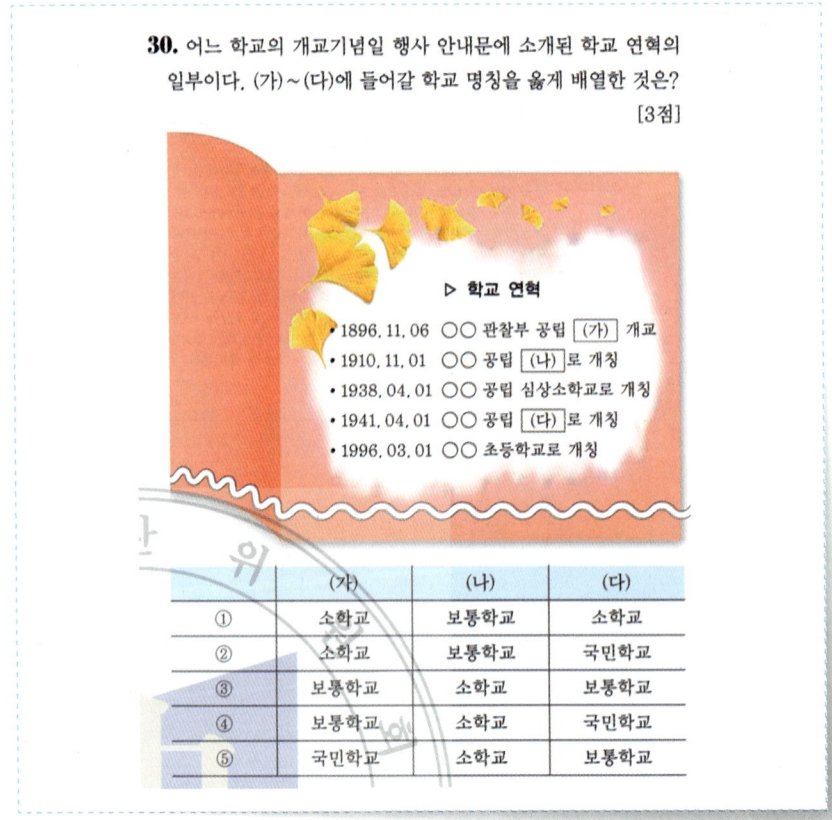

30. 어느 학교의 개교기념일 행사 안내문에 소개된 학교 연혁의
일부이다. (가)~(다)에 들어갈 학교 명칭을 옳게 배열한 것은?
[3점]

▷ **학교 연혁**

• 1896. 11. 06 ○○ 관찰부 공립 [(가)] 개교
• 1910. 11. 01 ○○ 공립 [(나)]로 개칭
• 1938. 04. 01 ○○ 공립 심상소학교로 개칭
• 1941. 04. 01 ○○ 공립 [(다)]로 개칭
• 1996. 03. 01 ○○ 초등학교로 개칭

	(가)	(나)	(다)
①	소학교	보통학교	소학교
②	소학교	보통학교	국민학교
③	보통학교	소학교	보통학교
④	보통학교	소학교	국민학교
⑤	국민학교	소학교	보통학교

● **출제의도**

일제의 식민지 교육 정책 파악

● **해설 :** 정답 ②

2차 갑오 개혁이 진행되던 1895년 2월 '국가의 부강은 국민의 교육에 있다.'는 내용의 교육 입국 조서를 통해 한성 사범 학교와 외국어 학교가 세워지게 된다. 이후 소학교령을 발표하여 수업 연한 6년의 소학교가 설립되었고 1900년에는 한성 중학교가 최초의 중등 교육 기관으로 개교하였다. 1906년 '보통 학교령'이 발표되면서 소학교가 수업 연한 4년의 보통 학교로 개칭되기 시작하였고 1938년 3차 조선 교육령이 발표된 이후 다시 '심상소학교'라는 이름으로 변화되었다. 이 시기는 황국 신민화 정책이 강화되어 신사 참배가 강요되었으며 우리 말과 우리 역사 교육을 금지하였다. 1940년대에 들어 학교 교육이 군사 교육 체제로 바뀌었고 소학교를 '황국신민의 학교'라는 의미에서 국민 학교로 개칭하여 학생들을 전쟁 물자 수집에 동원하거나 지원병제나 징병제를 통하여 전쟁터로 내몰았다. 학교에서는 군사 훈련이 주로 이루어졌다. 1996년 김영삼 정부 시기에 민족정기를 회복하는 의미에서 초등학교로 개칭되었다.

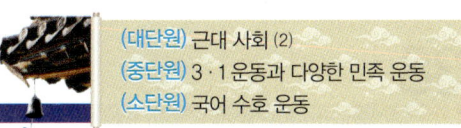

기출풀이 [8회 4급 12번]

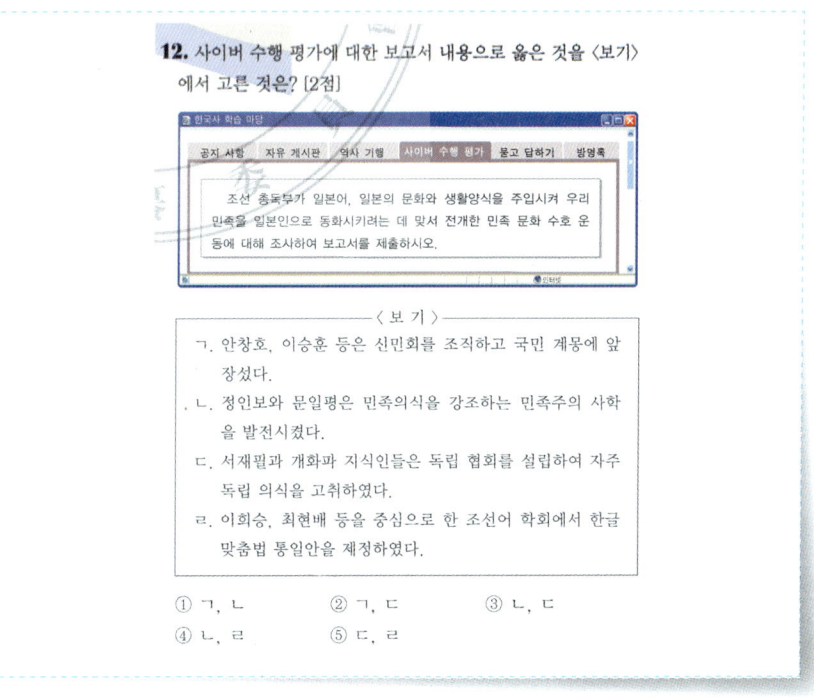

12. 사이버 수행 평가에 대한 보고서 내용으로 옳은 것을 〈보기〉에서 고른 것은? [2점]

조선 총독부가 일본어, 일본의 문화와 생활양식을 주입시켜 우리 민족을 일본인으로 동화시키려는 데 맞서 전개한 민족 문화 수호 운동에 대해 조사하여 보고서를 제출하시오.

〈 보 기 〉

ㄱ. 안창호, 이승훈 등은 신민회를 조직하고 국민 계몽에 앞장섰다.
ㄴ. 정인보와 문일평은 민족의식을 강조하는 민족주의 사학을 발전시켰다.
ㄷ. 서재필과 개화파 지식인들은 독립 협회를 설립하여 자주 독립 의식을 고취하였다.
ㄹ. 이희승, 최현배 등을 중심으로 한 조선어 학회에서 한글 맞춤법 통일안을 제정하였다.

① ㄱ, ㄴ   ② ㄱ, ㄷ   ③ ㄴ, ㄷ
④ ㄴ, ㄹ   ⑤ ㄷ, ㄹ

출제의도

민족 문화 수호 운동 이해

해설 : 정답 ④

'우리 민족을 일본인으로 동화시키는 데 맞서'라는 부분으로 민족 말살 통치 시기임을 알 수 있다. 국어 부문에서는 1920년대 조직된 조선어 연구회가 1931년 이윤재, 최현배 등을 중심으로 조선어 학회로 개편되어 한글 맞춤법 통일안 제정, 우리말 큰 사전 편찬 시도 등의 활동을 하다가 1942년 조선어 학회 사건으로 해체되었다. 역사 연구 부문에서는 정인보와 문일평이 '얼'과 '민족정기'를 주장하면서 민족 문화를 수호하기 위해 한국사의 고유성과 특수성을 강조하였다.

오답풀이

ㄱ. 1905년을 전후하여 교육·문화·산업의 측면에서 실력을 양성하자는 애국 계몽 운동이 등장하였고 그 중심에 있었던 단체가 1907년에 조직된 신민회이다. 신민회 소속의 안창호는 대성 학교를, 이승훈은 오산 학교를 세우며 민중 계몽과 민족 교육에 앞장섰다. 신민회는 해외 독립 운동 기지 건설에도 매우 적극적으로 참여하여 남만주와 북만주 지역에 기지를 건설하기도 하였다. ㄷ. 고종의 아관 파천 시기에 자주 국권과 자유 민권, 자강 개혁을 주장하며 서재필 등을 중심으로 1896년 독립 협회가 조직되었다.

기출풀이 [10회 3급 42번]

42. 다음 학자의 역사 연구에 대한 설명으로 옳은 것을 〈보기〉
에서 고른 것은? [2점]

> 「조선사회경제사」(1933), 「조선봉건사회경제사」(1937)를
> 저술한 그는 한국사의 발전 과정을 세계의 여러 민족과 같은
> 궤적에서 일원론의 변증법적 역사 발전 법칙에 의하여 밝혀
> 낼 수 있다고 주장하였다. 그는 삼국 이전은 원시 공산제 사회,
> 삼국 시대는 노예제 사회, 통일 신라 이후 조선 시대까지는
> 아시아적 봉건 사회, 개항 이후는 이식 자본주의 사회로 파악
> 하였다.

---〈 보기 〉---

ㄱ. '국혼'을 강조한 역사서를 저술하였다.
ㄴ. 랑케 사학을 토대로 한국사를 체계화하였다.
ㄷ. 식민 사학자들이 내세운 정체성론을 극복하고자 하였다.
ㄹ. 유물사관에 입각하여 세계사적 발전 법칙을 한국사에 적
용하였다.

① ㄱ, ㄴ   ② ㄱ, ㄷ   ③ ㄴ, ㄷ
④ ㄴ, ㄹ   ⑤ ㄷ, ㄹ

● **출제의도**

1930년대의 국학 운동 파악

● **해설 :** 정답 ⑤

제시된 자료는 백남운의 사회 경제 사학에 대한 설명이다. 백남운은 그의 저서를 통해 1920년대 유입된 사회주의 사상을 역사 연구에 접목시킨 유물 사관을 주장하였다. 한국사의 특수성과 고유성을 강조하는 민족주의 사학의 입장과는 달리 세계사의 보편적 법칙에 한국사를 적용하였으며 이는 일제 식민 사학의 '정체성론'을 반박하는 유용한 도구로도 사용되었다.

● **오답풀이**

ㄱ. 박은식은 '국혼'을 강조하며 민족의 형체는 없어졌어도 정신만 살아 있다면 언젠가는 다시 나라를 찾을 수 있을 것이라 역설하였다. 대표적인 저서로 '한국 통사', '한국독립 운동지혈사' 등이 있다. ㄴ. 1934년에 이병도, 손진태 등을 중심으로 조직된 진단 학회는 랑케의 실증주의 사학을 받아 들여 한국사를 체계화 하는데 기여하였다.

 기출풀이 [5회 3급 37번]

37. 다음은 일제 강점기에 이루어졌던 우리 민족의 한국사 연구 경향을 설명한 것이다. (가)~(다)와 연관된 설명으로 옳은 것은? [2점]

> (가) 민족 고유의 문화 전통과 정신을 강조함으로써 독립의 정신적 기반을 마련하고자 하였다.
> (나) 사적 유물론에 입각하여 우리 민족의 역사 발전 과정이 세계사적인 발전 과정과 궤를 같이하고 있음을 입증하려고 하였다.
> (다) 개별적인 사실을 객관적으로 밝히려는 순수 학술 활동을 목표로 삼아 한국사를 실증적으로 연구하려 하였다.

① (가)는 역사에서 특수성보다는 보편성을 강조하였다.
② (가)는 역사 발전의 주체를 민족으로 파악하여 민족 의식을 고양하였다.
③ (나)의 대표적인 학자로는 신채호, 박은식 등이 있다.
④ (나) 계열의 학자들은 진단 학회를 창립하고, 〈진단 학보〉를 발행하였다.
⑤ (다)는 마르크스 사학의 영향을 받아 철저한 고증주의를 표방하였다.

● **출제의도**

반식민사학 연구 파악

● **해설 :** 정답 ②

일제 강점기 한국사의 연구 방향은 크게 3가지로 구분된다. 첫 번째는 민족의 주체성과 민족정신을 강조하는 박은식 · 신채호 중심의 민족주의 사학으로 1930년대 정인보 · 문일평 · 안재홍 등에 영향을 주었다. 두 번째는 한국사를 세계사의 보편성 안에서 체계화하려는 사회 경제 사학의 흐름으로 백남운이 대표적인 인물이다. 세 번째는 역사적 사실을 중요하게 생각하며 랑케의 사학을 계승한 실증주의 사학의 흐름으로 이병도 · 손진태 등이 1934년에 조직한 진단 학회가 그 중심에 있다.

● **오답풀이**

① 민족주의 사학은 민족의식을 고양하며 애국심을 고취시키는 계몽 사학에서 출발하였다. 따라서 민족의 보편성보다는 특수성을 강조하는 경향이 강하다. ③ 신채호와 박은식은 민족주의 사학을 대표하는 인물들이다. ④ 진단 학회는 역사적 사실을 객관적으로 증명하려는 흐름으로 실증주의 사학과 관련이 깊다. ⑤ 철저한 고증주의를 바탕으로 한 실증주의 사학은 랑케의 실증주의에 영향을 받았다. 마르크스의 사적 유물론은 백남운의 사회 경제 사학에 영향을 주었다.

 **기출풀이** [9회 4급 43번]

43. 다음 영화가 처음 개봉된 시기에 만들어진 가상 광고 문안
으로 가장 적절한 것은? [3점]

나운규 감독의 신작 영화
아리랑
개봉 박두!

① 최초의 근대 극장 원각사 개관! 신극 보러 오세요.
② 제국 신문 창간! 이제는 순 한글 신문을 구독하세요.
③ 서대문에서 청량리까지 전차 개통! 아직도 인력거를 타십
니까?
④ 김소월 시집 진달래 꽃! 아름다운 서정시의 세계로 빠져
보세요.
⑤ 못 고치는 병이 없습니다. 서양식 병원 광혜원이 개원하
였습니다.

● **출제의도**

1920년대 민족 운동 파악

● **해설 :** 정답 ④

나운규의 아리랑은 1926년 작품으로 우리 민족의 현실을 반영하여 큰 인기를 모았던 영화이다. 나운규가 주연과 감독을 담
당하였으며, 영화의 주제가인 아리랑은 진한 감동으로 우리 민족에게 다가왔다. 비슷한 시기의 문학 활동으로는 우리 민족
의 정서를 표현한 김소월, 일제에 저항하는 경향의 작품을 발표한 한용운 · 이상화, 사회주의 영향을 받은 신경향파 문학
등이 있다.

● **오답풀이**

① 원각사는 1908년에 설립된 최초의 서양식 극장으로 이인직의 신소설인 신세계 등을 공연하였다. ② 1898년 이종일은
하층민과 부녀자들을 주된 독자층으로 하는 순한글 신문인 제국 신문을 발간하였다. ③ 1899년 서대문에서 청량리를 잇는
전차가 개통되었다. ⑤ 1885년 최초의 근대식 서양 병원인 광혜원이 설립되었으며 이후 제중원으로 이름이 개칭되었다.

341

기출풀이 [7회 3급 33번]

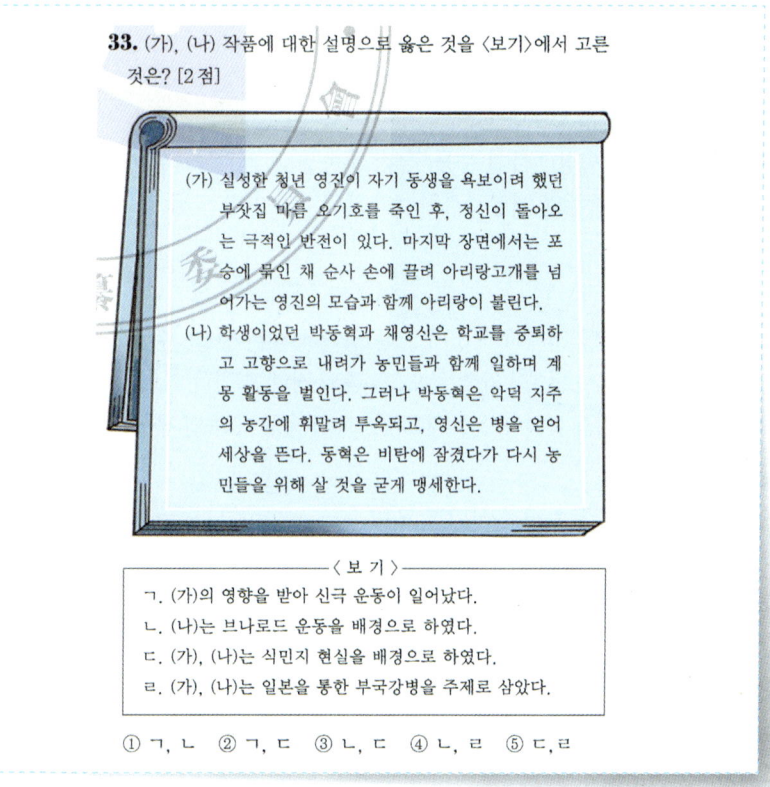

33. (가), (나) 작품에 대한 설명으로 옳은 것을 〈보기〉에서 고른 것은? [2 점]

> (가) 실성한 청년 영진이 자기 동생을 욕보이려 했던 부잣집 마름 오기호를 죽인 후, 정신이 돌아오는 극적인 반전이 있다. 마지막 장면에서는 포승에 묶인 채 순사 손에 끌려 아리랑고개를 넘어가는 영진의 모습과 함께 아리랑이 불린다.
>
> (나) 학생이었던 박동혁과 채영신은 학교를 중퇴하고 고향으로 내려가 농민들과 함께 일하며 계몽 활동을 벌인다. 그러나 박동혁은 악덕 지주의 농간에 휘말려 투옥되고, 영신은 병을 얻어 세상을 뜬다. 동혁은 비탄에 잠겼다가 다시 농민들을 위해 살 것을 굳게 맹세한다.

〈 보기 〉
ㄱ. (가)의 영향을 받아 신극 운동이 일어났다.
ㄴ. (나)는 브나로드 운동을 배경으로 하였다.
ㄷ. (가), (나)는 식민지 현실을 배경으로 하였다.
ㄹ. (가), (나)는 일본을 통한 부국강병을 주제로 삼았다.

① ㄱ, ㄴ ② ㄱ, ㄷ ③ ㄴ, ㄷ ④ ㄴ, ㄹ ⑤ ㄷ, ㄹ

● 출제의도

식민 통치 시기 문화적 저항 운동 이해

● 해설 : 정답 ③

(가) 자료는 1926년에 발표된 나운규의 아리랑이고, (나) 자료는 1935년에 발표된 심훈의 상록수의 일부이다. 나운규의 아리랑은 식민지 조국의 현실을 우리 민족의 정서에 맞게 표현하여 감동을 주었던 영화이며, 심훈의 상록수는 1930년대 초반 농촌 계몽 운동인 브나로드 운동의 일환으로 동아일보에서 주관한 장편 소설 현상 모집에 당선된 문학 작품이다.

● 오답풀이

ㄱ. 신극(신연극) 운동은 1900년대 일어났다. 최초의 서양식 극장인 원각사가 1908년에 건립되어 처음에는 판소리를 공연하다가 점차 연극을 공연하며 신극 운동이 정착되어 갔다. ㄹ. 일본을 통한 부국강병은 친일 예술 활동과 관련된 내용으로 아리랑과 상록수와는 연관이 없다.

22강 항일 무장 투쟁의 전개

❶ 국내 항일 민족 운동

(1) 1920년대 국내의 민족 운동

　① 실력 양성 운동 : 애국 계몽 운동 계승

　② 사회주의 계열의 운동 : 노동자 · 농민 중심

　③ 민족주의 계열의 분열

　　• 민족 개량주의 등장 : 자치 운동, 참정 운동

　　• 비타협적인 민족주의 계열 : 사회주의 계열과의 연합 모색

　　• 신간회 조직(1927)

(2) 6 · 10 만세 운동

　① 배경 : 일제의 수탈 정책과 식민지 교육 정책에 대한 반발, 순종의 인산일

　② 전개 : 학생들과 사회주의 계열 주도, 순종의 장례 행렬을 따라가며 만세 시위

　③ 의의와 영향 : 민족 유일당 운동의 계기, 학생 운동이 독립 운동의 주체로 성장

(3) 광주 학생 항일 운동

　① 배경 : 일제의 민족 차별과 식민지 교육

　② 전개 : 신간회의 진상 조사단 파견으로 전국적인 항일 투쟁으로 확산

　③ 의의 : 3 · 1 운동 이후 최대 규모의 항일 민족 운동

❷ 의열단과 한인 애국단의 활동

(1) 의열단

　① 배경 : 3 · 1운동 이후 무장투쟁의 필요성 제기

　② 조직 : 김원봉, 만주 길림성(1919), 의열단 선언(1923, 조선 혁명 선언)

　③ 활동 : 일제 요인 암살, 일제 기관 파괴 시도, 박재혁 · 김익상 · 김상옥 · 나석주

　④ 변화 : 1920년대 후반 군사력 양성 모색

　　• 군사교육 : 김원봉 등 단원들이 중국 황포 군관 학교 입교(1926)

　　• 군사양성 : 조선 혁명 간부 학교 건립(1932), 독립 투사 양성

(2) 한인 애국단

　① 대한민국 임시 정부 수립

　② 통치 방식의 변화 : 무단통치 → 문화통치

(3) 3 · 1 운동의 역사적 의의

　① 배경 : 국민대표회의 이후 민족운동의 내부 분열 심화

　② 조직 : 임시정부 침체에 대한 활로 모색(1931)

③ 활동
  • 이봉창 : 일본 천황 폭탄 투척(1932.1)
  • 윤봉길 : 상하이 홍커우 공원 폭탄 투척(1932.4)
④ 결과 : 중국 국민당 정부의 지원 계기, 일제의 탄압으로 임시정부 이동

❸ 1920년대의 무장 독립 전쟁
  (1) 봉오동 전투와 청산리 대첩
    ① 봉오동전투(1920) : 홍범도의 대한독립군
    ② 청산리대첩(1920) : 김좌진의 북로군정서군
    ③ 간도참변(경신참변)
    ④ 밀산부로 이동 : 서일의 대한독립군단
    ⑤ 자유시참변(1921)
  (2) 독립군의 재편
    ① 3부의 성립 : 민정기관이자 군정기관
      • 남만주 : 참의부(1923), 정의부(1925)
      • 북만주 : 신민부(1925)
    ② 미쓰야협정(1925)
  (3) 3부 통합 운동
    ① 남만주 : 국민부(1929), 조선혁명당(김원봉) → 조선혁명군 + 중국의용군
    ② 북만주 : 혁신의회(1928), 한국독립당(김구) → 한국독립군 + 중국호로군

❹ 1930년대의 무장 독립 전쟁
  (1) 조선 혁명군과 한국 독립군
    ① 조선혁명군 : 영릉가 전투(1932), 흥경성 전투(1933)
    ② 한국독립군 : 쌍성보 전투(1932), 대전자령 전투(1933)
    ③ 과정 : 일본군의 토벌 작전으로 독립군 부대가 중국 관내로 이동
  (2) 조선 의용대와 동북 항일 연군
    ① 조선 의용대(1938)
      • 조선 민족 전선 연맹 결성(1937)의 무장 조직
      • 김원봉 중심
      • 중·일 전쟁 참여 : 유격전술, 정보 수집, 포로 심문 활동
      • 분화 : 일부는 화북지방으로 이동하여 조선 의용군 조직, 일부는 한국광복군에 편입

② 동북항일연군(1936)
- 보천보 전투(1937)
- 일제의 탄압으로 연해주로 이동

⑤ 대한민국 임시 정부와 한국광복군의 활동

(1) 대한민국 임시 정부의 체제 정비(충칭 시대)
　① 한국독립당 창당(1940) : 민족주의 세력의 결집
　② 한국광복군 창설(1940) : 지청천
　③ 헌법 개정
- 1차 개헌(1919) : 대통령 중심제
- 2차 개헌(1925) : 국무령 중심의 내각 책임제
- 3차 개헌(1927) : 국무 위원 중심의 집단 지도 체제
- 4차 개헌(1940) : 주석 중심 체제
- 5차 개헌(1944) : 주석 · 부주석 지도 체제
　④ 건국강령(1941) : 조소앙의 삼균주의(정치 · 교육 · 경제)

(2) 대한민국 임시 정부와 한국광복군의 활동
　① 대일 선전 성명서 발표(1941)
　② 영국군과의 공동 작전 : 인도 · 미얀마 전선
　③ 국내 진공 작전 : 국내 정진군 조직(일제의 패망으로 실패)

기출풀이 [11회 중급 36번]

---

36. (가), (나) 민족 운동의 공통점을 〈보기〉에서 고른 것은? [3점]

> (가) 조선 민중아!
>   우리의 철천지 원수는 자본·제국주의 일본이다.
>   이천만 동포야! 죽음을 각오하고 싸우자!
>   만세 만세 조선 독립 만세!
>
> (나) 학생·대중이여 궐기하라!
>   검거된 학생은 우리 손으로 탈환하자.
>   사회 과학 연구의 자유를 획득하자.
>   식민지적 노예 교육 제도를 철폐하라!

〈 보 기 〉

ㄱ. 국내 및 해외까지 확대되었다.
ㄴ. 국왕의 죽음을 계기로 일어났다.
ㄷ. 학생들이 중심이 되어 전개되었다.
ㄹ. 일제의 민족 차별 교육에 항거하였다.

① ㄱ, ㄴ   ② ㄱ, ㄷ   ③ ㄴ, ㄷ
④ ㄴ, ㄹ   ⑤ ㄷ, ㄹ

● 출제의도

1920년대 학생 운동 공통점 파악

● 해설 : 정답 ⑤

(가) 자료는 6·10 만세 운동 당시 뿌려졌던 유인물 중의 하나이고 (나) 자료는 광주 학생 항일 운동 당시의 격문의 일부이다. 학생들이 중심이 되어 전개하였던 운동이기 때문에 그 주장을 보면 식민지 교육과 민족 차별 교육에 대한 반대와 일본 제국주의를 타도하자는 공통점이 있다.

● 오답풀이

ㄱ. 6·10 만세 운동은 일제의 탄압으로 전국적으로 확산되지 못하였고 광주 학생 항일 운동은 신간회가 참여하면서 전국적인 항일 운동으로 발전하였다. 해외까지 확대가 된 것은 3·1 운동이다. ㄴ. 고종의 죽음을 계기로 3·1 운동이 전개되었고 순종의 인산일을 계기로 6·10 만세 운동이 일어났다. 광주 학생 항일 운동은 한국 여학생에 대한 일본 학생들의 희롱을 계기로 시작된 것으로 국왕의 죽음과는 직접적인 관련이 없다.

기출풀이 [9회 3급 44번]

44. 다음 민족 운동에 관한 설명으로 옳은 것은? [2점]

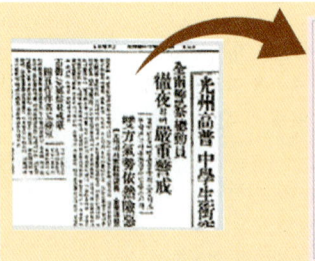

광주 고보 · 중학생 충돌
전남 경찰 총동원
철야하며 엄중 경계

검거된 십여 명은 엄중히 취조 중이요
두 학교는 사흘 동안 수업을 정지해

쌍방 기세 의연 험악

① 민족 자결주의에 자극을 받아 추진되었다.
② 신간회가 진상 조사단을 파견하여 지원하였다.
③ 종교계 지도자들이 계획하고 학생들이 참여하였다.
④ 일제의 무단 통치에 반발하여 전국적으로 확대되었다.
⑤ 순종의 인산일을 계기로 대규모 만세 시위가 전개되었다.

● **출제의도**

광주 학생 항일 운동에 대한 이해

● **해설 :** 정답 ②

제시된 자료에서 광주고보와 중학생들이 충돌하였다는 기사를 통해 광주 지역에서 일어난 학생 운동임을 알 수 있다. 광주
여자 고등 보통 학교 3학년 박기옥을 일본 학생들이 희롱하는 것을 목격한 박기옥의 사촌 동생 박준채(광주 고등 보통 학
교 2학년)는 일본 학생들에게 항의하였으나 받아들여지지 않자 난투극이 벌어졌다. 일본 경찰들이 투입되어 광주고보 학
생들을 차별 대우하자 이에 대한 불만에서 시작된 시위가 신간회가 개입하면서 전국적인 항일 만세 운동으로 발전하였다.

● **오답풀이**

① 1차 세계 대전 이후 파리 강화 회의에서 윌슨의 민족 자결주의가 주창되자 이에 고무된 국내의 민족 운동 진영은 독립
운동을 계획하였다. 3 · 1 운동에 대한 설명이다. ③ 기독교 · 천도교 · 불교계를 대표하는 종교계 인사 33명과 학생들이 중
심이 되어 3 · 1 운동이 시작되었다. ④ 광주 학생 항일 운동이 일어난 시기는 일제의 기만과 분열이 핵심적인 통치 방식이
었던 문화 통치 시기였다. ⑤ 순종의 인산일과 관련된 만세 운동은 6 · 10 만세 운동이다.

기출풀이 [11회 중급 37번]

37. 다음을 행동 지침으로 삼았던 단체에 대한 설명으로 옳지 않은 것은? [2점]

> 민중은 우리 혁명의 대본영이다. 폭력은 우리 혁명의 유일한 대무기이다. 우리는 민중 속에 가서 민중과 제휴하여 끊임없이 폭력·암살·파괴·폭동으로 강도 국가 일본의 통치를 타도하고 우리 생활에 불합리한 일체 제도를 개조하여 인류가 인류를 압박하고 사회가 사회를 수탈하지 않는 이상적인 나라를 건설할 것이다!
>
> – 신채호, 조선 혁명 선언 –

① 무정부주의적 경향이 강하였다.
② 김원봉, 윤세주 등이 조직하였다.
③ 1919년 만주 길림에서 결성되었다.
④ 이봉창, 윤봉길 등이 대표적인 활동가였다.
⑤ 일제 식민 통치 기관을 공격 대상으로 삼았다.

● **출제의도**

의열단 조직과 활동 파악

● **해설 :** 정답 ④

1919년 만주 길림에서 사회주의자인 김원봉을 중심으로 '의를 맹렬하게 추구한다.'라는 의미를 가진 의열단이 조직되었다. 의열단은 일제 식민 통치의 주범들에 대한 테러와 암살, 식민 통치 기관들의 폭파 등을 목적으로 하였다. 김원봉의 영향으로 무정부주의적인 경향이 강하였으며, 단원들을 국내에 파견하여 의혈 투쟁을 전개하였다. 의열단의 행동 강령인 신채호의 조선 혁명 선언(1923)을 통해 폭력만이 의열단이 추구하는 혁명의 유일한 무기임을 천명하였다. 1920년대 중반 군대식 조직으로의 변화를 모색하기 위해 김원봉과 의열단의 핵심 간부들은 황포 군관 학교에 입소하였으며, 그 결과물로 조선 혁명 간부 학교(1932)가 건립되었다. 민족주의 계열 역시 의혈 투쟁의 필요성을 절감하였다. 한국 독립당(1930)을 조직하여 임시 정부의 침체를 극복하고 민족주의 세력을 결집하고자 하였으나 별다른 성과가 없자 김구는 한인 애국단을 조직하여 본격적인 의혈 투쟁을 전개하였다. 이봉창은 일왕에게 폭탄을 던졌으며, 윤봉길은 홍커우 공원에서 일제의 요인들을 폭살하였다. 윤봉길의 의거를 계기로 중국 국민당 정부가 우리 민족의 독립 운동을 지원하는 계기가 되었다.

기출풀이 [5회 3급 32번]

32. 다음 자료와 관련된 단체에 대한 설명으로 옳은 것을 〈보기〉에서 고른 것은? [2점]

일본의 도쿄에서 히로히토 일본 국왕을 저격하였는데, 의거는 비록 실패하였으나 일본 국왕을 직접 겨냥하였다는 점에서 일제에게 큰 충격을 주었다.

〈 보 기 〉

ㄱ. 후일 조선 민족 혁명당으로 확대 개편되었다.
ㄴ. 대한민국 임시 정부가 중국 정부의 지원을 받는 계기를 만들었다.
ㄷ. 일부 단원들이 황포 군관 학교에서 군사 훈련을 받았다.
ㄹ. 김구가 대한민국 임시 정부의 활로를 찾기 위해 조직하였다.

① ㄱ, ㄴ   ② ㄱ, ㄹ   ③ ㄴ, ㄷ
④ ㄴ, ㄹ   ⑤ ㄷ, ㄹ

● 출제의도

한인 애국단 활동 파악

● 해설 : 정답 ④

'일본의 도쿄에서 히로히토 일본 국왕을 저격하였는데'라는 부분으로 이봉창의 의거임을 알 수 있다. 1923년 국민 대표 회의 이후 독립 운동 진영을 대표하는 임시 정부의 위상이 흔들리면서 내각 구성이 어려울 정도로 침체된 분위기에 활력을 불어 넣기 위해 한인 애국단이 조직되었다. 이 단체 소속의 이봉창과 윤봉길의 의혈 투쟁을 통해 독립 운동에 대한 국내외의 관심을 고조시키는 역할을 하였다.

● 오답풀이

ㄱ. 1935년 좌우 합작의 성격을 가진 민족 혁명당이 김원봉 · 조소앙 · 지청천 등을 중심으로 조직되었다. 이후 조선 민족 혁명당, 조선 민족 전선 연맹으로 확대 개편되어 1938년 조선 의용대라는 무장 투쟁 조직을 결성하였다. ㄷ. 의열단은 일부 단원들의 1926년 황포 군관 학교 입소를 통해 새로운 진로를 모색하였다.

기출풀이  [8회 3급 29번]

29. 다음 인물의 연대기에서 (가)에 들어갈 내용으로 옳은 것은?

[2점]

- 1868년 평안도 양덕에서 출생
- 1907년 함경도 갑산에서 포수를 이끌고 의병 활동
- 1910년 간도로 건너가 독립군 양성에 주력
- 1920년   (가)
- 1937년 중앙아시아로 강제 이주 당함.
- 1943년 카자흐스탄 크질오르다에서 사망

① 대한 독립군단의 총재로 독립군 부대 지휘
② 대한 독립군을 이끌어 봉오동 전투에서 승리
③ 북만주에서 신민부를 조직하여 독립 운동 전개
④ 북로 군정서군을 지휘하여 청산리 전투에서 승리
⑤ 남만주 지역에서 중국군과 한·중 연합 작전 전개

● 출제의도

1920년대 무장 투쟁 흐름 이해

● 해설 : 정답 ②

제시된 자료에서 '1907년 함경도 갑산에서 포수를 이끌고 의병 활동'을 한 자료와 '1943년 카자흐스탄에서 사망'한 자료를 토대로 홍범도임을 알 수 있다. 1907년 일제의 군대 해산을 계기로 포수들의 총을 회수하려 하자 이에 불만을 가지고 포수들을 연합하여 봉기하였으며, 국권 피탈 후에는 1920년 대한 독립군을 이끌고 봉오동 전투를 승리로 이끌었다. 청산리 전투에도 참여하였으며 간도 참변 이후 대한 독립 군단의 일원으로 활동하였다. 1937년 스탈린이 연해주 지역의 한인들을 중앙아시아로 강제 이주시키는 과정에서 홍범도 역시 카자흐스탄으로 이주되어 그곳에서 사망하였다.

● 오답풀이

① 간도 참변 이후 대한 독립 군단을 결성하여 자유시로 이동한 사람은 서일이다. ③ 김좌진은 대한 독립 군단과 대한 독립 군정서를 주축으로 신민부를 만들어 북만주 지역에서 독립 운동을 전개했다. ④ 북로군정서 총재는 서일, 총사령관은 김좌진이었으며 1920년대 대규모의 항일 무장 투쟁 부대로 성장하였다. ⑤ 남만주 지역에서 중국 의용군과 연합 작전을 전개했던 부대는 조선 혁명군이다. 양세봉 등이 조선 혁명군의 핵심적인 인물이다.

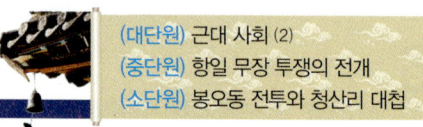

[6회 4급 36번]

36. 다음은 독립 기념관의 사이버 전시관 안내도이다. 제5전 시관에서 볼 수 있는 것으로 적절한 것은? [3점]

① 청산리 전투 관련 영상물
② 안중근의 하얼빈 의거를 재현한 모형
③ 한국 광복군의 항일 운동에 관한 자료
④ 일제의 민족 말살 정책에 대항한 국사, 국어 연구 서적
⑤ 군대 해산을 계기로 전개된 의병들의 활동을 표시한 지도

● 출제의도

1920년대 항일 무장 투쟁 이해

● 해설 : 정답 ①

1920년대 독립 전쟁관에서 볼 수 있는 대표적인 자료는 홍범도의 봉오동 전투, 김좌진의 청산리 대첩, 만주 일대에서 조직된 참의부 · 정의부 · 신민부로 대표되는 3부의 성립 등이 있다. 특히 청산리 전투는 독립군 부대가 일본군을 대파한 가장 큰 전과를 거둔 전투이다. 1920년 백운평 전투(10.21)와 어랑촌 전투(10.22)를 거쳐 천보산 전투와(10.23) 고동하 전투(10.26)에 이르기까지 6일 동안 진행된 일련의 전투를 청산리 대첩이라고 하며 이 전투 중 어랑촌에서 펼쳐진 전투는 홍범도의 대한 독립군과 김좌진의 북로 군정서군이 연합한 최대 규모의 전투였다.

● 오답풀이

② 1909년 의병군 참모 중장 안중근은 만주 하얼빈에서 이토 히로부미를 저격하였다. ③ 1940년 충칭에서 조직된 한국광복군은 태평양 전쟁이 일어나자 대일 선전 포고 후 연합군과 공동 작전을 수행하였다. ④ 1930년 일제가 민족 말살 통치 정책을 수행하자 이에 대해 우리 민족은 정인보 · 안재홍 · 문일평 등을 중심으로 민족의 얼과 정기를 강조하며 식민 사학에 저항하였고, 조선어 학회를 중심으로 한글 맞춤법 통일안을 만들기도 하였다. ⑤ 1907년 고종의 강제 퇴위와 군대 해산을 계기로 봉기한 정미 의병은 13도 창의군을 만들어 서울 진공 작전을 전개하였던 전국적인 의병 투쟁이었다.

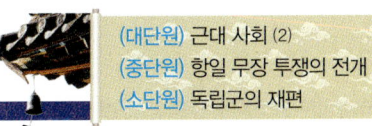

기출풀이 [8회 3급 49번]

49. 다음 지도에 나타난 독립 운동 조직에 대한 설명으로 옳은 것은? [3점]

① 군정과 민정 조직을 갖춘 자치 기구였다.
② 자유시 참변으로 무장 해제를 당하였다.
③ 미국과 협조하여 국내 진공 작전을 준비하였다.
④ 화북 지역으로 이동한 후 조선 의용군으로 개편되었다.
⑤ 인도와 미얀마 전선에서 연합군의 일원으로 활동하였다.

● **출제의도**

1920년대 항일 무장 투쟁 파악

● **해설 :** 정답 ①

참의부·정의부·신민부는 1921년 자유시 참변 이후 타격을 입은 독립군 조직이 만주 지역을 중심으로 전개된 독립 운동 진영의 정비와 관련된 내용이다. 1922년 남만주 지역에서 독립군 단체들이 연합하여 대한 통의부를 만들었으나 노선의 대립으로 참의부와 정의부를 건설하였다. 대한민국 임시 정부는 참의부를 육군 주만 참의부라 칭하며 임시 정부의 직할 부대로 인정하였고 민정 기관이자 군정 기관의 역할을 수행하였다. 이에 세력이 약화된 대한 통의부의 잔여 세력이 서로 군정서 등 여러 무장 항일 단체들을 연합하여 정의부가 건설되었다. 북만주에서는 신민부가 조직되어 독립 운동 진영을 재정비하였으며, 일제는 이러한 움직임을 미쓰야 협정을 통하여 탄압하고자 하였다.

● **오답풀이**

② 대한 독립 군단에 대한 설명이다. ③ 한국광복군은 태평양 전쟁 이후 미국과 연합하여 국내 진공 작전을 추진하였다. 미국의 도움으로 첩보 훈련과 게릴라 특수 훈련을 통해 국내 정진대를 조직하여 국내 진입을 준비하였으나 일제의 항복으로 실패하였다. ④ 조선 의용대의 일부는 화북 지방으로 이동하여 주변의 독립 운동 세력과 연합하여 조선 독립 동맹을 창설하였고 그 무장 세력으로 조선 의용군을 조직하였다. ⑤ 한국광복군은 연합군의 일원으로 참전하여 영국과 인도·미얀마 전선에서 일본과의 전쟁을 수행하였다.

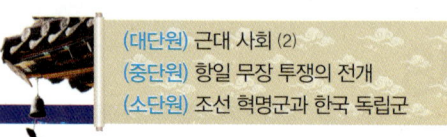

기출풀이 [3회 3급 40번]

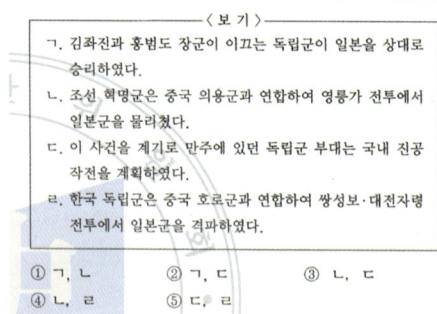

40. 다음 밑줄 친 사건을 배경으로 전개된 독립운동으로 옳은
것을 〈보기〉에서 고른 것은? [2점]

> 세계 경제 공황으로 큰 위기를 맞게 된 일본에서는 대외 침
> 략에 앞장서 온 극우적 군인들이 무력으로 실권을 장악하게
> 되었다. 이에 따라 일본 정치는 일왕을 신으로 떠받들고 극
> 단적 민족주의를 앞세우는 군국주의적 파시즘 체제로 전환되
> 었다. 정부를 마음대로 조종할 수 있게 된 군부는 만주를 침
> 략하여 점령하고, 괴뢰국인 만주국을 수립하였다. 그리고 뒤
> 이어 중·일 전쟁을 일으켜 대륙을 침략하였으며, 나중에는
> 같은 파시즘 국가인 독일, 이탈리아와 동맹을 맺은 뒤에 태
> 평양 전쟁을 일으켰다.

──〈 보 기 〉──

> ㄱ. 김좌진과 홍범도 장군이 이끄는 독립군이 일본을 상대로
>   승리하였다.
> ㄴ. 조선 혁명군은 중국 의용군과 연합하여 영릉가 전투에서
>   일본군을 물리쳤다.
> ㄷ. 이 사건을 계기로 만주에 있던 독립군 부대는 국내 진공
>   작전을 계획하였다.
> ㄹ. 한국 독립군은 중국 호로군과 연합하여 쌍성보·대전자령
>   전투에서 일본군을 격파하였다.

① ㄱ, ㄴ ② ㄱ, ㄷ ③ ㄴ, ㄷ
④ ㄴ, ㄹ ⑤ ㄷ, ㄹ

● 출제의도

1930년대 항일 무장 투쟁 파악

● 해설 : 정답 ④

만주 사변 이후 괴뢰 정권인 만주국(1932)을 수립한 일제에 대응하기 위해 한·중 연합군이 조직되었다. 남만주의 조선 혁
명군은 양세봉을 중심으로 중국 의용군과 연합하여 영릉가 전투(1932)를 승리로 이끌었으며 이를 계기로 중국의 여러 부대
들과 연합하여 흥경성 전투(1933)에서도 큰 전과를 거두었다. 지청천을 총사령관으로 조직된 한국 독립군 역시 중국 호로
군과 연합하여 쌍성보 전투(1932)와 대전자령 전투(1933)를 승리하였으며 특히 대전자령 전투는 항일 무장 투쟁 역사에 기
록될 만한 커다란 승리였다.

● 오답풀이

ㄱ. 청산리 대첩에 대한 내용이다. 1920년 김좌진의 북로 군정서군과 홍범도의 대한 독립군을 중심으로 청산리 일대에서
전개된 여러 번의 전투를 청산리 대첩이라 부른다. ㄷ. 태평양 전쟁을 계기로 일제의 전쟁 야욕이 심해지자 충칭의 대한민
국 임시 정부는 한국광복군을 중심으로 국내 정진군을 편성하여 국내 진공 작전을 계획하고 준비하였으나 일제의 항복으
로 실패하였다.

기출풀이 [9회 3급 43번]

43. 자료의 독립군 부대에 대한 설명으로 옳은 것은? [2점]

창립 기념 사진

이 부대는 김원봉을 중심으로 한 조선 민족 혁명당이 중국 정부의 협조를 얻어 편성하였다.
중국 국민당의 정부군과 합세하여 양쯔 강 중류 일대에서 일본군의 진격을 막았으며 중국 각 지역에서 항일 투쟁을 전개하였다.

① 군정 · 민정 기관을 갖추고 있었다.
② 일부가 한국 광복군에 합류하였다.
③ 중국 의용군과 연합 작전을 전개하였다.
④ 미군의 지원을 받아 국내 진공 작전을 준비하였다.
⑤ 북로 군정서군과 함께 청산리에서 일본군을 크게 무찔렀다.

◉ **출제의도**

1930년대 중국 관내 지역의 항일 무장 투쟁 파악

◉ **해설 :** 정답 ②

제시된 자료의 '김원봉을 중심으로 한 조선 민족 혁명당이 편성'이라는 부분을 통해 조선 의용대 관련 내용임을 알 수 있다. 1935년 중국 관내에서 좌우 합작 성격의 민족 혁명당이 결성되었고 중 · 일 전쟁이후 조선 민족 전선 연맹으로 변화하였으며, 그 무장 투쟁 조직으로 김원봉을 중심으로 한 조선 의용대(1938)를 창설하였다. 1941년 이후 조선 의용대의 일부는 화북 지방으로 이동하여 주변의 독립군 세력과 연합하여 조선 독립 동맹을 조직하였고 그 예하 부대로 조선 의용군을 편성하였다. 일부는 충칭을 근거지로 활동하고 있던 한국광복군에 합류하여 국내 진공 작전에 참여하였다.

◉ **오답풀이**

① 자유시 참변 이후 독립 운동 세력의 정비를 위해 만주 지역에서 민정 기관이자 군정 기관의 성격을 가진 3부가 성립되었다. ③ 양세봉의 조선 혁명군은 중국 의용군과 연합하여 영릉가 전투(1932)를 승리로 이끌었다. ④ 지청천의 한국광복군은 미국과 연합하여 국내 정진군을 편성하여 국내 진공 작전을 추진하였다. ⑤ 홍범도의 대한 독립군은 북로 군정서군과 함께 청산리 대첩을 승리로 이끌었다.

 **기출풀이** [10회 3급 43번]

43. (가)~(마)에 대한 설명으로 옳은 것은? [2점]

① (가) – 양세봉의 지휘 아래 중국 의용군과 연합하여 일본 군과 싸웠다.
② (나) – 임시 정부 직할 부대로 편성되어 군사와 민정을 통할하였다.
③ (다) – 중국 국민당 정부의 대일 전선에 배치되어 활약하였다.
④ (라) – 의열단 단원들이 입학하여 군사 교육 및 간부 훈련을 받았다.
⑤ (마) – 미군 전략 정보처(OSS)의 특수 훈련을 받으며 국내 진공을 준비하였다.

● 출제의도

만주와 중국 관내의 항일 무장 투쟁 파악

● 해설 : 정답 ⑤

중·일 전쟁이 활발하게 전개될 즈음 충칭에 정착한 대한민국 임시 정부는 체제를 정비하는 과정에서 무장 투쟁 조직의 필요성을 절감하였고, 그 결과물이 한국광복군의 창설이었다. 중국 국민당 정부와의 긴밀한 협조 속에서 창설된 한국광복군은 태평양 전쟁 이후 대일 선전 성명서를 발표하면서 연합군의 일원으로 참전하게 된다. 영국과는 인도·미얀마 전선에서 전투에 참전하였고, 포로 심문 등의 역할을 담당하였다. 미국과는 국내 진공 작전을 함께 전개하는 과정에서 미국의 도움으로 첩보 훈련 등 특수 훈련을 받기도 하였다.

● 오답풀이

① 중국 의용군과 연합한 부대는 조선 혁명군이다. 한국 독립군은 중국 호로군과 연합하여 쌍성보 전투를 전개하였다. ② 군정 기관이자 민정 기관이었던 3부 중에서 임시 정부의 직할 부대로 편성된 부대는 참의부이다. ③ 한국광복군에 대한 설명이다. 충칭에서 창설된 한국광복군은 중국 국민당 정부와 연합하여 항일 무장 투쟁을 전개하였다. ④ 김원봉을 비롯한 의열단 단원들이 1920년대 중반 군사 훈련을 위해 입소한 곳은 황포 군관 학교이다.

기출풀이 [5회 4급 42번]

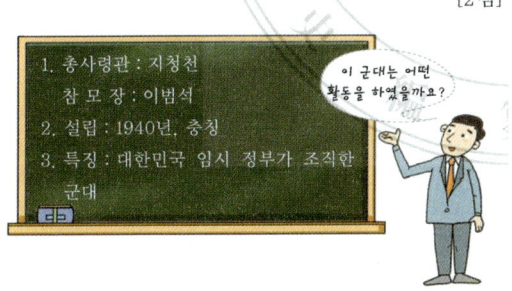

42. 선생님의 질문에 대한 학생의 대답으로 적절한 것은?

[2점]

> 1. 총사령관 : 지청천
>   참 모 장 : 이범석
> 2. 설립 : 1940년, 충칭
> 3. 특징 : 대한민국 임시 정부가 조직한
>   군대

이 군대는 어떤 활동을 하였을까요?

① 13도 창의군을 편성하여 서울 진공 작전을 전개하였습니다.

② 인도와 미얀마에서 영국군과 함께 대일전에 참여하였습니다.

③ 식민 통치 기관을 폭파하거나 일본인 요인을 살해하였습니다.

④ 일부는 중국 화북 지방에서 사회주의 계열과 연합하였습니다.

⑤ 김좌진을 중심으로 청산리에서 일본군을 크게 격파하였습니다.

● 출제의도

한국광복군 활동 파악

● 해설 : 정답 ②

제시된 자료의 '총사령관 지청천', '대한민국 임시 정부가 조직한 군대'라는 내용으로 한국광복군에 대한 설명임을 알 수 있다. 태평양 전쟁 이후 대한민국 임시 정부의 전략이 연합군과의 연합 작전으로 설정이 된 후 한국광복군으로 하여금 영국·미국 등의 연합군과 함께 공동 작전을 수행하게 하였다.

● 오답풀이

① 1907년 일제에 의해 고종이 강제 퇴위 당하고 군대가 해산되자 이에 전국적인 의병이 일어나 서울 진공 작전을 전개하였다. 정미의병에 대한 설명이다. ③ 길림에서 1919년에 조직된 김원봉 중심의 의열단, 상하이에서 1931년에 결성된 김구 중심의 한인 애국단에 대한 설명이다. ④ 1938년 조선 민족 전선 연맹의 무장 투쟁 조직으로 창설된 조선 의용대는 1941년 이후 두 개의 흐름으로 나뉘어 일부는 화북 지방으로 이동하여 이 지역의 사회주의 계열과 연합하여 조선 독립 동맹과 조선 의용군을 조직하였으며 일부는 충칭의 한국광복군에 편입하였다. ⑤ 청산리 전투를 승리로 이끈 김좌진의 부대는 북로 군정서군이다.

기출풀이 [6회 3급 43번]

43. 밑줄 그은 일이 있었던 시기의 역사적 사실로 옳은 것은?

[2 점]

일본군 '위안부' 결의안

1. 일본 정부는 제2차 대전 종전에 이르기까지 아시아 국가들과 태평양 제도를 식민지화하거나 전시에 점령하는 과정에서 <u>일본 제국주의 군대가 강제로 젊은 여성들을 '위안부'로 알려진 성의 노예로 만든 사실</u>을 확실하고 분명한 태도로 공식 인정하면서 사과하고, 이에 대해 역사적인 책임을 져야 한다.

4. 일본 정부는 국제 사회가 제시한 위안부 권고에 따라 현세대와 미래 세대를 대상으로 이 끔찍한 범죄에 대해 교육해야 한다.

– 미국 하원, 2007. 7. 30. –

① 신민회가 만주에 독립 운동 기지를 건설하였다.
② 헤이그에 파견된 특사가 일본의 침략상을 알리고자 하였다.
③ 홍범도가 이끄는 대한 독립군이 봉오동에서 일본군을 격파하였다.
④ 한국 광복군은 일본에 선전 포고하고 연합군의 일원으로 참전하였다.
⑤ 지청천이 이끄는 한국 독립군이 쌍성보에서 일본군에 승리를 거두었다.

● 출제의도

1930년대 민족 말살 통치 파악

● 해설 : 정답 ④

일제가 강제로 젊은 여성들을 '위안부'로 소집하는 본격적인 시기는 1937년 중·일 전쟁 이후이다. 일본군에 몸을 바쳤다는 의미인 '정신대'나 자발적으로 일본군을 따라다녔다는 의미인 '종군 위안부'라는 말보다는 '일본군 위안부'라는 이름이 더욱 정확한 표현이다. 보기 문항지 중에서 1937년 이후 자료는 1940년에 창설된 한국광복군과 관련된 자료밖에 없다.

● 오답풀이

① 1907년 조직된 신민회는 해외 독립 운동 기지의 필요성을 절감하고 남만주의 삼원보와 북만주의 밀산부 지역에 기지를 건설하였다. ② 을사조약의 부당함을 알리기 위해 1907년 고종은 이준·이위종·이상설을 헤이그에 특사로 파견하였다. ③ 1919년 3·1 운동 이후 간도·만주·연해주 지역을 주심으로 무장 투쟁이 활발하게 전개되었고, 그 중의 하나가 1920년 홍범도의 봉오동 전투이다. ⑤ 1932년 한국 독립군은 중국 호로군과 연합하여 쌍성보 전투를 승리로 이끌었다.

무정부주의 운동

무정부주의는 20세기 한국을 움직인 10대 사상의 하나이다. 무정부주의란 아나키즘을 옮긴 말이다. 아나키즘의 어원은 그리스어 'an archos'로, '지배자가 없다', '권력이나 정부가 없다'는 의미이다. 무정부주의는 개인의 절대적 자유를 추구한다. 개인으로 하여금 절대적 자유를 실현하지 못하도록 가로막고 있는 것은 바로 권력이고 사회제도요 국가이다. 따라서 무정부주의는 권력과 모든 사회 제도, 국가에 의한 지배와 억압을 타파하고 개인의 자유 의지의 연합에 의해 운영되는 무권력, 무지배의 새로운 사회를 건설하고자 한다. 무정부주의자들은 민중들의 직접 행동(테러, 폭동, 봉기 등)에 의한 사회 혁명을 통해서 '능력에 따라 일하고 필요에 따라 소비하는' 사회를 건설하고자 한다.

무정부주의의 이론적 창시자와 선구자로는 영국의 고드윈, 프랑스의 프루동, 독일의 슈티르너 등이며, 그 후 바쿠닌과 크로포트킨 등에 의해 이론 체계가 갖춰졌다.

무정부 사상이 우리나라에 처음 소개된 것은 19세기 말이었지만 1920년대 그 전성기를 누렸다. 1910년대 후반 이후 한국에 수용된 사회주의는 무정부주의가 주류를 이루는 광의의 사회주의였다. 대부분의 사회주의자들은 무정부주의에 입각하여 사회 운동을 전개하였다. 과학적 사회주의를 표방하는 공산주의가 받아들여지고 연구되면서 한국 사회주의는 1922~23년 무렵 무정부주의와 공산주의로 분화되었다. 한인 무정부주의 단체로 1921년 11월 흑도회가 일본에서 조직되었다. 흑도회는 1922년 무정부주의 단체인 흑우회와 공산주의 단체인 북성회로 분열되었다. 이 때 박열이 일본인 무정부주의자들과 함께 불령사를 조직하고 1923년 10월 일본 황태자 결혼식에 일본 천황 부자를 폭살하려다 실패하였다. 일본에서의 무정부주의 단체는 1926년 흑색 전선 연맹, 1928년 흑우 연맹으로 이어졌으나 1936년 흑우 연맹이 해산하면서 활동이 약해졌다. 국내에서는 무정부주의의 성격이 강했던 조선 노동 공제회가 1922~23년 공산주의 계열의 조선 노동 연맹과 무정부주의 계열의 흑로회로 분열되었다. 국내에서의 무정부주의 단체는 1925년 진우 동맹, 1927년 관서 흑우회 등으로 이어졌다.

중국에서는 1924년 흑기 연맹을, 1928년에는 신채호 등이 재중국 조선 무정부 공산주의자 연맹을 결성하였다. 이 무렵 국제적 무정부주의 단체로 동방 무정부주의자 연맹을 결성하기도 하였다.

한국의 무정부주의자들은 반강권주의에 근거하여 제국주의를 최대의 강권으로 규정하고 반제국주의 투쟁을 전개함으로써 무정부주의와 민족 해방 운동을 결합시켰다. 무정부주의자들은 민족주의에 대해서도 비판하였다. 민족주의 운동이 독립 국가 건설이라는 명분을 내세우는 것은 자본 계급이 자신의 지배적 착취적 권력 확보를 위한 운동에 민중을 동원하기 위한 것에 불과한 것이며, 민족주의 운동에 의해 민족 독립이 쟁취되더라도 그것은 지배 권력의 교체에 불과하며, 민중들은 결코 해방될 수 없다고 주장하였다.

무정부주의는 자본주의 사회 타도와 사유 재산 철폐, 무계급, 무착취 사회 건설을 지향하는 점에서 공산주의와 비슷함에도 불구하고 그 주요 목표를 자유에 대한 관심과 통치 기구의 폐지를 촉진하는 데 둠으로써 공산주의에 대해서도 철저히 반대하였다. 일제하 한국의 무정부주의자들이 취했던 투쟁 방법 중 가장 지배적이었던 것은 적 암살과 적의 기관 파괴와 같은 테러적 직접 행동이었다.

〈이호룡, 한국사 시민 강좌〉

8단원

현대 사회

23강 8 · 15 광복과 대한민국 정부의 수립

❶ 8 · 15 광복과 분단

(1) **독립 운동 세력의 건국을 위한 준비**

① 대한민국 임시 정부(1919. 9) : 김구의 민족주의계열 중심

② 조선 독립 동맹(1942. 8) : 김두봉의 사회주의계열 중심

③ 조선 건국 동맹(1944. 8)
- 국내에서 여운형 등이 조직
- 건국준비위원회로 발전
- 사회주의계 + 민족주의계

(2) **8 · 15 광복과 건국을 위한 준비**

① 일제의 항복

② 건국준비위원회
- 여운형 : 조선인민공화국, 인민위원회, 조선인민당
- 좌우합작운동 전개

(3) **38도선의 분할과 국토 분단**

① 카이로회담(43. 11) : 미 · 영 · 중, 적절한 시기에 한국의 독립을 약속

② 얄타회담(45. 2) : 미 · 영 · 소, 38선을 경계로 미 · 소 군사 분계선 설정

③ 포츠담선언(45. 7) : 미 · 영 · 중 · 소, 카이로 회담 결정 확인

(4) **광복 직후의 정세**

① 한국 민주당 : 송진우 등 지주 · 자본가 중심, 미 군정청과 긴밀한 관계 유지

② 독립촉성중앙협의회 : 이승만

③ 한국독립당 : 김구, 대한민국 임시 정부 핵심 정당

④ 남조선노동당 : 박헌영, 조선 공산당 개편

(5) **모스크바 3국 외상 회의와 좌우 대립의 심화**

① 내용 : 신탁통치, 미 · 소 공동위원회 설치, 임시 민주주의 정부 수립

② 정치 세력의 입장
- 우익 : 김구 · 이승만, 반탁 운동, 신탁 통치 반대 국민 총동원 위원회 결성
- 좌익 : 박헌영, 신탁 반대에서 3상 회의 결정 지지로 변화
- 중도 : 김규식 · 여운형, 모스크바 협정 지지하되 신탁 문제는 정부 수립 후 결정 주장

(6) **미 · 소 공동 위원회와 좌우 합작 운동**

① 제1차 미 · 소 공동 위원회(1946. 3~5) → 결렬
- 소련 : 모스크바 협정에 반대하는 정당, 단체와는 협의할 수 없다. 우익의 참여 반대
- 미국 : 모든 정치 단체를 포함시켜야 한다. 우익의 참여 찬성

② 이승만의 정읍 발언(1946. 6) : 남한 단독 정부 수립을 제창

③ 좌우 합작 운동
- 배경 : 미·소 공동 위원회의 무기한 휴회, 이승만의 단독 정부 수립 운동
- 목적 : 중도적 통일 정부 수립
- 과정
  - 좌우 합작 위원회(1946. 7) : 김규식과 여운형을 중심으로 구성
  - 좌우 합작 7원칙(1946. 10) : 좌우 합작의 임시 정부 수립 조정
- 결과
  - 여운형의 암살(1947. 7. 17)·좌우의 대립 심화·냉전의 결과로 실패
  - 좌우 합작 위원회 해체(1947. 12)

❷ 5·10 총선거와 대한민국의 수립

(1) 남북 협상

① 배경
- 한반도 문제 유엔 총회 상정(1947. 11) : 한국 문제 결의안 채택
- 유엔 한국 임시 위원단 내한(1948. 1) : 소련의 북한 입국 거부
- 유엔 소총회(1948. 2) : 가능한 지역 총선 실시

② 과정
- 김구·김규식 주도 : 삼천만 동포에게 읍고함(1948. 2)
- 남북 정치 지도자 회의 제의 : 김일성과 김두봉에게 제의
- 남북 제정당사회단체대표자회의(1948. 4) : 남한만의 단독 정부 수립 반대
- 4자 회담 : 김구·김규식·김일성·김두봉의 회담 → 성과 없이 종료

(2) 대한민국 정부 수립

① 제헌국회(1948. 7. 17)
- 수립 : 5·10 총선거로 임기 2년의 제헌 국회 의원 선출(의장 이승만)
- 성향 : 이승만 계열과 한국 민주당이 다수, 남북 협상파 참여 거부

② 제헌헌법 : 대통령 중심제, 간선제, 임기 4년, 단원제

③ 정부 수립
- 수립(1948. 8. 15) : 제1공화국, 대통령 이승만, 부통령 이시영, 국회의장 신익희
- 승인(1948. 12) : 한반도의 유일한 합법 정부로 승인

④ 반대 운동 : 제주도 4·3 사건, 여수·순천 10·19 사건

(3) 반민족 행위 조사 특별 위원회

    ① 반민족 행위 처벌법(1948. 10. 2) : 해방 이전의 반민족 행위자 처벌

    ② 반민족 행위 조사 특별 위원회(1948. 9. 29)

        • 국회의원 10명

        • 이승만의 소극적 태도로 실패 : 국회프락치 사건(1949. 3)

        • 해체(1949. 8. 31)

❸ 6 · 25 전쟁

(1) 배경 : 중국의 공산화(1949), 북한의 국방력 강화, 애치슨 선언(1950.1)

(2) 전개

    ① 남침(1950. 6. 25) : 낙동강 전선까지 후퇴

    ② 반격 : 인천상륙작전(9. 15) → 서울 수복(9. 28) → 압록강 진격(11. 1)

    ③ 전쟁의 장기화 : 중국군 참전(10. 25) → 흥남 철수(12. 5) → 1 · 4 후퇴(1951)

    ④ 휴전(1953. 7. 27)

(3) 영향 : 분단의 고착화, 독재 정권 강화, 한 · 미 상호 방위 조약 체결(1953.10)

기출풀이 [10회 3급 39번]

39. 다음 상황을 볼 수 있었던 시기에 일어난 민족 운동으로 옳은 것은? [3점]

학교에서 조선역사와 조선어는 배우지 않는다.

집안에 있는 수저, 놋그릇 등을 모조리 가져와라!

① 이상재가 신간회를 조직하였다.
② 임병찬이 독립 의군부를 결성하였다.
③ 여운형이 조선 건국 동맹을 조직하였다.
④ 조만식이 물산 장려 운동을 전개하였다.
⑤ 김익상이 조선 총독부에 폭탄을 투척하였다.

● **출제의도**

1930년대 민족 말살 통치 파악

● **해설 :** 정답 ③

1937년 중·일 전쟁 이후 본격적인 전쟁 수행에 나선 일제는 한반도에서의 전쟁 물자 조달을 원활하게 하기 위해 금속 공출제를 시행하였으며 군수품 조달 공장을 건설하였다. 또한 우리 민족의 전쟁 참여를 확대하기 위해 우리 역사와 문화를 말살시키는 정책을 전개하였고 이는 우리 역사를 학교에서 가르치지 않는 것과 우리 말 사용을 금지하는 것으로 구체화되었다.

● **오답풀이**

① 1927년 민족 유일당 운동의 결과 이상재에 의해 신간회가 조직되었다. ② 1912년 고종의 밀지를 받은 임병찬은 복벽주의를 내세우며 독립 의군부를 건설하여 국권 반환을 요구하였다. ④ 1923년 조선 물산 장려회가 조직되어 조만식 등을 중심으로 국산품 애용 운동이 전개되었다. ⑤ 의열단 소속인 김익상은 1921년 식민 통치의 상징이었던 조선 총독부에 폭탄을 투척하였다.

기출풀이 [7회 4급 48번]

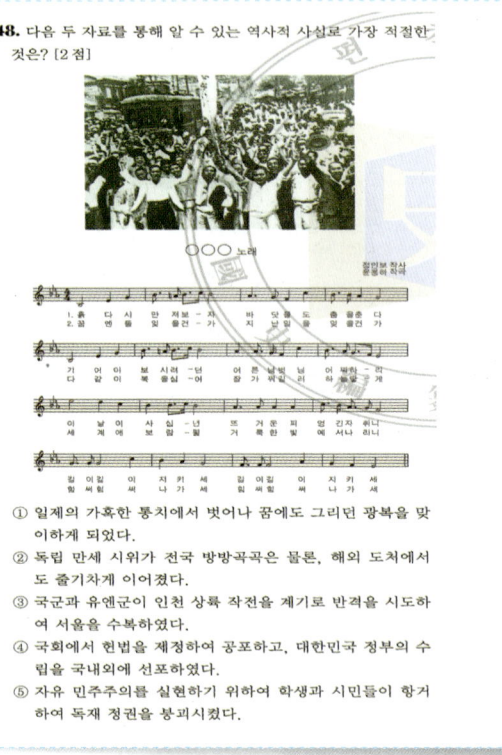

48. 다음 두 자료를 통해 알 수 있는 역사적 사실로 가장 적절한 것은? [2 점]

○○○ 노래

① 일제의 가혹한 통치에서 벗어나 꿈에도 그리던 광복을 맞이하게 되었다.
② 독립 만세 시위가 전국 방방곡곡은 물론, 해외 도처에서도 줄기차게 이어졌다.
③ 국군과 유엔군이 인천 상륙 작전을 계기로 반격을 시도하여 서울을 수복하였다.
④ 국회에서 헌법을 제정하여 공포하고, 대한민국 정부의 수립을 국내외에 선포하였다.
⑤ 자유 민주주의를 실현하기 위하여 학생과 시민들이 항거하여 독재 정권을 붕괴시켰다.

출제의도

8 · 15 광복에 대한 파악

해설 : 정답 ①

자료 위는 8 · 15 해방을 맞이하는 서대문 형무소 앞의 사진이며, 아래는 광복절 노래이다. 두 자료 모두 광복과 관련된 내용이다.

오답풀이

② 1919년 일제의 가혹한 무단 통치에 반대하는 3 · 1 운동이 전국적 · 거족적으로 진행되었으며, 이 운동은 해외로 전파되어 미주 지역을 포함하여 간도 · 연해주 지역으로 확산되었다. ③ 1950년 6 · 25 전쟁과 관련된 내용이다. 초반 북한군에게 낙동강 전선까지 밀렸던 한국군은 유엔군과 국군의 인천 상륙 작전을 계기로 전세를 역전시키는데 성공하였다. ④ 1948년 5 · 10 총선을 통해 선출된 국회의원들은 헌법을 제정하여 공포하고, 초대 대통령으로 이승만을 선출하였으며 1945년 8월 15일 1공화국이 출범하였다. ⑤ 1960년 3 · 15 부정 선거에 저항하는 학생과 시민들은 4 · 19 혁명을 통하여 오랜 기간 동안 권력을 장악하고 있었던 이승만을 하야시켰다.

기출풀이 [7회 3급 40번]

40. 다음 자료를 통하여 추론할 수 있는 미국의 정책으로 옳은 것은? [2점]

포고령 1호

- 제1조 북위 38도선 이남의 조선 영토와 조선 인민에 대한 통치의 모든 권한은 당분간 본관의 권한하에서 시행한다.
- 제2조 …… 모든 공공 사업 기관에 종사하는 유급·무급 직원과 고용인, 그리고 기타 중요한 제반 사업에 종사하는 자는 별도의 명령이 있을 때까지 그의 정당한 기능과 의무를 실행하고 모든 기록과 재산을 보존 보호하여야 한다.

① 한국인의 자치적인 행정과 치안 활동을 인정할 것이다.
② 공산주의 활동을 인정함으로써 사회 통합에 노력할 것이다.
③ 일제하에서 일했던 관리와 경찰들을 당분간 유지할 것이다.
④ 중국에서 귀국한 대한민국 임시 정부에 통치권을 이양할 것이다.
⑤ 일본군의 무장 해제 이후 소련군과 군대 철수를 약속할 것이다.

● 출제의도

광복 직후 상황과 미군정 정책 파악

● 해설 : 정답 ③

제시된 자료는 1945년 9월에 발표된 태평양 방면 미 육군 총사령관이었던 맥아더의 포고령 1호이다. 모든 권한이 맥아더에게 있다는 사실과 기존의 체제는 당분간 유지한다는 내용. 모든 기록과 재산을 보존·보호하며 군정 기간 동안 영어를 공용어로 한다는 것이 주된 내용이다.

● 오답풀이

① 해방된 조국에서 자치 행정과 치안을 준비하고 조직하였던 조선 건국 준비위원회 활동은 미군정에 의해 인정되지 않았다.
② 38선 이남을 장악한 미군정은 공산주의 활동은 인정하지 않았다. ④ 강대국들의 이해관계에 의해 38선을 중심으로 이남은 미군이, 이북은 소련군이 장악한 상황에서 대한민국 임시 정부가 설 땅은 없었다. ⑤ 일본군의 무장 해제를 명목으로 38선을 기준으로 분할 점령한 미군과 소련군은 우리 민족 스스로 자주 독립 국가를 건설하기 위한 모든 움직임을 부정하였고 점차 38선은 남북을 나누는 분단을 의미하게 되었다.

기출풀이 [10회 3급 45번]

45. (가)~(라)를 발표한 시기 순으로 옳게 나열한 것은? [3점]

(가) 1. 우리는 완전한 독립 국가의 건설을 기함
 2. 우리는 전 민족의 정치적 · 사회적 기본 요구를 실현할
 수 있는 민주주의 정권의 수립을 기함
 3. 우리는 일시적 과도기에 있어 국내 질서를 자주적으
 로 유지하여 대중 생활의 확보를 기함

(나) 1. 조선의 민주 독립을 보장한 3상 회의 결정에 의하여
 남북을 통한 좌우 합작으로 민주주의 임시 정부를 수
 립할 것
 7. 전국적으로 언론, 집회, 결사, 출판, 교통, 투표 등의
 자유가 절대 보장되도록 노력할 것

(다) 한국이 있고야 한국 사람이 있고야 민
 주주의도 공산주의도 또 무슨 단체도 있을 수 있는 것이
 다. …… 나는 통일된 조국을 건설하려다가 38도선을 베
 고 쓰러질지언정 일신에 구차한 안일을 취하여 단독 정부
 를 세우는 데는 협력하지 아니하겠다.

(라) 무기한 휴회된 미 · 소 공동 위원회가 다시 열릴 기색도
 보이지 않으며, …… 우리 남한만이라도 임시 정부 또는
 위원회 같은 것을 조직하여 38도선 이북에서 소련이 물
 러가도록 세계 여론에 호소하여야 될 것이니, 여러분도
 결심해야 할 것이다.

① (가) – (나) – (라) – (다)
② (가) – (라) – (나) – (다)
③ (나) – (가) – (다) – (라)
④ (나) – (가) – (라) – (다)
⑤ (라) – (가) – (다) – (나)

● 출제의도

광복 이후 정부 수립 이전까지의 주요 사건 파악

● 해설 : 정답 ②

(가) 자료는 해방된 조국의 치안과 행정을 준비하며 조직되었던 건국 준비 위원회의 선언문이다. 건국 준비 위원회는 조선
건국 동맹을 중심으로 좌우 합작의 형태로 1945년 8월에 결성되었다. (나) 자료는 1차 미 · 소 공동위원회가 결렬된 직후 조
직되었던 좌우 합작 위원회가 1946년 10월 7일 발표한 7원칙에 해당한다. 모스크바 3상 회의의 신탁 통치와 관련된 내용
이 국내에 알려지면서 시작된 좌 · 우익의 대립을 완화하기 위해 여운형과 김규식을 중심으로 전개된 좌우 합작 운동은 좌
익과 우익의 적극적인 지지를 받지 못하였다. (다) 자료는 '김구의 3천만 동포에게 읍고함'이다. 2차 미 · 소 공동위원회가
미국과 소련의 입장 차이로 결렬되자 미국은 한반도 문제를 유엔으로 이관하였고(1947. 9), 유엔은 가능한 지역 총선을 통
과시키며 유엔의 감시 하에 남한만의 단독 선거가 결정되었다. 이에 김구는 1948년 2월 '3천만 동포에게 읍고함'을 발표하
며 남북한의 정치 협상을 위해 북한의 김일성을 만나게 된다. (라) 자료는 1946년 6월 이승만의 정읍 발언에 해당한다. 1차
미 · 소 공동위원회가 결렬된 이후에 남한만이라도 단독 정부 수립을 주장한다.

기출풀이 [6회 4급 42번]

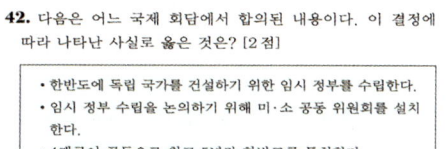

42. 다음은 어느 국제 회담에서 합의된 내용이다. 이 결정에 따라 나타난 사실로 옳은 것은? [2점]

> • 한반도에 독립 국가를 건설하기 위한 임시 정부를 수립한다.
> • 임시 정부 수립을 논의하기 위해 미·소 공동 위원회를 설치한다.
> • 4개국이 공동으로 최고 5년간 한반도를 통치한다.

① 8·15 광복
② 38도선 설정
③ 신탁 통치 반대
④ 대한민국 정부 수립
⑤ 6·25 전쟁 발발

◉ 출제의도

모스크바 3상 회의 직후의 국내 상황 파악

◉ 해설 : 정답 ③

자료는 1945년 12월 모스크바에서 개최되었던 3상 회의 협정안에 해당하는 내용이다. 미국, 영국, 소련의 3국 외상은 모스크바에서 한반도 문제를 논의하였다. 이 회의에서 임시 민주 정부의 수립과 미·소 공동 위원회의 설치, 한국에 대한 신탁 통치 실시 등에 관하여 협의하였다. 특히 신탁 통치와 관련된 내용은 해방 후 식민 통치에 대한 반감이 남아 있는 상황에서 또 다시 외세에 의한 통치 결정은 우리 민족에게는 큰 충격으로 다가왔고 이는 신탁 통치 반대 운동의 흐름으로 연결되었다. 좌익 세력은 초기에는 반탁 운동을 전개하였으나 이후 모스크바 3상 협정의 논의 내용 중에 우리 민족에게 유리한 내용이 포함되어 있다고 생각하여 3상 결정 지지로 입장을 선회하였다.

◉ 오답풀이

① 1945년 8월 15일 해방 이후 한반도 문제를 협의하기 위해 그 해 12월 모스크바에서 3상 회의가 열렸다. ② 1945년 2월 얄타 회담 이후 대일 선전 포고를 하며 소련군이 참전하자 미국은 38선을 경계로 분할 점령할 것을 소련에게 제안하였고 소련은 이를 수용하였다. ④ 1948년 2월 유엔 소총회의 결정에 의해 남한 단독 선거가 결정되었고, 예정된 수순에 의해 그 해 5·10 총선 실시 후 대한민국 정부가 수립되었다. ⑤ 중국의 공산화, 북한의 군사력 증강, 애치슨 선언 등이 6·25 전쟁의 배경에 해당되는 내용이다.

기출풀이 [4회 3급 46번]

46. 다음 주장에 대한 설명으로 옳은 것을 〈보기〉에서 고른 것은? [2점]

> 이제 우리는 무기 휴회된 미·소 공동 위원회가 재개될 기색도 보이지 않으며, 통일 정부를 고대하나 여의케 되지 않으니, 우리는 남방만이라도 임시 정부 혹은 위원회 같은 것을 조직하여 38 이북에서 소련이 철퇴하도록 세계 공론에 호소하여야 될 것이니, 여러분도 결심하여야 될 것이다.

〈 보 기 〉
ㄱ. 한국 민주당은 이 주장을 지지하였다.
ㄴ. 제1차 미·소 공동 위원회가 중단된 후 이 주장이 제기되었다.
ㄷ. 유엔 총회는 이 주장을 받아들여 유엔 한국 임시 위원단을 구성하였다.
ㄹ. 좌우익 사이에서 중도적 입장을 취하던 정치 세력들은 이 주장에 적극 동조하였다.

① ㄱ, ㄴ ② ㄱ, ㄹ ③ ㄴ, ㄷ
④ ㄴ, ㄹ ⑤ ㄷ, ㄹ

● **출제의도**

이승만 정읍 발언 배경과 반응 파악

● **해설 :** 정답 ①

자료는 1946년 정읍에서 이승만이 남한만의 단독 정부 수립과 관련된 연설을 한 내용이다. 대한민국 임시 정부의 초대 대통령으로 독립 운동의 상징적 존재였던 이승만은 귀국 후 국내 정치 세력의 통합을 위해 노력하였으나 좌우익의 대립 사이에서 성과를 거둘 수 없었다. 이 과정에서 이승만은 1차 미·소 공동 위원회가 아무런 성과 없이 결렬되자 이승만은 남한 각지를 순회하던 중 정읍에서 남한만이라도 단독 정부를 세우자고 주장하였다. 우익 세력을 결집한 한국 민주당은 이승만의 입장을 적극 지지하였으며, 대한민국 정부 수립에 적극적으로 참여하였다.

● **오답풀이**

ㄷ. 1948년 2차 미·소 공동 위원회가 결렬된 이후 미국은 한국 문제를 유엔으로 이관하였고, 유엔은 한반도 문제 처리를 위하여 유엔 한국 임시 위원단을 구성하여 파견하였다. 소련은 38선 이북 지역 방문을 거부하였기 때문에 이남 지역만을 방문하고 돌아갔고, 이후 위원단은 가능한 지역 총선을 유엔 총회에 제의하였다. ㄹ. 좌익과 우익의 중도적 입장을 표방했던 정치 세력에 의해 남한만의 단독 선거에 반대하는 좌우 합작 운동이 전개되었다.

기출풀이 [7회 3급 37번]

37. 밑줄 그은 '좌우 합작 위원회'에 참여한 인물로 옳은 것을 〈보기〉에서 고른 것은? [2점]

> 1946년 5월 미·소 공동 위원회는 결실을 거두지 못하고 결렬되었다. 일부 정치 지도자들은 좌우 대립을 극복하고 통일 정부를 수립하기 위해서 <u>좌우 합작 위원회</u>를 구성하였다. 그러나 좌·우익은 합작 원칙을 둘러싸고 대립하였다. 좌우 합작 위원회가 제시한 7원칙은 좌·우익 핵심 정치 세력의 동의를 얻지 못하였다. 좌·우익이 내세운 합작 조건의 차이는 합작을 가로막은 1차적 요인이었다.

〈 보 기 〉

ㄱ. 이승만   ㄴ. 김구   ㄷ. 김규식   ㄹ. 여운형

① ㄱ, ㄴ   ② ㄱ, ㄷ   ③ ㄴ, ㄷ   ④ ㄴ, ㄹ   ⑤ ㄷ, ㄹ

● 출제의도

좌우 합작 운동 전개 파악

● 해설 : 정답 ⑤

모스크바 3상 회의 이후 좌우익의 대립이 심화되자 이에 대한 문제를 논의하기 위해 1946년 3월 1차 미·소 공동 위원회 개최되었다. 그러나 서로의 입장 차이만 확인한 채 결렬된 직후 이승만은 정읍 발언을 통해 단독 정부 수립을 주장한다. 이런 상황에서 김규식과 여운형을 비롯한 일부 정치 지도자들은 남한 단독 정부 수립과 좌우익의 대립 극복을 위하여 좌우 합작 위원회를 조직하고 좌우 합작 7원칙을 통해 통일 정부 수립을 위하여 노력하였으나 실패하였다.

● 오답풀이

ㄱ. 이승만은 '좌우익이 합작을 하면 좌익의 파괴 공작이 멈추고 민족주의 진영이 국권 회복에 동일한 보조를 취할 것을 기대했던 것인데, 지금 좌익은 대다수가 합작을 반대하며, 파괴 운동은 더욱 극렬하니 합작할 필요가 있는지 의문이다.'라고 말하며 실제로 좌우 합작 운동을 반대하였다. ㄴ. 좌우 합작 운동에 대해 지지하는 입장을 보였으나 적극적으로 참여하지는 않았다.

기출풀이 [7회 3급 38번]

38. 다음 기사의 빈칸에 들어갈 내용으로 옳은 것은? [2 점]

> 과거 2개년 간 미국은 얄타 결정을 실천하는 방도에 관하여 소련과 합의를 획득함으로써 조선을 독립시키고자 노력하여 왔으나, 2년 전에 비해 추호도 진전된 바 없다. …… 서울에서 두 차례 개최된 미·소 공동 위원회는 토의 상태에 관한 공동 보고 작성 문제에 있어서까지라도 합의를 보지 못하고 있는 형편이므로, 이 이상 미·소 양국의 교섭에 의하여 조선 문제를 해결하려는 기도는 다만 조선의 독립을 지연시킬 뿐이다. 따라서, 미국은 [   ]
>
> – ○○일보 1947. 9. 19. –

① 조선 문제를 유엔 총회에 상정할 것이다.
② 38도선 이남 지역을 직접 통치할 것이다.
③ 좌우 합작 위원회에 정부 수립을 맡길 것이다.
④ 소련과 한반도에서 철수하는 문제를 논의할 것이다.
⑤ 국내의 모든 정당, 사회 단체의 정치 참여를 보장할 것이다.

● **출제의도**

남한 단독 정부 수립 과정 파악

● **해설 : 정답 ①**

두 차례의 미·소 공동 위원회가 진행되는 1946~47년은 세계적으로 냉전 체제가 확대되어 가고 있었던 시기로 한반도는 그 첨예한 대립의 장이었다. 자신들의 세력을 확대하기 위해 한반도에서 양보할 수 없었던 두 나라의 협상은 이미 성과를 거두기가 어려운 상황이었다. 미국은 미·소 공동 위원회의 결렬을 선언하고 한반도 문제를 유엔에 상정하였다.

● **오답풀이**

② 한반도 이남을 미국의 영향력 아래에 두고자 하는 의도는 있었으나 직접 통치하고자 하는 내용은 없다. ③ 미군정은 우익 계열의 정치 개편이 한계를 드러낸 상황에서 좌우 합작 운동을 지원하였다. 좌우 합작 운동을 중심적으로 진행시켰던 여운형이 1947년 7월에 암살당하면서 좌우 합작 운동은 실패하였다. ④ 미국은 소련의 영향력을 견제하고 팽창 정책을 봉쇄하고자 한반도에서 소련과 대립하였다. ⑤ 미·소 공동 위원회 논의 내용 중의 하나인 임시 정부 수립을 하는 방법에 있어 미국은 국내의 모든 정당과 사회 단체의 참여시킬 것을 주장하였다. 시기적으로 맞지 않다.

기출풀이 [10회 4급 47번]

47. 다음 포스터가 들어갈 곳으로 옳은 것은? [1점]

5·10 총선거

(가)   좌우 합작 위원회   (나)

미·소
공동 위원회

38도선을
넘는 김구

(라)   (다)

대한민국
정부 수립

(마)

여수·순천
10·19 사건

① (가)   ② (나)   ③ (다)   ④ (라)   ⑤ (마)

● **출제의도**

1948년 5·10 총선 전후의 상황 파악

● **해설 :** 정답 ③

1948년 5·10 총선으로 선출된 국회의원들에 의해 헌법이 만들어졌고, 이승만을 초대 대통령으로 하는 1공화국이 출범하였다. 해방 이후 주요 사건들을 정리해 보면,

1945. 8	해방	1948. 1	유엔 임시 위원단 내한
1945. 12	모스크바 3상 회의	1948. 2	유엔 소총회에서 가능한 지역 총선 결정
1946. 3	1차 미·소 공동 위원회 개최	1948. 4	남한 단독 선거 반대 운동(4·3 항쟁), 남북 협상
1946. 6	정읍 발언	1948. 5	5·10 총선
1946. 10	좌우 합작 위원회	1948. 7	제헌 국회 소집
1947. 5	2차 미·소 공동 위원회 개최	1948. 8	1공화국 출범
1947. 11	한반도 문제 유엔으로 상정	1948. 10	여·순 사건

기출풀이 [1회 4급 41번]

41. 아래 연표에서 (가)에 들어갈 역사적 사실은? [3점]

		(가)		
모스크바 3국 외상 회의	제1차 미·소 공동 위원회	제2차 미·소 공동 위원회	대한 민국 정부 수립	6·25 전쟁

① 4·19 혁명

② 제주도 4·3 사건

③ 5·18 민주화 운동

④ 여수·순천 10·19 사건

⑤ 조선 건국 준비 위원회 결성

● **출제의도**

6·25 전쟁 이전의 상황 파악

● **해설 :** 정답 ②

2차 미·소 공동 위원회 결렬 이후 남한만의 단독 선거가 결정되고 예정된 수순에 따라 진행되자 이에 반대하는 운동이 남한에서 전개되었다. 제주 4·3 사건과 여수·순천 10·19 사건이 그 대표적인 내용이다. 제주 4·3 사건은 남한 단독 정부 반대 운동이 제주에서 발생하자 이를 진압하는 과정에서 민간인이 희생당한 사건이다. 여·순 사건은 제주 4·3 사건을 진압하기 위해 여수 지역의 군인들에게 파병을 명령하나 이를 거부하며 봉기한 사건으로 여·순 사건이 진압된 이후 군대 내의 반이승만 성향을 가진 군인들이 숙청되었다.

● **오답풀이**

① 1960년 3·15 부정 선거에 대한 저항으로 4·19 혁명이 전개되었다. ③ 1979년 12·12 군사 쿠데타를 통해 등장한 신군부에 반대하는 민주화 시위가 광주에서 발생하였다. ④ 여수·순천 10·19 사건은 대한민국 정부 수립 이후의 상황이다. ⑤ 해방 직후 건국을 준비하기 위해 여운형을 중심으로 조선 건국 준비 위원회가 조직되었다.

기출풀이 [2회 3급 42번]

42. 밑줄 친 '나'의 당시 활동과 관련된 설명으로 옳은 것은?

[2 점]

현실에 있어서 <u>나</u>의 유일한 염원은 3천만 동포와 손을 잡고 통일된 조국의 달성을 위하여 공동 분투하는 것뿐이다. 이 육신을 조국이 요구한다면 당장에라도 제단에 바치겠다. <u>나</u>는 통일된 조국을 건설하려다 38도선을 베고 쓰러질지언정, 일신의 구차한 안일을 취하여 단독 정부를 세우는 데에는 협력하지 아니하겠다.

① 남북 지도자 연석 회의에 참석하였다.
② 5·10 총선거를 통해 정계에 진출하였다.
③ 좌·우 합작 운동에 적극 앞장서고 있었다.
④ 유엔의 한국 문제 처리 결정에 동의하였다.
⑤ 대한민국 임시 정부의 조직을 재정비하였다.

● **출제의도**

김구의 활동과 통일 노력 파악

● **해설 :** 정답 ①

사진 자료는 김일성을 만나서 남북 협상을 하기 위해 38선을 넘는 김구의 모습이고, 글의 내용은 유엔 소총회에서 남한만의 단독 선거 결정 이후 김구가 발표했던 '3천만 동포에게 읍고함'의 일부이다. 따라서 밑줄 친 '나'는 김구이다. 김구의 남북 협상 제안을 북한은 수용하면서 정당과 사회 단체들의 지도자들도 함께 하는 연석회의를 제안하였다. 이 제안을 계기로 1948년 4월 북한에서 연석회의가 개최되었으나 별다른 성과 없이 진행되었고 분단 정부의 수립을 막기에는 역부족이었다.

● **오답풀이**

② 김구와 김규식은 남한만의 단독 선거를 반대하며 5·10 총선에 불참하였다. ③ 좌우 합작 운동을 주도한 인물은 김규식과 여운형이다. 김구는 좌우 합작 운동에는 찬성하였으나 적극적으로 앞장서지는 않았다. ④ 유엔에서 결정된 남한만의 단독 선거 결정을 김구는 반대하였다. ⑤ 김구가 대한민국 임시 정부의 조직을 재정비 한 것은 국민 대표자 회의 이후 임시 정부의 세력이 급격히 약화되었을 때이다. 1920년대 중반에 해당하는 사실로 자료와는 시기가 맞지 않다.

365

기출풀이 [9회 4급 46번]

46. 다음 선거의 결과로 옳은 것은? [3점]

민주 정치 첫 경험! 5·10 총선거 실시

1948년 5월 10일에 실시된 총선거에서 유권자들이 한 표의 권리를 행사하고 있다. 문맹률이 80%였던 그때 막대기의 수로 표시된 번호 아래 ○표를 찍는 식으로 투표가 행해졌지만, 보통·평등·비밀·직접 선거의 4대 원칙에 따라 치러진 이 땅 최초의 선거였다.

① 내각 책임제 정부 수립
② 좌·우 합작 위원회 조직
③ 대한 민국 제헌 국회 구성
④ 조선 건국 준비 위원회 결성
⑤ 미국과 소련에 의한 군정 실시

● 출제의도

5·10 총선의 역사적 의의와 결과 파악

● 해설 : 정답 ③

1948년 5·10 총선은 국회의원을 선출하는 선거였다. 임기 2년의 국회의원들은 같은 해 7월 17일 헌법을 제정하였고 선거를 통하여 초대 대통령으로 이승만을 세웠다. 제헌 국회 의원들의 임기 동안 반민족 행위 특별법의 제정, 농지 개혁의 실시 등 해방 이후 여러 가지 사회적 문제들을 처리했던 국회로 한국 전쟁 이전에 임기가 종료되어 해산되었다.

● 오답풀이

① 제헌 국회를 통해 만들어진 정부 형태는 대통령 중심제 정부였으며, 1960년 4·19 직후에 양원제와 내각 책임제 정부가 수립되었다. ② 1946년 10월 좌우익 대립이 심화되는 과정에서 통일 정부를 추구하며 좌우 합작 위원회가 조직되었다. ④ 1945년 해방 직후 건국 동맹을 모체로 하여 좌익과 우익이 연합하여 조선 건국 준비 위원회가 조직되었다. ⑤ 해방 이전부터 한반도와 관련된 논의가 진행되는 가운데 해방 이후 1945년 9월 38선을 기준으로 미국과 소련에 의해 분할되어 군정이 실시되었다.

기출풀이 [3회 3급 41번]

41. 다음 법률의 내용과 관계 깊은 사실을 〈보기〉에서 고른 것은? [2점]

> 제1조 일본 정부와 통모(通謀)하여 한·일 합병에 적극 협력한 자, 한국의 주권을 침해하는 조약 또는 문서에 조인한 자와 모의한 자는 사형 또는 무기 징역에 처하고 그 재산과 유산의 전부 혹은 2분의 1 이상을 몰수한다.
> 제2조 일본 정부로부터 작위를 받은 자 또는 일본 제국 의회의 의원이 되었던 자는 무기 또는 5년 이상의 징역에 처하고, 그 재산과 유산의 전부 혹은 2분의 1 이상을 몰수한다.

〈 보기 〉
ㄱ. 민족 정기를 바로 세우려는 목적에서 제정되었다.
ㄴ. 국민은 반민족 행위 처벌에 대해 적극적으로 지지하였다.
ㄷ. 반민족 행위에 대한 처벌보다는 진상 규명에 주안점을 두었다.
ㄹ. 미 군정은 경찰을 동원하여 반민족 행위 특별 조사 위원회의 활동을 탄압하였다.

① ㄱ, ㄴ   ② ㄱ, ㄷ   ③ ㄴ, ㄷ
④ ㄴ, ㄹ   ⑤ ㄷ, ㄹ

● 출제의도

반민특위에 대한 이해

● 해설 : 정답 ①

자료는 반민족 행위 처벌법의 일부이다. 이 법에 근거하여 반민족 행위 특별 조사 위원회(반민특위)가 조직되어 친일파에 대한 조사가 시작되었다. 1948년 8월 1공화국이 출범된 이후 민족정기를 바로 잡아야 한다는 사회적 요구를 반영하여 특별법을 제정하여 친일 경력자에 대한 처벌을 하고자 하였으나 이승만 정부의 비협조적인 태도와 방해로 실패로 돌아갔다. 이 특별법은 6·25 전쟁 과정에서 폐지되었다.

● 오답풀이

ㄷ. 반민족 행위 처벌법으로 특별법의 이름에서 보듯 진상 규명 보다는 처벌을 목적으로 만든 법률이다. ㄹ. 이승만은 친일파 처리보다는 국가를 안정적으로 운영하는 것을 더욱 중요하게 생각하고 있었다. 즉 반공 정책을 우선시하고 있었기 때문에 반민특위의 활동을 방해하며, 오히려 국회 안에 간첩들이 있다는 명분으로 경찰력을 동원하여 반민특위 사무실을 습격하고 소속 국회의원들과 조사관들을 연행하였다. 결국 예정된 기간을 다 채우지 못하고 반민특위는 해산되었으며, 이후 친일파 청산은 역사적 과제로 남게 되었다.

기출풀이 [11회 중급 42번]

42. 지도와 같은 상황에서 이를 타개하기 위해 국군과 유엔군이 전개한 작전으로 옳은 것은? [1점]

① 인천 상륙 작전
② 평양 탈환 작전
③ 38선 진공 작전
④ 춘계 대공세 작전
⑤ 백마고지 탈환 작전

◉ 출제의도

6·25 전쟁 과정 이해

◉ 해설 : 정답 ①

낙동강 전선까지 밀린 국군은 유엔군 사령관 맥아더의 인천 상륙 작전이 성공하면서 전세를 역전시킬 수 있는 계기를 마련하였다. 6·25 전쟁의 과정을 정리하면,

1950. 6. 25 북한군의 남침	1950. 11. 25 유엔군 최대 북진선
1950. 9. 2 국군 최후 방어선	1950. 12. 24 흥남 철수
1950. 9. 15 인천 상륙 작전	1951. 1. 8 중국군 최대 남하선
1950. 9. 28 서울 수복	1951. 4. 22 중국군의 춘계 대공세 작전
1950. 10. 19 평양 탈환	1951. 7. 10 휴전 협정 시작
1950. 10. 25 중국군 개입	1953. 6. 18 반공 포로 석방
1950. 10. 26 국군 압록강 진격	1953. 7. 27 휴전 협정 조인

◉ 오답풀이

⑤ 백마고지는 강원도 철원에 있는 지역으로 1951년 7월 휴전 협정이 시작되는 시기부터 1952년까지 휴전 협정에서 유리한 위치를 차지하기 위해 치열한 전투가 벌어졌던 곳이다.

기출풀이 [10회 3급 46번]

46. 다음 사진과 관련된 전쟁에 대한 설명으로 옳지 <u>않은</u> 것은? [2점]

① 북한군의 남침으로 시작되었다.
② 애치슨 선언이 발발 배경 중 하나였다.
③ 중국군의 개입으로 1·4 후퇴가 일어났다.
④ 남한에서 반공 체제가 강화되는 계기가 되었다.
⑤ 한국, 미국, 북한, 중국 대표가 휴전 협정에 서명하였다.

○ **출제의도**

6·25 전쟁과 관련된 내용 파악

○ **해설 :** 정답 ⑤

사진과 관련된 내용은 6·25 전쟁이다. 애치슨 선언과 주한 미군의 철수, 중국 공산화 이후 북한군의 전력 강화 등을 배경으로 북한군의 남침, 즉 전쟁이 시작되었다. 낙동강까지 밀렸던 전선은 인천 상륙 작전을 계기로 북진에 성공하였으나 중국군이 개입하며 후퇴할 수밖에 없었고(1·4 후퇴) 전쟁은 38선 부근을 경계로 고착화되어 갔다. 이런 상황에서 1951년 7월 개성에서 휴전 회담이 시작되었으나 포로 송환 문제를 두고 이견을 보이며 어려움을 겪었다. 1953년에 미국 대통령으로 전쟁의 종결을 주장한 아이젠하워가 당선되면서 휴전 협정의 진전을 가져왔다. 이승만은 반공 포로를 석방하며 휴전에 반대하였지만 1953년 7월 27일 휴전 협정이 체결되었다. ⑤ 북한, 미국, 중국 대표가 휴전 협정에 서명하였으며, 전쟁은 휴전되었으나 이로 인해 국토는 분단되었다.

기출풀이 [6회 3급 46번]

46. 다음 가요들의 배경이 된 사건에 대한 설명으로 옳은 것은? [2점]

> ### 굳세어라 금순아
> 눈보라가 휘날리는 바람 찬 흥남 부두에
> 목을 놓아 불러 봤다 / 찾아를 봤다.
> 금순아 어디로 가고 / 길을 잃고 헤매였더냐.
> 피눈물을 흘리면서 일사 이후 나 홀로 왔다.
>
> ### 단장의 미아리 고개
> 미아리 눈물 고개 님이 떠난 이별 고개
> 화약 연기 앞을 가려 눈 못 뜨고 헤매일 때
> 당신은 철사줄로 두 손 꼭꼭 묶인 채로
> 뒤돌아보고 또 돌아보고 맨발로 절며 절며
> 끌려가신 이 고개여 한 많은 미아리 고개

① 자유당 정부가 붕괴되는 결과를 낳았다.
② 계엄군에 의한 시민들의 희생을 초래하였다.
③ 한·미·일 공동 안보 체제 형성의 계기가 되었다.
④ 단독 정부 수립에 대한 반대 투쟁을 초래하였다.
⑤ 남과 북에 많은 이산가족이 발생하는 계기가 되었다.

● 출제의도

6 · 25 전쟁 전개 이해

● 해설 : 정답 ⑤

중국군의 개입으로 흥남 부두에서 철수하고 있는 장면, 북한군의 남침 후 서울에서 포로로 잡힌 사람들이 미아리 고개를 통해 북으로 끌려가는 장면 등을 통해 6 · 25 전쟁과 관련된 노래임을 알 수 있다. 6 · 25 전쟁으로 인해 남과 북의 많은 이산 가족이 발생하였으며 인적 · 물적인 피해가 막대하였다. 이후 남과 북은 통일 문제보다는 독재 정권을 강화하고 권력을 안정시키는데 관심을 가졌다.

● 오답풀이

① 1960년 4 · 19 혁명과 관련된 내용이다. 국민들의 힘으로 이승만 중심의 자유당 정부를 무너뜨렸다. ② 신군부의 등장에 민주화를 외치며 시위를 벌인 광주 시민들을 계엄군을 투입하여 탄압하는 과정에서 많은 희생자가 나타났다. ③ 1965년 6월 한일 협정의 체결을 계기로 기존의 한 · 미, 미 · 일 안보 체제가 한 · 미 · 일 공동 안보 체제로 변화되었다. ④ 남한 단독 정부 수립에 반대하는 투쟁으로는 제주 4 · 3 사건, 여수 · 순천 10 · 19 사건 등이 있다.

읽기자료

일기로 보는 한국 전쟁

> 이 수기는 공산당의 강제 모병으로 전쟁터에 끌려 나온 천진난만한 휘문중학교 6학년 W군의 것이다. 그는 조그마한 수첩에 1950년 7월 25일부터 죽기 전 날인 9월 11일까지 마음의 편력을 기록하여 두었다.
> — 〈조동규, 한국의 동란〉

7일 15일

아무리 생각해도 피할 도리가 없었다. 피하려면 결국 생명을 희생시키는 일이 있더라도 과감한 행동이 요청된다. 그러기에는 나는 너무 약하다. 될 대로 되라. 그러나 나는 누구를 위하여 총을 드는가. 쌍방이 모두 조국과 민족을 위한다고? 그러나 전범은 과연 어느 쪽이냐. 우리나라의 통일은 유혈로써만 달성된다는 철칙은 어디에 있는가. 나는 결국 어떻게 할 것인가. 어떻게 하여야만 살 수 있을까. 등록하러 오라고 하고는 직접 전선으로 끌고 가다니! 나는 용기가 없어서 잡혔다.

7월 29일

인민군 측의 선전도 그럴 듯하다. 우리들에게 적개심을 가지게 하느라고 지나친 선전을 하는 것 같이 보인다. 훈련을 전선으로 가면서 하며 나날이 맹훈련이다. 우리 사람들을, 우리 동포들을 살해하는 연습이다. 죽음 – 이것처럼 무서운 것이 또 다시 있을 수 있을까. 군인이 되기에는 나는 너무나 다정다감한 성격의 소유자다. 그러나 자유를 잃은 이 몸 – 너무 피곤한지 밤마다 악몽이 보인다.

8월 10일

상상외로 출발이 빠르다. 2주일 훈련하고 전선으로 나가는 군대가 또 있는가. 전쟁 영화에서 보는 무서운 병기와 장면. 생각만 하여도 소름이 끼친다. 그리고 미군 비행기를 어떻게 피할 수 있을까? 인민군 비행기는 그림자도 안 보인다. 분명 희망 없는 전쟁이다. 나는 좌익은 아니건만 인민군으로 된 이상 좌익시 당하여 총살당할지 누가 아는가. 흥분, 비애, 원망, 그리고 절망적인 기분이 서로 교차하여 이상스러운 심리작용을 일으킨다. 어두운 밤길 – 이렇게 더우면 밤길이 좋다. 비행기가 무서워 낮에 못 가고 밤길을 걷지만 차라리 전화위복이다. 운명의 길을 없이 걸어가는 나의 신세!

8월 27일

전진! 또 전진! 그러나 죽음의 전진에 틀림없다. 길가에 7, 8세 되어 보이는 어린이의 사체를 보고 비통한 생각이 난다. 어느 총알에 맞아 죽었는지 알 바 없다. 미국 비행기의 기총소사에 죽었는지 그렇지 않으면 우리 포탄에 맞았는지 알 수 없다. 총알 맞은 데를 보고 넘어져 있는 방향으로 보아 우리들의 총알에 희생된 것 같다. 피난 가다가 사이에 끼어 죽은 것이 분명하다. 손에는 사과 한 개가 쥐어져 있다. 고통스럽게 죽은 인상을 준다. 얼굴은 몹시 고운 편이다. 나는 그의 가슴에 들국화 한 송이를 꽂아 주고 길옆에 있는 콩 밭에 파묻어 주고 뜨거운 눈물 한 방울로 이별의 에레지를 보냈다.

9월 3일

어제 점령한 고지에 미군은 집중사격을 용서 없이 퍼붓는다. 수다한 병사들이 피를 뿜고 쓰러진다. 오랫동안 고민하다가 영원히 세상을 떠나는 모습은 차마 눈을 가지고 볼 수 없다. 죽을 바엔 자기도 모르게 순식간 포탄에 사라지는 것이 확실히 행복할 것이다. 그러나, 아 어떻게 탄환의 밥으로 만든단 말이냐. 옆에 있던 전사 한 명이 또 죽는다. 아, 확실히 나는 미칠 것 같다. 비행기다. 비행기! 기총소사의 폭우, 쓰러지는 사체, 총 공격은 개시된 모양이다. 그러나 절대 승산 없는 전투다.

9월 8일

전투는 최고조다. 비오듯하는 포탄. 과연 생사가 결정되는 날에 틀림없다. 나는 목표도 없이 총을 쏘았다. 맞을 리가 없다. 비행기에서는 삐라를 던지고 있다.

24강 현대 사회의 발전

① 4 · 19 혁명

(1) 이승만 정부의 정권 연장을 위한 개헌

① 발췌 개헌(1952. 7. 4) : 1차 개헌, 대통령 직선제 개헌

② 사사오입 개헌(1954. 11. 29) : 2차 개헌, 초대 대통령의 중임 제한 철폐

(2) 이승만 정부의 권력 강화

① 3대 정 · 부통령 선거(1956. 5. 15) : 대통령 이승만, 부통령 장면, 조봉암 30% 득표

② 이후 상황 : 장면 피습(1956. 9), 경향신문 폐간(1959. 4), 조봉암 처형(1959. 7)

(3) 4 · 19 혁명

① 배경 : 3 · 15 부정선거(1960), 자유당 정권의 독재

② 의의 : 반독재 민주화 운동, 통일운동의 활성화 계기

③ 허정 과도정부(1960. 6. 15) : 3차 개헌, 내각책임제, 양원제

• 총선(1960. 7. 29) : 민주당 압승

• 제2공화국(1960. 8. 13) : 대통령 윤보선, 국무총리 장면

④ 장면 내각(1960. 11. 29) : 4차 개헌, 소급 특별법 제정

② 5 · 16 군사 정변

(1) 군사 정변(1961) : 군사혁명위원회 → 국가재건 최고회의(5. 18), 반공을 국시

(2) 군사 정부(1962. 12. 26) : 5차 개헌, 대통령 중심제, 단원제, 직선제, 4년 중임

(3) 제3공화국(1963. 12. 17) : 대통령 박정희

③ 민주주의의 시련과 민주 회복

(1) 6 · 3 시위 : 대일 굴욕 외교 반대 시위, 한일 협정 조인(1965. 6)

(2) 월남 파병(1965~73) : 브라운 각서, 베트남 특수

(3) 3선 개헌(1969. 10. 21) : 6차 개헌, 국민투표로 확정

(4) 제4공화국(1972. 10. 17) : 10월 유신, 7차 개헌

① 한국적 민주주의

② 대통령의 권한 강화 : 국회의원 1/3 임명, 긴급조치권, 국회해산권

③ 통일주체 국민회의(1972.12) : 간선제, 임기 6년, 중임 제한 철폐

④ 반대 투쟁 : 개헌 청원 100만 인 서명운동(1973), 민주청년학생총연맹(1974), 3 · 1 구국 선언(1976)

⑤ 부마 항쟁(1979. 10. 16) : 독재에 대한 저항 운동의 지속

- YH 사건(1979. 8)
- 김영삼 국회의원 제명
- 국제 사회의 비판 : 인권 탄압
- 박정희 피살(1979. 10. 26)

(5) 민주화 운동과 민주주의의 발전

① 신군부의 등장(1979. 12. 12)
- 5·18 광주민주화 항쟁(1980) : 화려한 휴가
- 국가보위 비상대책위원회(1980. 5. 31)
- 8차 개헌(1980. 10. 27) : 간선제(대통령 선거인단), 임기 7년, 단임제

② 제5공화국(1981. 2. 25) : 대통령 전두환, 정의 사회 구현, 복지 사회 건설
- 강압 : 삼청교육대(1980. 8), 언론통폐합
- 유화 : 두발 자율화(1982), 통행금지 철폐(1982), 교복 자율화(1983)
- 박종철 고문 치사 사건(1987. 1) : 직선제 요구
- 4·13 호헌 조치(1987) : 호헌 철폐, 독재 타도
- 6·10 항쟁(1987) : 이한열
- 6·29 선언 : 노태우, 직선제 개헌 약속
- 9차 개헌(1987. 10. 29) : 현행 헌법, 직선제, 5년 단임제, 대통령의 권한 축소

③ 제6공화국(1988. 2. 25) : 대통령 노태우
④ 문민정부(1993. 2. 25) : 대통령 김영삼
⑤ 국민의 정부(1998. 2. 25) : 대통령 김대중
⑥ 참여정부(2003. 2. 25) : 대통령 노무현

❹ 통일 정책

시기	내용
71. 8. 20	남북 적십자 회담(최초)
72. 7. 4	• 7.4 남북 공동성명 • 냉전 체제 완화, 닉슨독트린(미·중 수교, 주한 미군의 부분 철수) • 3대 원칙 : 자주·평화·민족대단결, 공식대화기구 : 남북조절위원회
85. 9. 20	1차 이산가족 상봉
88. 7. 7	7.7 특별 선언, 대북 경제 교류 허용, 남북협력 기금
89. 9. 11	• 한민족 공동체 통일 방안 • 남북 국가 연합 제의(자주·평화·민주), 동구권 국가와 수교
91. 9. 28	남북한 유엔 동시 가입

91. 12. 3	• 남북기본합의서 • 상호 화해와 불가침, 한반도 비핵화에 대한 공동 선언 합의
93. 7. 6	• 3단계 3기조 통일정책 • 3단계 : 화해협력, 남북연합, 통일국가 • 3기조 : 민주적 국민합의, 공존공영, 민족복리
98. 11. 18	금강산 관광 시작
2000. 6. 15	남북 공동선언
2000. 9. 18	경의선 복구 사업 추진
2002. 11. 20	개성공단 조성
2003. 2. 21	금강산 육로 관광 시작
2005. 8. 31	금강산 이산가족 면회소 착공

❺ 남한의 경제적 성장과 변화

시 기	배 경	내 용
1940년대	• 광복 이후 인구증가 • 귀속재산 처리 시작 • 농지개혁(1949. 6)	• 실업자 증가, 물가상승, 식량 부족 • 신한공사(1946 ~ 48) • 상한선 3정보, 유상매입 유상분배, 자영농 증가
1950년대	• 귀속재산 불하 • 미국의 무상원조 • 유상원조전환(1958)	• 민간매각(독점재벌 형성) • 삼백산업의 발달(농촌 타격) • 경제적 위기

1960~70년대	• 경제개발 5개년 계획
	• 1, 2차 경제개발(62, 67)
	
	• 3, 4차 경제개발(72, 77)
		• 선경제 후통일(경제 제일주의), 정부주도, 수출주도
		• 경공업중심
		   – 저임금 : 전태일
		   – 저곡가 : 농민몰락 → 새마을운동
		• 중공업 중심
		   – 1차 석유파동(73) → 오일달러
		   – 2차 석유파동(79) → 경제적 위기

1980년대	• 경제적 위기 • 3저호황(86)	• 중공업 과잉 투자, 석유파동, 구조조정 시행 • 저금리, 저유가, 저달러
1990년대 이후	• 우루과이라운드 타결(94) • WTO 설립(95) • OECD 가입(96) • 외환위기(97) • 신자유주의 경제정책	• 다자간 무역 협상 • 세계무역기구 • 경제협력개발기구, 금융과 자본 시장 개방 • 구제금융 지원, 구조조정, 금모으기 운동 • 자본의 전면 개방

⑥ 사회 · 문화의 변화와 문제

구 분	내 용
산업화, 도시화	• 교통문제 • 환경오염문제, 주거문제 : 광주 대단지사건(71)
농민운동	• 농촌의 황폐화 : 저곡가(도 · 농간의 소득 격차) • 새마을운동 : 정부주도 운동, 농촌 환경개선운동 → 의식개혁운동, 유신체제 합리화 • 전국농민운동연합 결성(89) : 우루과이라운드 타결 이후 활성화
노동운동	• 민주노총 결성(95) • IMF 이후 : 비정규직 급증, 노사정위원회 조직(98), 민주노동당 결성(2000)
시민운동	• 공해추방운동연합(89), 경제정의실천시민연합(93), 환경운동연합(93), 참여연대(94)
사회보장	• 국민연금제 실시(88), 전 국민 의료보험실시(89), 국민기초생활보장법(99)
여성운동	• 남녀고용평등법(87), 호주제폐지(2008)
교육	• 이승만 : 초등학교 의무교육(59) • 박정희 : 국가중심교육 → 국민교육헌장(68), 국기에 대한 맹세, 고교평준화(74) • 전두환 : 대입본고사 폐지(80) • 김대중 : 중학교 의무교육(02)
언론	• 경향신문 폐간(59), 자유언론실천운동(74), 한겨레신문(87)

기출풀이 [11회 중급 38번]

38. 다음 그림과 관련된 헌법 개정안의 내용으로 옳은 것은?

[2점]

① 양원제 의회와 의원 내각제
② 대통령 직선제에 의한 5년 단임제
③ 대통령 선거인단에 의한 7년 단임제
④ 통일 주체 국민 회의에서 대통령 선출
⑤ 초대 대통령에 한하여 중임 제한 규정 폐지

◉ 출제의도

사사오입 개헌에 대한 이해

◉ 해설 : 정답 ⑤

제헌 헌법은 4년 중임제의 간선제로 이 헌법을 가지고는 이승만은 3선에 도전할 수 없었다. 그리하여 정권 연장을 위한 방법으로 초대 대통령에 한해 3선의 제한을 금지하는 개헌안을 자유당 정부를 통하여 제출하였고, 이를 표결에 부쳤으나 1표가 부족하여 부결되었다. 그러나 '사사오입'이라는 명분으로 다시 결정을 번복하여 가결된 것으로 공포하였다. 이승만의 장기 집권을 위한 제도적인 장치가 만들어진 것이다.

◉ 오답풀이

① 1960년 4·19 혁명 직후의 모습이다. 이승만 독재 정권을 붕괴시킨 후 국회 의원 선거를 통해 국회를 재정비 한 후 양원제 의회와 내각 책임제를 실시하였다. ② 9차 개헌에 대한 내용이다. 1987년 6월 항쟁의 결과 직선제 개헌안을 약속한 노태우는 그 해 10월 직선제와 5년 단임제를 주요 내용으로 하는 개헌을 하였다. ③ 8차 개헌이다. 7년 단임제의 임기가 적용된 대통령은 한국 근현대사에서 전두환 한 사람밖에 없다. ④ 박정희는 1972년 유신 헌법 발표 후 통일 주체 국민 회의에서 대통령을 선출하는 간선제로 바꾸면서 대통령의 권한을 강화시켰다.

기출풀이 [3회 3급 42번]

42. 다음 개헌안을 공부한 학생들의 발표로 옳은 것은? [1점]

> 제55조 제1항
> 대통령과 부통령의 임기는 4년으로 한다. 단, 재선에 의하여 1차 중임할 수 있다.……
>
> 부칙
> 이 헌법 공포 당시의 대통령에 대하여는 제55조 제1항 단서의 제한을 적용하지 아니한다.

① 진수 : 여야 합의에 의하여 대통령 직선제가 도입되었지요.
② 정희 : 최초로 이루어진 개헌으로 발췌 개헌이라고도 합니다.
③ 경희 : 개헌의 결과 대통령은 통일 주체 국민 회의에서 선출되었습니다.
④ 준호 : 당시 정부는 경제 개발과 국가 안보를 개헌의 명분으로 내세웠어요.
⑤ 은혜 : 이 개헌안은 처음에 부결되었다가 후에 가결된 것으로 번복되었답니다.

● 출제의도

사사오입 개헌 과정 파악

● 해설 : 정답 ⑤

1950년 5월 2대 국회 의원 선거에서 이승만의 반대 세력이 대거 국회에 진출하였다. 이승만의 재선 가능성이 불투명해지자 1952년 임시 수도인 부산에서 이승만은 정부의 직선제 개헌안과 국회의 내각 책임제 개헌안을 절충한 발췌 개헌을 폭압적인 분위기에서 통과시켰다. 이후 1954년에는 대통령의 3선을 허용하지 않는 조항을 고치기 위해 부결된 개헌안을 사사오입의 예를 들어 가결된 것으로 번복하여 발표하였다. 이 헌법 개정을 통해 1956년 대통령 선거에 이승만이 출마할 수 있게 되었다.

● 오답풀이

① 여야 합의에 의한 직선제 도입은 1987년 6월 항쟁 과정에서 6·29 선언을 통해 얻어낸 9차 개헌에 대한 설명이다. ③ 1972년 10월 유신 헌법의 결과 통일 주체 국민회의 소속의 대의원들이 대통령을 선출하였다. ④ 이승만은 전쟁을 겪으면서 반공 체제를 강화하였으며 이 체제를 유지하기 위해서 노력하였다. 정권을 연장하기 위해 민주적 절차를 무시하며 모든 수단을 동원하였다. 경제 개발과 관련된 내용은 아니다.

기출풀이 [10회 3급 47번]

47. 표는 제○대 정·부통령 선거를 정리한 것이다. 선거 이후 (가)~(다)의 활동으로 옳은 것을 〈보기〉에서 고른 것은?

[3점]

후보		선거 구호	결 과
대통령	부통령		
(가)	이기붕	갈아 봤자 별수 없다. 구관이 명관이다.	대통령 당선
신익희	(나)	못살겠다. 갈아 보자.	부통령 당선
(다)	박기출	이것저것 다 보았다. 혁신밖에 살 길 없다.	대통령 유효 득표 30% 차지

〈 보 기 〉

ㄱ. (가) - 정부에 비판적인 신문을 폐간시켰다.
ㄴ. (나) - 대통령 직선제 개헌을 주도하였다.
ㄷ. (다) - 진보당을 창당하여 제2야당의 당수가 되었다.
ㄹ. (나), (다) - 4·19 혁명을 계기로 집권하였다.

① ㄱ, ㄴ   ② ㄱ, ㄷ   ③ ㄴ, ㄷ
④ ㄴ, ㄹ   ⑤ ㄷ, ㄹ

● **출제의도**

1956년 정·부통령 선거에 대한 파악

● **해설 :** 정답 ②

3대 정·부통령 선거와 관련된 자료이다. (가)는 자유당의 대통령 후보인 이승만, (나)는 민주당의 부통령 후보인 장면, (다)는 조봉암이다. 대통령은 이승만, 부통령은 자유당의 이기붕이 아닌 민주당의 장면이 당선되면서 이승만은 상당한 정치적 부담을 안게 되었다. 이승만은 권력 유지를 위하여 조봉암을 중심으로 한 진보당의 정당 등록을 취소하였으며 전보당의 당수였던 조봉암을 간첩 혐의로 사형에 처해졌다. 또한 이승만에게 비판적인 논조를 실었던 신문인 경향 신문을 폐간하였다.

● **오답풀이**

ㄴ. 1952년 발췌 개헌을 계기로 이미 직선제를 통해 선거가 진행되고 있는 상황에서 직선제 개헌을 주도하는 것은 맞지 않다. ㄹ. 1960년 4·19 혁명을 이승만을 중심으로 한 자유당의 독재는 종식되었고 다시 실시된 국회의원 선거를 통해 대거 국회에 진출한 민주당 중심의 내각 책임제가 시행되었다. 윤보선이 대통령, 국무총리에 장면이 선출되었다.

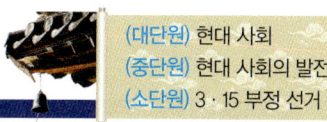

기출풀이 [7회 3급 39번]

39. 다음 소설 내용과 관련된 역사적 사건의 자료로 옳은 것은?
[3점]

> "자, 지금부터 다시 한번 연습을 허겠습니다.
> 어저께 헌 대로 세 사람씩 짝을 맞추고, 조장이
> 가운데 서서 봇대롱을 얌전허니 꼭 놀른 담에,
> 세사람은 실수가 없는지 서로서로 투표 용지를
> 바꿔서 확인허고, 그것을 투표함에 넣기 전에 우
> 리 참관인헌테 꼭 보이고 나서 잘 접어 투표함
> 에 넣는 것이오."
>
> ― 「한경」

① 우리는 유신 헌법의 잔인한 폭력성을, 합법을 가장한 유신 헌법의 모든 부조리와 악을 고발한다.
② 국민적 여망인 개헌을 일방적으로 파기한 4·13 호헌 조치를 철회시키기 위한 민주 장정을 시작한다.
③ 반공을 국시의 제일로 삼고 …… 이와 같은 우리의 과업이 성취되면 참신하고 양심적인 정치인에게 정권을 이양하고, 우리는 본연의 임무로 복귀할 준비를 갖춘다.
④ 우리는 왜 총을 들 수밖에 없었는가? …… 계엄 당국은 18일 오후부터 공수 부대를 대량 투입하여 시내 곳곳에서 학생, 젊은이들에게 무차별 살상을 자행하였으니!
⑤ 마산, 서울, 기타 각지의 학생 데모는 주권을 빼앗긴 국민의 울분을 대신하여 궐기한 학생들의 순진한 정의감의 발로이며 부정과 불의에 항거하는 민족 정기의 표현이다.

● **출제의도**

4 · 19 혁명 배경 파악

● **해설 :** 정답 ⑤

4할 사전 투표, 3인조 또는 5인조 공개 투표, 완장 부대 활용, 야당 참관인 축출 등으로 대표되는 3 · 15 부정 선거 시기의 모습들이다. 1960년 시행된 4대 정 · 부통령 선거로 대통령에는 이승만, 부통령에는 이기붕이 당선되었다. 고령인 이승만의 상황을 고려하여 이기붕을 부통령으로 꼭 당선을 시켜야 하는 자유당은 관권 선거를 추진하였으며 이에 대한 반발이 부정 선거 규탄 시위로 발전하였다.

● **오답풀이**

① 유신 헌법과 관련된 자료이다. 한국적 민주주의로 포장했지만 실제로는 권력을 유지하기 위해 모든 권력이 대통령에게 집중되는 악법이다. ② 1987년 1월 박종철 고문 치사 사건을 계기로 시작된 민주화 운동은 개헌 요구로 이어졌으나 대통령인 전두환은 임기 내에 개헌은 하지 않겠다는 4 · 13 호헌 조치를 발표하여 전국적인 민주화 운동으로 발전하는 계기를 제공하였다. ③ 5 · 16 군사 정변 직후 발표된 혁명 공약의 일부이다. 4 · 19 혁명 이후 민주당의 분열로 사회적인 혼란이 가중되는 상황에서 일부 군인들은 군사 정부를 수립하였다. ④ 계엄 당국이 공수 부대를 투입한 사실로 추론하여 1980년 5월 광주 민주화 항쟁과 관련된 자료임을 알 수 있다.

기출풀이 [8회 3급 32번]

32. 다음 밑줄 그은 '혁명'과 관련된 구호로 적절하지 <u>않은</u> 것은? [2점]

50년 만에 새긴 '열사'

　　혁명 50주년을 맞아 남원시 옹정리 김주열 열사의 묘역에서 추모식과 함께 새 묘비석을 제막하였다. 묘비석에는 한글로 '열사 김주열의 묘'라고 새겨졌다. 나머지 3면에는 열사의 이력, 열사의 시신 수습 이후 <u>혁명</u>의 내용이 새겨졌다.

① 대통령 직선제 실시하라.
② 정·부통령 선거 다시 하라.
③ 부정선거 책임자를 처벌하라.
④ 죽은 학생 책임지고 대통령 물러나라.
⑤ 우리의 누나와 형들에게 총을 쏘지 말라.

● **출제의도**

　4 · 19 혁명의 배경과 전개 이해

● **해설 :** 정답 ①

　1960년 3 · 15 부정 선거에 대한 항의 시위가 전국적으로 확산되는 가운데 마산에서 사상자가 발생하였다. 특히 김주열의 시신이 발견되면서 수 만 명의 마산 시민들이 시위에 참여하였고 이후 서울에서도 고려대 학생들을 중심으로 독재 정권 타도와 민주화를 요구하는 시위를 전개했다. 이승만 정부는 계엄령을 반포하며 시위를 탄압하고자 하였으나 국민들의 열망을 막을 수는 없었으며 특히 경무대 앞에서의 경찰 발포로 시민과 학생들 100여 명이 사망하자 시위의 강도는 오히려 더욱 거세어졌다. 어린 학생들부터 노인들까지 전 국민이 이승만 정부에게 민주화를 요구하며 전국적으로 시위가 전개되고 있는 상황에서 전국 대학 교수단의 시위를 계기로 시위의 열기가 고조되어 갔다. 이에 당황한 이승만 정부는 부정 선거를 인정하며 자유당 총재직을 사퇴하는 등 대책을 발표하였으나 국민들은 이승만이 대통령직에서 물러날 것과 선거 무효 등을 요구하였다. 결국 국민들의 요구에 굴복한 이승만은 1960년 4월 26일 대통령직 하야를 발표하였고 이승만 정권은 몰락하였다. 1952년 발췌 개헌을 통해 이미 대통령 직선제로 개헌을 한 이후에 전개된 상황이다.

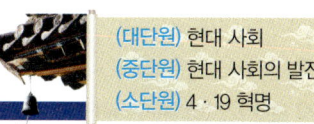

기출풀이 [6회 4급 33번]

33. 다음 자료와 관련된 민주화 운동의 결과로 옳은 것은?

[2점]

매표 증거물　　　소각된 투표 용지　　　김주열 학생

① 대통령이 헌정을 중단시키고 유신을 선포하였다.
② 이승만 정권이 무너지고 장면 내각이 성립되었다.
③ 대통령의 비리를 조사하기 위한 청문회가 개최되었다.
④ 박정희를 비롯한 일부 군인들이 군사 정변을 일으켰다.
⑤ 군부 세력이 굴복하여 6·29 민주화 선언이 이루어졌다.

● **출제의도**

　4·19 혁명 결과 파악

● **해설 :** 정답 ②

　1960년 4월 26일 이승만은 하야 성명을 발표하고 대통령직에서 물러났다. 시민들은 거리로 뛰쳐나와 독재 정권 타도를 축하하였으며 새로운 국가를 건설하기 위한 염원을 담아내었다. 이승만 정부 몰락 후 허정 과도 정부가 수립되어 새로운 정부를 구성하기 위한 총선거를 실하였으며, 그 결과 민주당은 압도적으로 승리하며 대통령 윤보선, 국무총리 장면을 선출하고 민주당 내각을 구성하였다.

● **오답풀이**

　① 1971년 대통령 선거에서 근소한 표차이로 승리한 박정희는 자신의 권력을 튼튼히 유지하기 위해 모든 권력을 대통령에게 집중시키며 국회 위에 군림하는 유신 헌법을 선포하였다. ③ 5공화국의 정치 비리와 1980년 5·18 광주 민주화 항쟁 관련 청문회가 개최된 것은 노태우 정부 시기이다. ④ 4·19 혁명 직후의 상황이기는 하나 5·16 군사 정변을 4·19 혁명의 결과로 보기는 어렵다. ⑤ 1987년 전두환의 4·13 호헌 조치에 반발하여 전 국민들의 직선제 개헌 요구가 확산되는 가운데 국민들의 요구를 수용하는 6·29 선언이 이루어졌다.

기출풀이 [6회 4급 49번]

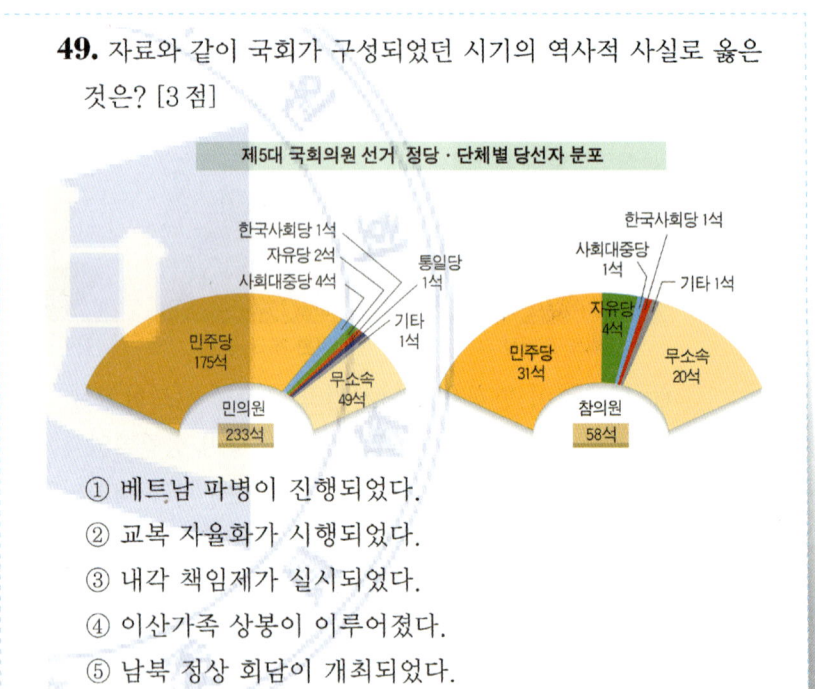

49. 자료와 같이 국회가 구성되었던 시기의 역사적 사실로 옳은 것은? [3점]

제5대 국회의원 선거 정당·단체별 당선자 분포

한국사회당 1석
자유당 2석
사회대중당 4석
통일당 1석
민주당 175석
기타 1석
민의원 233석
무소속 49석

한국사회당 1석
사회대중당 1석
기타 1석
자유당 4석
민주당 31석
무소속 20석
참의원 58석

① 베트남 파병이 진행되었다.
② 교복 자율화가 시행되었다.
③ 내각 책임제가 실시되었다.
④ 이산가족 상봉이 이루어졌다.
⑤ 남북 정상 회담이 개최되었다.

● 출제의도

4·19 혁명 직후의 정치적 상황 파악

● 해설 : 정답 ③

이승만 정부가 몰락한 후 허정 과도 정부가 수립되어 내각 책임제로 개헌을 한 후 총선거를 실시하여 새로운 정부를 구성하였다. 참의원과 민의원의 양원제 국회 상황에서 선거에서 압승을 거둔 민주당은 내각을 구성하였다. 그러나 민주당 정부는 내부 갈등으로 민주당과 신민당으로 분열하며 4·19 혁명 이후 사회 각 계층에서 분출되는 다양한 이해와 요구들을 수용하지 못한 채 한계를 드러냈다.

● 오답풀이

① 베트남 파병이 진행된 것은 박정희 정부로 이 시기의 정치 형태는 대통령 중심제와 단원제였다. ② 1981년 대통령에 취임한 전두환은 사회적 유화 정책의 일환으로 교복 자율화, 통행금지 해제 등을 추진하였다. ④ 최초로 이산가족 상봉이 이루어 진 것은 1985년 전두환 정부 시기이다. ⑤ 2000년 6월 15일, 해방 이후 최초로 남한과 북한의 정상이 평양에서 만나 회담을 개최하였다.

기출풀이 [6회 4급 50번]

50. 다음 논쟁의 주제가 되는 사건으로 옳은 것은? [3점]

국제 협력과 조국 근대화를 위해서 국교 수립은 꼭 필요한 조치입니다.

지난날의 식민지 지배에 대한 사죄가 없는 상황의 국교 수립은 굴욕적 외교입니다.

① OECD 가입
② 한·일 협정 체결
③ 남북한 UN 동시 가입
④ 한·미 행정 협정 체결
⑤ 한·중 수교 협정 체결

● **출제의도**

한일 회담 전개 파악

● **해설** : 정답 ②

1961년 5·16 군사 정변으로 권력을 장악한 박정희는 혁명의 명분과 국민들의 정권에 대한 지지도를 올리기 위해 경제 개발이 필요했다. 이 경제 개발에 필요한 자본을 위해 1961년 10월부터 한·일 회담이 진행되었다. 식민 통치에 대한 기억이 남아 있는 국민들은 한·일 협정에 반대하는 시위를 하였으며, 1964년 6월에는 전국적으로 확산되었다. 박정희 정부는 계엄령을 선포하며 반대 시위를 탄압하였고, 결국 1965년 한·일 협정이 체결되었다. 이를 계기로 일본에서 차관이 제공되었고 한·미·일 공동 안보 체제가 확립되었다. 그러나 과거 식민 지배에 대한 사죄가 이루어지지 않으면서 굴욕적인 회담이라는 비판을 받았다.

● **오답풀이**

① 김영삼 정부 시기인 1996년 OECD에 가입하며 금융과 자본 시장이 개방되기 시작하였다. ③ 1991년 9월 남북한은 UN에 동시 가입하였다. 노태우 정부 시기의 상황이다. ④ 한국내의 미군에 대한 지위와 관련된 협정으로 1966년에 체결되었다. ⑤ 1991년 12월 소련이 붕괴되며 국제 정세의 큰 변화를 가져왔다. 이에 노태우 정부는 과거 공산권 국가와의 교역을 모색하였고, 이 북방 외교의 결과 1992년에 중국과 수교하였다.

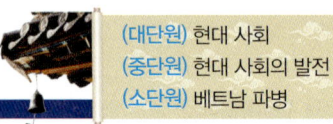

기출풀이 [6회 3급 50번]

50. 다음 각서가 작성된 시기를 연표에서 옳게 고른 것은?

[3점]

- 한국에 있는 대한민국 국군의 현대화 계획을 위하여 앞으로 수년 동안에 상당량의 장비를 제공한다.
- 추가로 파견되는 병력에 필요한 장비를 제공하며, 일체의 추가적 원화 경비를 부담한다.
- 대한민국에서 탄약 생산을 증가하기 위하여 병기창 확장용 시설을 제공한다.
- 대한민국의 경제 발전을 지원하기 위하여 추가 AID 차관을 제공한다.

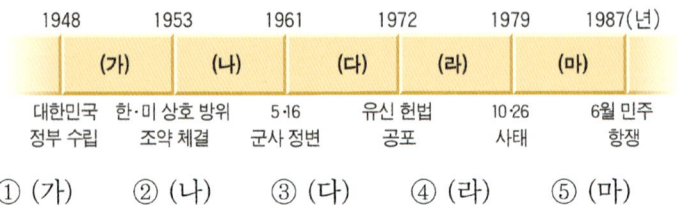

1948	1953	1961	1972	1979	1987(년)
(가)	(나)	(다)	(라)	(마)	
대한민국 정부 수립	한·미 상호 방위 조약 체결	5·16 군사 정변	유신 헌법 공포	10·26 사태	6월 민주 항쟁

① (가)　② (나)　③ (다)　④ (라)　⑤ (마)

● **출제의도**

베트남 파병과 관련된 내용 파악

● **해설 :** 정답 ③

박정희 정부는 미국의 요청으로 1964년부터 1973년까지 베트남에 파병을 한다. 1966년 브라운 각서를 미국과 체결하며 군사 원조와 경제적인 측면에서의 원조를 받게 된다. 베트남 정부의 한국군의 증원 파병에 대한 요청이 있자 한국 정부는 이에 대한 입장을 미국 정부와 논의하는 과정에서 등장한 것이 브라운 각서이다. 이 문서에 의해 한국군의 장비 현대화, 국군 장병들의 처우 개선, 한반도의 방위 태세 강화 원조, 차관 제공 등이 결정되었다. 베트남 전쟁의 참여는 베트남 특수와 연결되어 1960년대 초반부터 박정희 정부에 의해 진행되고 있었던 경제 개발에 필요한 자본을 만들어 내는데 도움이 되었다. 비전투 부대부터 해병대를 포함한 전투 부대까지 약 30만 명 정도가 파병되었으며, 이들 중 많은 젊은이들이 전쟁터에서 희생되었다. 라이 따이한, 고엽제 등 여러 가지 문제들이 아직 해결되지 않은 채 전쟁의 아픔으로 남아 있다.

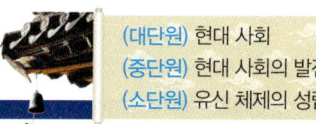

기출풀이 [6회 3급 47번]

47. 그림과 같은 모습을 볼 수 있었던 시기의 헌법 조항으로 옳은 것은? [2 점]

"대한 뉴우스. 정부는 퇴폐 풍조를 일소하기 위하여 대대적으로 장발과 미니스커트 단속에 나섰습니다.……"

① 대통령의 계속 재임은 세 번에 한한다.
② 대통령은 양원 합동 회의에서 선거한다.
③ 대통령의 임기는 5년으로 하며 중임할 수 없다.
④ 대통령과 부통령은 국회에서 무기명 투표로써 각각 선거한다.
⑤ 대통령은 통일 주체 국민 회의에서 토론 없이 무기명 투표로 선거한다.

◉ **출제의도**

유신 통치 시기 모습 파악

◉ **해설 :** 정답 ⑤

장발과 미니스커트는 1970년대를 상징하는 문화적 현상이었다. 그러나 당시의 박정희 정부는 이를 퇴폐 풍조라고 규정하여 단속하였다. 당시 길거리에서는 가위를 든 경찰과 장발의 청년들이 실랑이를 벌이는 모습을 흔히 볼 수 있었으며, 치마가 짧은 여성들을 불러 세워 30Cm 자를 들고 무릎에서부터의 길이를 재기도 했다. 1970년대 유신 시대의 내용을 답으로 고르면 된다.

◉ **오답풀이**

① 1969년 3선 개헌에 해당하는 내용이다. 1967년 재선에 성공한 박정희는 개헌을 통해 정권을 유지하고자 국민 투표를 통해 3선 개헌을 통과시켰다. ② 양원제 국회는 1960년 4·19 혁명 직후 허정 과도 정부 시기에 수립된 것으로 이 국회를 통해 윤보선이 대통령에, 장면이 국무총리에 선출되었다. ③ 5년 단임제의 대통령 임기는 1987년 6월 항쟁 이후 국민들의 요구가 6·29 선언으로 수용되면서 그 해 10월 개헌을 통해 직선제와 더불어 통과되었다. ④ 제헌 헌법에 대한 설명이다. 제헌 국회 의원들에 의해 무기명 투표로 대통령과 부통령을 선출하였다.

기출풀이 [9회 3급 50번]

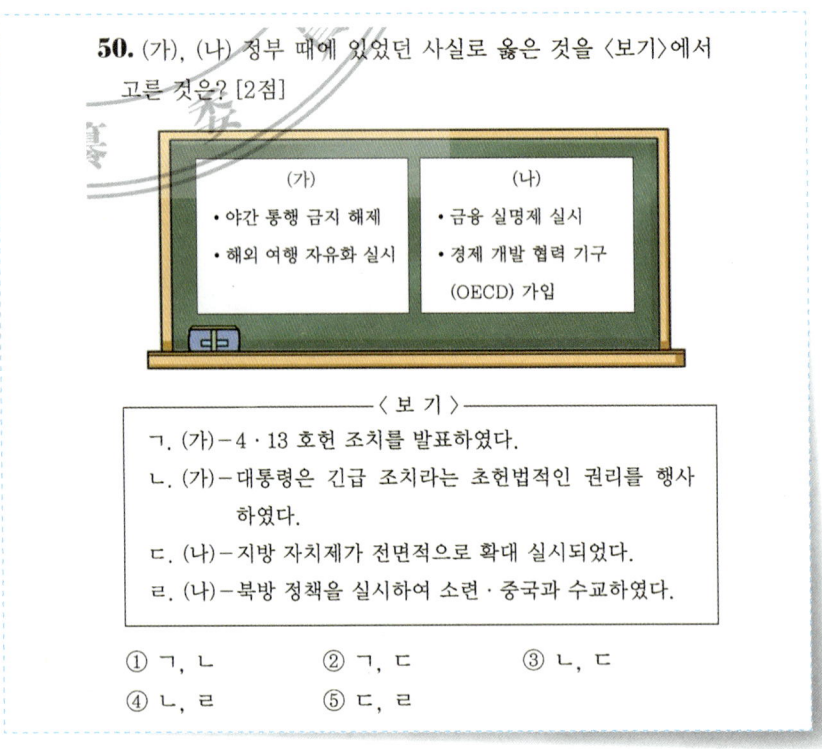

50. (가), (나) 정부 때에 있었던 사실로 옳은 것을 〈보기〉에서 고른 것은? [2점]

(가)	(나)
• 야간 통행 금지 해제	• 금융 실명제 실시
• 해외 여행 자유화 실시	• 경제 개발 협력 기구 (OECD) 가입

〈 보 기 〉

ㄱ. (가) - 4·13 호헌 조치를 발표하였다.
ㄴ. (가) - 대통령은 긴급 조치라는 초헌법적인 권리를 행사하였다.
ㄷ. (나) - 지방 자치제가 전면적으로 확대 실시되었다.
ㄹ. (나) - 북방 정책을 실시하여 소련·중국과 수교하였다.

① ㄱ, ㄴ   ② ㄱ, ㄷ   ③ ㄴ, ㄷ
④ ㄴ, ㄹ   ⑤ ㄷ, ㄹ

● **출제의도**

민주주의의 발전과 시련 파악

● **해설 :** 정답 ②

(가)는 전두환 정부 시기의 내용이다. 전두환 정부는 언론 통폐합과 삼청 교육대 등 강압적인 정책과 더불어 두발 자율화, 통행금지 철폐, 교복 자율화, 해외여행 자유화 등의 유화정책 정책을 동시에 실시하였다. (나)는 김영삼 정부의 내용이다. 이 시기의 정부는 금융 실명제 실시, OECD 가입, 역사 바로 세우기 작업, 지방 자치제 전면 실시 등의 정책을 실시하였으며 정권 말기에 IMF라는 국가적인 위기가 닥쳐왔다.

● **오답풀이**

ㄴ. 유신 시대를 긴급 조치의 시대라고 표현할 만큼 유신에 반대하는 모든 행동들을 긴급 조치라는 초법적인 권력을 이용하여 탄압하였다. 언론 통제와 노동 운동의 탄압, 군사 재판 등으로 대표된다. 박정희 정부와 관련된 내용이다. ㄹ. 1980년대 후반 노태우 정부는 동구권의 공산주의 국가들이 몰락하고 종주국이었던 소련이 해체되면서 북방 외교를 전개하였다.

기출풀이 [6회 3급 49번]

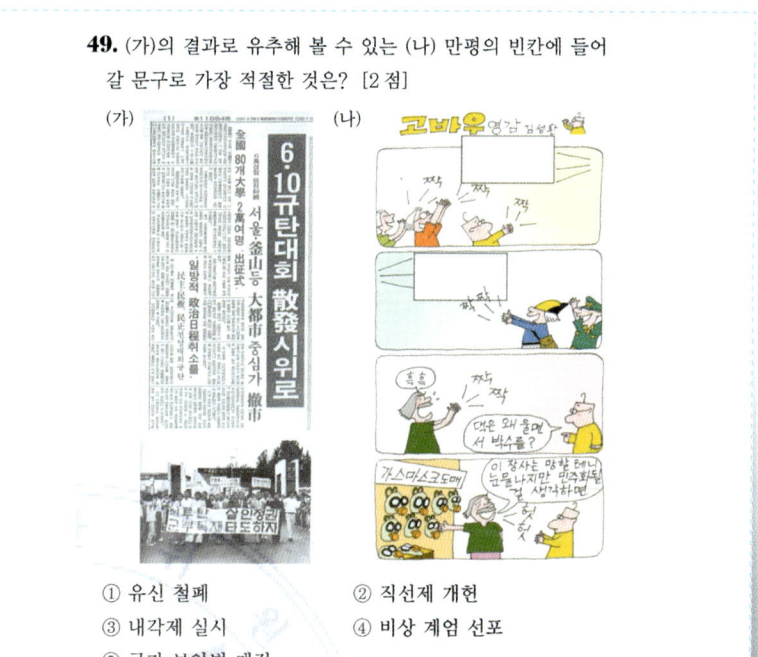

49. (가)의 결과로 유추해 볼 수 있는 (나) 만평의 빈칸에 들어갈 문구로 가장 적절한 것은? [2 점]

(가)   (나)

① 유신 철폐   ② 직선제 개헌
③ 내각제 실시   ④ 비상 계엄 선포
⑤ 국가 보안법 개정

◉ 출제의도

6월 민주화 운동 파악

◉ 해설 : 정답 ②

'6·10 규탄 대회'의 내용으로 보아 1987년 6월 항쟁과 관련된 내용이다. 1987년 1월 박종철 고문 치사 사건을 계기로 고문 정권 규탄 시위가 전개되고 이 시위는 직선제 개헌 요구로 확산된다. 당시 대통령인 전두환은 4·13 호헌 조치를 통해 임기 내에 개헌할 뜻이 없음을 발표하였고 이후 시위는 '호헌 철폐, 독재 타도'를 외치며 전국적으로 확산되었다. 시위 과정에서 연세대생 이한열이 최루탄에 의해 죽자 시위는 더욱 격렬하게 진행되었고 국민들의 민주화 열망에 전두환 정부는 굴복하여 6·29 선언을 발표하였고, 국민들의 힘으로 직선제를 쟁취하게 된다.

◉ 오답풀이

① 유신 철폐는 1970년대의 내용이다. ③ 4·19 혁명 직후 허정 과도 정부에 의해 내각 책임제와 양원제를 골자로 하는 개헌이 이루어진다. ④ 1987년 6월 민주 항쟁 과정에서는 비상계엄이 선포되지는 않았다. ⑤ 1948년 여수·순천 10·19 사건 이후 만들어진 국가 보안법은 1956년 대통령 선거 직후 진보당을 탄압하는 과정에서 '보안법 파동'이라는 이름으로 개정되었다.

기출풀이 [3회 4급 31번]

31. 다음은 대한 민국 헌법의 전문이다. (가)~(다) 에 들어갈 역사적 사건으로 옳은 것은? [2점]

> 유구한 역사와 전통에 빛나는 우리 대한 국민은 (가) (으)로 건립된 (나) 의 법통과 불의에 항거한 (다) 의 민주 이념을 계승하고, 조국의 민주 개혁과 평화적 통일의 사명에 입각하여 정의·인도와 동포애로써 민족의 단결을 공고히 하고, …… 1948년 7월 12일에 제정되고 8차에 걸쳐 개정된 헌법을 이제 국회의 의결을 거쳐 국민 투표에 의하여 개정한다.

	(가)	(나)	(다)
①	3·1 운동	대한민국임시정부	4·19 혁명
②	3·1 운동	4·19 혁명	대한민국임시정부
③	4·19 혁명	3·1 운동	대한민국임시정부
④	4·19 혁명	대한민국임시정부	3·1 운동
⑤	대한민국임시정부	4·19 혁명	3·1 운동

● **출제의도**

대한민국의 정통성에 대한 이해

● **해설 :** 정답 ①

1987년 6월 민주 항쟁 이후 그 해 10월 29일에 개정된 현행 헌법이다. 전문을 보면 '유구한 역사와 전통에 빛나는 우리 대한국민은 3·1운동으로 건립된 대한민국임시정부의 법통과 불의에 항거한 4·19민주이념을 계승하고, 조국의 민주개혁과 평화적 통일의 사명에 입각하여 정의·인도와 동포애로써 민족의 단결을 공고히 하고, 모든 사회적 폐습과 불의를 타파하며, 자율과 조화를 바탕으로 자유민주적 기본질서를 더욱 확고히 하여 정치·경제·사회·문화의 모든 영역에 있어서 각인의 기회를 균등히 하고, 능력을 최고도로 발휘하게 하며, 자유와 권리에 따르는 책임과 의무를 완수하게 하여, 안으로는 국민생활의 균등한 향상을 기하고 밖으로는 항구적인 세계평화와 인류공영에 이바지함으로써 우리들과 우리들의 자손의 안전과 자유와 행복을 영원히 확보할 것을 다짐하면서 1948년 7월 12일에 제정되고 8차에 걸쳐 개정된 헌법을 이제 국회의 의결을 거쳐 국민투표에 의하여 개정한다.'로 되어 있다.

그 주요 내용으로 대한민국의 건국이념과 정부의 정통성, 민족단결과 정의·인도·동포애의 실현을 헌법 이념으로 규정, 자유민주적 기본질서의 확립, 국가의 책무 등을 규정하고 있다.

기출풀이 [7회 3급 50번]

---

50. 자료와 관련된 행사를 개최한 정부에 대한 설명으로 옳은 것은? [3점]

하늘 높이 솟는 불
우리의 가슴 고동치게 하네.
이제 모두 다 일어나
영원히 함께 살아가야 할 길 나서자.
손에 손 잡고 벽을 넘어서
우리 사는 세상 더욱 살기 좋도록
손에 손 잡고 벽을 넘어서
서로서로 사랑하는 한마음 되자 손잡고.

① 7·4 남북 공동 성명을 발표하였다.
② 국제 통화 기금에 구제 금융을 공식 요청하였다.
③ 남북 경제 협력을 위해 개성 공단을 조성하였다.
④ 소련과 수교를 맺는 등 북방 외교를 추진하였다.
⑤ 투명한 금융 거래를 위해 금융 실명제를 시행하였다.

● **출제의도**

노태우 정부 시기의 사실 파악

● **해설 :** 정답 ④

1988년 9월부터 10월까지 서울에서 세계 160여개 나라가 참가한 올림픽이 열렸다. 왼쪽 자료는 대회 마스코트인 '호돌이'이다. '호돌이'는 전통적으로 우리민족에게 친근감을 주고 위엄과 용맹을 갖춘 호랑이를 아기호랑이로 단순 형상화하여 제작 됐다. 상모돌리기의 긴끈 역시 부드러운 선으로 서울의 영문표기 첫 자인 'S'를 표현하였다. 오른쪽 자료는 서울 올림픽 공식 주제가인 그룹 '코리아나'의 '손에 손잡고(Hand in Hand)'의 가사이다. 전두환 정부에서 서울 올림픽 유치가 결정되었고, 노태우 정부 시기에 행사를 개최하였다.

● **오답풀이**

① 닉슨 독트린 발표 이후 냉전 체제가 완화되는 과정에서 남과 북은 1972년 7·4 남북 공동 성명에 합의하였다. ② 김영삼 정부 말기 IMF에 구제 금융을 공식적으로 요청하였다. ③ 2000년 6·15 공동 선언을 계기로 남북 화해와 협력을 위한 조치로 개성 공단이 조성되기 시작하였다. 김대중 정부의 내용이다. ⑤ 김영삼 정부는 정치 자금의 투명성과 금융 거래의 정상화를 위해 금융 실명제를 시행하였다.

기출풀이 [11회 중급 41번]

41. 다음 제도를 처음 실시한 정부의 정책으로 옳은 것을 〈보기〉에서 고른 것은? [2점]

─── 〈 보 기 〉 ───
ㄱ. 남북 정상 회담 개최   ㄴ. 남북한 유엔 동시 가입
ㄷ. 공직자 재산 등록제 실시   ㄹ. 전면적인 지방 자치제 실시

① ㄱ, ㄴ   ② ㄱ, ㄷ   ③ ㄴ, ㄷ
④ ㄴ, ㄹ   ⑤ ㄷ, ㄹ

● 출제의도

김영삼 정부 시기의 정책 이해

● 해설 : 정답 ⑤

제시된 자료의 '금융 실명제'라는 내용을 통해 김영삼 정부 시기임을 알 수 있다. 5 · 16 군사 정변 이후 최초로 민간인 출신으로 대통령에 당선된 김영삼은 도덕성의 회복을 위해 고위 공무원의 재산을 공개하였으며 신군부의 핵심 세력인 하나회라는 사조직을 해체하면서 본격적인 개혁에 나섰다. 5공화국과 6공화국에 대한 청문회를 실시하여 전직 대통령을 구속하였으며, 지방 자치 단체장에 대한 선거를 통해 전면적인 지방 자치제를 시행하였다.

● 오답풀이

ㄱ. 해방 이후 최초로 2000년 6월 15일 평양에서 남북한의 정상이 만나 한반도 문제에 관한 회담을 가졌다. 김대중 정부의 내용이다. ㄴ. 노태우 정부 시기의 기본 정책 중의 하나인 북방 외교의 성과물로 1991년 남북한 동시 유엔 가입이 이루어졌다.

385

기출풀이 [9회 4급 49번]

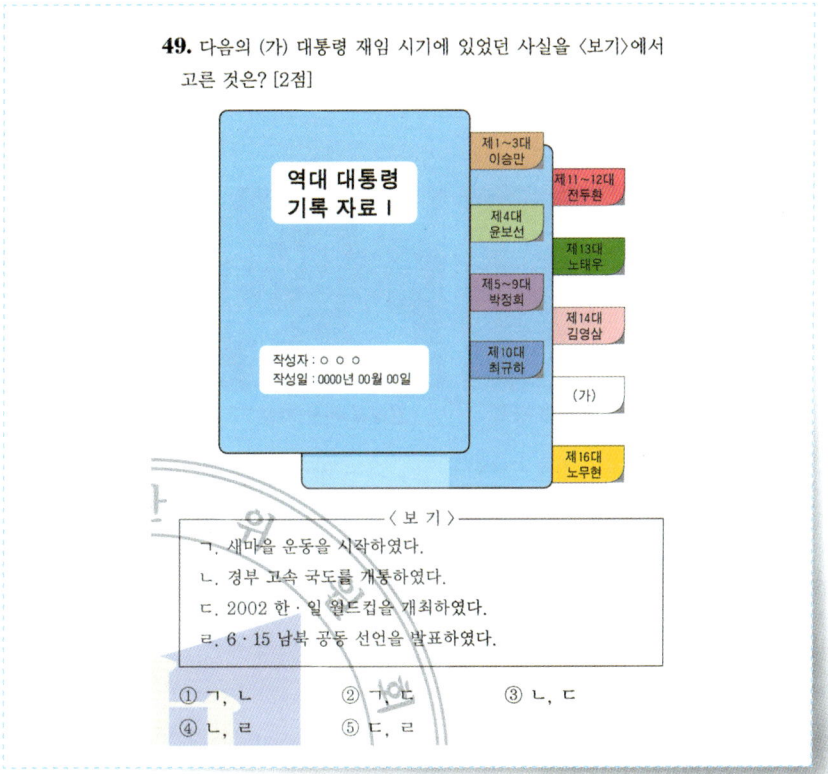

49. 다음의 (가) 대통령 재임 시기에 있었던 사실을 〈보기〉에서 고른 것은? [2점]

역대 대통령 기록 자료 I

작성자 : ○ ○ ○
작성일 : 0000년 00월 00일

제1~3대 이승만
제4대 윤보선
제5~9대 박정희
제10대 최규하
제11~12대 전두환
제13대 노태우
제14대 김영삼
(가)
제16대 노무현

〈 보 기 〉
ㄱ. 새마을 운동을 시작하였다.
ㄴ. 경부 고속 국도를 개통하였다.
ㄷ. 2002 한 · 일 월드컵을 개최하였다.
ㄹ. 6 · 15 남북 공동 선언을 발표하였다.

① ㄱ, ㄴ   ② ㄱ, ㄷ   ③ ㄴ, ㄷ
④ ㄴ, ㄹ   ⑤ ㄷ, ㄹ

◉ **출제의도**

김대중 정부 시기의 사실 파악

◉ **해설 :** 정답 ⑤

대한민국 역사상 평화적인 선거를 통하여 최초로 여야 간의 정권 교체에 성공한 김대중 정부는 사회 전반적인 개혁을 추진하였다. 2000년 6 · 15 공동 선언을 통해 남한 간의 화해와 평화적인 교류, 실질적인 경제 협력 등을 이루어 냈으며, 외환 위기의 극복을 위한 구조 조정과 신자유주의 경제 논리를 통해 외국 자본에 대한 우리 시장을 개방하는 등의 정책을 실행하였다. 또한 2002년 한 · 일 월드컵을 성공적으로 개최하면서 국제 사회에 한국의 위상을 높였다.

◉ **오답풀이**

ㄱ. 1970년 농촌 생활 환경 개선과 의식 개혁 운동의 일환으로 새마을 운동이 전개되었다. 박정희 정부의 내용이다.
ㄴ. 1970년 서울에서 부산까지 경부 고속 국도가 개통되었다.

기출풀이 [8회 3급 42번]

42. 다음은 노동 운동과 관련된 사진들이다. 전개된 순서대로
옳게 나열한 것은? [2점]

(가)	(나)	(다)
노사정 위원회 발족	전태일 분신 자살	YH 무역 사건

① (가) – (나) – (다)　　　　② (나) – (가) – (다)
③ (나) – (다) – (가)　　　　④ (다) – (가) – (나)
⑤ (다) – (나) – (가)

● **출제의도**

　민주주의의 발전과 시련 파악

● **해설 :** 정답 ③

(가) 자료는 김대중 정부 시기의 내용이다. 노사정위원회는 1998년 김대중 정부가 들어서면서 금융 위기를 극복하는 과정에서 탄생한 기구로 노동자와 사용자, 정부가 구조 조정, 노동자의 고용 안정 등 노동 관련 정책과 관련된 사항을 협의함을 목적으로 조직되었다. (나) 자료는 박정희 정부 시기의 내용이다. 이 시기의 수출 주도, 정부 주도의 경제 정책의 근간이었던 저임금·저곡가 정책으로 노동자와 농민들의 생활은 갈수록 어려워졌다. 이에 청계천 피복 공장 노동자였던 전태일은 근로 기준법 준수와 임금 인상 등을 외치며 1970년 분신 자살하였다. 이를 계기로 노동자들의 현실에 대해 사회적으로 관심을 가지게 되었으며 노동 운동이 활성화되는 계기가 되었다. (다) 자료는 1979년 8월에 일어난 사건이다. 회사의 폐업 조치에 항의하여 야당을 점거하고 농성 중이던 노동자들을 해산시키는 과정에서 인명 피해가 발생하였고 이에 항의하는 김영삼 신민당 총재를 국회의원에서 제명하자 부산·마산 지역을 중심으로 김영삼의 제명 처분 철회와 유신 체제에 반대하는 시위가 전개되었다. 계엄을 선포하며 시위를 진압하고자 하였으나 이 과정에서 권력층의 내분으로 박정희 정권이 몰락하였다.

기출풀이 [8회 3급 9번]

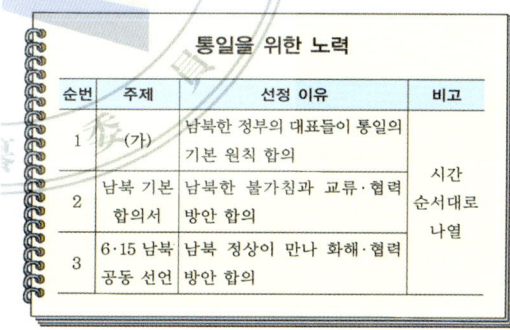

9. 다음은 학생이 수행 평가 과제로 작성한 것이다. (가)에 대한 설명으로 옳은 것을 <보기>에서 고른 것은? [3점]

통일을 위한 노력

순번	주제	선정 이유	비고
1	(가)	남북한 정부의 대표들이 통일의 기본 원칙 합의	시간 순서대로 나열
2	남북 기본 합의서	남북한 불가침과 교류·협력 방안 합의	
3	6·15 남북 공동 선언	남북 정상이 만나 화해·협력 방안 합의	

〈 보기 〉

ㄱ. 한반도 비핵화를 목표로 한 내용들이 포함되었다.
ㄴ. 남북한 정부 당국의 상호 체제 강화에 이용되었다.
ㄷ. 미국과 중국의 관계 개선 등 냉전 완화의 영향을 받았다.
ㄹ. 남측의 연합제 안과 북측의 낮은 단계의 연방제 안의 공통점을 인정하였다.

① ㄱ, ㄴ   ② ㄱ, ㄷ   ③ ㄴ, ㄷ
④ ㄴ, ㄹ   ⑤ ㄷ, ㄹ

출제의도

박정희 정부의 통일 정책에 대한 이해

해설 : 정답 ③

(가)는 박정희 정부의 7·4 남북 공동 성명이다. 1969년 미국 대통령인 닉슨은 닉슨 독트린을 발표하며 공산주의 국가인 중국을 방문하고 일본과 중국이 수교하는 등 세계적으로 냉전 체제가 완화되는 시대적인 분위기속에서 박정희 정부는 남한 대표를 북한에 보내 남북한의 관계에 변화를 모색하게 된다. 그 과정에서 1972년 7월 4일 남과 북에서 남북 공동 성명을 발표하며 남북 관계의 진전을 가져왔다. 자주·평화·민족 대단결의 통일 원칙에 합의하며 총 7개 항으로 이루어진 성명이 발표되자 통일에 대한 기대감으로 사회적 분위기는 고조되었으나 더 이상 발전되지 못했고, 이후 남북한에서 자신의 정권을 유지하고 체제를 강화시키는 수단으로 이용되었다.

오답풀이

ㄱ. 한반도 비핵화와 관련된 내용은 노태우 정부 시기에 해당된다. 1991년 남북 기본 합의서 채택 이후 그해 12월 31일 한반도 비핵화에 관한 공동 선언이 발표되었다. ㄹ. 2000년 6·15 공동 선언과 관련된 내용이다.

기출풀이 [7회 3급 35번]

35. 다음 연표의 (가)~(마) 시기에 대한 설명으로 옳지 <u>않은</u> 것은? [3점]

1960	1965	1972	1979	1992	1995(년)
(가)	(나)	(다)	(라)	(마)	
3·15 부정 선거	한·일 국교 정상화	10월 유신	부·마 민주화 운동	한·중 수교	지방 자치제 재개

① (가) – 4·19 혁명이 일어났다.

② (나) – 베트남에 국군을 파병하였다.

③ (다) – 6·23 평화 통일 선언을 발표하였다.

④ (라) – 5·18 민주화 운동이 일어났다.

⑤ (마) – 남북한이 유엔에 동시 가입하였다.

● **출제의도**

민주주의의 시련과 발전 파악

● **해설 :** 정답 ⑤

1991년 8월 유엔 안전보장이사회는 남북한 유엔 가입 결의안을 만장일치로 채택했고, 이후 1991년 9월 17일 유엔총회에서 남북한의 유엔 가입이 승인·확정되었다. 유엔총회에서 회원국의 만장일치로 통과된 남북한 유엔 동시 가입은 국명 표기 알파벳 순서에 따라 북한(D.P.R.K)이 160번째, 남한(R.O.K)이 161번째 회원국이 되었다. 1970년대 초반 한국은 기존의 한반도 내에서 유일한 합법정부임을 주장하며 추진한 단독 가입 입장을 포기하고 1973년 6·23 평화 통일 선언을 통해 남북한 유엔 동시 가입을 제안하며 이를 통해 분단 현실의 인정과 남북한 공존을 공식화하는 입장으로 선회했다. 반면 북한은 남북한 유엔 동시 가입이 분단을 고착화한다고 주장하며 이 제안을 거부하였다. 1990년대 들어 공산주의 국가들의 붕괴와 북방 외교가 활발해지면서 변화된 국제 정세에 따라 한국의 유엔 가입이 확실해지자 국제 관계에서의 고립을 우려한 북한은 태도를 바꾸어 유엔 동시 가입으로 입장이 변화하면서 남북한 유엔 동시 가입이 실현되었다.

기출풀이 [9회 3급 49번]

49. 다음 합의서에 대한 설명으로 옳은 것은? [2점]

> 남과 북은 분단된 조국의 평화적 통일을 염원하는 온 겨레의 뜻에 따라 …… 쌍방 사이의 관계가 나라와 나라 사이의 관계가 아닌 통일을 지향하는 과정에서 잠정적으로 형성되는 특수 관계라는 것을 인정하고, 평화 통일을 성취하기 위한 공동의 노력을 경주할 것을 다짐하면서, 다음과 같이 합의하였다.
>
> 제1조 남과 북은 서로 상대방의 체제를 인정하고 존중한다.
> 제9조 남과 북은 상대방에 대하여 무력을 사용하지 않으며, 상대방을 무력으로 침략하지 아니한다.
> 제15조 남과 북은 …… 자원의 공동 개발, 민족 내부 교류로서의 물자 교류, 합작 투자 등 경제 교류와 협력을 실시한다.

① 남북 조절 위원회 구성에 영향을 주었다.
② 평양에서 남북 정상 회담 후 발표되었다.
③ 개성 공단 사업이 시작되는 계기가 되었다.
④ 남북한 유엔 동시 가입을 배경으로 채택되었다.
⑤ 남북한이 처음으로 통일 원칙에 합의하고 발표하였다.

● **출제의도**

노태우 정부 시기의 통일 정책 파악

● **해설 :** 정답 ④

1990년 9월 노태우 정부 시기에 남북한의 총리들을 대표로 하는 남북 고위급 회담이 열리며 남북 관계의 변화를 가져왔으며, 이는 1991년 9월 남북한의 유엔 동시 가입으로 연결된다. 그 해 12월 13일에 남북 간의 화해와 불가침 및 교류 협력에 관한 기본 합의서가 채택되었으며, 이 합의서에서 남북한의 상호 체제를 인정하며 내정에 간섭하지 않기로 하였다.

● **오답풀이**

① 1972년 7·4 남북 공동 성명 발표 이후 남북 대화를 위한 연락 기구로 남북 조절 위원회가 구성되었다. ② 2000년 6월 15일 남북 공동 선언에 대한 설명이다. ③ 2000년 6월 15일 남북 공동 선언 이후 남북 간의 실질적인 경제 협력이 논의되었고, 이는 2002년 개성 공단 조성 사업으로 연결되었다. ⑤ 남북한의 처음으로 통일 원칙에 합의한 것은 1972년 7·4 남북 공동 성명이다. 자주·평화·민족 대단결의 원칙에 합의하였다.

기출풀이 [10회 3급 50번]

50. 다음 가상 인터뷰와 관련된 시기를 연표에서 옳게 찾은 것은? [2점]

> 기자 : 오늘 보도를 보고 어떤 생각이 드셨습니까?
>
> 시민 : 남과 북의 정상들이 최초로 만나서 서로 악수하고 포옹하는 걸 보니까 가슴이 뭉클했어요. 이제 정말 통일로 가는 길이 열린 것 같아요.

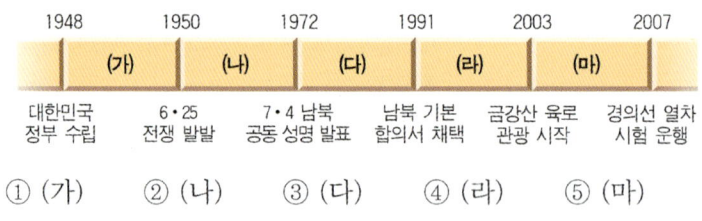

1948	1950	1972	1991	2003	2007
(가)	(나)	(다)	(라)	(마)	
대한민국 정부 수립	6·25 전쟁 발발	7·4 남북 공동 성명 발표	남북 기본 합의서 채택	금강산 육로 관광 시작	경의선 열차 시험 운행

① (가)   ② (나)   ③ (다)   ④ (라)   ⑤ (마)

● **출제의도**

김대중 정부 시기의 통일 정책 이해

● **해설 :** 정답 ④

제시된 자료의 '남과 북의 정상들이 최초로 만나서'라는 부분으로 2000년 6월 15일 남북 정상 회담과 관련된 문제임을 알수 있다. 6.15 공동 선언은 첫째, 민족자주와 민족대단결의 원칙을 천명하고 있다. 이는 7.4 남북 공동 성명에서 합의한 자주·평화·민족 대단결의 원칙을 재확인하며, 외세의 개입과 자본 시장의 개방에 따른 경제적 위기 속에서 민족의 단합된 힘으로 극복하자는 의지가 담겨 있다. 둘째, 또한 남과 북은 남측의 연합제안과 북측의 낮은 단계의 연방제에 공통성이 있음을 확인하고 이 방향에서 통일을 지향하기로 합의하였다. 통일 방안에 대한 최초의 합의라는 의미에서 매우 의미 있는 내용이다. 셋째, 경제협력과 교류의 활성화이다. 금강산 관광의 확대, 경의선 철도 연결, 개성공단 개발 등이 그 내용에 해당된다. 넷째, 민간 교류의 대폭적인 확대이다. 그동안 정부주도의 남북 교류에서 벗어나 민간 주도의 교류가 활발해지면서 이전에 비해 다양한 통일 운동이 가능하게 되었다. 다섯째, 이산 가족 상봉의 확대와 지속적인 실시는 이산 가족들의 아픔을 치유하는 계기가 되었다.

기출풀이 [2회 4급 4번]]

4. 다음의 남북 정상 회담 이후에 있었던 사실로 옳은 것은?

[2 점]

① 개성 공단 건설

② 6·23 평화 통일 선언

③ 남북한의 동시 유엔 가입

④ 한반도 비핵화에 관한 공동 선언

⑤ 자주, 평화, 민족 대단결의 통일 원칙 합의

● **출제의도**

남북 정상 회담 전후의 상황 파악

● **해설 :** 정답 ①

2000년 6월 15일 남북 정상 회담 이후 남북 간의 교류가 확대되었다. 2000년 9월 경의선 복구 사업이 추진되었으며, 2002년 11월에는 개성 공단이 조성되기 시작하였다. 2003년 2월 금강산 육로 관광이 시작되었으며(금강산 해로 관광은 1998년 11월에 시작), 금강산에 이산 가족이 면회할 수 있는 면회소를 계획하였고, 이는 노무현 정부 시기에 이루어졌다.

● **오답풀이**

② 1973년 6 · 23 평화 통일 선언을 통해 북한에 남북한의 유엔 동시 가입을 제안하였으나 북한은 이를 거부하였다. ③ 1991년 9월 남북한이 유엔에 동시 가입하였다. 노태우 정부 시기에 해당하는 내용이다. ④ 남북한 유엔 동시 가입 이후 1991년 12월 남북 기본 합의서가 채택되었고 이에 근거하여 그 해 12월 31일 한반도 비핵화 공동 선언이 발표되었다. ⑤ 자주 · 평화 · 민족 대단결의 원칙은 1972년 7 · 4 남북 공동 성명과 관련된 내용이다. 박정희 정부에 해당하는 통일 정책이다.

기출풀이 [9회 3급 47번]

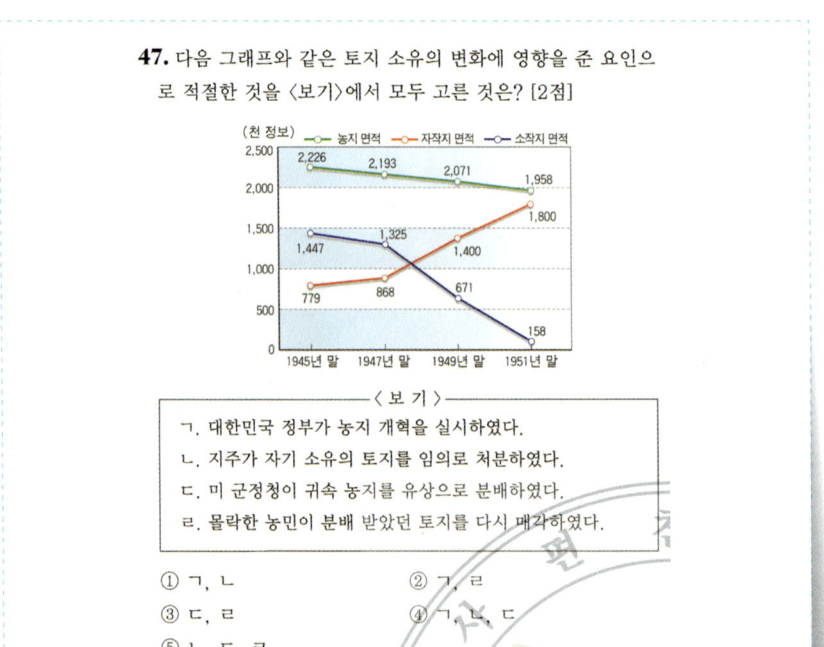

47. 다음 그래프와 같은 토지 소유의 변화에 영향을 준 요인으로 적절한 것을 〈보기〉에서 모두 고른 것은? [2점]

〈 보 기 〉
ㄱ. 대한민국 정부가 농지 개혁을 실시하였다.
ㄴ. 지주가 자기 소유의 토지를 임의로 처분하였다.
ㄷ. 미 군정청이 귀속 농지를 유상으로 분배하였다.
ㄹ. 몰락한 농민이 분배 받았던 토지를 다시 매각하였다.

① ㄱ, ㄴ   ② ㄱ, ㄹ
③ ㄷ, ㄹ   ④ ㄱ, ㄴ, ㄷ
⑤ ㄴ, ㄷ, ㄹ

● **출제의도**

농지 개혁에 대한 내용 파악

● **해설 :** 정답 ④

자료를 보면 해방 이후 자작지 면적은 늘고 있는 반면 소작지의 면적은 줄어들고 있다. 미군정 시기 일본인 지주들이 소유하고 있었던 토지들을 농민들에게 유상으로 분배하는 과정에서 자영농의 수가 증가하기도 하였으나 본격적인 농지 개혁은 이루어지지 않았다. 정부 수립 후 1949년 농지 개혁법이 통과되었고 50년 3월부터 실행에 들어갔다. 유상 매수, 유상 분배의 방법으로 진행된 농지 개혁 과정에서 지주들은 자신의 토지를 팔아 산업 자본가로의 전환을 모색하였으나 정부가 토지 매각 대금으로 받은 지가 증권을 현금화 하는 것은 매우 어려웠으며 6 · 25 전쟁 후 헐값에 증권을 매각할 수밖에 없었다. 지주층은 산업 자본가로의 전환에 실패하였다. 농민들 역시 유상 분배의 방법을 통해 자영농이 되었으나, 토지의 가격이 부담이 되어 분배받은 토지를 다시 매각하는 농민들이 늘어났다.

● **오답풀이**

ㄹ. 농지 개혁의 과정에서 농민들이 분배받은 토지를 다시 매각한 것은 사실이나 이것이 자료에 나타난 토지 소유의 변화를 가져온 이유는 아니다.

393

기출풀이 [5회 3급 38번]

38. 다음 법에 의한 개혁에 관하여 옳게 설명한 것을 〈보기〉에서 고른 것은? [2점]

> 제5조 정부는 다음에 의하여 농지를 취득한다.
> 1. 다음의 농지는 정부에 귀속한다.
>   (가) 법령 및 조약에 의하여 몰수 또는 국유로 된 농지
>   (나) 소유권의 명의가 분명치 않은 농지
> 2. 다음의 농지는 본법 규정에 의하여 정부가 매수한다.
>   (가) 농가 아닌 자의 농지
>   (나) 자경(自耕)하지 않는 자의 농지. 단, 질병, 공무, 취학, 기타 부득이한 사유로 인하여 일시 이농한 자의 농지는 소재지 위원회의 동의로써 시장, 군수가 일정 기한까지 보류를 인허한다.
>   (다) 본법 규정의 한도를 초과하는 부분의 농지
>   (라) 과수원, 종묘포, 상전(桑田) 등 다년성 식물 재배 토지를 3정보 이상 자영하는 자의 소유인 다년성 식물 재배 이외의 농지
>
> — 〈대한민국 관보〉 —

〈 보 기 〉
ㄱ. 경자유전의 원칙을 지향하였다.
ㄴ. 농지 소유의 하한선이 설정되었다.
ㄷ. 유상 매수, 유상 분배 방식으로 진행되었다.
ㄹ. 북한에서 실시된 토지 개혁의 방식과 유사하였다.

① ㄱ, ㄴ ② ㄱ, ㄷ ③ ㄴ, ㄷ ④ ㄴ, ㄹ ⑤ ㄷ, ㄹ

● **출제의도**

남북한의 토지 개혁에 대한 이해

● **해설 :** 정답 ②

자료의 '정부가 매수'한다는 부분을 통해 남한의 농지 개혁임을 알 수 있다. 북한의 토지 개혁은 1946년 3월에 북조선 임시 인민 위원회의 무상몰수, 무상 분배의 방법으로 이루어졌으며 지주들이 남하하게 되는 계기가 되었다. 1950년 3월 공포된 남한의 농지 개혁은 경자유전의 원칙을 지향하며 유상 매수, 유상 분배의 방법으로 진행되었으며 자영농이 증가하게 되는 계기가 되었고, 이 과정에서 '지주'라는 사회적인 지배 계층 이념이 사라지게 되었다.

● **오답풀이**

ㄴ. 3정보를 상한선으로 하여 그 이상의 농지는 유상으로 몰수하고, 3정보 이내에서 농민들에게 유상으로 분배하였다.
ㄹ. 북한의 토지 개혁은 무상 몰수, 무상 분배의 방식으로 남한의 농지 개혁과는 그 방법이 전혀 다르다.

기출풀이  [6회 3급 48번]

48. 두 사람의 대화가 이루어지고 있는 당시의 경제 상황으로 옳은 것은? [2점]

> 여보게, 우리 동네에 갑자기 섬유 공장과 신발 공장들이 엄청나게 들어서서 매일 공장을 가동하고 있어. 만든 물건을 해외로 수출하는데, 돈을 많이 번다고 하는구먼.

> 이봐, 우리 농촌은 지금 젊은 애들이 전부 도시로 떠나고 있어. 이러다간 노인들만 남겠어. 몇 년 전에 경제 개발 계획이니 뭐니를 시작했다지만……

① 제2차 석유 파동으로 경제 불황에 빠져 큰 어려움을 겪었다.
② 정부는 수출품의 가격 경쟁력을 위해 저임금 정책을 펼쳤다.
③ 정부는 중공업 분야를 중심으로 수출 주도형 성장 정책을 펼쳤다.
④ 미군정이 소유했던 귀속 재산을 민간에 불하하는 정책이 추진되었다.
⑤ 세계 무역 기구의 가입과 농산물 시장 개방으로 농촌 경제가 어려움에 처하였다.

● 출제의도

박정희 정부 시기의 경제 개발 내용 파악

● 해설 : 정답 ②

제시된 자료에서 '섬유 공장과 신발 공장이 엄청나게 들어서서 매일 공장을 가동하고 있어.', '몇 년 전에 경제 개발 계획을 시작했다' 등의 대화로 보아 박정희 정부의 1~2차 경제 개발 계획이 진행되는 1960년대 상황임을 알 수 있다. 이 시기는 경공업 중심의 수출 주도형 정책이 근간을 이루는 시기로 수출품의 가격 경쟁력을 위해 저임금과 저곡가 정책을 펼쳤다.

● 오답풀이

① 제2차 석유 파동은 1979년의 사건이다. 중공업 산업 구조로 변신에 성공한 한국 경제에 큰 파장을 가져왔다. ③ 중공업 중심의 수출 주도형 정책은 1970년대의 상황이다. ④ 1945년 해방 직후 남한에 주둔한 미군정은 신한 공사라는 회사를 만들었고 이를 통해 귀속 재산을 관리하였다. ⑤ 세계 무역 기구(WTO)에 가입한 시기는 1995년 김영삼 정부 시기이다.

기출풀이 [5회 3급 44번]

---

44. 다음 기자 회견이 나오게 된 배경으로 옳은 것은? [2점]

> 정부는 지금부터 동해안, 남해안, 서해안 지방에 여러 가지 대단위 국제 규모의 공업 단지 또는 기지를 조성해 나갈 생각입니다.
>
> 첫째는, 포항과 같은 제2의 종합 제철 공장 건설을 앞으로 추진해야 하겠고, 또 대단위 기계 종합 공업 단지도 만들어야 되겠습니다. 지금 울산에 있는 석유·화학 공업 단지와 같은 제2의 종합 화학 공업 단지를 또 만들어야 되겠습니다. …… 정부는 앞으로 중화학 공업 정책을 선언하고, 이 방면에 중점적인 지원과 시책을 펴 나갈 것입니다. 그 밖에 우리 농어촌에도 새마을 운동을 뒷받침하기 위한 중소 공장들이 많이 들어서게 될 것입니다. 그렇게 함으로써 우리 농어민들의 소득 증대에 크게 이바지하여, 우리 농촌도 도시 못지않게 살기 좋은 농촌으로 만들어 보자는 것입니다.
>
> — 〈1973년 대통령 연두 기자 회견 중에서〉 —

① 미국의 원조를 받아 제분, 제당, 면방직 공업이 성장하였다.
② 재벌 중심의 경제 구조와 정경 유착에 따른 부패가 심해졌다.
③ 국제 경기의 악화로 경공업 중심의 경제 성장이 한계에 부딪혔다.
④ 자유 경제 체제가 추구되어 민간 주도형의 경제 건설이 이루어졌다.
⑤ 중공업 중심의 경제 개발로 농촌의 피폐가 계속되고, 산업 불균형이 심해졌다.

● 출제의도

1970년대 경제 정책에 대한 이해

● 해설 : 정답 ③

1973년 대통령의 연두 기자 회견이라는 내용을 통해 중공업 중심 정책으로의 전환을 의미하는 연설임을 알 수 있다. 1970년 경부 고속 국도가 건설되면서 정부는 1971년부터 중공업 성장 전략을 마련하기 시작하였다. 수출 품목 역시 가발, 신발 등 경공업 중심에서 벗어나 중공업 제품으로의 전환을 모색하였으며 1973년 포항 제철의 준공은 정부의 이런 정책을 반영하는 대표적인 내용으로 볼 수 있다.

● 오답풀이

① 미국의 원조 경제는 1950년대 상황이다. 이를 계기로 삼백 산업으로 대표되는 제분, 제당, 면방직 공업이 성장하였으나 1950년대 미국의 원조는 소비재 원조에 국한되어 있어서 전후 복구 사업을 통한 경제 개발은 어려웠다. ② 한국 경제는 1950년대 이후 원조 특혜 시비에서 시작되어 1970년대 가속화된 재벌 중심의 경제 구조와 정경 유착에 따른 부패의 심화라는 비판이 끊임없이 제기되고 있다. 제시된 자료와는 관계없는 내용이다. ④ 1990년대에 들어 개방에 대한 압력이 거세지며 자유 무역 체제가 추진되었다. ⑤ 중공업 중심으로의 전환은 1972년 제3차 경제 개발 계획을 추진하면서 본격적으로 추진되었다.

 **기출풀이** [10회 3급 48번]

48. (가) 시기의 경제 상황으로 옳은 것은? [1점]

연도별 외환 보유액 현황

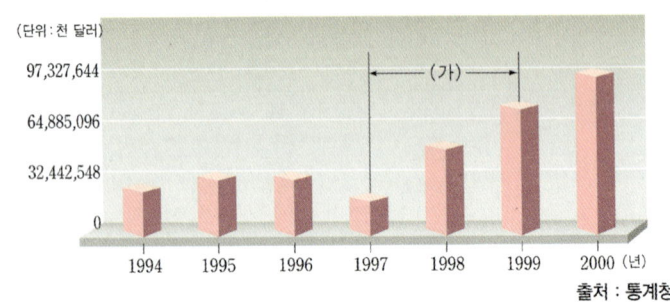

(단위 : 천 달러)

출처 : 통계청

① 제2차 석유 파동으로 국제 수지가 악화되었다.
② 통화 개혁이 단행되어 화폐 가치가 조절되었다.
③ 경제 원조 협정에 따라 미국의 원조 물자가 들어왔다.
④ 시민들의 자발적 참여로 금 모으기 운동이 전개되었다.
⑤ 외국 자본 도입을 위해 마산에 자유 무역 지역이 만들어졌다.

● **출제의도**

1990년대 말 경제 위기 극복 파악

● **해설 :** 정답 ④

1997년 말 한국 경제는 IMF에 구제 금융을 신청하며 외환 위기를 맞이했다. 계속적인 성장 위주의 정책을 진행하는 과정에서 이에 따른 산업 구조나 기업 구조 조정을 수반하지 않은 상황에서 시장과 자본 시장을 개방한 결과였다. 실업률은 높아졌고, 기업 구조 조정을 통한 사회적 갈등의 표출은 한국 사회 전반적인 위기로 심화되어 갔다. 그러나 국민들은 외환 위기를 스스로 극복하고자 금 모으기 운동에 나서는 등 눈물겨운 노력의 결과 2001년 IMF 지원금을 모두 상환하게 된다.

● **오답풀이**

① 1979년의 상황이다. ② 1953년 2월과 1962년 6월 두 차례에 걸쳐 통화개혁을 단행하였다. 1962년 통화 개혁을 계기로 화폐 단위는 10:1로 평가 절하되고 '환'에서 '원'으로 바뀌었다. ③ 1948년 12월에 체결된 한미 경제 원조 협정에 따라 원조가 시작되었다. ⑤ 마산 자유 무역 지대가 만들어 진 것은 1970년의 일이다.

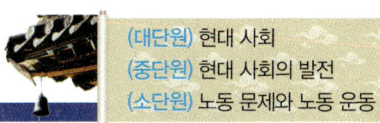

기출풀이 [3회 3급 43번]

43. 다음은 1970년대 노동 운동을 배경으로 한 영화의 포스터이다. (가)에 들어갈 구호로 적절하지 <u>않은</u> 것은? [2점]

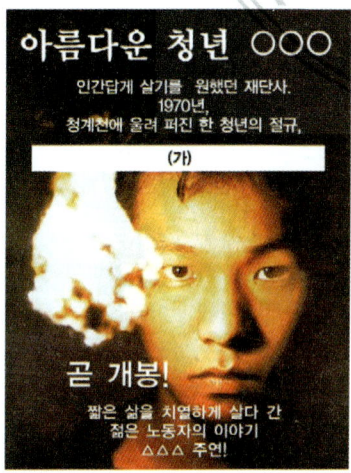

아름다운 청년 ○○○

인간답게 살기를 원했던 재단사.
1970년,
청계천에 울려 퍼진 한 청년의 절규,

(가)

곧 개봉!

짧은 삶을 치열하게 살다 간
젊은 노동자의 이야기
△△△ 주연!

① 임금을 인상하라!
② 작업 환경을 개선하라!
③ 근로 기준법을 준수하라!
④ 주 5일 근무제를 실시하라!
⑤ 노동자들에게 건강 검진을 실시하라!

● **출제의도**

1970년대 노동 운동의 현실 이해

● **해설 :** 정답 ④

청계천에 울려 퍼진 한 청년의 절규는 전태일의 외침이다. 경제 개발 초기, 수출 주도의 경제 정책을 위해서는 저임금과 저곡가는 필수 요소였다. 특히 노동자들의 삶은 매우 어려웠으며, 노동자들은 열악한 환경에서 저임금을 받으며 장시간 노동에 시달려야 했다. 청계천 재단사로 있던 전태일은 이러한 상황에 주목하였고, 노동 환경 개선과 노동 시간의 단축, 근로 기준법 준수, 임금 인상, '내 죽음을 헛되이 하지 말라' 등을 외치며 1970년 11월 13일 분신하였다. 이를 계기로 노동자들의 권리를 찾기 위한 노동 운동이 본격적으로 시작되었으며 그 해 11월 27일 청계피복노동조합이 결성되는 등 노동조합이 만들어지게 되었다. 이런 움직임을 당시의 정부는 공권력을 동원하여 탄압하였고 이는 지금까지 계속되고 있다. 주 5일 근무제 실시와 관련된 주장은 2000년대에 들어 등장한 논의이다.

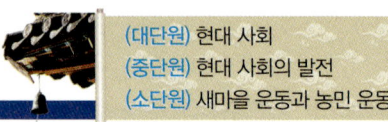

기출풀이 [11회 중급 39번]

39. 다음 기사를 통해 알 수 있는 시기의 경제 모습으로 가장 적절한 것은? [2점]

우리 농촌은 매년 보릿고개에 시달렸으며, 경제 개발과 소득 증대로 쌀 소비가 늘면서 쌀의 자급자족은 역부족이었다. 이런 문제를 해결하기 위해 '기적의 볍씨'인 통일벼를 개발·보급하기 시작하였다. 일반 벼 품종보다 생산량이 약 40% 많았던 통일벼 보급으로 헥타르 당 쌀 수확량은 불과 5년 만에 3.34톤에서 4.94톤으로 치솟았다.

– ○○신문 –

① 경제 개발 5개년 계획을 처음으로 수립하였다.
② 신한 공사가 귀속 농지를 농민에게 불하하였다.
③ 원조 경제를 바탕으로 삼백 산업이 발달하였다.
④ 우루과이 라운드 체결로 쌀 시장이 개방되었다.
⑤ 농촌 소득 증대를 위해 새마을 운동이 추진되었다.

● **출제의도**

1970년대 경제 상황 파악

● **해설 :** 정답 ⑤

'경제 개발과 소득 증대로 쌀 소비가 늘면서', '통일벼의 개발과 보급' 등의 자료를 통해 1970년대의 상황임을 알 수 있다. 1970년대는 소비재 중심의 경공업에서 중공업 중심으로 경제 정책의 전환을 가져오는 시기이며, 공업화로 인해 농촌 인구가 도시로 몰리면서 발생한 농촌 문제에 관심을 가져 새마을 운동을 통해 농촌 생활 환경의 개선과 소득 증대를 추구했던 시기이다.

● **오답풀이**

① 박정희 정부 초기 '경제 제일주의'를 표방하며 1962년 경제 개발 5개년 계획이 처음으로 수립되었다. ② 1946년부터 48년까지 활동하였던 신한 공사는 귀속 재산을 관리하며 귀속 농지를 농민들에게 불하하기도 하였다. ③ 1950년대 상황이다. 제분, 제당, 면방직 공업이 삼백 산업에 해당한다. ④ 1994년 우루과이 라운드가 타결되며 쌀 시장이 개방되었다.

기출풀이 [7회 3급 42번]

42. 밑줄 그은 '이 운동'과 관련된 설명으로 옳은 것은? [2점]

> 농촌 문제가 확산되자 정부는 농촌을 도시와 함께 균형 있게 발전시키겠다는 것을 강조하였다. 4H 운동이나 이 운동도 그 일환이었다. 1970년 초에 시작된 이 운동은 농촌의 소득 증대 사업으로 전개되어 점차 도시로 확대되었으며, 전국적인 의식 개혁 운동으로 이어지게 되었다.

① 10·26 사태로 중단되었다.
② 농민의 이농을 막는 데 기여하였다.
③ 근면, 자조, 협동을 지표로 삼았다.
④ 농지 개혁법에 의거하여 실시하였다.
⑤ 제1차 석유 파동을 계기로 시작되었다.

● **출제의도**

새마을 운동의 배경과 과정 파악

● **해설 :** 정답 ③

밑줄 친 '이 운동'은 새마을 운동이다. 1970년대 초에 시작된 농촌 소득 증대 사업이라는 내용으로 유추할 수 있다. 1960년대 경제 개발 이후 도시와 농촌의 소득 격차, 공업화와 도시화가 진행되면서 농촌의 젊은이들이 일자리를 찾아 농촌으로 떠나면서 농촌의 인구가 고령화되는 새로운 문제에 봉착한 박정희 정부는 농촌 살리기 운동을 전개하였다. 그 중의 하나가 새마을 운동이다. 1970년대 중반에는 정부 주도의 전국적인 의식 개혁 운동으로 확산되었다.

● **오답풀이**

① 새마을 운동은 지금도 계속되고 있다. 1979년 10·26 사태는 박정희의 죽음과 관련된 사건이다. ② 새마을 운동 이후에도 농민들의 이농은 계속되었고 이는 도시 문제, 주거 문제 등을 야기하였다. ④ 남한의 농지 개혁법은 1949년에 논의되고 1950년에 공포되었다. ⑤ 1973년 상황이다.

기출풀이 [8회 4급 15번]

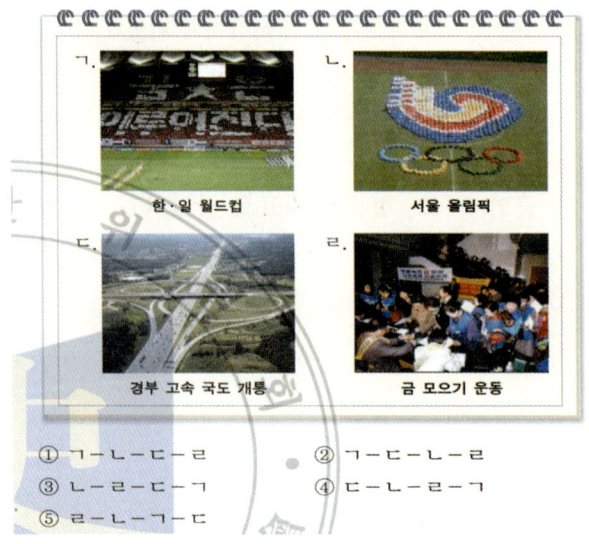

15. 다음 (가)에 들어갈 내용에 해당하는 사진들을 일어난 순서대로 나열한 것은? [2점]

- 손자 : 할아버지, 이 사진들은 다 뭐예요?
- 할아버지 : 음, 이것은 내가 살아오면서 본 중요한 역사적 일들을 모아 놓은 사진이란다.
- 손자 : 우와! 대단한데요. 그런데 사진 순서가 어떻게 되죠?
- 할아버지 : 순서는 _____(가)_____ 란다.

ㄱ. 한·일 월드컵   ㄴ. 서울 올림픽
ㄷ. 경부 고속 국도 개통   ㄹ. 금 모으기 운동

① ㄱ-ㄴ-ㄷ-ㄹ   ② ㄱ-ㄷ-ㄴ-ㄹ
③ ㄴ-ㄹ-ㄷ-ㄱ   ④ ㄷ-ㄴ-ㄹ-ㄱ
⑤ ㄹ-ㄴ-ㄱ-ㄷ

● **출제의도**

현대 사회의 전개 파악

● **해설 : 정답 ④**

ㄱ. 2002년 한·일 월드컵에 대한 내용이다. 성공적으로 개최하면서 한국의 국제적인 지위와 위상을 드높이는데 크게 기여하였다. ㄴ. 1988년 서울 올림픽과 관련된 자료이다. ㄷ. 1970년 경부 고속 국도를 건설하며 중공업 경제 정책에 대한 박정희 정부의 강력한 의지를 대외적으로 표명하였다. 이후 1970년대 포항 제철의 준공, 고리 원자력 발전소의 준공되면서 '한강의 기적'을 주도하였다. 물론 급격한 경제 성장의 과정에서 자본과 기술에 대한 미국·일본의 의존도가 높아지고, 재벌 중심의 경제 구조가 심화되는 등 부작용이 나타나기 시작하였다. ㄹ. 1997년 IMF 극복 과정에서 국민들은 국가의 어려움을 자신의 일처럼 여기며 자신이 소유하고 있었던 금을 국가 부채를 갚기 위해 내놓았다. 이러한 금 모으기 운동을 결과 약 230여 톤의 금이 모였으며 이는 2001년 IMF 원조금의 상환을 완료하는데 큰 기여를 하였다.

한국사능력검정시험 중급
기출문제 400제 시대사별

초판 1쇄 인쇄   2011년 10월 5일
초판 1쇄 발행   2011년 10월 10일

지 은 이   황선의, 오병훈
감   수   이건홍, 최효성
펴 낸 이   방은순
펴 낸 곳   도서출판 프로방스
북디자인   DesignDidot 디자인디도
마 케 팅   최관호

주   소   경기도 고양시 일산동구 백석2동 1330번지
           브라운스톤일산 102동 913호
전   화   031-925-5366~7
팩   스   031-925-5368
E-mail   Provence70@naver.com
등록번호   제313-제10-1975호
등   록   2009년 6월 9일
I S B N   978-89-89239-59-1 (13900)

값 22,000원
파본은 구입처나 본사에서 교환해드립니다.